PAUL THEROUX

Tief im Süden

Reise durch ein anderes Amerika

Mit Fotos von Steve McCurry

Aus dem amerikanischen Englisch
von Reiner Pfleiderer, Franka Reinhart
und Sigrid Schmid

HOFFMANN UND CAMPE

Die Originalausgabe erschien 2015 unter dem Titel *Deep South*
im Verlag Houghton Mifflin Harcourt, New York.

1. Auflage 2015

www.hoca.de
Satz: Dörlemann Satz, Lemförde
Gesetzt aus der Minion Pro
Karten: Peter Palm, Berlin
Druck und Bindung: CPI books GmbH, Leck
Printed in Germany
ISBN 978-3-455-50376-0

HOFFMANN
UND CAMPE

Ein Unternehmen der
GANSKE VERLAGSGRUPPE

Dem Andenken von George Davis (1941–2013) aus Medford, Massachusetts, gewidmet – Sportler, Reisender, Lehrer, Bürgerrechtler, unbesungener Held des »Bloody Sunday« von Selma – in Dankbarkeit für fünfzig Jahre Freundschaft

»Wir dachten, wir wären allein und könnten nichts ausrichten. Aber was passierte mit der Bewegung? Wir trafen uns in Gruppen. Es war eine wunderbare Sache.«

Auf den roten Lehmstraßen im afrikanischen Busch, unter armen und missachteten Menschen, musste ich oft an die Mittellosen in Amerika denken, die genauso lebten – in prekären Verhältnissen, im Hinterland des Tiefen Südens, mit ärmlichen Farmen, elenden Dörfern, einfachen Unterständen für Schafe und mit Mühlen. Diese Menschen kannte ich – genau wie anfangs die Afrikaner – nur aus Büchern, und es fühlte sich an wie ein heimatlicher Gruß.

Paul Theroux, *The Last Train to Zona Verde – My Ultimate African Safari (2013)*

In diesem ungereimten, unklassifizierbaren Buche meiner Wanderungen bricht zwar der Faden der Geschichten und Betrachtungen nicht ab, aber er verwickelt sich manchmal in einer Weise, dass er sich, wie ich wohl sehe und fühle, in dem wirren Gewebe nur mit großer Geduld unterscheiden und verfolgen lässt.

Almeida Garrett, *Der Mönch von Santarem oder Wanderungen in meinem Vaterlande (Lissabon 1846)*

USA
TENNESSEE
ARKANSAS
S. CAROLINA
ALABAMA
GEORGIA
LOUISIANA
MISSISSIPPI
Atlantischer Ozean
Pazifischer Ozean
Golf von Mexiko
MINNESOTA
Minneapolis
Mississippi
Michigan-see
Detroit
Eriesee
IOWA
Missouri
Chicago
Pittsburgh
OHIO
Des Moines
INDIANA
Washington
Indianapolis
ILLINOIS
Richmond
Kansas City
St. Louis
KENTUCKY
MISSOURI
Ohio
NORTH-CAROLINA
Nashville
TENNESSEE
SOUTH-CAROLINA
Arkansas
Memphis
ARKANSAS
Atlanta
Charleston
Mississippi-Delta
GEORGIA
ALABAMA
Montgomery
Dallas
MISSISSIPPI
LOUISIANA
Houston
New Orleans
FLORIDA
Golf von Mexiko
Miami

TENNESSEE
Memphis
40
DE SOTO
Hernando
Holly Springs
ARKANSAS
TATE
Tunica
Senatobia
TUNICA
Sardis
Oxford
PANOLA
Mississippi
QUITMAN
Batesville
COAHOMA
Marks
Clarksdale
55
Charleston
Sumner
TALLAHATCHIE
Rosedale
Mississippi-Delta
Grenada
GRENADA
Cleveland
BOLIVAR
LEFLORE
Carrollton
SUNFLOWER
Winona
Greenwood
Indianola
CARROLL
Vaiden
Greenville
MISSISSIPPI
Belzoni
WASHINGTON
HUMPHREYS
Lexington
HOLMES
Rolling Fork
Yazoo City
Mayersville
Carthage
ISSAQUENA
SHARKEY
Yazoo River
YAZOO
55
Mississippi
20
20
Vicksburg
Jackson
LOUISIANA
WARREN
0 10 20 30 Meilen

INHALT

TEIL I

Herbst

»Hier landet man nicht zufällig«

»Der Fremde erfüllet das Auge.«

Arabisches Sprichwort
(Zitiert bei Richard Francis Burton,
First Footsteps in East Africa)

Landstraße in den Ozark-Bergen bei Lamar, Arkansas

Reverend Virgin Johnson von der »Revelation Ministries Church« in Sycamore, South Carolina: »Gott schickt uns einen Sturm. Ich brauche diesen Sturm. Was täte ich ohne meinen Sturm? Er macht, dass ich mich dem Herrn zuwende. Und so sage ich: ›Ich danke dir, Sturm!‹«

Ruby Johnson, Leiterin der Poststation von Arcola, Missisipi, faltet nach Dienstschluss die Flagge zusammen.

Janet May, Inhaberin der Pension »Blue Shadows« in Greensboro, Alabama, auf ihrem Rasengrundstück

Andre Peer spricht vom Kampf des Farmerdaseins in Helena, Arkansas, während seine Sojabohnen auf ein Flussschiff verladen werden.

Melvin Johnson vor dem Haus seiner Familie aus dem 19. Jahrhundert an der Razor Road in Allendale, South Carolina, in dem er mehr als fünfzig Jahre ohne Strom und sanitäre Anlagen gelebt hat

Shuquita Drakes mit ihrem wenige Wochen alten Kind, D'Vohta Knigth, auf dem »Hollandale Blues Festival – in memoriam Sam Chatmon« in Mississippi

Sei behütet

An einem heißen Sonntagmorgen in Tuscaloosa, Alabama, auf einem Motel-Parkplatz. Ich saß in meinem Auto und studierte einen Stadtplan, um eine bestimmte Kirche ausfindig zu machen. Das hatte weder religiöse noch voyeuristische Gründe. Vielmehr erhoffte ich mir dort Musik und gute Laune, mitreißende Gospels und eine feierliche Stimmung. Und vielleicht auch Freundschaft.

Ich schlug mit dem Handrücken auf den Plan und sah wahrscheinlich einigermaßen konfus aus.

»Verfahren, Baby?«

Nach einer dreitägigen Autofahrt vom heimatlichen New England aus war ich in einer anderen Welt angekommen – in den warmen und grünen Staaten des »Tiefen Südens«. Ich hatte immer große Sehnsucht gehabt nach einer Reise in diese Region, wo »das Vergangene nicht tot« ist, wie ein berühmter Mann einmal gesagt hat, und »nicht einmal vergangen«. Ein paar Wochen später saß ich in einem Barbershop in Greensboro, ließ mir die Haare schneiden und unterhielt mich dabei mit dem schwarzen Friseur über die aktuellen Rassenunruhen. Lachend sagte er zu mir: »Die Geschichte ist lebendig und direkt vor der Haustür.« Das klang fast wie das Zitat dieses Schriftstellers, von dem er garantiert noch nie etwas gehört oder gelesen hatte.

Im Süden ist eine Kirche das pulsierende Herz des Viertels. Sie fungiert als Sozialzentrum, Glaubensanker, Leuchtturm, Konzerthalle und Versammlungsort, wo man vieles bekommt: Hoffnung, Rat, Fürsorge, menschliche Wärme, Gemeinschaft, Melodien, Harmonie und etwas zu essen. In manchen Kirchen gehören auch Schlangen-Rituale, Fußwaschungen und Zungenrede dazu. Letzteres ist eine Form des Gebets, die sich gelegentlich so anhört, als ob jemand unter der Dusche steht und gurgelnd vor sich hin plappert.

Die Armut ist in diesen Kirchen auffallend gut gekleidet, und alle sind ausgesprochen offen und zugänglich. Ein Gottesdienst im Süden ist ein imposantes und eindrucksvolles kulturelles Ereignis, das sich durchaus mit einem College-Footballspiel oder einer Waffenmesse vergleichen lässt. Und es gibt viele davon. »An jeder Ecke gibt es eine Kirche«, sagt man hier. Wird eine Kirche zum Ziel einer Gewalttat – gerade jährte sich zum fünfzigsten Mal der Bombenanschlag auf die 16th Street Baptist Church in Birmingham, Alabama, bei dem vier kleine Mädchen ums Leben kamen –, wird einer Gemeinde förmlich das Herz aus dem Leib gerissen, und die Menschen versinken in Kummer und Leid.

»Verfahren?«

Sie sprach so sanft und leise, dass ich zunächst gar nicht bemerkte, dass sie mich meinte. Es war die Frau im Wagen direkt neben mir, einem ausgeblichenen Viertürer mit einer völlig verbeulten und rissigen hinteren Stoßstange. Sie trank Kaffee aus einem Pappbecher und hatte die Tür geöffnet, um frische Luft ins Fahrzeuginnere zu lassen. Sie war schätzungsweise Ende vierzig, hatte blaugraue Augen und war in auffallendem Kontrast zu ihrem armseligen Auto geradezu vornehm in schwarzer Seide mit Spitzenärmeln gekleidet. An einer Schulter prangte eine große Blume, und auf dem Kopf trug sie einen weißen Hut mit Schleier, den sie elegant mit dem Handrücken ein Stück anhob, wenn sie den Kaffeebecher an ihren hübschen Mund führte, der am Rand einen dunkelroten Lippenstiftabdruck hinterließ.

Ich sagte ihr, dass ich hier fremd sei.

»Fremde gibt's hier nicht, Baby«, antwortete sie und lächelte mich an. Neckisch, dachte ich, und hier im Süden dachte ich dieses Wort ganz ironiefrei. »Ich bin Lucille.«

Ich stellte mich vor und teilte ihr mit, wo ich hinwollte: zur Cornerstone Full Gospel Baptist Church im Brooksdale Drive.

Umgehend ließ sie mich wissen, dass es zwar nicht ihre Kirche sei, sie diese jedoch kenne. Nachdem sie mir den Namen des Pastors, Bishop Earnest Palmer, genannt hatte, begann sie mir den Weg zu beschreiben und sagte dann: »Wissen Sie, was?«

Mit einer Hand hielt sie ihren Schleier hoch und starrte konzentriert auf den Rand ihres Kaffeebechers. Nach einer Weile trank sie den letzten Schluck aus, während ich darauf wartete, dass sie weitersprach.

»Ist doch viel einfacher, wenn ich Sie hinbringe«, teilte sie mir mit und leckte sich dann mit der Zungenspitze einen Rest Milchschaum von der Oberlippe. »Ich treffe mich erst in einer Stunde mit meiner Tochter. Folgen Sie mir einfach, Mr Paul.«

Ich heftete mich also an die verbeulte Heckstoßstange ihres Kleinwagens und fuhr etwa drei Meilen weit hinter ihr her. Immer wieder bogen wir unerwartet irgendwo ab, fuhren in Wohnsiedlungen mit niedrigen Bungalows hinein und kurz darauf wieder heraus. Im vorigen Jahr hatte hier ein katastrophaler Tornado gewütet, und die Folgen waren immer noch unübersehbar. Inmitten dieser geschundenen Umgebung tauchte in einer Vorortstraße der Kirchturm auf. Lucille fuhr langsamer, zeigte darauf und winkte mich dann weiter.

Als ich an ihr vorbeifuhr, um auf den Parkplatz einzubiegen, bedankte ich mich bei ihr, woraufhin sie mir ein bezauberndes Lächeln schenkte und mir zurief: *»Be blessed.«* Sei behütet.

Das schien im Tiefen Süden die bestimmende Grundhaltung zu sein: Freundlichkeit, Großzügigkeit, andere willkommen zu heißen. Auf meinen Reisen in aller Welt war mir dies häufig begegnet, aber hier war es so allgegenwärtig, dass ich gar nicht genug davon bekommen konnte – weil das Wohlwollen sich anfühlte wie eine Umarmung. Obgleich das Lebensgefühl im Süden auch stets einen gewissen düsteren Unterton hat, der in vielen Interaktionen mitschwingt. Aber es dauert geraume Zeit, bis man ihn wahrnimmt, und noch viel länger braucht man, um ihn zu verstehen.

Gelegentlich wurde mir die Zeit auch lang, doch Begegnungen wie jene mit Lucille gaben mir immer wieder neuen Mut, tiefer vorzudringen in den Süden, zu abgelegenen Kirchen, wie The Cornerstone Full Gospel, oder zu Orten, die so klein waren, dass man sie auf manchen Karten gar nicht fand. Orte, in denen man nicht zufällig landete – oder wie man hier sagte: »*You gotta be going there to get there.*«

Nachdem ich eine Weile im Tiefen Süden unterwegs gewesen war, fand ich großen Gefallen an der Gewohnheit, einander zu grüßen – das freundliche »Hallo« von Passanten und die liebevollen Kosenamen wie *Baby, Honey, Babe, Buddy, Dear, Boss* und nicht selten auch *Sir.* Ich mochte Floskeln wie: »*What's going on, Bubba?*« – Was läuft? Oder: »*How ya'll doin'?*« – Wie geht's denn so? Oder wenn man auf der Post oder in Geschäften mit einem freundlichen Lächeln empfangen wurde. Immer wieder sagten Schwarze »Mr Paul« zu mir, nachdem ich mich mit meinem vollständigen Namen vorgestellt hatte (was möglicherweise ein Überbleibsel aus den Zeiten der Sklaverei war, lautete eine Erklärung). Es ging hier gänzlich anders zu als im Norden – oder sonst irgendwo auf der Welt, wo ich auf meinen Reisen gewesen war. Als »*raging politeness*« wird diese auffallende Freundlichkeit gelegentlich bezeichnet, als »Höflichkeitshysterie«, aber selbst wenn sie als aufgesetzt empfunden wird, ist sie doch auf jeden Fall angenehmer als der eisige oder abgewandte Blick und die brüsk-abweisende Art, wie ich es aus New England gewohnt war.

Die wichtigste Beziehung eines Menschen, so schrieb Henry James einmal über das Reisen in Amerika, sei die Beziehung zu seinem Heimatland. Nachdem ich schon viel in der Welt herumgekommen war, plante ich – mit diesem Gedanken im Hinterkopf –, für den Herbst vor den Präsidentschaftswahlen 2012 zum ersten Mal eine ausgedehnte Reise in die Südstaaten zu unternehmen, um darüber zu schreiben. Doch kaum war ich zurück, wollte ich unbedingt noch einmal hin. Also fuhr ich im Winter erneut gen Süden – und im Frühjahr noch einmal, und im Sommer wieder. Da wusste ich, dass der Süden mich nicht loslässt – mal in einer wohligen Umarmung, mal in einer unerbittlichen Umklammerung.

Wendell Turley

Eine Woche oder länger vor der Begegnung mit Lucille hielt ich in einer dunklen Nacht – es war schon nach zehn – vor einem Minimarkt mit angeschlossener Tankstelle unweit der Kleinstadt Gadsden im Nordosten von Alabama.

»*Kin I he'p you?*«, fragte ein Mann vom Fenster seines Pickups aus. Er hatte diesen leicht beschwipsten und fragenden Tonfall, der typisch ist für den Tiefen Süden und der so schwerfällig und unbeholfen klang, dass es mich nicht gewundert hätte, wenn er im nächsten Moment volltrunken umgekippt wäre. Dabei war er einfach nur freundlich. Er öffnete die Tür seines seltsam dunkel angestrichenen Wagens und schluckte, nachdem er ausgestiegen war. Seine Unterlippe war feucht und hing leicht herunter. Er fügte hinzu: »In inny way?« Helfen, egal wie.

Ich sagte ihm, dass ich nach einer Unterkunft suchte.

Er hielt eine Bierdose in der Hand, die jedoch noch nicht geöffnet war. Er hatte graubraune Augen und Hängebacken und leichte Gleichgewichtsprobleme, obwohl er offensichtlich nüchtern war. Mein Anliegen ignorierte er einfach. Ich musste daran denken, dass die Reisegötter immer wieder dafür sorgten, dass man, wenn man nicht aufpasste, in schlimmen Stereotypen dachte. Und so war es hier – denn ich sah vor mir einen Parade-Südstaatler, der sich mit seinem typischen, breiten Akzent zum einem kleinen Plausch anschickte.

»Ich erklär Ihnen mal was«, kündigte er an.

»Ja?«

»Ich erklär Ihnen mal den Süden.«

Das kam überraschend. Aus der Distanz ist es immer einfach, mit Kennermiene zu behaupten: »So und so läuft das in Afrika«, oder: »China befindet sich im Umbruch.« Doch dass mir jemand direkt vor Ort kurzerhand eine gesamte Region in allen Einzelheiten erklären wollte, das hatte ich so noch nicht erlebt.

»Ich bin nur auf der Durchreise. War noch nie hier. Bin ein Yankee, haha.«

»Hab ich doch gleich gemerkt, so wie Sie reden«, antwortete er. »Und an dem Nummernschild an Ihrem Auto hab ich's auch erkannt.«

Ich stellte mich vor, und er streckte mir seine freie Hand entgegen.

»Ich heiß Wendell Turley. Hab ne Firma hier in Gadsden. Die Karre da is meine. Alles selber gemacht.«

Er meinte die Karosserie seines alten olivgrünen Pickups, die über und über mit braunen und grünen Ahornblättern verziert war.

»Tarnung«, erklärte er. »Damit fahr ich immer zur Jagd.«

»Gibt es denn hier viel Wild?«

»Jede Menge.«

Jetzt bemerkte ich, dass auf seiner vorderen Hemdtasche der Slogan *»Roll Tide Roll«* aufgestickt war. Das ist der Schlachtruf des Footballteams der University of Alabama, das von den Einheimischen leidenschaftlich unterstützt wird. Einige gehen sogar so weit, dass sie sich ein scharlachrotes A auf den Hals tätowieren lassen, um als Fans erkennbar zu sein. Nun, »Fan« ist eben nicht ganz zufällig die Kurzform von »Fanatiker«.

»Und, was wollten Sie mir über den Süden erklären, Wendell?«

»Ich werds Ihnen sagen …«

Für einen Reisenden – der obendrein noch vorhatte, über seine Reise zu schreiben – war ein Mann wie Wendell eine willkommene und gern gesehene Zufallsbekanntschaft: geduldig, freundlich, mitteilsam, gastfreundlich und humorvoll in seiner Art. Ein wahrer Segen – vor allem für jemanden, der sich in der Gegend nicht auskannte, insbesondere spätabends in einer menschenleeren Seitenstraße.

»Was zum Kuckuck …«

Er konnte nicht weitersprechen, denn jetzt hielt neben uns ein tiefergelegter, ziemlich verrosteter Chevrolet. Die Fenster waren heruntergelassen und die Musik laut aufgedreht.

Get a glimpse of a nigga
Bet your bitch put her lips on a nigga
We in the strip for the paper
Have these niggas just waiting for a favor …

Ein Mann mit einer speckigen Baseballcap, deren Schirm zur Seite gedreht war, schwang seine Beine aus dem Wagen und stieg aus – der Motor lief, die Tür stand offen, und die Musik dröhnte noch ein wenig lauter. Der Bezug des Fahrersitzes war so zerschlissen, dass an einigen Stellen die Polsterung heraushing.

Wendell machte große Augen, und leise, als ob er mich beruhigen wollte, sagte er zu mir: »Ich kenn den Mann da.«

Der Mann da hatte gerötete Augen, war unrasiert und sah einigermaßen bedrohlich aus. Doch als er Wendell sah, salutierte er unbeholfen und zeigte uns seine Zahnlücken. »*What's going on?*«, sagte der Mann, als er Richtung Minimarkt marschierte.

»*How y'all doin?*«, antwortete Wendell.

»*It's all good, brother.*«

»*I hear ya.*«

Wir warteten, während der Lärm aus dem Auto ohrenbetäubend weiterdröhnte und in den nachtschwarzen Bäumen rings um den Parkplatz widerhallte. Es dauerte geraume Zeit, bis der Mann mit der schiefen Kappe – einen Sixpack Bier unter dem Arm – wieder aus dem kleinen Laden kam, sich schwerfällig in sein Auto fallen ließ, kurz zurücksetzte und dann mitsamt dem Geheul in der Dunkelheit verschwand.

»Was wollten Sie gerade sagen, Wendell?«

»Ich will Ihnen was vom Süden erzählen«, sagte er. Und dann beugte er sich ganz dicht zu mir heran und sagte betont langsam: »Wir sind anständige Leute. Nich so gebildet wie ihr oben aus'm Norden. Aber anständig. Und gottesfürchtig.« Blinzelnd suchte er offenbar nach einem Beispiel und fügte dann hinzu: »Ob's Gott gibt oder nich – für solche Fragen braucht man Bildung.«

»Wahrscheinlich«, pflichtete ich bei.

»Wie auch immer. Im Süden fragen wir so was nich. Aber wir sind anständige Leute.« Dann straffte er sich, stellte sich noch ein Stück aufrechter hin und äußerte mit großem Nachdruck einen weiteren Gedanken: »Kein Mensch im Süden – schwarz oder weiß, ganz egal – würde 'nem Gast zu Hause nix zu essen anbieten, was Warmes, 'n Sandwich, paar Erdnüsse oder so.« Langsam und bestimmt ergänzte er: »Sie geben Ihnen zu essen, Sir.«

»Verstehe.«

»Und wieso?«

»Sagen Sie's mir.«

»Weil's sich's so gehört.«

»Das ist Gastfreundschaft«, sagte ich.

»Das ist Gastfreundschaft! Und wenn Sie wieder in Gadsden sind, dann kommen Sie bei mir und Sandy vorbei, und dann essen wir was zusammen.« Er legte mir seine freie Hand auf die Schulter. »Ich kenn Sie zwar nur kurz, aber ich merk, Sie sind 'n gebildeter Mann. Ihr seid anständige Leute. Ich fahr dann mal los und erzähl's Sandy.«

Und dann riet er mir noch dringend davon ab, in Gadsden zu übernachten. Auch ein Stück weiter in Collinsville sollte ich nicht bleiben, sondern noch zwanzig Meilen weiter bis nach Fort Payne zu fahren, wo es ein viel besseres Motel gebe. Wenn ich jedoch das nächste Mal hier wäre, dann würden er und Sandy mich gern zu sich einladen.

»In welcher Richtung liegt denn Fort Payne?«

Wendell hob den Kopf, schaute in die Dunkelheit zu der kaum erkennbaren Auffahrt und deutete mit dem Kinn in die entsprechende Richtung.

Was Wendell gesagt hatte, selbst wie er meine Schulter umklammert hatte, beeindruckte mich. Ich musste an die vielzitierten Zeilen aus William Faulkners *Absalom, Absalom!* denken: »*Erzähl mir was vom Süden. Wie es dort aussieht. Was sie dort machen. Warum sie dort leben. Warum sie überhaupt leben.*« Faulkner, der unbestrittene Meister des vielschichtigen Erzählens, versucht in mehreren Anläufen diese Fragen zu beantworten. Doch Wendell hatte auf seine Weise eine ebenfalls sehr überzeugende Antwort darauf gefunden, und so fuhr ich ein Stück unbeschwerter in die Nacht.

Dieses Erlebnis gleich zu Beginn meiner Reise hellte meine Stimmung beträchtlich auf. Es war eine von vielen Begegnungen, die mir zeigten, wie der Reisende direkt nach seiner Ankunft in den hiesigen Lebensrhythmus eintaucht, wenn der Süden ihn auf subtile Weise willkommen heißt und ihn schon bald voll und ganz in seinen Bann zieht.

Road Candy: Reisen in Amerika

Die meisten Reiseerzählungen – vielleicht sogar alle, die Klassiker eingeschlossen – berichten von den Mühen und Glücksmomenten, die damit verbunden sind, wenn sich jemand von einem fernen Ort an einen anderen begibt. Es geht um die Herausforderung, ans Ziel zu gelangen, und die damit verbundenen Verwicklungen. Von Interesse ist dabei der Weg, nicht so sehr das Ziel, und meist steht der Reisende – vor allem dessen Stimmungslage – im Zentrum des Geschehens. Ich habe es zu meinem Broterwerb gemacht, mich selbst auf meinen Reisen zu porträtieren. Und viele andere Autoren schreiben ebenfalls auf ganz traditionelle Weise Reiseliteratur, in der ein Ich-Erzähler im Mittelpunkt steht. V.S. Naipaul hat den Reisenden in seinem Buch *In den alten*

Sklavenstaaten recht scharfsinnig als jemanden bezeichnet, der vor einem fremden Hintergrund seine Position bestimmt.

Doch in Amerika zu reisen ist vollkommen anders als irgendwo sonst auf der Welt. Ganz zu Beginn meiner Erkundungen des Tiefen Südens suchte ich einen Lebensmitteladen in einer Kleinstadt von Alabama auf, wo ich mir etwas zu trinken kaufen wollte. Eigentlich hatte ich vor allem deshalb dort angehalten, weil das Geschäft so bodenständig und anheimelnd aussah. Es befand sich in einer Nebenstraße und schien lediglich aus verwitterten Brettern zusammengenagelt. Ein rostiges Coca-Cola-Schild prangte an der Hausfront. Auf der kleinen überdachten Veranda stand eine Bank, auf die ich mich setzen, meinen Durst stillen und mir Notizen machen konnte. Der Betreiber eines solchen Ladens konnte nur jemand sein, der aufgeschlossen und redselig war.

Ein Mann mit Kappe, um die sechzig, stand hinter dem Verkaufstresen und begrüßte mich, als ich den Laden betrat. Ich nahm eine Limo aus dem Kühlschrank, bezahlte die Flasche und sah an der Kasse, dass auf der Theke zahllose bauchige Glasbehälter standen, die an Goldfischgläser erinnerten und mit einzelnen Bonbons gefüllt waren. Schlagartig fühlte ich mich an meine Kindheit erinnert und zurückversetzt in einen Gemischtwarenladen namens Sam's Store, der sich um 1949 in meinem Heimatort Medford, in Massachusetts, an der Kreuzung zwischen Webster und Fountain Street befand. Dort standen auf dem Tresen ebenfalls solche Gläser, bis obenhin voll mit Süßigkeiten.

»Als ich noch ein Kind war«, sagte ich, »haben wir das Penny Candy genannt.«

»Road Candy«, antwortete der Mann, der mir freundlich zugehört hatte. »Kann man unterwegs naschen.«

»Road Candy« klang für mich nach dem perfekten Ausdruck für den Genuss, der einem die Fahrt durch den Tiefen Süden bescherte, für das, was ich sah, was ich erlebte, die Freiheit beim Reisen, die Begegnungen mit den Menschen, was ich dabei lernte.

Über tadellos instand gehaltene Straßen von einem Ort zum nächsten zu rauschen ist so herrlich und einfach. Doch sollte man dabei nicht dem Trugschluss erliegen, dass die guten Straßen ein Beleg für den Wohlstand sind und Amerika leicht zu bereisen ist. Paradoxerweise enden viele amerikanische Straßen in Sackgassen. Die eigentliche Herausforderung besteht also darin, anzukommen, und das in einem Land, das einen starken Hang zur Improvisation hat und eine tiefsitzende Verachtung für Vorschriften jeglicher Art. Doch Amerika sollte sich für mich als ausgesprochen zugänglich erweisen – durchaus im Gegensatz zu seinen Bewohnern, denn diese sind weitaus verschlossener als alle anderen Nationalitäten, denen ich auf meinen Reisen begegnet bin.

In Amerika reist man derart komfortabel, dass sich eine Reiseerzählung nicht lange mit der Beschreibung der eigentlichen Fortbewegung aufhalten kann, also mit dem, was oft den Kern von Reiseliteratur ausmacht. Man befindet sich in der Lage des Prinzen Husein aus *Tausendundeiner Nacht* mit seinem fliegenden Teppich, »der zwar unansehnlich ist, jedoch solche Eigenschaften besitzt, dass, wenn sich einer darauf setzt und auch nur in Gedanken den Wunsch hegt, irgendein Land oder eine Stadt zu besuchen, er sogleich sicher und bequem dorthin getragen wird«.

Eine gefährliche oder unwegsame Straße kann durchaus das Thema einer Reise sein, das Reisen mit einem fliegenden Teppich eher nicht. Im klassischen Reisebericht geht es im Grunde immer noch um die Nacherzählung der *Odyssee* – in moderner Funktionskleidung –, es geht um die Hindernisse, die sich dem Helden in den Weg stellen, und um die glückliche Heimkehr. Das beginnt in der Neuzeit mit Büchern wie *Auf schmalen Pfaden durchs Hinterland* des japanischen Dichters Matsuo Bashō aus dem 17. Jahrhundert, trifft zu auf Werke wie Francis Parkmans *Der Oregon-Treck* von 1849 und auf die großen Reiseberichte unserer Zeit mit den störrischen Kamelen in Wilfred Thesigers *Brunnen der Wüste*, den mörderischen Schlammpfaden in *Kongofieber* von Redmond O'Hanlon und den Fußmärschen eines Bruce Chatwin in dem Buch *In Patagonien.* In Reiseberichten geht es generell um das mühsame Erreichen eines Zielorts.

In Amerika hingegen ist das Reisen praktisch ein Spaziergang, der jede Beschreibung überflüssig macht.

V.S. Naipaul beschreibt in seinem Buch über das Reisen in den Südstaaten das Land als groß, vielfältig und auch teilweise wild. Doch alles sei standardisiert worden, das Land stelle für den Reisenden keine Herausforderungen bereit. In einem Reisebericht könne es daher nicht um die Straßen oder die Unterkünfte gehen. Weiter schreibt er, dass Amerika nicht fremd genug sei. Eine Aussage, die mit Vorsicht zu genießen ist, denn auf seiner Reise durch den Süden beschränkte sich Naipaul auf die größeren Städte, und sein Hauptthema waren die noch heute spürbaren Auswirkungen der Sklaverei. Als hilfreiche Erkenntnis fügt er hinzu, dass Amerika zu bekannt, zu häufig fotografiert, zu ausführlich beschrieben sei und wenig Gelegenheit für unkonventionelle Erfahrungen biete.

Man kann sich natürlich künstliche Hindernisse schaffen und in Pseudoheldentum schwelgen, wenn man seine Erzählung unbedingt nach klassischem Vorbild anlegen will, dem zufolge Reiseschriftsteller viel leiden müssen, Not und Angst ausstehen und absonderliche Rituale über sich ergehen lassen müssen. Viele Autoren tun dies, selbst in diesem sorgenfreien Land. Ich betrachte ihre Bücher als Schilderungen von Pseudostrapazen.

Pseudostrapazen

Manche in Amerika angesiedelte Reiseberichte haben ein gewisses Maß an Erfolg, weil sie erschreckende, gefährliche und riskante Abenteuer vortäuschen, in denen es angeblich um Leben oder Tod geht. Dieses pseudoheldenhafte Genre wurde möglicherweise von Henry David Thoreau begründet, der – obgleich zweifelsohne ein genialer Literat – sich nach seinem Harvard-Abschluss von den

Eltern aushalten ließ und die meiste Zeit im Haus der Familie verbrachte. Zeit seines Lebens (er starb im Alter von nur vierundvierzig Jahren) hatte er gesundheitliche Probleme. Insofern war es keine Übertreibung, als er 1843 in seinem Tagebuch festhielt, dass er ein kränkliches Nervenbündel sei, das wie ein welkes Blatt zwischen Zeit und Ewigkeit hinge.

Damals war er sechsundzwanzig und litt an chronischer Bronchitis, Stimmungsschwankungen und widerholten Schüben der Schlafkrankheit. Obwohl er ein Loblied auf die Natur sang und das Wandern pries, war er alles andere als ein »Naturbursche«. Bekanntermaßen wagte er im Alter von achtundzwanzig Jahren ein Experiment mit der Abgeschiedenheit und baute sich in Massachusetts am Seeufer des Walden Pond eine Blockhütte. In diesem Zusammenhang wird er häufig als Einsiedler beschrieben, der ein einsames Leben in der Wildnis führte. In Wahrheit war er jedoch nur gut anderthalb Meilen von seiner Mutter entfernt, die ihm Essen brachte und seine Kleidung wusch. Wenn er nicht gerade las oder schrieb, vertrieb er sich die Zeit mit Freunden und Bekannten beim Heidelbeersuchen.

Am Walden Pond las Thoreau unter anderem *Taïpi* von Hermann Melville. In dieser farbenfrohen Beschreibung Hawaiis und einer Fahrt mit einem Walfänger im Pazifik desertiert Melville gemeinsam mit einem Kameraden von diesem Schiff, und die beiden finden anschließend Zuflucht auf den abgelegenen Marquesa-Inseln. Dort erlebt er eine idyllische Romanze mit einer grazilen Inselschönheit: »Fayaweh und ich lagen im Boot, die zarte Schöne setzte von Zeit zu Zeit die Pfeife an die Lippen und blies die milden Tabakwölkchen von sich, die ihr frischer Atem noch duftender machte …«

Thoreau – zwei Jahre älter als Melville – konnte nicht wissen, dass der Autor sein Inselerlebnis arg glorifiziert hatte und keineswegs vier Monate, sondern lediglich vier Wochen auf den Marquesas gewesen war. Doch Melville fand mit diesem Buch großen Anklang, und das ausgelassene Abenteuer in diesem fernen, unverdorbenen und fremden Winkel der Welt (mit Kannibalen, Wassernymphen und Nacktheit) beeindruckte auch den zölibatär lebenden und unter Bronchitis leidenden Mann am Walden Pond zutiefst. Zumal er einige Jahre zuvor von der einzigen Frau, die er je liebte, zurückgewiesen worden war. Nach einem Jahr in Einsamkeit drohte ihm endgültig die Decke auf den Kopf zu fallen.

Zum Teil als Antwort auf *Taïpi* und aus dem leidenschaftlichen Wunsch heraus, ein eigenes Abenteuer in der Wildnis zu erleben, über das er dann ebenfalls schreiben konnte, begab sich Thoreau auf eine umständliche Reise nach Maine. Mit dem Zug fuhr er zuerst nach Boston, dann weiter nach Portland, dann mit dem Dampfer den Penobscot River hinauf nach Bangor, wo er auf einen Vetter und zwei Holzhändler traf. Die vier reisten zusammen mit einer wackeligen Postkutsche ins Landesinnere nach Mattawamkeag. Von dort aus ging es mit dem Kanu noch etwa fünfundzwanzig Meilen weiter bis zum North Twin Lake. Thoreau war begeistert von den dortigen Wäldern, die er als wild und undurchdringlich beschrieb, wie sie wohl auch die ersten Siedler erlebt haben mussten. Eine vergleichbare Wildnis hatte er noch nicht erlebt.

Er war überwältigt von der Natur. Endlich hatte er etwas gefunden, das ähnlich wild, ursprünglich und voller Gefahren war wie Melvilles Marquesas. Die kleine Gruppe wanderte durch den Wald bis an die unteren Hänge des Mount Kathadin. Thoreau bestieg diesen Berg allein, wobei er sich – so sagt er – wie Prometheus fühlte. Die Besteigung des Kathadin inspirierte ihn zu einer hinreißenden Beschreibung über die Schönheiten der Natur.

»Die Natur war hier etwas Wildes und Ehrfurchtgebietendes, und doch schön. Ich sah mit Staunen auf den Boden, über den ich schritt, betrachtete die Formen und Gestalten und den Stoff, auf den die Kräfte hier gewirkt hatten. Das war die Erde aus den alten Erzählungen, geschaffen aus dem Chaos und der Nacht. Dies war niemandes Garten, sondern ungezähmte Natur. Es war weder Rasen noch Wiese oder Weide, nicht Wald und Flur, nicht

Acker, nicht Brachland. Es war die junge, natürliche Oberfläche des Planeten Erde, gemacht für die Ewigkeit …«

Diese kleine Spritztour, auf der vier Männer hauptsächlich durch den Wald wanderten, dauerte ganze zwei Wochen. Thoreau machte daraus in *Die Wildnis von Maine* eine ausgedehnte Forschungsreise. Später behauptete er, die Natur dort sei ursprünglicher und schwerer zugänglich gewesen als alles, was Melville auf den entlegenen Marquesas-Inseln erlebt habe. Und er redete sich ein, dass die Sache sehr strapaziös gewesen sei.

Pseudostrapazen dieser Art wurden alsbald fester Bestandteil amerikanischer Reiseliteratur, der sich bis zum heutigen Tag erhalten hat. Henry James muss man zugutehalten, dass er sich in den Beschreibungen seiner langen Zugreisen von Boston nach San Diego nie über Unannehmlichkeiten beschwert hat. Er erwähnt lediglich die an ein Nadelkissen erinnernde Silhouette New Yorks, monierte die optische Hässlichkeit mancher Städte und die Enge in den Reisebussen und war hinterher froh, wieder in London zu sein.

Charles Dickens fand es als Engländer gänzlich unmöglich, in den USA zu leben. Die Erinnerungen an seine USA-Reise hielt er in den *Aufzeichnungen aus Amerika* fest. Diese Einschätzung von Dickens teilen vier weitere aus England stammende Reisende, die in Amerika mit dem Bus unterwegs waren.

Das Gebäude der Hafenverwaltung von New York City sei ein furchteinflößender Ort, an dem man sich vollkommen alleingelassen fühle, klagt die erfolgreiche und ansonsten unerschrockene Ethel Mann in in ihrem Buch *American Journey* (1967) über den Beginn ihrer Busreise, und sie schreibt, man müsse der Versuchung widerstehen, sich niederzusetzen und in Tränen auszubrechen.

Mary Day Winn berichtet in *The Macadam Trail: Ten Thousand Miles by Motor Coach* (1931) von den Strapazen, die sie erlitt, als in Arizona ein bewaffneter Mann ihren Luxusreisebus stoppte. Beim Anblick seiner Pistole habe ein übertrieben geschminktes Mädchen auf dem Platz direkt hinter dem Fahrer schrill gekreischt. Doch statt die Passagiere auszurauben, verlangt der Mann lediglich, sechs von den Frauen im Bus zu küssen. Ehe er die verängstigten Fahrgäste schließlich verlässt, erklärt er noch, dass er es keinen Tag länger ausgehalten hätte, ohne ein hübsches Mädel zu küssen.

Ungemach bereitet es dem englischen Schriftsteller Ernest Young in San Antonio, Texas, dass er so früh aufstehen muss, um den Bus zu seiner *North American Excursion* (1947) zu erreichen. Darin berichtet er über eine Tagesreise von vierhundertdreißig Meilen, was in etwa der Strecke von der schottischen Grenze bis nach Land's End in Cornwall entspricht. Dazu habe er erneut sehr zeitig aufstehen müssen, was ihm nicht sonderlich behagte. Ein überhastetes Frühstück in einer kleinen Hütte an der Straße, während es draußen verregnet und neblig war, erschien ihm nicht als der ideale Beginn einer so langen Reise.

James Morris schreibt in seinem Buch *Coast to Coast* (1965) von Menschen verschiedenster Abstammung, die nach Amerika kamen, um reich zu werden, und dort geblieben seien und nun ein Leben führten wie verwahrloste Tiere. Weiter berichtet er, dass unter solch prekären Umständen Rassenvorurteile entstünden, deren Auswirkungen man häufig in Form von Pöbeleien und Rempeleien im Bus oder auf der Straße beobachten könne – wenn etwa ein betrunkener Schwarzer die Weißen verfluchte, während er sich auf seinen Platz fallen ließ, oder ein Weißer sich rücksichtslos seinen Weg durch eine Gruppe von schwarzen Frauen bahnte.

Obwohl das Buch von Morris ansonsten warmherzig und wohlwollend geschrieben ist, enthält es doch auch immer wieder von Furcht geprägte Betrachtungen. So stellt er beispielsweise fest, dass eine gewisse Brutalität im amerikanischen Alltag stets präsent sei. Außerdem berichtet er von Stürmen, Hochwasser, dem reißenden Rio Grande und starken Böen (die er als Taifun bezeichnet) in Vicksburg, Mississippi. »Gewalt lauert überall.«

Selbst die Zusammenkünfte ehrbarer Geschäftsleute wirken auf ihn »rüde«, ja sogar die Versammlungen einschlägiger Wohltätigkeitsvereine. Dabei war die Reise, die Morris unternahm, gänzlich harmlos und von Wildnis meilenweit entfernt. Trotzdem notiert er, dass die Leute ihn mit impertinenten Fragen bedrängt hätten.

Viele Jahre später wurde durch Geschlechtsumwandlung aus dem James eine Jan. Jan erwarb eine Eigentumswohnung in New York, einer Stadt, auf die sie schon bald ein Loblied sang.

Dazu muss gesagt werden, dass niemand von diesen Reisenden einen Berg bestiegen, sich durch dichten Wald gekämpft oder zu Fuß eine Wüste durchquert hat. Vielmehr waren sie allesamt komfortabel per Bus oder Auto auf intakten Straßen unterwegs. Doch mit ihren heillosen Übertreibungen sind sie keineswegs allein. Viele amerikanische Autoren ergehen sich in Pseudostrapazen und stellen das Unterwegssein auf den Straßen Amerikas als höchst beschwerlich dar. In seinem Buch *Die Reise mit Charley* beschreibt John Steinbeck die Mojawe-Wüste als groß und furchterregend. Als Beispiel für die Gefahren führt er an, wie er auf zwei Kojoten stieß, die ihn aus nur knapp fünfzig Metern Entfernung bedrohlich anstarrten. Er hatte gelernt, dass sie getötet werden müssen. Der investigative Journalist Bill Steigerwald vollzog Steinbecks Reise nach und belegte in seinem Buch *Dogging Steinbeck*, dass der spätere Nobelpreisträger nicht einmal die Hälfte der Orte, die er beschreibt, selbst bereist hat und meistens mit seiner Frau in noblen Hotels abgestiegen war. Ein Großteil seines Buches ist somit also Fiktion, und die Kojoten hat es möglicherweise nie gegeben.

In *Der klimatisierte Alptraum* schildert Henry Miller seine Reise von New York nach Los Angeles (Ende 1940 bis 1941). Darin schreibt er zu Beginn: »Ich fühlte das Bedürfnis, mich mit meinem Heimatland auszusöhnen.« Doch später bezeichnet er das Unterfangen als »bedrückende Reise durch Amerika«. Sein Buch ist voll von Klagen über die Langeweile während der Fahrt, das schlechte Essen (ein ganzes Kapitel widmet er seiner Empörung über die schlechte Qualität von amerikanischem Brot) und die hässlichen Städte.

St. Louis ist für Miller ein besonderer Horror: »Die Häuser scheinen mit Rost, Blut, Tränen, Schweiß, Galle, Schleim und Elefanten-Dung herausgeputzt zu sein … Nichts kann mich mehr erschrecken als der Gedanke, dazu verdammt zu sein, den Rest meiner Tage in einem solchen Ort verbringen zu müssen.« Kalifornien gefällt ihm auch nicht besser und verursacht ihm zudem Brechreiz: »Ich hatte Lust zu kotzen. Aber man braucht eine Erlaubnis, um sich öffentlich zu übergeben.«* Ein Jahr nach diesen Strapazen verlegte Miller seinen Wohnsitz nach Kalifornien. Zunächst lebte er in Big Sur, und seinen Lebensabend verbrachte er in Los Angeles – als glücklicher Mann, wie er selbst sagte.

Das beschwerliche Amerika ist auch das Thema des Buches *Desert Solitaire: A Season in the Wilderness* von Edward Abbey. Darin beschäftigt er sich allerdings ausschließlich mit den rauen Elementen. Außerdem stellt er fest, dass man zu Fuß, vom Pferderücken aus oder mit dem Fahrrad innerhalb einer Meile mehr sehen, spüren und genießen könne als motorisierte Touristen auf hundert Meilen. Dabei verschwieg er allerdings, dass er selbst Auto fuhr. Allein das Wort *Wildnis* klinge schon wie Musik, so schrieb er. Während er die Einsamkeit und den innigen Kontakt mit der Natur im Süden Utahs preist, versäumt er es zu erwähnen, dass er über fünf Monate hinweg mit seiner dritten Frau Rita und dem gemeinsamen kleinen Sohn in einem Wohnwagen lebte, und zwar unweit von seinen trinkfesten Kumpels und einer Stadt mit Saloon.

In *Mississippi: Roman einer Reise* schrieb mein Freund Jonathan Raban über seine Fahrt mit einem kleinen Motorboot auf dem Mississippi. Er kann Reiseerlebnisse wunderbar anschaulich

* Henry Miller, *Der klimatisierte Alptraum*. Übersetzung von Kurt Wagenseil, Hamburg 1977.

wiedergeben, lokale Besonderheiten scharfsinnig analysieren, und sein Buch ist besonders kenntnisreich und humorvoll. Als Ausländer nimmt er in diesem Land vieles wahr, was Amerikaner zumeist übersehen. Auch wenn er sich in seinem Buch kaum über Pseudostrapazen auslässt, erschreckt er sich an einer Stelle sehr über einen Vogelschwarm. Am zu Illinois gehörenden Ufer sah er einen abgestorbenen Baum, der offenbar als Schlafquartier für eine Gruppe großer Vögel diente, vor denen er sich fürchtete, weil sie seiner Ansicht nach nichts Gutes im Schilde führten. Daraufhin kramte er hektisch seine Sonnenbrille hervor – besessen von dem Gedanken, dass sie als Erstes versuchen würden, ihm die Augen auszuhacken.

So bedrohlich die Vögel auch auf ihn wirkten, sie verschonten den reisenden Engländer und seine Augen. Im weiteren Verlauf übersteht er noch eine Schlechtwetterperiode, eine glücklose Liebesaffäre, ist einmal dem Ertrinken nahe, kommt dann jedoch mit heiler Haut in New Orleans an. Eine weitere – wenngleich weniger ambitionierte – Reisende, die in jüngerer Zeit den Mississippi entlangsegelte, ist Mary Morris, die in *River Queen* genüsslich allerlei Pseudostrapazen ausbreitet. Das Schiff sagt ihr nicht zu, ihre Mitreisenden, Tom und Jerry, gehen ihr auf die Nerven. Das Essen findet sie widerlich. In einer Schimpftirade fasst sie zusammen, wie sehr sie Pizza verabscheue und sich dringend anständiges Essen, eine Dusche und überhaupt etwas mehr Komfort wünsche.

Eine Wanderung auf dem Appalachian Trail, dem bekannten US-Fernwanderweg, sollte für einen gesunden Menschen eigentlich ein anregendes und bereicherndes Erlebnis sein. Viele Menschen haben ihn schon bewältigt. Bill Bryson, der zusammen mit einem Freund diesen Weg für sein Buch *Picknick mit Bären* in Angriff nahm, berichtet darin über einen der Klassiker unter den Pseudostrapazen: seine Begegnung mit einem Bären, als er in Virginia nahe einer Quelle im Zelt übernachtete. Ein Bär – möglicherweise auch zwei, denn er konnte nur die Augen erkennen –

kam dort zum Trinken vorbei. Bryson schreckte hoch und griff instinktiv nach seinem Messer, fand es jedoch nicht, sondern lediglich einen Nagelknipser. Selbstironisch schreibt er weiter, dass Schwarzbären nur sehr selten angriffen, doch manchmal täten sie es eben doch. Wenn sie jemanden töten und fressen wollten, dann seien sie dazu in der Lage, und zwar so ziemlich jederzeit.

Dies sei schließlich Amerika, konstatiert er an anderer Stelle, wo man ständig mit Mord und Totschlag rechnen müsse.

Doch die Bären lassen ihn in Ruhe, er wird nicht getötet und erleidet bis auf die Blasen an den Füßen auch kaum Unannehmlichkeiten in seinem – trotz der darin ausgebreiteten Pseudostrapazen – lesenswerten Buch.

Elijah Wald beschreibt in seinem Buch *Riding With Strangers* (2006), wie er zu Beginn einer Reise quer durchs ganze Land an einer Raststätte außerhalb von Boston im Regen steht und darauf wartet, dass ihn endlich der erste Autofahrer per Anhalter mitnimmt. Doch dieses Abenteuer wird an Selbstironie und Witz noch übertroffen von John Waters, der – einfach zum Spaß – von Baltimore nach San Francisco trampte und darüber ein Buch namens *Carsick* schrieb, in dem es vor Pseudostrapazen nur so wimmelt. Er gibt jedoch offen zu, dass die meisten davon nur dem furchtsamen und fiebrigen Hirn eines reichen schwulen Filmregisseurs entsprungen seien, der sich genauso gut einen Flug erster Klasse hätte leisten können, sich jedoch nach ein bisschen Mühsal gesehnt habe, um seine Reise mit etwas Schweiß und Staub zu würzen.

Es gibt noch viele andere ähnlich geartete Bücher – Hunderte, vielleicht Tausende, doch alle widmen sich auf ihre ganz eigene, aufschlussreiche Weise dem Reisen an entfernte Orte und stellen die USA als fremdes, unwirtliches Gelände dar, wo das Unterwegssein ein riskantes Abenteuer, ja ein geradezu lebensgefährliches Unterfangen sei.

Sieht man von diesen Übertreibungen einmal ab, sind einige von diesen Büchern durchaus lesenswert. Was ihnen allerdings fehlt, ist die schlichte Feststellung, dass dem Reisenden in den Vereinigten Staaten nur selten ernstzunehmende Steine in den Weg gelegt werden. Die Reiseautoren sind zu Fuß, mit dem Boot, per Anhalter oder als Camper unterwegs und bauschen alles kräftig auf, um auf sich aufmerksam zu machen. Dabei ist doch nichts leichter, als dieses Land auf seinen Straßen zu durchqueren. Das Autofahren wird ganz besonders von Larry McMurtry in seinem Buch *Roads: Driving Americas Great Highway* (2000) gefeiert. Darin sinnt er über das Reisen mit dem Auto nach und stellt sich die großen Straßen als Flüsse vor. Auf manchen lässt er sich einfach mit der Strömung treiben, und bei anderen muss er gegen den Strom ankämpfen. In diesem erfreulichen Essay über das Durchqueren des Landes geht es auch um alberne Selbstgespräche am Steuer, Tagträumereien während der Fahrt, Erinnerungen an Bücher, alte Filme, Nachdenken über Vergangenes. Der Autor bezeichnet dies als stumpfsinniges Fahren, begleitet von minimalem Denkeinsatz.

McMurtry bezeichnet den Highway 90 einmal liebevoll als seinen guten alten Freund, und an anderer Stelle schreibt er, dass er eine Stunde lang durch Alabama fährt. Dabei muss er allerdings geflogen sein, denn es geht um die Strecke von Duluth nach Wichita, die rund 770 Meilen lang ist. Dazu merkt der Autor an, dass er nie weiter als hundert Meter vom Highway abfahren musste, wenn er tanken, etwas essen oder eine Toilette aufsuchen wollte. Oder im Motel übernachten, hätte er noch ergänzen können. Sein Buch gibt recht treffend wieder, wie ich das Reisen in Amerika empfinde. Der einsame Roadtrip ist in vielerlei Hinsicht eine Zen-ähnliche Erfahrung, die – versüßt durch »Road Candy« – so in keinem anderen Land der Erde denkbar ist.

Trotzdem treten beim Reisen in den USA gelegentlich doch Hindernisse auf, zumindest wenn es einem darum geht, das Land wirklich kennenzulernen. Obwohl wir von Natur aus aufgeschlossen sind, reagieren wir abweisend, wenn Fremde *zu* offensiv werden. Unsere Herzlichkeit kühlt dann spürbar ab, verschwindet alsbald ganz und weicht skeptischer Zurückhaltung. Wir haben zwar zu allem eine Meinung, schätzen aber Widerspruch oder eindringliche Fragen nicht sonderlich. Und Reisende haben ja oft recht viele Fragen. Amerikaner reden gern den lieben langen Tag, sind allerdings ausgesprochen schlechte Zuhörer.

Amerikaner haben mit den Angehörigen indigener Volksgruppen in aller Welt eines gemeinsam: ihre tiefe Skepsis gegenüber zu persönlichen Fragen. Wir behaupten zwar, dass wir andere Ansichten tolerieren, doch sobald jemand einen abweichenden Standpunkt mit Vehemenz vertritt, gilt er schnell als unsympathisch oder gar als Feind. Konträre Meinungen werden häufig als Angriff verstanden, obwohl man das bei unserem Faible für die Freiheit niemals ahnen würde. Einwanderer, Flüchtlinge, Menschen, die Tyrannei und Schrecken in ihrer Heimat hinter sich gelassen haben und vor allem wegen dieser Freiheit nach Amerika gekommen sind, sind uns häufig zu kompromisslos und kritisch. Widerspruch tolerieren wir nur, wenn er uns nicht direkt betrifft und wir nicht gezwungen sind, uns damit auseinanderzusetzen.

Der große Vorzug unseres Landes besteht in seiner Größe und der vergleichsweise geringen Bevölkerungsdichte, wodurch reichlich Platz für jeden Einzelnen vorhanden ist. Das schafft Raum für Artenvielfalt, die häufig mit Toleranz verwechselt wird. Der wahre Reisende wagt es, in diesen Raum einzudringen.

Wieder zum Reisenden werden

Auf meiner Fahrt gen Süden stellte es sich wieder ein, dieses längst vergessene Gefühl, ein Reisender zu sein. Da das »Loskommen« so mühelos vonstattenging und ich mich förmlich auf die Straße hinauskatapultiert fühlte, entdeckte ich meine Freude am Reisen schnell wieder, die ich zu jener Zeit empfunden hatte, als man auf Flughäfen noch keine Warteschlangen, Kontrollen, Beleidigungen und Eingriffe in seine Privatsphäre über sich ergehen lassen musste. Dieses ganze Prozedere ist eine einzige Zumutung, die einem das ganze Reiseerlebnis verleiden kann. Zudem findet es statt, noch ehe man sich überhaupt vom Fleck bewegt hat. Vor Flugreisen muss man sich heutzutage einem richtiggehenden Verhör aussetzen.

Früher ist man einfach aufgebrochen, hat sein Ticket vorgezeigt und ohne weitere Gepäck- oder Gesinnungskontrolle das Flugzeug bestiegen, das kurz darauf gestartet ist. In früheren Zeiten meines Lebens als Reisender war das für mich immer ein besonderer Glücksmoment.

Das Reisen ist inzwischen mit unerträglich vielen Ärgernissen verbunden, die zum Teil noch vor der Abreise beginnen. Das Geschehen am Flughafen ist nicht nur ein lästiger Vorgeschmack auf die Affronts, die einem unterwegs noch bevorstehen, sondern auch eine unschöne Methode, um den potenziellen Reisenden daran zu erinnern, dass er oder sie im Heimatland als Fremdling angesehen wird. Und nicht nur das. Obendrein als potenzielle Gefahr, als Unruhestifter, wenn nicht gar als Terrorist. Mit viel Brimborium büßt man Schuhe, Gürtel und Jacke ein, wird bloßgestellt und durchleuchtet, während man ungeduldig mit den Hufen scharrt und eigentlich nur weg will.

Der Flughafen ist ein einziger Hindernisparcours, der einem die Lust am Reisen gründlich verderben kann. Im Laufe der letzten Jahre hat sich das Geschehen auf Flughäfen zu einer Art Totalitarismus entwickelt, wobei man bewusst entmündigt und pauschal verdächtigt wird und keinerlei Einfluss auf das Prozedere hat. Die Befragungen sind derart plump, dass man nur mit mühsam verhohlener Wut darauf reagieren kann, wie sie früher Reisende in Osteuropa begleitet hat, wo Polizeischikane an der Tagesordnung war. Einst war Reisen eine Befreiung, jetzt ist das Gegenteil der Fall – zumindest wenn man das Flugzeug wählt. Jüngere Reisende haben keine Vorstellung davon, was für ein Verlust das ist.

Diese Grenzüberschreitung zu akzeptieren und sich dabei auch noch kooperativ zu zeigen (»Es geschieht doch alles in meinem eigenen Interesse«) ist mehr als ärgerlich, denn wir beruhigen uns mit denselben Argumenten und Ausflüchten, die schon immer geholfen haben, dass repressive Diktaturen und Gewaltregimes sich behaupten konnten. Wenn man auf den Flughäfen Reisende systematisch ihrer Würde beraubt und sie zwingt, sich dieser Praxis zu fügen, ist dies das genaue Gegenteil von dem, wonach man als Reisender strebt. Wir leben in der Tat in gefährlichen Zeiten, aber wenn das bedeutet, dass wir keinerlei Recht mehr auf Privatsphäre haben, dann lohnt es sich kaum, sich überhaupt auf den Weg zu machen.

Doch es gibt eine Alternative – zumindest für die Glücklichen, die in einem so großen Land wie den USA leben und damit die Chance haben, Flughäfen generell zu meiden und sich stattdessen auf die Straße zu beschränken. Selbst die rostigste Schrottkiste ist immer noch besser als ein Flugticket erster Klasse, das man sich durch unwürdige Kontrollen und Leibesvisitationen erkauft. Wenn man hingegen ins Auto steigt und Gas gibt, hat niemand das Recht, dies in Frage zu stellen. In diesem Fall gibt es kein nervtötendes Vorgeplänkel, sondern man kann von einem Moment auf den anderen verschwinden.

Das Reisen bringt heute die zweifelhafte Errungenschaft mit sich, dass man eine Vielzahl von Flughäfen mit all ihren Unannehmlichkeiten passieren muss, wenn man in der Ferne einen kurzen Hauch von Exotik erleben will und dabei der Illusion erliegt, dass darin das Reisen besteht: Wie ein Geschoss in eine Röhre gestopft und dann wie aus einer Kanone abgefeuert zu werden. Denn genauso fühlen sich die meisten von uns in dieser Situation – wie eine menschliche Kanonenkugel, verwirrt und benommen, zusammen mit jeder Menge anderer Kanonenkugeln.

Doch es gibt einen besseren Weg, der echter und ursprünglicher ist – den guten alten Highway, die Straße über Land.

Nach Süden

Ohne ein konkretes Ziel im Hinterkopf, war ich an einem nebelfeuchten Herbstmorgen vom heimatlichen Cape Cod aus aufgebrochen und steuerte mein Auto gen Süden, zuerst in Richtung New York und dann vorbei an Washington, D.C. Auch als die Sonne längst untergegangen war, fuhr ich noch weiter und erreichte bei Dunkelheit Front Royal, Virginia. Es war Oktober. Ich wollte in den Tiefen Süden, hatte also noch eine lange Strecke vor mir. Doch ich kannte schon den angenehm tranceartigen Zustand, der sich auf langen Autofahrten einstellt – die Highway-Hypnose, das Fixiertsein auf die weißen Markierungen am Fahrbahnrand bei längeren, wenig befahrenen Abschnitten: das Satori der freien Strecke, wenn aus dem gewöhnlichen Autofahren ein höherer spiritueller Pfad wird.

Normalerweise war ich vor dem Aufbruch zu einer längeren Reise immer auch ein bisschen nervös. Doch diesmal empfand ich nichts als Freude und Ungeduld, endlich zu starten. Kein Reisepass, keine Sicherheitskontrollen, keine feste Abflugzeit, keine Warteschlangen. Mit diebischem Vergnügen tat ich ein Klappmesser in meine Reisetasche. Außerdem nahm ich reichlich Lektüre mit. Dazu ein Zelt samt Schlafsack, für alle Fälle. Ich leerte den Kühlschrank und packte einen Proviantvorrat zusammen – Saft und hartgekochte Eier, eine Dose mit selbstgekochtem Chili, Käse, Obst und ein paar Weinflaschen.

Ehe ich mich versah, erreichte ich den Tiefen Süden, weil es schlichtweg so großen Spaß machte, mit dem eigenen Auto unterwegs zu sein. Ich genoss die Freiheit, vorab keine großen Pläne machen zu müssen, denn nur in Amerika kann man ganz unbesorgt ins Blaue fahren: Jedes noch so unbedeutende Städtchen besitzt eine Übernachtungsmöglichkeit – in der Regel etwas außerhalb gelegen, zumeist ein heruntergewirtschaftetes Motel – und ein Lokal, in dem man etwas zu essen bekommt – im besten Fall einen Soul-Food-Imbiss mit traditionell-afroamerikanischer

Küche, vermutlich jedoch eine Filiale einer Fastfood-Kette wie Hardee's, Arby's, Zaxby's oder Lizard's Thicket. Oder es gibt einen eigenständigen Hähnchengrill, wo es zwar penetrant nach Bratfett riecht, man jedoch freundlich empfangen wird. Typischerweise waren es kleinere Läden, wo in einer Theke das Tagesangebot ausgestellt war: Fisch, Geflügel, Burger, Kartoffeln oder sogar frittierte Pies – einfache Gerichte für jedermann. Große Städte oder Küstenorte mied ich. Stattdessen konzentrierte ich mich auf die Region Lowcountry, den Black Belt, das Mississippi-Delta, das Hinterland und die Provinzorte.

Im Vorfeld der Präsidentschaftswahlen 2012 ging es in den Debatten der Kandidaten immer wieder um die amerikanische Mittelschicht und wie sehr sie unter Druck stehe, viel zu hoch besteuert werde und unter Schulden und Unsicherheit leide. Alle Kandidaten legten dar, wie sie diese Klasse retten wollten, und warben um deren Stimmen. Auf dem Weg nach New Jersey hörte ich im Radio, dass fünfzehn Millionen Amerikaner in Armut lebten, von denen die wenigsten dort wohnten, wo ich zu Hause war, sondern überwiegend in der Region, die ich gerade ansteuerte. Sechzehn Prozent der Amerikaner gelten offiziell als arm. Im Süden sind es hingegen zwanzig Prozent. Hier gibt es Gegenden, wo die Schere bei den Einkommen heute weiter auseinanderklafft als je zuvor in der Geschichte. Die Präsidentschaftskandidaten sagten nicht, dass sie die Armen retten wollten.

»Das Wort ›arm‹ wird vermieden«, sagte mir ein Sozialarbeiter zu Beginn meiner Reise in Alabama, »denn ›arm‹ ist ein anderes Wort für ›schwarz‹«.

Ich war gespannt auf die Armen im Süden. Es ist unmöglich, die Landstraßen im Süden zu befahren, ohne regelmäßig in Kontakt mit der amerikanischen Unterschicht zu kommen. Zu meiner Reise war ich aus den üblichen Gründen aufgebrochen: weil ich ruhelos und neugierig war und Gegenden besuchen wollte, die ich noch nicht kannte. Wenn wir reisen, dann tun wir dies aus Vergnügen; um mit einem »Ich bin dann mal weg« die Tür zu-

zuschlagen; aus Lust auf einen Luftwechsel; zur Erbauung; um damit prahlen zu können, was wir alles gesehen haben; weil es uns vielleicht verändert und wir ganz voyeuristisch ein bisschen Exotik betrachten wollen.

»Du bist doch schon überall gewesen«, bekomme ich immer wieder zu hören, aber das ist lächerlich. Ja, ich hatte Patagonien, den Kongo und den indischen Bundesstaat Sikkim bereist, aber als Amerikaner kannte ich die landschaftlich schönsten US-Bundesstaaten noch nicht und war noch nie in Alaska, Montana, Idaho oder den beiden Dakotas gewesen, und von Kansas und Iowa hatte ich bisher auch nur einen ganz flüchtigen Eindruck bekommen. Und der Tiefe Süden war mir noch gänzlich fremd. Ich möchte diese Staaten kennenlernen und erleben, nicht einfach nur dort einfliegen, sondern sie mir langsam, über abgelegene Straßen erschließen und mich über gängige Regeln hinwegsetzen – wie zum Beispiel der Regel, nie in Restaurants zu essen, die »Mom's« im Namen führen, oder mit jemandem Karten zu spielen, der sich »Doc« nennt …

Nichts ist für mich aufregender, als sehr früh am Morgen zu Hause aufzustehen, in mein Auto zu steigen und loszufahren – auf eine lange, verschlungene Reise durch Nordamerika. Ich kann mir nur wenig Schöneres vorstellen, als gänzlich frei zu sein beim Reisen – ohne Körperscan, Reisepass, Flughafengewirr, sondern einfach mit quietschenden Reifen davonzufahren und eine Staubwolke zu hinterlassen. Lange, mehr oder weniger improvisierte Fahrten mit dem Auto quer durchs Land sind etwas durch und durch Amerikanisches. Diese Tradition ist mit dem Aufkommen zuverlässiger Kraftfahrzeuge zu Beginn des vorigen Jahrhunderts entstanden.

Die erste Fernstraße, die sich durch das ganze Land zog, war der 1913 eröffnete Lincoln Highway. Diese Verbindung zwischen New York und San Francisco ist eine Nationalstraße, die aus etlichen, von Osten nach Westen verlaufenden Straßen »zusammengestückelt« ist. Sie war kein staatliches Projekt, sondern ein Vorhaben, das von privaten Geschäftsleuten vorangetrieben wurde. Diese Männer, die allesamt mit der Automobilindustrie in Verbindung standen, wurden von Carl G. Fisher koordiniert, der in Indianapolis Autoscheinwerfer herstellte (er errichtete außerdem die Rennstrecke Indianapolis Speedway). Um etwa die gleiche Zeit entstand auch eine durchgängige Nord-Süd-Verbindung. Scott und Zelda Fitzgerald unternahmen darauf 1920, drei Monate nach ihrer Hochzeit, eine viel beachtete Fahrt in einem Sportwagen der Marke Marmon, Baujahr 1918, und fuhren damit von Connecticut nach Alabama. Scott schrieb darüber sein launiges Buch *The Cruise of the Rolling Junk*, eine der ersten amerikanischen Beschreibungen einer Autoreise.

Viele weitere sollten folgen. Die wichtigsten Autoren sind Henry Miller, Kerouac, Steinbeck und William Least Heat-Moon mit *Blue Highways*. Die Autofahrten, die Vladimir Nabokov mit seiner Frau am Steuer durch ganz Amerika unternahm, mündeten in *Lolita*, einem Roman, der im Übrigen ebenfalls als Roadtrip angelegt ist. *The Dog of the South* von Charles Portis ist einer der ganz großen Romane über eine Autofahrt quer durch Amerika, die in Arkansas beginnt und in Honduras endet. Es geht um eine wilde Tour, die ausgesprochen unterhaltsam geschildert wird und auch kluge Einsichten liefert, beispielsweise wenn der Autor feststellt, dass das einsame Fahren gelegentlich einer spirituellen Erfahrung gleiche.

Seitdem es Kraftfahrzeuge gibt, gibt es auch Erzählungen über Autofahrten, nicht nur in Amerika. Rudyard Kipling gehörte zu den ganz frühen Autofahrern. 1910 kaufte er sich einen Rolls-Royce und ließ sich damit von seinem Chauffeur durch ganz England kutschieren, während er sich dabei Notizen machte. Die amerikanische Schriftstellerin Edith Wharton war eine enthusiastische Autobesitzerin – sie unternahm ihre erste Fahrt im Jahr 1902, kaufte sich 1904 einen Panhard & Levassor und später einen schwarzen Pope-Hartford. Im ersten Satz ihres Buches *Frankreichfahrt* stellt Edith Wharton fest, dass durch das Automobil das Reisen wieder romantischer geworden sei. Genau wie Kipling hatte sie einen Chauffeur, und häufig nahm sie ihren unverheirateten Freund Henry James mit. James liebte ihre Autos und bezeichnete die neueste Anschaffung als *»vehicle of passion«*.

Colm Tóibín schrieb in der *Vogue* über sein Buch *Porträt des Meisters in mittleren Jahren*, dass James sie verehrte und ihre Energie bewunderte. Während einer Hitzewelle bei einem seiner Aufenthalte in ihrem Haus (*The Mount* genannt) in Massachusetts fand er nur Erleichterung, wenn sie ununterbrochen mit dem Auto unterwegs waren. Täglich fuhren sie meilenweit durch die Landschaft, die von der Hitze wie erstarrt war, berichtet Edith Wharton. Diese Fahrten erfrischten ihn und hoben seine Stimmung.

Während sich die Straßen in Amerika allesamt gleichen und frei von Hindernissen sind, unterscheiden sich die hiesigen Orte und Menschen erheblich voneinander und sorgen für andere Probleme. Die Straßen sind im Allgemeinen mühelos zu bewältigen, selbst wenn sie viel befahren sind. Dadurch haben die unvermittelten Ankünfte und Begegnungen manchmal etwas leicht Surrealistisches an sich: Ich fahre zu Hause auf Cape Cod los, wo mir alles so unendlich vertraut ist, und finde mich am Ende des Tages noch immer auf der gleichen Straße in einer gänzlich anderen Umgebung wieder, unter Menschen, die zwar durchaus freundlich, aber auch ein wenig reserviert sind.

In Afrika, China, Indien und Patagonien scheinen die Einheimischen immer sehr dankbar zu sein, wenn Fremde bei ihnen auftauchen. Das macht Reiseberichte in der Regel spannend und lebendig. Doch in den Vereinigten Staaten veranlasst der Besuch eines Mitbürgers niemanden, besondere Gastfreundschaft an den Tag zu legen oder die arabische Grußformel *»Salam aleikum ya dayf al-Rahman!* – Friede sei mit dir, Gast des Barmherzigen!« –

beziehungsweise die Hindi-Variante »Willkommen! *Atithi devo Bhava!* Der Gast ist Gott!« auszusprechen.

Stattdessen wird man vielfach skeptisch, feindselig oder gleichgültig empfangen. Dadurch ist es in den USA manchmal schwieriger, Kontakte zu knüpfen, und die Menschen sind oft verschlossen und misstrauisch, sodass ich mich hier manchmal fremder fühle als an weit exotischeren Orten, die ich in meinem Leben schon besucht habe.

Die unsichtbaren zwanzig Prozent

Ich reiste mit großer Neugier in den Süden, weil ich bisher nur selten dort gewesen war und denkbar wenig darüber wusste. Es ist allgemein bekannt, dass es in den schöneren Ecken der Südstaaten durchaus Reichtum, Eleganz, wohlhabende Städte und Unbeschwertheit gibt, weitläufige Anwesen, Pferdefarmen, gehobene Gastronomie, noble Vororte und einige der gefragtesten Immobilien in ganz Amerika.

Doch das ist der alte Süden, den man auch als »Old Magnolia South« bezeichnet. Nicht weit davon und doch Welten entfernt, gibt es Hunger, Elend und enorme Armut. Denn in diesen sonnenverwöhnten Staaten befinden sich zugleich auch die ärmsten Gegenden Amerikas. Statistiken besagen, dass etwa zwanzig Prozent unterhalb der Armutsgrenze leben. Es ist ein Paradox, dass diese Menschen in den schönsten Gegenden des Südens zu Hause sind: auf dem Land, im Lowcountry von South Carolina, im Black Belt von Alabama, im Mississippi-Delta, auf dem Ozark-Plateau in Arkansas. Die Armen dort sind (wie ich feststellen sollte) auf ihre eigene Weise ärmer, schlechter gestellt und verzweifelter als viele Menschen, die ich auf meinen Reisen in den notleidenden Regionen Afrikas und Asiens traf. Sie leben im abgeschiedenen Hinterland, in nicht mehr intakten Gemeinschaften, sterbenden Städten und wirklich am Rand der Gesellschaft.

Die ärmeren Amerikaner, die mit sehr wenig auskommen müssen, legen großen Wert auf ihre Privatsphäre – sie ist in vielerlei Hinsicht das Letzte, was ihnen geblieben ist, und das wollen sie sich keinesfalls auch noch nehmen lassen. Dies ist eine Herausforderung für den Reisenden, der gern erfahren möchte, was Menschen tun, wenn sie auf den ersten Blick nichts tun.

Der Reisende erschließt sich gewissermaßen das Land, indem er eine ganz eigene Fahrtroute wählt. Doch was er unterwegs erlebt, kann der wahrhaftig Reisende nicht erfinden, und diese Erfahrungen bilden ja den Stoff seiner Erzählung. Viele Bücher sind geschrieben worden über die augenfälligen Reize des Südens. Ich habe mir jedoch angewöhnt, die pulsierenden Städte mit ihren offenkundigen Annehmlichkeiten links liegenzulassen und lieber weiterzufahren in kleinere Städte und Provinznester, um den unsichtbaren zwanzig Prozent zu begegnen.

Inder im Süden

Die Straße, die aus Fort Royal hinausführt (»Gibt nur die eine«), führt mit einem Schlenker über den Skyline Drive (»Is nich zu verfehlen«) durch den Shenandoah National Forest. Die Fahrt ist an diesem sonnigen Herbsttag besonders schön und spektakulär. Das welke Laub leuchtete in Rot- und Gelbtönen und wehte wie kleine Stofffetzen über die schmale, kurvenreiche Straße oben auf dem Bergkamm, von dem aus man das rund neunhundert Meter tiefer gelegene Tal überblicken konnte – und ich musste an den Großen Afrikanischen Grabenbruch denken.

Wenn Amerikaner auf Reisen waren, stellen sie nach ihrer Heimkehr unweigerlich Vergleiche an. Bilder aus Ostafrika gingen mir durch den Kopf, als ich gemächlich an New Market, an Harrisburg und Wytheville vorbeifuhr. Mir fielen die Dornenbäume, das Hochland, die Dörfer und die Inder ein, die überall in Ostafrika als Ladenbesitzer und Kleinhändler ihren Lebensunterhalt verdienten und *dukawallahs* genannt wurden. Aber der Große Grabenbruch, in jüngerer Zeit Schauplatz von blutigen Stammesmassakern und daher Ansiedlungsort von Flüchtlingsdörfern, wirkte im Vergleich zu dieser majestätischen Landschaft geradezu klein und unscheinbar.

Bestens gelaunt fuhr ich den ganzen Tag durch diese golden leuchtenden Berge mit dem herabfallenden Laub und dem angenehmen Mulchgeruch, der durch das Fenster hereindrang.

Bei Einbruch der Dämmerung betrat ich in Bristol, im südöstlichsten Zipfel von Virginia am Rand der Appalachen, den Eingangsbereich eines einfachen Motels, wo mir eine Räucherstäbchen-Wolke entgegenschlug, die einen starken Currygeruch nur teilweise überdeckte. Genauso roch es in Indien überall und in jedem indischen *duka* (oder Laden) in Afrika ebenfalls.

»Ja, bitte?«

Ein kleiner Mann kam mit gerunzelter Stirn durch den Perlenvorhang, der an der nach hinten führenden Tür angebracht war – auch eine indische Reminsizenz. Ihn umgab eine exotische Duftwolke, die ihre ganz eigene Geschichte erzählen könnte, denn hinter dem Vorhang brachte man mit Duftstäbchen den Göttern ein Rauchopfer dar, womit sich zugleich andere Gerüche überdecken ließen. Die Räucherstäbchen waren allerdings so intensiv, dass einem die Augen davon brannten.

In einer ansonsten von Schwarzen und Weißen geprägten Gegend machte dieser Mann besonderen Eindruck auf mich, denn er war der erste Inder, den ich im Süden traf. Er trug einen Stirnpunkt und war der Besitzer des Motels. Tankstellen, Gemischtwarenläden und Motels sind fest in indischer Hand, und dieses hier war lediglich das erste von vielen weiteren auf meiner Reise. Hinter vorgehaltener Hand erzählt man sich, dass die Weißen diese Geschäfte aus Trotz an Inder verkauft haben, um sie nicht in die Hände von Schwarzen zu geben. Ich habe Hunderte von Indern getroffen, die fast alle aus dem Bundesstaat Gujarat in Westindien stammten und zumeist erst vor kurzem eingewandert waren.

Er hieß Mr Hardeep Patel und kam aus Surat in Gujarat. Gujaratis, die von den Punjabis geringgeschätzt werden, sind einfache Inder, die in Ost- und Zentralafrika als Kleinhändler tätig sind, in Großbritannien kleine Läden und Postagenturen an Hauptstraßen betreiben und im Süden der USA eben Motels. Mr Patel war zunächst nach Kanada ausgewandert, dort einige Jahre geblieben und dann über die Grenze in die USA gekommen. Spontan würde man denken: Der arme Mann, der hier ganz allein sein Unternehmen am Laufen halten muss! Aber in der Regel erfährt man von ihnen sehr schnell, dass sie mit sämtlichen anderen Gujaratis – den Patels, den Desais und den Shahs – in der Stadt oder im Viertel verwandt sind.

»Ich kannte ein paar Leute hier, andere Inder, die schon Motels hatten. Die haben mir geholfen.«

»Gibt es in Bristol Inder?«

»Fünfzehn Familien.« Interessant: Er sprach nicht von Einzelpersonen, sondern von Familien, der wichtigsten gesellschaftlichen Einheit in Indien.

Am Morgen, nachdem die sieben oder acht Zimmer des »Budget Inn« geräumt waren, sah ich Mr Hardeep Patel, wie er höchstpersönlich einen Wäschewagen von einem Raum zum nächsten schob und mit Bettwäsche und benutzten Handtüchern belud. Auch nach fast vierzig Jahren putzte er offenbar immer noch selbst und hatte – zumindest an diesem Morgen – keine Bediensteten, die ihm dabei halfen. War das ein Anzeichen dafür, dass seine Geschäfte schlecht liefen und Mr Patel chronisch knapp bei Kasse war? Nein, vermutlich war es eher die Erklärung für den Lexus, der vor seiner Tür parkte.

In den Südstaaten gibt es noch eine weitere Gruppe von Einwanderern. Einige Jahre lang gab es für indische Ärzte eine schnelle Möglichkeit, ein US-Visum zu bekommen, wenn sie sich bereit erklärten, in den ärmeren Gegenden Amerikas tätig zu sein (die offiziell als unterversorgt eingestuft sind). Dieses Programm heißt inzwischen »National Interest Waiver«.

In diesem Rahmen wurden seit den neunziger Jahren Tausende Visas bevorzugt erteilt. Doch was die Betreffenden im Nachhinein taten, wurde nie überprüft. Viele dieser Visas wurden im US-Konsulat von Madras ausgestellt, und zwar an Ärzte im Bundesstaat Tamil Nadu und auch in Hyderabad, im angrenzenden Andhra Pradesh – in der Annahme, dass die Empfänger einige Jahre in einer bestimmten Region der USA, wo großer Bedarf bestand, tätig sein würden. Dies galt insbesondere für die Appalachen.

Nicht lange nach Einführung dieses Programms entwickelte sich eine spezielle Form des Visa-Betrugs: Viele dieser indischen Ärzte beantragten bei den Einwanderungsbehörden Arzthelfer für ihre Praxen, die als befristete Arbeitskräfte sogenannte H1B-Visas bekamen. Diese angeblichen Arzthelfer waren jedoch zweifelsohne selbst Ärzte, die an einer US-Staatsbürgerschaft interessiert waren. Im Verlaufe des Antragsverfahrens wurden mehrere Hinweise auf einen Betrug festgestellt und anschließend ein regelrechter Betrugsring aufgedeckt.

Weder das Arbeitspensum noch die Einnahmen der Ärzte in den Appalachen rechtfertigten den Bedarf an solchen Hilfskräften. Viele von den eingereisten Ärzten (überwiegend aus Hyderabad und vielfach in den systematischen Betrug verwickelt) landeten zwar in den Appalachen, zumindest für ein paar Jahre, wechselten dann aber in lukrativere Praxen im eher städtischen Raum – entweder ganz offiziell oder auf undurchsichtigen Wegen.

Obwohl der Motelbesitzer Mr Patel gut ausgebildet war, gehörte er nicht zu diesen Ärzten. Es war jedoch schon immer sein Wunsch gewesen, Indien den Rücken zu kehren und sich in den USA niederzulassen. Während wir uns unterhielten, hörte ich eine ältere Frau hinter dem Perlenvorhang am Telefon lachen. Vielleicht Mrs Patel. Dieser Mann und seine Frau wohnten in ihrem Motel, genau wie die indischen Familien in Ostafrika in den Hinterzimmern ihrer Läden lebten. Die Patels hatten drei Töchter, die alle verheiratet waren.

»Haben Sie diese Ehen arrangiert?«

»Liebesheiraten«, antwortete er und schüttelte den Kopf. »Ganz amerikanisch.«

An der Wand mit den Familienfotos gab es keine Bilder von den Töchtern, so etwas gehörte sich bei ihnen nicht. Enkelkinder konnte man allerdings sehr wohl bewundern. Das größte Bild zeigte seinen sechzehnjährigen Sohn, den Mr Patel stolz mit drei Worten beschrieb: »Er spielt Golf.«

Big Stone Gap

Den Ortsnamen Big Stone Gap hörte ich zum ersten Mal vor gut vierzig Jahren in Charlottesville, Virginia. Das war bei meinem zweiten Aufenthalt im Süden.

Beim ersten Mal war ich elf Jahre alt und verbrachte den Sommer bei meinem Onkel, einem Militärarzt in Fort Lee, unweit von Hopewell am Appomattox River. Die nahe gelegene Stadt Petersburg ist berühmt für die sogenannte Kraterschlacht, bei der die Unionstruppen eine Niederlage erlitten. Anschließend wurde die Stadt acht Monate von Soldaten der Union belagert und kapitulierte schließlich. Es war im Sommer 1952, und ich erinnere mich noch gut an das von uns besichtigte Schlachtfeld, an die kleinen Schilder auf den Türpfosten der Restaurants mit der Aufschrift *White* (deren Bedeutung mir mein Onkel im Flüsterton erklärte), an die roten Lehmwege, eine Fahrt mit der Draisine auf einer stillgelegten Bahnstrecke und an einen Anblick, den ich mein Lebtag nicht vergessen werde: eine riesige hupende Dampforgel auf einem Wagen – ein vergoldetes Gefährt mit rot angestrichenem, verschnörkelten Zierwerk, einem hohen, rauchenden Schlot und Dampf ausstoßenden Pfeifen, die während der Fahrt wackelten. Gespielt wurde das Ungetüm von einem Weißen, der pompös mit Gehrock und Zylinder davor saß. Als die farbenfrohe Dampforgel an mir vorbeigefahren war und ich sie nur noch von hinten sehen konnte, stand dort ein Schwarzer in zerrissener Arbeitskleidung breitbeinig auf einer Plattform. Sein Gesicht glänzte verschwitzt und er schaufelte Kohle in den glühenden Schlund des Heizkessels. Schon als Kind verstand ich die suggestive Metapher, die diese Dampforgel verkörperte.

Zwanzig Jahre später war ich zum zweiten Mal im Süden und auch diesmal wieder in Charlottesville, wo ich ein Semester lang Kreatives Schreiben unterrichtete. Ich vertrat dabei den Writer-in-Residence, Peter Taylor, der gerade ein Urlaubssemester einlegte. Taylor war ein versierter Autor von Kurzgeschichten und zudem ein freundlicher Mensch und wohlwollender Dozent. Seine familiären Wurzeln lagen in Tennessee, wo sein Großvater als Gouverneur und später als Senator gewirkt hatte. Peter Taylor entstammte also dem Südstaaten-Adel (wie er beizeiten betonte) und war hoch angesehen. Doch seine gehobene Herkunft ging bei ihm mit einer derart rückwärtsgewandten Provinzialität einher, dass ich darüber immer lächeln musste. Wenn man sich mit diesem ansonsten so angenehmen und klugen Mann unterhielt, schwang immer eine typische, im Süden weitverbreitete Arroganz mit: eine heuchlerische Einstellung zum amerikanischen Bürgerkrieg, ein gewisser Spott gegenüber den Yankees, eine Vorliebe für die im Süden so beliebten, fragwürdigen Häkelprodukte, eine tiefe Skepsis gegenüber den Unruhen infolge der Bürgerrechtsbewegung sowie eine seltsam naive (und im Süden nicht ungewöhnliche) Ansicht, dass weiße Bewohner der Südstaaten ein ganz besonderes Verständnis für Schwarze hätten, was den Yankees komplett abginge. Doch in meinen Augen war er nichts anderes als ein unsicherer Südstaatler, der Fremden gegenüber zutiefst voreingenommen war.

Der große Altersunterschied zwischen uns könnte ebenfalls eine Rolle gespielt haben. Ich war ein rebellischer junger Mann, dessen Bücher sich gut verkauften. Er hingegen war zwanzig Jahre älter, ausgesprochen akademisch geprägt und bezog ein üppiges Professorengehalt. Seine Publikationen wurden nicht mehr verlegt. Mich betrachtete er offenbar mit einem gewissen Amüsement als Emporkömmling aus einer völlig anderen Welt, nämlich dem kalten, dunklen Norden.

Zu meiner allergrößten Verwunderung hatten einige Mitarbeiter des Instituts eine leicht spöttische Einstellung gegenüber William Faulkner – ebenfalls ein Fremder, der zehn Jahre zuvor dort Writer-in-Residence gewesen war und dessen späte Leidenschaft in Virginia (er hatte nur noch wenige Jahre zu leben) das Reiten und die Fuchsjagd waren. An der Wand hing ein Porträt von ihm, auf dem er aussah wie ein vornehmer Engländer in der Tracht des Reitclubs von Farmington. Doch diesem ganzen Spott lag eigentlich nur bitterer Neid zugrunde, wie er unter Akademikern nicht selten vorkommt und später von meinem Kollegen Joe Blotner beschrieben wurde. In seiner Faulkner-Biographie hielt er fest, dass in Charlottesville einige Schöngeister und Intellektuelle höhnisch auf seine Aktivitäten herabblickten, die in ihren Augen eines großen Schriftstellers unwürdig waren.

Durch Zufall traf ich im Foyer eines Krankenhauses in Charlottesville ein sehr armes Ehepaar, das sein schwer krankes Kind behandeln lassen wollte. Sie waren sichtlich verzweifelt und erzählten mir, dass sie aus Big Stone Gap kämen. Obwohl ich ihren Familiennamen nicht mehr weiß, blieb mir der bildhafte Name ihres Wohnortes im Gedächtnis. Er wurde zu einem dieser Orte, deren Namen einem nicht mehr aus dem Kopf gehen und die man unbedingt besuchen will, weil von den bloßen Namen eine Faszination ausgeht (Namen etwa wie »Sansibar« oder »Patagonien«).

Big Stone Gap liegt in Virginia, ganz am Rand der bergigen Gegend, wo Kentucky und Tennessee aufeinandertreffen. North Carolina liegt nur fünfundzwanzig Meilen entfernt. Ich machte mich von Bristol aus dorthin auf den Weg, über eine Straße, die sich in Serpentinen um steile Berge schlängelte und ein Flusstal durchschnitt. Während die bewaldeten Berghänge wunderschön anzusehen waren, wirkten die Ortschaften am Wegesrand ärmlich und waren oftmals nur Wohnwagensiedlungen oder schäbige Bungalows. Die Läden sahen ebenfalls billig aus und hatten Namen wie »Thrift Store«, »Discount Store«, »Family Dollar Store«, »Budget Store« oder »Affordable Stone Monuments«. Hier und da gab es zwischen den Wohnwagen und den vereinzelten alten Farmhäusern in Holzrahmenbauweise ein paar vereinzelte Villen aus rotem Sandstein und Granit, die zumeist den örtlichen Kohlebaronen als Residenz dienten. Der Kohlebergbau war hier der wichtigste Wirtschaftszweig, und an vielen Telefonmasten hingen sorgfältig beschriftete Schilder mit dem Slogan »*Support coal*«.

Big Stone Gap tauchte am Ende einer flach auslaufenden Straße auf. Der Ort bestand aus ein paar sich kreuzenden Straßen, die in diesem hier so unvermittelt liegenden Tal angelegt worden waren, eingerahmt von zwei Armen des Powell River. Die meisten Geschäfte standen leer. Ein trister Anblick in der hellen Mittagssonne.

Ein Schaufenster warb für Kunsthandwerk, Keramik, handgemachten Schmuck und Malerei. Da kein anderer Laden in der Nähe geöffnet hatte, ging ich hinein. Drinnen traf ich auf Mrs Moore, die den Schmuck selbst fertigte. Ich erkundigte mich nach den Kohlegruben.

Mrs Moore, seit vierundzwanzig Jahren in Big Stone Gap ansässig, antwortete zu meiner Überraschung: »Keine Ahnung, wo die sind. Ist doch alles privat.«

In der menschenleeren Stadt waren nahezu alle Ladenfronten verriegelt und verramelt, doch ich erfuhr von Mrs Moore, dass es am bevorstehenden Wochenende im Mountain Empire Community College einen Kunsthandwerkermarkt geben würde.

»Mit Geschichtenerzählern und Blue Grass Music.«

Das gesellschaftliche Zentrum in Big Stone Gap war der »Mutual Drugstore« in der East Wood Street. Hier befand sich neben Drogerie und Nachbarschaftsladen auch eine Cafeteria mit einer Kreidetafel, auf der die Speisekarte verzeichnet war: *Lunch Special – Hähnchenstreifen – Stampfkartoffeln, grüne Bohnen, Apple Pie,*

Cream Pie. Es war ein allgemeiner Treffpunkt, wo Leute in Arbeitskleidung ein und aus gingen. »*How y'all doing?*«, oder: »Wenn ich gewusst hätte, dass du kommst, dann hätte ich mich von dir einladen lassen. He, he.«

Obwohl die Stadt so leer und trostlos war, wirkten die Leute einigermaßen zufrieden. Gleichzeitig war aber doch eine gewisse Resignation spürbar, und die meisten hatten einen auffallend langsamen Gang.

Ich erkundigte mich nach indischen Ärzten.

»Es gibt hier den einen oder anderen Hindu-Doktor.«

Zwei davon praktizierten in Big Stone Gap – Dr. Karakattu (ein Name aus Kerala) und Dr. Gupta. Ein weiterer – Dr. Tarandeep Kaur – war in Appalachia ansässig. Bei den meisten der vielen tausend Mediziner, die im Rahmen des »National Interest Waiver«-Programms ein Visum erhalten hatten, war das Interesse offenbar stark abgeflaut.

In Big Stone Gap habe ich kein einziges schwarzes Gesicht gesehen, weder im Ort oder auf dem Weg dorthin, noch in Weber City an der Grenze zu Tennessee, wo ich auf der Durchreise kurz haltgemacht hatte. Zu diesem Zeitpunkt wusste ich noch nicht, was ich erst später erfahren sollte: dass nämlich die Geographie im Süden nach Rassen getrennt ist. Die Städte und Dörfer in den bergigen Gegenden sind hauptsächlich weiß, während sie im Lowcountry – der weitläufigen Tieflandebene, wo Baumwolle und Tabak angebaut werden – überwiegend schwarz sind. Die Geschichte lebt somit fort.

Waffenhandlung

Auf der Fahrt ins nahe gelegene North Carolina machte ich einen Abstecher zu einer Waffenhandlung. Genau wie die anderen, die ich schon gesehen hatte, fungierte sie zugleich als Pfandleihhaus, da in den Haushalten dieser Region der teuerste und am besten verpfändbare Gegenstand in der Regel eine Schusswaffe war. Pfandhäuser verraten eine Menge darüber, was die Leute so besitzen und in Zahlung geben – vor allem Waffen, aber auch Elektronik, Fernseher, Videorekorder, merkwürdig aussehende Kfz-Ersatzteile, Armbanduhren, jedoch kaum Schmuck. In vielen Leihhäusern gab es auch eine Auslage mit Memorabilien aus dem Bürgerkrieg oder ausgegrabenen Pfeilspitzen und Messern. Eine weitere wichtige Kategorie waren auch Gerätschaften für Haus und Garten, verrostete und verschmierte Bohrmaschinen, Flaschenzüge, Sensen, Schraubenschlüssel, Hämmer, Druckmessgeräte, Rohrleitungszubehör, Nagelpistolen und Bandsägen – das einst vielgenutzte Handwerkszeug von Männern, die jetzt nicht mehr arbeitslos waren.

Da die Inhaber solcher Waffenhandlungen/Pfandhäuser sowohl an- als auch verkauften, waren sie in der Regel recht gesprächig, was mir sehr entgegenkam. Immer wenn ich ein solches Geschäft sah, ging ich hinein und sagte, dass ich eine Waffe kaufen wolle. Ich erklärte, dass ich ein Yankee sei, fern der Heimat, und kein festes Quartier hier habe.

Bei dem Gedanken, dass jemand wie ich ohne Waffe durch den Süden reiste, verzog der Verkäufer unweigerlich gequält das Gesicht.

»Eine Handfeuerwaffe kann ich Ihnen nicht anbieten«, antwortete der Verkäufer jetzt in diesem Laden. »Aber eine Langwaffe wäre möglich – jede, die Sie wollen, inklusive Munition. Auch eine AK-47, wenn ich gerade eine dahätte.«

Das klang für mich zunächst völlig absurd, aber ein paar Monate später sah ich in Mississippi auf einer Waffenmesse zwei AK-47 rumänischer Bauart, die dort zum Verkauf angeboten wurden.

Ich hakte noch einmal nach und fragte: »Ich wollte eigentlich eher eine Pistole, eine Glock zum Beispiel.«

»Das kann ich nich machen. Außerdem kriegt man die nur bei den Jigaboos.«

Sollte ich ihn darauf ansprechen, wie rassistisch das klang? Nein, ich beschloss, ihn einfach reden zu lassen. »Komisch, ich habe in dieser Gegend bisher kaum Schwarze gesehen.«

»Yep. Prima, was?«

Als er das sagte, wurden an einem anderen Verkaufstresen ein junger Angestellter, eine korpulente weiße Frau und ein nicht minder beleibter Polizist hellhörig. Sie wieherten los, hielten sich die Hand vor den Mund und konnten sich vor Lachen kaum wieder beruhigen.

Ermuntert durch ihre Reaktion fügte der Mann hinzu: »Ich war mal in Columbus, Ohio. Da gab's massenhaft Jigaboos. Aber oben in Ohio haben sie zu mir gesagt: ›Du bist 'n Hillbilly. Bei dir is 'n Bein kürzer als das andere, weil du immer am Hang rumkraxelst.‹«

Er führte das vor, indem er ein Bein anhob, seinen Körper leicht zur Seite neigte und ein paar hüpfende Schritte machte, als ob er ein steiles Gefälle ausgleichen müsste.

»Ich hab nix dazu gesagt und das erst mal geschluckt«, fuhr er fort. Er bezog sich auf den Ausdruck »Hillbilly«, der in den Bergorten der Appalachen, anders als die Fernsehkomiker uns weismachen wollen, keineswegs als spaßig empfunden wird, sondern unangenehm verächtlich und nach Armut und Dummheit klingt. »Irgendwann hat's mir dann gereicht. Da hab ich zu den Typen da gesagt: ›Und bei euch ist auch ein Bein kürzer als das andere, weil ihr immer vom Fußweg runter in den Rinnstein latschen müsst‹« – er demonstrierte das wieder mit seinen Beinen –, »›damit die Nigger vorbeigehen können.‹«

Das Tabuwort

Es ist das vielleicht explosivste Wort im amerikanischen Englisch, einem Idiom, das für sein anschauliches, originelles und manchmal recht deftiges Vokabular gerühmt wird. Andere Verunglimpfungen, die sich auf ethnische Gruppen beziehen, sind nicht ansatzweise so vernichtend, beleidigend oder bösartig. Unflätige Ausdrücke und vulgäre Anspielungen, die mir früher bei Strafe verboten waren und als extrem anstößig galten, kommen heutzutage im Fernsehen ganz selbstverständlich vor und sind selbst kleinen Kindern geläufig. Doch dieses rassistische Schimpfwort ist noch einmal eine ganz eigene Kategorie. Einem Autor, der sich (wie ich jetzt) intensiv mit der Bedeutung, der Wirkung, dem Klang von Sprache beschäftigt, um jeweils eine bestimmte Wirkung zu erzielen, wird man es vielleicht verzeihen, wenn er davon fasziniert ist, dass ein Wort – in diesem Fall lediglich aus zwei Silben bestehend – einen derartigen Wallungswert besitzt.

Einige wenige Weiße, denen ich im Süden begegnet bin, haben dieses Wort in meiner Gegenwart verwendet, allerdings paradoxerweise in zwei verschiedenen, beinahe gegensätzlichen Stimmungslagen – entweder beiläufig gemurmelt oder lautstark und provokativ. Zudem wird es sowohl von Schwarzen als auch von Weißen benutzt, meiner Wahrnehmung nach sogar häufiger von Schwarzen und – was ebenfalls paradox ist – von Letzteren oftmals in einem warmherzigen und manchmal fast melodischen Ton. Es ist unmöglich, das Wort auszusprechen, ohne dabei die Zähne zu zeigen.

In anderen Sprachen existiert das Wort ebenfalls und wurde bekanntlich im Deutschen von den Nazis exzessiv zu Propagandazwecken eingesetzt, um Angst oder Hass zu schüren (Jazz war »Negermusik«), und Reichspropagandaminister Joseph Goebbels beschwor in seinen Reden das Schreckgespenst, des »betrunkenen Negers«, der in Deutschland einfallen könnte. »Neger« ist im Deutschen selbstverständlich längst ein anstößiges Wort und wird durch »Farbige« oder »Schwarze« ersetzt und auch der süße »Negerkuss« heißt heutzutage »Schokokuss«. Das französische Wort *nègre* ist etwas weniger beleidigend, hat jedoch einen herabsetzenden Beiklang – so wird zum Beispiel mit *nègre* umgangssprachlich auch ein Ghostwriter bezeichnet. Der frisch gewählte

Premierminister des Kongo, Patrice Lumumba, setzte sich 1960 bei den Feierlichkeiten zur Unabhängigkeit seines Landes in Anwesenheit des belgischen Königs Baudouin und anderer Würdenträger verärgert über jegliches Protokoll hinweg und verkündete sinngemäß: »Wir haben Spott und Schmähungen erduldet und von früh bis spät Schläge einstecken müssen, nur weil wir *nègres* sind. Wer könnte je vergessen, dass Schwarze immer nur mit *tu* angeredet wurden, während die Form *vous* ausschließlich für Weiße reserviert war ...«

Doch keines dieser Beispiele ist so drastisch wie das englische Wort. In Amerika hat es seine tiefsten Wurzeln, genau wie das Übel der Sklaverei. Die Sklaverei ist der fortwährende Fluch des Südens, den der Gebrauch dieses Wortes am Leben erhält, indem das Bild des unfreien und verachteten Menschen im kollektiven Gedächtnis immer wieder heraufbeschworen wird. Mark Twain erinnert sich in seiner Autobiographie an seine Kindheit (in den vierziger Jahren des 19. Jahrhunderts) in Hannibal, Missouri, und schreibt, dass der *nigger trader*, der »Negerhändler«, von allen verachtet worden sei und als eine Art menschlicher Teufel galt, der arme hilflose Kreaturen kaufte und in die Hölle beförderte – »denn für unsere Weißen ebenso wie die Schwarzen waren die Plantagen in den Südstaaten die reine Hölle«.

Ich bin im Norden aufgewachsen und habe das Wort in meiner Familie nie gehört, obwohl damals in Boston (Ende der vierziger, Anfang der fünfziger Jahre) die oberste Sitzreihe im Theater oder Stadion landläufig »nigger heaven« hieß und eine angerauchte Zigarette, die jemand weiterreichte, »nigger-lipped« genannt wurde.

Der Abzählreim »Eeenie meenie miney moe« lautete ursprünglich einmal weiter »catch a nigger by the toe« (heute steht an dieser Stelle das unverfängliche *tiger*). In kleinen Lebensmittelläden gab es in großen Gläsern lose Lakritzstücke, die »nigger babies« genannt wurden. Solcherlei unangebrachte Verwendung des Wortes war sehr verbreitet in einer Gesellschaft, die stolz auf ihren Antirassismus war und wo Schwarze und Weiße gemeinsam zur Schule gingen. Das Wort in Gegenwart einer Person mit dunkler Hautfarbe auszusprechen wäre als schlimme Beleidigung empfunden worden.

Meine Eltern verabscheuten dieses Wort, selbst im gängigen Sprachgebrauch. Sie empfanden es als durch und durch rassistisch und ärgerten sich über die Bigotterie und Ignoranz derjenigen, die es gedankenlos benutzten. Mir fällt kein anderes englisches Wort ein, das eine derart starke Wirkung entfaltet – sobald man es ausspricht, wirkt es wie Brandstiftung. Historisch gesehen ist das Wort ein abwertendes Synonym für Sklave und bezeichnet jemanden von niederem Rang und geht beinahe in Richtung »Untermensch«. In Faulkners *Absalom, Absalom!* steckt Rosa Coldfield mehr oder weniger die traditionellen Kategorien ab, wenn sie sich beschwert (gegenüber Quentin – wir schreiben ungefähr das Jahr 1909): »Denn welches Geschöpf, Mann, Frau, Neger oder Maultier, hat im Süden seit 1861 Zeit oder Gelegenheit gehabt, jung zu sein.«*

In einigen Vierteln ist die Erwähnung des Wortes ein Gewaltakt, der Krawalle, Unruhen, Anklagen, Schmach und Schande sowie fristlose Kündigungen nach sich zieht. Obwohl es lateinischen Ursprungs ist (es kommt von *niger*, also »schwarz«), gelten im Englischen selbst lediglich ähnlich klingende Wörter wie *niggardly* (skandinavischen Ursprungs, es bedeutet geizig oder knauserig), *niggard* (geiziger Mensch), das Verb *niggle* (nörgeln oder kritteln) und sogar *snigger* (kichern) aufgrund ihrer phonetischen Ähnlichkeit als geächtet und haben schon so manchen in Schwierigkeiten gebracht. Obwohl keiner dieser Ausdrücke mit dem anstößigen Wort verwandt ist, werden diese Begriffe vermieden, um keine Missverständnisse aufkommen zu lassen.

Das lässt auf eine gewisse Paranoia schließen, die durchaus nachvollziehbar ist. Trotzdem geht es ja nur um ein Wort, das

* William Faulkner, *Absalom, Absalom.* Übersetzung von Hermann Stresau, Zürich 1974.

zum kulturellen Subtext des Südens gehört, und es gibt kaum Südstaaten-Literatur, in der es nicht irgendwo vorkommt – von *Huckleberry Finn* bis heute. Von Randall Kennedy stammt eine umfassende und kluge Untersuchung des Wortes mit dem Titel *Nigger: The Strange History of a Troublesome Word* (2002). Darin hält er fest, dass der Siedler und Tabakpflanzer John Rolfe in seinem Journal die ersten Afrikaner bei ihrer Ankunft in Virginia 1619 als *»negars«* bezeichnet. Das *Oxford English Dictionary* listet als erstes schriftliches Zeugnis das Gedicht *The Ordination* von Robert Burns aus dem Jahr 1786 auf, der die bekannte Geschichte aus der Bibel von der Verfluchung Kanaans mit den Worten wiedergibt, dass Ham bei seinem Vater Noah in Ungnade fiel, *»which made Canaan a nigger«*.

Coleridge verwendete das Wort ebenfalls, als er sich Gedanken darüber machte, welcher Rasse Othello entstammte (1849). Und auch Rider Haggard erwähnte es in einer Bemerkung über Allan Quatermans Ehefrau (1889). Die Viktorianer empfanden das Wort gleichfalls als beleidigend. Der Entdecker Richard Francis Burton, der wegen seiner Erkundungen in Afrika »The White Nigger« genannt wurde, verwendete selbst das Wort kaum, bediente sich stattdessen in seinem Buch über Brasilien und seinem Bericht über Britisch-Kamerun aber der Variante »niggerling« als Bezeichnung für schwarze Kinder.

Thomas Carlyle nannte seinen eifernden Essay aus dem Jahr 1849 über die Plantagenwirtschaft in der Karibik und die vorgebliche Minderwertigkeit der Schwarzen »Occasional Discourse on the Nigger Question«, worauf John Stuart Mill mit einem erheblich klügeren Essay mit dem Titel »The Negro Question« konterte.

In Großbritannien war das Wort bis in die sechziger Jahre eine gebräuchliche Farbbezeichnung. In ihrem klassischen Reisebericht *Schwarzes Lamm und grauer Falke* (1941) beschreibt Rebecca West ganz beiläufig das Fell eines Lämmchens in Dalmatien als »nigger-brown«. Schwarze bis braune Hunde oder Katzen wurden von vielen englischen Besitzern bei diesem Namen gerufen, bis es ihnen irgendwann selbst merkwürdig vorkam. So hieß zum Beispiel die schwarze Katze auf der Südpolexpedition von Captain Scott »Nigger«. Und das Maskottchen der 617. Staffel der Royal Air Force aus dem Zweiten Weltkrieg war ein schwarzer Hund namens »Nigger«, der von allen geliebt wurde und oft auf Fotos von der Truppe zu sehen war. In einem Film über die Heldentaten der Staffel wurde der Hund allerdings kurzerhand in »Digger« umbenannt.

1950 schrieb der britische Schriftsteller Evelyn Waugh an seine Brieffreundin Nancy Mitford, dass der clevere kleine *»nigger«* Naipaul schon wieder irgendeinen Literaturpreis abgestaubt habe und fügte hinzu: »Ein schwarzes Gesicht müsste man haben!« Naipaul selbst verwendet das Wort in seinem 1967 erschienenen Roman *The Mimic Men*, in dem sein Erzähler Ralph von seinem Freund Brown berichtet, der »Oh, I'm a happy little nigger« singt. George Orwell nannte seinen Essay von 1939 provokativ »Not Counting Niggers«, denn er vertrat darin die antikoloniale These, dass die Untertanenrassen des British Empire – indischer, afrikanischer oder karibischer Herkunft – bei sämtlichen Überlegungen zur britischen Kriegsführung nicht mitbedacht wurden.

In Faulkners Werk, das eine Art fiktionale Geschichtsschreibung des Lebens in den Südstaaten von der Vertreibung der Chickasaw-Indianer im frühen 19. Jahrhundert bis etwa in die vierziger Jahre des 20. Jahrhunderts darstellt, wimmelt es nur so von diesem Wort. In seinem berühmtesten Werk stoßen wir im englischen Original auf Formulierungen wie »wild niggers«, »monkey nigger« oder »monkey dressed nigger« (als Bezeichnung für Haussklaven).

In Erskine Caldwells Roman *Die Tabakstraße* (1932) beschwert sich der Hinterwäldler Lov Bensey, dass alle *»niggers«* sich über ihn lustig machten, weil seine zwölfjährige Ehefrau Pearl nicht mit ihm schlafen wolle. Das Wort hat also Eingang in die Literatur gefunden und hält sich immer noch hartnäckig.

Zudem unterliegt es einem seltsamen Paradox. Obwohl das Wort gemeinhin als Verunglimpfung gilt, als rassistische Äußerung auch strafbar ist und Weiße durch dessen Verwendung vielfach in Ungnade gefallen sind, kommt es in der Unterhaltungsmusik geradezu inflationär vor, insbesondere in Rap- und Hip-Hop-Texten. In vielen Songs ist es das am häufigsten wiederholte Wort, üblicherweise in seiner umgangssprachlichen Form *»nigga«*. Gelegentlich weisen schwarze Kommentatoren darauf hin, dass *»nigger«* und *»nigga«* unterschiedliche lexikalische Einheiten sind, wobei das Erste als beleidigend und das Zweite als akzeptabel gewertet wird. Aber natürlich ist Letzteres eine phonetische Variation des Ersteren.

Nach einem aufsehenerregenden Prozess in Florida, bei dem George Zimmermann 2013 schuldig gesprochen wurde, den schwarzen Jugendlichen Trayvon Martin getötet zu haben, erklärte die Belastungszeugin Rachel Jeantel in einem Interview gegenüber CNN (15.7.2013): »Die Leute finden das Wort rassistisch. Sie verändern es.« Um ihrer Aussage Nachdruck zu verleihen, buchstabierte sie: »N-i-g-g-a. Das bedeutet einfach ›Mann‹, ganz allgemein. Das kann auch ein Chinese sein. Irgendein Mann. Aber *»nigger«* – sie betonte dabei die zweite Silbe besonders – »das ist ein rassistisches Wort.«

Schaut man sich die Liedtexte an, hat es unter Schwarzen manchmal einen fast liebevollen Beiklang, im Sinne von »Freund« – oder es bezeichnet jemanden, der einem noch näher steht als ein Freund, ein sehr enger Kumpel. Viele dieser Songs haben sehr ähnliche Titel – Lil Wayne: »My Nigga«, Killa Kyleon: »My Nigga«, Trae: »Still My Nigga« *(»Even tho you gone you will always be my nigga ...«)* und viele andere. So beispielsweise auch die Songtexte von Timothy Thedford (Jay Electronica), aus denen zum Beispiel diese Zeile stammt: *»Kill a nigga, rob a nigga, take a nigga«*. Shawn Carter, der sich Jay-Z nennt und ein Freund und Unterstützer von Präsident Barack Obama ist, als gern gesehener Gast im Weißen Haus verkehrt und schon zweimal zur Amtseinführung des Präsidenten eingeladen war, besitzt ein Vermögen von schätzungsweise einer halben Milliarde Dollar, das er nicht zuletzt mit Titeln verdient hat wie »Nigga What, Nigga Who«, »Nigga Please«, »Niggas in Paris«, »Ain't No Nigga« und »Jigga that Nigga«. In »Big Pimpin'« singt er:

Nigga it's the big Southern rap impresario
Coming straight up out the black barrio …

Als Carter/Jay-Z im Jahr 2011 in einem Fernsehinterview von der (schwarzen) Moderatorin Oprah Winfrey gefragt wurde, warum er das Wort so häufig verwende, antwortete er selbstbewusst: »Dadurch, dass wir das Wort so oft benutzen, haben wir ihm die Macht genommen.« Weiter erklärte er, dass dieses Wort in freundlichem, warmherzigem Sinn gebraucht werde.

Doch in diesem zwanzigminütigen Beitrag sprachen weder er noch Oprah es auch nur ein einziges Mal aus. Oprah bezeichnete es immer nur stirnrunzelnd und leicht pikiert als das »N-Wort«, während Carter es stets nur »dieses Wort« nannte. Zum Ende des Interviews konstatierte Oprah augenzwinkernd, dass man es wohl aushalten müsse, unterschiedlicher Meinung zu sein, während Carter nur schulterzuckend konstatierte, dass es wohl eine Generationenfrage sei. Es ist stark zu bezweifeln, dass Oprah sich so freundlich und tolerant gezeigt hätte, wenn sie einen ähnlich kompromisslosen Weißen zu diesem Thema befragt hätte.

Die Geschichte und Soziologie dieses Wortes wird in dem Buch *Nigger: The Strange Career of a Troublesome Word* (2002) von Randall Kennedy beleuchtet, der als Jurist an der Harvard Law School lehrt und selbst schwarz ist. Er zitiert darin eine differenzierte Definition, die im Wesentlichen von Oliver Wendell Holmes stammt, der zufolge ein Wort kein transparenter und unveränderlicher Kristall sei, sondern vielmehr die Hülle eines lebendigen Gedankens, dessen Bedeutungsgehalt je nach Umständen und Zeitpunkt der Verwendung erheblich variieren könne.

Anschließend schildert Kennedy, wie das Wort in seiner Familie in North Carolina verwendet wurde und dass er schon von klein auf lernte, dass man es auf sehr verschiedene Weise, zu ganz unterschiedlichen Zwecken und mit vielerlei Bedeutung benutzen könne. Seine Mutter, die er Big Mama nennt, würzte ihre Rede gern mit Anspielungen auf die *»niggers«*, womit sie wenig vertrauenswürdige Schwarze meinte, die ihrer Ansicht nach einen großen Anteil der afroamerikanischen Bevölkerung ausmachten. Wenn Big Mama sah, dass Schwarze sich danebenbenahmen, verdrehte sie meist die Augen, spitzte die Lippen und sagte dann vorwurfsvoll: *»Nigguhs!«* Big Mama war der Ansicht, dass diese sich nicht einmal in der Kirche benehmen könnten und ständig zu spät kämen – selbst zu ihrer eigenen Beerdigung. Sie verkündete, sich niemals von einem *»nigger doctor«* behandeln zu lassen, und betonte immer wieder, dass man auf der Stelle kehrt machen solle, wenn einem eine Gruppe von *»niggers«* entgegenkäme.

In seiner unvoreingenommenen und, wie ich finde, unterschätzten Betrachtung des Wortes kommt Kennedy zu dem Schluss, dass solcherlei Gebrauch durch Big Mama und andere Belege dafür seien, wie sehr Schwarze die gegen sie gerichteten Rassenvorurteile verinnerlicht haben. Das mag zwar zutreffen, trotzdem fallen dabei einige Widersprüche auf. Die irritierenden Aspekte, die eine Verwendung des Wortes durch Schwarze mit sich bringt, werden in einem Essay dreier Wissenschaftler zusammengetragen, der sich auf einer Website für afroamerikanische Studien namens *African American Registry* findet.*

»Wenn das Wort *nigger* von Schwarzen verwendet wird, bezeichnen diese damit unter anderem ganz allgemein alle Schwarzen (›Ein *nigger* hat's manchmal echt schwer‹); schwarze Männer (›Schwarze Frauen wollen, dass *niggers* den ganzen Tag arbeiten‹); Schwarze, die sich klischeehaft verhalten (›Er ist ein fauler, nichtsnutziger *nigger*‹); Gegenstände (›Dieses Scheißauto ist ein

* www.aaregistry.org/historic_events/view/nigger-word-brief-history

totaler *nigger*‹); Feinde (›Ich hab die Nase echt voll von diesen *niggers*, die mich dauernd nerven‹) sowie Freunde (›Meine *niggers* und ich, wir verstehen uns super‹). Die letzte Variante als freundschaftliche Bezeichnung ist besonders ungewöhnlich. Der Gruß ›*zup niggah*‹ (›what's up, nigger‹) ist unter jungen Schwarzen in Großstädten inzwischen gang und gäbe. Spricht man diejenigen, die das Wort *nigger* samt Nebenformen benutzen, darauf an, dann argumentieren sie, dass es im Zusammenhang mit der jeweiligen Situation gesehen werden muss. Wird es verstärkt von Schwarzen verwendet, wirkt es weniger beleidigend. Zudem ist es lediglich ein Wort, und die Schwarzen sollten keine Gefangenen der Vergangenheit oder der Schimpfwörter sein, die aus früheren Zeiten stammen.«

Die Autoren kommen in ihrem Text zu dem Schluss, dass viele dieser Varianten in der heutigen afroamerikanischen Gesellschaft zu hören seien. Das Wort *nigger* überlebt, weil es immer wieder verwendet wird – selbst von Personen, die es beleidigt. Die (schwarze) Schriftstellerin Devorah Major stellte fest: »Ich finde es schwer zu beurteilen, was jemand sagen darf oder nicht, denn ich arbeite ja permanent mit Sprache und möchte mich nicht reglementieren lassen.« Die Lyrikerin und Dozentin Opal Palmer Adisa ist der Auffassung, dass die Benutzung von *nigger* oder *nigga* vergleichbar sei mit dem Hang junger Leute zum Fluchen. Die Verwendung solcher Ausdrücke reflektiere vielfach, wie negativ sie sich selbst sähen.

Manchmal hatte ich den Eindruck, dass Südstaaten-Bewohner, vor allem in ländlichen Gegenden, als Reaktion auf meinen Yankee-Akzent das Wort bewusst als leicht spöttischen Affront benutzten, um bei mir eine Reaktion zu provozieren. Doch die schwarzen Rapper, die es so gern gebrauchen und dabei nicht vordergründig im Sinn haben, »dem Wort die Macht zu nehmen« oder zu erreichen, dass es »weniger beleidigend« wirkt, wollen damit offenbar auch Grenzen austesten, ihre Unerschrockenheit unter Beweis stellen und Weiße herausfordern, es ebenfalls auszusprechen und dafür eine Strafe zu riskieren. Etwa zur Zeit meiner Reise gab die prominente Fernsehköchin und Restaurantbesitzerin aus Georgia, Paula Deen, in einer obskuren Aussage vor Gericht zu, dass sie in der Vergangenheit das Wort gelegentlich benutzt habe (»allerdings vor sehr langer Zeit«). Als ihr Geständnis öffentlich bekannt wurde, hatte dies für sie drastische Folgen: Ihre TV-Sendung wurde abgesetzt, Sponsoren kehrten ihr den Rücken, und obwohl sie unter Tränen vor der Kamera Abbitte leistete, war ihr Ruf beschädigt, wenn nicht gar zerstört.

Sie war weiß und wohlhabend. Doch für viele Schwarze, insbesondere die Armen – arm in jeglicher Hinsicht, außer an Tradition –, hat das Wort durchaus einen Wert, weil es erhebliches Potenzial besitzt, um zu provozieren. Manche Wörter weisen einen deutlichen Klassenbezug auf und werden mehr oder weniger nur von einem bestimmten Personenkreis beansprucht. In England hat die Oberschicht eine ganz eigene Ausdrucksweise, die Vertreter der Arbeiterschicht nie verwenden würden. Im Königreich Tonga erkennt man ebenfalls an der Sprechweise auf Anhieb, ob jemand der Königsfamilie entstammt, dem Adel angehört oder ein einfacher Bürger ist. Dort ist es für Normalsterbliche sogar verboten, bestimmte Wörter zu gebrauchen, die ranghöheren Personen vorbehalten sind. Bis vor etwa fünfzig Jahren äußerte sich der japanische Kaiser in einer Hofsprache, die ausschließlich für ihn reserviert war – niemand sonst durfte so sprechen. Daneben gibt es überall auf der Welt auch eine eigene Sprache der Unterschicht, mit der ein Sprecher seine Zugehörigkeit beweist und die nur auf diese Gruppe beschränkt ist: historische Gaunersprachen etwa oder Sprachen von Geheimbünden, die Außenstehende in die Irre führen und ausgrenzen sollten. Während der Harlem-Renaissance in den zwanziger Jahren des 20. Jahrhunderts bezeichneten sich die Schriftsteller Zora Neale Hurston, Wallace Thurman und Langston Hughes – allesamt angesehene Literaten – selbst als »Niggerati«.

Das Gedicht »Christ in Alabama«, das in seiner Schlichtheit eine enorme Kraft entfaltet, hat Hughes als Reaktion auf die irrtümliche Anklage neun schwarzer Jugendlicher verfasst, die als die »Scottsboro Boys« bekannt wurden und denen Vergewaltigung zur Last gelegt wurde. Es wurde erstmals 1931 veröffentlicht und später mit kleinen Änderungen noch einmal gedruckt, wobei Hughes jedoch an dem Wort *nigger* festhielt.

Christ is a nigger
Beaten and black
Oh, bare your back!

Mammy is His mother
Mammy of the South,
Silence your mouth.

God is His Father
White Master above
Grant him your love.

Most holy bastard
Of the bleeding mouth,
Nigger Christ
On the Cross
Of the South.

Wir können also schlussfolgern, dass die Schwarzen ihren Anspruch auf das Wort geltend machen, indem sie es immer wieder in Liedern und im privaten Kontext verwenden. Damit erheben sie es zu einem Kulturgut, das ihr alleiniges Eigentum ist. Und die Rapper haben auf Grundlage dieses Wortes eine Art subversives Priestertum geschaffen, das Schwarze bevorzugt, aber trotzdem von den Weißen anerkannt werden will und auch auf ein weißes Publikum abzielt. Dennoch könnte in Amerika niemand mit weißer Hautfarbe diese Slang-Texte öffentlich übernehmen, ohne Job und Ruf zu riskieren oder eine Anzeige wegen Volksverhetzung zu kassieren.

Womit haben wir es also hier zu tun? Es handelt sich nicht nur um einen beleidigenden Ausdruck, sondern um ein komplexes Beispiel für ein Tabuwort. Tabu beschreibt die Aura dieses Wortes recht treffend. Der Begriff »Tabu« stammt aus Polynesien und bezeichnet etwas Heiliges, das mit einem Verbot verbunden war. So gab es etwa eine alte hawaiianische Vorschrift, die es dem einfachen Volk *(maka 'ainana)* verbot, im Schatten von Adligen *(ali'i)* zu gehen. Dies diente dem Zweck der Machterhaltung. Manche Schatten waren heilig und mussten gemieden werden, andere hingegen nicht.

Der Untertitel des 2008 erschienenen Buches *The N Word* von Jabari Asim lautet »Who Can Say it, Who Shouldn't, and Why« (»Wer darf es aussprechen, wer nicht und warum«). Es beinhaltet eine prägnante Definition von Tabuwörtern und deren paradoxer Natur. Der Autor, Wissenschaftler und Herausgeber Asim erläutert darin zudem die Verwendung des Wortes im Hinblick auf das Erleben der Schwarzen vom frühen 17. Jahrhundert bis in die Gegenwart. Wie Randall Kennedy ist auch Asim Afroamerikaner. Trotz des provokanten Untertitels kommt Asim jedoch zu dem Schluss, dass das Wort vergiftet, erniedrigend, umstritten und unsäglich sei. Darüber hinaus behandelt er es auch nicht als Tabu. Randall Kennedy spricht sich dafür aus, das Wort dadurch zu neutralisieren, indem man es in ganz spezifischer Weise verwendet. Er hält nichts von den Ambitionen der Empörten, die er *»eradicationists«* (»Ausmerzer«) nennt, weil sie Bücher wie *Huckleberry Finn* und andere am liebsten komplett umschreiben würden.

Als Weißer höre ich das Wort anders, und zwar als seltsam ritualisiertes Gut, das sich zu einem Tabu entwickelt hat. Das Wort zum Tabu zu erklären ist eine von wenigen Möglichkeiten, wie ein Schwarzer Macht über einen Weißen ausüben kann – indem er ihn dafür bestraft, wenn er ein Wort verwendet, das er als Schwarzer problemlos aussprechen darf. In diesem Kontext wirkt es daher herabsetzend (wenn nicht sogar erniedrigend) gegenüber einem Schwarzen, wenn ein Weißer wieder Anspruch auf das Wort erhebt, das Tabu verletzt und damit den Schwarzen beleidigt und ihm die Macht nimmt. Als Tabu ist es nicht für alle ein verbotenes Wort, sondern nur für einige – so wie in Polynesien die Vorschrift nur für das einfache Volk gilt und nicht für Adlige. Tabus werden von jenen geschaffen, denen es um Macht geht – in diesem Fall den Schwarzen, die das Wort ungehindert gebrauchen können, während Weiße für den Tabubruch bestraft werden. Würde es sich einfach nur um eine rassistische Verunglimpfung handeln, dann wäre das Wort für alle verboten. Doch wie die Rap-Musik beweist, wird es häufig sogar positiv besetzt verwendet.

Aufgrund dieser komplexen sozialen Zusammenhänge besitzt das Wort mehr Kraft denn je zuvor. Und da es historisch – also etymologisch – gesehen ein weißes Wort ist, drängt sich die Frage auf, ob in früheren Zeiten, während der Sklaverei und in der Bürgerrechts-Ära, das Wort von Schwarzen in der Alltagssprache benutzt worden ist. Harriet Beecher Stowe ging davon aus, denn das Wort findet sich in *Onkel Toms Hütte* fast auf jeder Seite und wird von Sklaven und Sklavenhaltern gleichermaßen benutzt. Nachfolgend Auszüge aus einem Dialog zwischen Eva, der Tochter des Sklavenhalters, und Topsy, der jungen Sklavin:

> »Warum bist du so schlecht, Topsy? Willst du nicht lieber versuchen, gut zu sein?«
> »Könnte nie was andres sein, als ein Nigger, und wenn ich noch so gut wäre«, sagte Topsy. »Wenn sie mir die Haut abziehen und mich weiß machen könnten, so würde ich es versuchen.«
> »Aber die Leute können dich auch liebhaben, wenn du schwarz bist, Topsy. Miss Ophelia würde dich liebhaben, wenn du gut wärst.«

Topsy ließ das kurze Lachen vernehmen, welches ihre gewöhnliche Art war, ihre Ungläubigkeit auszudrücken.

»Glaubst du das nicht?«, sagte Eva.

»Nein, sie kann mich nicht ausstehen, weil ich ein Nigger bin! – Ebenso gern ließe sie sich von einer Kröte anrühren. Niemand kann Nigger liebhaben, und Nigger können nichts tun. Mir ist's gleich«, sagte Topsy und fing an zu pfeifen.*

Es ist zu bezweifeln, dass Harriet Beecher Stowe (die aus dem Norden stammte und vor der Arbeit an diesem Buch das Plantagenleben nicht aus eigener Anschauung kannte) die Sprache der Schwarzen in ihrem Roman authentisch wiedergibt. Doch auch die Figuren von Mark Twain gebrauchen das Wort häufig und bei Margaret Mitchell ebenso. Obwohl im Roman *Vom Winde verweht* das Wort hundertfach vorkommt, wird es in der Verfilmung gänzlich vermieden und durch »darky« (Farbige) ersetzt.

»Meine Großmutter, sie ist in den 1880ern geboren, war Kleinbäuerin und sie hat das Wort ›darky‹ oder ›darkies‹ immerzu benutzt«, erzählte mir ein Weißer mittleren Alters in einer ländlichen Gegend des Hale County, Alabama. »In meiner Kindheit und Jugend sagten die meisten Weißen hier ›Nigra‹, was aber überhaupt nicht böse gemeint war.«

In den Werken schwarzer Schriftsteller taucht das Wort häufig auf, was etwa in dem Roman *Mules and Men* von Zora Neale Hurston besonders deutlich wird. Hurstons bekanntester Roman, *Jonah's Gourd Vine* (1934), trug ursprünglich den Titel *Big Nigger.***

* Harriet Beecher Stowe, *Onkel Toms Hütte.* Übersetzung von W. E. Druglin, Leipzig 1852.

** *Nigger Heaven* von Carl van Vechten, einem engen Freund von Z. N. Hurston, erschien 1926; Joseph Conrads *The Nigger of the Narcissus* wurde bei seinem Erscheinen 1897 in den USA in *Children of the Sea* umbenannt, und 2009 erschien eine Version mit dem Titel *The N-Word of the Narcissus;* der Buchtitel von Ronald Firbanks *Prancing Nigger* wurde von van Vechten vorgeschlagen, der den von Firbank gewählten Titel *Sorrow in Sunlight* zu unspektakulär fand – heute wird

In einer umfangreichen »sozialanthropologischen Studie über Kasten und Klassen« von 1941 mit dem Titel *Deep South* ist zu lesen, dass Schwarze aus der Oberschicht ihre Kinder in den vierziger Jahren in Natchez, Mississippi (im Buch *Old Town* genannt), oft ausschimpften, wenn sie sich wie *»common alley niggers«*, also wie »gewöhnliche Straßenneger« ausdrückten. Die Feldforschung wurde von zwei schwarzen und zwei weißen Wissenschaftlern der Harvard University durchgeführt, die zwei Jahre in der Stadt lebten, »mit der gleichen Perspektive und möglichst vorurteilsfrei, genau wie andere Anthropologen in Bezug auf die Ureinwohner von Neu-Guinea, die Amazonas-Indianer oder die australischen Aborigines«.

»Wir müssten Tanzabende auf Einladung veranstalten und diese gewöhnlichen *nigguhs* davon fernhalten«, wird darin ein wohlhabender schwarzer Jugendlicher zitiert. Ein anderer sagt: »Diese *nigguhs* wissen nicht, wie man sich auf einer anständigen Tanzveranstaltung benimmt oder unterhält.«

Zu den mündlichen Zeugnissen, die in *Plain Folk in the New South, 1880–1915* von I.A. Newby (1989) zusammengetragen wurden, gehört auch die Erinnerung eines alten schwarzen Feldarbeiters, der von einem Lied berichtet, das manche von den schwarzen Kindern sangen:

I had a little dog
His name was Dash.
I'd rather be a nigger
Than po'h white trash.

I'd rather be a nigger
'an plow ol' Beck

die Novelle meist zusammen mit anderen Werken unter dem Titel *Valmouth* oder *Five Novels publiziert.* Aus dem 1939 veröffentlichten Roman *Ten Little Niggers* von Agatha Christie wurde *And then There Were None;* der Komiker und Aktivist Dick Gregory nannte seine 1964 erschienene Biographie *Nigger.*

Dan a white hill-billy
Wid a long red neck.

In der aktuellen Rap-Musik, die reichlich Gebrauch von dem Wort macht, werfen Rapper aus dem Norden denen aus dem Süden vor, sie nachzuahmen, indem sie die Metaphorik der Songs aus dem Norden übernähmen, die inzwischen nicht mehr aktuell seien. Der Südstaaten-Rapper Percy Robert Miller, der sich Master P nennt (und ein Vermögen von geschätzten 350 Millionen US-Dollar besitzt, das er zu einem Großteil mit seiner Musik verdient hat), reagierte auf diese Kritik mit folgendem Raptext: *»New Niggas wearing dresses … Gangsta Niggas on skateboards … Real Niggas stand up …«* Und: *»When New York niggas was calling southern rappers lame / But then jacking our slang.«*

Ein Stück eines Songs von Marcus Delorean Roberts (oder kurz: Delorean) hörte ich an der Tankstelle in Gadsden, Alabalama, wo ich Wendell Turley traf. Der Titel »Southern Niggas« ist, wie er sagt, ein Ausdruck von schwarzem Stolz. Brad Terrence Jordan aus Texas nennt sich selbst Scarface und bezeichnet sich als den *»realest nigga to ever do southern rap«*. Zu seinen Erfolgen zählen Songs wie »Bitch nigga«, »Funky L'il Nigga« und »Snitch Nigga«. Ein anderer Südstaaten-Rapper, J. Pics (»Polar Bear Mack«), hat Partei für seine Kollegen ergriffen, indem er eins seiner Mixtapes »SNAS« nannte, was für »Southern Niggas Ain't Slow« steht (und von einem Musikblogger beschrieben wurde als »Reaktion auf die Ansicht, dass Rapper südlich der Mason-Dixon-Linie weniger tiefgründige Texte produzieren als ihre Kollegen nördlich davon«).

Im lukrativen Rap-Geschäft hat das Wort selbst offenbar einen gewinnträchtigen Wert. Als wir über die Verwendung des Wortes in Rap und Hip-Hop sprachen, schimpfte ein schwarzer Farmer in Arkansas angewidert: »Bei diesem Wort geht's doch nur ums Geld.« Die Hip-Hop-/»Gangsta Rap«-CD »The Chronic« von Dr. Dre (mit Titeln wie »Bitch Niggaz« und »Some LA Niggaz«)

hat sich mehr als acht Millionen Mal verkauft. Dre (der als Andre Young geboren wurde) wurde dadurch im Alter von neunundvierzig Jahren der erste Rap-Milliardär.

Geld hat den Status der Rapper deutlich gehoben, nicht nur innerhalb der Musikzzene, sondern auch in akademischen Kreisen. Während meiner Reise durch die Südstaaten, im Juli 2013, wurde am renommierten W.E.B. DeBois Institute der Harvard University im Auftrag des »Harvard Hip Hop Archive« gerade das Stipendium »Nasir Jones Hip Hop Fellowship« ins Leben gerufen. Auf der Harvard-Website wird dazu erläutert: »Das Ziel des Hip Hop Archive besteht darin, die Auseinandersetzung mit Wissen, Kunst, Kultur und verantwortungsvoller Meinungsbildung durch Hip-Hop zu fördern und anzuregen.«

Der Rapper-Name von Nasir Jones lautet Nas. Nachfolgend einige seiner Texte, anhand derer Harvard-Studenten sich mit Wissen, Kunst, Kultur und verantwortungsvoller Meinungsbildung auseinandersetzen können.

> Look at the life that I've been through
> I'm the last real nigga alive, that's official …

Und:

> Your luck low, I didn't know til I was drunk though
> You freak niggas played out, get fucked and ate out
> Prostitute turned bitch, I got the gauge out
> Ninety-six ways I made out, Montana way …
> (»The Message«)

Oder:

> Gotta have land, gotta have acres
> So I can sit back like Jack Nicholson
> Watch niggas play the game like the Lakers

In a world full of 52 fakers …
(»Patience – Sabali«)

Und:

Y'all niggas deal with emotions like bitches, what's sad is
I love you
Cause you're my brother, you traded your soul for riches
(»Ether«)

Der Rapper Nasir Jones ist nunmehr also eine Säule der Harvard-Gemeinde, sein Künstlername und seine vulgären Texte wurden in den karmesinroten Schrein der Universität aufgenommen, und seine Verbindung zur Alma Mater wird stolz beworben. Doch er ist reich und kann rappen und sich nunmehr für eine gewisse Zeit mit dem Ruhm von Harvard schmücken. Nicht übel für jemanden, der aus einer Sozialbausiedlung in Brooklyn stammt und in der achten Klasse die Schule abgebrochen hat.

Als Nas in den akademischen Olymp gehoben wurde, sahen Journalisten und Rap-Kritiker dies als schlechtes Omen an. Ich neige zu einer anderen Sichtweise. Die Einrichtung eines Harvard-Lehrstuhls für Hip-Hop, der Rap und Hip-Hop zu akademischen Lehrfächern macht, ist meiner Ansicht nach eher ein Signal dafür, dass es mit der Musikrichtung bergab geht, wenn nicht gar schon alles zu spät ist. Sobald eine Kunstform – Musik, Literatur, Schauspiel, Lied – in Seminarräume gezerrt wird, ist sie als kulturelle, gesellschaftliche Triebkraft am Ende. Nichts ist tödlicher als das wissenschaftliche Zerpflücken von einstmals lebendigen Kunstrichtungen. Das Analysieren von Kunst jeglicher Art – selbst des obszönen, pseudolyrischen Rap-Geschreis – beraubt sie endgültig jeder Lebendigkeit.

Doch selbst wenn diese Musik ihre besten Zeiten bereits hinter sich hat, handelt es sich dabei doch um den Soundtrack des heutigen schwarzen Amerika, der in den schwarzen Gegenden des Tiefen Südens sehr präsent ist. Trotzdem zucke ich jedes Mal zusammen, wenn dabei das bewusste Wort an mein Ohr dringt.

Asheville: Sie nennen es »The Block«

Ich verließ Big Stone Gap und fuhr nach dem Zwischenstopp in der Waffenhandlung Richtung North Carolina. Mühelos fand ich meinen Weg und steuerte Asheville an, wo ich etwas überprüfen wollte, was mir schon lange durch den Kopf ging. Mein verstorbener Freund, der bekannte amerikanische Maler Kenneth Noland, wurde in Asheville geboren und lebte dort von 1924 bis 1942, als er sich zum Dienst in der US Army verpflichtete. Nach seiner Entlassung kehrte er dorthin zurück und begann ein Studium am nur fünfzehn Meilen von zu Hause entfernten Black Mountain College, das für seine unkonventionellen und experimentierfreudigen Lehrmethoden bekannt war.

In den sechziger Jahren schloss er sich – genau zum richtigen Zeitpunkt – der avantgardistischen Farbfeld-Bewegung an, einer Strömung innerhalb der Malerei, bei der reine Farben getupft, willkürlich oder in geometrischen Formen großflächig aufgetragen werden. Viele von Nolands Gemälden sind so groß wie Garagentore und erinnern an Zielscheiben zum Bogenschießen oder Dienstrangabzeichen für die Schulterstücke von Giganten. Diese Farbfeld-Maler empfanden figürlich arbeitende Künstler heillos antiquiert. »Picasso ist scheiße«, raunte mir Ken Noland öfter grinsend zu. Er war fest davon überzeugt, dass die moderne Malerei die Aufgabe habe, Leinwände homogen mit kräftigen Farben zu füllen. »Bedeutung« und Emotionen sollten geradezu negiert werden. Zum Arbeiten verwendete Noland zumeist eine etwa dreißig Zentimeter breite Farbrolle mit langem Stiel und bearbeitete damit die flach auf dem Boden liegende Leinwand, ähnlich wie ein Matrose, der ein Schiffsdeck kalfatert. Mit einem Pinsel in der Hand habe ich ihn nie gesehen. Einmal hat er zu mir gesagt, dass er keinen Hasen zeichnen könne. Kein Wunder, dass Noland zum Liebling von Einrichtungsexperten avancierte, die für betuchte Kunden Räume durchstylten und gern mit seinen Bildern Akzente setzten – selbstverständlich farblich perfekt abgestimmt auf das übrige Interieur. In ihrem Designersprech betonten sie dann immer, wie wunderbar die Primärfarben seiner schlichten, unaufdringlichen Bilder einen Raum »optisch abrundeten«.

Auch wenn mir viele von Nolands Gemälden und die meisten seiner Theorien nicht sonderlich zusagten, war doch der Mann selbst ein liebenswerter alter Brummbär, mit dem ich in Maine – wo er wohnte – oft angeln war. In ruhigen Momenten erinnerte er sich dann an den Süden. Eines Tages erzählte er mir bei einem Gläschen von seiner Jugend in Asheville und sagte: »Weißt du was? Ich hab damals Zeitungen ausgetragen. In der ganzen Stadt, sogar bis nach Niggertown hab ich sie gebracht.«

Um ihn zu necken, fragte ich: »Und wer wohnte dort, Ken?«

»Na, wer soll da schon gewohnt haben? Nigger halt.«

»Und wie haben *sie* diesen Teil der Stadt deiner Ansicht nach genannt?«

Er runzelte verblüfft die Stirn. Er hatte nicht die geringste Ahnung, sah aber schnell ein, wie absurd es wäre, wenn Schwarze dieses Viertel ebenfalls so nennen würden. Obwohl er das Wort ab und zu benutzte, war er kein Rassist. Er war in Asheville aufgewachsen und bezeichnete sich selbst als Hillbilly – also als Hinterwäldler oder Landei. Aber er war ehrlich entrüstet, wenn er mir berichtete, dass die Schwarzen damals im Kino ausschließlich im Rang sitzen durften. »Und im Restaurant oder auf den Fußwegen in der Innenstadt hat man sie nie gesehen – das hätten sie sich nicht getraut.«

Er sprach dabei von den dreißiger und vierziger Jahren. Um 1950 (als die Beziehungen zwischen Weißen und Schwarzen nicht minder kritisch waren und durch Gesetze gestützt wurden, die eine Rassentrennung vorschrieben) kehrte er Asheville den Rücken und verbrachte den Rest seines Lebens im Norden. Wenn er jedoch vom Süden und von seiner Jugend erzählte, verfiel er gelegentlich in die Sprache der Vergangenheit und sah aus der Distanz keine Schwarzen, sondern nur »Nigger«, die eben in »Niggertown« wohnten.

Asheville ist aufgrund seiner gesunden Bergluft ein Kurort und hat es dadurch zu einem gewissen Wohlstand gebracht. Es gibt zehn Colleges, noch mehr Krankenhäuser und zahllose Sushi-Lokale. Im Umkreis von vielen hundert Meilen fungiert die Stadt als kulturelles Zentrum. Und nicht zuletzt war die Stadt das immerwährende Thema des Autors Thomas Wolfe (1900–1938), der dort geboren und auch bestattet worden ist. Unter allen Städten, die ich auf meinen Reisen im Süden kennenlernte, war Ashville eine der heitersten, liebenswertesten und auch wohlhabendsten.

Ich wollte in den Tiefen Süden, hatte aber noch etwas zu erledigen, als ich nach Asheville kam. Im städtischen Museum kam ich mit einem Herrn ins Gespräch, den ich fragte, wo die schwarze Bevölkerung ursprünglich gelebt habe – und zwar in den dreißiger Jahren, als der jugendliche Ken Noland dort Zeitungen ausfuhr.

»Biegen Sie rechts ab«, sagte der Mann und zeigte zum Museumseingang hinaus, »und dann wieder rechts. Von dort aus immer weiter der Straße folgen.«

Wie von ihm beschrieben, lief ich vom zentralen Platz aus bergab, von wo aus ich nach zehn Minuten Fußmarsch den unverkennbar schwarzen Teil von Asheville erreichte. »Er ging langsam an der Feuerwehrhalle und dem Rathaus vorbei. An Gants Ecke war der Platz abgerundet, denn von dort schoss die Straße steil bergab zur Niggerstadt hinunter«, schreibt Thomas Wolfe in seinem Buch *Schau heimwärts, Engel* (Kapitel 40). Die »Niggerstadt« spielt als verbotener und anrüchiger Teil der Unterwelt von Asheville im Text immer wieder eine Rolle. So bezieht sich eines der Dramen in diesem Roman auf Eugene Gants Zeitungstour in »Niggertown«, wo auch Thomas Wolfe Zeitungen austrug. Welch seltsamer Zufall! Ich fragte mich, ob Ken Noland – der es beim Erzählen erfahrungsgemäß mit der Wahrheit nie so genau nahm und gern einmal Erlebnisse anderer Künstler als seine eigenen ausgab – nicht unbewusst ein Quäntchen von Wolfes Lebensgeschichte übernommen hatte, wenn er von sich behauptete, in diesem Teil von Ashville als Zeitungsjunge unterwegs gewesen zu seint.

Ich schlenderte weiter und gelangte von einem Areal aus Granitgebäuden an einem sonnigen Platz zu einem Viertel mit engen, von Bäumen gesäumten Gassen und bescheidenen Holzhäusern, die im Schatten lagen. Als ich näher kam, winkte mir ein Mann freundlich zu. Er trat einen Schritt zurück von einem Bild, dass er gerade an eine Mauer malte – es war das großformatige Porträt eines Basketballspielers in der Spielerkleidung der Showtruppe Harlem Globetrotters. Sein Name war Ernie Mapp.

»Schönes Bild«, sagte ich.

»Bennie Lake«, antwortete Ernie Mapp, deutete auf die Kleidung des Sportlers und fügte hinzu: »Stammt aus Asheville. Gehörte zu den Globetrotters. War ein guter Kerl.«

Ein Mann sah, wie wir miteinander sprachen, und kam zu uns herüber. Er hieß Tim Burdine, wirkte in seinem schweren Mantel samt Wollmütze massig und bärenhaft. Er trug seinen Arm in einer Schlinge. »Der ist kaputt«, erklärte er. Tim war schätzungsweise sechzig, Ernie dagegen deutlich jünger.

»Ich bin fremd hier und hab mich etwas verlaufen«, ließ ich sie wissen, nachdem wir uns ein bisschen unterhalten hatten. »Wie heißt denn das Stadtviertel hier?«

»Wir nennen es The Block«, antwortete Tim.

»Oder East End«, ergänzte Ernie. »Alles, was unterhalb der Eagle Street liegt, bis rüber zur Valley Street.«

Ernies Bild an der Mauer eines Brückenpfeilers unterhalb der Market Street war Teil eines Kunstprojektes im öffentlichen Raum, das den Namen »Triangle Park Mural Project« trug und in zwei Meter hohen Bildern an – überwiegend schwarze – Söhne und Töchter des Viertels sowie an historische Ereignisse erinnerte.

Auf der zugehörigen Website wurde das Vorhaben beschrieben als »gemeinschaftlich geschaffenes Wandgemälde zur Erinnerung an die Geschichte von The Block, dem historischen schwarzen Geschäftsviertel von Ashville.« Die Maler und Organisatoren stammten ebenfalls aus dem Stadtteil, waren sowohl Schwarze als auch Weiße und voller Lokalpatriotismus.

»Das dort ist Nina Simone«, sagte Tim und führte mich zu einem anderen Teil des Bildes. Man sah die Sängerin mit streng zurückgebundenem Haar, im Nofretete-Profil und von Musikern umgeben.

»Das sind Mitglieder der Band, Bite Chew und Spit«, erklärte Tim. »Von denen haben Sie bestimmt schon gehört. Das ist die Hausband der Konzerthalle Orange Peel. Der Kit-Kat Club war gleich da drüben, in der Market Street.«

Es war ein kühler Spätnachmittag und die anderen Künstler konzentrierten sich jeweils auf ihre eigenen Teile des Wandgemäldes.

»Und was glauben Sie, wer das hier ist?«, fragte mich Tim Burdine und zeigte auf einen schlanken jungen Schwarzen, der lebensgroß mit modisch-dunkler Sonnenbrille und Schottenmütze in lässiger Pose dargestellt war. Tim ging darauf zu und lehnte sich dagegen. »Das bin ich! Riesige Sonnenbrille. Da war ich noch dünn und cool! Mit achtzehn. Noch an der High School.«

Ein Auto kam angefahren, aus dessen offenen Fenstern »Get Up Offa That Thing« von James Brown schallte. Nachdem der Motor ausgeschaltet war, stieg eine korpulente Dame aus. Die Musik ließ sie weiterlaufen.

»Das ist Bubbles«, informierte mich Tim und umarmte sie mit seinem unversehrten Arm. »Sie gehört auch zu den Künstlern.«

»Ich geb mir Mühe«, antwortete Bubbles lächelnd und tänzelte rhythmisch zu James Brown, der gerade sang: *»Get up offa that thing, and dance till you feel better …«* Sie hatte eine mütterliche Ausstrahlung und war etwa in Tims Alter. Wie diese großgewachsene Frau mit ihrem schweren, bauschenden Wintermantel durch den Triangle Park schritt, wirkte es, als ob die Grünanlage ihr gehörte.

»Sie ist der Boss unseres Vereins, stimmt's, meine Liebe?«, verkündete Tim und heftete sich an ihre Fersen.

»Was ist das denn für ein Verein?«

»Wir nennen ihn Just Folks Club.«

Tim, Bubbles und ich setzten uns an einen Picknicktisch – Ernie ging zurück zu seinem Gemälde und bearbeitete es mit einem langstieligen Pinsel.

»Stimmt genau, wir durften im Kino immer nur oben sitzen«, beantwortete Tim eine meiner Fragen, »und das ging noch sehr lange so. Die Rassentrennung war ja nicht 1964 mit dem »Civil Rights Act« schlagartig zu Ende. Sie ging noch bis in die siebziger Jahre weiter.«

»Und noch länger«, warf Bubbles ein.

»Aber das ist jetzt vorbei«, erklärte Tim. »Keiner ist mehr nachtragend. Schwamm drüber. Alle kommen gut miteinander klar.«

»Kommen Sie doch in ein paar Monaten noch mal wieder, wenn das Projekt fertig ist«, schlug Tim vor. »Wir bereiten gerade die Einweihungsfeier vor. Sie sind herzlich eingeladen.«

Wer bin ich?

Am nächsten Tag reiste ich aus Asheville ab und fuhr über Nebenstraßen, durch kleine Wälder voller Kampferbäume und vorbei an Häusern, in deren Vorgärten Reben mit üppigen Scuppernong-Trauben rankten. Unterwegs passierte ich auch Flat Rock (wo der Lyriker Carl Sandburg die letzten zweiundzwanzig Jahre seines Lebens auf seiner Ziegenfarm »Connemara« zubrachte) sowie das Dörfchen Zirconia und die Staatengrenze nach South Carolina und Greenville. Dabei hörte ich im Radio diesen Country-Song:

Lord, I was born a ramblin' man
Tryin' to make a livin' and doin' the best I can
And when it's time for leavin'
I hope you'll understand
That I was born a ramblin' man

Dazu geboren, von Ort zu Ort zu ziehen … Ich dachte darüber nach, wie das in anderen Teilen der Welt wäre, wo einem ständig Hindernisse in den Weg gelegt wurden, wo man Gefahren einkalkulieren musste. In Amerika konnte man sich einfach ohne Ziel auf den Weg machen und ganz unbeschwert umherziehen. Das passte gut zu der inneren Unruhe, die mich antrieb, und meiner Liebe zur Straße. Es entspannte mich, während meine Reisen sonst für gewöhnlich mit großer Unsicherheit und ziemlicher Anspannung verbunden waren – zuletzt in Afrika.

Ich fuhr noch ein Stück weiter und übernachtete in Greenville, South Carolina, wo an diesem Samstagabend jugendlich buntes Treiben auf den Straßen herrschte und die vielen Restaurants und Kneipen an der Hauptstraße gut besucht waren. Vor nicht einmal fünfzig Jahren zeigte die Polizei hier noch massiv Präsenz und die Hauptstraßen waren für Weiße reserviert und für Schwarze nicht zugänglich. Außerdem durften Schwarze hier weder die öffentliche Bibliothek benutzen noch Restaurants besuchen oder in Hotels übernachten. Im Laufe meines Lebens – und des Lebens vieler Einwohner von Greenville – wurden die Rassenschranken aufgehoben und die entsprechenden Gesetze abgeschafft. In den Zeitraum meiner Reise fiel das fünfzigste Jubiläum der Bürgerrechtsbewegung. Sie wird für gewöhnlich als ein zähes, aber weitgehend friedliches Ringen engagierter Bürger beschrieben. Aber mir (und nicht nur mir) kam sie eher vor wie ein Krieg, mit Straßenkämpfen, mit Bombenanschlägen und Toten. Doch das sah man den festlich geschmückten Straßen von Greenville heute nicht an.

Am Morgen fuhr ich in die Hauptstadt des Bundesstaates, nach Columbia, und suchte im Zentrum nach einem Lokal zum

Mittagessen. Ich entschied mich für die Südstaatenküche von Lizard's Thicket, wo man mit dem Slogan »Real Country Cooking« warb und traditionelle Gerichte wie Chicken and Dumplings (Frikassee mit Klößchen), gebratene Hühnerleber, Leber mit gebratener Zwiebel, Pulled Barbeque Pork (Zupfbraten), Hackbraten oder Biscuits and Gravy (weiche Brötchen mit Bratensauce) offerierte.

Als ich aus meinem Wagen stieg, kam ein stämmiger Mann aus dem Restaurant und ging auf das benachbarte Auto zu. Er blinzelte zufrieden und leicht erschöpft wie jemand, der gerade ein üppiges Mahl genossen hatte.

»Hallo. Wie geht's, wie steht's?«

»Gut«, antwortete ich. »Hab ziemlichen Hunger.«

»Nehmen Sie die Leber mit Röstzwiebeln«, empfahl er mir. »Die ist hervorragend. Heute das Tagesgericht.«

»Danke für den Tipp. Ich komme aus Massachusetts und bin auf der Durchreise.«

»Welcher Kirche gehören Sie an?«

Diese Frage hatte mir in den Vereinigten Staaten mein ganzes Leben lang noch kein Fremder gestellt – überhaupt war ich so etwas noch nirgendwo auf der Welt gefragt worden. Im Süden allerdings bekam ich sie derart häufig zu hören, dass ich allmählich neugierig wurde auf die mysteriöse Religiosität der Menschen hier. Oftmals formulierten die Leute ihre Frage vorsichtiger: »Welcher Kirche stehen Sie nahe?« Während ich dann noch nach Worten suchte, bekannten sie ihrerseits bereits: »Ich gehöre zur Hope Chapel«, oder: »Wir sind A.M.E.« – Angehörige der »African Methodist Episcopal«-Kirche, die vor mehr als zweihundert Jahren von freien Schwarzen in Pennsylvania gegründet worden ist. Oder: »Shubach Deliverance World Ministries.« Oder jemand stellt sich mit Namen vor und schickt hinterdrein: »Wir sind Mitglieder von Heaven on High« …

Auf seine Frage hin sah ich mir den Mann genauer an. Er war blass, korpulent und etwas kurzatmig, mit schütterem Haar und hellen Sommersprossen, und er trug ein kurzärmeliges Hemd und eine gestreifte Krawatte. Nach dem offenbar ausgiebigen Essen schwitzte er und blinzelte mich gegen die grelle Sonne an. Er hatte das leicht ungesund wirkende Äußere eines Büroangestellten. In seiner Brusttasche steckten ein paar Münzen. Er wirkte ausgesprochen freundlich. Vermutlich war er überrascht, dass ich auf seine Frage nach meiner Religionszugehörigkeit erst einmal ins Stocken kam.

»Ich bin nichtpraktizierender Baptist«, teilte er mir schließlich mit, um das Schweigen zu überbrücken und wohl auch, um mir die Scheu zu nehmen. »Sie sehen aus wie ein Lehrer. Bestimmt machen Sie was mit Büchern oder Unterricht. Ich bin Al McCandless, freut mich, Sie kennenzulernen. Ich war früher bei einer Versicherung und habe immer noch ein bisschen damit zu tun. Aber komischerweise habe ich schon immer Gedichte geschrieben. Wenn mir ein Gedanke kommt, mache ich ein Gedicht draus. Als ich vierzig war, habe ich erfahren, dass ich adoptiert bin. Meine Großmutter hat es mir aus Versehen gesagt. Wir haben uns über irgendwas unterhalten, über meinen Bruder, glaube ich, der sich gerade schlecht benommen hatte. Und da hat die alte Dame gesagt: ›Tja, er ist halt genauso adoptiert wie du …‹ Ich wusste zwar, dass er adoptiert worden war, dachte aber immer, ich wäre ein leibliches Kind. Als ich meine Eltern darauf ansprach, meinten sie nur: ›Wer zum Teufel hat dir das erzählt?‹ Aber das war keine richtige Antwort, also hab ich sie noch mal gefragt, aber sie sagten nur: ›Du gehörst zu uns, ihr gehört alle zu uns und ihr werdet immer unsere Kinder sein.‹ Aber ich hatte schon verstanden und bin nach ihrem Tod auf die Suche nach meiner leiblichen Mutter gegangen und fand sie auch. Sie war schon achtzig und wohnte nur ein paar Meilen von meinem Heimatort entfernt. In die Schule ist sie nur bis zur zweiten Klasse gegangen. Sie hatte noch mehr Kinder, also bekam ich zu meiner richtigen Schwester noch zwei Halbschwestern dazu. Drei Jahre konnte ich noch mit ihr verbringen, bis sie starb. Aber ich musste auch an meine andere Mutter denken und an meinen Bruder, den adoptierten Bruder. Und an meinen Heimatort. Ich wusste einfach nicht, was ich machen sollte, und da habe ich eben ein Gedicht drüber geschrieben.«

Vom vielen Reden war er ganz außer Atem. Er wischte sich den Schweiß von der Stirn und blinzelte mich aus seinen verschwitzten Augen mit den hellen Wimpern an. Er hatte einen auffallend großen Mund und sprach mit etwas schwerer Zunge, obwohl er offensichtlich nicht betrunken war. Sein leidender Gesichtsausdruck konnte allerdings auch der Sonne geschuldet sein.

»Das Gedicht habe ich genannt ›Wer bin ich?‹.«

»Das ist eine große Frage«, antwortete ich.

Er öffnete wieder den Mund, der dabei wie ein Rechteck aussah. »›Wer bin ich?‹« und dann fügte er noch hinzu: »Die Leber mit Zwiebeln wird Ihnen schmecken.«

Drinnen im Lizards'Thicket wollte ein Gast, ein Schwarzer mit grauen Haaren und Baseballkappe, gerade gehen. »Ich leg euch das Geld hier hin.« Er tippte sich an die Mütze und fügte hinzu: »Wollt nur mal vorbeikommen und hallo sagen. Geht's mir gleich viel besser …«

»Nu man, yanna weep-dee, we dan-ya«

Ich stellte fest, dass es überall im Süden möglich war, ganz beiläufig mit Menschen ins Gespräch zu kommen. Schon der kleinste Gruß löste bei vielen einen wahren Redefluss aus – wie Al McCandless mit seinen Erinnerungen an frühere Zeiten. Aber es gab auch Menschen, zu denen ich nur schwer Zugang fand. Viele äußerten sich nur ungern über Geschäftliches, vor allem wenn es bei ihnen ums Überleben ging und sie womöglich unterhalb der Armutsgrenze lebten.

Der Name Bernie Mazyck wurde mir von einem Mann genannt, der mich möglicherweise auch mit ihm bekannt machen würde. Bernie war Gründer und Geschäftsführer der »South Carolina Association of Community Development Corporations«, für die ich mich sehr interessierte. Aber besonders neugierig machte mich auch sein Name. Bernie Mazyck war der Freund eines Freundes. Ich hatte mich auf den Weg nach Columbia gemacht, weil ich ihn um Hilfe bitten wollte.

Die South Carolina Association of Community Development Corporations (SCACDC) ist nach eigenen Angaben ein »Fachverband von gemeinnützigen kommunalen Entwicklungsträgern in den strukturschwachen Gemeinden des gesamten Bundesstaates«. Weiter heißt es: »Die SCACDC legt besonderen Wert auf die Entwicklungsförderdung in Kommunen, die nicht Bestandteil des allgemeinen wirtschaftlichen Gefüges sind, insbesondere in Minderheitengemeinden.«

Das Hauptziel bestand darin, »die Lebensqualität von Familien mit geringem Einkommen zu verbessern«, von denen es in South Carolina sehr viele gab. In einer der ärmsten Regionen Amerikas wurde das Wort »arm« von amtlicher Seite jedoch nie verwendet. Die Organisation unterstützte »Familien mit geringem Einkommen« durch Kredite, Beratung und Unterstützung in bürokratischen Fragen. Darüber hinaus wurden Arme, die wenig Eigeninitiative zeigten, ermutigt, sich weiterzubilden und Führungsfunktionen zu übernehmen. In einem früheren Gespräch hatte Bernie Mazyck gesagt: »In South Carolina wird Führungskompetenz oftmals als Eigenschaft einer ausgewählten Gruppe von Menschen angesehen«, was er hoffte ändern zu können. »Ausgewählte Gruppe« ist im Süden eine Umschreibung für weiß.

Bernie erwartete mich – geschäftsmäßig gekleidet mit weißem Hemd und Seidenkrawatte – an der Stirnseite eines sechs Meter langen Konferenztisches. Er schaute von einem Stapel Unterlagen auf und zeigte angesichts meiner ganz normalen Alltagskleidung aus Jeans und langärmeligem Polohemd keine erkennbare Reaktion. Im Konferenzraum schien er sich zu Hause zu fühlen, während ich mir vorkam wie ein Hausmeister. Er war ein engagierter, ernsthafter Mann von leicht gedrungener Statur, den ich auf Mitte fünfzig schätzte und dessen Alltag vermutlich darin bestand, von einer Vorstandssitzung zur nächsten zu eilen. Mit seinen Unterlagen hantierte er routiniert. Er wirkte beherrscht und beinahe klerikal wie jemand, der seine Arbeit häufig gegenüber Leuten erklären muss, die keine Vorstellung davon haben, worum es eigentlich geht. Es überraschte mich daher nicht, als er mir später erzählte, dass er gerade seinen Masterabschluss in praktischer Theologie (Schwerpunkt »Stadtentwicklung«) anstrebte.

»Wir verfolgen einen gemeindebasierten Ansatz, um eine dauerhaft stabile Wirtschaft zu etablieren«, erklärte er mir. »Bei diesem neuen Entwicklungsmodell muss Kapital wirksam eingesetzt werden …«

Er fuhr in diesem Stil fort, berichtete von wirtschaftlichem Aufschwung und betonte, wie wichtig das Thema Wohnraum sei, um Menschen zu vermitteln, dass sie etwas wert seien und einen festen Platz in der Gesellschaft haben. Ältere Häuser würden energetisch saniert und umgebaut. Er sprach von »ökonomischer Gerechtigkeit«, »Partnerschaften« und »Ressourcenentwicklung«.

Diesen bürokratischen Jargon hatte ich auch oft in Afrika gehört, wenn es um Entwicklungspolitik ging – häufig an ähnlich noblen Konferenztischen mit bequemen Stühlen in ansprechend eingerichteten Räumen, während die »finanziell benachteiligten« Menschen draußen nicht einmal ein Dach über dem Kopf hatten und im Abfall nach Essbarem suchten.

Ich bewunderte Bernie Mazycks Ernsthaftigkeit und sein seriöses Auftreten, und selbst die komplizierte Sprache faszinierte mich, weil ich so wenig davon verstand. Doch besonders spannend fand ich noch etwas anderes, worauf ich ihn schließlich auch ansprach, nachdem wir uns schon eine Weile unterhalten hatten.

»Darf ich Sie nach der Herkunft Ihres Namens fragen?«

Er lächelte, lehnte sich entspannt zurück, nahm seine Brille ab und strich mit der Rückseite eines Fingers über seinen Schnauzbart. Dann rückte er mit seinem Stuhl ein Stück vom Tisch ab, um bequemer zu sitzen. Die nächsten fünfundvierzig Minuten erzählte er mir von seinem Namen, seiner Familiengeschichte, seinen Verwandten, seiner Mutter und seiner Kirche.

Das war typisch im Süden: Wenn sich jemand vorstellte, betonte er dabei immer auch seine Wurzeln und seinen Bezug zur Region. Obwohl wir uns zuvor noch nicht kannten, hatten wir einen gemeinsamen Freund. Bernie hatte zuvor von seinen beruflichen Plänen berichtet, die er mit viel Optimismus und Ideenreichtum umsetzte. Doch als er von seiner Familie, seinem Leben in South Carolina – er stammte aus Charleston – und seinem ungewöhnlichen Familiennamen zu erzählen begann, lebte er erst richtig auf.

Der Name war hugenottischen Ursprungs und wurde »Mahsiek« ausgesprochen, erfuhr ich von ihm. Einer der ersten Siedler in Charleston sei Isaac Mazyck gewesen, der im späten 17. Jahrhundert in der Hafenstadt ankam und dort die erste Hugenottenkirche gründete. Später recherchierte ich danach und fand heraus, dass der Name Mazyck aus Belgien kam und von der Stadt Maaseik oder Mezeik abgeleitet war. Es handelte sich also um einen klassischen Herkunftsnamen und vermutlich – obwohl Bernie nichts davon erwähnte – den Namen eines Sklavenhalters, denn Sklaven trugen in der Regel den Namen ihres Herrn.

Wir unterhielten uns noch eine Weile über seine fernere Verwandtschaft, seine Wurzeln, sein Selbstverständnis als Afrikaner, seine starke Identifikation mit dem Volk der Akan im heutigen Ghana, das früher eines der größten Reiche an der afrikanischen Westküste gewesen war: das Königreich der Ashanti. Bernie fand in seinen Familienbeziehungen Anklänge an die Akan, was sich auch in einer gewissen matriarchalischen Tradition und bestimmten religiösen Praktiken niederschlug, die sich in christlichen Kirchen der Südstaaten erhalten hatten. Und dann fügte er noch sehr bewegt hinzu: »Man braucht Gott an seiner Seite. Die Kirche ist der Mittelpunkt meines Lebens.«

Da begann ich ein wenig besser zu verstehen, welch große Rolle im Süden die Vergangenheit noch spielt – teilweise weil sie so lange Schatten wirft, aber auch weil die Gegenwart oft einfach so niederschmetternd ist. Die Vergangenheit ist leichter verständlich und schlüssiger – und zudem hilft sie, die Gegenwart zu erklären.

In diesem Zusammenhang ist auch die kreolische Gullah-Sprache von Bedeutung. Bernie konnte sie sogar sprechen. »Kumbayah« – wie in dem bekannten Lied – bedeutete auf Englisch *»come by here«* (»komm her«). Er erzählte, dass seine Mutter gern Gullah-Wendungen benutzt habe, um ihm etwas zu erklären. Gullah war allgegenwärtig, als Sprache für den privaten Alltag und als kulturelle Identifikationsmöglichkeit.

»Meine Mutter sagte immer: *›Nu man, yanna weep-dee we dan-ya!‹*« Das hieß: *»No, man, you're up there and I'm down here.«* (»Nein, Mann, du bist dort oben und ich bin hier unten.«) Damit sollte der Klassenunterschied betont werden.

Seine Mutter hieß Seypio, was eine abgewandelte Form von Scipio war, dem Namen ihres Großvaters – wie Scipio Africanus, der als bedeutender römischer Feldherr Hannibal in der Schlacht von Zama besiegt hatte (daher sein Beiname Africanus).

Beim Stichwort Sklaverei kam Bernie auf die in der Vergangenheit vorherrschenden widersprüchlichen Ansichten zu sprechen. Als Beispiel nannte er das African American Monument, ganz in der Nähe, auf dem Gelände des Regierungssitzes, dem »South Carolina State House«, in Columbia. Die Planungen hätten sich über viele Jahre hingezogen, und im Verlaufe der endlosen Diskussionen konnte man sich zunächst darauf einigen, wie die Geschichte der Schwarzen in South Carolina auf den Bronzetafeln dargestellt werden sollte. Eine Tafel, die den Ku-Klux-Klan dabei zeigte, wie er gerade seinem mörderischen Handwerk nachgeht, wurde verworfen. Heftigen Streit gab es um die Abbildung der Flagge der Konföderierten. Und es herrschte auch Uneinigkeit in der Beurteilung einer Gestalt wie Denmark Vesey, einem Sklaven, der sich nach einem Lotteriegewinn freikaufte und 1822 eine Sklavenrevolte im Bundesstaat plante. Es wäre der größte je von Sklaven organisierte Aufstand in den Vereinigten Staaten geworden. Doch der Plan wurde verraten, und Vesey wurde zusammen mit vielen anderen in Charleston gehängt. In den Augen der Schwarzen in South Carolina und auch aus Sicht der Historiker war Vesey seiner Zeit weit voraus und ähnlich wie der haitianische Revolutionär Toussaint L'Ouverture (den Vesay bewunderte) wurde er zum Sinnbild der Rebellion: ein Held und Vorbild.

»Das ist jetzt fast zweihundert Jahre her«, sagte Bernie. »Aber trotzdem wollen sie sein Gesicht nicht auf dem Denkmal haben.« Lächelnd fügte er hinzu: »Verstehen Sie? Wir haben noch einen ziemlich langen Weg vor uns.«

Anschließend sprachen wir über die bevorstehende Präsidentschaftswahl und das umstrittene Gesetz zur Ausweispflicht von Wählern. Dieses restriktive Gesetz, das bewusst Hürden für Wähler errichtet, wurde von der Gouverneurin South Carolinas, Nikki Haley, befürwortet. Haley ist die Tochter indischer Einwanderer, die als Sikhs zunächst nach Kanada emigrierten und dann von Vancouver aus in die USA kamen. Ihre Eltern arbeiteten anfangs als Lehrer in dem Örtchen Bamberg (3604 Einwohner), das die gleiche Größe hat wie Pandori Ran Singh (3624 Einwohner) unweit von Amritsar im Punjab, woher die Randhawas stammten. In Bamberg gründeten sie ein Textilunternehmen namens Exotica International, das lange Zeit sehr gut lief, 2008 jedoch geschlossen wurde. Nicht einmal zwei Jahre später war Nikki (inzwischen mit einem weißen Südstaatler verheiratet und zum Methodismus übergetreten) Gouverneurin und lebte im luxuriösen Hilton Head.

»Schon ungewöhnlich, dass eine Frau mit indischen Wurzeln in diesem Bundesstaat zu Gouverneurin gewählt wird.«

»Eine Menge Leute wussten schlichtweg nicht, dass sie keine Weiße ist«, erklärte Bernie. »Auf ihren Wahlwerbeplakaten sah sie kein bisschen fremdländisch aus. Einen indischen Namen trägt sie auch nicht. Zudem ist sie Christin und gehört der rechtskonservativen Tea-Party-Bewegung an. Sie hasst die Gewerkschaften. Und sie hat ihre Familie bewusst im Hintergrund gehalten. Der Turban ihres Vaters wäre für viele weiße Wähler hier ein echtes Problem gewesen.«

»Ziemlich kurios.«

»Ich finde es eher traurig«, konstatierte Bernie. Dann kamen wir wieder auf seine Arbeit zu sprechen. »Wie kann ich Ihnen denn helfen?«, fragte er hilfsbereit.

Ich antwortete: »Ich würde mir gern einige von den Orten ansehen, deren Entwicklung Sie unterstützen.«

»Haben Sie da konkrete Vorstellungen?«

»Die ärmsten.«

Er nickte und tippte eine Nummer in sein Telefon.

Route 301: »Da fährt doch kein Mensch hin«

Fahren Sie über Orangeburg nach Allendale, hatte Bernie gesagt. Allerdings kam ich erst spät los, weil ich mir vorher noch das »African American Monument« am Capitol ansehen wollte, das Bernie erwähnt hatte – die Flagge der Konföderierten wehte immer noch unten, an einem Mast auf der Straße (sie war nach jahrzehntelangen Protesten oben von der Kuppel entfernt worden). Auf kurvenreichen Straßen, vorbei an hell getupften Baumwollfeldern voller dünnstieliger Pflanzen mit reifen, geöffneten Kapseln, aus denen die weißen Wollhaare quollen. Ich erreichte die Stadt Walterboro und fand dort einen Kiosk mit dem Schild »Information«. Obwohl ich inzwischen eine Landkarte hatte, die mir den Weg nach Allendale wies, ließ ich ihn mir noch einmal ausführlich beschreiben – vor allem, um mich ein bisschen mit der Frau zu unterhalten, die in dem Kiosk arbeitete und Broschüren mit den Sehenswürdigkeiten der Umgebung ausgab: »Verdier House«, »Bonnie Doone Plantation«, diverse Museen und Galerien sowie »Frankie's Fun Park«.

Außerdem gab es noch den Abschleppdienst »Wally's Tow Service«, der damit warb, dass Schwarze und Weiße ihn bei Tag oder Nacht in Anspruch nehmen könnten:

Black or white
day or night
you call
we haul

»Ich arbeite seit zwölf Jahren hier, aber den Weg nach Allendale wollte noch keiner von mir wissen«, sagte sie.

»Sonderbar.«

»Eher nicht«, widersprach sie. »Da fährt doch kein Mensch hin.«

Sobald ich die richtige Straße, die Route 301, gefunden hatte, stellte ich fest, dass die Skepsis der Frau nicht unbegründet war. Es war eine Geisterstraße in überraschend schlechtem Zustand. Ein geradezu bestürzender Anblick.

In meinem Leben als Reisender hatte ich bisher nur sehr wenige Orte gesehen, die ähnlich seltsam waren wie Allendale, und die Fahrt dorthin war einfach nur bizarr. Die Straße war größtenteils eine Art Highway – zwei breite, durch einen unproportional großen Grünstreifen getrennte Fahrbahnen –, der insgesamt viel imposanter ausfiel als die meisten Abschnitte der wichtigen Nord-Süd-Verbindung, der Route 95. Doch der stolze Highway, auf dem ich mich gerade befand, war ebenso leer wie die Berghänge, die er durchschnitt – eine majestätische Straße inmitten grüner Landschaft mit völlig maroden Farmen, die nur noch wie die Ruinen einer früheren Besiedlung aussahen. Es war eine Straße ins Nirgendwo. Kein einziges Fahrzeug war unterwegs, und es gab weder Städte und Tankstellen noch Motels oder Geschäfte, sodass man sich wie auf einer Reise ans Ende der Welt fühlte.

Von den dreißiger bis zu den sechziger Jahre war dieser Highway die wichtigste Straße durch den Süden. Die Route 301 war eine vielbefahrene Durchgangsstrecke von Delaware nach Florida. Diese Strecke nahmen die frühesten Autofahrer aus dem Norden auf der Suche nach Sommer und Sonnenschein – und die Menschen aus dem Süden auf der Suche nach Arbeit und einem besseren Leben.

Auf Reisen in Entwicklungsländern stößt man häufig auf Baustellen: breite und schmale Straßen, Schnellstraßen oder Mautstrecken mit ratternden Baumaschinen, Kettenbaggern und Planierraupen, die sich in die Erde fressen und die Landschaft verunstalten. In jenen Regionen (ich denke vor allem an Afrika und Indien) findet man nur selten Straßen, die nicht entweder im Bau oder in Reparatur befindlich sind. Doch in den ländlichen Gegenden der Südstaaten gibt es das: breite Highways, die einfach daliegen und ins Nichts führen. Die Route 301 hier, mitten im ärmlichen South Carolina, ist einer davon – befremdlich und verstörend.

Als ich mich den Außenbezirken Allendales näherte, wirkte die Szenerie wie kurz vor dem Weltuntergang. Doch derartige Anblicke machten das Reisen zu einem lohnenden Unterfangen und bestätigten mir, dass ich die richtige Entscheidung getroffen hatte, mich auf den Weg gen Süden zu machen. Damit, was ich an diesem sonnigen Tag – der Himmel war blau und in den Bäumen wehte ein laues Lüftchen – hier vorfinden würde, hatte ich allerdings nicht im Geringsten gerechnet.

Ich sah nichts als Verfall und gähnende Leere. Motels, Tankstellen, Restaurants, Geschäfte und sogar ein Kino – alles war verlassen und rottete vor sich hin. Manche Gebäude waren komplett eingefallen, sodass nur noch die Fundamente zu erkennen waren. Man sah im Schutt Farbreste von Innenwänden und hier und da ein rostiges Schild. Die Häuser, die noch standen, waren aus Backstein oder aus Beton, doch nichts davon schien solide gebaut. Alles sah derart heruntergekommen aus, als ob vor kurzem hier ein Krieg gewütet hätte, in dem die Häuser zerstört und sämtliche Einwohner getötet worden waren.

Ich stieß auf die leere Außenhülle eines Motels namens »Elite« (das Schild war noch zu lesen), das nur noch aus baufälligen und längst von der Wildnis überwucherten Gebäuden bestand. Ein Stück weiter stieß ich auf zwei weitere ehemalige Herbergen, die einmal »The Sands« und »The Presidential Inn« geheißen hatten und nun teilweise eingestürzt waren. Auch die Restaurants standen leer – eins davon hatte das typisch geformte Dach und den markanten Dachreiter eines alten Howard-Johnson's-Restaurants, ein anderes war nur noch eine Ruine, jedoch mit einem gigantischen Schild, das in abgeblätterten Buchstaben »Lobster« (Hummer) anbot. Und eine weitere marode Anlage mit verwahrlostem Schwimmbecken und eingeschlagenen Fenstern hieß laut einem verrosteten Schild: »Cresent Motel«, das mit seinem Schreibfehler (»Crescent«, immer noch mit »sc«) nur umso kläglicher wirkte.

Die meisten der noch intakten Läden waren geschlossen. Die einzigen Geschäfte, die noch geöffnet hatten, wurden von Indern betrieben. Ein Art-Deco-Kino mit einem einzigen Vorführsaal, früher einmal das »Carolina Theater«, war mit Brettern vernagelt. Auf der breiten Hauptstraße lag überall Unrat herum. Die von Hütten und leerstehenden Häusern gesäumten Seitenstraßen wirkten bedrohlich. So etwas hatte ich noch nie zuvor gesehen: eine Geisterstadt an einem Geister-Highway. Dennoch war ich froh, dass ich hergekommen war.

Durch die indischen Ladenbesitzer, die Hitze, die hohen staubigen Bäume, den Anblick von gepflügten Feldern, die verfallenen Motels und verlassenen Restaurants, die lähmende, wie ein giftiger Nebel über der Stadt hängende Trägheit fühlte ich mich an ähnliche Szenerien in Simbabwe erinnert. Es sah aus, als ob die Kolonialherren zusammen mit den meisten Einheimischen verschwunden wären, nachdem der Ort von einem Unheil heimgesucht worden war. Während ich mich im Lebensmittelladen eines Inders aufhielt, kamen immer wieder Schwarze herein und kauften Dosenbier, das sie dann draußen unter einem Baum tranken.

All dies war lediglich mein erster Eindruck. Später entdeckte ich außerhalb des eigentlichen Ortes Allendale noch den Campus der »University of South Carolina Salkehatchie« mit achthundert eingeschriebenen Studenten, einer alten Hauptstraße, einem pittoresken Gerichtsgebäude und einer kleinen Ansiedlung von gepflegten Häusern im Bungalowstil.

Doch wenn man Allendale selbst von der Route 301 her ansteuerte, erblickte man den blanke Verfall: Armut, Verwahrlosung, Hoffnungslosigkeit – ein gigantischer Fehlschlag.

Allendale County Alive

Etwas versteckt im sonnig-trostlosen Allendale, in einem mobilen Büro in Form eines abgestellten Wohnanhängers mit dem Schild »Allendale County Alive«, traf ich auf Wilbur Cave. Seinen Namen hatte mir Bernie Mazyck genannt, weil er sich mit Maßnahmen beschäftigte, um das County neu zu beleben, die Wohn- und Lebenssituation zu verbessern und eine allgemeine Beratung anbot.

Nachdem wir uns die Hände geschüttelt hatten, erwähnte ich, wie absonderlich die Route 301 auf mich gewirkt hatte.

»Das war früher eine vielbefahrene Straße. Sie markierte die Hälfte der Strecke vom Norden nach Florida beziehungsweise umgekehrt«, berichtete Wilbur. »Alle haben hier haltgemacht. Dadurch war Allendale eine der belebtesten Städte überhaupt. In meiner Kindheit konnte man kaum wagen, die Straße zu überqueren. Wir Kinder durften das nur in Begleitung von Erwachsenen. An sämtlichen Motels zeigten die Schilder »Belegt« an. Es gab Unmengen von Geschäften, weil die Leute auf der Durchreise oft Lebensmittel oder Kleidung kauften. Außerdem gab es sehr viele Autowerkstätten. Die Stadt florierte!«

Heute dagegen war hier höchstens noch eine Handvoll Autos unterwegs. »Was ist seitdem passiert?«

»Die Route 95 ist passiert.«

Wilbur berichtete, dass die neue Fernverbindung in den späten sechziger Jahren so geplant wurde, dass sie vierzig Meilen östlich an Allendale vorbeiführte, woraufhin die Stadt – ebenso wie viele andere – in der Bedeutungslosigkeit versank. So wie die ehemals große neue, inmitten der Wildnis errichtete Stadt ein Inbegriff des amerikanischen Wohlstands war, gehörten nun eben auch Geisterstädte wie Allendale zu unserem Landschaftsbild. Sie waren ein Indikator für den urbanen Wandel in den USA: Alle diese Geisterstädte waren einst prosperierende Kommunen gewesen.

»Heutzutage ist es hier so ländlich, ländlicher geht's nicht mehr«, fügte Wilbur hinzu.

»Ländlich« war ein Euphemismus. Man könnte auch sagen: So wird die Welt aussehen, wenn ihr Ende bevorsteht.

Die Nähe des verarmten Allendale zu deutlich wohlhabenderen Städten war ein weiterer surrealistischer Aspekt (und ebenfalls typisch für Amerika). Das kleinste County von ganz South Carolina – mit 12 000 Einwohnern, am Savannah River und der Grenze zum Bundesstaat Georgia gelegen – war lediglich zwei Stunden von den Villen und Gourmet-Restaurants in Charleston entfernt. Bis zur attraktiven Stadt Augusta war es etwa genauso weit. Und ebenso nach Hilton Head, der Stadt auf der gleichnamigen Insel, wo sich mehr als dreißig Jahre lang die Elite aus Wirtschaft, Politik und Kultur zum jährlichen »Renaissance Weekend« versammelte, um über die Zukunft der Welt zu debattieren und wichtige Prognosen und Forderungen zu formulieren. Dabei hätten die Koryphäen und Spezialisten nur ein paar Tage in diesem County zubringen müssen, um einzusehen, dass all ihre schönen Hilton-Head-Theorien der Realität nicht standhielten.

Was hatte die Frau am Informationskiosk über Allendale gesagt? Da fährt doch kein Mensch hin. Und genau aus diesem Grund entschloss sich Wilbur Cave, etwas zu unternehmen, als er seine Heimatstadt immer mehr verkommen sah. In der High School war Wilbur ein guter Leichtathlet gewesen, der diverse

Schulrekorde im Laufen brach. Nachdem er sein Studium an der University of South Carolina in Columbia abgeschlossen hatte, blieb er zum Arbeiten vor Ort und bewarb sich dann für seinen Distrikt um einen Sitz im Repräsentantenhaus seines Bundesstaates. Er wurde gewählt und übte dieses Amt sechs Jahre lang aus. Er beschäftigte sich mit Strategieplanung und stieß zur gemeinnützigen Organisation »Allendale County Alive«, die sich der Schaffung von bezahlbarem Wohnraum in der Region widmete und die er mit seiner Erfahrung neu belebte. Die Stadt selbst hat 1500 Einwohner, von denen – genau wie im County – drei Viertel Schwarze sind.

»Nicht nur diese Stadt hat Hilfe nötig«, sagte Wilbur. »Im gesamten County ist die Lage prekär. Beim Zensus 2010 waren wir das zehntärmste County der Vereinigten Staaten. Und viele von den anderen sind Indianerreservate.«

Das Budget der Organisation war minimal. Anfangs lag es bei 250 000 Dollar und nahm dann aufgrund von Mittelkürzungen und ausbleibenden Spenden kontinuierlich ab. Verglichen mit US-finanzierten Wohnungsbauprojekten, die ich in Afrika oder Südamerika gesehen hatte, war dies ein lächerlicher Betrag. Hier ging es aber ohnehin nicht um große Summen, sondern eher um Einfallsreichtum, Kreativität und guten Willen.

»2003 habe ich angefangen«, erzählte Wilbur. »Ich dachte, dass ich mich hier so langsam auf die Rente vorbereiten könnte. Da hatte ich mich allerdings gewaltig getäuscht!« Wilbur lächelte. »Aber wir machen weiter.«

Wilbur Cave war einundsechzig, sah jedoch zehn Jahre jünger aus – muskulös, immer noch mit der Statur eines Sportlers, energiegeladen. Er war salopp gekleidet, trug Jeans und Hemd mit offenem Kragen. In seinem winzigen Büro in der kleinen Geschäftsstelle hingen an den Wänden Familienfotos, Motivationssprüche und Grafiken, aus denen eine kontinuierliche Zunahme von Wohneigentum im County ablesbar war.

Wilburs Familie war seit vielen Generationen in der Region

ansässig. Seine Mutter hatte früher als Lehrerin an der »Allendale County Training School« gearbeitet. »Das ist die schwarze Schule«, erklärte Wilbur. »Die weiße heißt Allendale Elementary.«

Die Rassentrennung wurde in Allendale 1972 endgültig abgeschafft. Immer wenn im Süden jemand ein Datum nannte, versuchte ich mich zu erinnern, wo ich zu dieser Zeit gewesen war – stets an fernen Orten. 1972, als Allendale mit den überkommenen Vorstellungen von Rassentrennung zu kämpfen hatte, befand ich mich gerade in England und plante meine Reise für das Buch *Abenteuer Eisenbahn*.

Ich merkte an, wie spät diese sozialen Veränderungen im Süden stattgefunden hätten.

»Man muss berücksichtigen, was unser Ausgangspunkt war«, antwortete Wilbur. »Es ist schwer, den Süden zu verstehen, wenn man die Geschichte nicht im Blick hat – und damit meine ich die Sklaverei. Die Geschichte hatte hier weiterreichende Auswirkungen.«

Während er lächelnd mit dem Kugelschreiber auf seine Schreibtischunterlage tippte, war ihm gar nicht bewusst, dass er sich anhörte wie eine von den weise mahnenden Stimmen bei Faulkner, die den Nordstaatlern die komplexe Vergangenheit ins Gedächtnis riefen.

»Nehmen wir die Familie meiner Mutter. Das waren über Generationen hinweg Baumwollfarmer, direkt hier im County Allendale. Sie besaßen etwa vierzig Hektar Land. Die gesamte Familie half bei der Baumwollernte mit, auch Kinder und Enkel. Es war eine ganz normale Aufgabe nach Schulschluss, natürlich auch für mich. Für uns alle.«

Die kleinen Baumwollfarmen wie die der Familie von Wilbur wurden schließlich an größere Erzeuger verkauft, die bald maschinell zu ernten begannen. Dies war ein weiterer Grund für die wachsende Arbeitslosigkeit und den Bevölkerungsrückgang. Trotzdem blieb die Landwirtschaft der Hauptwirtschaftsfaktor im County Allendale, wo vierzig Prozent der Einwohner unter der Armutsgrenze leben.

»Was sind denn hier die drängendsten Probleme?«, fragte er, um meine nächste Frage vorwegzunehmen. »Drogen! Hauptsächlich Crack. Dann die Themen Gesundheit, Kriminalität, Waffen. Und die hohe Schulabbrecherquote. Sie liegt bei fast fünfzig Prozent.«

Es gab so gut wie keine Arbeitsplätze. Der Tourismus spielte in den vergangenen Jahren kaum eine Rolle. Früher existierten in Allendale Textilfabriken, wo Stoffe und Teppiche hergestellt wurden. Doch die waren längst geschlossen und die Produktion nach China verlegt worden. Allerdings sollte in etwa einem Jahr eine neue Textilfabrik eröffnet werden. Vorherrschend war in der Region die Holzindustrie, doch die Sägewerke – in Allendale gab es zwei davon, die Bohlen und Strommasten produzierten – hatten nur einen geringen Personalbedarf.

Ähnliches bekam ich im ländlichen Süden überall zu hören, in den heruntergewirtschafteten Kleinstädten, die einst Zentren der Fertigungsindustrie waren und von der Herstellung von Möbeln, Arbeitsgeräten, Baubedarf und dergleichen gelebt hatten. Sie waren beschäftigungsintensiv und hielten eine Stadt am Leben. Die Unternehmen siedelten sich im Süden an, weil es hier günstige Arbeitskräfte gab. Zudem waren die Bodenpreise niedrig und Gewerkschaften nicht vorhanden. Und so versprach der Fortschritt eine Verbesserung der Lage und vielleicht sogar einen gewissen Wohlstand. Nirgendwo sonst in den Vereinigten Staaten konnte man so billig produzieren. Das ging so lange gut, bis die Hersteller dahinterkamen, dass man in chinesischen Sweatshops noch viel billiger produzieren konnte. Der Niedergang und die Verarmung des Südens hat viel mit der Verlagerung von Arbeitsplätzen nach China und Indien zu tun. Selbst die Zucht von Catfish – eigentlich ein lukratives Geschäft im gesamten ländlichen Raum des Südens – lohnt sich nicht mehr aufgrund der Exporte der vietnamesischen Fischzuchtindustrie.

In der aktuellen, im Bundesstaat sehr vehement ausgetragenen Debatte ging es allerdings nicht primär um Arbeitsplätze oder die Verlagerung der Produktion ins Ausland, sondern um das Wahlrecht, konkret um ein Gesetz namens »South Carolina Voter ID Bill«, dem zufolge sich jeder Wähler im Wahllokal mit einem Fotodokument ausweisen muss, selbst wenn er auf der Wählerliste steht. Wer keinen Führerschein besitzt, muss mit seiner Geburtsurkunde einen Ausweis beantragen, was kein leichtes Unterfangen darstellt, wenn man in einem anderen Bundesstaat geboren ist.

»Man fühlt sich wieder in die sechziger Jahre zurückversetzt«, sagte Wilbur. »Ich meine, der Identitätsnachweis ist für viele ganz klar ein Problem und hält Menschen davon ab, wählen zu gehen. Es wird damit begründet, dass die Glaubwürdigkeit des Systems gewahrt werden soll. Aber ich habe eine sechsundneunzigjährige Tante, die Schwierigkeiten hat, eine Abschrift ihrer Geburtsurkunde zu bekommen. Und sie ist sogar hier in Allendale geboren.«

Wilbur berichtete weiter, dass Wohneigentum ein wichtiger Schlüssel zur Entwicklung sei (das hatte auch Bernie Mazyck betont). Eigener Wohnraum sei eine Methode, um Menschen sesshaft zu machen – dadurch fühlten sie sich auf positive Weise der Gemeinde und der Stadt verpflichtet. Sie übernähmen Verantwortung, was dazu beitrage, dass sie sich weiterentwickelten. Es entstünden sichtbare Veränderungen, die gelegentlich auch zusätzliche Fördermittel ermöglichten.

»Das öffentliche Schulwesen ist vollkommen unterfinanziert«, führte er weiter aus. »Aber mit Verbesserungen im Bildungsbereich oder Gesundheitssektor lässt sich kein Geld verdienen, weil es keine ertragsorientierten Branchen sind. Aber jetzt sollten wir uns ein bisschen hier umschauen, schlage ich vor.«

Er fuhr mit mir durch die abgelegeneren Ecken von Allendale und betonte wieder: »Wohnen ist ganz wichtig.« Wir passierten enge Seitenstraßen und Gassen, die manchmal unbefestigt waren und in denen sich kleine Häuschen mit teilweise nur zwei Zimmern befanden. Manche von ihnen waren renoviert und neu gestrichen, andere hingegen sahen aus wie bloße Bretterverschläge. Und dazwischen standen die typischen schmalen, langgezogenen Holzhäuser im sogenannten »Shotgun«-Stil, die der architektonische Inbegriff für die hiesige Armut sind.

»Das dort gehört zu uns«, sagte Wilbur und zeigte auf ein gepflegtes weißes Haus im Bungalow-Stil an einer Straßenecke. »Es war ein baufälliges Objekt, das wir saniert und in unseren Bestand zur Vermietung aufgenommen haben. Mit diesen Einnahmen finanzieren wir die Sanierung weiterer Häuser.«

Voraussetzung für eine Teilnahme am Projekt war ein Einkommen, das achtzig Prozent unterhalb des Medianwertes liegt. So wurde etwa ein Einpersonenhaushalt mit einem mittleren Einkommen von weniger als 27 000 US-Dollar als arm eingestuft, ebenso ein Dreipersonenhaushalt mit weniger als 34 000 Dollar und ein Vierpersonenhaushalt unter 38 000 Dollar. Abgesehen davon, dass dies sehr wenig Geld ist, hatte die Hälfte der Unterstützten noch weitaus weniger zur Verfügung. Doch eine günstigere Wohnsituation bewirkte oft eine allgemeine Verbesserung der Lebensumstände und der Zukunftsaussichten.

»Wir bieten auch ein Bildungsprogramm für die neuen Eigentümer an«, ergänzte Wilbur. »Darin vermitteln wir den Leuten, was man im Zusammenhang mit dem Kauf und Besitz von Wohneigentum beachten muss. Danach leisten wir gegebenenfalls Unterstützung bei der Anzahlung. Die Kosten für ein Haus betragen zwischen 25 000 und 75 000 Dollar.«

Um für Unternehmen attraktiv zu sein und ein Investitionsklima zu schaffen, musste das äußere Erscheinungsbild der Stadt und des Countys attraktiver werden, was ein weiterer Grund für die intensiven Bemühungen war, die Bausubstanz vor Ort zu verbessern.

»Ich bin der Ansicht, wenn South Carolina sich verändern soll, dann müssen wir an den schlimmsten Ecken anfangen«, sagte Wilbur, als wir an einem kleinen verwitterten Haus mit farblosen Holzbrettern und verformten Dachschindeln vorbeikamen.

Es sah derart baufällig aus, dass jeder Sanierungsversuch zu spät zu kommen schien. Doch bis vor einem halben Jahr hatte darin noch ein Mann gewohnt, ohne Elektrizität, Heizung und fließend Wasser.

Ich fragte, ob ich mir das Haus oder das nebenan – eine einfache Hütte mit undichtem Dach, in der noch immer eine achtköpfige Familie (vier Generationen) wohnte – von innen ansehen dürfe.

»Dazu brauchen wir eine Genehmigung«, antwortete Wilbur. »Das dauert eine Weile. Dazu müssten sie noch einmal wiederkommen.«

Ich sagte ihm, dass ich das vorhätte.

»Haben Sie Hunger?«, erkundigte sich Wilbur.

Ich bejahte, und wir fuhren ein Stück durch die Stadt zu einem kleinen Schnellrestaurant am Barnwell Highway. Es hießt »O Taste and See« und war bekannt für sein lokaltypisches Soul Food: Hähnchen und Catfish, »Biscuits« (weiche Brötchen), »Rice and Gravy« (Reis mit Bratensauce), Obstkuchen. Die Betreiberin war Mrs Cathy Nixon, hatte ein Kind auf dem Schoß und erklärte den Namen des Lokals: »Ist aus der Bibel.« Und dann zitierte sie den ganzen Spruch: »Schmeckt und seht, wie gütig der Herr ist. Wohl dem, der zu ihm sich flüchtet!« Dass es in dieser armen Stadt gutes Essen gab, kam mir beinahe seltsam vor, doch ich stellte fest, dass auch das typisch für den Süden war: Selbst in den notleidendsten Städten gab es meistens ein Soul-Food-Lokal, familiär geführt, in einer versteckten Seitenstraße gelegen, oft mit nur einem kleinen Gastraum, einfacher Küche und herzlicher Atmosphäre. Mrs Nixon war dreiundsiebzig Jahre alt und hatte sieben Enkelkinder.

»Sie sind offenbar viel auf Reisen«, merkte Wilbur an, nachdem er das Tischgebet gesprochen hatte. Dies war ein weiteres Ritual, das in den hiesigen Lokalen unverzichtbar war.

»Das kann man sagen.«

Er hatte nichts von mir gelesen. Auf meiner Reise im Süden traf ich kaum Leser – weder Leser meiner Bücher noch Bücherleser überhaupt. Wenn bei meinem Namen jemand aufhorchte, dann hatte er ihn lediglich mit Henry David Thoreau verwechselt. Der war doch auch ein Yankee, oder? Die meisten Südstaatler, denen ich begegnete, hatten keinerlei Beziehung zur Literatur, was sich manchmal in übertriebenem Respekt gegenüber dem Schreiben äußerte, meistens aber in völligem Desinteresse. Wenn ich doch einmal auf jemanden traf, der etwas für Literatur übrighatte, dann handelte es sich stets um echte Kenner mit einer umfangreichen Bibliothek – einsame Büchernarren, wie man sie aus Erzählungen von Tschechow kennt.

Als Autor nicht erkannt zu werden brachte durchaus Vorteile mit sich. Dadurch betrachtete man mich hier einfach als einen Senior aus dem Norden, der sich vermutlich im Ruhestand befand und genug Zeit und Geld hatte, um seine Neugier auf Land und Leute zu befriedigen. Ich hatte hier keine Geschichte, keinen Ruf, keinen Status, keine Rolle – man erwartete nichts von mir, und ich war zu nichts verpflichtet. Ich genoss es, ein Außenstehender zu sein: Mr Paul mit dem komplizierten Nachnamen – der Fremde, und als fremd empfand auch ich die Menschen, denen ich auf dieser Reise in dieser außergewöhnlichen Gegend begegnete.

Als Wilbur mich auf meine Reisen ansprach, nutzte ich die Gelegenheit, ihm zu erzählen, dass ich erst kürzlich in Afrika gewesen war und in Namibia erfahren hatte, dass die US-Regierung 360 Millionen Dollar bereitstellte, um dort die Bereiche Bildung, Energie und Tourismus zu fördern. Ich erwähnte dies, weil einige Regionen des ländlichen, strukturschwachen Countys Allendale durchaus manchen ländlichen, strukturschwachen Gegenden Afrikas ähnelten. Und Allendale selbst (verschlafen, heruntergekommen, mit vielen Arbeitslosen, leerstehenden Motels und indischen Geschäften) erinnerte an eine landwirtschaftlich geprägte Kleinstadt im Landesinneren Kenias. Und Kenia hatte ebenfalls Hunderte Millionen US-Dollar Entwicklungshilfe bekommen.

»Geld ist nicht alles, aber es kann einiges bewirken«, erwiderte

Wilbur. »Hunderte Millionen brauche ich gar nicht, aber wenn ich ein Tausendstel davon hätte, könnte ich den öffentlichen Bildungssektor im County Allendale entscheidend verändern.«

Das Budget, mit dem er arbeiten konnte, lag bei 100 000 Dollar, und seine Organisation konnte sich dank der Mieteinnahmen durch die sanierten Häuser finanziell selbst tragen.

Wilbur betonte, dass er nichts gegen die Hilfsgelder für Afrika einzuwenden habe, merkte jedoch an: »Wenn meine Organisation solche Mittel zur Verfügung hätte, dann könnten wir richtig etwas verändern.«

»Was würden Sie tun?«

»Wir könnten uns voll und ganz unserer eigentlichen Arbeit widmen und kreative Ideen umsetzen, statt uns ständig Gedanken um die Finanzierung zu machen.« Lächelnd fügte er hinzu: »Dann müssten wir uns nicht mehr wegen der Stromrechnung sorgen.«

Orangeburg und das Massaker

Da ich im sonnigen und trostlosen Allendale kein Quartier fand – weil sämtliche Motels leer standen oder verfallen waren –, fuhr ich auf der menschenleeren und einst glorreichen Route 301 noch fünfundvierzig Meilen weiter bis nach Orangeburg – eine Kleinstadt mit vielen verrammelten Läden entlang der Hauptstraße und ein paar düster wirkenden Kirchen. Doch die Randbezirke lagen nahe genug am Interstate Highway (in Richtung Charleston), sodass es dort Motels und Gastronomie gab. In der Stadt befanden sich ein paar einfachere Motels und Restaurants.

Belebt wurde die Stadt durch die hiesigen, zum Teil recht bekannten Schulen und Hochschulen, darunter die Claflin University (gegründet 1869) und die South Carolina State University – beides früher Einrichtungen für Schwarze (und auch heute noch mit einer überwiegend schwarzen Studentenschaft). Daneben gab es noch einige andere, zum Beispiel ein methodistisches College, eine Berufsfachschule, private Akademien und staatliche Schulen.

Als ich am Tag meiner Ankunft in Orangeburg die Hauptstraße entlangging, lief ich eine Weile neben einem Mann her und grüßte ihn schließlich. Er erwiderte meinen Gruß freudestrahlend, wie es typisch für die Südstaaten ist. Er trug einen dunklen Anzug und hatte eine Aktentasche bei sich. Er erzählte mir, dass er Anwalt sei, und gab mir seine Karte. Ich las: *Virgin Johnson Jr. – Rechtsanwalt*. Ich erkundigte mich ganz allgemein nach der Stadt und bekam eine überraschende Antwort.

Er sagte: »Tja, hier gab es das Massaker.«

Massaker ist ein Wort, bei dem man sofort hellhörig wird. Von diesem blutigen Ereignis hatte ich noch nie zuvor gehört und wollte Genaueres wissen. Daraufhin berichtete er mir, dass in Orangeburg 1968 noch Rassentrennung herrschte, obwohl diese durch das »Civil Rights Act« offiziell schon seit vier Jahren aufgehoben war. An der Hauptstraße gab es eine Bowlingbahn namens »All Star Bowling Lanes«, die schwarzen Studenten den Zutritt verweigerte. Es war die einzige Bowlingbahn in Orangeburg.

Im Februar 1968 versammelten sich einige hundert Studenten auf dem Campus der University of South Carolina, um gegen die Diskriminierung beim Bowling und anderswo zu protestieren und zogen von dort aus durch die Stadt. Sie machten ihrem Ärger zwar lautstark Luft, waren jedoch unbewaffnet und standen Beamten der Autobahnpolizei von South Carolina gegenüber, die mit Pistolen, Karabinern und Schrotflinten ausgerüstet waren. Als in der Menge Gerangel entstand, schoss einer der Polizisten erschrocken in die Luft – um Warnschüsse abzugeben, wie er später sagte. Ein anderer Beamter begann nach diesen Schüssen direkt auf die Demonstranten zu feuern, die daraufhin panisch die Flucht ergriffen. Drei junge Männer kamen dabei ums Leben: Samuel Hammond, Delano Middleton und Henry Smith. Achtundzwanzig Personen wurden verletzt, einige von ihnen schwer – ausnahmslos Studenten. Von Schrotmunition durchsiebt.

»Was denken Sie darüber?«, wollte ich von Virgin Johnson wissen.

»Ich war damals zwölf Jahre alt«, entgegnete er. »Damals habe ich mir darüber gar keine Gedanken gemacht. Später haben die Leute viel darüber geredet.«

»Und was sagt man hier heute dazu?«

»Es ist kein großes Thema«, antwortete er. »Jedes Jahr gibt es einen Gedenkgottesdienst, aber ansonsten weiß ich gar nicht, ob außerhalb vom Campus noch darüber geredet wird.«

Die meisten Amerikaner wissen gut Bescheid über die Schießerei von 1970 an der Kent State University in Ohio, als während einer Demonstration gegen den Vietnamkrieg vier Studenten getötet wurden. Das Kent-State-Massaker ist seitdem in der Öffentlichkeit ein Begriff.

Allgemein bekannt ist auch das historische Massaker von Boston, bei dem im Jahr 1770 fünf Zivilisten von britischen Truppen getötet wurden. Mein Vater hat uns gelegentlich das Denkmal im »Boston Common«-Park gezeigt, das an das Massaker erinnert. Wir wussten um den ungewöhnlichen Namen eines der Getöteten, der Crispus Attucks hieß und von seiner Herkunft her halb schwarz, halb Wampanoag-Indianer war, möglicherweise ein Seemann. Der Mord an diesen Männern trug dazu bei, den Revolutionsgeist zu wecken. Seit knapp zweihundertfünfzig Jahren werden ihre Gräber auf dem Friedhof »Granary Burying Ground« mit Kränzen geschmückt und die Männer als Märtyrer und Helden verehrt.

Doch der Ortsname Orangeburg wird bei Außenstehenden nicht gerade mit Unterdrückung oder Blutvergießen assoziiert. Die acht Polizisten, die in die Menge schossen, wurden dafür zwar angeklagt, jedoch freigesprochen. Im Gefängnis landete hingegen der Demonstrant Cleveland L. Sellers, der wegen Zusammenrottung zu einem Jahr Haft verurteilt wurde. Davon saß er sieben Monate ab und wurde dann wegen guter Führung vorzeitig entlassen. Einen Teil dieser Fakten erfuhr ich allerdings nicht von

Virgin Johnson, sondern später aus dem Buch *The Orangeburg Massacre* von Jack Bass und Jack Nelson, das 2003 erschienen ist. Obwohl Mr Johnson Afroamerikaner war und aus Orangeburg stammte, blieb er bei diesem Thema recht verhalten und führte immer wieder an, dass er noch zu jung gewesen sei, um damals viel mitbekommen zu haben, und überhaupt sei die Sache ja schon sehr lange her. Eine weitere mögliche Erklärung für sein getrübtes Erinnerungsvermögen war der Umstand, dass das Massaker von Orangeburg alsbald von noch viel schlimmeren Grausamkeiten überschattet wurde. 1968 war ein Jahr der Gewalt: Martin Luther King und Robert F. Kennedy wurden ermordet, in Vietnam wurde die Tet-Offensive gestartet, in Washington, Baltimore, Chicago und anderswo brachen Unruhen aus. Es war ein Jahr, das Tod und Chaos mit sich brachte.

Ich erwähnte gegenüber Mr Johnson, dass der Vorfall an der Kent State University allgemein bekannt war.

Lächelnd antwortete er: »Tja, aber die Jungs, die dabei gestorben sind, waren Weiße, nicht wahr?«

Es wunderte mich, dass Virgin Johnson als Jurist so wenig zu dem Massaker zu sagen hatte. Von einem Anwalt, obendrein aus dieser Gegend, hätte ich erwartet, dass er dazu klarer Stellung bezieht. Nicht dass er meine Fragen abblockte, im Gegenteil, er erwies sich als sehr hilfsbereit.

»Ich kann Sie mit Menschen bekannt machen, die damals dabei waren«, schlug er vor. Und er empfahl mir das Buch von Jack Bass, das ich dann später las.

Ich dankte ihm für seine Unterstützung und sagte noch, wie ungewöhnlich es für mich sei, einfach so mit ihm ins Gespräch gekommen zu sein. Und ich fügte hinzu, dass in meiner Heimatregion die Menschen nicht so herzlich und auskunftsbereit seien. Ich war dankbar, dass er sich so viel Zeit für einen schrecklich neugierigen Fremden wie mich genommen hatte.

»Die Leute hier wissen, wie es ist, wenn man Hilfe braucht«, erklärte er. Damit meinte er die Schwarzen, sich selbst eingeschlossen. Er fügte hinzu: »Und wenn man missachtet wird.« Dann fuhr er fort: »Es ist das gesamte Umfeld. Davon kommt man nicht so leicht los. Sie erleben das immer wieder. Deshalb sind die Menschen so aufgeschlossen und freundlich.«

»Geht es Ihnen genauso?«

»Natürlich«, nickte er und tippte auf die Visitenkarte, die ich in der Hand hielt. »Melden Sie sich bei mir, wenn Sie mit Leuten reden wollen, die mehr wissen als ich. Kommen Sie doch einfach nächsten Sonntag zu uns in die Kirche. Ich werde predigen.«

»Auf Ihrer Karte steht, dass Sie Anwalt sind.«

»Daneben bin ich Prediger. In der Gemeinde ›Revelations Ministries‹, drüben in Fairfax. Genauer gesagt in Sycamore. Wir sind halt im Süden, da gibt es an jeder Ecke eine Kirche. Kommen Sie ruhig vorbei.«

»Wo liegt denn Sycamore?«

»In der Nähe von Allendale. Sagt Ihnen Allendale etwas, Mr Paul?«

Charleston: Waffenmesse

Da ich noch ein paar Tage Zeit hatte, fuhr ich nach Charleston. Die auf einer schmalen Landzunge gelegene, in einen beschaulichen Hafen mündende und aus vielen kleinen Inseln bestehende Stadt besitzt eine reiche Geschichte und besticht durch ihre prächtigen alten Herrenhäuser, Kirchen und Kastelle sowie zahlreiche Gourmet-Restaurants im Stadtzentrum. Doch solche Attraktionen interessierten mich im Moment weniger.

Touristen kommen nach Charleston, um Sehenswürdigkeiten zu besichtigen (Fort Sumter, die alten Plantagen), gut essen zu gehen und Anekdoten aus dem Bürgerkrieg oder ein paar kernige Sprüche auf Gullah zu hören. Ich empfand Charleston – wie die meisten Touristenstädte – nicht als unangenehm, sondern lediglich als etwas zu geleckt und damit abweisend. Man gibt sich hier sehr klassenbewusst, und es wirkt doch nur spießbürgerlich aufgeräumt. Aber wegen der Sehenswürdigkeiten war ich nicht gekommen, sondern wegen einer Waffenmesse.

In diesem Fall handelte es sich um die »Gun and Knife Expo«, auf die ich in der Woche zuvor durch eine Annonce aufmerksam geworden war und die im »Charleston Area Convention Center« im Norden der Stadt stattfinden sollte. Dort fuhr ich an einem regnerischen Wochenende von Orangeburg aus hin und war verblüfft über die Größe des Veranstaltungsortes. Der Funktionsbau war so groß wie ein halbes Football-Stadion. Vor dem Eingang stand eine lange Warteschlange, und der riesige Parkplatz war brechend voll. Vom ersten Moment an war ich erstaunt darüber, wie geordnet und höflich alles ablief: Personal, Aussteller, Besucher und Imbissverkäufer waren freundlich und alle waren mit Engagement und Spaß bei der Sache.

Am Eingang ging es nur langsam voran, denn man musste zunächst acht Dollar entrichten und anschließend seine Waffe vorzeigen, sofern man eine bei sich hatte. Viele Besucher waren tatsächlich bewaffnet und trugen eine Pistole am Gürtel oder ein Gewehr über der Schulter. Private Waffen mussten an einem extra eingerichteten Tisch entladen und gekennzeichnet werden. Zum Abschluss dieser Zugangskontrolle bekam jeder Besucher ein personalisiertes Armband aus Plastik und durfte damit endlich hinein, vorbei an den Empfangsmitarbeitern und Imbisswagen. Diese langwierige Prozedur ging völlig reibungslos vonstatten, nur gelegentlich murrte jemand leise, hielt sich aber an den geforderten Ablauf.

Nach diesem Vorgeplänkel betrat man die riesige Ausstellungsfläche mit zahllosen Tischen, Ständen und Buden, wo hauptsächlich Waffen verkauft wurden. Einige boten auch Messer an oder stapelweise Munition. Der bloße Anblick dieser Auslagen löste bei vielen Anwesenden ein verzücktes Lächeln aus und versetzte sie in eine freudige Erregung, die andere Menschen wohl nur aus erotischen Zusammenhängen kennen.

»Entschuldigung.«

»Kein Problem, gehn Sie einfach vorbei.«

»Schönen Dank.«

Nie zuvor hatte ich so ausgesucht höfliche Menschen erlebt wie bei dieser Waffenmesse – alle freundlich lächelnd, zuvorkommend, rücksichtsvoll. So viele Waffen und keinerlei Aggression, sondern ausschließlich Geduld, Herzlichkeit und gelegentlich ein Späßchen am Rande. In einer Umgebung, wo viele Anwesenden Waffen bei sich trugen, waren gute Umgangsformen sehr hilfreich, vielleicht sogar unerlässlich. Doch dieses Verhalten wirkte keineswegs aufgesetzt. Alle waren einfach bestens gelaunt.

Immer wieder hörte man Ausrufe wie »Schau dir das an«, und es wurden kundige Fragen gestellt. Denn auch das fiel mir auf: Die Besucher waren zwar vielfach sehr geradeheraus und nachlässig gekleidet, kannten sich aber ausgesprochen gut aus. Ein Mann, der etwas verloren und ratlos wirkte, mit schmieriger Tarnmütze, schmuddeliger Jacke und abgenutzten Stiefeln sprach einen Standinhaber an, der Sturmgewehre älterer Bauart anbot. »Die AK 47 mit Klappschaft, ist das eine Zastava?«

»Nein, das ist die WASR, mit Mündungsfeuerdämpfer. Komplette Standardausstattung.«

»Was für ein Magazin?«

»Ich habe etliche da, die ich Ihnen zeigen kann. Außerdem ist sie mit einem Bajonett ausgerüstet. Sehen Sie die Aufpflanzvorrichtung hier?

Der Frager rieb sich mit der Rückseite seiner Faust den krausen Bart. »Ich hab gehört, dass das Magazin manchmal rausfällt.«

»Bei diesem hier nicht. Ich habe viel damit geschossen.«

»Wie viel soll die AK denn kosten?«, schaltete ich mich ein.

»Fünfzehnhundert.«

»Könnte ich sie kaufen?«

»Wenn Sie das Geld dabei haben. Nur als Privatverkauf in bar.«

Obwohl sich die Besucher mit Waffen so gut auskannten, dass man sie durchaus als echte Kenner bezeichnen konnte, schlenderten die meisten von ihnen nur umher, hatten die Hände in den Taschen und stießen sich nur gegenseitig an, wenn es galt, ein besonderes Stück zu bewundern, die Größe oder die Seltenheit einer Waffe. Es kam mir vor, als ob sie nur zum Schauen gekommen wären, um ein bisschen zu plaudern, alte Freunde zu treffen, Kaffee zu trinken und sich wie auf einem Flohmarkt ein bisschen umzusehen – einem Flohmarkt, auf dem es allerdings nach Reinigungsöl und Holzpolitur roch und auch ein bisschen nach versengtem Metall und Schwarzpulver. Die Männer und Jungen waren nicht in erster Linie zur Waffenmesse gekommen, weil sie etwas kaufen wollten, sondern weil sie die geballte Feuerkraft, die man hier sah, als beruhigend empfanden.

Dennoch lag noch etwas anderes in der Luft: eine Stimmung, die ich nicht so recht definieren konnte, während ich zwischen den Waffen herumlief – es war ein vager Eindruck, ein Flirren, eine Art Rausch. Irgendetwas, das sich in der Körpersprache der Männer ausdrückte.

»Vielen Dank.«

»Keine Ursache.«

»Dann hoffe ich, dass Sie den Mistkerl bald erwischen.«

Die langen Tische mit den Messern waren am wenigsten besucht. Dort fanden sich Klingen in allen denkbaren Ausführungen, von exquisiten Taschenmessern bis hin zu Buschmessern und Macheten, teilweise graviert, mit Griffen aus Horn oder Elfenbein, sowie Schwerter und Bajonette. An anderen Tischen fanden sich militärische Devotionalien, Messer aus der Nazizeit. »Das ist ein Röhmdolch.« Auf der Klinge die eingravierten Worten *Alles für Deutschland*, dem Motto der SA, die Röhm gemeinsam mit Hitler aufgebaut hat, wie mir der Verkäufer fachkundig erläuterte. 1934 wurde er in der »Nacht der langen Messer« wegen Hochverrats verhaftet und kurz darauf hingerichtet. Anschließend wurde von diesen Dolchen, die er an seine Braunhemden hatte verteilen lassen, auf der anderen Seite der Klinge die Inschrift *In herzlicher Kameradschaft, Ernst Röhm* mit einem Schleifstein entfernt.

»Sehen Sie? ›Röhm‹ ist verschwunden. Wenn jemand noch ein Messer mit seinem Namen besaß, bekam er große Schwierigkeiten. So etwas hat enormen Sammlerwert.«

Gasmasken, Helme, Koppel, Ausrüstung, Abzeichen, Flaggen – alles mit Hakenkreuz. Außerdem zahllose 9 mm-Luger-Pistolen.

»Das ist eine funktionstüchtige Waffe. Sie ist sofort schussbereit. Aber bitte nicht hier schießen.«

Memorabilia aus dem Bürgerkrieg, Pulverflaschen, Harper-Ferry-Gewehre, Uniformmützen, Rangabzeichen, CSA-Dollar (Währung der Konföderierten) und Pistolen – auf etlichen Tischen waren diese abgenutzten Zeugnisse der Geschichte ausgebreitet. Und so gut wie alle stammten von der Seite der Konföderierten. Es gab auch Autoaufkleber mit Slogans wie *»The Civil War – America's Holocaust«* oder *»Hey Liberal, You're the Reason we Have the 2nd Amendment«*.* Zudem gab es zahllose Obama-kritische Sticker. *NObama* prangte auf einem, oder *»Advocates of Gun Control: Hitler, Stalin, Castro, Idi Amin, Pol Pot, Obama«*.

»Mein Onkel hat genau so 'ne Pulverflasche.«

»Wenn bei seiner die Dosiervorrichtung noch funktioniert, kann er sich sehr glücklich schätzen.«

Viele von den Gewehren und Pistolen auf anderen Tischen waren alte Vorderlader mit Pistons für Zündhütchen oder große, einfache Revolver für Schwarzpulverpatronen. Da sie als Antiquitäten galten und theoretisch nicht mehr funktionstüchtig waren, durften sie an jedermann verkauft werden. Schwarzpulvermunition war zwar selten, aber durchaus zu beschaffen, sodass jede beliebige dieser alten Waffen dazu geeignet war, jemanden tödlich zu verletzen.

»Die da hat Museumsqualität«, sagte ein Verkäufer über eine Muskete mit graviertem Lauf und hübsch geschnitztem Schaft.

* Im Zweiten Zusatzartikel (Amendment) der US-Verfassung findet sich die Formulierung: »Da eine wohlgeordnete Miliz für die Sicherheit eines freien Staates notwendig ist, darf das Recht des Volkes, Waffen zu besitzen und zu tragen, nicht beeinträchtigt werden.«

Viele dieser Waffenfreunde hatten augenscheinlich ihre schönsten Exemplare mitgebracht, um diese Sammlerstücke stolz zu präsentieren, wobei sie sich von diesen jedoch um keinen Preis trennen würden.

Die meisten Standbetreiber hingegen hatten offenbar ein existenzielles Interesse, die vor ihnen aufgereihten abgenutzten Waffen, Magazine mit reichlich Gebrauchsspuren und sonstige Zubehörteile an den Mann zu bringen, und gaben sich größte Mühe dabei. An einem dieser Tische entdeckte ich zwischen einer Glock mit Karbongriffstück und einem Kleinkalibergewehr eine aus dem Zweiten Weltkrieg stammende deutsche Mauser-Pistole im Kaliber 7,65 mm. Ich griff danach und wog sie in der Hand.

»Dreihundertfünfzig, und Sie gehört Ihnen. Sie bekommen auch noch zusätzliche Magazine mit.«

»Ich bin aber nicht von hier.«

»Kein Problem. Ist ein Privatverkauf. Okay, von mir aus dreihundert.«

Nicht alle Verkäufe waren »privat«. Eine Handvoll Stände in einem abgetrennten Bereich wurden von autorisierten Händlern betrieben. Dort saßen an kleineren Tischen Männer mit finsteren Mienen, die Anträge auf Leumundsprüfung ausfüllten, während andere Mitarbeiter Kreditkarten durch Lesegeräte zogen. Hier wurden registrierte Waffen verkauft, in besserer Qualität und größeren Mengen. Eine Leumundsprüfung dauere maximal dreißig Minuten, sagte man mir.

Man sah auch einige Reenactment-Fans, wie etwa einen Mann in einer Konföderierten-Uniform oder einen anderen im Cowboy-Kostüm, der aussah wie ein rachsüchtiger Sheriff mit seinem schwarzem Hut, den hohen Stiefeln und den perlmuttbesetzten Pistolen. Er bemerkte meinen neugierigen Blick.

»Howdy, Partner!«

Einer der Tische war voller Museumsexponate: Waffen und Uniformen aus dem Ersten Weltkrieg, dazu Landkarten, Bücher, Postkarten sowie gerahmte Schwarzweißfotos von schlammigen

Schlachtfeldern. Es war eine kleine Gedenkausstellung, die Dane Coffman präsentierte, der aus dem hundert Meilen entfernten Leesburg angereist war und acht Tische gemietet hatte. Seine Absicht war es, seinen Großvater zu ehren, der damals als Soldat gedient hatte. Dane war schätzungsweise sechzig Jahre alt und trug eine alte Infanterieuniform, einen Hut mit breiter Krempe und Ledergamaschen. Der Aufzug der sogenannten »Doughboys«, eine scherzhafte Bezeichnung, die im Zweiten Weltkrieg dann von der rätselhaften Abkürzung »GI« abgelöst wurde. Nichts davon war verkäuflich. Dane war Sammler, Militärhistoriker und Reenactment-Fan. Ihm ging es darum, seine Sammlung zu zeigen: Koppel und Halfter, Kochgeschirr, Feldflaschen, Seitenschneider und Klappspaten sowie seinen »ganzen Stolz«, wie er betonte: ein Maschinengewehr samt Dreibein.

»Ich bin wegen meinem Großvater hier«, erklärter er. »Um Geschichte zu vermitteln.«

Einige Anbieter verkauften Flaggen, patriotischen Nippes und scherzhafte Schilder mit Sprüchen wie: *»Warning – I'm a bitter Gun Owner Clinging to my Religion«* (»Achtung – ich bin ein verbitterter Waffenbesitzer, der zu seiner Religion steht«), was auf Wahlkampfäußerungen des Präsidenten Bezug nahm. Oder: *»No Trespassing – Violators will be shot – Survivors will be shot again«* (»Betreten verboten – Einbrecher kriegen eine Kugel – Überlebende kriegen noch eine Kugel«) und *»Gun Control is Being Able to Hit your Target«* (»Waffenkontrolle heißt zielen können«).

»Und ich sag Ihnen noch was«, ein Mann stützte sich auf ein wuchtiges schwarzes Sturmgewehr und verkündete: »Wenn diese verdammte Wahl schiefgeht, dann sind wir erledigt.«

»Verdammt wahr. Die versuchen doch, das ganze Geschäft umzukrempeln«, warf ein anderer Mann ein. »Dann kannst du dich ein für alle Mal von deiner Knarre verabschieden.«

Daraufhin wurde der erste Mann ungehalten. »Das soll mal jemand versuchen. Der soll mich kennenlernen.«

Andere schimpften leiser vor sich hin, aber nur Einzelne. Wozu sich aufregen, in dieser weitläufigen Halle waren sich ja alle einig. Männer, Frauen, ganze Familien – alle standen auf derselben Seite.

Es war das erste Mal, dass ich weiße Südstaatler als große Gruppe erlebte. Manche Beobachter vertreten die Auffassung, dass weiße Südstaatler als eigene Ethnie einzustufen sind – als eine »abgrenzbare Menschengruppe mit einer gemeinsamen Herkunft, Sprache und Kultur«, wie eine gängige Definition lautet.

Reverend Virgin Johnson Jr.

»Ich bin ein Junge vom Land, aus einfachen Verhältnissen. Geboren und aufgewachsen bin ich in Estill, im County Hampton«, erfuhr ich von Virgin Johnson eine Woche später. Wir aßen zusammen Mittag in einem Schnellrestaurant namens »Ruby Tuesday« in Orangeburg, wo er wohnte. In Estill sagten sich Fuchs und Hase gute Nacht, meinte er. Sehr ländlich, viele Baumwollfelder. Wie dem auch sei. Er lächelte und zeigte dabei zwei vorstehende Schneidezähne, was leicht ironisch wirkte. Dann seufzte er gespielt resigniert und sagte: »Ein armer Schwarzer.«

Er trug nach wie vor seinen schwarzen Anzug, nippte an einem Eistee und erzählte mir aus seinem Leben. Hier saß mir ein ganz anderer Mensch gegenüber – weder der wirkungsvolle Prediger aus Sycamore noch der geschickte Strafverteidiger aus Orangeburg, sondern ein stiller, nachdenklicher Privatmann in einem Restaurant an der Straße, der über sein Leben als Einzelgänger nachdachte. Ich berichtete ihm, dass ich in Charleston bei einer Waffenmesse war.

»Ich habe Waffen«, sagte er mit Bestimmtheit. »Alle möglichen Arten, zum Beispiel eine AK-47. Und noch viele andere. Die legalen Waffenbesitzer bringen niemanden um – das Problem sind die illegalen Waffen und die Kriminellen. Ganz ehrlich: Ich will mich schützen können. Hier ist es manchmal nicht ganz ungefährlich.«

»Können Sie ein Beispiel nennen?«

»Mein Vater, Virgin Johnson senior, hat 1968 für einen Sitz im County Council kandidiert. Er war Steinmetz und später Lehrer und Abgeordneter. Den Namen hat mein Großvater ausgesucht, er mochte ihn mit seinem Anklang an die Jungfrau Maria, jungfräulichen Boden und so weiter. Mein Sohn ist Virgin der Dritte.« Virgin beugte sich zu mir vor und tippte auf den Tisch. »'68 war kein gutes Jahr für Schwarze, die für etwas kandidieren wollten. Im Briefkasten fand er eine Nachricht: ›Wenn du gewählt wirst, bringen wir dich um.‹«

»Hat er seine Kandidatur zurückgezogen?«

»Er hat sich davon nicht abschrecken lassen«, antwortete Virgin Johnson. »Aber wissen Sie, weshalb er die Wahl nicht gewonnen hat? Die Leute wussten von der Nachricht, und wer ihn mochte – das waren nicht wenige –, hat gegen ihn gestimmt. Weil sie nicht wollten, dass er stirbt. Jahre später ist er noch einmal angetreten und hat gewonnen. Mein Dad war heute in meinem Gottesdienst. Gesundheitlich geht es ihm zwar nicht so gut, aber er kommt immer. Ist sehr beliebt in der Gegend.«

»Sind Sie hier in der Nähe geboren?«

»Ja, in Estill, 1954. Mit der sogenannten ›freiwilligen Integration‹ im Jahr 1966 war ich der einzige schwarze Schüler der Grundschule von Estill. Hat sich so ergeben. An unserem Haus fuhren morgens immer zwei Schulbusse vorbei. Da hab ich zu meinem Dad gesagt: »Ich will mit dem ersten fahren.« Das war der weiße Bus. Er wollte von mir wissen: »Bist du sicher, mein Junge?«, und ich hab geantwortet: »Ganz sicher.«

Es war seltsam, fast fünfzig Jahre später hier, in diesem gut gefüllten Lokal, wo Schwarze und Weiße ganz selbstverständlich zusammen aßen, diese Geschichte erzählt zu bekommen, die Virgin Johnson so sehr geprägt hatte: die Erfahrung als schwarzer Schüler in einem weißen Bus.

»Mit dem Tag, an dem ich in diesen Bus einstieg, änderte sich alles. Damals war ich in der sechsten Klasse, und in meinem Leben war plötzlich nichts mehr wie vorher. Ich verlor sämtliche

Freunde – schwarze und weiße. Niemand redete mehr mit mir, kein Einziger. Selbst meine weißen Freunde zu Hause nicht. Ich wusste genau, dass sie das eigentlich nicht wollten, aber sie standen unter Druck, genau wie ich. Ich suchte mir im Bus immer einen Platz ganz hinten. Wenn ich mich beim Mittagessen an den langen Tisch setzen wollte, standen dreißig Jungen auf und gingen.«

Mit einem betrübten Lächeln nippte er an seinem Tee und nickte, während im Ruby Tuesday der Kellner neu eingetroffene Gäste einen Tisch weiter platzierte und die drei im Vorbeigehen den auffallend gut gekleideten Mann musterten – er war der Einzige im ganzen Restaurant in Schlips und Kragen.

»Damals war ich zwölf«, sagte er. »Das Komische ist, wir sind gut miteinander ausgekommen, Schwarze und Weiße. Mein Großvater war bei allen beliebt. Onkel Henry nannten sie ihn – er hieß Henry Frazier. Wir haben in Estill und Umgebung immer alle zusammen gespielt. Und Baumwolle gepflückt. Mein Dad und mein Onkel hatten vierzig Hektar Baumwolle. Onkel Clayton baut heute immer noch Baumwolle, Mais und Wassermelonen an. Mit meinen Verwandten und Freunden habe ich pro Tag hundert bis hundertfünfundzwanzig Pfund gepflückt. Aber seit ich mit dem Bus fuhr, war das vorbei. Ich war ganz allein. Als ich in die Schule kam, merkte ich sofort, dass alles anders war. Außer mir gab es sonst keinen anderen Afroamerikaner – keine schwarzen Lehrer, keine schwarzen Schüler, niemanden in der gesamten Schule. Abgesehen von den Hausmeistern. Die Hausmeister waren so etwas wie Schutzengel für mich. Sie waren schwarz und sprachen mich nie an, aber das mussten sie auch gar nicht. Sie nickten mir immer nur zu, als ob sie sagen wollten: ›Halte durch, Junge. Halte durch.‹ Ich verlor also sämtliche Freunde und lernte schon früh, dass man für sich selbst einstehen muss. Das hat meinen Kampfgeist gestärkt. Den besitze ich schon seit meiner Kindheit. Ich halte das für Schicksal. Was passiert denn, wenn man andere Leute für sich entscheiden lässt? Man verlernt es, eigene

Entscheidungen zu treffen. Damals war nicht alles nur schlecht. Man musste sich den Respekt der anderen verdienen. Heute schert sich keiner mehr um Respekt. Heute ist alles nur politische Show.«

Beim Essen erzählte er weiter von früher. Er war ein nachdenklicher Mann, der zwischen den einzelnen Gedanken immer wieder Pausen machte, das Gesagte mit Schweigen akzentuierte, sodass es für mich ein Leichtes war, mir Notizen zu machen und dabei zu essen.

»Mit dreizehn hatte ich einen Job als Helfer bei einem Landvermesser. Er war weiß. Die Arbeit hat mir Spaß gemacht. Es war Sommer, in den sechziger Jahren. Einmal hatten wir zusammen eine Farm zu vermessen. Wir fuhren also zu dem Objekt und begannen zu arbeiten. Dann hörte ich plötzlich eine Stimme: ›Der Junge soll von meinem Grundstück verschwinden!‹ Das war der Besitzer des Anwesens. Er holte seine Schrotflinte und schoss in die Luft. Ich war dreizehn! Also sind wir wieder abgefahren, der Landvermesser und ich. Das war im County Hampton. Der Vater des Mannes war Mitglied des Ku-Klux-Klans. Deshalb waren sie alle so … Aus meiner Ecke des Countys war ich der erste Schwarze, der anfing Jura zu studieren. In Columbia, an der University of South Carolina. Das war in den achtziger Jahren. In meinem Jahrgang gab es hundert Studenten, und ich war der einzige Schwarze. 1988 habe ich dann meinen Abschluss gemacht. Und meine Predigterlaubnis bekommen. Das ist für mich durchaus kein Widerspruch. Ich bin froh, dass ich beides machen kann. Ich würde mir nur wünschen, dass die wirtschaftliche Lage besser wäre. Hier gibt es so viel Armut. Die Leute haben kaum etwas, aber sie dürfen die Hoffnung nicht aufgeben. Wenn ich ihnen davon etwas vermitteln kann, dann freut mich das. Jesus hat gesagt, dass wir umkehren und unseren Nächsten lieben sollen …«

Als er einen Moment schwieg, erkundigte ich mich nach Orangeburg, Sycamore, Fairfax und insbesondere Allendale, das so trostlos gewirkt hatte.

»Das sind alles freundliche Orte mit netten Leuten. Dort haben die Menschen noch Werte. Wenn sie das nächste Mal hier unten sind, kommen Sie doch in unsere Kirche – Revelation Ministries. Abgemacht?«

»Abgemacht«, antwortete ich und empfand Vorfreude bei dem Gedanken, wiederzukommen.

»Wir haben hier so viele Probleme. Minderjährige, die Kinder bekommen zum Beispiel, manchmal vier Generationen in Folge. Und es geht so wenig voran. Die Zustände hier machen mich wirklich ratlos. Irgendetwas fehlt. Aber was?«

Und dann machte er eine lebhafte Geste, hob seine Hand und sagte mit energischer Stimme, die beinahe wie die des Predigers klang: »Man muss die jungen Leute aus dieser Gegend herausholen, dann können sie es zu etwas bringen!«

Atomic Road

Die schmale Landstraße durch den duftenden Wald aus gelben Sumpfkiefern trug, wie ich auf meiner Landkarte sah, den Namen »Atomic Road«. Es war eine Nebenstraße, die unweit von Allendale als Route 125 von der traurigen Route 301 mit den verfallenen Motels abzweigte. Sie verlief parallel zum Savannah River, der zugleich die Staatengrenze von South Carolina und Georgia bildete, und führte nach Augusta. Der Name »Atomic Road« war zu verlockend, um einfach daran vorbeizufahren. Als ich einen hohen Zaun mit einem Wachhäuschen erreichte, hielt ich an und erkundigte mich, was sich dahinter befand.

»Wenden Sie Ihren Wagen und fahren Sie weiter, Sir.«

»Ich würde Ihnen nur gern ein paar Fragen stellen.«

»Haben Sie mich verstanden, Sir?«

Es war zu spät, um in der nächstgelegenen Stadt Aiken anzuhalten und nähere Erkundigungen einzuholen. Doch ich nahm mir vor, mir bei meinem nächsten Aufenthalt, wenn ich die Gemeinde »Revelation Ministries« besuchen würde, die Sache genauer anzusehen. Bisher wusste ich nur, dass sich hinter dem Zaun eine nukleare Anlage namens »Savannah River Site« befand, die von den Einheimischen »Bomb Factory« genannt wurde.

Christliche Biker

Auf meinem Weg durch Georgia nach Tuscaloosa traf ich an einer Raststätte in Alabama auf Kelly Wiggly. Er war mit seiner Frau unterwegs, die beiden machten gerade Pause. Ich sah, dass er ein schickes Harley-Davidson-Trike auf seinem Anhänger hatte und sprach ihn darauf an. Er war ein stämmiger Mann mit weißen Haaren, etwa Mitte sechzig, trug eine Latzhose und Stiefel – ein echter Biker, aber ein ausgesprochen freundlicher und gutmütiger liebenswürdiger Kerl.

»Wir sind gerade auf dem Heimweg von Hatfield, Arkansas, an der Grenze zu Oklahoma. Dort hatten wir ein Treffen der Christian Motorcyclists Association«, berichtete er. »Wir fahren für den Sohn – den Sohn Gottes. Dreitausend Biker waren wir dort, aus dem gesamten Land und auch aus anderen Teilen der Welt. Einer kommt sogar aus Südafrika. Wir treffen uns jedes Jahr, um unseren Glauben zu bekennen, unsere Motorräder segnen zu lassen und zu beten.«

»Kommen da auch die Hells Angels vorbei?«

Lachend antwortete er: »Alle sind bei uns willkommen, auch die Hells Angels und die Bandidos. Auch wenn ihre Ausdrucksweise manchmal zu wünschen übriglässt – die Motorräder verbinden uns. Wir laden sie ein: ›Kommt doch auf einen Kaffee vorbei. Vier Uhr morgens? Kein Problem. Ihr seid jederzeit willkommen.‹ Dann reden wir mit ihnen über Jesus und erzählen vielleicht ein bisschen was über die Bibel, beten und halten Gemeinschaft, ganz ungezwungen.«

»Können Sie dadurch viele bekehren?«

»Sie sind schon ziemlich brutal, aber sie sind nicht verloren. Ich meine, manche von ihnen kommen direkt aus dem Gefängnis. Sie müssen nichts weiter tun als zuhören und sich zum Glauben bekennen. Ich bin mir sicher, dass wir sie dazu bringen können, umzukehren. Was man dazu vor allem braucht, ist ein Reiseplan. Schritt eins: Straße auswählen. Schritt zwei: Auf die Richtung achten – verfahren haben wir uns alle schon mal. Schritt drei: Das eigene Dilemma erkennen – jede spirituelle Reise endet an der Schlucht der Sünde und des Todes. Doch Gott hat eine Brücke darüber hinweggeschlagen, und das führt zu Schritt vier: Heute noch die Brücke überqueren – sich bewusst dafür entscheiden, mit Gottes Hilfe.«

»Und, wie war das Wochenende?«

»Es war wunderbar. Wir haben alle in Hatfield gecampt. Camping und Mission. Wissen Sie, die Bewegung ›Believers on Bikes‹ wurde vor ein paar Jahren von einem einzelnen Mann ins Leben gerufen. Seitdem ist sie enorm gewachsen. Ich werde bald in Rente gehen und dann wollen meine Frau und ich mit der Harley durchs ganze Land fahren. Wieder Camping und Mission.« Er überlegte kurz. »Vielleicht auch ins Ausland. Wussten Sie, in welchem Land das Christentum weltweit am stärksten wächst? In China.«

»Wie kommt denn das?«

»Weil sie errettet werden wollen. Jetzt muss ich aber los, weiter nach Scottsboro. Gott segne dich, Bruder.«

Tuscaloosa im Football-Fieber

Ich fuhr nach Tuscaloosa, Alabama, um meine Sachen zu holen und weiter gen Süden zu fahren, in Richtung Hale County und Greene County.

Tuscaloosa ist sehr studentisch geprägt. Mehr als die Hälfte der Stadt nimmt der Campus der University of Alabama ein, die sich rühmt, das beste Football-Team im ganzen Land zu besitzen –

die »Crimson Tide« (die »Purpurrote Flut«). Ihr Emblem ist das große geschwungene *A*, das in der Stadt allgegenwärtig ist.

Ich kam an einem Freitagabend an. Am nächsten Tag herrschte in Tusacaloosa geschäftiges Treiben, das turbulenter war als bei einem Karneval. Ein wilder Stammesritus hatte die gesamte Stadt erfasst, denn an diesem Tag fand in einem Stadion, das mehr als 100 000 Personen fasst, ein Spiel »der Crimson Tide« statt – und sämtliche Einwohner von Tuscaloosa waren Fans. Als ich darüber eine Bemerkung fallenließ, sagte ein Mann zu mir: »Das ist hier eine Alkoholikerstadt mit einem Footballproblem.« Dabei zwinkerte er mir zu, um zu zeigen, dass er das scherzhaft meinte.

Der Witz hatte so einen Bart und wurde über viele Hochschulstädte gemacht. Aber war Football tatsächlich ein Problem in Tuscaloosa? Mir kam es eher vor wie ein chronischer Zustand. Und vielleicht weniger ein Problem als vielmehr eine Lösung. Der Sport bewegt die gesamte Stadt. Sie lebt vom Football und floriert. Die Stadt identifiziert sich mit dem Football, und das Spiel begeistert und verbindet ihre Einwohner, hilft, dass sie ihre Sorgen und Nöte vergessen.

»Football ist hier wie eine Religion«, behaupten in Tusacaloosa einige und lächeln dabei entschuldigend. Doch damit liegen sie einer Definition des Phänomens vielleicht näher, als sie denken. Gemeint ist allerdings keine althergebrachte Religion, mit leise gemurmelten Gebeten und der Überzeugung, dass Gott die allumfassende Liebe ist und Frieden schenkt. Die Football-Religion der Alabama Crimson Tide ist eher furioser Natur und setzt wie die christlichen Kreuzritter auf Säbelrasseln und Blutvergießen, wenn es drauf ankommt. Oder sie erinnert an den Islam in eher dschihadistischer Ausprägung – mit flammenden Blicken und furchtlosen Märtyrern. Die »Eigengruppe« hält bedingungslos zusammen, die »Fremdgruppe« wird verteufelt und muss besiegt werden. In Tuscaloosa wird dieser Leidenschaft öffentlich gefrönt, mit strengen Ritualen und einheitlichen Symbolen. Deshalb lassen sich in Alabama manche Männer das geschwungene *A* auf den Nacken tätowieren und Frauen auf die Schulter. Als sichtbares Bekenntnis, als lebenslange Verpflichtung und körperlicher Ausdruck von Loyalität und kultureller Abgrenzung – ähnlich wie ein hinduistisches Kastenzeichen, ein Maori-Tattoo oder die Gesichtsnarben der Dinka im Sudan.

Die meisten Städte sind zu Recht stolz auf ihre Sportmannschaften, denn wenn sie gewinnen, hebt das die Stimmungslage in der gesamten Stadt. Doch die samstäglichen Menschenmassen in Tuscaloosa, die Autoschlangen mit Kriegsflaggen, das Gejohle und die Verkleidungen und die gigantischen Ausmaße des Stadions überzeugten mich davon, dass dieses Gruppengefühl hier stärker ist als alles, was ich sonst auf meinen Reisen erlebt hatte. Im Hinblick auf Tätowierungen, Kostüme und Gesänge ist es am ehesten vergleichbar mit einer traditionellen Zeremonie, die ein aufbegehrendes, einst kolonialisiertes Volk begeht und damit seine ureigene Stammesidentität bekräftigt.

In Alabama stärkt der Football-Kult das Selbstwertgefühl seiner Anhänger, und zwar keineswegs nur unter den Studenten, sondern im gesamten Bundesstaat. Dieses Gruppenphänomen wird durch die »Theorie der sozialen Identität« erklärt, die auf den britischen Psychologen Henri Tajfel zurückgeht, der die Sympathien und Reaktionen untersucht hat, die Menschen mehr oder weniger willkürlich wählen, um sich einer sozialen Gruppe, einer Familie, einer Gemeinschaft – oder eben einem Footballteam – zugehörig zu fühlen. Die Gruppen, denen jemand nahesteht, sind Tajfel zufolge wichtige Quellen von Stolz und Selbstwertgefühl.

Sportfans sind ein anschauliches Beispiel dafür, wie Menschen sich einer Gruppe anschließen, für die das Dazugehören eine so wichtige Rolle spielt, dass man von einer Lebenssinn stiftenden Funktion sprechen könnte. Die Zugehörigkeit zu einer Gruppe entsteht, indem man sich mit einer Mannschaft identifiziert. Man feuert sein Team an und verbessert dadurch dessen Ansehen. Dadurch ist man nicht mehr nur ein passiver Sympathisant, sondern ein aktiver Anhänger, der dazu beiträgt, dass die Mannschaft gestärkt wird. Und für die Eigenwahrnehmung ist dies ebenfalls förderlich. Tajfel vertritt die Auffassung, dass wir unser Selbstbild verbessern, indem wir das Ansehen der Gruppe aufwerten, der wir angehören.

Wenn Menschen davon berichten, welcher Mannschaft sie nahestehen und wie stolz sie auf deren Erfolge sind, lachen sie oftmals leicht verlegen dabei. Doch in Alabama, wo die Anhänger mit besonders viel Inbrunst bei der Sache sind, wird nicht gelacht. Der Fangesang »Roll Tide, Roll!« hat nichts Heiteres an sich, sondern ist eine todernste Angelegenheit, was (zumindest auf mich) gelegentlich aggressiv, feindselig und beinahe schon pathologisch wirkte.

Ein besonders starkes Identifikationspotenzial besitzt der Trainer. In Alabama ist der frühere Coach Paul Bryant nicht nur eine Legende, sondern ein Heiliger. Er wird gemeinhin »Bear« genannt, da er sich als Jugendlicher angeblich auf einen Zweikampf mit einem gefangenen (mit Maulkorb versehenen) Bären eingelassen hatte (und von ihm verletzt worden war). Als Trainer war er statistisch gesehen der erfolgreichste in der Geschichte des College-Footballs. Er hatte das Team aus Alabama fünfundzwanzig Jahre lang betreut, und seine Höckernase und sein kurioser karierter Hut sind seine Markenzeichen geworden. Seinen Namen tragen Straßen und Gebäude. Sogar das Stadion in Tuscaloosa wurde nach ihm benannt. Er war eine charismatische Persönlichkeit, bekannt dafür, dass er oft zu viel trank und hart im Nehmen war (in Tennessee spielte er einmal mit gebrochenem Bein). Und er konnte die Menschen motivieren. Jahrelang nahm er keine schwarzen Spieler in seine Mannschaft auf, holte dann jedoch 1971 mit Wilbur Jackson den ersten Afroamerikaner und bot ihm ein Stipendium an. Seitdem wurde die Mannschaft zu einem Karrieresprungbrett für schwarze Sportler und vereinte Menschen unterschiedlichster Herkunft.

Zu seinen eindrucksvollen Leistungen zählt unter anderem der Gewinn von sechs nationalen Meisterschaftstiteln für Alabama.

Der jetzige Trainer, Nick Saban, ist erst seit vier Spielsaisons im Amt, hat aber schon dreimal den Titel geholt, und sein Vertrag läuft noch bis 2018. Saban, der als Siegertyp gilt und einen guten Draht zu den Spielern zu haben scheint, verdient derzeit 5,6 Millionen Dollar pro Saison und ist damit der bestbezahlte Coach im College-Football der USA. Sein Assistent bekommt 1,3 Millionen.

Wer dem Sport weniger verbunden ist, mokiert sich natürlich über solche Summen. Doch College-Sport ist ein großes Geschäft. Die Hochschulen brauchen diese internationale Wahrnehmung, um ihre Finanzierung zu sichern. Spender, Absolventen und Fördervereine sorgen dafür, dass die Gehälter bezahlt werden können, und der Ticketverkauf ist ebenfalls eine wichtige Einnahmequelle. Hinzu kommt noch der Bereich Merchandising. Neben den allgemein üblichen Kappen, T-Shirts, Wimpeln und Flaggen gibt es noch eine ganze Reihe Alabama-spezifischer Fanartikel: Abdeckungen für die Anhängerkupplung und Autoventilkappen in Crimson-Tide-Optik, ein sexy Strumpfband für Damen mit dem Slogan »Roll Tide«, Babyschuhe, Gartenstühle, Kuscheltiere, Superman-Umhänge für Kinder, Hundeleibchen, Zauberwürfel, Spiele, Armbanduhren, Reisetaschen, Gartenzwerge, Tischlampen, Bettwäsche, Trinkgläser, Grillabdeckungen, Golfzubehör, Zahnbürsten – alles mit dem Mannschaftslogo oder dem unverkennbaren geschwungenen *A*.

Dies alles trägt zu den nicht unerheblichen Football-Einnahmen bei, die 2012 bei 124 Millionen Dollar lagen, wovon 45 Millionen als Gewinn zu Buche schlugen. Hinzu kommt der Ansehensgewinn der Universität selbst, der wiederum steigende Studentenzahlen, höhere Dozentengehälter und die Erweiterung des Campus zur Folge hat. Alabamas Ruf als Universität mit großartigen Erfolgen im Football zieht auch Studenten aus anderen Bundesstaaten an: Inzwischen sind mehr als die Hälfte von ihnen Auswärtige, die das Dreifache der für Einheimische geltenden Studiengebühren bezahlen müssen.

Der finanzielle Gewinn ist also unbestreitbar. Die Auswirkungen auf das Selbstwertgefühl sind hingegen schwieriger zu messen, aber dennoch spürbar. Es beeinflusst das ganze Verhalten der Menschen. Es ist eine Art des Sozialverhaltens, das sich in vielen abgeschlossenen Gruppenstrukturen in aller Welt findet und ganz besonders in ethnischen Gruppierungen.

Je mehr ich über die Alabama Crimson Tide nachdachte, desto weniger schien mir das alles nur auf den Sport bezogen zu sein. Lediglich an der Oberfläche ging es hier um Football. Viel stärker handelte es dabei um eine weitere, für die Südstaaten typische Art, mit Unterlegenheitsgefühlen umzugehen. Es waren die gleichen, tief verankerten Emotionen, die ich schon bei Waffenmessen registriert hatte. In einem derart notleidenden Staat mit den höchsten Armutsraten des ganzen Landes, einer von Rassenkonflikten geprägten Vergangenheit, auf die stolz zu sein man sehr wenig Grund hat, ist es nur natürlich, dass sich mit einer Gewinnermannschaft – dem mehrfachen Landesmeister – insbesondere Menschen verbunden fühlen, die auf der Suche nach Sinn und Selbstachtung sind. Das bildet die Grundlage für das klassische Wir-Gefühl der Eigengruppe und ist ein eindrucksvoller Beleg für Tajfels Theorie der sozialen Identität.

Schwester Cynthia

»Tragen Sie sich bitte hier ein«, forderte mich die Frau in dem leuchtend gelben Kleid auf. Dann schaute sie mich noch einmal genauer an und ihre Miene hellte sich auf. »Ich kenne Sie doch. Sie sind Mister Paul.«

»Woher wissen Sie das, Schwester?«

»Sie waren gestern bei uns im Gottesdienst.«

In der Tat. Ich war der Sünder, der unter den Zöllnern saß, weit hinter den Philistern, in einer der letzten Bankreihen. Normalerweise gehe ich nicht regelmäßig in die Kirche, doch im Süden ist ein Sonntag erst dann ein richtiger Sonntag, wenn man einen Gottesdienst, eine Waffenmesse und/oder ein Footballspiel besucht hat.

»Was kann ich für Sie tun?«

»Ich bin mit Miss Burton verabredet.«

»Ich gebe ihr Bescheid, dass Sie da sind. Bitte tragen Sie sich ins Gästebuch ein.«

Neben den Namen der Besucher gab es eine Spalte mit der Überschrift *Grund des Besuchs.* Ich sah schwer leserliche Einträge wie »Lebensmittel«, »Kleidung«, »Wassergeld« oder »Stromrechnung«. Ich schrieb meinen Namen hinein und daneben »Miss Cynthia Burton«.

Kurz darauf begrüßte sie mich. Sie war eine stattliche Frau um die sechzig, die wegen ihrer Knieprobleme auf einen Rollator angewiesen war. Sie war Geschäftsführerin des »Community Service Programs« von West-Alabama. Sie führte mich in einen großen Raum mit kahlen Wänden, in dem im Wesentlichen ein leerer Konferenztisch stand.

Wir unterhielten uns zunächst über das Footballspiel, das Tuscaloosa am Wochenende erlebt hatte.

»Hier geht es überall nur um Football. Das ist ein Irrsinn, wie eine Krankheit«, sagte sie. »Ich sehe ja ein, dass es ein Wirtschaftsfaktor ist, aber es dreht sich alles nur um diesen Sport. Dabei gibt es wirklich wichtigere Dinge im Leben, als die Meisterschaft zu gewinnen.«

»Ich glaube, es geht um mehr als nur den Sport«, antwortete ich, widerstand jedoch dem Impuls, ihr meine, oder eher Tajfels, Theorie von der sozialen Identität zu erläutern.

»Die Sportler profitieren zum Teil davon«, sagte sie. »Vor allem von der Zuwendung des Trainers. Weil in vielen Haushalten ein männliches Oberhaupt fehlt, haben wir zwei Generationen verloren. Drogen sind das große Problem. Die Mutter hat zwei Jobs und ist ständig übermüdet. Dann bekommt jemand mit, wie ein anderer sein Geld als Dealer verdient. Er probiert es auch aus und wird abhängig. Viele dieser Jugendlichen brauchen Begleitung.« Dann fragte sie mich lächelnd: »Wie sind Sie eigentlich auf mich gekommen?«

Ich erzählte ihr, dass ein gemeinsamer Freund mir ihren Namen genannt habe, als ich meine geplante Reise in den Süden erwähnte. Cynthia Barton hat etwas mit Wohlfahrtspflege zu tun, hatte er gesagt und dann hinzugefügt: »Sie kennt Gott und die Welt.«

»Ihre Mitarbeiterin an der Rezeption hat mich erkannt«, sagte ich. »Ich war ganz baff. Sie hatte mich im Gottesdienst in ihrer Gemeinde gesehen, in der Cornerstone Baptist Church.«

»Wie nett, aber ich bin katholisch«, entgegnete Miss Burton. Sie setzte sich zurecht und machte sich Notizen in einem dicken Terminkalender. »Warum ich Katholikin bin, ist übrigens eine Geschichte für sich.«

»Ich bin gespannt.«

»Ich stamme aus Gadsden«, begann sie. »Meine Eltern waren arme, aber fleißige, anständige Leute. Mein Vater hat bei der Reifenfirma Goodyear gearbeitet. Meine Mutter war Krankenschwester. Sie hatte nur eine schlechte Schulausbildung. Aber im Krankenhaus hat sie alles gelernt, was sie wissen musste.«

Miss Burton seufzte und beugte sich ein Stück nach vorn. Als sie sah, dass ich etwas in mein Notizbuch schrieb, tippte sie mit dem Finger daneben auf den Tisch und sagte mit Nachdruck:

»Meine Mutter wollte, dass ich in eine integrierte Schule gehe, was damals einfach nicht üblich war. Deshalb haben mein Vater und sie Geld gespart, um mich auf eine bessere Schule zu schicken. Sie haben sich erkundigt, was sie tun können. Die bei uns ansässigen Nonnen vom Orden ›Daughters of the Holy Ghost‹ haben ihnen empfohlen, mich in den Norden zu schicken, nach Connecticut auf die ›Putnam Catholic Academy‹. Das war 1961. Rassentrennung eben.«

Sie machte eine kurze Pause. Ich stellte fest: »Ihre Eltern waren offenbar sehr selbstbewusste Menschen.«

»Wissen Sie, meine Eltern waren ihrer Generation weit voraus. Mein Vater ist nach der vierten Klasse von der Schule abgegangen, meine Mutter nach der sechsten. Aber sie wollten das Beste für ihre Kinder und waren bereit, dafür Opfer zu bringen. An unserer High School in Gadsden wurde die Rassentrennung erst 1968 aufgehoben.«

Vier lange Jahre nach dem »Civil Rights Act«.

»Sie haben ihr ganzes Geld zusammengekratzt, und ich bin nach Connecticut gefahren. An der Schule war ich die einzige Schwarze. Aber in Putnam gab es fünf schwarze Familien, die haben mich so gut wie adoptiert. Sie gaben auf mich acht. Das war nicht mit einem normalen Schulleben zu vergleichen. Diese kleinen reichen Mädchen haben mich unterrichtet. Eines Tages wurden in der Aula die zehn besten Schüler vorgestellt. Ich gehörte dazu – als Zweitbeste. Darauf war ich sehr stolz.«

Bei der Erinnerung daran lachte Miss Burton in sich hinein und tippte wieder neben mein Notizbuch.

»Die Mutter des drittbesten Mädchens hat sich dann bei den Nonnen beschwert und meine Noten in Frage gestellt. Das hat mich tief getroffen. Ich rief meine Mutter an, und sie sagte: ›Lass dich nicht unterkriegen. Ich kann nicht kommen, du wirst das allein schaffen müssen. Aber denk daran, immer fleißig zu lernen und zu arbeiten. Cynthia, du musst immer besser sein als dieses Mädchen.‹ Und ich habe tatsächlich immer gelernt und mich behauptet.«

»Das hört sich nach einer exklusiven Privatschule an«, bemerkte ich. »Wie haben Sie sich denn mit Ihren Mitschülerinnen verstanden?«

»Sehr gut. Diese Mädchen waren so unvorstellbar reich. Sie wurden mit dem Rolls-Royce oder Bentley abgeholt. Sie waren sehr nett und freundlich zu mir und haben viel für mich getan. Ich war die einzige schwarze Schülerin und wurde von allen umsorgt. Sie haben mich zu sich nach Hause eingeladen, in ihre riesigen Villen. Ich erinnere mich noch genau an einen Besuch in

Philadelphia. Wir waren fünf Mädchen im Auto. Als wir ankamen, hatten wir alle Hunger und das Mädchen, das in dem Haus wohnte, rief in die Küche: »Gibt's was für uns?« Eine nach der anderen sind wir dann nach unten gegangen und dort waren drei Bedienstete damit beschäftigt, unser Essen vorzubereiten.«

»Haben Sie überlegt, im Norden zu bleiben? Dort hätte es doch bestimmt bessere Chancen für Sie gegeben.«

»Ich war sehr gern im Norden«, antwortete sie. »Dort bin ich katholisch geworden. Studiert habe ich an der Loyola University in Chicago, aber danach musste ich zurück nach Alabama. Meine Mutter brauchte mich. Und außerdem hatte ich so viel geschenkt bekommen, dass ich unbedingt etwas zurückgeben wollte. Ich habe mir vorgenommen, für möglichst viele Menschen etwas zu tun. Bei dieser Organisation hier arbeite ich jetzt seit neun Jahren. Wir haben ein Budget von 18 Millionen Dollar für acht Countys mit insgesamt rund einer Million Einwohnern. Ein Großteil dieser Gelder kommt von der US-Regierung, ein Teil sind andere Fördermittel. Wir verfügen über fünfhundert Wohneinheiten – erschwinglichen Wohnraum, sowohl zur Miete als auch zum Kauf. Und daneben leisten wir weitere Hilfen.«

»Wie kommt Ihre Unterstützung an?«, erkundigte ich mich.

»Hier ist der Sozialkonservatismus sehr stark. Ich glaube fest daran, dass jeder selbst für sein Wohlergehen verantwortlich ist. Manche brauchen dabei mehr Hilfe als andere, aber jeder muss auch selbst etwas tun.«

»Und wie genau unterstützen Sie die Leute?«

»Mit Wohnraum, als Eigentum oder zur Miete, und auf vielfältige andere Weise«, antwortete sie. »Soll ich Ihnen etwas Merkwürdiges erzählen? Manche Leute, die Hilfe von uns erhalten, haben Ländereien, richtig große Flächen, die sie jedoch nicht aufteilen wollen. Es ist nicht ungewöhnlich, dass jemand mit großem Landbesitz in einer schäbigen Hütte wohnt, sich über Lebensmitteltafeln versorgt und Zuschüsse für die Stromrechnung bekommt.«

»Haben Sie Kontakt zu solchen Leuten?«

»Sie kommen hierher«, sagte sie und ihre Stimme wurde lauter. »Wegen Lebensmitteln. Oder weil sie Beihilfe zu ihrer Heizungs- oder Stromrechnung brauchen. Diese Leistung heißt ›Low Income Heating Energy Assistance‹, kurz LIHEAP. Dafür gibt es festgelegte Einkommensgrenzen. Außerdem gibt es noch ein Programm für die Wärmedämmung von Häusern. Die größte Länderei ist achtzig Hektar groß, und die Eigentümer sind sehr arm. So etwas kommt zwar nicht sehr oft vor, aber gelegentlich eben schon.«

»Arme Großgrundbesitzer?«

»Ja. Sie lehnen es ab, ihr Land zu verkaufen. Vor allem für Afroamerikaner ist es wichtig, Besitz zu haben, nicht von Haus- und Grundbesitzern abhängig zu sein. Aber da die Landwirtschaft zu einem industrialisierten Gewerbe geworden ist, sind sie nicht mehr konkurrenzfähig. Manche von ihnen betreiben konventionellen Marktfruchtanbau. Andere produzieren Mais oder Gemüsesorten wie Paprika, Kohl oder Kürbis – und Heu. Rinderhaltung ist auch verbreitet. Das Land wird über Generationen hinweg weitervererbt. Manche lassen es allerdings auch brachliegen und entscheiden sich gegen den Anbau von Nahrungsmitteln.«

»Das ist tatsächlich ein merkwürdiges Dilemma, wie Sie schon sagten.«

»Viele Leute hier haben es wirklich schwer.«

»Ich würde gern einige von ihnen kennenlernen.«

»Ich kann den Kontakt zu ihnen herstellen.« Cynthia nickte. »Und zu Leuten, die hier etwas verbessern wollen.«

Die Cornerstone Full Gospel Baptist Church

»Die Kirche ist schon immer der Mittelpunkt des ländlichen Südens gewesen«, erklärte mir Bishop Palmer. Mich mit ihm zu treffen hatte mir Schwester Cythia empfohlen. »Ich stamme aus

Birmingham, Alabama, habe aber hier in Tuscaloosa am Stillman College studiert. Es war früher ein rein schwarzes College, hat aber inzwischen einige weiße Studenten.«

Er war ein großgewachsener Mann, kräftig gebaut mit breiten Schultern, weißem Haar und einem weißen Knebelbart – ein eindrucksvoller Patriarch mit freundlichem Blick und dröhnendem Lachen. Zumindest wirkte er im Nadelstreifenanzug so, ehe ich ihn in seinem violetten Bischofsornat sah. In der Kirche am Lesepult schüttelte er energisch die große Faust und sah er eher aus wie ein Prophet aus dem Alten Testament, und ich musste denken, dass manche Männer einfach von ihrer Physis her geborene Leitfiguren sind.

Wir fuhren in seinem Wagen nach Stillman und dort einmal um den von einer Mauer umschlossenen Campus herum, vorbei an den adretten Häusern und Sportplätzen.

»Dort ist einer. Und da drüben noch einer.«

Weiße Studenten waren auf den Fußwegen. Bishop Palmer strich seinen Bart glatt und tippte sich an das breite Kinn.

»Sie haben für einen Prediger den perfekten Namen. Earnest Palmer.«

»Ein Mann des Glaubens, der eine Palme trägt«, sagte er.

»Palmer nennt man ja auch einen Pilger, der mit einer Palme aus dem Heiligen Land zurückkehrt.«

Er fuhr langsamer und sah zu mir herüber. Ich fügte hinzu: »Findet sich bei Chaucer, in den *Canterbury Tales*.«

Er lachte. Offenbar war ihm das bisher nicht bekannt gewesen. Er fuhr vom Campusgelände und wechselte das Thema. »Als ich noch Student hier war, haben wir Sit-ins bei Ed's veranstaltet, einem Restaurant ganz in der Nähe. Sie wollten nämlich Schwarzen den Zutritt verwehren. Die Weißen haben uns daraufhin schrecklich verdroschen. Mannomann.«

»War es hier schlimmer als anderswo?«

»Tusacaloosa war der Hauptsitz des Ku-Klux-Klan von Alabama«, berichtete er. »Der Anführer, Robert Shelton, hatte ein

Büro am Union Boulevard. Er betrieb eine Druckerei. Einmal musste ich dort für mein Studium ein paar Sachen drucken lassen. Meine Freunde haben mich gefragt: ›In *welcher* Druckerei warst du?‹«

Robert Shelton, der zu Earnest Palmers Studienzeiten als »abgrundtief bösartiger Mensch« galt, war außerdem noch Fabrikarbeiter, Reifenhändler und »Grand Wizard« (also der oberste »Boss«) der »Alabama Knights« des Ku-Klux-Klan. Nach einem Lynchmord des Klans in Mobile, Alabama, wurde er angeklagt, ging infolge des Prozesses pleite und starb im Jahr 2003 mit dreiundsiebzig Jahren an einem Herzanfall.

Nachdem ich Bishop Palmer kennengelernt hatte, verspürte ich den Wunsch, seine Kirche zu besuchen, was ich am darauffolgenden Sonntag auch tat. An jenem Morgen begegnete ich auch Lucille, die mir mit ihrem Wagen vorausfuhr, um mir den Weg zu zeigen; Lucille, die mir ihr bezauberndes »Sei behütet« mit auf den Weg gab.

Die »Cornerstone Full Baptist Church« war größer, als sie auf den ersten Blick wirkte. Sie lag in einer Senke inmitten eines ärmlichen Wohnviertels mit kleineren Häusern, in der Nähe eines kleinen Bachlaufes namens Cribbs Mill Creek.

Der Autor John Reed schreibt in seinem Buch *The Enduring South* (1978), dass die Kirchen der Schwarzen in den Südstaaten eine verbindende Funktion besäßen und einen Rückzugsort gegenüber der feindseligen (oder fremden) Mehrheitskultur darstellten, wie es für Einwanderergruppen typisch sei. Bishop Palmers Gemeinde glich einer solchen ethnischen Gruppe von Gleichgesinnten mit dem Bedürfnis nach Zuspruch. Die Eingangsgebete waren voller Inbrunst und wurden von einer Frau mit tiefer Stimme gesprochen. Sie begrüßte die Gläubigen, die in ihrem Sonntagsstaat in die Kirche strömten – Frauen mit Hut und Handschuhen und Männer im Anzug. Direkt vor mir nahmen zwei Frauen Platz, die so schön waren, dass ich immer wieder zu ihnen hinsehen musste, und selbst wenn ich den Blick abwandte, wärmte mir der Duft ihres Parfums das Gesicht und brachte mich zum Lächeln. Es war, als ob ich ihre Schönheit einatmete.

»Der Teufel ist ein Lügner!«, rief die Frau vorn von ihrem Podest herunter und erinnerte mich daran, dass ich in meinem Herzen gerade sündigte. »Wendet euch Jesus zu! Er ist groß! Er ist das große ›Ich bin‹! Siehe, er ist der Sieg Zions!« Sie verfiel in einen Singsang, und ihre warme Stimme erfüllte die gesamte Kirche.

Nachdem sie uns an die zwanzig Minuten so eindringlich ermahnt hatte, begab sich der Chor auf die Bühne – fünfzehn Männer und Frauen sowie eine siebenköpfige Band stimmten inbrünstig ein Lobpreislied an.

Our God reigns!
He reigns!

Danach folgte noch einmal Musik, die die Gemeinde von den unterdessen voll besetzten Bänken riss. Alle waren aufgestanden und wiegten sich selig lächelnd zum nunmehr dritten Lied.

You are the help
Of the hopeless and broken …

Danach setzten wir uns wieder hin und lauschten den Ansagen, welche Veranstaltungen in Kürze stattfinden sollten. Diesen Ablauf fand ich auch in anderen Kirchen wieder, die ich noch besuchen sollte: die Aufwärmphase, die Kirchenlieder, die Ankündigungen. Hingewiesen wurde auf eine Frauenarbeitsgruppe mit dem Titel »Auftanken für Körper, Seele und Geist« oder ein Seminar »Wie willst du leben?«.

Ein Mann im Nadelstreifenanzug ging nach vorn. Er war Diakon und hatte ein sanfte, beruhigende Stimme.

»Zwei Männer hatte es auf eine einsame Insel verschlagen«,

begann er und hob dabei die Hand, um anzuzeigen, dass wir aufmerksam zuhören sollten. »Einer von beiden war verzweifelt. ›Wir sind verloren, Bruder! Was sollen wir bloß machen?‹ Er war außer sich, völlig am Ende.« Wieder ging die mahnende Hand nach oben. »Der andere Mann blieb ganz ruhig. Gelassen saß er da und lächelte, obwohl die Insel weit von jedem Festland entfernt war und die Lage ziemlich hoffnungslos schien. Der erste Mann, der Besorgte, fragte ihn: ›Warum lächelst du?‹ – ›Ich sag dir, warum‹, antwortete der ruhige Mann. ›Ich spende der Gemeinde regelmäßig meinen Zehnten. Deshalb mache ich mir überhaupt keine Gedanken. Mein Pastor wird mich schon auftreiben.‹«

Gelächter kam auf und kurz darauf ertönte die Orgel. Auch die Ankündigungen wurden immer wieder mit musikalischen Akzenten versehen. Im Seitenschiff hatte jetzt eine Reihe von Helfern Aufstellung genommen, die Körbe in ihren Händen hielten.

»Was ist jetzt für eine Zeit gekommen? Es ist Spendenzeit!«

Die Körbchen wurden mit Geldscheinen und weißen Umschlägen gefüllt und anschließend zurück zu den Helfern gereicht.

Dann verstummte die Musik sehr plötzlich, und in dieser Stille erschien von der Seite her Bishop Palmer. Er trug einen violett-goldenen Talar und hielt seine Bibel in der Hand. In diesem Ornat wirkte er noch größer als sonst. Er bewegte sich langsam und staatsmännisch, und ich erwartete eine dröhnende Stimme. Doch seine einleitenden Worte waren sanft und beruhigend.

»Guten Morgen, Brüder und Schwestern«, begann er. Erst nach einer längeren Pause fuhr er fort: »Gott will euch wiederhaben.«

Das war heute sein Thema, die Rückkehr zum Glauben und die Erneuerung des Vertrauens in Gottes Liebe und Barmherzigkeit. Vom ersten Moment an hörten ihm alle aufmerksam zu.

»Während der Sklaverei war das Singen hier sehr wichtig. In den Liedern wurde die Herrlichkeit Gottes gepriesen«, sagte er. »Ihr wisst, wie sehr die Menschen das gebraucht haben. Manche von ihnen waren so weit unten, dass sie den Kopf heben mussten, um den Erdboden zu sehen. Wo lebten sie? Auf der Schattenseite. Und was macht Gott? Gott baut eine Brücke, damit ich hinübergehen kann!«

Im Kern ging es in seiner Predigt darum, dass man nicht verzweifeln soll, auch wenn die Zeiten hart sind, sondern stets darauf vertrauen, dass es auch wieder besser wird. Wer ins Wanken gerät, sollte immer daran denken, dass Gott ihn zurückhaben will. Bishop Palmer predigte von Hoffnung und Vergebung und der Einsicht, dass es alle Menschen von Zeit zu Zeit schwer haben. Die Bibel ist voll von Berichten über Not und Bedrängnis und dem Geschenk der Erlösung.

»Nur weil eure Geldbörse leer ist, heißt das noch lange nicht, dass ihr nicht gesegnet seid. Und vergesst nicht: Der Regen fällt nicht nur auf euch, sondern auf alle. Denkt nur an Jesaja 43, die Verse eins bis sechs: ›Wenn du durchs Feuer gehst, wirst du nicht versengt … Fürchte dich nicht.‹«

Immer wieder nahm er Bezug auf die Zeit der Sklaverei, um Trost zu spenden, Vergleiche zu ziehen und darauf hinzuweisen, dass auch schwerste Zeiten irgendwann vorübergehen. Dies sollten wir nie vergessen.

»Gottes Plan lautet nicht, dass ihr in Knechtschaft lebt«, sagte er in beruhigendem Tonfall, wie ein Arzt, der seinem Patienten baldige Besserung in Aussicht stellt. »Ihr werdet frei sein.«

Jemand äußerte lautstark seine Zustimmung und andere fielen ein.

»Liebe Freunde, liebe Brüder und Schwestern«, fuhr Bishop Palmer fort. »Gott will mich zurück, und er will auch euch zurück.« Er streckte den Arm aus, sodass der Ärmel seines Talars wie ein Wimpel durch die Luft wehte. »Gott weiß, wo ihr seid. Er weiß genau, was ihr durchmacht. Erinnert euch an Psalm 37, Vers 25: ›Einst war ich jung, nun bin ich alt, nie sah ich einen Gerechten verlassen noch seine Kinder betteln um Brot.‹ Was bedeutet das?«

Er trat einen Schritt zurück und straffte seinen massigen Körper. Sein Talar warf an den Armen Falten, und mit einem dicklichen Finger tippte er auf die Bibel.

»Das bedeutet«, rief er aus, »dass ihr euch im Moment vielleicht mit Fleischwurst begnügen müsst, aber später Ribeye-Steak genießen könnt!« Es folgte Gelächter. »Bis es so weit ist, haltet euch einstweilen an Hebräer 13, Vers fünf: ›Euer Leben sei frei von Habgier. Seid zufrieden mit dem, was ihr habt.‹«

In diesem Sinne ging es weiter – mit dem Aufruf zu Mäßigung, Glauben und Geduld sowie dem Zuspruch von Hoffnung, fast immer in einem moderaten Tonfall, gelegentlich jedoch auch mit seiner eindringlich dröhnenden Predigerstimme.

»Komm zum Ende, Palmer«, sagte er schließlich zu sich selbst. Und antwortete sich ebenfalls selbst: »Ja, Herr!«

Wieder standen wir zum Singen auf und die beiden bezaubernden Frauen vor mir strahlten. Sie legten den Kopf in den Nacken und stimmten hinter ihrem Hutschleier in den Gesang ein. In ihren Seidenkleidern bebten sie förmlich vor Begeisterung, und ich musste mich innerlich ermahnen, dass ich mich in einer Kirche befand.

Nachdem wir noch einige Lieder gesungen hatten, lud Bishop Palmer die Gemeinde abschließend ein, nach vorn zu kommen, etwas Saft zu trinken und sich aus der Schale mit Orangen, Äpfeln und Trauben auf dem Tisch ein Stück Obst zu nehmen.

»Der Herr sprach: ›Frucht des Weinstocks.‹«

Als Bishop Palmer die Gemeinde verabschiedete, wirkte er erschöpft. Doch die Gläubigen – und das war keineswegs nur Einbildung – erschienen gestärkt, ermutigt, gut gelaunt. Sie gingen mit etwas mehr Hoffnung zurück in ihren Alltag. Es war berührend mitzuerleben, wie ein paar Bibelzitate, von einem überzeugenden Redner vorgetragen, die Menschen aufmuntern konnten.

Der »Black Belt«

Tuscaloosa ist eine zerklüftete urbane Insel in einem großen, stillen und ländlichen Meer, also dem, was man gemeinhin mit dem Süden verbindet: sanfte Hügel, grasbewachsene Senken, Baumwoll- und Bohnenfelder, von Fliegen umschwirrtes Sumpfland, urtümliche Wälder. Doch das ist keine Spezialität von Tuscaloosa. Vielmehr weisen die meisten Ortschaften und Städte im Süden diesen Inselcharakter auf. Asheville und Greenville, Columbia und Charleston, Augusta und Atlanta, Birmingham und Tuscaloosa – sie alle verfügen über ein gewisses Maß an Wohlstand und pflegen ihre ganz eigene Identität. Und wie überall gibt es ein Viertel für die Gutbetuchten und eins für die Armen. In dieser Region ist die Wendung »auf der Schattenseite leben« keineswegs eine abstrakte Metapher, sondern mit Händen zu greifende Realität.

Dennoch besteht zwischen diesen Städten kein Zusammengang, und sie weisen vor allem keinerlei Ähnlichkeit mit ihrer ländlichen Umgebung auf. Gelegentlich wurde festgestellt (unter anderem von John Shelton Reed in *The Enduring South)*, dass die Städte der Südstaaten nichts typisch Südliches an sich hätten. Um die Spannungen im Süden wirklich kennenzulernen, muss man jedoch die Städte verlassen. Die Menschen in den kleinen Ortschaften führen ein vollkommen anderes Leben, ausnahmslos in viel größerer Armut, und häufig sprechen sie auch eine andere Sprache. Zumindest kam es mir so vor, der ich sowohl in den urbanen Inselstädten als auch im menschenleeren grünen Meer des Hinterlands ein Fremder war.

Greensboro, nur dreißig Meilen südlich von Tuscaloosa gelegen, befindet sich am Horizont dieses grünen Meeres – eine kleine, hübsche und etwas mitgenommene Stadt, deren Anmut vielfach durch Armut erstickt wird. Von Greensboro aus noch ein Stück weiter findet man nahe Moundsville eine landwirtschaftlich geprägte Gegend mit nach wie vor sehr schlichten Häusern, wo der Schriftsteller James Agee und der Fotograf Walker Evans den Sommer 1936 verbrachten und recherchierten. Ursprünglich hatten sie einen Beitrag für die Zeitschrift *Fortune* geplant und wollten drei arme weiße Farmerfamilien porträtieren, die ihr Dasein als Pachtbauern fristeten. Der zwanzigtausend Wörter umfassende Text erwies sich jedoch als zu lang, zu kompliziert und zu deprimierend. Für ein Finanzmagazin war der Artikel viel zu authentisch geraten und wurde daher abgelehnt. Doch Agee stammte aus Tennessee, er kannte den Süden, und das Thema lag ihm sehr am Herzen, weshalb er in den folgenden Jahren weiter an dem Text schrieb und ein Buch daraus machte. Es wurde ein ziemlich avantgardistisches Werk und 1941 unter dem Titel *Preisen will ich die großen Männer* veröffentlicht. Es verkaufte sich lediglich sechshundertmal. Dieser kommerzielle Misserfolg leistete Agees Alkoholproblemen Vorschub. Der Autor starb im Alter von nur fünfundvierzig Jahren.

Inspiriert war die Publikation im Übrigen von dem deutlich bündigeren und leichter zugänglichen Buch *You Have Seen Their Faces* (1937) mit Texten von Erskine Caldwell und Fotos von Margaret Bourke-White. Aufgrund seiner Schilderung der Armut im Süden war das Buch einst ein wichtiges Manifest der amerikanischen Radikalen. Es wird allerdings längst nicht mehr aufgelegt. In der Verlagswelt geschehen jedoch manchmal erstaunliche Dinge. So erlebte *Preisen will ich die großen Männer* zwanzig Jahre nach der Erstveröffentlichung eine Neuauflage und fand in den politisch bewegten frühen sechziger Jahren nun deutlich mehr Leser und Bewunderer, die erkannten, wie innovativ es war. Das Buch wurde für seine sprachliche Dichte und Poesie und die Detailfülle seiner Beschreibungen gelobt.

Als Student besaß ich ein Exemplar davon, und ich weiß noch genau, wie schwer lesbar ich es fand. Ich konnte mir das Buch nur erschließen, indem ich es laut las. Ich fand den Text übertrieben poetisch. Ich wünschte ihn mir viel politischer (es war das Jahr 1963, einem Jahr voller Unruhen in den Südstaaten). Die Fotos waren erschütternd, doch der Text war mir nicht kämpferisch genug. Schwarze kamen in dem Buch auch so gut wie gar nicht vor. Das Manuskript zu Agees abgelehntem Zeitungsartikel wurde 2013 unter dem Titel *Cotton Tenants – Three Families* veröffentlicht und ist ein derart konzentrierter und profunder Bericht über die Armut auf dem Land, dass man nachvollziehen kann, warum er als Zeitschriftenbeitrag abgelehnt worden ist.

Die im Buch vorkommende Stadt »Cherokee City« ist übrigens in der Realität Tuscaloosa und »Centerboro« ist das dreißig Meilen südlich davon gelegene Greensboro, wo einst Evans fotografierte und wohin ich ebenfalls unterwegs war. Es war Agees Buch, das mich hierher ins Zentrum Alabamas geführt hatte.

Agee und Evans hatten sich in Hale County und Greene County aufgehalten, einer Gegend im sogenannten »Black Belt« (»Schwarzen Gürtel«), die auch »Cotton Country« genannt wurde.

»Schwarz wegen der fruchtbaren Erde und der Hautfarbe der Bewohner«, hatte Cynthia Burton zu mir gesagt. »Je mehr Farmen es gab, desto mehr Sklaven wurden gebraucht. Das ist der Grund für den hohen Anteil an Schwarzen in dieser Gegend, die südlich von Tuscaloosa beginnt und sich quer durch den gesamten Bundesstaat erstreckt.«

Die Vergangenheit war weder tot noch vergangen. Sie war selbst schwarz und erklärte die heutige Demographie des »Black Belt« mit der Sklaverei, deren Auswirkungen heute noch so deutlich sichtbar sind.

»Ich kauf mir 'ne Tüte Popcorn, lehn mich zurück und bin Zuschauer«

Während ich Tuscaloosa in Richtung Süden verließ und an Moundville und Havana vorbeifuhr, beschloss ich, kurzfristig ein paar Besuche in Eutaw einzuschieben. Ich meldete mich telefonisch an, und wir verabredeten uns für den Nachmittag. Bis dahin hatte ich noch eine Stunde Zeit und ließ mich von abgelegenen Straßen mit so hübschen Namen wie Raspberry Road oder Finches Ferry Road verzaubern. Außerdem kam ich an einigen kleineren Friedhöfen und Gemüsegärten vorbei und an sonnenbeschienenen Feldern, die bis zum Black Warrior River heranreichten, benannt nach dem Indianerhäuptling Tuscaloosa, dessen Name übersetzt »Schwarzer Krieger« bedeutet.

Das Städtchen Eutaw war ebenfalls sehr malerisch. Es bestand aus einem engen Gitternetz von Straßen, einem bescheidenen Rathaus und einem Gerichtsgebäude. Die Stadt trug ihren Namen nach der Schlacht von Eutaw Springs in South Carolina, die von General Nathaniel Greene befehligt worden ist, nach welchem wiederum Greene County benannt wurde. Die älteren Geschäfte am Straßenrand von Eutaw waren wenig bis gar nicht frequentiert, und man sah an diesem heißen Nachmittag kaum Fußgänger, abgesehen von ein paar Leuten, die den Lebensmittelladen Piggly Wiggly ansteuerten. Ich fuhr ein wenig durch die Stadt, verschaffte mir einen Überblick und stellte fest, dass durch den Sonnenschein die fast menschenleere Stadt noch melancholischer wirkte.

Am Rathaus stellte ich meinen Wagen ab. Cynthia Barton hatte mir empfohlen, beim Bürgermeister vorbeizuschauen. Er hieß Raymond Steele und war Eutaws erstes schwarzes Stadtoberhaupt. Seit er im Jahr 2000 zum ersten Mal gewählt worden war, hatte er drei Amtszeiten absolviert und auf eine vierte gehofft.

»Aber die letzte Wahl habe ich verloren«, erzählte mir Steele. Er trug Kappe und Windjacke. »In ein paar Wochen verabschiede ich mich aus dem Amt, nach zwölf Jahren. Aber das ist nicht weiter schlimm. Ich habe eine gutgehende chemische Reinigung. Ich war zwanzig Jahre beim Militär, im ersten Golfkrieg, an vorderster Front. Ich hab einiges erlebt und hab als Auszeichnung den bronzenen Stern dafür gekriegt.«

Er schlug vor, per Auto eine kleine Besichtigungstour zu machen. Er wollte mir die Stadt zeigen und die Pläne vorstellen, die er eigentlich hatte – für einen neuen Flugplatz, einen Spielplatz und eine neue Sportanlage. Doch für seine Vorhaben hatte sich niemand interessiert. Nach zwölf Jahren hielten die Leute einen Wechsel für angebracht.

»Die Stadt Eutaw liegt im Black Belt. Schwarz wegen der Erde und der Hautfarbe der meisten Menschen. Hier leben achtzig Prozent Schwarze. Der Boden ist sehr fruchtbar, entsprechend viele Sklaven wurden gebraucht. Mein Kontrahent war auch schwarz, Mitglied im Stadtrat. Sehen Sie mal, was wir geleistet haben. Wir haben diesen Park vergrößert. Hier gab es vorher keinen anständigen Park. Wir haben den Baseballplatz mit Flutlicht ausgestattet. 2007 und 2008 gab es Maßnahmen im Wohnungsbau. Die ersten neuen Häuser seit 1974. Für Geringverdiener, als Mietkauf.«

Wir fuhren durch kleinere Straßen in Eutaw.

»Diese Siedlung heißt ›Rosie Carpenter Haven‹. Dreiunddreißig neue Häuser«, erklärte der Bürgermeister. »Und hier haben wir ›Carver Circle‹. Dreißig neue Häuser.«

Die Häuser waren solide gebaut und in gutem Zustand, mit kleinen Vorgärten, die gepflegter waren als die Stadt an sich.

»Die wirtschaftliche Lage ist nicht sonderlich gut«, teilte er mir mit. »Wir haben die Kistenfabrik. Rock Tenn Boxes. Dann einen Hersteller von Bedachungen. Und es gibt den Fisch. South Fresh Catfish. Catfish findet man im gesamten Greene County.«

»Aber ich habe gehört, dass die Catfish-Zucht in der Krise ist.«

»Sehr sogar«, bestätigte Raymond Steele. »Dem müssen wir ins Auge sehen. Wir verlieren täglich Einwohner. Derzeit liegen wir bei neuntausend. Früher waren es mal zwölftausend. Das war auch ein Problem bei der letzten Wahl. Die Bevölkerungszahlen sind rückläufig. Aber es gab auch noch andere problematische Themen.«

»Zum Beispiel?«

»Zum Beispiel den schmutzige Wahlkampf.« Er berichtete, sein Mitbewerber habe plakatiert: *Bürgermeister Steele hat abkassiert.* »Als ob ich krumme Sachen gemacht hätte. Was für ein Unsinn.«

»Und jetzt kümmern Sie sich wieder um Ihre Textilreinigung und überlassen es anderen, die Probleme in Eutaw zu lösen.«

»Richtig. Ich kauf mir 'ne Tüte Popcorn, lehn mich zurück und bin Zuschauer.«

»Weiße Privilegien«

In Eutaw wollte ich noch einen weiteren Besuch machen. Nach meiner Begegnung mit Bürgermeister Steele, der mich sehr offen und herzlich empfangen hatte, rechnete ich mit einem weiteren freundlichen Gespräch. Doch da hatte ich mich geirrt. Allerdings erwies sich dieser Irrtum – wie so viele, denen ich im Süden erlag – als ausgesprochen erhellend.

Ich klopfte an die Tür eines kleinen Büros, das man über einen Fußweg erreichte, und trat ein. Drinnen erwartete mich eine düstere, abweisende Atmosphäre. Ich hatte das Gefühl, als könnte ich jeden Moment in ein tiefes Loch stürzen.

Zwei junge Frauen saßen an ihren Schreibtischen und starrten derart verbissen auf ihre Bildschirme, als hätten sie Angst, den Kopf zu heben. Ich grüßte, doch ich bekam keine Antwort von ihnen. Dabei befand ich mich doch immer noch im kleinen, überschaubaren und als so herzlich geltenden Eutaw.

»Wer sind Sie?«

Ich hörte die Frage, noch ehe ich erkennen konnte, wer sie gestellt hatte. Es war eine ältere Frau, die unter ihrer wilden Mähne aus Korkenzieherlocken ein ausgesprochen finsteres Gesicht machte. Sie trug eine Brille, die ihre ohnehin schon feindseligen Augen noch abweisender erscheinen ließ. Ihre ganze Körperhaltung strahlte Abwehr aus. Sie war der Grund meines Besuchs.

Ich nannte meinen Namen, teilte mit, dass ich einen Termin mit ihr hätte, und betonte, wie sehr ich mich freuen würde, dass sie sich so kurzfristig Zeit für mich nahm. Ich sah mich kurz um und entdeckte noch einen Mann, der, nach allem, was ich wusste, nur ihr Ehemann sein konnte und schweigend an einem Schreibtisch in der Ecke saß.

»Sie sind zu spät«, tadelte mich die Frau. »Weshalb kommen Sie erst jetzt?«

Ich begann ein Loblied auf die schöne Gegend mit den idyllischen Wäldchen, goldgelben Feldern und reifenden Baumwollkapseln zu singen, doch damit stieß ich bei ihr auf taube Ohren.

»Sie hätten anrufen können«, wies sie mich streng zurecht.

»Das habe ich ja, um den Termin zu vereinbaren.«

»Aber Sie haben nicht Bescheid gesagt, dass es später wird.«

»Es sind doch nur fünfzehn Minuten«, rechtfertigte ich mich halb lachend, weil die ganze Situation so absurd war. Dabei schaute ich mich hilfesuchend zu den beiden Frauen an ihren Computern und dem Mann im Hintergrund um. (Es war unklar, ob er meinetwegen abgetaucht war oder bei der Arbeit immer so krumm dasaß.)

Ich stand in der Mitte des Raumes, direkt vor der wütenden Frau, die mich jetzt in einem Ton anherrschte, wie ich es noch nicht erlebt hatte – oder allerhöchstens in der vierten Klasse bei Mrs Cook, weil ich geschwatzt hatte, während sie Psalm 23 rezitierte. »Und ob ich schon wanderte im finstern Tal …«

Ich musste also am helllichten Nachmittag in diesem Büro in Eutaw eine Schimpftirade über mich ergehen lassen, die mich derart verblüffte, dass ich meine Lage noch verschlimmerte, indem ich weiterhin lächelte.

»Denken Sie, dass ich die ganze Zeit hier herumsitze und darauf warte, dass Sie irgendwann auftauchen?«, schimpfte sie und riss dabei ihren Mund so weit auf, dass ich die Füllungen in ihren Zähnen begutachten konnte.

Meine Verspätung erschien mir nicht so schwerwiegend, dass ich eine Entschuldigung für nötig gehalten hätte oder die Moralpredigt dieser Frau als berechtigt empfand.

Daher entgegnete ich schlichtweg: »Dann mache ich mich halt wieder auf den Weg. Nichts für ungut.«

Aber das war nun auch wieder nicht in ihrem Sinne. Sie wollte weiterschimpfen. Zänkische Menschen wollen nie, dass man ihnen den Rücken kehrt.

»Ich nenne das ›weiße Privilegien‹«, verkündete sie mit immer noch schriller Stimme und erinnerte mit ihrer wilden Lockenmähne an eine leibhaftige Medusa.

Ich nahm das Notizbuch aus der Hemdtasche und zückte meinen Stift. »Weiße Privilegien«, wiederholte ich langsam, während ich schrieb. »Hmmm.«

»Dagegen bin ich sehr empfindlich. Wissen Sie, was ich mit weißen Privilegien meine?«

»Sagen Sie es mir«, antwortete ich, den Stift immer noch schreibbereit.

»Damit meine ich zum Beispiel, wenn Sie zu spät kommen, obwohl Sie mich vorher darüber hätten informieren können. Aber das haben Sie nicht getan, weil Sie dachten, dass ich alle Zeit der Welt habe« – ich wollte ihr widersprechen, aber sie fiel mir ins Wort –, »nur weil ich schwarz bin.«

Dabei war sie überhaupt nicht schwarz, sondern allenfalls Mulattin. Genauso gut hätte sie Sizilianerin sein können oder – was sie vermutlich auch war – zu einem Teil Cherokee oder Choctaw. Ihre Aussage »Ich bin schwarz« wirkte auf mich wie Protest und Wichtigtuerei zugleich.

»Wer sind Sie überhaupt?«

Ich wiederholte meinen ungewöhnlichen Namen und buchstabierte ihn.

»›Paul Theroux‹, das sagt mir überhaupt nichts. Ich habe keine Ahnung, wer Sie sind, und auch noch nie etwas von Ihnen gehört.«

»Deshalb bin ich ja hier, um mich vorzustellen«, erklärte ich und musste mich arg beherrschen, nicht erneut über ihre Ausbrüche zu lachen, die vermutlich nicht nur für mich, sondern genauso für die verängstigten Sekretärinnen und den Mann am Schreibtisch bestimmt waren. Letzterer duckte sich mehr denn je. Ich sah die Furcht in seinen Augen: Er hielt einen großen Apfel in der Hand und starrte ihn an wie ein Hellseher seine Kristallkugel. Er machte keinerlei Anstalten, hineinzubeißen.

»Paul Theroux«, sagte die Frau einschüchternd und sprach meinen Namen aus wie den Namen einer giftigen Substanz. »Sie könnten ja auch ein Mitglied des Ku-Klux-Klan sein. Woher soll ich wissen, dass Sie das nicht sind?«

Obwohl sie eigentlich verärgert und bedrohlich erscheinen wollte, wirkte sie auf mich einfach nur streitsüchtig und unglücklich.

»Sie könnten eins meiner Bücher lesen, egal welches«, schlug ich vor, »dann würden Sie sehr schnell feststellen, dass ich mit dem Ku-Klux-Klan garantiert nichts am Hut habe.«

»Ich habe zu arbeiten!«, gab sie zurück. »Ich muss vorsichtig und wachsam sein. Sonst ist meine persönliche Freiheit in Gefahr.«

»Die wird Ihnen durch die Verfassung garantiert.«

»Das ist doch nur ein Stück Papier.«

»Sie ist rechtlich bindend«, widersprach ich. »Übrigens bin ich ja wie gesagt Schriftsteller. Ich hoffe, Sie haben nichts dagegen, wenn ich notiere, was Sie sagen?«

»Tun Sie das«, antwortete sie in einem vernichtenden Tonfall, obwohl sie nur Hilflosigkeit ausstrahlte, wie es zornige Menschen so oft tun. »Die Verfassung, das sind doch nur leere Worte. Wie werden wir denn hier geschützt? Ständig müssen wir uns ausweisen. Als meine Tochter einem Polizisten ihren Führerschein mit Foto gezeigt hat, musste sie sich von dem Mann fragen lassen: ›Und woher weiß ich, dass Sie das wirklich sind?‹«

»Ich schreibe das auf«, sagte ich und hielt das Gesagte in meinem Notizbuch fest. Ich musste häufig umblättern, weil sie sehr schnell redete.

»Die ganzen Papiere, die dauernde Fragerei, die Bürokratie – alles nur, um uns unmündig zu halten.« Sie hob einen drohenden

Zeigefinger vor mein Gesicht. »Deshalb sind wir immer noch so arm.«

»Aus diesem Grund sind Sie also immer noch arm«, wiederholte ich und schrieb es auf. Als ich fertig war, klappte ich mein Notizbuch zu.

»Privilegien für Weiße sind noch immer Realität.« Sie holte tief Luft. Dann sah sie mich fragend an. »Was wollten Sie eigentlich von mir?«

Ich trat einen Schritt zurück und antwortete: »Ich glaube, Sie haben mir schon alles erzählt, was ich wissen wollte.«

Der Mann mit dem Apfel stand von seinem Schreibtisch auf und kam näher geschlichen.

»Das ist mein Mann«, informierte mich die Frau.

Der Mann zuckte leicht zusammen, sagte aber nichts. Dann tat er etwas sehr Ungewöhnliches – zumindest aus meiner Sicht. Er sah mich an, führte seinen Apfel zum Mund und biss herzhaft hinein. Dann kaute er mit halboffenem Mund, sodass Fruchtfleisch-Stückchen und Saft darin sichtbar wurden. Dieses demonstrative Essen – samt den begleitenden Kau- und Schluckgeräuschen – wirkte auf mich noch viel feindseliger als die Schimpferei seiner Frau. Ich konnte mich nicht erinnern, dass mir auf meinen Reisen je ein Mensch derart provozierend etwas *vorgegessen* hätte – geradezu lautstark, und mit so viel Speicheleinsatz.

Als ich mich von den beiden verabschieden wollte, hatten sie sich ein wenig beruhigt, aber ich nutzte trotzdem die Gelegenheit, ihnen das Geschehen noch einmal zu schildern.

»Wahrscheinlich sind es kulturell bedingte Unterschiede«, begann ich. »Aber im Norden gilt es als unhöflich, jemanden zu beschimpfen, vor allem einen arglosen Fremden und in Anwesenheit anderer.« Ich nickte in Richtung der verängstigten Sekretärinnen. »Und vor einem Gast zu essen, ohne ihm etwas anzubieten, ist ebenfalls nicht besonders höflich.«

»Ich habe ein Buch geschrieben«, ließ mich die Frau wissen. Sie war jetzt offensichtlich versöhnlicher gestimmt. Doch ich war schon halb zur Tür hinaus und schüttelte noch immer den Kopf. Sie war ganz offensichtlich wohlsituiert, gut gekleidet, gebildet, eine Geschäftsfrau und Macherin. Sie hatte also eigentlich keinen Grund, sich derart zu beklagen. Die Aussage »Deshalb sind wir immer noch so arm« traf auf sie selbst vermutlich am allerwenigsten zu. Für die beiden verschreckten Sekretärinnen mochte es schon eher gelten. Aber letztendlich konnte ich es ihr nicht verdenken, denn vermutlich gab sie nur etwas von den Tritten und Kränkungen an mich weiter, die sie in ihrem Leben hatte einstecken müssen.

Wir unterhielten uns noch eine Weile, aber es war aussichtlos. Die Frau war zutiefst gekränkt. Ich hatte mich von der scheinbar unbeschwerten Stimmung im Süden täuschen lassen und wäre außerdem nie auf den Gedanken gekommen, ein »Recht auf Verspätung« zu beanspruchen, nur weil ich zufällig weiß war. Aber allem Anschein nach wollte sie auch erreichen, dass mir, dem Eindringling, das Lächeln verging, weil sie sich durch mich zurück in die sechziger Jahre versetzt fühlte und damit in eine Zeit, die mit all ihrem Unrecht für sie bis zum heutigen Tag andauerte.

»Sie ist total paranoid und hasst alle Weißen«, sagte später jemand zu mir, der sie gut kannte. »Sie sucht ständig Streit. Aber darauf lass ich mich nicht ein.«

Dieses Erlebnis war für mich auf jeden Fall eine aufschlussreiche Lektion, dass bei manchen Leuten die alten Wunden noch lange nicht verheilt sind. Sie war ein eindrückliches Beispiel für die absonderlichen Einflüsse des Südens.

Mary Hodge: Der Brand

Manche Wunden waren noch gar nicht so alt.

In Greensboro lernte ich Mary Hodge kennen, die mir die Stadt zeigte – Bibliothek, Rathaus, das »konspirative Haus« (»Safe House«), wo sich Martin Luther King zwei Wochen vor seinem Tod vor dem Ku-Klux-Klan versteckt hatte und das heute ein Museum ist. (Zuvor war er dreimal heimlich in Greensboro gewesen und hatte sich mit Bürgerrechtlern getroffen.) Mary war eine freundliche Frau von schätzungsweise sechzig Jahren, geschmackvoll gekleidet in einem rötlichen Kostüm mit weißer Bluse. Stolz berichtete sie mir von ihrer Tochter, die vor kurzem ihr Jurastudium erfolgreich abgeschlossen hatte. Es war ihr wichtig, dass ich das wahre Greensboro kennenlernte. Doch als es um den Ku-Klux-Klan ging, wurde auch sie ernst und sie schüttelte nachdenklich den Kopf.

»Sie sind immer noch da«, sagte sie, beinahe im Flüsterton. »Unsere Kirche wurde 1996 vom Klan angezündet. Die Polizei hat den Vorfall zuerst als Unfall bezeichnet, dabei wussten wir genau, dass es Brandstiftung war. Außerdem sollte es die Kirche von Mrs Singleton treffen, nicht unsere. Wir sind die ›Rising Star Baptist Church‹. Mrs Singleton gehört zur William Chapel. Das ist eine Gemeinde, die oft von einflussreichen Leuten besucht wird. Und das gefällt manchen Leuten nicht. Kirchen mit einflussreichen Besuchern. O nein, das gefällt einigen ganz und gar nicht.«

»Gab es denn keine Ermittlungen zur Brandursache?«, erkundigte ich mich.

»Die Polizei hat behauptet, es hätte an einem Stromkabel gelegen, aber das kann gar nicht sein. Das Feuer ist um zwei Uhr nachts ausgebrochen. Um diese Zeit war hier niemand. Wie kann es dann an einem Stromkabel liegen? Später kam heraus, dass der Klan seine Hände im Spiel hatte. Sie hatten Leute beauftragt, den Brand zu legen. Sie wurden hinterher auf der Flucht gesehen. Vom Fahrer eines Fischlasters.«

»Es muss schrecklich für Sie gewesen sein. Und entmutigend«, merkte ich an. Diese Tat war so bösartig, dass mir als Reaktion nichts als Plattitüden in den Sinn kamen.

»Entmutigend nicht«, widersprach Mary Hodge und lächelte. »Von überall her kamen Freiwillige, die uns beim Wiederaufbau der Kirche geholfen haben – aus der Stadt, aus dem Bundesstaat und aus dem Norden. Die Leute waren längere Zeit bei mir untergebracht und haben das ganz toll gemacht. Es waren sehr nette Leute, wir stehen immer noch in Kontakt.«

Ich wollte wissen, ob jemand wegen der Brandstiftung verhaftet wurde.

»Die Polizei ist der Sache nie richtig auf den Grund gegangen«, sagte Mary. »Mein Mann war Diakon in der Gemeinde. Er war sich auch sicher, dass es kein Unfall war.«

Sie berichtete weiter, dass dies in jenem Jahr bereits der neunte Vorfall gewesen war, bei dem eine Kirche in Alabama angezündet oder verwüstet wurde. Anschläge auf Kirchen zielten mitten ins Herz einer Gemeinde. Für Menschen aus dem Norden war es nur schwer nachvollziehbar, wie tief ein solcher Gewaltakt die Menschen im Süden trifft. Aber immerhin kamen viele Organisationen aus dem Norden den Gemeinden zu Hilfe, die auf solche Weise angegriffen wurden.*

Pekannüsse

Nicht weit entfernt vom »Safe House Museum« kamen wir an ein paar hohen Bäumen vorbei, unter denen eine ältere Frau im Gras hockte. Da sie aussah, als ob sie Probleme hätte, hielt ich am Straßenrand an.

Sie saß auf dem Boden. Sie hatte beide Beine zu einer Seite ausgestreckt, stütze sich auf eine Hand und fuhr mit der anderen durchs Gras. Ihr Strohhut war leicht verrutscht. Eine ältere weiße

* »Allgemein herrscht die Vorstellung, dass Brandanschläge auf Kirchen in längst vergangenen Zeiten vorkamen, während der Kämpfe in der Bürgerrechtsära und noch früher«, sagt Aktivist Tim McCarty. »Aber es gibt sie nach wie vor. Im Durchschnitt werden pro Jahr mehrere Dutzend solcher Anschläge auf Kirchen verübt.« Zitiert in: *Harvard Magazine*, Mai/Juni 2008.

Frau in derart merkwürdiger Haltung auf einer großen Wiese war ein recht ungewöhnlicher Anblick in Greensboro.

»Hoffentlich ist alles in Ordnung mit ihr«, sagte Mary.

»Hallo!«, begrüßte uns die ältere Frau, und wir kamen mit ihr ins Gespräch. Sie hieß Doris Torbert und sammelte Pekannüsse, die auf die Wiese gefallen waren. Dies tat sie, während sie sich auf dem Gesäß rutschend vorwärtsbewegte. Jetzt sah ich auch den Eimer, den sie dabei füllte.

»Ich bin schon den ganzen Vormittag hier«, erklärte sie uns. »Diese Bäume hier haben wir vor rund vierzig Jahren gepflanzt. Hilfe habe ich keine dabei, aber die brauche ich auch nicht. Mir macht das Spaß. Und außerdem kann ich die Nüsse für 75 Cent pro Pfund verkaufen.«

»Es gibt doch diese Pflückgeräte«, schlug Mary vor und stellte pantomimisch die Arbeit mit einem solchen Gerät dar.

»Damit kann ich nichts anfangen. Fred hat sie im Laden. Er meint, dass man damit besonders schnell pflücken kann, aber ich hatte schon zwei davon und war nicht begeistert. Ich sammle sie lieber mit den Händen auf. Diese Metalldinger kosten immerhin 40 Dollar.«

Sie wandte sich wieder dem Boden zu und sammelte weiter Nüsse ein. Hin und wieder rückte sie ihren Sonnenhut zurecht.

»Nehmen Sie ruhig ein paar und probieren Sie sie. Schmecken köstlich. Das sind wirklich gute Bäume hier.«

Mrs Torbert war ausgesprochen freundlich. Das große Haus ein Stück entfernt gehörte ihr – ein weißes Gebäude mit hohen, ebenfalls weißen Säulen, die eine geräumige Veranda stützten.

»Das ist ein gutes Fleckchen Erde«, sagte sie. »Uns gehören etwa 40 Hektar.« Doch Grundbesitz und Wohlstand konnten sie nicht davon abhalten, auf allen vieren umherzukriechen und Pekannüsse einzusammeln.

Greensboro: Bürgermeister Johnnie B. Washington

An seinem aufgeräumten Schreibtisch in einem kleinen fensterlosen Büro saß Johnnie B. Washington, das erste schwarze Stadtoberhaupt von Greensboro und hier allgemein als »JB« bekannt. Er trug Kappe und Windjacke. Das schien auf dem Land im Süden die Uniform von Bürgermeistern zu sein. Er wirkte eigentlich nicht wie ein Politiker, sondern eher wie ein Baseballtrainer, als er mir bedeutete, Platz zu nehmen, und sich nach meinem Anliegen erkundigte.

Ich hatte in verschiedenen Gesprächen schon etwas über ihn erfahren. Er war 2004 zum Bürgermeister gewählt worden, übte dieses Amt jedoch nur kurze Zeit aus, weil schon bald gegen ihn Vorwürfe wegen Wahlbetrugs erhoben wurden. Eine nachträgliche Überprüfung der Briefwähler-Stimmzettel (bei der gefälschte Unterschriften und fragwürdige Poststempel auffielen) führte dazu, dass er des Amtes enthoben wurde. 2008 trat er wieder an und gewann diesmal mit sauberen Mitteln. Er war Mitte siebzig, groß, schlank und hatte von seinem Großvater die typischen Cherokee-Gesichtszüge geerbt. Auf die meisten meiner Fragen reagierte er mit einem Dauernicken, das an eine Schildkröte erinnerte und aussah, als ob er sich über einen gutmütigen Scherz amüsierte. Seinen Lebensunterhalt hatte er zuvor als Inhaber eines Bestattungsinstituts in Greensboro (»Washington and Page Mortuary«) verdient, das sich nordöstlich der Stadt am Waldrand, unweit des Highway 25 befand. Sehr entspannt und mit der professionellen Höflichkeit eines Bestatters erzählte er mir etwas über die Stadt und die Gegend.

»Wir sind hier im Black Belt. Sowohl die Stadt als auch Hale County insgesamt haben sechsundachtzig Prozent schwarze Einwohner«, erklärte er mir. »Die Stadt ist in drei Teile aufgeteilt.« Er zählte sie an seinen langen Fingern ab. »Das schwarze Greensboro, das weiße Greensboro und die Weißen der alten Garde.« Er lachte leise, legte die Hand wieder auf den Tisch und fuhr fort:

»Die alte Garde wünscht sich mehr Tourismus, und immer wenn ich einen Vorschlag anbringe, der uns wirtschaftlich weiterbringen könnte, wie zum Beispiel ein Einkaufszentrum hierherzuholen, einen Wal-Mart oder ein anderes großes Unternehmen, stoße ich auf Widerstand. Sie wollen es partout nicht.«

»Glauben Sie, Wal-Mart wäre eine Lösung?«, fragte ich nach.

»Es bringt auf jeden Fall Arbeitsplätze«, antwortete er.

»Da muss es doch noch andere Möglichkeiten geben«, gab ich zu bedenken, denn Wal-Mart hatte viele Kleinstädte im Süden eher zerstört als ihnen geholfen. In Brent hatte ich die vernichtenden Auswirkungen einer Wal-Mart-Ansiedlung mit eigenen Augen gesehen. Diese Stadt mit viertausend Einwohnern lag im Bibb County, etwa dreißig Meilen nördlich von Greensboro. Der dort entstandene gigantische Wal-Mart-Klotz hatte die meisten anderen Geschäfte in der Gegend kaputtgemacht und wurde dann irgendwann wieder geschlossen. Seitdem verfällt die graue Ruine in dieser menschenleeren, gespenstischen Stadt immer weiter, während nur eine Meile entfernt ein noch viel gigantischeres »Super Center« von Wal-Mart eröffnet wurde und die letzten Lebensgeister aus dem Ort sog. (Abgesehen von Wal-Mart war der einzige nennenswerte Arbeitgeber in Brent das Staatsgefängnis, die »Bibb Correctional Facility«.)

Diese Überlegungen äußerte ich gegenüber dem Bürgermeister. Er nickte dazu wieder schildkrötenartig.

»Natürlich haben wir auch noch ein bisschen Landwirtschaft – Baumwolle, Sojabohnen. Und sehen Sie den Wasserturm?«

An den Wasserturm von Greensboro hatte man in großen Lettern *Catfish-Hauptstadt Alabamas* gepinselt.

»Aber Catfish läuft nicht mehr, weil Vietnam zu viel Fisch in die USA exportiert. Das ist Catfish aus Zuchtbetrieben. Es gibt Verarbeitungsbetriebe hier und bei Heartland drüben an der Route 69. Geflügel hatten wir auch. Die Verarbeitungsanlage Massengale's ist in den siebziger Jahren pleitegegangen, und der Fleischverpackungsbetrieb ›Golden Rod Broilers‹ wurde vor ein paar Jahren geschlossen. Konnte mit den großen Geflügelkonzernen nicht mehr mithalten.«

Das klinge alles gar nicht gut, sagte ich.

»Die Stadt ist gespalten, obwohl viele von den Weißen mich unterstützen – allerdings heimlich, damit die anderen es nicht erfahren. Früher hatten wir schwarze und weiße Schulen. Der Ost-Campus der High School von Greensboro war schwarz und der West-Campus weiß. Dann wurden die beiden Schulen zusammengelegt. Daraufhin verließen die Weißen in Scharen die Schule. Jetzt gehen die weißen Kinder nach Moundville, wo es mehr Weiße gibt.«

»Wann war das?«

»Vor vier oder fünf Jahren, mit der Integration.«

»Ist Ihr Hauptproblem hier die Wirtschaft?«, erkundigte ich mich.

»Unser Hauptproblem? Wir haben jede Menge Hauptprobleme«, antwortete Bürgermeister Washington und lächelte mich wieder freundlich an. »Wie viel Zeit haben Sie zum Zuhören? Einen Tag oder zwei? Die Einnahmen sind zu niedrig, der Widerstand gegenüber Veränderungen ist groß. Es gibt so viele Schwierigkeiten. Aber trotz allem ist Greensboro eine schöne Stadt.«

Diesen Eindruck konnte ich bestätigen. Es gab wunderschöne Häuser, denen man ihr Alter allerdings oftmals deutlich ansah. Viele Villen stammten aus der Zeit vor dem Bürgerkrieg. Es gab zahlreiche Kirchen – vom Backsteinbau der Episcopal Church im Stadtzentrum bis hin zu bescheidenen, aber gutgepflegten Holzkapellen in den Seitenstraßen. In der ruhigen, altmodisch anmutenden Main Street gab es sogar noch eine richtige Eisenwarenhandlung, einen Möbelladen und ein paar Bekleidungsgeschäfte. Viele Läden waren allerdings leer oder in schlechtem Zustand und stark renovierungsbedürftig.

Engagement

Einige Räumlichkeiten in Greensboro wurden in der Tat auch renoviert und wieder als Läden hergerichtet, und zwar von einer gemeinnützigen Initiative mit dem Namen »HERO Project«. Diese Abkürzung stand für »Hale Empowerment and Revitalization Organization«. Obwohl die Stadt sich architektonisch seit den Tagen von Agee und Walker im Jahr 1934 kaum verändert hatte und einen gewissen morbiden Charme ausstrahlte, der eine ganze eigene Klientel anzog. Scharenweise kamen engagierte Menschen nach Greensboro, Sozialarbeiter und Wohlfahrtsorganisationen. Dazu gehörte etwa Cynthia Burton mit ihren »Community Service Programs«, aber auch das »Auburn Rural Studio« (preisgünstiger Wohnraum) und die »Project Horseshoe Farm« (»Tutoren-, Mentoren- und Weiterbildungsprogramme«), die ihr Vereinshaus in einem sanierten Laden an der Main Street hatte. HERO war größer als alle anderen Gruppen und schwieriger zu beschreiben, weil die Organisation in so vielen verschiedenen Bereichen in Greensboro aktiv war. Doch ein Ziel einte all diese Initiativen und ihre treibenden Kräfte – und das hieß »Aufschwung«.

»Sie sollten mit Pam Dorr sprechen«, rieten mir mehrere Leuten in Greensboro. Sie ist die Leiterin von HERO. Die stellen hier wirklich was auf die Beine.«

Aber Pam Dorr war unterwegs, und niemand wusste, wo.

Ich lief die Main Street entlang, wo einige der alten Läden renoviert wurden: ein Gebrauchtwarenladen, eine Werkstatt für Fahrräder, und ein dritter war eingerichtet wie ein Seminarraum. Darin hielten sich gerade etwa zwanzig Kinder und Jugendliche und ein paar Erwachsene auf. Einige der Kinder rezitierten etwas. Vielleicht war es ein Theaterstück.

»Was findet dort statt?«, fragte ich eine HERO-Mitarbeiterin, eine junge Frau, die gerade den umgebauten Laden betreten hatte und zu diesem Kurs am späten Nachmittag hinzustoßen wollte. Die Hälfte der jungen Teilnehmer stand im Raum, einige hielten

Blätter in Händen, von denen sie vorlasen. Die anderen saßen auf Stühlen oder auf dem Fußboden.

»Das ist unser Hortprojekt«, sagte die Mitarbeiterin. »Im Moment ist es vielleicht nicht so günstig. Wann sind Sie denn das nächste Mal hier?«

Ich hatte immer das Gefühl, dass ich mich nur treiben ließ und wahrscheinlich tat ich das auch – aber was hieß hier »nur«?

»Ich schätze, in ein paar Monaten.«

»Vielleicht können Sie dann mit Pam reden.«

Ich musste über das »Vielleicht« lächeln.

Die Erwartung, dass ich irgendwann wiederkommen würde, begegnete mir immer wieder. Wahrscheinlich ging man hier davon aus, dass ein Reisender im Süden sich nie längerfristig niederließ, sondern allenfalls irgendwann wiederkam. Diese Ansicht war ambivalent, sie entsprang einerseits einem latenten Minderwertigkeitsgefühl, andererseits der Überzeugung, dass der Süden eine sehr spezielle Gegend sei – zwar unterprivilegiert, aber vor allem missverstanden, schwer erklärbar, aber dennoch stolz. Wir Fremden waren hier nur auf der Durchreise und konnten gelegentlich einen kurzen Blick in ein Fenster werfen.

»Unser Matlock«

Als ich an einem anderen Tag zusammen mit Mary Hodge die Main Street von Greensboro entlanglief, wies sie mit der Hand auf einen Mann und sagte: »Da kommt unser ganz eigener Matlock.«

Ein Mann mit wirren Haaren und einem Aktenordner unter dem Arm eilte auf das Greenboro Court House zu, ein prächtiges Gerichtsgebäude mit Säulen, wie es sie überall im Süden gibt. Oft sind es die einzigen repräsentativen Bauten einer Stadt – obwohl das, was sie repräsentieren, fast immer eine Geschichte des Unrechts ist.

Der Mann blieb stehen und begrüßte uns. Wir plauderten eine Weile.

»Und, was machen die Geschäfte?«, erkundigte ich mich und bekam eine unerwartet ausführliche Antwort.

»Die Geschäfte laufen gut«, sagte er. »Aber Geld ist mir egal. Dafür interessiere ich mich nur, wenn ich Schulden habe. Die begleiche ich einfach und wende mich dann wieder meinem Leben zu. Was soll man mit Geld denn sonst anfangen? Kommt so ein Typ zu mir und sagt: ›Hab ein tolles Angebot für Sie! Sie müssen einfach nur bisschen was investieren, und den Rest erledige ich. Das wird auf jeden Fall super laufen, so viel ist sicher. Was sagen Sie dazu?‹«

»›Was ich dazu zu sagen hab, wird Ihnen nicht gefallen‹, war meine Antwort. ›Schlimmer, als dieses Geld zu verlieren, ist eigentlich nur, Geld zu gewinnen und auf einen Schlag ausgezahlt zu kriegen. Was soll ich damit anfangen? Ich würde es einfach verschenken.‹«

»Das hat ihm nicht gefallen. Als mein Sohn starb, hatte ich eine Lebensversicherung für ihn. Die hat gezahlt. Ziemlich viel sogar. Aber ich brauchte das Geld gar nicht und wollte es auch nicht haben. Ich hab's verschenkt. Verstehen Sie? Verschenkt hab ich's.«

Damit drehte er sich um, lief quer über die Wiese zum Gericht, fuhr sich mit den Fingern durch die Haare und schien tief in Gedanken versunken.

»Das war so furchtbar traurig«, sagte Mary. »Ein Bootsunfall.«

Reverend Eugene Lyles, Herrenfrisör

Gleich um die Ecke von der Main Street aus befand sich in einem roten Backsteinbau das Frisörgeschäft von Reverend Eugene Lyles. Er war neunundsiebzig Jahre alt, sah aber wesentlich jünger aus. Er war körperlich fit und geistig mehr als nur rege. Er saß an einem kleinen Tisch und las in seiner Bibel, in der er die Apostelgeschichte aufgeschlagen hatte, während er auf den nächsten Kunden wartete. Außer seinem Frisörladen unterhielt er noch eine eigene Kirche – die »Mars Hill Missionary Baptist Church« am südlichen Ende der Stadt. Direkt neben dem Frisör befand sich ein Soul-Food-Lokal, das ebenfalls von Reverend Lyles betrieben wurde und keinen speziellen Namen trug. Draußen hing nur ein einfaches Schild mit der Aufschrift *Diner*.

Ich fragte nach einem Haarschnitt. Daraufhin legte er ein ausgefranstes Lesebändchen ein und klappte das Buch zu. Er ging zu dem Schränkchen unter dem großen Spiegel und nahm seinen Kamm und eine Schere aus dem Behälter mit Desinfektionsmittel. Nachdem ich auf einem der Frisörstühle Platz genommen hatte, legte er mir einen Umhang an.

Auf meine erste, naheliegende Frage antwortete er: »Als Kind habe ich mir eine Schere gekauft und damit meinem Bruder die Haare geschnitten. Tja, ich habe zehn Brüder und drei Schwestern, insgesamt waren wir also vierzehn Kinder. Und eine Mutter. Da kam ich aus dem Haareschneiden gar nicht mehr raus. Das Geschäft habe ich vor sechzig Jahren aufgemacht und seitdem immer hier gearbeitet. Außerdem gibt es noch den Imbiss nebenan und meine Kirche. Ja, ich habe gut zu tun.«

»Erzählen Sie mir ein bisschen was über Greensboro«, bat ich ihn.

Er seufzte und holte erst einmal tief Luft, ehe er begann: »Es gibt viele anständige Leute in Greensboro. Aber der weiße Kern hält immer noch an den alten Wertvorstellungen fest. Und die geben sie an ihre Kinder und Enkel weiter. Sie wissen bestimmt, wie es früher hieß: ›Getrennt, aber gleich.‹ Viele Weiße sehen das noch heute so. In Wirklichkeit bedeutet es natürlich ›getrennt und ungleich‹.«

»Aber das hat sich doch geändert, oder nicht?«

»Die Schule läuft immer noch separat«, antwortete er, während er meine Haare mit der Schere bearbeitete. »Als die Rassentrennung aufgehoben wurde, haben die Weißen eine Privatschule eröffnet, die Southern Academy. Gut hundert Schüler, allesamt weiß.« Er lachte, legte Kamm und Schere beiseite und nahm seine Brille ab, um sie mit einem Tuch zu polieren. »Die Geschichte ist lebendig und direkt vor der Haustür.«

Er setzte sich auf den anderen Stuhl und sagte: »Hier findet man nur sehr wenig qualifizierte Arbeit. Landarbeiter gibt's nicht mehr. Das Militär ist für manche ein Ausweg. Viele Jungs gehen zur Armee.«

»In Ihrer Familie auch?«

»Mein Bruder Benny«, nickte er. »Ich habe drei andere Brüder, die in die weiße Schule integriert wurden. Das war Ende der siebziger Jahre. Außer ihnen gab es dort sonst keine schwarzen Schüler. Sie hatten zwar Recht und Gesetz auf ihrer Seite, aber keinen lebenden Menschen. Amos, Daniel und Frank waren die Ersten. Sie hatten es wirklich schwer. Es gab immer wieder Handgreiflichkeiten. Die weißen Kinder haben sie gehänselt, mit Steinen beworfen und beleidigt. Meine Brüder haben sich das nicht gefallen lassen und sich dagegen gewehrt.«

Seufzend stand Reverend Lyles auf und begann die abgeschnittenen Haare zusammenzukehren, sprach jedoch dabei weiter.

»Damals hatten die Leute keinerlei Hemmungen, und niemand hat ihnen geholfen. Weder die Polizei noch die Lehrer. Die Lehrkräfte standen auf der Seite der Schläger.«

»Ist es Ihnen ähnlich ergangen?«

»Ich war älter als sie und bin daher auf rein schwarze Schulen gegangen. Aufgewachsen bin ich auf dem Land, zehn Meilen außerhalb von Greensboro, in Cedarville. In dieser Gegend lebten nur sehr wenige Weiße. Ich hatte auch keinen Kontakt zu ihnen. Die Weißen sagen ja immer: ›Die Schwarzen sehen alle gleich aus.‹ Mir ging es so mit den Weißen. Erst in den sechziger Jahren lernte ich einige Weiße kennen, da war ich schon über dreißig.«

Ich erzählte ihm, dass es im Norden selbst heute noch viele

Leute gab, die keine schwarzen Freunde hatten oder keine Schwarzen kannten. Er meinte, das sei ihm völlig neu, und erzählte dann weiter aus seiner Kindheit.

»Das Land um Cedarville gehörte überwiegend Schwarzen«, berichtete er und ergänzte, dass er von den dreißiger und vierziger Jahren sprach. »Es gab dort einen Mann namens Tommy Ruffin, der über viertausend Hektar besaß. Er betrieb Landwirtschaft und hatte Knechte, genau wie ein Weißer. Baumwolle und Mais baute er an.«

»War Ihr Vater einer von diesen Knechten?«

»Mein Vater war Veteran aus dem Ersten Weltkrieg«, erklärte Reverend Lyles und sprach dann langsam und bedächtig weiter: »Das kam so: 1916 ist er von hier getürmt, da war er etwa zwanzig. Er ging nach Virginia und hat sich dort 1917 zum Militärdienst gemeldet. Nach dem Krieg hat er in einem Kohlebergwerk in West Virginia gearbeitet. Irgendwann ist er zurückgekommen und hat 1930 geheiratet, aber seinen Job im Bergwerk behalten. Er ist also gependelt und hat uns finanziell unterstützt. Ich hatte dadurch immer Geld in der Tasche. Schließlich hat mein Vater sich dauerhaft im Hale County niedergelassen und ein Stück Land gekauft. Ein Weißer namens Paul Cameron hat ihm ans Herz gelegt, niemals etwas von diesem Grund und Boden an Weiße zu veräußern. Verkauf es an Schwarze, sagte er, denn nur so können Schwarze auf dem Land wirklich Fuß fassen.«

Nachdem er fertig gekehrt und seine Frisörutensilien weggeräumt hatte, kam er wieder zu mir und drehte meinen Stuhl so zurecht, dass ich mich im Spiegel sehen konnte. »Gut so?«

Wir gingen nach nebenan in sein Lokal. Ich entschied mich für gebackenes Hähnchenfleisch mit Blattkohl, Reis und Bratensauce. Reverend Lyles bestellte das Gleiche. Sein jüngerer Bruder Benny gesellte sich zu uns.

»Herr im Himmel!«, begann Reverend Lyles, faltete seine Hände, schloss die Augen und sprach mit beschwörender Stimme das Tischgebet. Ich sann darüber nach, wie würdevoll, großmütig und überzeugend er auf mich wirkte.

Nach dem Essen sagte er zu mir: »Kommen Sie bald wieder. Wir warten auf Sie. Ich kann Ihnen noch ein paar ziemlich unglaubliche Geschichten erzählen.«

Der Ku-Klux-Klan in Philadelphia, Mississippi

Ich ließ mich also gen Westen durch den Black Belt treiben und fuhr via Demopolis und Meridian nach Philadelphia, der Kleinstadt in Mississippi, die schon seit Jahren auf meinem Reiseplan stand.

Im Juni 1964 wurden unweit dieses landwirtschaftlich geprägten Städtchens drei Bürgerrechtler durch einen vom hiesigen Ku-Klux-Klan angeführten Lynchmob umgebracht. Der Teil des Highway 19, den ich befuhr, trug heute den Namen »Chaney, Goodman und Schwerner Memorial Highway«, zum Gedenken an die Aktivisten, die damals ihr Leben verloren, in jenem Summer of Freedom – mit Wählerregistrierung, Protesten, vielen Kleinkriegen und reichlich Blutvergießen. Ich hatte ihn damals nicht miterlebt. Nun, fast fünfzig Jahre später, fuhr ich diesen Highway entlang mit dem festen Vorsatz, Versäumtes nachzuholen und damit etwas wiedergutzumachen, denn in jenem Sommer war ich sehr weit von alldem entfernt gewesen – in Njassaland, während der Vorbereitungen für die Unabhängigkeit Malawis.

Die Kleinstadt Philadelphia steht außerdem noch für eine weitere Fußnote der Politikgeschichte. Im August 1980 reiste der Präsidentschaftskandidat Ronald Reagan hierher und hielt – nur wenige Meilen von der Stadt entfernt – auf dem »Neshoba County Fair«, einem jährlichen Volksfest, die erste Rede seines Wahlkampfes. Dies ist natürlich ein höchst ungewöhnlicher Ort für den Start eines Präsidentschaftswahlkampfes: eine Kleinstadt in Mississippi, die nur deshalb in die Geschichte einging, weil sich hier ein von Rassisten verübter Dreifachmord ereignete.

Doch genau aus diesem Grund war Reagan gekommen. Er wusste genau, was er tat, und hielt eine geschickt kalkulierte Rede vor einer großen Menschenmenge auf dem Festgelände und vor den weißen Wählern der Südstaaten ganz allgemein, mit der er sich bei den Menschen einschmeichelte und ihnen eindringlich seinen Stadtpunkt zum Thema Bürgerrechte klarmachte. Er übte damit den Schulterschluss mit den alten Seilschaften und den Anhängern des Ku-Klux-Klan. Zunächst begann er mit ein paar unverfänglichen Seitenhieben auf seinen Kontrahenten Jimmy Carter, sprach dann über die Wirtschaft und kam anschließend auf den entscheidenden Punkt, indem er sich explizit für die Rechte der Einzelstaaten aussprach, womit er verklausuliert die alten Ressentiments des Südens rechtfertigte. Anschließend wetterte er gegen die alte Regierung, weil sie Gesetze verabschiede, die Auswirkungen auf die Bürger auf einzelstaatlicher Ebene hätten. So etwas in einer Stadt zu äußern, in der sich der Hauptsitz des Ku-Klux-Klan von Mississippi befand, kam der Aussage gleich: »Ich stehe auf eurer Seite.« Das Rassenthema spielte auf jeden Fall eine große Rolle in der Wahl von 1980, die Reagan für sich entscheiden konnte.

Reagan ließ diese Botschaften immer wieder durchklingen, konstatierte viele Jahre später der Journalist Bob Herbert in einem Artikel der *New York Times* (am 13. November 2007). Dort listete Herbert auch detailliert auf, inwiefern Reagan während seiner Präsidentschaft gegen die Bürgerrechte opponierte. Er bezog Stellung gegen das bahnbrechende Bürgerrechtsgesetz, das »Civil Rights Act« von 1964, das in jenem Jahr in Kraft trat, als Goodman, Schwerner und Chaney ermordet wurden. Als Präsident versuchte er das Wahlrechtsgesetz (»Voting Rights Act«) von 1965 zu schwächen. Er sprach sich gegen einen landesweiten Feiertag zum Gedenken an Martin Luther King aus und versuchte das landesweite Verbot von Steuerbefreiungen für

Privatschulen, in denen Rassendiskriminierung herrschte, auszuhebeln.

Philadelphia besaß wie viele andere Städte in Mississippi ein altes, marodes Stadtzentrum mit staubigen Straßen und leerstehenden, zuweilen pittoresken Läden, außerdem eine Umgehungsstraße mit etlichen Shopping Malls, Fast-Food-Läden, den üblichen Wal-Marts, Leihhäusern und Waffenhandlungen. Hier befand sich der Verwaltungssitz des Countys. Es war ein trostloser Ort, der im strahlenden Sonnenschein noch trauriger und trister wirkte als ohnehin schon. Als ich an diesem sonnigen Tag durch die Straßen Philadelphias lief, wurde ich daran erinnert, dass die Stadt nach wie vor der Hauptsitz des Ku-Klux-Klans in Mississippi war. Problemlos fand ich die Geschäftsstelle sowie kostenlose Flyer.

»Die ›Original Knights of America, Knights of the Ku Klux Klan‹ sind eine Organisation politischer Aktivisten«, so stand in einem Faltblatt zu lesen. »Wir treten in die Fußstapfen unserer Vorfahren, die sich am politischen Prozess beteiligt haben. Es ist die Aufgabe eines jeden Klan-Mitglieds, sich als Wähler zu registrieren, die konservativen, pro-weißen Kandidaten – die Amerikas Interessen vertreten und die Grenzen unseres Landes verteidigen – zu wählen und im Wahlkampf zu unterstützen.«

Auf der Rückseite stand: »Wir vom Ku-Klux-Klan kämpfen seit mehr als hundertfünfzig Jahren für die weiße christliche Rasse. Wir sind die traditionsreichste und anerkannteste weiße Bürgerrechtsorganisation auf der Welt. Wir zeigen uns kompromisslos und deshalb sind wir auch nach wie vor gefürchtet.«

»Gefürchtet« war der Klan unbestritten. »Anerkannt« hielt ich für fraglich. Aber ich war nicht hier, um jemanden zu bekehren, sondern um zuzuhören.

»Der Ku-Klux-Klan ist … mehr als die Verkörperung einer Tradition«, schrieb Frank Tannenbaum vor neunzig Jahren in seiner frühen und klugen Analyse der verborgenen Triebkräfte des Südens mit dem Titel *Darker Phases of the South* (1924). Tannenbaum (1893–1969) war ein aus Österreich stammender Soziologe, Kriminologe und Professor an der Columbia University und radikaler Gewerkschaftsaktivist. Als Soldat der US Army war er in den Südstaaten stationiert und beobachtete dort den Klan sehr genau. In seinem Buch beschreibt er die tiefverwurzelte Gewaltbereitschaft, um die als bedroht empfundene gesellschaftliche Stellung zu verteidigen. Außerdem erläutert er, was den Reiz und die Gefahr des Klans ausmacht: Die Monotonie der Kleinstadt werde aufgegriffen und mit Alltagsdramatik aufgeheizt. Menschen, die ein ereignisloses Leben führten und nichts Besonderes darstellten, könnten sich hier profilieren. Sie sehen plötzlich einen Sinn in ihrem Leben und werden zum Verfechter eines Anliegens. Allein die Existenz des Ku-Klux-Klans sei Beleg für eine emotionale Unreife. In einer Umgebung, wo die Menschen ein erfülltes, interessantes und abwechslungsreiches Leben führten, wäre sein Vorhandensein undenkbar.

Der Ku-Klux-Klan entstand Mitte des 19. Jahrhunderts, und zwar keineswegs unter den armen Weißen, sondern innerhalb der Klasse der Plantagenbesitzer. Sie machten sich gezielt Terror zunutze, um Schwarze von der Flucht abzuhalten, die Arbeitskräfte zu disziplinieren und das »repressive Plantagensystem des Südens« aufrechtzuerhalten. So schildert es der Sozialhistoriker Jonathan M. Weiner in seinem Buch *Social Origins of the New South* (1978). Andere Historiker haben hingegen beschrieben, dass der Klan nach einer relativ inaktiven Phase nach dem Ersten Weltkrieg neu belebt wurde, in den zwanziger Jahren sehr schnell wuchs und sich nach Illinois und Iowa ausbreitete, wo es viele neue Einwanderer gab, darunter auch Italiener und Juden, deren Religion der Klan verabscheute.

Die Klan-Bewegung breitete sich unter den Weißen immer mehr aus und entwickelte sich schließlich zu einer Art Rollenspiel unter den ärmsten Weißen, die sonst wenig anderes hatten, um sich zu beschäftigen und in Szene zu setzen. Tannenbaum schreibt über das Doppelleben eines Klan-Mitglieds, das tagsüber ganz normal seiner schweren Arbeit nachging und sich nachts in einen Kreuzritter verwandelte, mit weißem Gewand, Kapuze, brennendem Kreuz und obskuren Ritualen. Dies ermögliche es, im Leben anderer herumzuschnüffeln und dies als heilige Pflicht zu deklarieren, so Tannenbaum.

Inmitten eines Labyrinths aus Flüssen und Bächen in den bewaldeten nördlichen Randgebieten Philadelphias stieß ich auf das Indianerreservat der Choctaw, dessen sichtbare Zeichen ein großes Casino und ein Hotel waren. Da im »Pearl River Resort« viele Angehörige des Stammes beschäftigt waren, beschloss ich, nach jemandem von ihnen Ausschau zu halten und mich nach dem Land zu erkundigen, das ihnen hier zugewiesen worden war, und nachzufragen, inwiefern dieses Casino für eine Verbesserung gesorgt hatte.

Ohne dass ich das Gespräch in diese Richtung gedrängt hätte, merkte einer meiner ersten Gesprächspartner lächelnd an, dass die nahe gelegene Stadt Philadelphia schon »ein bisschen speziell« sei.

»Speziell im positiven Sinne?«

»Speziell im Hinblick auf den Klan«, antwortete er.

Er war ein etwas untersetzter Choctaw um die dreißig, mit nach hinten gegelten dunklen Haaren. Er arbeitete im mittleren Management eines der beiden Hotels. Und befand sich zufällig gerade im Foyer, sodass ich ihn nach dem Weg fragte und er sich daraufhin erkundigte, woher ich käme. Kurz darauf machte er seine mehrdeutige Bemerkung über Philadelphia. Misstrauisch sah er sich um und ging mit mir dann nach draußen, wo er immer noch vorsichtig nach links und rechts äugte, dabei jedoch die ganze Zeit lächelte. Während er mit mir sprach, wurde das Lächeln immer breiter, als ob er damit nach außen hin von dem ablenken wollte, was er mir zu sagen hatte.

»Es gibt hier viele von denen«, ließ er mich schließlich wissen. »Ich bin mit diesen Leuten zur Schule gegangen. Sie kommen oft hierher.«

»Dann wissen Sie also, wer diese Leute sind?«

»Jeder weiß es«, antwortete er und verstummte dann. Drei Männer in abgetragener Kleidung gingen an uns vorbei, grüßten uns auf die im Süden typische Art, mit dem Austausch von Höflichkeiten und freundlichem Nicken.

»Die da?«, erkundigte ich mich.

»Könnte sein«, bestätigte er, wieder lächelnd. »Aber das ist nicht lustig.« Er war jetzt sehr nervös, geradezu verängstigt. »Hören Sie, ich kann jetzt nicht mehr mit Ihnen reden. Aber glauben Sie mir, es ist die Wahrheit.«

»Endzeit« auf der Gum Street

Larry Franey, ein Mann um die sechzig mit einem vernickelten Revolver im Kaliber .38 mit Perlmuttgriffschalen im Gürtelhalfter lehnte in der Gum Street von Philadelphia an einem Verandapfeiler und wirkte besorgt. Als ich vorbeikam, grüßte ich ihn, und wir unterhielten uns eine Weile über Waffen. Dann erzählte er mir, was ihn beschäftigte.

»Ich schätze, dass uns bei dieser Wahl eine Offenbarung – die Offenbarung des Johannes – bevorsteht.« Die Präsidentschaftswahl stand in zwei Wochen an. »Genau wie bei der vorigen Wahl. Uns steht Schlimmes bevor. Ich glaube, dass Obama von Gott gesandt wurde, um zu zeigen, dass das Ende naht. Große Trübsal erwartet uns. Man kann sie noch nicht sehen, aber sie ist da. Größtenteils unsichtbar, wie ein gigantischer Dominoeffekt, und schon sehr bald werden sie hier zu Fall kommen und immer tiefer stürzen, und wir werden sie fallen sehen, aus der Ferne. Das Ende ist gekommen. Friedlich. Das Malzeichen des Tieres. Die Heilige Schrift sagt, dass es eine neue Erde geben wird. Dort führt alles hin. China wird seine Ansprüche einfordern. Alles Geld, was wir ihnen schulden, und dann ist es vorbei, ganz klarer Fall. Wir verkommen zu einem Entwicklungsland, und China wird das einzige richtige Land auf der ganzen Welt sein, genau wie es die Offenbarung prophezeit. Wir sind dann erledigt, alles ist vorbei.«

»Wird China denn in der Offenbarung erwähnt, Larry?«

Larry zitierte: »Die Menschen warfen sich vor dem Drachen nieder, weil er seine Macht dem Tier gegeben hatte, und sie beteten das Tier an und sagten: Wer ist dem Tier gleich und wer kann den Kampf mit ihm aufnehmen?«

»Und der Drachen ist China?«

»Sie sagen es.« Er legte die Hand auf seinen Revolver. »Ich kenne Leute, die legen Vorräte an Waffen und Lebensmitteln, Gold und Wasser an. Was man so braucht. Aber das wird ihnen nichts nützen. Wir haben keine Chance.«

»Bankenwüsten«

Ich übernachtete im Casino-Hotel des Choctaw-Reservats und fuhr am nächsten Morgen via Carthage nach Jackson, wo ich pünktlich zur Mittagszeit ankam, um mit einigen Leuten essen zu gehen, die sich mit dem Thema Wohnungsbau beschäftigten.

In Jackson, einer Stadt, die geprägt war von der Bürgerrechtsbewegung, dem Wegzug von Weißen aus bestimmten Gegenden und einer fast schon erdrückenden Grandezza, gab es zudem das unvermeidliche innerstädtische Ghetto und Seitenstraßen mit wunderschönen Häusern. Die Wohnungsbauexperten empfahlen mir, mich im Delta umzusehen, wo sie sich gerade um eine gewisse finanzielle Stabilität bemühten.

»Im Delta – und in vielen anderen Regionen – gibt es regelrechte ›Bankenwüsten‹«, erfuhr ich von Geschäftsführer Bill Bynum. »Das sind Orte ohne ein einziges Finanzinstitut. Die Banken wurden geschlossen, sind pleitegegangen oder umgezogen. Wir kaufen einige von ihnen auf und tragen so dazu bei, die Kommunen neu zu beleben.«

»Bankenwüste« war ein Ausdruck, den ich noch nie zuvor gehört hatte, nicht einmal in den bekannten Problemzonen der Welt. Selbst in den Kleinstädten Ugandas oder Kenias gab es immer eine Barclays oder Grindlays Bank oder eine Filiale der Nationalbank. Auch in den ärmlichsten indischen Städten fanden sich stets irgendwelche Geldinstitute. Ich hatte schon Banken am Rand von fidschianischen Zuckerrohrfeldern gesehen, in Landkommunen Vietnams oder in Reisbauerndörfern Thailands. Dass es in den Vereinigten Staaten Ortschaften ohne funktionierendes Bankenwesen gab, wie zum Beispiel in den ländlichen Regionen von Mississippi, Arkansas und Louisiana, war mir völlig neu.

Seit achtzehn Jahren bemühte sich diese Organisation namens »Hope Credit Union« darum, diese Situation zu verbessern. Finanziert wurde das Vorhaben durch eine Kombination aus privaten und öffentlichen Geldern. Dieses Geld befand sich jedoch im Umlauf. Um nachhaltig zu wirtschaften, mussten sie auf die doppelte Größe anwachsen und bemühten sich gerade darum, 20 Millionen Dollar aufzubringen.

»Stellen Sie sich vor, Sie brauchen eine Autofinanzierung und bekommen sie nicht«, erklärte Mr Byrnum. »Wenn man in diesen Gegenden – auf dem Dorf in Arkansas oder im Delta – kein Auto hat, dann ist man wirklich aufgeschmissen. Man kommt nicht vom Fleck, kann einen Job nicht annehmen, der irgendwo außerhalb angeboten wird. Ich sage Ihnen, manche von den Kommunen hier versinken auf diese Weise buchstäblich ins Vergessen.«

Mississippi lag in der US-Statistik in Bezug auf Einwohner ohne Bankkonto ganz vorn. Doch selbst wenn sie eins besaßen, hatten Banken für sie etwas Bedrohliches.

»Die Leute, also die Armen«, sagte er, »sind, was Banken angeht, äußerst skeptisch. Sie sind es nicht gewohnt, sie aufzusuchen, fühlen sich abgelehnt und sind sehr eingeschüchtert.«

»Was kann man da tun?«, erkundigte ich mich.

»Mit der Hope Credit Union versuchen wir das zu überwinden«, antwortete er. »In Utica stand eine Bank kurz vor der Schließung. Sie hatte dreiundzwanzig Zweigstellen. Die haben wir aufgekauft und sie zu Filialen der Hope Credit Union gemacht. Wir konzentrieren uns hauptsächlich auf die wirtschaftliche Entwicklung im Delta und auf Ersterwerber von Wohneigentum. Im Schnitt vergeben wir pro Jahr etwa zweihundert Hypotheken.«

Er fügte hinzu, dass rund dreißig Prozent der Leute, die ein Bankkonto eröffneten, zuvor noch nie eins besessen hatten.

»Ich habe einmal den Staatssekretär im Finanzministerium, Cyrus Amir-Mokri, aus Memphis abgeholt«, berichtete Mr Bynum. »Wir sind durch Tunica, Mound Bayou und Clarksdale bis nach Utica gefahren. Durchs Delta. Er saß die ganze Zeit nur da und sah sehr betroffen aus. Dass es solche Zustände in den USA gibt, konnte er gar nicht fassen.«

Ein anderer Mann aus der Runde meldete sich zu Wort: »Es bringt nichts, wenn wir Ihnen nur erzählen, dass dreißig Prozent der Einwohner von Utica unter der Armutsgrenze leben. Sie sollten sich das selbst ansehen.«

Natchez: Waffenmesse

Auf Nebenstraßen fuhr ich vorbei an Kiefern, Sümpfen, ärmlichen Hütten, den Kleinstädten Lorman und Fayette und einer Schule, wo die Flagge der Konföderierten wehte, und passierte eine Straße, wo über etliche Meilen hinweg Schilder an den Straßenbäumen befestigt waren, die Aufschriften trugen wie: »Mach dich bereit, deinem Gott gegenüberzutreten – Amos 4,12« oder »Wer aber bis zum Ende standhaft bleibt, der wird gerettet – Markus 13,13« und »Kehrt um – Markus 6,12«. So erreichte ich schließlich die bezaubernde Stadt Natchez.

Natchez ist malerisch auf den Uferklippen hoch über dem breiten braunen Lauf des Mississippi gelegen und blickt über die weiten Baumwollfelder in den flacheren Teilen Louisianas und die jenseits der großen Brücke gelegene Stadt Vidalia. Es war das erste Mal, dass ich auf meiner Reise den Mississippi sah. Obwohl er als Transportweg längst nicht mehr so bedeutsam ist wie einst, steht man als Amerikaner doch unweigerlich zutiefst beeindruckt vor diesem träge dahinfließenden schlammigen Strom – ähnlich wie ein Inder vor dem Ganges, ein Chinese vor dem Jangtse, ein Ägypter vor dem Nil, ein Afrikaner vor dem Sambesi, ein Papua-Neuguineer vor dem Sepik, ein Brasilianer vor dem Amazonas, ein Engländer, der auf dem Themsepfad wandert, ein Quebecer der am Sankt-Lorenz-Strom steht – oder jeder Mensch vor einem Fluss, der gerade zu seinen Füßen dahinströmt. All diese Flüsse erwähne ich, weil ich sie selbst gesehen und über sie geschrieben habe – doch immer als ein Fremder mit romantisch verklärtem Blick. Flüsse sind sichtbar gewordene Geschichte, die Lebensadern einer Nation.

Doch zu den Flüssen in meinem eigenen Land habe ich eine besondere Beziehung: zum Mystic River in Medford, der im wahrsten Sinne seines Namens auf mystische Weise in den Boston Harbour und ins Meer mündet und bei mir jedes Mal die Reiselust weckt und den Wunsch, meiner Heimatstadt den Rücken zu kehren. Der Mississippi hatte für mich eine große Bedeutung, als Symbol, als Quell der Erkenntnis und der literarischen Inspiration. Er ist der »mächtige braune Gott« aus dem Gedicht von T.S. Eliot, die »Great River Road«, die es Lewis und Clarke ermöglichte, den Nordwesten zu bereisen, der militärische Zugangsweg für die Soldaten des Unionsheeres, um die Truppen der Konföderieren strategisch zu umgehen und ihre Städte zu belagern; der Fluss von Huckleberry Finn als einem Sinnbild der Freiheit und die Hauptschlagader unseres Landes; ein Symbol für den Glauben an sich selbst – wie es der aus St. Louis, Missouri, stammende Dichter T.S. Eliot formulierte: »Der Fluss ist innen in uns.«

Die Geschichte des Flusses ist eine Metapher für den Süden: Der Pegel sinkt, der Schiffsverkehr geht zurück, die kommerzielle Bedeutung nimmt ab, die Städte und Dörfer in der Nähe haben Probleme, und die trügerischen Hotels und schwimmenden Casinos sind ein letztes Aufzucken des Kommerz. Gespielt wird auf Schiffen, die nicht mehr seetauglich sind und in Städten wie Natchez an den Mississippi-Ufern vor Anker liegen.

Natchez war einst ein französischer Militärstützpunkt. Das Fort Rosalie wurde mit Hilfe der Natchez-Indianer errichtet, die 1716 von den Franzosen unterworfen und zur Zwangsarbeit verpflichtet wurden. Als sich die Natchez dreizehn Jahre später zusammenschlossen, gegen die Besatzer erhoben und das Fort (sowie ihr ureigenes Land) eroberten, wurden sie von den Franzosen und einigen mit ihnen verbündeten Choctaws derart brutal niedergeschlagen, dass sie als Volk ausgelöscht wurden. Mitte des 18. Jahrhunderts bekam die Stadt ihren Namen, der als Einziges von diesem Volk übrig geblieben war. (Dazu muss man allerdings ergänzen, dass sie sich selbst nie so bezeichneten. Vielmehr nannten sie sich »Théocloel«, das Volk des Thé, nach ihrem gottgleichen Vorfahren.)

Die Stadt besitzt ein hübsches und gut erhaltenes Zentrum, denn im Gegensatz zum aufsässigen und belagerten Vicksburg ergab sich Natchez den Unionstruppen und blieb dadurch von Zerstörungen verschont. Die Stadt ist reich an Geschichte, an Sagen und Legenden, die im Zusammenhang mit dem Fluss stehen, sowie architektonischen Schmuckstücken wie alten, kunstvoll verzierten Villen, historischen Gebäuden, Kirchen und malerischen Arkaden. Außerdem findet man eine Vielzahl von Restaurants. Doch all diese städtischen Vorzüge reizten mich nicht sehr. Charles Shelton Allen, der über die Südstaaten und Faulkner schrieb, merkte scharfsinnig an, dass eine der bedeutendsten Schöpfungen des »Neuen Südens« der Mythos des »Alten Südens« sei. Was als Epoche angesehen wird, umfasste lediglich ein paar Jahrzehnte der Anmaßung, denen ein Schwelgen in Nostalgie folgte.

Genau wie in Charleston, South Carolina, interessierte mich

hier vor allem ein kulturelles Ereignis, für das ich in der Woche zuvor eine Werbung gesehen hatte: die »Gun and Knife Expo«, die Waffenmesse im Natchez Convention Center. Es war *das* Ereignis in Natchez an diesem Wochenende. Sie erstreckte sich wiederum über zwei Tage, aber das Veranstaltungsgelände war noch um einiges größer als das in Charleston. Auch hier galt: Erwachsene acht Dollar, Kinder einen Dollar. Geladene Waffen waren auf dem Gelände verboten, aber man durfte sie bei sich tragen, wenn sie mit einem Kabelbinder gesichert waren.

»Mississippi ist der Staat mit den besten Waffengesetzen«, sagte ein Mann zur mir, kurz nachdem ich angekommen war. Wir standen an einem Imbissstand, wo es Kaffee und Donuts gab. »Hier können Sie das Haus mit einer geladenen Waffe verlassen. Sie dürfen auch eine geladene Waffe im Auto liegen haben. Toll, oder?«

»Waren Sie schon mal in Arizona?«, fragte ein anderer Mann. Sein Bart und seine Latzhose waren mit Puderzucker von seinem Donut bestäubt, von dem er gerade abbeißen wollte. »Ich war dort mal in einem Waffenladen. Sagt der Verkäufer zu mir: ›Wollen Sie eine Waffe kaufen?‹ Neben dem Gewehrkoffer stand ein Polizist. Sagt der Bulle: ›Wenn Sie keine Waffen haben, kauf ich Ihnen eine‹ – ha!«

Die Messe in Natchez lief ganz ähnlich ab wie die Charleston-Messe und andere, die ich später noch besuchen sollte, in Southaven, Laurel und Jackson. Man traf typische Gestalten wieder. Hier war es der extrem beleibte Munitionsverkäufer, der zwischen seinen Kisten und Boxen saß; der Mann mit den handgefertigten Messern aus einem Ort namens Hot Coffee; der Mann mit den Elektroschockern; der Anbieter von Memorabilia aus der Nazizeit; der alte bärtige Mann mit seinem Angebot aus selbsthergestellten Lederhalftern, der mir bei einer Messe erzählte, dass er immer mit seinen fünfzehn Lieblingswaffen reise (»Das ist meine Bockdoppelflinte und das meine 9-mm-Beretta«) und bei einer anderen Messe sagte: »Das ist mein Scharfrichter.

Eine Fünfundvierziger. Ich nehme sie für Schlangen. In unserer Gegend gibt es sehr viele Wassermokassinschlangen.«

Einige Männer, die zu arm waren, um einen eigenen Stand zu mieten, liefen in der Gegend herum, trugen konspirativ eine Waffe bei sich und sahen dabei aus wie herumpirschende Jäger. In gewisser Weise waren sie das ja auch. Sie waren auf der Jagd nach einem Käufer.

»Darf ich mal einen Blick drauf werfen?«

»Na klar. Zielen Sie nach da drüben. Vorsicht. Es ist eine Single Action. Bitte nicht ungeladen abziehen.

Ein privater Anbieter hatte ein dreißig Jahre altes Gewehr aus rostfreiem Stahl mit Holzschaft. Ein »Mini 14« im Kaliber .223 der Firma Sturm & Ruger, mit Klappschaft, wie man sie gelegentlich bei Scharfschützen und Verschwörern sieht, wenn böse Diktatoren gestürzt werden sollen.

»Das ist mein Baby«, sagte der Mann und reichte mir das gute Stück. »Es ist schrecklich, sie zu verkaufen, aber es geht nicht anders. Sie ist elegant, zuverlässig und hat nie Ladehemmung. Gekauft, bevor dieser Typ verboten wurde. Heute wird so was gar nicht mehr hergestellt.«

»Sieht sehr gut verarbeitet aus.«

»Sie ist ein absolutes Schmuckstück. Von denen gibt es nicht allzu viele und vor allem keine so schönen. Zwölfhundert in bar, und sie gehört Ihnen. Privatverkauf. Aber Sie müssen gut auf sie aufpassen.«

Ich wog die Waffe in meiner Hand. Sie glänzte wie eine Skulptur. Ich bin ganz bestimmt kein Waffennarr, aber als ich in meiner Kindheit in Medford, Massachusetts, bei den Pfadfindern war, hatte ich eine Mossberg mit Kaliber .22. Und obwohl ich noch nie ein Tier zum Vergnügen getötet habe, besaß ich immer eine Waffe, um auf Scheiben zu schießen. Bei dieser hier geriet ich stark in Versuchung, sodass ich beschloss, mit dem Händler Klartext zu reden.

»Ähm, ich komme übrigens aus Massachusetts.«

Seine Miene verfinsterte sich schlagartig, er nahm mir die Waffe ab und klappte den Schaft ein, sodass sie jetzt aussah wie eine sonderbare Pistole. »Hätten Sie ruhig früher sagen können.«

»Tschuldigung.«

»Und woher soll ich wissen, dass Sie mich nicht in die Falle locken wollen?«

»Das will ich ganz bestimmt nicht.«

»Sie sind ja nicht von hier.«

»Richtig. Ich bin aus dem Norden und zur Zeit auf Reisen …«

»Die Regierung ist überall!« Jetzt sprach der Mann mit ein paar Umstehenden, die zugesehen hatten, wie ich mit der Waffe hantiert hatte. »Die versuchen doch, uns alle auszuschalten!«

Als ich weiterging, hörte ich ihn noch vor sich hin murmeln: »Gottverdammt«, was allerdings nicht auf mich gemünzt war, sondern sich allgemein gegen alle vom »Regulierungswahn« Befallenen richtete – also gegen die Behörden, die Leumundsprüfer, Kontrolleure und Bürokraten, die Regierung und die Yankees.

In diesem Moment glaubte ich zu verstehen, was mir auf der Waffenmesse in Charleston noch unklar geblieben war. Es ging gar nicht primär um Schusswaffen. Auch nicht um Munition oder Messer. Es ging auch nicht darum, vermeintliche Feinde mit Blei durchsieben zu wollen. Es ging eher um ein Gefühl, um eine Atmosphäre, und die wurde sichtbar durch die Art und Weise, wie diese Männer sich gaben und äußerten: Sie fühlten sich bedrängt, geschwächt, mit dem Rücken zur Wand. Wie alt mochte dieses Gefühl sein? Vielleicht so alt wie der Süden selbst, denn sie redeten fast von nichts anderem als dem Bürgerkrieg und von der Unterdrückung, die sie seither zu erleben glaubten. Es ging also um die Erinnerung an eine Niederlage.

Für die Messebesucher hatten sich die Schlachten des Bürgerkriegs praktisch erst gestern ereignet. Vielleicht ist das ja typisch für Niederlagen, dass sie sich dem Unterlegenen unerbittlich ins Gedächtnis brennen und als Demütigung nie ganz aus dem Bewusstsein verschwinden. Wer in seiner Kindheit verachtet worden ist, trägt diese Kränkung mitunter sein ganzes Leben mit sich herum. Die Bürgerrechtsbewegung stellte einen weiteren Rückschlag für die Südstaaten dar, die ohnehin sensibel auf »Eindringlinge«, gebildete Besserwisser und Glücksritter aus dem Norden reagierten. Umso mehr, wenn es sich um Fremde handelte, die nichts mehr von der Schmach des Bürgerkriegs wussten. Der Niedergang der Plantagen war ein weiterer Rückschlag. Hinzu kam die Abwanderung der lokalen Wirtschaftszweige, der Niedergang der Catfish-Zucht, der Rückgang der landwirtschaftlichen Produktion und die miserable Gesamtwirtschaftslage. Es gab keine Arbeit, und die Leute hatten kein Geld, sodass sie sich bei Waffenmessen ohnehin nur ein bisschen umsahen und all die Waffen mit Augen verschlangen, die sie sich niemals würden leisten können. Eine Illusion von Schutz und Symbol der Unabhängigkeit.

Über dieser Geschichte des Scheiterns lag der grimmige, strafende Schatten der US-Regierung, die mit Argusaugen über das Geschehen wachte. »Die versuchen doch, das ganze Geschäft umzukrempeln«, hatte der Mann bei der Waffenmesse in Charleston gesagt – um die Männerwelt des Südens endgültig ihrer Identität zu berauben. Die vorherrschende Grundhaltung war jedoch keineswegs Aufbegehren. Was ich wahrnahm, war der frustriert-mürrische Blick und die flache Atmung von Menschen, die sich übergangen und verloren fühlten. Die Waffenmesse war eine der wenigen Gelegenheiten, bei der sie sich so geben konnten, wie sie waren, ähnlich wie in einem Vereinshaus, wenn die Vereinsmitglieder unter sich sind. Trotzdem war die Stimmung unverkennbar befangen, verzagt, misstrauisch. Selbst wenn die Teilnehmer der Waffenmesse ein unerschrockenes Gesicht aufsetzten, strahlten sie die bittere Erfahrung aus, dass sie im Laufe ihrer Geschichte immer wieder von Fremden bezwungen worden sind und neue Gesetze aufgedrückt bekamen, die oft zu neuen Problemen führten und dadurch weitere Gesetze nach sich zogen. Ihre Welt war auf den Kopf gestellt worden.

Bei der Waffenmesse ging es nicht um Waffen und Bewaffnung. Es ging um die Selbstachtung der Männer, vor allem der weißen Männer – denn das war die vorherrschende Ethnie im Süden. Angetrieben durch ein Gefühl von Groll und Kränkung (einem klugen Historiker zufolge »das Herz der Südstaaten-Identität«). Man fühlte sich unterlegen, glaubte sich immer noch verfolgt. Man war das Opfer einer Verschwörung feindlich gesinnter Kräfte und kämpfte ein symbolisches letztes Gefecht.

Mrs Robin Scott: »Meine Kinder beschützen«

Viele Leute sagen, dass sie den Süden verlassen wollen, und einige tun dies dann auch. Es gibt aber auch viele Menschen, denen der Süden als Rückzugsort dient. Ich bin einer ganzen Reihe von ihnen begegnet, Menschen, die aus dem Norden in die Südstaaten gegangen sind, um dort Sicherheit und Frieden zu finden, die Sehnsucht nach alten Traditionen haben, die womöglich zu ihrer Familie zurückkehren oder einfach nur ihren Ruhestand genießen wollen. Ein Kellner, der gerade vor einem Restaurant in Mississippi Pause machte, sagte zu mir: »Ich komme aus Detroit. Mein Vater ist dort ermordet worden. Er hatte ein kleines Spirituosengeschäft, Pavillon hieß es. Ein Mann hat ihn überfallen und ausgeraubt. Nachdem mein Vater ihm das Geld gegeben hatte, schoss der Mann ihm ins Bein und traf die Oberschenkelschlagader. Er hat dann noch versucht, selbst ins Krankenhaus zu fahren, ist aber unterwegs verblutet. Meine Mutter hatte danach einen Nervenzusammenbruch. Deshalb bin ich mit ihr hierhergekommen, weil sie hier Verwandte hat. Ich finde es besser hier, sicherer, unbeschwerter, und meiner Mutter geht es von Tag zu Tag besser. Ich weiß nicht, ob ich je wieder zurück in den Norden gehen werde.«

Etwas ganz Ähnliches hörte ich in einem Waschsalon in Natchez, wo ich meine wöchentliche Wäscheladung wusch. Die fleißige und freundliche Frau dort, die mir Scheine in Münzen für die Maschinen wechselte und einen Becher Waschmittel verkaufte, erzählte mir ihre Geschichte, nachdem ich ein bisschen nachgefragt hatte.

Sie hieß Robin Scott, war Mitte fünfzig, eine tapfere Frau mit einem starken Mutterinstinkt. Sie sagte: »Ich bin aus Chicago hierhergekommen, weil ich meine Kinder davor beschützen wollte, dass sie von kriminellen Banden umgebracht werden. In Chicago gibt es jede Menge Straßengangs – die Latin Kings, La Raza, Latin Eagles, die Popes, die Folk Nation und noch andere. Anfangs ging es noch einigermaßen in unserer Wohngegend, Garfield Section. Dann haben Ende der Achtziger, Anfang der Neunziger die Four Corner Gang und auch die BGs – die Black Gangsters – Crack und Heroin entdeckt. Sie fingen an, es selbst zu nehmen, zu verkaufen und sich deswegen zu bekämpfen. Ständig gab es Schießereien. Ich wollte dort nicht wohnen bleiben und irgendwann meine Kinder begraben müssen. Deshalb hab ich mir gesagt: »Du musst hier weg«, hab meinen Job gekündigt, einen Umzugstransporter gemietet und bin hier runtergekommen. Ich hatte Verwandtschaft im Süden. In meiner Kindheit sind wir von Chicago aus regelmäßig zu den Verwandten nach North Carolina gefahren. Sie wohnten im Halifax County, in der Nähe von Rocky Mount.«

Ich kannte Rocky Mount von meinen Fahrten. Es war ein hübscher Ort östlich von Raleigh, unweit der Interstate 95, wo ich gelegentlich zum Essen anhielt.

»Ich habe schöne Erinnerungen an Rocky Mount«, berichtete sie. »Es war eher ländlich dort – ganz anders, als ich es aus Chicago kannte. Meine Mutter hatte außerdem Familie hier in Natchez. Daher wusste ich, dass ich hier im Süden meine Kinder beschützen konnte. Anfangs habe ich hier alle möglichen Jobs übernommen, zum Beispiel im Casino, als Croupier beim Black Jack. Nach einer Weile bekam ich allerdings Probleme mit Rheuma. Ich hatte Probleme mit den Händen und beim Laufen. Meine Ehe hat darunter auch gelitten. Mein Mann meinte, dass er nicht mit einem Krüppel zusammenleben will, und hat mich verlassen. Antibiotika vertrage ich nicht. Also darf ich einfach nicht krank werden. Ich habe trotzdem weitergearbeitet, mich auch gesundheitlich wieder erholt und meine Kinder großgezogen. Ich habe zwei Töchter – Melody und Courtney. Courtney ist Filialleiterin bei einer Bank. Meine Jungs sind Anthony – er ist Elektriker – und die Zwillinge – Robert und Joseph. Sie sind einundzwanzig und studieren beide an der University of Southern Mississippi. Ich bin sehr stolz auf meine Kinder. Die Zwillinge haben sich im Schlaf immer unterhalten!«

Jetzt lächelte sie zum ersten Mal, bevor sie fortfuhr: »Natchez ist ein angenehmer Ort. Ich bin wirklich froh, dass ich hergezogen bin. Es war nicht einfach, ist es auch heute nicht, aber ich komme zurecht. Der Mann, dem der Waschsalon gehört, ist ein anständiger Mensch. Und ich habe so viele Verwandte hier. Meine Großmutter war eine Christmas – Mary Christmas. Ihr Bruder hieß Joseph. Wir haben unsere Großmutter immer Big Momma genannt und unseren Großvater Big Daddy. Als ich diesen Film *Big Momma's House* gesehen habe, musste ich sehr lachen.«

Ich bat sie, etwas über ihre Großmutter zu erzählen.

»Mary Christmas wurde auf einer Plantage in der Nähe von Sibley geboren. Sie stammte aus einer Familie von Farmpächtern. Mein Großvater war Jesse James Christmas. Er ist verstorben. Aber als er noch lebte, bekam er immer Post von einem Mann aus Vidalia auf der anderen Flussseite. Das war eine Verwechslung, denn der hieß auch Jesse James Christmas. Also hat er die ganzen falsch zugestellten Briefe aufgehoben und sie dann rübergebracht. Der andere Jesse James Christmas war ein Weißer.«

Ich erwähnte die Romanfigur Joe Christmas aus Faulkners *Licht im August*, deren Namen ich immer absonderlich und viel zu symbolgeladen fand. Ich umriss kurz die Handlung des Buches, in dem der rätselhafte Joe Christmas – ein Waisenkind und später Schwarzbrenner – sich als Weißer ausgibt, obwohl er schwarze

Vorfahren hat. Im Roman äußert sich der Vorarbeiter im Hobelwerk von Jefferson über den Fremden:

> »Er heißt Christmas«, sagte er.
> »Wie heißt er?«, fragte einer.
> »Christmas.«
> »Ist er Ausländer?«
> »Hast du schon mal von einem Weißen gehört, der Christmas heißt?«, fragte der Vorarbeiter.
> »Ich hab überhaupt noch nie von einem gehört, der so heißt«, sagte der andere.
> Und das war das erste Mal, wie Byron sich jetzt erinnerte, dass er darüber nachgedacht hatte, wie der Name eines Menschen, der ja doch einfach nur der Klang sein soll, der anzeigt, wer er ist, irgendwie auch verheißen kann, was er tun wird, sofern andere Menschen die Bedeutung nur rechtzeitig enträtseln.«*

Ehe ich fortfahren konnte, ihr die Geschichte von Lena Grove, ihrem Kind und dem christlichen Motiv erzählen konnte, unterbrach mich Robin.

»Joe Christmas ist mein Onkel«, erklärte sie. »Er ist zweiundneunzig und lebt in einem Altersheim in Natchez. Das ist ein ziemlich verbreiteter Name in dieser Gegend.«

Die Tafelrunde

In meiner Unwissenheit hatte ich angenommen, das Delta sei lediglich das tiefgelegene Mündungsgebiet des Mississippi River, rings um New Orleans und südlich davon, wie es aus den

* William Faulkner, *Licht im August*. Übersetzung von Helmut Frielinghaus und Susanne Höbel, Reinbek 2008.

Landkarten hervorging. Doch so einfach ist es nicht. Das Delta umfasst das gesamte Gebiet, das sich auch nordwärts von Louisiana erstreckt, die Schwemmebene jenseits von Natchez, besonders flach oberhalb von Vicksburg, nahezu die gesamte Ausbuchtung westlich von Mississippi, im Osten eingeschlossen durch den Yazoo River, bis nach Memphis. Und das Delta ist außerdem eine Straße: der Highway 61.

Ich fuhr diese Route hinauf, wieder an Fayette und Lorman vorbei, machte einen kurzen Abstecher nach Gibson, einer Stadt, die damit warb, dass mindestens eine Straße noch genauso aussah wie 1863 (und einige Gebäude ebenfalls). General Grant hatte sie verschont, weil er sie als *»too beautiful to burn«* (zu schön, um sie niederzubrennen) empfand. Für das nur einen Steinwurf entfernte – genau wie Natchez auf einer Uferklippe gelegene – Vicksburg hatte das nicht gegolten. Im Gegensatz zu Natchez wurde die Stadt belagert und geriet durch die Schiffe der Unionstruppen vom Fluss her unter Dauerbeschuss. Der Angriff dauerte vierzig Tage und endete mit einer Niederlage und einer schmachvollen Kapitulation. Die Belagerung war im kollektiven Gedächtnis nach wie vor sehr präsent.

Ich ging zum Essen ins »Walnut Hills Restaurant« von Vicksburg, wo es einen familiär wirkenden Stammtisch gab, den sogenannten »Round Table«. Jeder konnte sich hier an einen großen runden Tisch dazusetzen, egal ob fremd oder nicht, und dort in geselliger Runde essen. Der Flachbau in einer Seitenstraße war mir wegen seiner gepflegten Küche empfohlen worden.

»Nehmen Sie doch Platz«, sagte ein Mann. Außer ihm saßen noch sieben weitere Personen an dem Tisch.

Eine ältere Frau murrte allerdings wie auf Kommando: »Wissen Sie, was Sie uns angetan haben?«

Die Erinnerung an damals wurde gern für spitze Bemerkungen genutzt. Die anderen am Tisch – allesamt Einheimische, die sich größtenteils nicht kannten, jedoch angeregt miteinander plauderten – verstummten plötzlich und warteten gespannt, was ich darauf antworten würde. Jedem von ihnen war klar, dass die Frau auf die lange Belagerung Vicksburgs durch das Unionsheer im Jahr 1864 anspielte.

Ich hatte mir Vicksburg schon ein wenig angesehen – die schönen Häuser, von denen einige noch aus der Zeit vor dem Bürgerkrieg stammten, ebenso wie die Wahrzeichen des Kriegs: Das Schlachtfeld nahm einen Großteil der Stadt ein. Ich hatte mich informiert und erfahren, wie viel Leid es damals gegeben hatte. Die Lyrikerin Natasha Trethewey schreibt in ihrem Gedicht »Pilgrimage«, das nach einem Besuch in Vicksburg entstand: »Die ganze Stadt ist ein Grab.« Ich nahm daher die Anschuldigung der Frau nicht auf die leichte Schulter und antwortete ihr wie einem unleidlichen Kind: »Ich persönlich habe Ihnen nichts getan. Der Süden hat sich abgespalten. Der Norden hat darauf reagiert. Ende gut, alles gut.«

»Ihr habt uns ausgehungert«, entgegnete die Frau. »Euretwegen mussten wir Ratten essen.«

Solche Anschuldigungen – manchmal aus tiefstem Herzen geäußert, gelegentlich als zynischer Scherz, ab und zu auch mit nostalgischem Unterton – sind im Süden sehr geläufig. Allerdings kommen sie ausschließlich von Weißen. Ich hatte inzwischen gelernt, mir die Bemerkung zu verkneifen, dass das Ganze schon hundertfünfzig Jahre her sei. Ich hörte mir die Sprüche jedes Mal mitfühlend an und respektierte, dass sich ein besiegtes Volk ohnmächtig fühlte und dies der eigentliche Grund für derartige Vorwürfe war. Diese Erfahrung setzt den Menschen hier immer noch zu, obwohl sie in meinen Augen schon so lange zurücklag. Doch in ihren Köpfen war sie lebendig wie eh und je und verlieh dem Norden – den ich an diesem Tag für sie verkörperte – eine geradezu diabolische Macht.

Ich äußerte daher mein Bedauern und stellte dann noch ein paar Fragen, um die Sache nicht einfach auf sich beruhen zu lassen. So fragte ich zum Beispiel, was gewesen wäre, wenn die Südstaaten den Bürgerkrieg gewonnen hätten – wie dann die Landesgrenzen der Konföderation aussehen würden. Wie würde der Handel mit uns ablaufen? Wäre der Süden immer noch so rückwärtsgewandt mit Sklaven und Aristokratie und einem stehenden Heer in grauen Uniformen? Und wie hätte dieses Heer auf die Ereignisse der Weltgeschichte reagiert: den Spanisch-Amerikanischen Krieg, den Ersten Weltkrieg. Und angenommen, Hawaii hätte sich den Nordstaaten angeschlossen, wie hätte der konföderierte Süden auf die Bombardierung von Pearl Harbor reagiert?

Doch mit Logik lässt sich gegen tiefsitzende Verlustgefühle und gekränkten Stolz wenig ausrichten. Der Süden hatte schwer daran zu tragen, dass große Teile noch immer so arm waren. Und das Gefühl der Unterlegenheit, das bei den Waffenmessen so deutlich zum Ausdruck kam, war wie eine Reminiszenz an den Bürgerkrieg – die Verluste, die Toten, das willkürliche Brandschatzen, die Kapitulation. Hinzu kam die Überzeugung, dass dieser Krieg ein Goldenes Zeitalter beendet habe – das von sorgenfreiem Leben, von Villen und Sklaverei geprägt war, obwohl in Wirklichkeit der Süden seine Lebenskraft dadurch einbüßte, dass er erfolglos nach Abspaltung strebte. Dieses Scheitern sorgte für tiefgreifende Verwerfungen, eine massive Verarmung und machte ihn zu einem Ort der Verbitterung, geprägt von Grabsteinen, Mahnmalen und Zerstörung.

In seinem Essay »Southern Violence« schreibt der aus den Südstaaten stammende Historiker Sheldon Hackney (in der *American Historical Review*, April 1969), dass der Süden von Anfang an getrieben war von dem Bedürfnis, diejenigen Institutionen zu bewahren, von denen man sich Schutz vor äußeren Feinden erhoffte. Infolgedessen sei die Identität von vornherein von einer gewissen Wagenburgmentalität geprägt gewesen. Menschen aus den Südstaaten litten oft unter einer Art Verfolgungswahn, fühlten sich als hilflose Opfer fremder Mächte. Zu diesen Mächten zählten die Gegner der Sklaverei, das Unionsheer, Glücksritter aus dem Norden, die Wall Street, Bürgerrechtler, die US-Regierung, der

Feminismus, der Sozialismus, die Gewerkschaften, der Darwinismus, der Kommunismus, der Atheismus, die Zeitumstellung auf Sommerzeit und »sonstige Nebenerscheinungen der Moderne«. Ganz sicher auch Autoren wie ich, die von Natur aus subversiv sind.

Im Herzen von Thomaston, in Maine, stand ich oft unter hohen Ahornbäumen und ausladenden Eichen vor einem grübelnden Bürgerkriegssoldaten auf seinem Granitsockel. Die Inschrift lautete: *To the Memory of Soldiers and Sailors (1861–1865)*, sowie: *One Country – One Flag*. »Ein Land – eine Flagge«. Das von Colonel Joshua Chamberlain befehligte 20. Maine-Regiment eröffnete in der Schlacht am *Little Round Top* von der Kuppe dieses Hügels herab einen heroischen und entscheidenden Bajonettangriff gegen Tausende Konföderierte, der dazu beitrug, das Blatt in Gettysburg zu wenden. In Maine gibt es mehr als hundertfünfzig solcher Denkmäler und ebenso viele in den Städten von Massachusetts.

Nahezu jede Kommune beliebiger Größe in Neuengland besitzt ein Bürgerkriegsdenkmal. Eines der ältesten ist der 1866 errichtete schlichte Obelisk, der auf einer Grünfläche in Centerville auf der Halbinsel Cape Cod steht und auf dessen vier Seiten die Namen der getöteten Soldaten eingraviert sind. Aus diesem kleinen Fischerdorf, das damals nur wenige hundert Einwohner hatte, kamen einunddreißig Männer ums Leben. Meine Heimatstadt ist Sandwich auf Cape Cod und hatte 1861 viertausendfünfhundert Einwohner. Sandwich entsandte zweihundertvierzig junge Männer in diesen Krieg, von denen vierundfünfzig getötet und viele verwundet wurden. Einer der Kriegsveteranen von damals war ein Schwarzer namens Joseph Wilson. Er war ein befreiter Sklave und war mit dem 54. Massachusetts-Regiment (dem ersten mit schwarzen Soldaten) an der Belagerung von Vicksburg beteiligt. Nach dem Krieg schlug er sich wieder nach Cape Cod durch und erzählte seine Geschichte.

Doch heute wird dieser Krieg in Thomaston, Centerville, Sandwich oder anderswo in Neuengland kaum noch erwähnt, und auch Besucher nehmen kaum Notiz von den traurigen Mahnmalen auf den zentralen Plätzen dieser Kleinstädte.

Nachdem die Frau an unserem runden Tisch ihrem Ärger Luft gemacht hatte, äußerte ich mich im soeben beschriebenen Sinne und zitierte den chinesischen Weisen Lao-Tse, der gesagte hatte: »Das Ansehen eines Generals beruht auf den Leichen von zehntausend Männern.«

Eine jüngere Frau sagte: »Ich war einmal oben im Norden. Dort reden sie viel vom Unabhängigkeitskrieg. Der spielt hier überhaupt keine Rolle.«

»Der Krieg ist die Hölle«, sagte ich und erkannte zu spät, dass ich unwillkürlich General William T. Sherman zitiert hatte. Ich war deshalb heilfroh, als das Tischgespräch sich unverfänglicheren Themen wie Essen, Antiquitäten und dem Wetter zuwandte.

Wir aßen alle gemeinsam. Das war eine Tradition des »Round Table« im »Walnut Hills«. An dem runden Tisch war Platz für ein Dutzend Personen, und das Essen wurde als eine Art Buffet auf einer großen Drehplatte serviert. Es gab Schüsseln mit gebratenem Hähnchenfleisch, Schmortopf, Kartoffeln, Reis mit Bratensauce, Platten mit gebratenem Fisch, Schüsseln mit Bohnen und Blattkohl. Durch den Drehteller war ein gewisses Maß an Rücksicht gegenüber den Tischgenossen geboten. Auf meinen Reisen hatte ich in der Vergangenheit gelernt, dass das gemeinsame Essen als eine Art Friedensritual fungiert. Speisen miteinander zu teilen hatte etwas Freundschaftliches an sich, und so trat das Thema Krieg denn auch in den Hintergrund, und wir unterhielten uns über Aktuelleres.

Es fiel das Stichwort Arbeitslosigkeit. »Die Stellen sind knapp«, sagte jemand.

Einer der Tischgäste hatte sich beruflich mit dem Verkauf von Landmaschinen beschäftigt. Inzwischen war er im Ruhestand. Er merkte an: »Durch die Mechanisierung sind viele Jobs weggefallen. Ich habe Baumwollpflückmaschinen verkauft. Mit den allerersten wurde jeweils nur eine Reihe abgeerntet, und trotzdem haben sie die Arbeit von vierzig Menschen ersetzt. Heute gibt es die Spindelpflücker, die sechsreihig arbeiten. Es gibt sogar Ernteeinheiten für bis zu zwölf Reihen. Wie soll da ein Landarbeiter mithalten können?«

»Verrate ihnen am besten auch gleich, was sie kosten«, schlug seine Frau vor.

»Manche eine halbe Million Dollar. Einige sogar noch wesentlich mehr.«

»Deshalb hat hier keiner mehr Arbeit.«

Die ältere Frau, die mich zu Anfang so harsch angefahren hatte, erkundigte sich, ob ich auch schon außerhalb der USA gewesen sei. Ich bejahte dies und erkannte die Frage zugleich als Aufforderung an mich, sie ihr ebenfalls zu stellen, um etwas über ihre Reisen nach Europa zu erfahren. Denn wenn jemand – vor allem ein Reisender – eine Frage stellt, dann meist aus dem Grund, dass er selbst etwas erzählen möchte. Die Frage »Waren Sie schon einmal in Bhutan?« bedeutet im Klartext: »Ich bin in Bhutan gewesen und würde Ihnen gern ungefähr eine Stunde lang davon berichten.«

»Ich war drüben«, sagte die Frau also. »In Paris und London.«

»Und, wie war es dort?« Die jüngere Frau zeigt sich interessiert.

»Schrecklich. Ich hab's gehasst.« Die Frau verzog das Gesicht. »In Amerika ist es besser.«

Herbst im Delta

Als ich einem Ladenbesitzer in Vicksburg erzählte, dass ich vorhätte, auf der Route 61 gen Norden zu fahren, riet er mir: »Passen Sie auf, dass Sie einen vollen Magen und genug Sprit im Tank haben, und halten Sie unterwegs auf keinen Fall an.« Darüber musste ich lächeln, denn das hatte ich in Ost- und Zentralafrika auch ständig zu hören bekommen: Einfach nur fahren, anhalten ist gefährlich, auf dieser Straße gibt es notleidende Menschen, die es auf Ihr Hab und Gut abgesehen haben. Wenn Sie Kontakt aufnehmen, werden Sie beklaut, und die Leute machen Ihnen das Leben zur Hölle. Aber in diesem Fall ging es um den »Blues Highway«, die »Great River Road«, wie die Route 61 auch genannt wurde.

»Bald nun würden sie das Delta erreichen«, lautet die erste Zeile in Faulkners Erzählung »Herbst im Delta« aus dem Band *Go Down, Moses* von 1942. Und es ist die Rede von dem letzten Hügel, »an dessen Fuß das weithin flache fruchtbare Schwemmland begann, wie das Meer am Fuße der Klippen beginnt«.*

Die Handlung spielt im Jahr 1940 und es geht um Jagderinnerungen, die Lebensberichte mehrerer Generationen, aktuelle Ereignisse und vergangene Geschichte – die Wirklichkeit des Krieges in Europa; Hitler wird erwähnt und die Eingriffe der Moderne, Neonschilder, riesige Spinnereien, Lokomotiven, glänzende nagelneue Automobile, das Zurückdrängen und Verschwinden der Wildnis, das Schrumpfen der Jagdgründe, es geht auch um die »Neger« und deren Feldarbeit. In der Nähe des abgelegenen Camps ist das Delta noch immer ein undurchdringliches Waldgebiet, eindrucksvoll »die riesig aufstrebenden Eichen und Gummibäume und Eschen und Hickorys, an denen noch keine Axt außer der des Jägers erklungen war«.

Neben den philosophischen Betrachtungen über die Jagd seitens des Patriarchen Ike McCaslin, der ausgesprochen pessimistisch in die Zukunft blickt, wird in der Mitte der Erzählung eine ausweglose Situation vor dem Hintergrund der Rassenthematik geschildert. Es ist die Liebesgeschichte zwischen dem Jäger Carothers (»Roth«) und einer namenlosen schwarzen Frau, die ein Kind von ihm zur Welt gebracht hat. Sie lebt in der Nähe des

* William Faulkner, *Go Down, Moses.* Übersetzung von Hermann Stresau, Zürich 1974.

Camps und taucht dort eines Tages mit ihrem Kind auf und will ihn sprechen. Doch er ist schon sehr früh am Morgen zur Jagd aufgebrochen – anscheinend aus schlechtem Gewissen – und hat Ike Geld dagelassen, das dieser ihr übergeben soll. Wie so oft bei Faulkner spielt bei dieser Liaison Genealogie und »Rassenvermischung« eine Rolle, doch im Wesentlichen werden hier die beiden Zweige der Familie McCaslin vorgestellt, der weiße und der schwarze, die in der Erzählung zusammenfinden.

Ike überreicht der Frau das Geld und empfiehlt ihr, lieber einen Schwarzen zu heiraten. Darüber ist sie berechtigterweise empört, denn Ike hatte völlig außer Acht gelassen, dass die beiden echte Liebe füreinander empfinden könnten. Sie äußert daraufhin einen Satz, der zentral in der Erzählung steht: »›Alter Mann‹, sagte sie, ›hast du so lange gelebt und so viel vergessen, dass du gar nichts mehr weißt von dem, was du doch gekannt hast oder gespürt oder wovon du hast reden hören, von der Liebe?‹«

Als sie weggebracht wird – nach Leland, um dort den Zug nach Norden zu besteigen, wo sie ein neues Leben beginnen wird –, bedauert Ike die Veränderungen im Delta, die Domestizierung der Wildnis: »Dies Delta. Dies Land, das der Mensch in zwei Generationen entsumpft und entblößt und entwässert hat, so dass der Weiße Plantagen besitzen kann.« Und angesichts des von ihm beobachteten Niedergangs im Delta sieht er eine noch viel größere Gefahr kommen: Bankrott, »Mischehen«, Menschen, die »wie Tiere« leben.

Fiktion wirft häufig Schlaglichter auf eine Region und stellt Überlegungen zu deren Zukunft an. Doch Fiktion kann auch irren. Eine lohnende Motivation für das Reisen ist die Absicht, Fiktion in einen Kontext zu setzen. In Ikes Augen wurde das Delta durch das große Geld, durch Mischehen und die Industrialisierung der Landwirtschaft zerstört – kurz: durch die Yankee-Kultur, die Faulkner offenbar ein Dorn im Auge war. Das von Ike beklagte Abholzen der Wälder fand genau zu jener Zeit statt, als Faulkner die Erzählung schrieb (vermutlich um 1940) und dauerte noch an, während die Baumwollfelder immer näher an die Ränder der Sümpfe und Schwemmgebiete heranrückten. Ike (vermutlich Faulkners Alter Ego) sagt einen Konflikt der Rassen, der persönlichen und der Wirtschaftsinteressen voraus. Was in Wirklichkeit passierte, war viel schlichter und von wesentlich größerer Tragweite: Durch die zunehmende Mechanisierung kamen kaum noch Feldarbeiter zum Einsatz, die infolgedessen massenhaft arbeitslos wurden.

»Als ich ein Kind war, in den vierziger und fünfziger Jahren, sind wir immer vor dem Morgengrauen aufgestanden«, berichtete mir ein Mann namens Will Thompson. »Das war in Jackson. Ein großer Laster hat uns früh abgeholt und noch bei Dunkelheit ins Delta gebracht. Dort haben wir dann den ganzen Tag gearbeitet. Ich war noch ein Kind und anfangs zu klein zum Baumwollpflücken. Deshalb wurde ich als Wasserjunge eingesetzt und bin mit Eimer und Schöpfkelle die Reihen auf und ab gelaufen. Nach Einbruch der Dunkelheit wurden wir zurück nach Jackson gebracht.«

Nach der High School ging Will zum Militär und diente im Vietnamkrieg.

»Einer meiner Kameraden wurde getötet, und man schickte mich zurück nach Mississippi, um seinen Leichnam zu eskortieren. Das war 1968, in diesem schrecklichen Jahr. Wir fuhren von Memphis aus an den Baumwollfeldern von damals vorbei. Da kamen alle Erinnerungen zurück. Als ich wieder in Jackson ankam, hab ich mir vorgenommen, dass ich nie wieder ein Mensch zweiter Klasse sein will.«

Viele Schwarze im Delta dachten so, und das hat Faulkner (beziehungsweise Ike) nicht vorhergesehen: das Problem der Abwanderung.

Im Herbst meiner Reise ins Delta war die Landschaft dort wunderschön: die zum Wasser hin abfallenden fruchtbaren Flussniederungen, die Wäldchen aus Eichen, Amberbäumen und Zypressen – »Cypress Street« war auch der alte Name dieses Highway-Abschnitts. Ich ahnte den Fluss hinter den Bäumen – wegen der Insektenwolken und dem ganz eigenen Licht, das zwischen den Hartholzbäume und Weiden milchiger und blauer war.

Gut sechzig Jahre nach den bei Faulkner geschilderten Ereignissen hatte sich die Landschaft kaum verändert: Es gab kaum Verkehr und nur alte oder verfallene Häuser, sodass ich mich fühlte wie auf einer Reise in die Vergangenheit. Die Straße wurde flacher und gerade, als ich Sharkey County und Cary im Cotton Country erreichte, das eine Baumwollentkernungsanlage besitzt und nur knapp fünfhundert Einwohner hat. In Egremont, noch ein Stück weiter, wohnten noch weniger Menschen. Wie ich schon anderswo in South Carolina und Alabama gesehen hatte, waren die Baumwollfelder gigantische, weißgetupfte Flächen mit spindeldürren Pflanzen, wo weit und breit keine Feldarbeiter, Pflücker oder sonstigen Helfer zu sehen waren. Baumwollfusseln, die von den Feldern weggeweht wurden, hatten sich in Zweigen und Ästen an der Straße verfangen und vermittelten einen etwas unaufgeräumten Eindruck – als ob ein LKW Teile seiner Ladung verloren hätte.

Ab und zu sah ich eine dieser gigantischen Baumwollpflückmaschinen, wie sie der pensionierte Händler in Vicksburg beschrieben hatte – die eine halbe Million Dollar kosteten. Sie waren sehr hoch, ragten weit über das thronähnliche Führerhaus hinaus und besaßen Ernteeinheiten aus gezahnten Spindeln, die sechs Reihen zugleich bearbeiten konnten.

Streckenweise sah ich gar keine Häuser, dann wieder kleinere Siedlungen, die oft aus schäbigen Wohnwagen, Hütten, baufälligen Häusern oder zu Wohnungen ausgebauten verrosteten Bussen bestanden. Bei deren Anblick wurde mir bewusst, dass ich mich im ärmsten Teil der Vereinigten Staaten befand – ärmer noch als Allendale in South Carolina und elender als das erbärmlichste Dorf in Alabama.

Die marode und verlassen wirkenden Mobilheime bildeten

Übergangssiedlungen unter Bäumen. Das waren keine funktionierenden Dörfer, sondern lediglich Lagerplätze am Straßenrand. Nichts deutete darauf hin, dass es Sanitäranlagen gab. Es erinnerte an die Lager von Sinti und Roma in Großbritannien, mit Abfallhaufen, trocknender Wäsche auf der Leine, sich selbst überlassenen Kindern in zerlumpter Kleidung. An der Tür einer Hütte sah ich – mitten im Oktober – einen weihnachtlichen Kranz mit roter Schleife als Farbtupfer.

Nicht anhalten, hatte der Mann zwar gesagt, aber ich legte trotzdem einen Zwischenstopp ein, und zwar im Städtchen Rolling Fork.

Das stattliche alte Gerichtsgebäude des Sharkey County blickte auf die mit Brettern vernagelten Läden und leeren Straßen mit ihren demolierten Schildern. Doch an einem Ende des Ortes gab es einen Supermarkt namens »Sunflower« und am anderen Ende »Sam Sing & Co.«, ein chinesisches Lebensmittelgeschäft.

Bei meinem Rundgang durch die Stadt traf ich Leroy, der im »Sam Sing« arbeitete und gerade eine Zigarettenpause machte. Von ihm erfuhr ich, was ich schon von vielen anderen gehört hatte: dass der Bluesmusiker Muddy Waters in Rolling Fork geboren sei. Muddy selbst hatte dies behauptet, was allerdings nicht offiziell belegt war – vielleicht stammte er auch aus einem benachbarten County. Aufgewachsen war er jedenfalls in einem der typischen Häuser im »Shotgun«-Stil auf der Stovall-Plantage in Clarksdale, ein Stück weiter nördlich im Delta gelegen. Aber Rolling Fork hatte so wenig zu bieten, dass man in der Muddy-Frage ruhig ein Auge zudrücken konnte.

»In den Läden hier war früher echt was los«, sagte Leroy. »Und jetzt sind sie dicht. Aber wir betreiben noch Landwirtschaft. Baumwolle, Sojabohnen, Mais.«

Eine Frau, die sah, dass Leroy mit mir sprach, kam zu uns herüber. Sie hieß Ann Culpeper und war früher Lehrerin an der Grundschule von Rolling Fork gewesen. Sie kannte Leroy noch als Schüler.

»Die High School haben sie 1994 integriert«, beantwortete Leroy eine meiner Fragen.

»Das muss schon früher gewesen sein«, sagte Ann.

Eine ältere Frau kam vorbei und fragte: »Was wollen Sie denn wissen?« Als Leroy es ihr erklärte, antwortete sie: »Die haben doch keine Ahnung. Die High School in Rolling Fork war weiß. Als sie integriert wurde und auch Schwarze hinkamen, wurde für die Weißen eine Privatschule eröffnet.«

Die beiden Frauen waren weiß und Leroy schwarz. Sie diskutierten miteinander über Datierungen und konnten sich nicht einigen. Die nahe Vergangenheit lag im Dunkeln. Möglicherweise war das eine Auswirkung der allgemeinen Stagnation: Vielleicht passierte in dieser sterbenden Stadt so wenig, dass man mit einer Jahreszahl kein konkretes Ereignis mehr assoziierte. Einig waren sie sich jedoch in einem Punkt – dass es hier keine Arbeit und kein Geld und ganz offensichtlich keine Zukunft gab.

Anguilla, weitere fünf Meilen den Highway hinauf, war eine desolate Ansammlung von Mobilheimen zwischen Straßenrand und dem Saum eines gepflügten Feldes. Rostige, marode Kästen in heillosem Durcheinander. Es sah aus wie ein Flüchtlingslager, was es in gewisser Weise ja auch war.

Noch schlimmer, erbärmlicher und trostloser sah es in Arcola aus. Eine Meile vom Highway entfernt lag diese Geisterstadt, in der buchstäblich jedes Haus und jeder Laden entlang der Main Street vernagelt war (die Main Street dort war der alte, kurvenreiche Highway 61, nicht die schnurgerade verlaufende heutige Straße). Außen an diesen verlassenen Geschäften konnte ich noch die verwitterten Schilder erkennen: »Four-Way Grocery«, »Club Tropicana« und »Roger's« – allesamt geschlossen, bis auf das Postamt.

Die alten Knochenjobs von einst gab es nicht mehr. Die neueren Wirtschaftszweige waren Catfish und Möbelbau. Bis 1991 war die Fahrradfabrik Schwinn hier in der Gegend ein wichtiger Arbeitgeber gewesen, zwanzig Meilen entfernt in Greenville, dann wurde sie geschlossen, und zweihundert Arbeiter verloren ihren Job. Auch beim Küchengerätehersteller Viking Range in Greenwood gab es immer wieder Entlassungswellen.

All diese jeweils von einem kleinen Fluss durchströmten Städte fristeten ein vergessenes, malerisch bröckelndes und hoffnungsloses Dasein und bildeten die rückständigste Provinz, die man sich nur vorstellen kann. Die Erträge aus dem Baumwollanbau machten hier im Delta offenbar niemanden reich. Vermutlich strich jemand irgendwo in Jackson oder Memphis die Gewinne ein.

Ich musste an Almeida Garrett denken, den portugiesischen Reisenden und Philosophen aus dem 19. Jahrhundert. Er hatte sein Heimatland bereist und darüber ein äußerst anregendes Buch geschrieben: *Der Mönch von Santarem oder Wanderungen in meinem Vaterlande.* Angesichts der Armut in seiner Heimat schrieb er: »Ich frage jene, die sich der politischen Ökonomie verschrieben haben, ich frage die Moralisten, ob sie schon die Zahl der Menschen berechnet haben, die zum Elend verdammt sind, zu unverhältnismäßigen Arbeitsleistungen, zu Demoralisierung, Schmach, Unwissenheit und zum Ruin, zu unüberwindbarem Unglück und absoluter Entbehrung – nur um einen einzigen Reichen zu produzieren.«*

»Es ist noch schlimmer, als es aussieht«

»Der Schein trügt im Delta«, sagte eine Bankangestellte in Greenville zu mir.

»Aber man sieht doch, dass es dem Delta nicht gutgeht«, entgegnete ich.

»Ja, aber es ist noch schlimmer, als es aussieht«, erklärte sie.

* Almeida Garrett, *Der Mönch von Santarem oder Wanderungen in meinem Vaterlande.* Übersetzung von Adolf Seubert, Leipzig 1894.

Sie war in Hollandale aufgewachsen, einer der tristeren Städte am Highway 61, südlich von Greenville. Sie zuckte die Schultern und erkundigte sich, was ich wissen wollte. Ihre Kollegin Sue Evans, um die sechzig, saß mit dabei, sagte jedoch kaum etwas und nickte lediglich zustimmend. Wir saßen im Büro der beiden, im Obergeschoss der Bank, die sich in einer Seitenstraße von Greenville befand. Es war ein düsterer Nachmittag, mit einem von schweren Wolken verhangenen Himmel. Immer wieder fielen kalte Regentropfen auf die kaputten Fußwege und die mit Schlaglöchern übersäten Straßen. Trotz des Elends hatte ich mir das Delta wenigstens als sonnige Gegend vorgestellt, aber obwohl wir erst Oktober hatten, war es kalt. Es fühlte sich fast schon winterlich an. Für mich hatte dieses Wetter und diese Stimmung etwas Neues, Unerwartetes und Beklemmendes an sich.

»Es ist noch schlimmer, als es aussieht« war eine erschreckende Aussage. Aber es stimmte, genau wie in Allendale, South Carolina, und den abgeschiedenen Dörfern Alabamas schien dieser Teil des Deltas förmlich zu implodieren.

»Das Thema Wohnraum ist die größte Herausforderung«, sagte sie. »Aber wir stecken in einer Zwickmühle: Wir sind zu groß, um als klein zu gelten, und zu klein, um groß zu sein. Das heißt, wir befinden uns zwar im ländlichen Raum, haben aber keinen Anspruch auf die dafür vorgesehenen Fördermittel, weil wir mehr als 25 000 Einwohner haben.«

»Fördermittel woher?«

»Von der US-Regierung«, antwortete sie. »Außerdem spielt auch die Mentalität der Menschen eine Rolle. Das ist ein echtes Problem. Die Kurzsichtigkeit der Leute und ihr Wertesystem.«

Ich fragte: »Meinen Sie die Menschen, die in Armut leben?«

»Ja, einige von ihnen. Man sieht zum Beispiel manchmal schicke Autos vor völlig heruntergekommenen Häusern stehen. Oder die Leute gehen zu Wal-Mart und ins Nagelstudio und lassen sich die Fingernägel machen.«

»Ist das ungewöhnlich?«

»Sie leben von staatlichen Sozialleistungen«, erklärte sie kopfschüttelnd. Sue Evans murmelte etwas Zustimmendes. »Ich meine ja nicht, dass sie nicht auf ihr Äußeres achten sollen, aber das ist nur sofortige Bedürfnisbefriedigung, statt auch mal Verzicht zu üben.«

»Was sollten sie denn Ihrer Ansicht nach tun?«

»Ich sage Ihnen, wie es bei mir war«, antwortete sie. »Ich habe ein ganz anderes Wertesystem. Ich komme aus einer sehr armen Stadt« – da ich erst am Tag zuvor durch diese Stadt gefahren war, wusste ich genau, dass sie nicht übertrieb: Hollandale sah aus, als ob es von der Pest heimgesucht worden wäre. »Meine Eltern hatten vierzehn Kinder, zu Hause waren wir nie weniger als zehn, plus meine Eltern. Es gab ein Badezimmer. Aber erstaunlicherweise haben wir nie Sozialleistungen irgendeiner Art in Anspruch genommen, und das lag schlichtweg daran, dass mein Vater gearbeitet hat. Er hatte eine Stelle beim Werkzeughersteller ›Nicholson Files‹. Außerdem hat er sich als Fischer, Jäger und Gärtner betätigt. Sein Gemüse war ganz ausgezeichnet. Er hat Rotwild, Kaninchen und Eichhörnchen gejagt, und meine Mutter hat die Eichhörnchen gebraten oder ein Schmorgericht daraus zubereitet.« Lachend fügte sie hinzu: »Von dem Wild habe ich allerdings nie etwas gegessen. Ich mochte lieber Geflügel.«

»Eichhörnchen habe ich schon mal gegessen«, sagte Sue Evans und beteiligte sich damit zum ersten Mal am Gespräch.

»Und was ist aus ›Nicholson Files‹ geworden?« Es war ein Unternehmen, das Metallfeilen und andere hochwertige Werkzeuge produzierte, eine unter Handwerkern sehr geschätzte Marke.

»Das Werk wurde geschlossen und die Produktion nach Mexiko verlagert«, antwortete sie. So etwas bekam ich immer wieder zu hören, wenn ich mich nach dem produzierenden Gewerbe im Delta erkundigte. »Mir war klar, dass ich hier nicht viel zu erwarten hatte. Deshalb bin ich zu den Marines gegangen und habe

›drei plus drei‹ gedient – drei Jahre aktiv, drei in der Reserve. Ich war in Oceanside, in Kalifornien, stationiert, und ich kann Ihnen sagen, das war abgesehen von der Bekehrung die beste Entscheidung, die ich meinem Laben getroffen habe. Die Army hat mir ganz neue Perspektiven eröffnet und mir geholfen, vieles ganz anders zu sehen.«

»Das habe ich schon oft gehört. Das Militär als Ausweg und Aufstiegschance.«

»Für mich hat sich dadurch alles verändert. Bis dahin kannte ich nur das Delta. Zur Schule bin ich in Hollandale gegangen, in eine typische staatliche Schule im Delta. Sie wurde 1969 integriert, glaube ich. Die weiße Schule war am anderen Ende der Stadt, die allerdings – so ein Zufall! – kurz darauf abgebrannt ist. Natürlich haben sie das Gebäude selbst angezündet, damit sie sich nicht mit uns herumschlagen müssen. Da sind sich alle sicher. Nach dem Brand wurde die ›Deer Creek Academy‹ in Arcola eröffnet – eine weiße Schule. Die gibt es immer noch, und sie ist auch immer noch weiß, oder zumindest zu neunundneunzig Prozent. An meiner Schule gab es ein paar wenige Weiße, zwei oder drei. Obwohl im Delta das Verhältnis schwarz zu weiß bei sechzig zu vierzig liegt, haben wir in Greenville immer noch ein Ungleichgewicht. Die O'Bannon-Grundschule und High School sind schwarz. Die Riverside High School in Avon ist überwiegend weiß. Diese Zustände sind für uns als Kommune ein großer Nachteil.«

»Aber Greenville ist doch eine große Stadt.« Die Größe hatte mich überrascht, die Ausdehnung, das Stadtzentrum, die Viertel mit schönen und sogar vornehmen Häusern. Auch eine neue Brücke über den Mississippi war westlich der Stadt gebaut worden und wartete noch auf ihre Namensgebung.

»Diese Stadt ist im Niedergang. Der Schiffsverkehr geht zurück. Wir haben viele Einwohner verloren. Von früher 50 000 auf weniger als 40 000. Das war einmal eine blühende Stadt. Was wurde hier nicht alles hergestellt: LKW-Anhänger, Herrenunterwäsche von ›Fruit of the Loom‹, Schwinn-Fahrräder, Teppiche von Axminster. Die Firmen sind alle abgewandert nach Mexiko, Südamerika oder China. Hier gab es auch einen Luftwaffenstützpunkt. Der wurde aber auch geschlossen.«

»Was für Wirtschaftszweige gibt es überhaupt noch?«, fragte ich.

»Catfish. Aber auch nicht mehr so viel wie früher. Reisproduktion haben wir noch. Uncle Ben's. Die sind wirklich groß. Und Leading Edge. Die machen den Anstrich von Düsenflugzeugen. Aber es gibt einfach nicht genügend Stellen. Die Arbeitslosigkeit ist enorm, über sechzehn Prozent, das ist mehr als doppelt so viel wie im Landesdurchschnitt.«

»Ich habe mit Leuten gesprochen, die meinten, dass besserer Wohnraum helfen würde.«

»Es ist gut, wenn man ein schönes Zuhause hat, aber wenn man nicht zusätzlich noch Zuschüsse bekommt, dann tritt man weiter auf der Stelle. Das ist bei vielen Leuten der Fall.«

»Werden hier Häuser renoviert?«

»Ein paar werden instand gesetzt. Die meisten sind allerdings in so schlechtem Zustand, dass es billiger ist, sie abzureißen. Viele sind auch nicht mehr bewohnt. Wir haben hier immer mehr Leerstand.«

»Wenn Greenville in einem Land der Dritten Welt läge, dann würde bestimmt eine Menge Geld hierherfließen.«

»Wir waren früher mal Fördergebiet der US-Regierung. ›Federal Empowerment Zone‹ hieß das. Zehn Jahre lang sind 10 Millionen Dollar in die Wirtschaft geflossen.«

»10 Millionen sind nicht allzu viel, verglichen mit den Hunderten von Millionen, die an US-Entwicklungshilfe in Afrika investiert wurden«, merkte ich an. »Einzelne kleine Länder wie Tansania oder Ghana konnten da 700 Millionen bekommen. Für Schulen oder Kliniken.«

»Das ist uns neu«, sagte sie, und Sue Evans wirkte ähnlich erstaunt. »Wir tun, was wir können. Manches hat sich auch langsam verbessert. Es gibt zum Beispiel das ›Greenville Education Center‹, wo Leute sich tagsüber oder abends weiterbilden können.«

Später schaute ich mir den Lehrplan des »Mississippi Delta Community College« an und sah, dass dort Kurse für Maurer, Fliesenleger, Kfz-Mechaniker, LKW-Fahrer, Baggerfahrer, Elektroniker, Werkzeugmacher, Schweißer, Heizungs- und Kühlanlagentechniker, Bürokaufleute und vieles andere angeboten wurden. Stellen gab es dafür jedoch kaum.

»Die Leute machen hier ihr Ausbildung und gehen dann weg«, sagte sie. »Es gibt hier eine enorme Fluktuation bei Ärzten und Lehrern. Wir müssen uns zusammentun. Egal, wie. Irgendwie müssen wir hier etwas verändern.«

Angesichts der ernsten Lage und der allgemeinen Aussichtslosigkeit im Delta fragte ich mich, warum sie selbst eigentlich blieb. Diese Frage sprach ich aus.

»Ich? Hierzubleiben ist meine Bestimmung«, erklärte sie.

Sue Evans hatte die ganze Zeit schweigend dagesessen. Doch als ich das Thema wechselte und auf die musikalische Geschichte Greenvilles, den Blues und die vielen Clubs zu sprechen kam, die es einst überall im Delta gegeben hatte, wurde sie plötzlich lebendig. Die Musik läge ihr sehr am Herzen, sagte sie.

»Meine Mutter hatte einen Jazzclub in Leland«, erzählte Sue. Durch Leland war ich durchgekommen. Es war ebenfalls eine landwirtschaftlich geprägte Stadt am Highway 61, die für ihre Blues-Vergangenheit berühmt war. »Sie war eine tolle Frau, meine Mutter, alle kannten sie.«

Es gab dort immer noch einige Clubs, berichtete sie. Auch ein Blues-Museum. Aus aller Welt kämen die Leute und besuchten die Stätten, die etwas mit dem Blues zu tun hatten – und die einschlägigen Geburtsorte und Bezugspunkte: Farmen, Flüsschen, Bahnstrecken und Baumwollfelder.

»Ich habe gehört, dass es in Indianola ein B.-B.-King-Museum gibt«, warf ich ein.

Daraufhin herrschte erst einmal Schweigen. Die beiden Frauen wechselten einen Blick, sagten jedoch zunächst nichts. Es war eine Art von betretenem Schweigen, wie es entsteht, wenn eine unpassende Anspielung oder verwirrende Bemerkung gefallen war. Es schien, als ob sie mich plötzlich nicht mehr verstanden.

»Ich habe gehört, dass er dort geboren ist«, fuhr ich fort und war ein wenig unsicher, ob ich vielleicht meinen Besuch bei ihnen überzogen hatte.

Sue Evans schaute schweigend und starr an mir vorbei, während ihre Kollegin verhalten lächelte und dann antwortete: »In Berclair. Aufgewachsen ist er allerdings in Kilmichael, auf der anderen Seite von Greenwood.«

Das war eine zwar äußert präzise, aber dennoch unklare Information. Mir fiel nichts weiter ein, was ich noch sagen konnte, und es war offensichtlich, dass dieses Thema im Raum eine angespannte und für mich nicht zu deutende Atmosphäre geschaffen hatte, in der ich mich so unsicher wie ein Außerirdischer fühlte.

»Wollen wir es ihm sagen?«

»Ich weiß nicht«, erwiderte Sue.

»Sag du es ihm.«

»Nein, du«, widersprach Sue.

Diese kurze Diskussion sorgte dafür, dass die Anspannung wieder verflog.

»Sue war mit ihm verheiratet.«

»Mit B.B. King?«

Sue antwortete: »Ja, genau. Sue Hall hieß ich damals. Ich war seine zweite und letzte Frau. Ist schon ein Weilchen her.«

Sue war weiß und sah aus wie eine gestandene Bibliothekarin. Ihre Kollegin war schwarz und hatte immer noch die zackige Art des Stabsfeldwebels, wie früher bei den Marines. Doch seit dieses Thema angeschnitten war, lächelten beide Frauen.

»Meine Mutter hatte ihn für einen Abend gebucht«, berichtete Sue. »Er hatte ein Auge auf mich geworfen, aber ich war noch sehr jung. Ich ahnte schon, was er von mir wollte, aber meine Mutter hat keine Liebschaften geduldet. Er hat oft im Club gespielt. Ein toller Musiker. Er hat dann gewartet, bis ich achtzehn war, weil er sich nicht mit meiner Mutter anlegen wollte. Vor ihr hatte er ziemlichen Respekt.«

Bei dem Gedanken daran musste sie lachen. Ich fragte: »Und wann war das?«

»Vor sehr langer Zeit«, antwortete Sue. »Zehn Jahre waren wir verheiratet.«

»Haben Sie ihn ›B.B.‹ genannt?«

»Eigentlich hieß er Riley. Ich habe immer ›B‹ zu ihm gesagt.«

Ich notierte mir den Namen Riley.

»Das war allerdings ein bisschen verwirrend«, fügte Sue hinzu. »Denn die Frau von Ray Charles hieß Beatrice, und wir haben sie auch immer nur ›B‹ genannt. Die beiden Bs haben wir öfter verwechselt.«

»Sind Sie auch mit ihm gereist?«, wollte ich wissen.

»Ständig. B. liebte das Reisen. Und die Musik natürlich. Manchmal hat er die ganze Nacht gespielt. Er liebte das Publikum, die Menschen und hat sehr gern geredet. Aber mir war das irgendwann zu anstrengend. Er dachte damals, dass ich ihn nicht mehr auf der Bühne erleben wollte, aber das war nicht der Grund. Ich mochte bloß nicht mehr nächtelang aufbleiben. Ich bin dann lieber im Hotel geblieben und habe dort auf ihn gewartet.«

»Haben Sie noch Kontakt?«

»Wir telefonieren oft miteinander. Er ruft mich an und dann reden wir. Er geht immer noch auf Tour, stellen Sie sich das mal vor. Als wir uns das letzte Mal gesprochen haben, standen gerade Konzerte in New York und New Jersey an. Er liebt das Leben und hat immer noch Erfolg.«

Für diese fünfzehn oder zwanzig Minuten war die Not im Delta vorübergehend vergessen. Wichtig waren jetzt nur die schönen Erinnerungen an die zehn Jahre, die sie mit B.B. King verbracht hatte, dem Mann, der ein bisschen Glanz ins Delta brachte und bewies, dass so etwas möglich war und sich auch wiederholen könnte.

Jesus ist der Herr – An- und Verkauf von Waffen

Meine Reise neigte sich allmählich dem Ende entgegen. Ich fuhr im Delta noch ein Stück weiter nach Norden und dann in Richtung Osten, nach Alabama. Es war, als würde man in die entlegeneren Gebiete eines fremden Landes vordringen, in dem man kaum auf Menschen trifft, dafür ständig auf Überraschendes: zum Beispiel ein gelbes Ladenschild, auf dem in großen schwarzen Buchstaben stand: *Jesus ist der Herr – An- und Verkauf von Waffen*, was zu einem der Leitmotive meiner Reise geworden war. Der Süden war in der Regel nicht besonders wortgewandt, man griff daher auf eher plakative Mittel zurück, um von seinen Obsessionen zu sprechen.

Nach den meisten Reisen sagt man sich, dass es nun genug ist und man nach Hause zurückkehren und darüber schreiben möchte. Auch wenn diese Reise vorerst zu Ende ging, war das Thema für mich noch längst nicht abgeschlossen, und meine Erlebnisse weckten in mir die Lust auf mehr. Ich hatte erfahren, dass es in Amerika ein Prekariat gab, das genauso in Not war, ignoriert wurde und unter Hoffnungslosigkeit litt, wie ich es überall sonst auf der Welt gesehen hatte. Und ich musste an all die Menschen denken, denen ich unterwegs begegnet war: Reverend Johnson in Sycamore, Wilbur im trostlosen Allendale, Cynthia Burton in Tuscaloosa, Bürgermeister Washington und Reverend Lyles in Greensboro, die Bewohner des Deltas, Mrs Robin Scott, die ehemalige Mrs B.B. King und andere. Und an die vielen Leute, die mich eingeladen hatten wiederzukommen. Die herbstliche Landschaft wurde schon allmählich von Kälte und Grau überzogen. Wie würde es hier wohl im Winter sein, und wie mochten die Menschen hier in der kalten Jahreszeit leben? Mein Zuhause befand sich an einem Ende des Weges, und das, was mich interessierte, lag am anderen Ende. Auf der Heimfahrt genoss ich die langen, menschenleeren Abschnitte, das Fixiertsein auf die weißen Markierungen am Fahrbahnrand und das Satori der freien Strecke. Ich fuhr also nach Hause und machte umgehend Pläne für meine baldige Rückkehr.

TEIL II

Winter

»Heute Geborene wissen nicht, wie es war«

»Höre Fremder; dies war ich selbst: dies war Ich.«

William Faulkner, *Requiem für eine Nonne*

Jessica Badger im Haus ihrer Mutter in Allendale, South Carolina, zeigt in einem der Schlafzimmer auf einen feuchten Fleck in der Zimmerdecke.

Dolores Walker Robinson lebt und arbeitet in der Nähe von Palestine, Arkansas, als Viehzüchterin. »Ich plane für die nächsten zehn Jahre. Ich will die Herde erweitern und Vollzeit auf meiner Farm arbeiten.«

In dem Haus, das ihr Vater einst in der Ortschaft Hamburg bei Marion, Alabama, gebaut hatte: die Schriftstellerin Mary Ward Brown, zwei Monate bevor sie mit fünfundneunzig Jahren starb

Geschlossener Laden an den Bahngleisen in Demopolis, Alabama

Einsames Haus in einem Baumwollfeld im Delta bei Rolling Fork, Mississippi

Ernest Cox, Farmer im Mississippi-Delta, nach einem arbeitsreichen Tag zur Erntezeit in der Nähe von Marvel, Alabama

Früher Abend in Natchez, Mississippi

Zehn Grad unter null

Hinter den Eiszapfen, die wie eine Reihe überdimensionaler Kristallkarotten an meinem Fenster auf Cape Code hingen, lag überall hoher Januarschnee, verharscht, schrundig und fest, stellenweise wie der blasige Schaum luftgetrockneter Gischt im angeschwemmten Seetang unten am Strand. Die Art von Schnee, die so lange liegen bleibt, bis man sich an die Invasion von ungebetenem Weiß gewöhnt hat. Eine vermummte Landschaft, die im fahlen Licht des Sonnenaufgangs an einem Wintermorgen glitzerte. Und sogar das halbe Fenster war weiß und von Eis umrandet.

Der scharfe Wind hatte schöne Formen, wie von skulpturartigen Gewändern, in den Schnee getrieben, ihn zu Falten aufgeworfen, am Haus zu Rampen aufgetürmt und wie Schals unten um die klobigen Stämme der Bäume geschlungen. Auch meine lange Zufahrt war weiß, aber das Weiß war durchbrochen von dunklen Fußstapfen, zwei parallelen Reifenspuren, eisglasierten Kieseln. Der Morgen war wolkenlos und klar, aber kalt, zehn Grad unter null, in der Luft ein stummes, sichtbares Knistern wie funkensprühende Neuronen in zerstoßenem Eis. Die winterliche Stille wurde nur vom Krächzen und Flattern der Krähen gestört, die aufgeschreckt wurden vom Knirschen des Harschs unter meinen Schritten und dem Knallen meiner Tür.

Vielleicht übertreibe ich. Mir gefiel es zu beschreiben, was ich sah, und noch mehr gefiel mir der Gedanke, diese Landschaft hinter mir zu lassen, und das war vielleicht der Grund, warum ich verbal hyperventilierte und eine winterliche Märchenlandschaft schilderte, ein Klischee, was ich sonst zu vermeiden suche. Es lag an meinem Gemütszustand: Ich war in Abschiedsstimmung. Die Erleichterung über eine Abreise verleitet oft zu falschem Lob und Überschwang. (»Vielen Dank! Es war sehr schön hier. Aber leider muss ich jetzt gehen ...«) Ich fror und hatte von alldem genug. »Vermummte Landschaft«? »Formen wie von skulpturartigen Gewändern«? Egal. Ich konnte es nicht erwarten, der Kälte den Rücken zu kehren und wieder auf die Straße zu kommen.

Ich fuhr bei Sonnenschein los, Richtung Süden, und als ich das andere Ende von Connecticut erreichte, zog eine Schlechtwetterfront mit dichten Wolken auf, deren Vorderflanke so stumpf und schartig war wie eine alte Schreibtischschublade. Der Himmel verdunkelte sich und erweckte den Eindruck einer fallenden Tischplatte, während sich gleichzeitig aus der Ferne unheilvoll eine Gipswand heranschob. In New Jersey senkte sich der Himmel bis zu meinem Autodach herab, und es begann zu schneien, in taumelnden kleinen Flocken, die der Verkehr über die Straße wirbelte. Hier und da lagen kollidierte Autos auf dem Pannenstreifen wie kaputtes Spielzeug. Im abendlichen Dunkel von Delaware stob der Schnee in dicken Fetzen an Straßenlaternen vorüber. Der Autobahnring um Washington war vereist und schwarz, und im Norden Virginias türmten sich überall Schneewehen auf.

Nachdem ich fast sechshundert Meilen bei Schneefall gefahren war, übernachtete ich in einem Motel nördlich von Richmond. Und am nächsten Morgen fuhr ich bei Sonnenschein weiter, froh, dass ich wieder im warmen, winterbraunen Süden war.

Diesmal wusste ich, wohin ich wollte.

Lumberton

Mit einer streifigen weißen Kruste aus Salz und Schneematsch überzogen, wirkte mein Wagen im grellen, nüchternen Licht North Carolinas wie ein Fremdkörper. Und so bog ich nach Lumberton ab, um ihn waschen zu lassen.

Als ich auf das weit geöffnete Tor und die tropfenden Bürsten der Autowaschanlage zufuhr, nahte von der Seite ein alter Mann mit Armeemütze und winkte mir, anzuhalten. Mit zwei nikotingelben Pinzettenfingern zupfte er die Zigarette aus seinem Mund und beugte sich zu mir herunter.

»Die Anlage würde ich nicht nehmen«, sagte er.

»Ist sie geschlossen?«

»Nein, Sir, sie ist offen«, antwortete er, zog an der Zigarette und riss sie ruckartig wieder aus dem Mund.

»Arbeiten Sie hier?«

»Nein, Sir, aber ich weiß, dass die Anlage nichts taugt.« Er nahm erneut ein paar Züge. »Nehmen Sie die weiter unten an der Straße. Einfach hier zurückfahren. Sie sehen sie, wenn Sie näher kommen.« Wieder zog er an der Zigarette, wieder riss er sie aus dem Mund und sagte: »Ich weiß, ich kann mich nicht gut ausdrücken. Ich geb mir Mühe, aber ich hab eben keine gute Bildung, ich bin nämlich ein Lumbee. Wissen Sie, was ein Lumbee ist?«

Und damit nahm ich Abschied von dem Gedanken, hier meinen Wagen waschen zu lassen. Ich parkte und brachte die nächste Stunde damit zu, mit diesem Mann, Robert Locklear aus Lumberton, Kaffee zu trinken. Er war hager, sah blass und krank aus – sein schlaffes Kettenrauchergesicht war geriffelt wie ein Keks –, und er stützte sich beim Gehen auf einen Stock. Seine Jacke war zu dick für diesen lauen sonnigen Tag, was vermuten ließ, dass er einen schwachen Kreislauf hatte. Sobald wir eine Bank gefunden hatten, auf die wir uns mit dem Kaffee setzen konnten, verstummte er, als fühle er sich plötzlich beschämt.

Ich sprach ihn auf seine Schirmmütze an, auf der *Combat Veteran – Proud to Serve* stand.

»Ich war in Vietnam, '68, '69, die richtig heißen Jahre, im zentralen Hochland, gleich neben Kambodscha und Laos. Wir konnten in die Länder jederzeit reinmarschieren, so nah waren die. Und manchmal haben wir es auch getan. Haben da einiges mitgemacht. Aber ich hab's überstanden … Als ich hierher zurückgekommen bin, war alles beim Alten. In Lumberton hat Rassentrennung gegolten, und nicht bloß für Weiße und Schwarze, auch für Lumbee. Die meisten Locklears sind Lumbee. Wenn einer meinen Namen hört, weiß er gleich, was ich bin und wo ich herkomme … Ja, ja, die Schule. Das war für mich ein Problem. In eine weiße Schule durfte ich nicht, und in eine schwarze Schule wollten sie mich nicht lassen. Weil ich ein Lumbee bin. Die Lumbee mussten in der Kirche unterrichtet werden. Alle Lumbee hatten Kirchen, und in jeder Kirche gab es eine Schule, aber mit denen war es nicht weit her. Sehen Sie mich an. Ich hab nichts. Für die Armee hab ich getaugt, aber sonst für nichts. Ich hätte in Vietnam getötet werden können. Und wofür …? Die Rassentrennung ist heute so schlimm wie damals, und damals war sie schon schlimm. Der Ku-Klux-Klan ist 1958 aus Alabama und Mississippi rübergekommen und hat hier im Robeson County ein paar Kreuze verbrannt … die waren zu den Lumbee genauso fies wie zu den Niggern, sogar noch fieser, wie sie hier aufgetaucht sind. Aber an dem Tag haben wir den Klan davongejagt. Die waren total aufgeschmissen, praktisch wehrlos.«

Bei dem von Locklear angesprochenen Vorfall handelte es sich, wie ich später herausfand, um die sogenannte »Schlacht vom Hayes Pond«. Auslöser war eine Kundgebung mit Kreuzverbrennung, die ein gewisser James »Catfish« Cole, »Großdrache« des Klans, in dem rund zwanzig Meilen von Lumberton entfernten Maxton mit einer Gruppe von Klansmännern veranstaltete. Eine zahlenmäßig überlegene Schar bewaffneter und aufgebrachter Lumbee sprengte die Zusammenkunft, schoss auf die Teilnehmer, wobei mehrere verletzt wurden, und trieb die Übrigen unter Schlägen in das sumpfige Dickicht um den nahen Hayes oder Maxton Pond. In der langen, von Niederlagen gezeichneten Geschichte der Lumbee war dieser Sieg über den Klan ein herausragendes Ereignis, das immer noch alljährlich gefeiert wird von dieser Volksgruppe, die von der Bundesregierung zwar als Indianerstamm anerkannt worden ist, jedoch keine finanzielle Unterstützung erhält, nicht zuletzt deshalb, weil ihre Herkunft und Abstammung bis heute umstritten sind.

»Ich konnte wegen der Rassentrennung nirgendwo hin und was lernen. Und sehen Sie mich an«, sagte Robert Locklear. »Ich bin kein Schwarzer. Ich bin ein Lumbee. Aber Martin Luther King ist für mich ein Held, und James Brown auch. Die Leute hier hassen die Lumbee. Bis heute. Mein Cousin hat eine blonde, blauäugige Frau geheiratet. Sie ist hierhergezogen und hat gedacht, sie würde schon klarkommen. Na ja, als Arzt oder Anwalt kommt man vielleicht klar, aber wie sie im Wal-Mart ihre Kreditkarte rauszieht und die sehen, dass sie Locklear heißt, behandelt man sie wie Dreck, weil die denken, sie ist eine Lumbee. Nach einer Weile ist sie hier so unglücklich gewesen, dass sie wieder fort ist.«

Robert Locklear trat die aufgerauchte Zigarette aus, nahm die »Proud to Serve«-Mütze ab, drehte sie um und deutete mit dem Daumen auf das eingenähte Etikett.

»Sehen Sie hier«, sagte er. »Fühlen Sie mal. Ich hab als Weber in einer Textilfabrik gearbeitet. Aber sie haben die Fabriken dichtgemacht und die Jobs ins Ausland verlagert. Deshalb gibt es hier nichts mehr. Und jetzt sehen Sie sich mal das Etikett an ... Sehen Sie? ›Made in Vietnam‹. Und sehen Sie, was auf dem Hut steht. ›Combat Veteran‹, und das da, das ist das Veteranenbüro.«

In der Mütze waren Name und Anschrift eines Büros und einer Klinik der Kriegsversehrten-Organisation in Lumberton angegeben.

»Ich hab mich dort beraten lassen. Ich hab nämlich schlecht geschlafen. Hab Albträume gehabt wegen Vietnam, wegen dem

Klan und was weiß ich alles. Die US-Regierung hat mir die Mütze geschenkt, weil ich Veteran bin – und die Mütze ist *made in Vietnam*!«

Ich saß neben ihm auf der Bank und versuchte, ihn zu trösten. Aber ich war nur ein Fremder auf der Durchreise, der aufschrieb, was er mir erzählte. Er schwieg eine Weile, dann besann er sich offenbar auf eine Frage, die ich ihm zuvor gestellt hatte.

»Ich weiß nicht, was werden soll. Eins ist so schlecht wie das andere. Ich wäre in Vietnam fast krepiert, und jetzt hab ich nichts, und ich trage diese Mütze, die dort hergestellt wurde, und die Leute hier in der Gegend hassen die Lumbee. Schreiben Sie das! *Nichts hat sich geändert.*« Er fasste mich am Handgelenk, sah mich an und befeuchtete sich die Lippen: »Ich hab Albträume.«

Auf Nebenstraßen

Von Lumberton aus, wo ich dem Wagen schließlich mittels einer Wäsche seine alte Farbe zurückgab, fuhr ich auf Nebenstraßen in Richtung South Carolina und zur altvertrauten Route 301 – der von ausgebrannten Motels, aufgegebenen Art-Deco-Tankstellen und Restaurant-Ruinen gesäumten Straße mit Endzeit-Touch. Doch selbst in ihrer Trostlosigkeit verfügte sie über einen ausgeprägten Genius Loci und wartete zudem mit hervorragenden Werbeplakaten auf, darunter eines, das mit riesigen Lettern an einer Hauswand prangte:

> »Sie antworteten: Glaube an Jesus, den Herrn, und du wirst gerettet werden, du und dein Haus.« Apg 16,31

Ein Mann in Santee sagte: »Hier schneit es nie.«

Seine Frau sagte: »Vor zehn Jahren hat es mal leicht.«

Auf den Nebenstraßen im Lowcountry war es angenehm sonnig und trotz Januar frühlingshaft warm. Aber die Hütten, die verrosteten Wohnwagen, mit den verstreut herumliegenden Plastikspielsachen und den alten Fahrrädern, und das Fehlen jeglicher Industrie trübten meine Freude. Die Armen im ländlichen Süden waren ihrem Schicksal überlassen worden und wirkten wie Überbleibsel aus einem anderen Leben.

Sonntagmorgen in Sycamore

Auf dem Weg zu meinem zweiten Besuch bei Reverend Johnsons »Revelation Ministries« bog ich hinter Orangeburg und Bamberg auf den Confederate Highway ein und kam nach Sycamore bei Allendale. Der Gottesdienst begann erst um elf, und so hatte ich noch etwas Zeit. Ein paar Männer tranken im Hardee's an der Railroad Avenue ihren Morgenkaffee. Da Sonntag war, hatten die beiden anderen Imbisse zu.

»Nehmen Sie Platz«, sagte einer, und so setzte ich mich zu den zehn Männern an den Tischen. Die meisten waren schon älter und salopp gekleidet. Der einzige jüngere, ein Mann um die dreißig namens Barrett, trug einen dunklen Anzug, weil er, wie er sagte, seine Mutter zur Kirche begleiten musste.

Die anderen hießen Sam, Freddy, Harold, Mose, Buddy, Clarence, Rewall, Charlie und Henry, der mich aufforderte, ihn Sonny zu nennen. Sie seien alle von hier, erzählten sie, und hätten in verschiedenen Fabriken in und um Allendale gearbeitet, bevor man sie geschlossen habe.

»Ich bin 1946 hier geboren«, berichtete Sonny Bryant, »aber ich habe fast mein ganzes Leben woanders gearbeitet – hauptsächlich in Atlanta, später oben in Washington. Ich bin erst vor ein paar Jahren zurückgekommen. Ich lebe jetzt bei meinen Großeltern außerhalb von Ulmer. Sie sind keine Bryants, sondern von der mütterlichen Seite – mein Großvater Henry und meine Großmutter Sular Jenkins. Sular – das ist ein afrikanischer Name … Wir haben alle von klein auf Baumwolle gepflückt. Als ich sechs war, habe ich zusammen mit der ganzen Familie gepflückt – meine Großmutter war eine tolle Frau. Sie lief uns beim Pflücken immer weit voraus. Als ich zehn und älter war, habe ich gut fünfhundert Pfund am Tag gepflückt, für ungefähr 50 Cents das Pfund. Diese spezielle Baumwolle hat Mr Kirkland und Mr Bess gehört.«

Erinnerungen ans Baumwollpflücken: Überall, wo ich im Süden hinkam, hörte ich von älteren Leuten solche Geschichten aus der Zeit vor Einführung der Erntemaschinen – vom Unkrautjäten und Baumwollpflücken, von den langen Tagen auf den Feldern, an denen sie einen neun Fuß langen Sack mitschleppen und füllen mussten. Und jeder erinnerte sich an die gepflückte Menge. Die fünfhundert Pfund, die Sonny gepflückt haben wollte, stellten eine unglaubliche Menge dar. In den dreißiger Jahren schätzte James Agee, dass es ein erwachsener Mann auf durchschnittlich zweihundertfünfzig Pfund und eine erwachsene Frau auf hundertfünfzig bis zweihundert Pfund am Tag brachte. Die meisten Leute, denen ich begegnete, gaben als ihre Tagesausbeute Mengen in dieser Größenordnung an.

Aber Sonny beharrte darauf, dass er am Tag eine Vierteltonne Baumwolle gepflückt habe. Außerdem erinnerte er an die einstige Bedeutung Allendales, an den Wohlstand der Stadt, bevor der Bau der Interstate 95 ihren Niedergang eingeläutet hatte, an ihre feinen Restaurants, ihr Nachtleben. Dann sprach er über seine Schulzeit (»Das waren damals schwarze Schulen, bis zur High School. Die Rassentrennung war hart. Ich hab einiges mitgemacht«) und erzählte, wie er aus Allendale nach Atlanta geflüchtet war, wo er Martin Luther Kings Haus gestrichen habe.

»Ich habe Martin in Atlanta kennengelernt. Er hat mit mir so geredet, wie ich jetzt mit Ihnen rede. Er hat mich beauftragt, sein Haus zu streichen. Ich hatte das Malern von meinem Großvater gelernt. Der war hier Maler. Außerdem hat er Gitarre gespielt. Er hat mir den Blues beigebracht.«

»Dann waren Sie also ein Maler, der Blues gespielt hat?«, fragte ich.

»Nein, Sir. Ich war Heizungsmonteur bei der Stadtverwaltung in Washington. Ich war vierzig Jahre von hier fort. Ich hab auch viele andere Sachen gemacht.«

Das war wie eine Aufforderung, nachzufragen. Ich tat es.

»Kokain, zum Beispiel«, sagte er. »Ich hab es nicht nur genommen, sondern auch verkauft, gekocht, mit Backpulver gestreckt. Ich hab ein paar schlimme Dinge gesehen. Aber ich kann Ihnen sagen, ich hab überlebt. Ich hab jahrelang Crack geraucht – jahrelang! Und ich hab jeden Augenblick genossen.«

»Inwiefern?«

»Das will ich Ihnen sagen. Weil man das Gefühl hat, dass einem Flügel wachsen. Weil man das Gefühl hat, dass man fliegen kann.«

»Dann ist Crack ein guter Stoff?«

»Aber es macht auch kaputt, wie viele tolle Sachen, die man tun kann. Vor vierzehn Jahren hab ich es aufgegeben und nie wieder was genommen. Ich war mit Leuten zusammen, die es genommen haben, aber ich hab nur zugesehen, selbst hab ich es nicht mehr angerührt. Ich hab einfach aufgehört. Und dann bin ich hierher zurückkommen, wieder nach Hause. Ich hätte nie weggehen sollen.«

Alle Männer hatten Sonnys Geschichte gelauscht, und als er fertig war, sagte einer, Sam: »Du hast in Atlanta vielleicht Martin getroffen. Aber du hast nie und nimmer an einem einzigen Tag fünfhundert Pfund Baumwolle gepflückt.«

»Wie lieben dich – ob du willst oder nicht!«

Die Nebenstraßen waren an diesem Sonntagmorgen leer – leer und schön, gesäumt von weiteren kargen Baumwollfeldern, viele davon schlammig und mit Pfützen gesprenkelt, die reifen Faserbüschel – die sogenannten *»locks«* – durchweicht in den aufgeplatzten Kapseln, die Sträucher niedergedrückt vom Regen am

Vortag. An manchen Stellen dampfte die feuchte Erde in der Morgensonne. Hohe Bäume säumten die Felder, grasende Kühe, Hütten aus sonnenverbranntem Zedernholz mit verwitterten Veranden und Dächern, deren Schindeln sich wellten, die Hütten selbst geduckt zwischen mächtigen, ausladenden Buchen.

Ich fuhr durch Ulmer und fand die Kirche, in der ich Reverend Virgin Johnson hören wollte, der sich bei unserem vorangegangenen Gespräch als kluger und humorvoller Mann mit viel Optimismus gezeigt hatte. Ein Stück die Straße runter, schräg gegenüber, stand das Vereinshaus der »Sons of Confederate Veterans at Barker's Mill«. Eine wortreiche Hinweistafel davor erinnerte an die örtliche Miliz, die sich am 2. Februar 1865 mit den Truppen General Blairs, die General William Tecumseh Shermans Marsch zum Meer flankierten, ein Scharmützel geliefert hatte. Soldaten der Unionsarmee zogen damals durch dieses Farmland, plünderten, steckten Häuser in Brand und erwiderten das Feuer auf Heckenschützen. Das Gefecht bei Barker's Mill bewirkte nichts weiter, als dass es den Vormarsch der siegreichen Armee, die südöstlich von hier einen kleinen Fluss namens Jackson Branch überqueren musste, um einen Tag verzögerte. Genau genommen verwies die Tafel also auf eine Niederlage – eine weitere Demütigung. Aber das Vereinshaus, auf dem die Konföderiertenflagge wehte, wurde noch genutzt.

»Im Süden gibt es an jeder Ecke eine Kirche«, hatte Reverend Virgin Johnson bei unserer Begegnung in Orangeburg gesagt, bei der er mich zu seinem Gottesdienst eingeladen hatte. Auf der morastigen Wiese der Kirche parkten heute gut sechzig Autos, und im Vorraum wurde ich mit Umarmung begrüßt und gebeten, mich ins Besucherbuch einzutragen. Eine Gruppe älterer Männer in frisch gebügelten Anzügen mit dezenten Krawatten hießen mich willkommen und stellten sich als Diakone und Platzanweiser vor. Einer führte mich in die Kirche, in der eine Frau mit Rüschenkleid und weißem Hut an einer elektronischen Orgel saß, mit gespreizten Fingern in die Tasten griff und dem Instrument eindringliche Klänge entlockte, die das ernste Gebet einer Frau in einem lila Kleid untermalten. Der Gemeindesaal war voll – rund dreihundert Besucher, überwiegend Frauen und Kinder.

Über der Bühne hing ein schriftrollenartiges Schild, darauf stand in goldenen Lettern: REVELATION MINISTRIES – »DER WELT DAS WORT GOTTES VERKÜNDEN – WIR LIEBEN DICH – OB DU WILLST ODER NICHT!«

Das erinnerte mich an das Schild, das Henry Miller 1940 in *Der klimatisierte Alptraum* so sehr in Entzücken versetzt hatte: »FROHE BOTSCHAFT – GOTT IST LIEBE!«

Ich hatte im Süden einige Häuser besucht, hauptsächlich die von Armen. Ich hatte stark frequentierte Pfandleihen und Schlägerkneipen besucht. Das war aufschlussreich gewesen. Und bei Waffenmessen hatte ich eine Grundstimmung wie nach einer bitteren Niederlage ausgemacht, ein Eindruck, der sich beim Besuch anderer Waffenmessen in Alabama und Mississippi bestätigen sollte. Diese Erfahrungen halfen mir, die Befindlichkeiten des Südens besser zu verstehen. Aber zu einem tieferen Verständnis des Gemeinschaftsgefühls im ländlichen Süden gelangte ich erst, als ich eine Kirche betrat. Eine Kirche war mehr als eine Kirche, sie war das pulsierende Herz, Quell der Lebenskraft und Hoffnung einer Südstaaten-Gemeinde.

Daher konnte ich mir ungefähr vorstellen, welch verheerende Auswirkungen es hatte, wenn eine Kirche in die Luft gesprengt wurde, was in der Geschichte des Südens des Öfteren geschah. So etwa vor rund fünfzig Jahren in Birmingham, Alabama, wo am 15. September 1963 bei einem Bombenanschlag des Ku-Klux-Klan auf die Baptistenkirche in der 16. Straße vier kleine Mädchen getötet und weitere zweiundzwanzig Menschen verletzt wurden. Diese Kirche war nicht nur Gotteshaus und Begegnungsstätte für Freunde, sondern auch Versammlungsort für Anführer der Bürgerrechtsbewegung und Aktivisten, die Kampagnen zur Wählerregistrierung durchführten, und sie war Wohlfahrtseinrichtung und Beratungsstelle. Doch das Attentat auf die Kirche wurde zu einem weichenstellenden Ereignis für die Bürgerrechtsbewegung, denn es schuf Märtyrer und Helden und beschleunigte die Verabschiedung der Bürgerrechtsgesetze.

Ein Brand- oder Sprengstoffanschlag auf eine Gemeinde mochte verheerenden Schaden anrichten, doch er war auch eine Verzweiflungstat. Die Kirche wurde stets wieder aufgebaut und ging in der Regel gestärkt aus dem schrecklichen Ereignis hervor, denn Menschen gingen in die Kirche, weil sie Hoffnung suchten, Würde, Liebe, Trost, Verbundenheit und Rat. Die Kirche spielte im Leben hier eine so zentrale Rolle, wie ich es sonst nirgends in den Vereinigten Staaten erlebt habe (schon gar nicht dort, wo ich geboren wurde). Die Kirche im Tiefen Süden ähnelte eher einer Moschee in Afrika oder einem Tempel in Indien.

Kurze Zeit nach Beginn des Gottesdienstes wurde mein Name durchgesagt: »Mr Paul, zu Besuch aus Boston« – sie hatten ihn aus dem Gästebuch. Daraufhin wurde der Gottesdienst unterbrochen, und praktisch jeder Teilnehmer, gleich ob Mann oder Frau, Jung oder Alt, begrüßte mich persönlich mit Umarmung oder Handschlag. Alle waren gut gekleidet, die Frauen in Satin, wobei viele Hüte und Handschuhe trugen, die meisten dazu eine Bibel, und die Männer in gut geschnittenen Anzügen, und selbst die Kinder, die auf ihren Stühlen herumrutschten oder durch die Gänge flitzten, waren im Sonntagsstaat. Sie hoben lächelnd die Arme, als sie zu mir kamen, umarmten und drückten mich.

»Willkommen, Bruder!«

Ein Mann verlas eine Liste mit Veranstaltungen spiritueller, sozialer und kulinarischer Art, die in den folgenden Wochen geplant waren: Wohlfahrtsprojekte, Gemeindeausflüge, geselliges Beisammensein, Besuche benachbarter Kirchen. Dann gab es wieder schwungvolle Musik, und rund eine Stunde lang sang und betete ein Chor von Frauen in Seidenkleidern. Eine von ihnen trug einen wohlklingenden Blues vor, der von der Mühsal ihres Lebens und ihrer spirituellen Erneuerung erzählte und immer wieder in den Ausruf mündete: »Danke, o Herr!«

Dies alles war nur die Aufwärmphase, ein Vorspiel, um die Zeit zu überbrücken, bis auch die letzten Nachzügler eingetroffen waren. Als jetzt die Kirche voll war, erhob sich die vertraute, schwarz gekleidete Gestalt von Rechtsanwalt Virgin Johnsons jr. von einem hochlehnigen, thronähnlichen Stuhl und begann, eine zerlesene Bibel in der Rechten, die Linke mahnend erhoben, in seiner Sonntagsrolle als Reverend Johnson mit der Predigt. Dies war im Grunde nicht der Mann, dem ich in Orangeburg auf der Straße begegnet war (der Rechtsanwalt, der einem Fremden geholfen hatte). Heute war er ein Prediger mit einer gebieterischen Stimme, die zwischendurch immer wieder einen beschwingt überzeugenden Tonfall mit starker Südstaaten-Färbung annahm.

»Hört mich an, Brüder und Schwestern«, begann er, hob die Bibel und las daraus vor. »Lukas 1, Vers 37. ›Denn für Gott ist nichts unmöglich.‹ Jetzt sehen wir uns Markus 9, Vers 23 an. ›Alles kann, wer glaubt.‹«

Dies waren einfache, klare Worte, die in einer unsicheren Welt Hoffnung machten, Sicherheit gaben, Trost spendeten. Er wiederholte sie und ließ sie wirken.

»Und denkt an Jeremia 20, Vers 9 bis 11.« Reverend Johnsons Stimme klang überlegt und aufmunternd. »Denn ich kenne den Plan, den ich für euch habe – für euer Heil und nicht euer Unheil.« Mir war nicht klar, ob er Jeremia zitierte oder die Stelle in seinen eigenen Worten wiedergab – es spielte ohnehin keine Rolle. Trotzdem schlug ich die Stelle in der Bibel auf meiner Bank nach und stellte fest, dass es seine eigenen Worte gewesen waren: »Doch der Herr steht mir bei wie ein gewaltiger Held. Darum straucheln meine Verfolger und kommen nicht auf. Sie werden schmählich zuschanden …« Er hatte die versammelte Gemeinde unter seine Obhut genommen, als Autoritätsperson, als Deuter, als Mahner.

»Sagt euren Nachbarn: ›Gott hat für dich einen Plan‹!«

Die Frau vor mir, mein Sitznachbar, ja sogar der Mann, der drei Meter entfernt die Videokamera bediente, sie alle wandten sich mir zu und sagten in dem feierlich bewegten Ton, in dem man eine frohe Botschaft überbringt: »Gott hat für dich einen Plan!«

»Die Kinder Israels waren in die Knechtschaft nach Babylon verschleppt worden«, fuhr Reverend Johnson mit erhobener Stimme fort. »Der Prophet Jeremia sandte ihnen einen Brief. Darin stand« – und nun beugte er sich zu uns vor und artikulierte besonders deutlich –, »darin stand: ›Selbst wenn es so aussieht, als ob euer Leben aus den Fugen geraten wäre, es kommt wieder in Ordnung, nach einiger Zeit. Hört auf, euch zu grämen, hört auf, euch zu sorgen. Selbst wenn die Umstände nicht günstig aussehen, es wird alles wieder gut! Das ist Jeremia. Und ich bin hier, um euch zu sagen, dass alles gut wird.« Heftig gestikulierend, sodass die dünnen Seiten seiner Bibel flatterten, rief er: »Es spielt keine Rolle, was gerade geschieht. Solange ihr Gott verbunden seid, wird alles gut. Mein Leben hängt nicht davon ab, ob der Präsident recht oder unrecht hat. Warum? Weil ich mein Vertrauen in Jesus setzen muss. Gott wird dich nicht im Stich lassen! Mitten in Sklaverei und Unterdrückung sagte Jeremia zu den Kindern Israels in Babylon … ja, was sagte er? Er sagte: ›Alles wird gut! Gott wird euch einen Ausweg schaffen. Alle Zeichen stehen günstig!‹«

Ein paar Frauen aus der versammelten Gemeinde riefen: »Ja!«, und: »Danke, Jesus!« Und andere, Männer wie Frauen, erhoben sich, klatschten und sangen.

»Einige von uns sind Sklaven im Geist – Sklaven ihres Lebens und ihrer Sucht. Macht nichts! Gott spricht: ›Ich will euch eine Zukunft und eine Hoffnung geben. Meine Zukunft wird besser sein als mein Heute.‹ Denn ihr könnt nur das Heute sehen. Aber Gott kann die Zukunft sehen!«

»Verkünde es! Verkünde es!«

»Macht euch bereit, denn ihr werdet das Morgen erleben, Gott spricht: ›Haltet aus, bis ihr dort seid.‹«

»Ja, Herr! Haltet aus!«

»Drei Dinge sind zu beachten – drei Dinge bei ›Gott hat für

dein Leben einen Plan‹. Erstens. Gottes Plan ist vielleicht nicht dein Plan. Füge dich und befolge Gottes Plan.«

»O ja! Lobt ihn!«

»Zweitens. Du verstehst Gottes Plan vielleicht nicht. Trotzdem musst du akzeptieren, was er dir sagt. Du denkst vielleicht« – Reverend Johnson hielt inne und machte ein bestürztes Gesicht: »Wieso passiert das ausgerechnet mir?« Dann lächelte er, stützte sich auf das Pult und sagte: »Hör zu, hab Geduld! Hör auf, gleich wieder alles zu verwirren! Denk in Ruhe nach! Denk an den Adler und den Bussard in Hungerzeiten. Der Adler sagt: ›Ich bin es nicht gewohnt zu warten.‹ Aber was sagt der Bussard? Der Bussard sagt: ›Ich bin es gewohnt zu warten!‹ Ja, warte! Denn Punkt drei lautet: Gott hat seine eigene Zeit. Deine Zeit und seine Zeit können unterschiedlich sein.«

»Lobt seinen Namen!«

Mittlerweile standen viele Leute, wiegten sich und schrien, und die Organistin mit dem großen weißen Hut beugte sich vor, haute in die Tasten und entlockte dem Instrument donnernde Akkorde. Ein Schlagzeuger brachte mit seinen Stöcken die Becken zum Rauschen, und ein Mann an einer elektrischen Gitarre bog sich zurück und bearbeitete mit Klauenfingern die Saiten seines Instruments.

Unterdessen predigte Reverend Johnson weiter, und wie er es tat, erinnerte er mich an Reverend Shegog aus Faulkners *Schall und Wahn*, der am Ende des Teils, in dem Dilsey im Mittelpunkt steht, die Predigt zum Ostersonntag hält (»Ich habe das Lamm geschaut, ich habe sein Blut geschaut«) und sich beim Predigen – sein Vortrag wird immer erleuchteter und umgangssprachlicher – in einen Propheten verwandelt, der das Wort Gottes, Gottes Botschaft von Hoffnung und Liebe, verkündigt, wie es Bischof Palmer in Tuscaloosa getan hatte, und sich dabei seiner Sache so sicher zu sein scheint wie die Propheten Jeremia und Jesaja, die er zitiert.

Und wenn Reverend Johnson sagte: »So spricht der Herr«,

dann klang das überzeugend, denn er hatte nun etwas Seherisches und Prophetisches, und seine Worte strahlten Mut und Zuversicht aus, wenn er mit sonorer Stimme und dem Südstaaten-Akzent des armen Jungen vom Land predigte: »Hab Geduld«, und: »Gott hat einen Plan«, und: »Gib nicht auf!«

»Was sagte Jeremia zu den Kindern Israels? ›Alles wird gut!‹«

Und dann legte die Musik erst richtig los, und die ganze Kirche rockte und sang. Kuverts wurden verteilt. Wir legten zusammengefaltete Geldscheine hinein. Dann wanderten Männer mit weißen Handschuhen durch die Gänge und sammelten die Kuverts in Bastkörben wieder ein. Noch immer wurde gesungen, und beim Singen schlug ich in der Bibel die Stelle in den Sprüchen Salomos nach, die mir noch von früher in Erinnerung war: »Sechs Dinge sind dem Herrn verhasst, sieben sind ihm ein Gräuel: stolze Augen, eine falsche Zunge, Hände, die unschuldiges Blut vergießen, ein Herz, das finstere Pläne hegt, Füße, die schnell dem Bösen nachlaufen, ein falscher Zeuge, der Lügen zuflüstert, und wer Streit entfacht unter Brüdern.«

Worte fürs Leben.

Dann umarmten sich alle wieder und gingen freudig der Reihe nach hinaus in die Sonne. Die kleinen Kinder schlüpften um unsere Beine herum und jagten wie von der Leine gelassen voraus.

Lucky

Irgendwo auf den Nebenstraßen übersah ich tags darauf eine Kreuzung und verpasste die Abzweigung nach Orangeburg. Ich fuhr an die Seite, um zu wenden, da bemerkte ich ein freistehendes Ladenhaus, genauer gesagt, einen Schuppen, zurückgesetzt von der Straße unter einem ausladenden Baum mit kahlen Ästen. Auf einem handbeschrifteten Schild stand *Lucky's Waffenreparatur*, und aus einem rostigen Kaminrohr quoll dichter Watterauch und verwehte im kühlen Wind.

Leute, die mit Waffen handelten, waren gesprächig, das wusste ich bereits, sie hegten einen Groll gegen die Regierung und hatten dezidierte Meinungen zu Nachbarn und zum Thema Kriminalität. Sie fühlten sich chronisch ungerecht behandelt. Ein Mann mit einer Waffe war ein Mann, der etwas auf dem Herzen hatte.

Also parkte ich und ging hinein.

Ein Mann mit schwarzem Cowboyhut, schmutzigem Hemd und dicker Weste saß hinter einer Werkbank, vor sich ausgebreitet die Einzelteile zerlegter Pistolen, aber eine vollständige Waffe war nirgends zu sehen. In seinen Händen, die so schmutzig waren wie die öligen Metallteile, hielt er eine Abzugsvorrichtung.

»Kann ich helfen?«

»Ich suche die Straße nach Allendale.«

»Da lang.« Er gestikulierte mit dem Abzug. »Etwa sechs Meilen. Dann bei der Tankstelle links und immer gerade aus.«

»Danke. Sind Sie Lucky?«

»Ja. Ich bin Lucky.«

»Sie verkaufen Waffen?«

»Ich repariere. Kostet zu viel, ständig welche auf Lager zu haben.«

»Dann haben Sie also keine Waffe?«

Er schmunzelte. »Ich habe jede Menge Waffen. Drüben im Haus.«

»Würden Sie mir eine davon verkaufen?«

Er überlegte einen Moment, länger als einen Moment. Er ging wohl im Kopf sein Arsenal durch.

»Ich hätte da eine schöne .45er, die ich zum Verkaufen überholt habe.«

»Das ist eine große Waffe.«

»Groß und nützlich.« Er schob seinen Stuhl zurück. »Ich geh sie holen.«

»Ich weiß nicht recht«, sagte ich.

»Werfen Sie einen Blick drauf. Ganz unverbindlich.«

Er schritt über eine Unkrautwiese zu einem heruntergekommenen, großen Haus zwischen hohen Bäumen, und ich saß derweil in dem Schuppen zwischen zerlegten Pistolen, einem Katalog, einem Kalender, Marmeladengläsern voller rostiger Schrauben, einer Blechschale mit kleinen öligen Werkzeugen und einem Holzofen, in dem ein Feuer knisterte.

Dann trat er wieder durch die Tür und reichte mir die Waffe. Sie lag schwer in der Hand, ein todbringendes Gewicht, ein klobiger Griff. Sie war zerkratzt und angedellt und sah vernachlässigt aus.

»Danke«, sagte ich, »die ist mir zu groß.«

»Das wissen Sie erst, wenn Sie damit geschossen haben«, erwiderte er.

»Wo könnte ich das?«

»Da drüben«, sagte er, stieß die Tür auf, ging an einem aufgerissenen Sofa vorbei, das unter einem Baum stand, und stakste mit seinen abgewetzten Cowboystiefeln zwischen durchlöcherten Öldosen hindurch, die aus einem umgekippten Fass gefallen waren. Ich folgte ihm.

»Wie viel soll die Waffe kosten?«

»Dreihundert. Aber Sie möchten doch sicher vorher damit schießen.« Beim Sprechen zog er eine Patrone von der Größe einer Erdnuss – jedenfalls kam sie mir so vor – aus der Hemdtasche. »Halten Sie da drauf.«

Er deutete auf einen zwei Meter hohen Haufen alter Lkw-Reifen. Wie ich bemerkte, waren wir keine zwanzig Meter von der Hauptstraße entfernt, auf der immer wieder Autos vorbeifuhren, Lastwagen, ein Schulbus, ein Motorrad mit hohem Lenker, dessen Fahrer mit ausgestreckten Beinen dasaß wie in einem Frisörstuhl. In der Nähe von Häusern armer Leute spürte ich immer ein Unbehagen, aber diesmal war Lucky bei mir, und er war freundlich und hielt eine imponierende Schusswaffe in der Hand.

Statt das Magazin zu füllen, schob er die Patrone in die Kammer und reichte mir die Waffe. »Zielen Sie auf den Haufen, mitten rein.«

Das tat ich, wobei ich die Pistole mit beiden Händen hielt, und zwar so, dass mir der Schlitten beim Rückstoß nicht den Daumen wegreißen konnte. Und dann *bumm!* Und während es in meinem Schädel dröhnte, wurde die Pistole schwerelos und hüpfte nach oben.

»Was sagen Sie?«

»Nicht schlecht. Aber ich brauche keine so große Waffe.«

»Jeder braucht eine Waffe, die so groß ist oder größer.« Er lud eine zweite Patrone in die Kammer. »Verschießen Sie noch was Blei, Kamerad.«

Ich schoss noch mehrere Male. Dann gab er zwei Schüsse ab und durchlöcherte eine Cola-Dose, die in dem Reifenhaufen lag. Mir fiel auf, dass die Waffe ganz ruhig in seiner Hand lag, wenn er feuerte. Er zeigte mir eine Abzugstechnik, bei der die Bewegung des Fingers kaum wahrnehmbar war und die Pistole sich nicht bewegte.

»Woher haben Sie eigentlich den Namen Lucky?«

»Nicht von meinem Daddy. Von anderen Leuten.« Er blickte wehmütig. »Einen Namen wie Lucky gibt man sich nicht selbst.«

»Schöner Name.«

»Wenn nur was dran wäre.« Er lachte und wiegte die Waffe vorsichtig in der Hand wie ein gefährliches Spielzeug, was sie ja auch war. »Machen Sie mir ein Angebot.«

Stattdessen wechselte ich das Thema und fragte ihn nach Allendale. »Es ist hart da unten«, sagte er, und dann mit einem Lächeln: »Es ist überall hart. Ich habe kein Geld, hatte nie welches. Dabei habe ich mein Leben lang gearbeitet. Aber hier hat keiner Geld – jedenfalls keiner, den ich kenne. Jammern bringt nichts. Aber wenn Sie die Waffe kaufen, bringt mir das 300 Dollar.«

Ich ging ohne die Waffe. Ich hatte das Gefühl, ich hätte seine Zeit gestohlen, und sagte ihm das. Aber ich hatte nur bei ihm vorbeigeschaut, und im Süden war das erlaubt. Es war ein komisches Gefühl gewesen, so dicht neben der befahrenen Straße mit dieser großen Waffe in einen Haufen alter Reifen zu feuern.

Er hatte daran keinen Gedanken verschwendet: ein paar Schritte gehen und ballern. Er ließ mich die Munition bezahlen und sagte: »Kommen Sie mal wieder! Dann verschießen wir noch 'n bisschen Blei.« Er sagte, er besitze viele Waffen. Ich hatte einen hadernden Waffennarren erwartet, doch obwohl Lucky knapp bei Kasse war wie jeder hier, machte er einen ganz zufriedenen Eindruck.

Die Zukunft ist ein verklungenes Lied

Ich hatte Allendale das letzte Mal bei Sonnenschein gesehen, mit Menschen auf der Straße, die einander grüßten, mit spielenden Kindern. Die Stadt hatte wie das Ende der Welt gewirkt, aber sichtbare Bewohner hatten sie mit Leben erfüllt. Heute, an einem Wintermorgen, an dem der Himmel nach Regen aussah und niemand spazieren ging – geschweige denn unter Bäumen saß –, machte sie einen absolut trostlosen Eindruck. Sie bot ein Bild des Niedergangs, und doch war es dieselbe Stadt – drei Monate hatten keinen Umschwung bewirkt. In dem Moment begriff ich, dass auch dies den Reiz meiner Reisen in die Südstaaten ausmachte: Ich konnte wiederkommen und nahtlos da anknüpfen, wo ich aufgehört hatte, denn in den ländlichen Gegenden, die ich mir ansehen wollte, änderte sich nichts. Wenn überhaupt, dann ging die Zeit langsam rückwärts. Die Vergangenheit lebte fort, und die Zukunft war »ein verklungenes Lied«.

Wegen dieses Niedergangs und Abstiegs in noch größere Armut erinnerten sich die Menschen – viele von denen, mit denen ich sprach – noch genau daran, wie es früher gewesen war und was sie sich einst vom Leben erhofft hatten.

Wilbur Cave erwartete mich bereits – ich hatte vorher angerufen und mich mit ihm im Soul-Food-Imbiss »O Taste and See« zum Lunch verabredet.

»Wie läuft es?«, fragte ich bei frittiertem Hähnchen, Bohnen und Maisbrot, nachdem er das Tischgebet gesprochen hatte.

»Wir bleiben dran«, antwortete er. »Versuchen, was zu bewegen.«

»Wenn es sich machen lässt, würde ich gern ein paar Familien besuchen. Leute, denen Sie ein neues Dach über dem Kopf verschafft oder sonst irgendwie geholfen haben. Oder Leute, die total am Boden sind.«

»Da müsste ich vorher telefonieren«, sagte er. »Ohne ihre Zustimmung kann ich nicht viel tun.«

Dabei machte er sich eine Notiz auf einem Block. Ich musste daran denken, wie oft ich in meinem Reiseleben Menschen in ein Gespräch verwickelt, wie oft ich an fremde Türen geklopft, wie oft ich mich anderen aufgedrängt hatte. Und es stimmte mich bedenklich, dass ich ausgerechnet hier, in meinem eigenen Land, dessen Sprache ich sprach, in dem ich keine Bedrohung darstellte und mich als einer von ihnen fühlte, dass ich ausgerechnet hier einen Vermittler brauchte und sogar vorher einen Termin ausmachen musste. Aber natürlich war ich keiner von ihnen, sondern ein Fremder.

»Was haben Sie so gemacht?«, fragte Wilbur.

Ich erzählte von meinem Besuch in Reverend Johnsons Gottesdienst. Aus dieser beiläufigen Auskunft ergaben sich die vertrauten Themen: Religion, Musik, Rassendiskriminierung, Schusswaffen, Arbeitslosigkeit, Armut, die Vergangenheit.

»Ich bin älter als Reverend Johnson«, sagte er – er war zweiundsechzig –, »deshalb bin ich 1966 in die neunte Klasse der Barnwell High School gegangen. Ich habe die Straße rauf in Kline gewohnt. Man könnte sie eine integrierte Schule nennen. Reverend Johnson würde von ›freiwilliger Integration‹ sprechen. Damals nannte man das ›Wahlfreiheit‹. Es war eine ziemlich große High School. Wir waren fünf Afroamerikaner, aber ich war der Einzige im Vorbereitungskurs fürs College.«

»Alle anderen Schüler waren Weiße. Wie haben Sie sich da gefühlt?«

»Isoliert«, antwortete er. »Aber es war nicht so schlimm. Wenn

Sie mit älteren Leuten reden, werden Sie zu hören bekommen, dass sie es schwerer hatten. Ich war im Leichtathletik-Team. Ich bin die hundert, die zweihundert und die vierhundert Meter gelaufen. Über die zweihundert habe ich den Schulrekord gehalten. Inzwischen ist er gebrochen.«

»Ist denn Sport keine Möglichkeit, sich auszuzeichnen? Anerkennung zu bekommen?«

»Mit der Leichtathletik ist das so eine Sache«, sagte er. »Sie ist nicht dasselbe wie Basketball oder Football. Das Interesse hält sich in Grenzen. Wer schnell rennt, wird nicht berühmt.«

»Jedenfalls wollten Sie später aufs College, mussten also lernen, nehme ich an. Haben Ihnen die Lehrer geholfen?«

»Manche waren sehr hilfsbereit. Meine Englischlehrerin Miss Masuski hat mir Mut gemacht. Einmal hat sie uns aufgegeben, einen Roman unserer Wahl zu lesen und eine Stelle herauszusuchen, die uns persönlich etwas bedeutet hat. Wer dran war, musste vor die Klasse treten und die Stelle erklären. An den Roman selbst kann ich mich nicht mehr erinnern, aber ich weiß noch, wie ich vor der anderen stand und sagte: ›Es hat Folgendes zu bedeuten. Es ist ganz einfach. Wir wissen mehr, als wir zu wissen glauben.«

»Das ist gut. Hat es Ihren Mitschülern gefallen?«

»Miss Masuski hat in die Hände geklatscht und gerufen: ›Das gefällt mir sehr gut!‹ Ich habe mich großartig gefühlt. Das hat mir viel bedeutet.« Er aß noch etwas, dachte nach und sagte dann: »Das waren echt andere Zeiten. Ich erinnere mich an ein Football-Spiel, es muss um 1967 herum gewesen sein, ein Heimspiel. Wir spielten gegen die High School von Branchville, das liegt hinter Bamberg. Die hatten einen Afroamerikaner im Team, einen Runningback. Der war ihr Star.«

»Und den wollten Sie spielen sehen?«

»Unbedingt. Meine Eltern haben uns hingefahren und abgesetzt. Wir haben uns das Spiel angesehen, aber statt bis zum Schluss zu bleiben und uns dann eine Mitfahrgelegenheit zu suchen, sind wir früher gegangen. Wir sind die Straße lang, und da haben uns ein paar weiße Jungs in einem Auto gesehen. Sie haben Jagd auf uns gemacht. Wir sind gerannt!«

»Schnell laufen konnten Sie ja.«

»Meine Sprinterqualitäten waren hilfreich«, sagte Wilbur. »Wir haben uns in einem Feld versteckt und ziemlich lange zwischen Sojabohnen gelegen.«

»Wer waren die Jungs?«

»Ich bin mir sicher, dass ich sie kannte. Ich mag mir gar nicht vorstellen, was sie mit uns gemacht hätten, wenn sie uns erwischt hätten.«

»Verprügelt?«

»Mit Sicherheit, oder etwas noch Schlimmeres. Aber wissen Sie, es waren nur ein paar Jungs, die auf Ärger aus waren. Die Mehrzahl war in Ordnung. In den frühen siebziger Jahren gab es an der University of South Carolina zwanzigtausend weiße Studenten und nur ein paar hundert Afroamerikaner.«

»Was war das für ein Gefühl?«

»Man weiß, man ist in einer Umgebung, in der man unerwünscht ist«, sagte er, aß zu Ende und nickte ernst. »Das werde ich mein Leben lang nicht vergessen.«

Auf dem Weg zurück in sein Bürokabuff in einem Wohnwagen, der in der Nähe von Allendales Gerichtsgebäudes stand, erzählte er mir, wie er nach Kline zurückgekehrt war, wie er erfolgreich für einen Sitz im Parlament von South Carolina kandidiert und sich nach seiner politischen Karriere in dem kleinen, gemeinnützigen Verein »Allendale County Alive« engagiert hatte, der im Bereich der kommunalen Entwicklung wichtige Beiträge leistete. »Wir verhelfen den Menschen zu einem Zuhause, einem nach dem anderen.« In und um Allendale und Fairfax waren hundertfünfzig Häuser instand gesetzt oder umgebaut worden. Doch es gab noch andere Bedürfnisse. Bei kalter Witterung wie im Moment wünschten sich die Menschen Heizgeräte, aber sie brauchten auch Lebensmittel, Kleidung oder Darlehen, um Zwangsversteigerungen zu verhindern. Dabei sprangen auch andere Einrichtungen in Allendale in die Bresche, vorausgesetzt, die Betroffenen hatten ein Einkommen, das achtzig Prozent unter dem mittleren Einkommen im County lag.

»Sind das viele?«

»Mehr als wir bewältigen können. Unser County ist das zehntärmste in den Vereinigten Staaten, und die anderen sind größtenteils Indianerreservate.«

Bei diesem Gespräch über Hunger und Obdachlosigkeit, über Menschen, die in Armut leben, viele ohne fließend Wasser und Strom, eine große Zahl ohne Job, fühlte ich mich an die vielen Reisen nach Afrika und Asien erinnert, die ich in meinem Leben unternommen hatte, an die Gespräche über finanzielle Förderung und die Hoffnungen auf Entwicklung, an jenes häufig anzutreffende Gefühl, von der Welt vernachlässigt zu werden, am Rande zu stehen und auf sich allein gestellt zu sein. Doch dies hier war Amerika. Dies war eine Stadt in Not, an einer Straße, die von meinem Haus aus leicht zu erreichen war.

»Wie gesagt, ich würde gern ein paar Menschen aufsuchen, denen Sie helfen.«

Wilbur griff zum Telefon und bat seinen Assistenten, bei ein paar Familien, denen geholfen worden war, und bei anderen, die noch eine Unterkunft suchten, einen Termin für mich zu vereinbaren.

»Überlassen die Leute Ihnen die ganze Arbeit?«, fragte ich. »Oder werden sie auch selber aktiv?«

»Wir haben eine neue Initiative gestartet«, antwortete er. »Um Unterstützung zu bekommen, müssen die Leute im Rahmen der Wiedereingliederungshilfe freiwillig gemeinnützige Arbeit leisten.«

»Das finde ich gut.«

»Wir stellen auf einer Liste zusammen, was sie tun können. Müll beseitigen. Kindern vorlesen. In einem Obdachlosenasyl arbeiten. Der eine oder andere hat vielleicht besondere Fähigkeiten.

Wenn ja, soll er sie einbringen. Wir wollen das zur Bedingung machen. ›He, du bekommst etwas, also gib etwas zurück.‹«

Das Telefon klingelte. Wilbur hob ab und lauschte eine Weile.

»Die Leute, die Sie besuchen wollen … die machen gerade eine schwere Zeit durch. Sie sind noch nicht so weit. Vielleicht, wenn Sie wiederkommen?«

Wären wir in Simbabwe gewesen, und die Ähnlichkeit war groß, hätte ich vielleicht geantwortet: Es muss jetzt sein, ich weiß nicht, wann ich wiederkommen kann. Können Sie denn nichts tun?

So aber sagte ich: »Okay, ich komme ein andermal wieder.«

Der allgegenwärtige Mr Patel

Sämtliche Lebensmittelgeschäfte, die drei Tankstellen und das einzige Motel in dem kleinen, alles andere als zukunftsträchtigen Allendale gehörten Indern, die sich alle desselben Namens erfreuten, und der lautete, wie ich von meinem ersten Besuch wusste, Mr Patel.

Eine der Tankstellen, heruntergekommen, aber stark frequentiert, war gleichzeitig ein Lebensmittelladen, dessen handbeschriftete Schilder Gewalt-DVDs für Schwarze, billige T-Shirts, Süßigkeiten und Bier offerierten. Da das Bier auch einzeln verkauft wurde, diente die Tankstelle als Treffpunkt für Männer, die aus Dosen und Flaschen pichelten, die in braune Tüten eingepackt waren. Ich hatte angehalten, um zu tanken. Als ich zum Bezahlen hineinging, wehte mir ein Hauch Asiens entgegen. Der Duft von Räucherstäbchen, der an verbrannten Zucker erinnerte, und von Curry – Kardamom, Kurkuma und Bockshornklee. Und da waren Mr und Mrs Patel.

»Ich bin vor zwei Jahren aus Bharuch hierhergekommen«, erzählte mir Mr Suresh Patel hinter der Theke seines vollgestopften Ladens.

Bharuch ist eine Hafen- und Industriestadt im indischen Bundesstaat Gujarat. In Ost- und Zentralafrika hatte ich viele indische Ladenbesitzer kennengelernt, die behauptet hatten, aus Bharuch zu stammen, wo der Nachname Patel sie als Angehörige einer regionalen, hinduistischen Unterkaste auswies. Und Mr Patels Lebensmittelladen in Allendale glich den *dukas* in Ostafrika wie ein Ei dem anderen: dieselben Regale mit Lebensmitteln, Bier, billigen Textilien, Süßigkeiten und Haushaltswaren, dasselbe krude, handgeschriebene Schild *Nur Barzahlung*, dasselbe karge Ambiente mit dem Duft nach Räucherstäbchen und Curry.

Mr Suresh sprach nur schlecht Englisch, aber vielleicht war sein undeutliches Gebrummel auch dem Umstand geschuldet, dass er einen Betelbissen kaute: kleine, in ein Betelpfefferblatt eingerollte Betelnussstücke. Betelbissen sind bei Hindus wegen ihrer verdauungsfördernden Wirkung nach der Mahlzeit sehr geschätzt und werden wie Kautabak gekaut. Der Klumpen färbt die Zähne rot und ist verantwortlich für die blutroten Speichelklekse, die man in Indien häufig auf Gehwegen sieht.

In Indien sei er Drogist gewesen. »Mein Cousin mich angerufen. Er gesagt: ›Komm her. Gute Geschäfte.‹«

Mr Patel stieg mit Frau und Sohn in ein Flugzeug und übernahm einen Tankstellenladen in Allendale, einen von dreien, deren Besitzer mittlerweile alle Patel hießen. In der rund hundertfünfzigjährigen Geschichte der Stadt, die auch der Verwaltungssitz des Countys war, hatte keines dieser Geschäfte jemals einem Afroamerikaner gehört.

Eine Woche zuvor, als ich die Five Chop Road entlanggefahren war, hatte an einer Tankstelle bei Orangeburg ein Mann namens Evers zu mir gesagt: »Die Weißen haben die Läden, die Tankstellen und die Motels an Inder verkauft.« Er war zufällig gerade beim Essen. Er schluckte und führte seinen Gedanken zu Ende. »Die haben jetzt das Sagen.«

Doch inzwischen verstand ich das alles etwas besser, da ich ein paar Recherchen angestellt hatte. Der Journalist und Wissenschaftler Tunku Varadarajan hatte bereits vor mehreren Jahren im *New York Times Magazine* einen Artikel zu dem Thema veröffentlicht. Darin berichtete er, dass über fünfzig Prozent aller Motels in den Vereinigten Staaten mittlerweile Eigentümer indischer Herkunft hatten, eine Zahl, die ihm der Verband asiatisch-amerikanischer Hoteliers genannt hatte. Allerdings waren die indischen Besitzer und Betreiber dieser Motels zumeist Branchen-Neulinge, entweder ehemalige Kleinhändler aus Ostafrika oder Bauern aus Indien oder, wie ich bereits in Virginia festgestellt hatte, eingewanderte indische Ärzte, die als Mediziner von der Visumpflicht befreit worden waren, dann aber umgesattelt hatten.

Wenn ein eingewanderter Italiener eine Pizzeria, ein Japaner eine Sushi-Bar oder ein Türke eine Dönerbude betreibt, so erscheint das logisch und naheliegend. Aber dass ein Inder ein Motel führt, ist ungewöhnlich. Motels amerikanischer Prägung sind in Indien nahezu unbekannt, daher, so schreibt Varadarajan, »stellen amerikanische Motels eine sogenannte nichtlineare, ethnische Nische dar«. Er erläutert diesen soziologischen Fachbegriff: »Eine bestimmte ethnische Gruppe etabliert sich in einem klar identifizierbaren Wirtschaftszweig und arbeitet in Berufen, zu denen sie offenkundig keine kulturelle, geographische oder ethnische Affinität besitzt.« Man spricht auch von »gewerblicher Cluster-Bildung«, wie etwa bei den von Koreanern geführten Feinkostläden in New York und den von Griechen betriebenen Fish-and-Chips-Buden in England.

Wie es scheint, verlegten sich die indischen Einwanderer auf diese Branche, weil man als Betreiber eines eigenständigen Motels (oder eines kleinen Lebensmittelladens) weder die englische Sprache beherrschen musste, noch einem amerikanischen Vorgesetzten Rechenschaft schuldig war, sondern lediglich lange Arbeitszeiten in Kauf zu nehmen hatte. Ein Restaurant zu betreiben war dagegen problematisch, wie mir ein anderer Patel später auf meiner Reise erklärte, da der Besitzer die Speisen probieren müsste, und das war undenkbar, da sie Rindfleisch enthalten würden, was einem vegetarisch lebenden Hindu, der die Kuh als heilig betrachtet, ein Gräuel wäre.

Das hinduistische Verwandtschaftssystem war von Vorteil. Andere Patels aus der Sippe konnten einspringen, wenn ein verlässlicher Partner oder ein Darlehen für eine Anzahlung auf das Geschäft gebraucht wurde. Bei eingehenderen Recherchen zu dem Phänomen fand Varadarajan heraus, dass »siebzig Prozent aller indischen Motelbesitzer – oder ein Drittel aller Motelbesitzer in Amerika – Patel heißen.« Der Artikel war 1999 erschienen. Der Anteil dürfte heute viel höher sein.

Dass eine erst unlängst eingewanderte ethnische Gruppe in einem Wirtschaftszweig, der ihr von Haus aus fremd ist, eine so dominierende Stellung erlangt, sollte man eigentlich nicht für möglich halten. Auf der Suche nach einem Vergleich stellte ich mir die *paan wallahs* vor, die Betelverkäufer, die zum lebenden Inventar jeder indischen Stadt gehören, und versuchte mir vorzustellen, wie es wäre, wenn achtzig Prozent der Betelverkaufsstände von eingewanderten amerikanischen Baptisten namens Smith betrieben würden.

Auch der Bargeldfluss stellte zweifellos einen Anreiz dar, aber zu den größten Vorteilen zählte, dass ein Motel Wohnraum für den Besitzer bot – genau wie der Lebensmittelladen (hinter den Perlenvorhängen) und den *duka* im afrikanischen Busch. Doch am Arbeitsplatz zu wohnen hieß auch: keine Freizeit, keine Pendlerfahrten, und ich habe selten gesehen, dass eines dieser Motels Nichtinder beschäftigte, außer vielleicht als untergeordnete Hilfskraft, Nachtportier oder Straßenkehrer. Bei den von den Patels geführten Motels handelte es sich in der Regel um bescheidene Etablissements, die häufig so schmuddelig und preiswert waren, dass mir die Bemerkung von Charles Portis in seinem Aufsatz »Motel Life; Lower Reaches« in den Sinn kam: »Draußen hätten zwei Schilder hängen und abwechselnd aufleuchten sollen: *Nicht direkt eine Müllkippe – aber zum Wegwerfpreis.*«

Inder, insbesondere die Patels aus Gujarat, bilden in den Südstaaten eine Subkultur, und je weiter nach Süden ich kam, desto mehr von ihnen traf ich, und fast alle betrieben Lebensmittelläden, Tankstellen und Motels. Wenn ich Einheimische darauf ansprach, antworteten sie: »Wie in *Mississippi Masala*« – einem Film aus dem Jahr 1991. Aber die Realität war ganz anders als dieser Film, der von der leidenschaftlichen Liebesbeziehung zwischen der Tochter eines indischen Motelbesitzers und Denzel Washington handelt. Die indische Film-Familie ist von Idi Amin aus Uganda vertrieben worden, deswegen überträgt der Vater (Jay) seine Ressentiments gegen Afrikaner auf die Schwarzen in den Südstaaten.

Der Film geht von der irrigen Annahme aus, ugandische Inder hassten Afrikaner oder Schwarze. Ich habe sechs Jahre lang unter ihnen gelebt und viele kennengelernt. Sie sprachen voller Stolz über ihre Mitwirkung am ugandischen Unabhängigkeitskampf (dasselbe galt auch für die Inder im kolonialen Kenia, die den Freiheitskampf mit Geld, juristischem Beistand und ihrer eigenen antikolonialen Presse unterstützten). Sie wussten, dass ein Idi Amin nicht die Regel war. Über mehrere Generationen hinweg lernten in Uganda geborene Inder, sich anzupassen, was auch der Grund war, warum sie in Großbritannien so erfolgreich wurden. Ausländer zu sein schreckte sie nicht. Sie hatte so viele ihrer indischen Vorurteile abgelegt, dass sie lieber nach Großbritannien gingen als nach Indien, das für die meisten ein fremdes Land war. Einige kehrten später nach Uganda zurück und nahmen erfolgreich ihre Geschäfte wieder auf.

Die meisten Inder, die ich in den Südstaaten treffen sollte, waren, wie Suresh Patel in Allendale oder Hardeep Patel, den ich in Virginia kennengelernt hatte, ja wie die meisten Patels und Desais, denen ich unterwegs begegnet bin, direkt aus Indien gekommen. Sie fürchteten sich vor dem neuen Land und suchten Halt in ihrer alten Frömmigkeit. Praktisch alle Patels, die ich traf, waren kastenbewusst, untereinander solidarisch, sehr abergläubisch und hochgradig sensibilisiert für ethnische Unterschiede. Sie hatten keine Kenntnis der lokale Geschichte, wurden in der Gegenwart von Schwarzen nervös und hegten einen Argwohn gegen alles und jeden, das oder der zu einer Bedrohung für ihre Religion oder ihre Vorstellung von »Rassenreinheit« werden konnte. Sie hätten wohl in der Tat etwas dagegen gehabt, dass ihre Tochter Denzel heiratete.

Einige dieser »nichtlinearen ethnischen Nischen« in Form von abgelegenen Motels waren sauber und gut geführt. Doch das einem Patel gehörende »Travelers Inn« am Highway 68 bei Collinsville, Alabama, in dem ich eine Nacht verbracht hatte, gehörte zu den schmutzigsten Etablissements, die mir in meinem langen Reiseleben, in dem ich aus Verzweiflung häufig mit billigen Absteigen vorliebnehmen musste, je untergekommen sind. Unmengen von braunen Käfern, so groß wie Zehn-Cent-Stücke, krabbelten an den Wänden meines Zimmers hinauf und drängten sich an der Decke. Das Bettzeug starrte vor Dreck und Flecken unbekannten Ursprungs. Im Badezimmer stank es zum Erbrechen, der Fußboden war von Wollmäusen bevölkert. Hier war es bei weitem schmutziger als fast in jedem Zimmer, das ich in Afrika oder China gefunden habe, und übrigens auch in Indien. Der Empfangschef, ein Mr Desai, quittierte meine Beschwerde (»Ich bin aufgewacht, weil es mich gejuckt hat«) mit einem Lächeln und brüstete sich damit, dass sein Haus voll belegt sei.

Der Mann hatte in den USA studiert. Mehr als jede andere Einwanderergruppe, mit der ich jemals in Berührung gekommen bin, hatten Inder ein feines Gespür dafür, wie man auf der Überholspur Karriere macht. Die vollständige Geschichte der Inder in den Südstaaten ist noch nicht geschrieben, sie liegt im Verborgenen, beschränkt sich auf Gerüchte und tritt gelegentlich an die Oberfläche, wenn ein politisch ambitionierter Indoamerikaner zur öffentlichen Person wird wie Piyush (»Bobby«) Jindal, Gouverneur von Louisiana, oder Nimrata Randhawa (Nikki Haley), Gouverneur von South Carolina. Beide sind Kinder punjabischer

Einwanderer und zum Christentum konvertiert. Beide zählen zum rechten Flügel der Republikaner, befürworten die Todesstrafe und lehnen Wohlfahrtsprogramme ab. Und beide haben sich von ihren Eltern distanziert, die traditionsbewusst und vielleicht ein wenig zu exotisch sind, um beim Wähler in den Südstaaten gut anzukommen, obwohl sich die Sikhs und viele Punjabis als Indo-europäer verstehen.

Die indischen Ladenbesitzer und Hoteliers, von denen viele inzwischen amerikanische Staatsbürger sind, arbeiten zweifellos hart, halten häufig aber an den hinduistischen Kastenregeln fest, insbesondere an dem stark ausgeprägten Abscheu vor ethnischer Vermischung. Wie mir schon bei meinem ersten Besuch aufgefallen war, verströmt ihre Anwesenheit im ländlichen Süden ein merkwürdig koloniales Flair, und einmal mehr fühlte ich mich an Afrika erinnert: Der indische Laden auf dem flachen Land mit seinen überteuerten, schmuddeligen Waren und die Einheimischen, die davor unter Bäumen hockten, verliehen manchen Gegenden in den Südstaaten die größte Ähnlichkeit mit einem verschlafenen Dritte-Welt-Land, dem nicht mehr zu helfen war.

Weitab vom Schuss

Auf dem Weg zurück nach Alabama fuhr ich auf Landstraßen durch Georgia, zunächst auf der Evacuation Road aus Allendale hinaus und dann auf der »radioaktiven« Straße am Savannah River Site vorbei. Hinter dem Talladega National Forest und südlich von Pell City kurvte ich den ganzen Tag genüsslich auf Nebenstraßen wie der Route 231 und der Route 25 durch die Gegend und kam dabei durch Childersburg, Wilsonville und Columbiana, die unter einem grauen Himmel stimmungsvoll im Winternebel lagen.

Ich hielt an einer Pfandleihe in der Ortschaft Calera und erkundigte mich nach den Schusswaffen, die sie dahatten.

»Wir haben viele, aber ich darf Ihnen keine verkaufen, weil Sie aus einem anderen Bundesstaat sind.«

»Und was soll ich jetzt tun?«, fragte ich, nur um ihn aus der Reserve zu locken.

Es funktionierte so gut, dass ich meine Schwindelei bereute, denn der Mann schien meinetwegen ernstlich in Sorge. »Ich weiß. Sie sind weit ab vom Schuss. Hier in der Gegend braucht man wirklich eine. Ich würde hier jedenfalls nicht ohne herumfahren.«

»Aber es wirkt doch alles ganz friedlich.«

»Es gibt hier ein paar Ecken, die nicht ganz ungefährlich sind. Herrgott, wenn ich nur wüsste, wie ich Ihnen helfen könnte.«

Er meinte nicht die schmale, hügelige Straße oder das bewaldete Hinterland, wo die Bürohütten von Forstunternehmen zwischen gestapelten Baumstämmen kauerten und orangefarbenes Sägemehl weite Flächen bedeckte. Auch nicht die Rinderfarmen, die Baumwollfelder oder Shelby Springs mit seinen grünen Teichen. Er musste die plötzlich entstandenen Siedlungen meinen, die Inseln des Verfalls, die Wohnwagen und Wohnmobile, die aussahen wie überdimensionale alte Zigarettenschachteln, die baufälligen Häuser und Hütten in den schönen Kiefernwäldern, in denen offenkundig Hunger und Armut regierten. *Wie ein Land, das aus der Zeit gefallen ist*, hatte ich mir in einem Hähnchen-Restaurant notiert, das ich an einer Straßenkreuzung gefunden hatte. Ich war dort mit einem Mann ins Gespräch gekommen, der auf dem Weg nach Montevallo war, ein ehemaliger US-Marine, der kürzlich aus dem Dienst ausgeschieden war und sich bei der Polizei in Montevallo um einen Job bewerben wollte. Seine Wahl war auf Montevallo gefallen, weil er Kinder hatte und die dortige Highv School kleiner und freundlich war, und die Stadt selbst ruhiger als Hoover, wo seine Freundin wohnte.

Nach den hohen, schlanken, untererernährt aussehenden Kiefern im Oakmulgee Forest und den Hütten und Häusern der Armen am Stadtrand von Greensboro hatte ich das Gefühl, nach Hause zu kommen, als ich die Main Street hinunterfuhr.

Die Rosenwald-Stiftung

An der Country Road 16, zehn Meilen südlich von Greensboro, stand, etwas zurückgesetzt von der Straße, aber unübersehbar, ein altes, weißes Holzhaus. Es war unlängst restauriert worden und wurde nun als Gemeindezentrum genutzt. Auf Nachfrage erfuhr ich, dass es sich um ein ehemaliges Schulhaus mit zwei Klassenräumen handelte, das um 1917 für schwarze Kinder gebaut worden war – und zwar, was mich aufhorchen ließ, auf Initiative eines Privatmannes aus Chicago, der damals offenbar der Meinung gewesen war, dass das ferne und von strikter Rassentrennung geprägte Greensboro, das zwar reich an Baumwolle, aber nicht willens war, Schwarzen das Lesen beizubringen oder das Wahlrecht einzuräumen, eine solche Schule brauchte.

»Das ist die Rosenwald School. Wir haben sie Emory School genannt«, erzählte mir Reverend Lyles, als ich ihn in seinem Friseurladen in Greensboro danach fragte. »Ich wurde dort 1940 eingeschult. Die Hälfte des Geldes kam von Sears Roebuck and Company, die andere Hälfte brachten die Leute von hier auf. Auch meine Mutter ist auf eine Rosenwald-Schule gegangen, genau wie ich. Die Schüler waren Schwarze, die Lehrer waren Schwarze. Wenn Sie auf dem Highway 69 in Richtung Gallon fahren, kommen Sie an einer weiteren Rosenwald-Schule namens Oak Grove vorbei.«

Julius Rosenwald, der Sohn deutschjüdischer Einwanderer, verhalf seinem Bekleidungsgeschäft zum Erfolg, indem er mit der Firma Sears Roebuck fusionierte, deren Generaldirektor er 1909 wurde. Im späteren Leben verspürte er den Wunsch, mit seinem Geld etwas zu bewegen, und beschloss, seine Vermögen für wohltätige Zwecke zur Verfügung zu stellen, freilich unter einer Bedingung, die heute gang und gäbe ist: Die Empfängerseite sollten einen Betrag beisteuern, der in der Höhe der gespendeten Summe entsprach. In der Überzeugung, dass Booker T. Washingtons Idee, ländliche Schulen zu gründen, ein Schritt in die richtige Richtung war, traf sich Rosenwald mit dem großen Pädagogen, und die Rosenwald-Stiftung begann, in den ländlichen Gebieten der Südstaaten Schulen zu bauen, viele davon im Hale County.

»In der schulpflichtigen Bevölkerung dieses Bezirks kommen fünf schwarze Kinder auf ein weißes«, schrieb James Agee 1937 in einem Artikel, der von der Zeitschrift *Fortune*, seinem damaligen Auftraggeber, abgelehnt wurde, aber 2013 unter dem Titel *Cotton Tenants* in Buchform erschien, »und da nicht ein Cent des Geldes für Negerschulen verwendet wurde, sind Gebäude wie dieses [in Moundville] möglich: für weiße Kinder. Die Negerkinder quetschen sich unterdessen weiterhin wie die Ölsardinen, einhundert und hundertundzwanzig an der Zahl, in ofengeheizte Holzschuppen, die ein Fünftel der Anzahl bequem beherbergen könnten, wenn Wände, Dach und Fenster dicht wären. Aber, wie ein prominenter Grundbesitzer sagte: ›Ich habe nichts gegen Niggererziehung, nicht bis zur vierten oder fünften Klasse, aber dann ist Schluss …‹«*

In fünfzehn Bundesstaaten wurden fünftausend Schulen gebaut, beginnend 1917 und bis in die dreißiger Jahre hinein. Rosenwald starb 1932, etwa um die Zeit, als die letzten Schulen entstanden. Doch bevor das Geld, das er auf die Seite gelegt hatte, 1948 zur Neige ging, war eine Stiftung zur finanziellen Förderung für schwarze Wissenschaftler und Schriftsteller gegründet worden. Einer der jungen Autoren, die ein Stipendium der Rosenwald-Stiftung erhielten, war Ralph Ellison aus Oklahoma. Das Geld war ihm Ansporn und verschaffte ihm die Zeit, die er benötigte, um seinen Roman *Unsichtbar* (1952) zu Ende zu schreiben, eines der maßgeblichen literarischen Werke über Rassendiskriminierung in den USA. Rosenwald-Stipendien gingen auch an den Fotografen Gordon Parks, die Bildhauerin Elizabeth Catlett (die später das Ellison-Memorial in New York schuf), W.E.B.Du-

* James Agee, Walker Evans, *Preisen will ich die großen Männer*. Übersetzung von Karin Graf, München 1989.

Bois, Langston Hughes und viele andere schwarze Künstler, Schriftsteller, Forscher und Intellektuelle.

Die Schulen, die mit Rosenwald-Geld (und unter lokaler Beteiligung) gebaut wurden, waren zu Anfang bescheidene Gebäude mit zwei Klassenräumen wie die in Greensboro und beschäftigten nur zwei, höchstens drei Lehrer. Im Allgemeinen wurden sie Rosenwald-Schulen genannt, obwohl Rosenwald sich dagegen aussprach, sie nach ihm zu benennen. In den zwanziger Jahren wurde das Schulbauprojekt ambitionierter. Solide Steinbauten mit mehr Klassenzimmern entstanden. Der funktionale Stil, der sie kennzeichnete – sie sahen alle gleich aus –, beruhte auf Bauplänen, die die beiden Architektur-Professoren Robert T. Taylor und W. A. Hazel in einer Studie der University Tuskeegee entwickelt und 1915 in einer Abhandlung mit dem Titel »The Negro Rural School and Its Relation to the Community« veröffentlicht hatten.

Typisch für diese Schulen war die Verwendung großer Fenster, die möglichst viel Tageslicht hereinließen, denn man musste davon ausgehen, dass in den ländlichen Gebieten, in denen sie gebaut werden sollten, kein elektrischer Strom zur Verfügung stand. Farbanstrich, die Anordnung von Wandtafeln und Pulten, sogar die südliche Ausrichtung der Schule zur Maximierung des Lichteinfalls – alles war in den Rosenwald-Entwürfen vorgegeben, die Stiftungsleiter Samuel Leonard Smith, der sowohl Architekt als auch Pädagoge war, bis in kleinste Detail ausgearbeitet hatte.

Auch Anregungen von Booker T. Washington, der 1915, also noch vor dem Bau der ersten Rosenwald-Schulen, gestorben war, flossen in die Pläne mit ein, darunter die zentrale Idee, dass Schulen in solch abgelegenen Gegenden von zusätzlichem Nutzen sein würden, wenn sie auch als Veranstaltungssaal, Bürgerhaus und ganz allgemein als Treffpunkt dienen konnten. Zu diesem Zweck wurden einige Schulen mit beweglichen Innenwänden ausgestattet, sodass sich Räume zusammenlegen und vergrößern ließen.

Das schlichte, weiße Gebäude am Stadtrand von Greensboro

war wirklich ein Relikt aus alter Zeit, und hätte mir Reverend Lyles nicht seine Geschichte und seine persönliche Beziehung dazu erläutert, wäre ich nie auf den Gedanken gekommen, dass vor fast einhundert Jahren ein philanthropisch gesinnter Fremder aus Chicago – ein bescheidener weißer Jude, der anonym bleiben wollte – versucht hatte, etwas zu verändern. Und der, nebenbei bemerkt, durch seine Stipendien dazu beigetragen hatte, dass Schilderungen schwarzer Lebenswirklichkeit veröffentlicht wurden, die heute Klassiker der amerikanischen Literatur sind.

»Für einen Teil der Finanzierung mussten die Eltern aufkommen«, erklärte mir Reverend Lyles. »Sie mussten bestimmte Gehälter bezahlen. Das ist nicht immer in Form von Geld erfolgt. Sie haben doch schon von Leuten gehört, die den Arzt mit Hühnern bezahlt haben? Das ist wahr. Das ist in Amerika geschehen. Manche bekamen Mais, Erdnüsse und so weiter statt Bargeld. Damals hatte man kein Geld. Erst Mitte oder Ende der vierziger Jahre fingen die Leute an, mit Geld zu bezahlen.«

Das »Schulgeld« wurde in Naturalien entrichtet. Reverend Lyles, der einer Farmerfamilie entstammte, brachte Produkte, die sein Vater angebaut hatte, aber auch Hühner und Eier.

»Warum hieß Ihre Schule Emory School?«, fragte ich.

»Die Schule hat ihren Namen von einem Gentleman namens Agnew bekommen«, antwortete Reverend Eugen Lyles in seiner präzisen, langsamen Sprechweise, die mich stets daran erinnerte, dass er, obwohl er bei unseren Unterhaltungen gewöhnlich in einem Frisörstuhl saß und sich gleich nebenan sein Soul-Food-Imbiss befand, in erster Linie Prediger war. »Dieser Agnew stand mit einem Mann namens Tommy Ruffin in Verbindung. Dem gehörte Land hier in der Gegend. Und Agnew spendete das Land als Bauplatz für die Schule, machte aber zur Bedingung, dass sie nach seinem Sohn benannt wurde. Der Sohn hieß Emory. Er war gestorben.«

»Kannten Sie diesen Emory?«

»Mein Vater kannte ihn. Mein Vater und die anderen, die um

dieselbe Zeit geboren waren, haben damals beim Bau der Schule geholfen. Und erst kürzlich sind Pam Dorr und Leute von HERO auf die Idee gekommen, sie zu renovieren.«

Ich fragte ihn, ob er an der Renovierung mitgewirkt habe.

»An der eigentlichen Renovierung nicht«, antwortete er. »Aber es hat mich stolz gemacht, dass ich bei ihrer Wiedereröffnung als Gemeindezentrum sprechen durfte. Auch mein Vater wäre stolz gewesen. Mein Vater und Mr Agnews Sohn, der Emory hieß, waren ungefähr im gleichen Alter. Damals schon alte Leute. Mein Großvater war 1850 geboren.«

Ich dachte, ich hätte mich verhört. Das konnte doch unmöglich sein. Ich zog das Jahr in Zweifel.

»Es stimmt – 1850.« Demnach war Booker T. Washington (1856–1915) jünger als Reverend Lyles' Großvater. »Mein Großvater ist nicht hier geboren worden, sondern erst später hergezogen. Er erinnerte sich noch an die Sklaverei. Er hat uns davon erzählt. Ich war dreizehn Jahre alt, als er starb. Ich bin 1934 geboren. Da war er weit über neunzig. Rechnen Sie nach – er war 1860 zehn Jahre alt. Damals gab es für Schwarze keine Schule. Er hat noch die Sklaverei erlebt. Deshalb hieß er Andrew Lyles, denn Lyles war der Name seines Besitzers. Später hörte er Geschichten über den Bürgerkrieg, und die erzählte er mir.«

Miss Cotton Blossom

Die Pension »Blue Shadows« in Greensboro wurde für eine Weile mein Zuhause. Abgesehen von dem halb verfallenen »Inn Motel« am anderen Ende der Stadt (Inhaber: Mr Patel), auf dessen Parkplatz weder Autos standen noch jemals Gäste zu sehen waren, gab es keine andere Unterkunft. Eine ältere Pension, das »Muckle House« an der Main Street, hatte geschlossen. Die nächsten kakerlakenfreie Motels lagen zwanzig Meilen südlich an der Umgehungsstraße von Demopolis.

Das Blue Shadows war ein großes, quadratisches, sichtlich um Anspruch bemühtes Haus in einem kleinen Wäldchen direkt hinter dem Bezirksgefängnis vom Hale County am landwirtschaftlich genutzten Stadtrand von Greensboro. Mein Zimmer lag in einem Anbau über der Garage, was ich begrüßte, denn dadurch war es vom Haupthaus getrennt, in dem die Besitzerin unablässig ihre Lieblingsmusik spielte, vorzugsweise Broadwaymelodien.

Die Besitzerin und alleine lebende Bewohnerin war die ältere Witwe und ehemalige Schönheitskönigin Mrs Janet May – und während ich dies schreibe (ältere Frau, vormals glamourös, eigenbrötlerische Wirtin, großes altes Haus), wird mir bewusst, dass ich mich auf das schlüpfriges Terrain der Südstaatengroteske begebe, als beschriebe ich eine Romanfigur von Carson McCullers. Die kokette, ältere Frau aus *Die Ballade vom traurigen Café* kommt mir in den Sinn, Miss Amelia Evans, die in ihrer Kleinstadt im Süden allein lebt und einen rätselhaften Buckligen bei sich aufnimmt, Cousin Lymon, der zum Gefangenen ihrer Liebe wird, bis er sie in einem Anfall von Niedertracht beraubt und ihr das Herz bricht. Aber Janet May war freundlich und großzügig, bemüht, es einem recht zu machen, und frei von jedem Groll, eine Stütze der Methodistischen Kirche und eine tüchtige Köchin.

Sie hatte nicht damit geprahlt, dass sie eine »ehemalige Schönheitskönigin« war, ich hatte es selbst herausgefunden. Beim Stöbern in einem Wandschrank meines Zimmer hatte ich auf einem hohen Regalbrett einen Pokal entdeckt, in den Janets Mädchenname und der Titel *Miss Cotton Blossom – 1949* eingraviert waren. Aus beiläufigen Bemerkungen und Anspielungen auf Ereignisse schloss ich, dass Mrs May jetzt siebenundachtzig Jahre alt sein musste, was umso bemerkenswerter war, als sie die Pension souverän und ohne viel Aufhebens führte, auch wenn sie zu einer gewissen Überschwänglichkeit neigte.

Sie hatte ein paar glamouröse Jahre als Fotomodell der New Yorker Agentur Powers erlebt. »Als Junior-Model«, wie sie erklärte, »denn ich war nicht groß genug.« Sie stammte aus Chattanooga, war später nach Greensboro ins Haus ihres Mannes gezogen und hatte mit ihm unter diesem Dach fünf Kinder großgezogen – tatsächlich befand sich das Blue Shadows seit mehreren Generationen im Besitz der Familie May. John May, von Beruf Verkehrspilot, war vor einigen Jahren gestorben. Janet beschäftigte eine Haushälterin namens Elmira, die viele Jahre lang für die Mays gearbeitet hatte. Janet liebte Elmira und war ihr für ihre Hilfe dankbar, insbesondere in den einsamen Tagen ihrer Witwenschaft.

Elmira hatte eine wunderbare Art, die typisch für den Süden ist. Eines Morgens, vor Jahren, hatte Janet in überschwänglicher Dankbarkeit zu ihr gesagt: »Elmira, warum bist du so gut zu mir?«

Die ältere schwarze Frau hatte mit dem Fegen innegehalten und geantwortet: »Mr May und ich waren Verwandte.«

Ich hatte die Anekdote nicht von Janet, sondern von jemandem aus der Stadt, der sich für ihre Wahrheit verbürgte. Und während ich dies schreibe, fällt mir auf, dass es ebenfalls wie ein Dialog aus einem Südstaatenroman klingt.

Janet erwähnte mir gegenüber einmal beiläufig, dass einer ihre Söhne jedes Jahr eine Zeitlang als Freiwilliger an einem Entwicklungsprojekt in Afrika mitarbeite. »Um den Menschen zu helfen.«

»Wo in Afrika?«

»In Sambia«, antwortete sie.

Mir ein spöttisches Lachen verkneifend, sagte ich zu ihr, dass so vieles in Greensboro, die verfallenden Häuser, die Hüttensiedlungen, die unbefestigten Straßen, die verrammelten Läden, die in indischem Besitz befindliche Tankstelle und das verdreckte Inn Motel, die vielen arbeitslosen jungen Leute, der Geruch von Eukalyptusfeuern und frisch gepflügtem Land, die roten Straßen, das Sägewerk – dass so vieles hier an Orte erinnere, die ich in Sambia gesehen habe. Warum reize es ihren Sohn denn nicht, hier in Greensboro etwas zu tun?

»Das ist eine gute Frage«, sagte sie. »Ich wünschte, Sie würden mal mit ihm reden. Ich denke das selbst oft. Ich habe keine Ahnung, warum er unbedingt nach Afrika muss.«

Ich schlug ihr vor, ihrem Sohn zum nächsten Geburtstag mein Buch *Dark Star Safari* zu schenken.

Die Beweggründe von Janets Sohn waren zweifellos idealistischer Natur. Viele Südstaatler sind nach Afrika gegangen, um zu missionieren. In den sechziger Jahren habe ich im Hinterland von Malawi und Uganda jede Menge Leute getroffen, meist Prediger mit ihren Frauen, manchmal auch kleine Familien, die neben ihrer bescheidenen, mit Spenden aus der Heimat errichteten Buschkirche wohnten.

Erskine Caldwell schreib in seinem 1968 erschienenen Buch *Deep South* über die Kirchen in den Südstaaten: »Zwar schickte man weiße protestantische Missionare nach Afrika, um die Seelen heidnischer schwarzer Eingeborener zu retten, doch zu Hause fürchtete man, die Südstaaten-Neger könnten sich mit dem ihnen zugewiesenen Platz nicht mehr begnügen, wenn sie allzu sehr vom Geist christlicher Brüderlichkeit durchdrungen würden, und das Recht für sich in Anspruch nähmen, sich nicht nur religiös, sondern auch sozial und politisch zu verbrüdern.«

Eines Tages erzählte mir Janet, dass ihre Kirche, die First United Methodist Church, am nächsten Abend in der Stadt ein Potluck-Dinner veranstalte, und legte mir eine Teilnahme ans Herz, denn das Essen sei köstlich und ein Gast wie ich immer willkommen. Zufällig hatte ich an dem Abend schon etwas vor – ich wollte Reverend Lyles besuchen. Und diese Verabredung brachte mich auf eine Frage.

»Nehmen an dem Potluck auch Schwarze teil?«

»Aber nein. Schwarze kommen nie«, antwortete sie. »Schwarze und Weiße verkehren hier nicht miteinander.«

»Nicht mal in der Kirche?«

»Paul«, sagte sie in tadelndem Ton, als wäre ich etwas schwer von Begriff, und ein in Südstaatenakzent erteilter Rüffel klingt besonders herabsetzend. »Sie haben ihre eigene Kirche.«

»Dann gibt es keine gemischten Veranstaltungen?«

Janet schüttelte den Kopf. »Meine Nachbarn da drüben sind Lehrer in einer schwarzen Schule, aber ich weiß genau, dass sie sonst nie mit Schwarzen verkehren, obwohl sie welche unterrichten. In ihrem Haus sind nie Schwarze gewesen. Ich nehme an, Sie wundern sich darüber. Aber so ist das nun mal.«

Sie redete langsam und viel und war durchaus etwas schwer von Begriff. Aber ich begann sie zu mögen und fand es großartig, wie sie in ihrem Alter die Pension führte, einkaufte, die vielen mit Terminplanung und Kochen verbundenen Probleme löste und abgesehen vom Saubermachen, das ihr Elmira abnahm, alles allein machte.

Staubwischen in einem solchen Haus war nicht einfach. Die Räume waren völlig überladen und vollgestopft mit Nippes und Schnickschnack – Gipsschweinchen, Tanzfröschen, Betty-Boop-Puppen, Golftrophäen, heimeligen Spruchtafeln (*Shalom Y'all* als Begrüßung im Treppenhaus), Troddeln, Weihnachtskränzen, Reiseandenken aus New Orleans, Nashville, Disney World und vielen anderen Orten, Filmplakaten, einem ausgestopften Hirschkopf, Deckchen, kleinen Teppichen, Untersetzern, bemalten Henkelbechern, dazu ein wahrhaft penetranter Geruch, ein Duftmix aus altem Teppich und Raumspray.

Doch ich bewunderte Janet für ihren Humor, ihre Kraft, ihren Charme und ihre Unabhängigkeit. Sie war eine alte Frau, die wie eine viel jüngere arbeitete. Es wäre ein Leichtes gewesen, sich über sie lustig zu machen und über ihr »Sie haben ihre eigene Kirche« zu spötteln oder über ihr übertriebenes Make-up, die mit viel Rouge geschminkten Wangen, das rußschwarze Mascara, den knallrosa Lippenstift. Aber sie entstammte einer anderen Zeit, selbst die Art, wie sie dastand, leicht nach hinten geneigt in der stolzen Pose eines Models der Agentur Powers, die Beine zusammen, eine Hand erhoben, einen Finger an der Wange, leicht beschwipst wirkend, wie es Frauen tun, wenn sie die Kokette geben: Miss Cotton Blossom.

Manchmal drohte mir die Decke auf den Kopf zu fallen, aber ich war so ungestört, wie ich es mir wünschte. Ich brauchte Ruhe, um meine Notizen und Gesprächsprotokolle zu Beschreibungen und Dialogen auszuarbeiten. Ich benutzte kein Aufzeichnungsgerät.

Einmal gab es frühmorgens ein schweres Gewitter. Starker Wind und kräftiger Regen fegten ungehindert über das flache Farmland und tränkten es. Gewaltige Regenwalzen, die von Mississippi herüberkamen, setzten den Garten des Blue Shadows unter Wasser und drückten, begleitet von Blitz und Donner, die großen weißen Pfeifensträucher und Eibischbüsche nieder, während stürmische Böen an den kahlen Ästen der Bäume rüttelten. Dieser gewaltige Ansturm von Wind und Wasser, der über uns hereinbrach, war ganz anders als jedes Gewitter, das ich im Norden erlebt hatte, eher wie ein Monsunregen in Indien, dessen Plötzlichkeit alles lähmt. Die Lautstärke, mit der der Regen in den schlammigen Garten klatschte, war wahrlich asiatisch. Ich konnte nur dasitzen, abwarten und zusehen, wie er gegen das Reklameschild des Blue Shadows schlug und es in so heftige Schwingungen versetzte, dass ich dachte, es müsste aus den Angeln springen. Das Unwetter erinnerte mich daran, dass ich dieses Haus als Zuflucht brauchte.

»Heute Geborene wissen nicht, wie es war«

An dem Abend, als die Methodisten ihren Potluck veranstalteten, saß ich in Lyles Barbershop und sprach Reverend Lyles auf die verschiedenen kirchlichen Veranstaltungen in Greensboro an, wobei ich speziell Janet Mays Einladung im Auge hatte. Er hob die Hand, um mir zu bedeuten, dass ich mir die Worte sparen könne.

»Ich kenne hier sehr wenige Weiße«, sagte er ohne Bitterkeit, einfach nur um mir zu verstehen zu geben, dass er nicht beurteilen könne, was auf der anderen Seite der Rassenschranke geschah, obwohl er die gesamten neunundsiebzig Jahre seines Lebens in Greensboro zugebracht hatte.

Die Frage, ob er in eine weiße Kirche gehen würde, quittierte er mit einem Kopfschütteln.

»Wir sind dort nicht willkommen«, sagte er. »Das weiß ich aus Erfahrung. Ich war mal auf einer Beerdigung, weil ein Freund von mir hinwollte. Ich ging nur mit, um ihm Beistand zu leisten. Als wir reinkamen, drehten alle die Köpfe. Ich dachte: ›O Gott‹, und sagte zu meinem Freund: ›Ich möchte keinen Ärger machen.‹ Ich ging wieder. Vor vierzig Jahren hätte es Prügel gegeben, wenn man versucht hätte, da reinzugehen. Vor weniger als vierzig Jahren hat ein Mann meinen Freund geschlagen.«

»In einer Kirche?«

»Direkt vor der Tür.« Er überlegte. »Wer das erlebt hat, vergisst es nie. Dann gab es Unruhen in Greensboro, die Proteste '59 und '60, so um die Zeit. Und Doktor King kam nach Greensboro, in den Jahren '62 und '63 dreimal. Er sprach in den St. Matthews African Methodist Episcopal und in der St. Lukes.«

»War das geheim?«

»Na klar. Und bei den Lagerhallen am Stadtrand gab es einen geheimen Unterschlupf, in dem er sich '68 vor dem Klan versteckte.«

Dieses Versteck, ein kleines Holzhaus im Shotgun-Stil und heute ein Wahrzeichen des Bürgerrechtskampfs, beherbergte inzwischen das Safe House Black Historic Museum von Greensboro. Dieses Museum sollte an den Einsatz der vielen unbekannten, namenlosen Mitstreiter der Bewegung erinnern, an andere Stätten wie dieses Häuschen, die unbeachtet geblieben waren, und an die Rettung Martin Luther Kings durch das beherzte Eingreifen Einheimischer, die ihn in der Nacht des 31. März 1968 in Greensboro vor einem blutrünstigen Mob in Sicherheit brachten.

»Wir wussten an dem Tag, dass er kommen würde«, sagte Reverend Lyles. »Wir hatten Verbindungen. Und als er sprach, gab es nur noch Stehplätze.«

»Was hat er gesagt?«

»Seine Botschaft war Gewaltlosigkeit«, antwortete Reverend Lyles. »Dass man sich als Wähler registrieren lassen soll. Dass man sich nicht mit Waffengewalt wehren soll. Das ist Geschichte. Aber sehen Sie, nach all den Jahren ist die Lage im Hale County immer noch angespannt. Für gewisse Leute herrscht immer noch Misstrauen zwischen den Rassen. Wir haben gerade einen afroamerikanischen Nachlassrichter gewählt, und der Bürgermeister ist der zweite Afroamerikaner in diesem Amt. JB – Johnnie Washington. Er ist in meinem Alter.«

»Ich habe ihn kennengelernt, als ich das letzte Mal hier war«, sagte ich. »Wir haben uns unterhalten. Er hat die Probleme angesprochen.«

»Es gibt viele Gräben«, sagte Reverend Lyles. »Aber man muss immer daran denken, dass Veränderungen nicht einfach so über Nacht passieren. Das braucht meistens Generationen. Die schulische Integration hat einiges verändert. Kinder, die zusammen zur Schule gehen, sehen das Leben mit anderen Augen als die, die noch getrennt gewesen sind.«

Ich kam darauf zu sprechen, dass man sich hier grüßte, während im Norden Fremde den Blickkontakt mieden und nicht einmal Hallo sagten.

»Sie müssten hier leben, um das zu verstehen. Die Menschen wohnen manchmal weit voneinander entfernt, aber wenn sie zusammenkommen, grüßen sie sich. Sie und ich sprechen miteinander, aber früher war das anders, da haben die beiden Rassen nicht miteinander gesprochen. Erinnern Sie sich an meinen Bruder Benny?«

»Ja, er war in der Armee.« Ich hatte ihn im Soul-Food-Imbiss kennengelernt. Wir hatten zusammen gegessen, und er hatte mir von seinen Besuchen im Norden erzählt.

»Früher hätten sie sich mit meinem Bruder nicht so unterhalten, ich meine, als Weißer. Sie hätten kein Wort mit ihm gewechselt. Das hat sich geändert, als die ersten Schwarzen öffentliche Ämter übernahmen und beim Umgang mit anderen Leuten merkten, dass man möglicherweise ganz ähnliche Ansichten hatte.«

»Dann ändern sich die Dinge also?«

»Ein paar. Ich habe ein paar rasante Veränderungen erlebt. Aber wenn sich wirklich etwas ändern soll, müssen Sie Leute finden, mit denen Sie diese Veränderung herbeiführen können. Und deshalb müssen wir aufeinander zugehen. Wir können nicht die Hände in den Schoß legen und darauf hoffen, dass sich etwas ändert. Zuallererst kommt es darauf an, die Mittel aufzutreiben, die für eine Veränderung nötig sind. Wenn Ihnen das nicht gelingt, dann müssen Sie eben einen Einzelnen finden, der etwas auf die Beine stellt, was gebraucht wird. Und wenn er die Mittel hat, dann muss er meine Arbeitskraft nachfragen.«

»Mir scheint, Sie sind Ihr Leben lang selbstständig gewesen und haben Ihr Ding durchgezogen.«

»Ich habe das Haus hier selbst gebaut, ein solider Backsteinbau. Ich habe viele Monate dazu gebraucht. Ich bin zum Bürgermeister, um mir eine Baugenehmigung zu holen. Das war nicht leicht. Und als ich die Genehmigung hatte, musste ich gegen allen möglichen Widrigkeiten ankämpfen.«

»Wie haben Sie sich das Geld geliehen?«

»Das war auch nicht so leicht. Ich habe die Banken abgeklappert. Schließlich hat ein Banker zu mir gesagt: ›Ich werde das prüfen.‹ Das war 1962. Ich war siebenundzwanzig. Der Mann, der mir den Kredit gab, sagte zu mir: ›Diese Leute wollen lieber, dass etwas passiert, als dass Sie in Greensboro wirtschaftlich etwas auf die Beine stellen.‹ Er war schon älter. Ein Weißer. Er sagte: ›Die würden Sie lieber scheitern sehen.‹«

»Aber Sie haben es geschafft.«

»Ich war Frisör. Ich wollte einen eigenen Frisörladen. Ich hab mir lauter neue Stühle gekauft. Ich wollte das, was ich in anderen Städten gesehen hatte. Ich hab mir gesagt: ›Das will ich auch in Greensboro sehen.‹«

»Haben Sie auch weiße Kunden?«, fragte ich, denn tags zuvor

hatte er gerade einen älteren Weißen rasiert, als ich bei ihm vorbeischaute – und das war in der Tat ein Anblick gewesen, denn der Mann war nicht weiß, sondern ganz rot im Gesicht, und dick, siebzig oder älter, wohl einer von den Alteingesessenen, und er lag leicht nach hinten gekippt im Stuhl, während Reverend Lyles – ein scharfes Rasiermesser zwischen den Fingern – ihm mit der funkelnden Klinge bedächtig den Hals schabte, hochkonzentriert wie der Meuterer Babo in Melvilles Erzählung, der vor den Augen Kapitän Delanos auf der *San Dominick* den gefangenen Benito Cereno rasiert. (Aber da ging wohl die Phantasie ein wenig mit mir durch.)

»Der Mann, den Sie gestern Morgen gesehen haben, das war vielleicht sein fünftes Mal. Aber er wohnt schon sein Leben lang hier. Veränderung braucht Zeit. Seit zwei, drei Jahren kommen ein paar Weiße zu mir. Die Zeiten ändern sich. Früher gab es an der Main Street einen weißen Frisör, aber der existiert nicht mehr.«

»Sind Sie da mal hingegangen?«

Reverend Lyles lachte laut und schüttelte den Kopf. »Mann, vor dem Laden durfte ich nicht mal stehen. Das war nicht erlaubt. Auf dem Bürgersteig stehen, sich unterhalten … nichts war erlaubt, als ich jung war. Das ist die Veränderung, die ich miterlebt habe.«

»Was haben Sie dabei gefühlt?«

»Es hat mich wütend gemacht.« Er runzelte die Stirn bei der Erinnerung. »Deshalb waren wir an vorderster Front, als die Kampagne zur Wählerregistrierung losging. Aber wenn Schwarze und Weiße jetzt nicht miteinander reden und eine Zukunftsperspektive entwickeln, wird sich wirtschaftlich nichts bewegen. Läden werden schließen, und es wird keine Jobs geben. Wir haben jetzt Schwarze im Stadtrat und in der County Commission. Unsere Kongressabgeordnete ist eine Schwarze. Terri Sewell.«

Terrycina Sewell, Abgeordnete des 7. Wahlbezirks von Alabama, der einen hohen Anteil von Afroamerikanern aufweist, war eine gebildete Frau um die fünfzig, geboren in Huntsville und aufgewachsen in Selma, wo sich ihre Eltern in der Bürgerrechtsbewegung engagiert hatten. Nach einem Jurastudium in Princeton, an der Harvard Law School und der Oxford University hatte sie zehn Jahre lang für eine Kanzlei an der Wall Street gearbeitet, ehe sie nach Alabama zurückkehrte und Teilhaberin einer auf öffentliche Finanzen spezialisierten Kanzlei in Birmingham wurde. Bei den Wahlen 2012 errang sie einen überwältigenden Sieg und zog als erste weibliche schwarze Abgeordnete Alabamas ins Repräsentantenhaus ein.

»Das war das Ziel der Bürgerrechtsbewegung, gleichberechtigte Beteiligung an der Macht«, sagte ich. »Das ist erreicht worden. Und jetzt ist die finanzielle Not größer denn je. Wie geht es weiter?«

»Diese Leute müssen sich hinsetzen und überlegen, was wirtschaftlich getan werden kann, damit sich etwas ändert«, sagte er. »Aber viele Leute sind heute gegen neue Unternehmen in Greensboro. Alteingesessene Familien haben eine Status-quo-Mentalität, und ziemlich viele von diesen alten Familien sind weiß. Ihr Standpunkt sieht so aus: Wenn nach Hale County Unternehmen kommen, die faire Löhne zahlen, müssen auch wir höhere Löhne bieten. Außerdem ist das hier eine landwirtschaftliche Region, und dabei soll es bleiben. Rinder, Sojabohnen, Catfish.«

Catfish-Hauptstadt Alabamas. Das stand in großen Lettern am Wasserturm von Greensboro. Einige erhofften sich von der Catfish-Zucht eine Ankurbelung der Wirtschaft, andere von der Rückkehr zu flächendeckenden Plantagen, wie Patricia Dedrick, Journalistin aus Alabama, in der *Birmingham News* vom 13. Oktober 2002 bemerkte: »Bei der Southern Pride Catfish Company [in Greensboro] bilden ungelernte Arbeiter, allein erziehende Mütter und Insassen der Gefängnisranch in Faunsdale das Gros der Belegschaft. Das Unternehmen karrt in Bussen auch Hispanos aus Tuscaloosa und von noch weiter heran und zieht ihnen die Fahrtkosten vom Lohn ab.« Die Bezahlung war schlecht, und das ganze

Unternehmen erinnerte, insbesondere was die Sträflingsarbeit anging, stark an die verbotene, aus dem 19. Jahrhundert stammende Praxis der Schuldknechtschaft, die im Süden weit verbreitet war.

»Es gibt hier noch Catfish«, sagte Reverend Lyles. »Aber vor knapp einem Monat hat bereits eine Fabrik zugemacht. Es ist ein risikoreiches Geschäft. Als Mercedes nach Tuscaloosa kam, war das eine Finanzspritze für das Hale County. Wir brauchen etwas, das näher an der Stadt ist.«

Ich wollte gerade gehen, da sah ich, dass auf seinem Lesetisch, an dem er gewöhnlich seine Bibel studierte, ein Buch lag. Ich fragte ihn danach. Er zeigte es mir. Es handelte sich um *Carry it On – The War on Poverty and the Civil Rights Movement 1964–72* von Susan Youngblood Ashmore, einer amerikanischen Geschichtsprofessorin an der Emory University in Atlanta. Er hatte die Autorin bei ihren Besuchen in Greensboro kennengelernt und ihr von seinen albtraumhaften Erlebnissen in der Zeit der Bürgerrechtsbewegung berichtet.

Beim Durchblättern des Buches stieß ich auf die Schilderung eines Vorfalls im Juli 1965 in Greensboro, als eine Gegendemonstration des Ku-Klux-Klans gegen einen friedlichen Protestmarsch auf der Main Street in Gewalt ausartete. Einheimische Weiße taten sich mit vermummten Klansmännern zusammen, die Schilder mit Parolen wie »Kampf dem Kommunismus«, »Kampf der Rassenvermischung« und »Schützt die amerikanische Lebensart« trugen, und fielen mit Stöcken, Gummischläuchen und Hämmern über die Teilnehmer des Protestmarsches her. Siebzehn Verletzte, ausnahmslos Schwarze, wurden ins Krankenhaus eingeliefert. Zwei schwarze Kirchen gingen Flammen auf. Bis Ende Juli wurden 435 schwarze Demonstranten unter dem Vorwurf des Landfriedensbruchs, der Teilnahme an einer Zusammenrottung und zahlreicher anderer Vergehen inhaftiert.

»Wir hatten Angst, nachts vor die Tür zu gehen«, sagte Reverend Lyles. »Und viel später bekamen auch die Weißen Angst. Noch heute haben Sie Angst und denken: ›Die Schwarzen, die du damals geschlagen hast, könnten dich wiedererkennen.‹ Das trennt die Menschen – diese Angst.« Er schüttelte den Kopf und hielt das Buch hoch. »Heute Geborene wissen nicht, wie es war.«

Unser Randall Curb

Eines Morgens, beim Frühstück im Blue Shadows, verdrehte Janet May angesichts meiner vielen Fragen die Augen und seufzte resigniert: »Kennen Sie unseren Randall Curb?« Und ihr Tonfall gab zu verstehen, dass ich, als Schriftsteller, diesen Mann eigentlich kennen müsste, denn er war Schriftsteller wie ich. Ich antwortete, ich hätte nie von ihm gehört.

Dann grinste ich. »Aber vielleicht er von mir.«

Sie kreischte. »Sie sind ein Scherzkeks, Paul!«

Dann überlegte sie angestrengt. Sie hatte die Angewohnheit, beim Nachdenken mit den Händen von beiden Seiten an ihrer sorgfältig toupierten Frisur herumzudrücken, wie ein Sikh, der seinen Turban zurechtrückt, und dies tat sie jetzt eine Weile, ehe sie sagte: »Er ist Historiker. Er kann alle Ihre Fragen beantworten.«

Ich sagte, fein, und sie rief ihn an und reichte mir das Telefon. Wir unterhielten uns eine Weile, und in guter Südstaaten-Manier sagte Randall Curb, ich könne gerne jederzeit vorbeikommen. Er nannte mir seine Adresse.

»Wie wär's heute am späten Vormittag?«

»Ausgezeichnet. Ich werde nach Ihnen Ausschau halten.«

Kurz bevor ich das Blue Shadows verließ, räusperte sich Janet Aufmerksamkeit heischend und sagte: »Randall ist so gut wie blind … Nun, aber das hält ihn von nichts ab.«

Das weiße Haus mit den Fensterläden und der geschlossenen Veranda an der Ecke First und Main Street nahe Stadtmitte, das er mir beschrieben hatte, war leicht zu finden. Ich parkte auf dem Rasen davor, wie von ihm vorgeschlagen, und er kam in dem Augenblick an die Tür, als ich klopfte. Randall Curb war ein großer, blasser, etwas kurzatmiger, aber jugendlich aufgeschlossen wirkender Mann um die fünfzig mit vollem Gesicht, weit aufgerissenen, blauen Augen und dem erwartungsvollen, leicht asymmetrischen Blick des Kurzsichtigen. Er suchte mich mit ausgestreckten Armen, fand meine Hand, schüttelte und drückte sie herzlich.

»Sie sind Paul«, sagte er. »Nur zu, treten Sie ein.«

Im nächsten Moment war ich von Büchern umgeben und lächelte, denn in den vollen Regalen entdeckte ich die Namen von Autoren und Titel, die ich sehr schätzte. Wir durchquerten die Diele. Dahinter weitere Bücherregale. Das war ungewöhnlich, denn bis dahin hatte ich im Süden nie ein Zimmer gesehen, das mit Büchern eingerichtet war. Ich war nie einem Leser begegnet, nie in einem Haus gewesen, in dem Bücher eine dominante Rolle spielten, obwohl viele über Bücherschränke verfügten. Meist enthielten die Regale nur Erinnerungsstücke und Souvenirs – wie Janets Mays Tanzfrösche, Gipsschweinchen und bemalte Untersetzer.

Dies war der Grund, warum die Leute, wie mir vorkam, immer mitleidig lächelten, wenn ich sagte, dass ich Schriftsteller sei, als hätte ich damit eine persönliche Schwäche eingestanden, wenn auch eine liebenswerte und verzeihliche. Denn für einen Nichtleser ist ein Buch ein einziges Rätsel, und da die Leute verdutzt sind und nicht wissen, was sie als Nächstes sagen sollen, machen sie mir einen gelinden Vorwurf daraus, dass ich sie in Verlegenheit gebracht habe, so wie ein Tischgast, der sich zu Fleischessern an die Tafel setzt und sagt: »Übrigens, ich bin Veganer.«

Eine weitere Besonderheit meiner Begegnung mit Randall war, dass er von den vielen hundert Menschen, deren Bekanntschaft ich auf meiner insgesamt anderthalbjährigen Reise durch die Südstaaten machte, der Einzige war, der meinen Namen kannte und sogar ein Buch von mir gelesen hatte. Was auch sein Gutes hatte: Anonymität bedeutet Freiheit.

In meinem Reiseleben ist es mir nie schwergefallen, als Schriftsteller unter Analphabeten zu leben. Einen Großteil meiner Jahre in Afrika verbrachte ich zufrieden unter Menschen, für die ein Buch wenig mehr war als ein unergründlicher, aber mächtiger Fetisch. Der ungebildete Mensch besitzt andere Fertigkeiten und ist im Gespräch häufig aufmerksamer, scharfsinniger und mitteilsamer als der Lesekundige mit bescheidener Literaturkenntnis, der beispielsweise glaubt, alle Antworten auf die Fragen des Lebens seien in der Bibel oder im Koran zu finden. Ganz zu schweigen von den besonders faulen und anmaßenden, die zwar lesen können, es aber nicht tun und lieber in blasierter Unwissenheit leben. Die erscheinen mir gefährlich.

Ein Leser, der einem anderen Leser begegnet, trifft auf einen Gleichgesinnten. Die Freude über ein solchen Glücksfall ist einem Nichtleser unmöglich zu vermitteln, warum also sollte ich mir die Mühe machen? Sie, die Sie dieses Buch in Händen halten, kennen das Phänomen, daher erübrigt es sich ohnehin. Ich habe an andere Stelle darüber geschrieben, anlässlich meiner zufälligen Begegnung mit dem großen Gelehrten Leon Edel an einem Strand auf Hawaii. Leon hatte eines meiner Lieblingsbücher, die fünfbändige Henry-James-Biographie, geschrieben. Ich hatte mich mit der räumlichen Abgeschiedenheit und geistigen Enge auf Hawaii abgefunden, denn die Inseln hatten so viel anderes zu bieten, woran man sich erfreuen konnte: das gute Essen, das schöne Wetter, das Sonnenlicht am Meer, die wogende Brandung, die berühmten Regenbogen.

So führte ich auf Hawaii ein zufriedenes Leben, denn ich hatte Sonne und hatte meine Arbeit. Doch als ich Leon Edel traf, der wie ich mit einer Einheimischen verheiratet war, merkte ich, dass ein Teil meines Gehirns, ein Teil meiner Erfahrungswelt brachgelegen hatte und dass ich nun wieder ganz andere Gespräche führen, mich wieder auf eine ganz andere Art ausdrücken konnte, nämlich in der Sprache der Bücher. Es war (wie ich später schrieb), als hätte ich einen Alien-Kollegen von meinem Heimatplaneten getroffen: Wir waren zwei Männer, die zwar aussahen wie alle anderen, aber zur großen Spezies der Leser gehörten und dieselbe Sprache sprachen. Danach traf ich mich öfter mit Leon, zum Lunch, zu einem Drink, und als er starb, trauerte ich um ihn und um mich selbst, denn nun war ich wieder isoliert unter dem strahlenden Himmel von Oahu und unterhielt mich auf Pidgin oder Basic English in Gemeinplätzen über Belanglosigkeiten.

Befriedigt nahm ich zur Kenntnis, dass in einem Regal von Randall Curbs Bibliothek die fünf dicken Bände von Leon Edels *Henry James* standen. Der Anblick bot mir Gelegenheit, ihm von Leon Edel zu erzählen und zu sagen, was für eine Freude es sei, einen Edel-Leser zu treffen.

»Ich habe für die Zeitung in Birmingham ihren Roman *Moskitoküste* besprochen«, sagte er, »damals, als er herauskam. Zu der Zeit konnte ich noch richtig lesen.«

Wir saßen mittlerweile auf einem Sofa in seinem Wohnzimmer, zwischen weiteren Büchern, Landschaftsgemälden aus dem 19. Jahrhundert und dekorativen Glaswaren und Kissen. Im Hintergrund lief klassische Musik – das erste Mal, dass ich in einem Haus in den Südstaaten klassische Musik hörte. Und von Spitzengardinen gedämpftes Sonnenlicht fiel auf die rubinrote Vase auf dem polierten Mahagonitisch und erfüllte sie mit Leben, indem es ihr rotes Inneres zum Pulsieren brachte und sich in ihrem Goldrand spiegelte.

»Ich bin im juristischen Sinn blind auf die Welt gekommen«, sagte Randall, »mit einer Sehnervenatrophie. Ich kann nicht mehr lesen, kaufe mir aber trotzdem noch Bücher. Ich halte sie in der Hand, fasse sie gern an.« Auch jetzt hielt er ein Buch in der Hand, eine Biographie über George Orwell. Er hatte sich die Hörbuchversion angehört und erzählte kurz davon. Dann fragte er mich, was mich nach Greensboro geführt habe.

»Ich mache ein wenig das Gleiche wie Orwell«, antwortete ich, »wenn Sie an *Der Weg nach Wigan Pier* oder *Erledigt in Paris und London* denken. Ich bereise den Süden, fahre herum und halte mich dabei an die ländlichen Gegenden.«

»Ich konnte nie herumfahren, reise aber gern. Ich beneide Sie sehr darum, dass Sie herumfahren können.«

»Sind Sie hier geboren?«

»Ja. In einer Arztpraxis an der Main Street. Ich bin nie von hier fortgezogen, verbringe aber jeden Sommer längere Zeit in England. London, Oxford, überall.«

»Wie können Sie mit Ihrer Sehbehinderung reisen?«

»Ich bekomme Hilfe. Und das hervorragende öffentliche Verkehrsnetz in London macht es einem wirklich leicht. Die Sommer sind hier unerträglich heiß. London ist für mich Freiheit. Sie als Reisender kennen das.«

»Janet May bezeichnet Sie als Historiker.«

»Janet neigt zu Übertreibungen«, erwiderte er. »Aber ist sie nicht lieb? Greensboro ist voll von Originalen wie sie. Nun ja, ich habe ein paar Sachen über die Stadt geschrieben. Ich habe ein Buch herausgebracht, *Historic Hale County*. Es ist vor zwanzig Jahren in einem Kleinverlag erschienen.«

»Ich bin durch *Preisen will ich die großen Männer* auf die Idee gekommen, mir den Süden anzuschauen und Greensboro zu besuchen.«

»Ach, da sind Sie nicht der Einzige. Die Leute kommen her und sind enttäuscht, weil sie keine Farmpächter finden.«

»Ich bin nicht enttäuscht. Das ist meine zweite Reise. Ich beabsichtige, immer wiederzukommen.«

»Viele Leute fahren durch Greensboro, und weil es ihnen so gut gefällt, kaufen sie sich ein Haus«, sagte Randall. »Manchmal bleiben sie. Aber manchmal nutzt sich der Charme auch ab. Sie verkaufen das Haus, das sie renoviert haben, mit Verlust und ziehen wieder weg.«

»Einige Häuser sind wirklich prächtig, wenn auch ein wenig verwittert«, sagte ich. »Sie müssen zu Agees Zeit wunderschön gewesen sein, aber in seinem Buch erwähnt er sie nicht.«

»Er hat sich auf die Farmpächter konzentriert, die armen Weißen. Aber vor dem Bürgerkrieg war die Gegend hier sehr wohlhabend. Sie war das Zentrum der Baumwollindustrie. Diese Villen waren die Stadthäuser der Baumwollbarone. Die hatten auch große Häuser auf den Plantagen. Anfangs lagen die Plantagen gleich hier, direkt vor der Stadt.«

Wir unterhielten uns über Agee. Randall war mit *Preisen will ich die großen Männer* bestens vertraut, und während er darüber sprach, dachte ich bei mir, dass man solchen Männern wie Randall in Erzählungen von Tschechow begegnet. Wie man überhaupt auf viele Südstaatler trifft, die an typische Tschechow-Figuren erinnern – nicht nur an die isolierten Intellektuellen in der Provinz, die sich zum Tee treffen, sondern auch an die breite Masse der armen Landbewohner, denen der Typ des Farmpächters so nahe kommt wie niemand sonst in den Vereinigten Staaten: hier wie dort ums Überleben kämpfende Kleinbauern, die in Hütten leben, Menschen, die die Südstaaten-Sklaverei oder die russische Leibeigenschaft noch von lebenden Zeitzeugen kennen. (Die Daten ihrer Emanzipation lagen dicht beieinander: Lincoln befreite die Sklaven 1863, Zar Alexander II. die Leibeigenen 1861 – beide Befreiungen gingen mit Kriegen einher, dem amerikanischen Bürgerkrieg und dem Krimkrieg.)

Randall erschien mir wie der Spross einer ehemaligen Gutsbesitzerfamilie, Reverend Lyles war der Nachkomme von Sklaven. Beide lebten im vollen Bewusstsein ihrer komplizierten Vergangenheit. Reverend Lyles war ein Unrechtsopfer, aber nach wie vor leidenschaftlicher Optimist, fromm und versöhnlich. Randall war freundlich, großzügig, reizend, darauf erpicht, andere an seinem Wissen über Greensboro, dessen inoffizieller Geschichtsschreiber er war, teilhaben zu lassen. Beide Männer hießen Besucher jederzeit gern willkommen.

Ich versuchte, Randall meine Ansichten über *Preisen will ich die großen Männer* zu erläutern, ein Buch, das aufgrund seiner Selbstreflexionen, seiner Abschweifungen und seiner formalen Gestaltung in meinen Augen eher Literatur war als ein wissenschaftliches Dokument über die Lebensbedingungen von Farmpächtern. Und das gleichzeitig geradezu absurd anmutete, da Agee die Existenz von Schwarzen, die während seines Besuchs im Hale County gelyncht wurden, völlig ignorierte, wo doch Schwarze damals in der Mehrheit gewesen sein dürften.

Was ich an dem Buch bewunderte, waren die skizzenhaft-verdichteten Betrachtungen, die es enthielt, die Beschreibungen der Kleidung der Menschen, der Fußböden in den Hütten, der kargen Mahlzeiten, der verwilderten, zerlumpten Kinder – dies alles hatte Walker Evans auch in seinen Fotografien eingefangen. In Teilen war das Buch hervorragend, doch als Ganzes erschien es mir zu »avantgardistisch«, zu kompliziert. Nicht von ungefähr wurden nach der Erstveröffentlichung 1941 nur sechshundert Exemplare verkauft. Als es zwanzig Jahre später wieder aufgelegt wurde, verkaufte es sich besser. Ich studierte am College, als ich es das erste Mal las, und war beeindruckt von der, um mit William Blake zu sprechen, »Artikulation kleinster Details«.

Meine Kritik am Prosastil des Buches veranlasste Randall zu der Bemerkung: »Ich finde, er hat etwas Beschwörendes. Ich lese den Text laut, dann wirkt er stimmiger.«

»Beschwörend« erschien mir ziemlich treffend, denn das repetitive Element der Prosa erinnerte an alte Kirchengesänge, und da Agee gleichermaßen Poet wie Prosaschriftsteller war, hätte ihm diese Bemerkung gefallen. Agee war ein brillanter Kopf, aber ein sprunghafter, von inneren Konflikten zerrissener Autor und ein selbstzerstörerischer Alkoholiker, der seine drei Ehefrauen schlug. Ihm, dem in Knoxville, Tennessee, Geborenen, bedeutete es alles, ein Buch über diese Südstaatenregion zu schreiben, doch wie alles andere aus seiner Feder war es zum Zeitpunkt seines Todes vergriffen. Als er mit fünfundvierzig Jahren an einem Herzinfarkt starb, glaubte er, im Leben versagt zu haben. Das Buch war, wie gesagt, als Zeitschriftenartikel geplant gewesen, doch der Text geriet so umfangreich, dass die Zeitschrift *Fortune* ihn ablehnte. Dieser ausführliche Artikel, der 2013 als schmales Buch unter dem Titel *Cotton Tenants – Three Families* erschien, ist ein Muster an

Klarheit und ganz anders als das umfangreichere Buch, das daraus entstand.

Einige Nachkommen dieser weißen Farmpächter-Familien, denen Agee die Pseudonyme Ricketts, Woods und Gudger gegeben hatte, die in Wahrheit aber Tingle, Fields und Burroughs hießen, leben noch heute in der Gegend, nördlich von Greensboro bei Akron. Von Zeit zu Zeit suchten Journalisten sie auf und mussten feststellen, dass die Familien geradezu wütend waren, denn sie empfanden Agees Beschreibung – die sie berühmt gemacht hatte – als Stigmatisierung. Sie waren der Ansicht, die beiden Fremden hätten sie in ihrer Armut falsch dargestellt und ihr Vertrauen missbraucht. So schrieb David Whitford 2005 in einem Artikel für *Fortune*: »Es war eine kollektive Schande, die mehrere Generationen später immer noch tief empfunden wurde, sowohl von den Familien, die Agee beschrieben und Evans fotografiert hatte, als auch von Vertretern anderer Schichten, die die Familien kannten und als weißes Gesindel betrachteten, das nicht der Verachtung wert sei«.

»In den Augen der Leute«, hatte Randall Curb zu Whitford gesagt, »waren sie die denkbar schlimmsten Repräsentanten des Südens. Natürlich liegt darin eine bittere Ironie, denn Agee wollte den Leuten ja sagen, dass sie genau das eben nicht sind.«

Der ausführlichste Bericht über einen Besuch bei den Familien aus *Preisen will ich die großen Männer* stammte von dem Autor Dale Maharidge und dem Fotografen Michael Williamson, die 1989 *And their Children after them* herausbrachten. Der Titel ist wie der von Agee dem Buch Jesus Sirach, Kapitel 44, entlehnt. Es war wohlwollend besprochen und mit einem Pulitzer-Preis ausgezeichnet worden. Ich hatte nur einen Blick hineingeworfen, aber Randall hatte es gründlich gelesen.

»Es ist sehr spröde und in weiten Teilen ressentimentgeladen und tendenziös«, urteilte Randall. »Sie haben mit Weißen gesprochen und wollten zeigen, wie rassistisch sie sind. Ich bestreite ja nicht, dass Rassismus und Bigotterie weit verbreitet sind und dass ein Großteil der weißen Kinder, die hier aufwachsen, nie schwarze Kinder kennenlernen, aber die Autoren haben vieles unterschlagen, besonders das, was sich gegenüber früher deutlich verbessert hat. Sehen Sie sich doch an, was sich hier getan hat.«

Ich musste an Reverend Lyles denken, der mir erzählt hatte, dass es ihm verboten gewesen sei, auf dem Bürgersteig an der Main Street spazieren zu gehen.

»Und heute sind alle öffentlichen Schulen voll integriert«, sagte Randall gerade.

»Aber es gibt immer noch Widerstand«, entgegnete ich. »Nehmen Sie nur die rein weiße Privatschule hier.«

»Solche Schulen gibt es in allen vergleichbaren Orten im Süden«, sagte Randall mit fatalistischem Schulterzucken. »Das ist nun mal so.«

»Was ist mit den Kirchen? Eugene Lyles – Reverend Lyles aus der Stadt – hat mir erzählt, dass er es niemals wagen würde, einen Fuß in eine weiße Kirche zu setzen, aus Angst, hinausgeworfen zu werden.«

»Niemand würde abgewiesen werden, ob schwarz oder weiß«, sagte Randall. »Zweimal im Jahr, an Thanksgiving und an Ostern, gibt es einen ökumenischen Gottesdienst für die ganze Stadt, an dem alle Bevölkerungsgruppen teilnehmen.«

Das gesamte Sozialgefüge der Stadt, so fuhr er fort, spiegele sich in den Kirchen wider, und die Kirche sei ein so wichtiger Teil der schwarzen Identität, dass kein Schwarzer den Wunsch verspüre, den Schutz der eigenen Kirche zu verlassen. Ich fand, »Schutz« war ein ziemlich gutes Wort für Kirchenmitgliedschaft.

»Die meisten Leute gehen in die Kirche, in der sie groß geworden sind«, sagte er. »Wenn neue Leute in die Stadt kommen, werben die Kirchen um sie. Manchmal frage ich mich, wie neu Zugezogene zurechtkommen, ohne in eine Kirche zu gehen.«

»Das ist eine nützliche Erfahrung, die ich im Süden gemacht habe«, sagte ich. »Geh in die Kirche und du lernst Leute kennen. Oder auf Waffenmessen. Oder beim Frisör, oder bei Football-Spielen.«

»Und man lese Bücher! Südstaatenromane«, empfahl Randall als eine Möglichkeit, den Süden besser kennenzulernen. Und nun sprach er über Agee, über Faulkner, über englische Schriftsteller, die er schätzte, über historische Persönlichkeiten wie Benjamin Franklin. Er kannte diese Schriftsteller gut.

Ich pflichtete ihm darin bei, dass Faulkner die maßgebliche fiktionale Geschichte des Südens geschrieben habe, setzte aber hinzu, dass einiges von ihm schwer zu lesen sei. Ich machte meiner Verzweiflung über den brillanten Mann Luft, dessen hinreißende Detailgenauigkeit ich bewunderte und dessen Schwerverständlichkeit ich verabscheute – wie bei Agee. Ich mochte seinen Humor, konnte mit seinem Hang zur Verrätselung aber nichts anfangen. Zwischen den Bücherwänden von Randalls Wohnzimmer lästerten wir über die Südstaaten-Schauerliteratur mit ihrem Gruselkabinett aus Horrorkostümen und grausigen Spinnweben und waren uns darin einig, dass Capote überschätzt, Styron unterschätzt und Charles Portis bedauerlicherweise verkannt sei. Diese Autoren galten als überholt, verstaubt und passé.

»Kaum jemand schreibt über die neuen Probleme«, sagte Randall. »Die heutigen Spannungen sind schwieriger als die früheren. Früher beruhten die Spannungen auf totalem Unverständnis. Heute ist das Problem: ›Wie sollen wir es anstellen?‹«

»Wer schreibt über dieses Thema?«

»Kennen Sie Mary Ward Brown?«

Über den Namen sei ich noch nicht gestolpert, antwortete ich.

»Sie sollten sich mal mit ihr treffen«, sagte er. Er nannte sie »Mary T.«. Sie lebe im Perry County, in der Stadt Marion, östlich von Hale. »Sie schreibt Kurzgeschichten. Sehr gute.«

Randall erzählte mir ein wenig von ihr. Sie hatte in eine Farmerfamilie eingeheiratet und lebte mittlerweile allein in dem abgelegenen, alten Haus der Familie.

»Sie ist fünfundneunzig«, sagte Randall, »und wird in ein paar Monaten sechsundneunzig.«

»Vielleicht könnten Sie uns miteinander bekannt machen«, sagte ich, als ich ihn verließ.

Mehrere Tage vergingen. Ich las ein paar Geschichten aus Mary Ward Browns Erzählband *Tongues of Flame*, die meist vom Unbehagen in der Kleinstadt, von Missverständnissen – teils zwischen Schwarzen und Weißen – und Ressentiments aller Art handelten. Ich war beeindruckt von der Authentizität ihrer Beschreibungen und ihrem ungekünstelten Erzählstil, wie etwa zu Beginn von »The Fruit of the Season«:

»Der Tiefe Süden zeigt sich Anfang Mai von seiner besten Seite, wenn die letzte Kältewelle vorbei und die Hitze noch nicht da ist. Laub und Gras haben noch das zarte, österliche Grün. Wildblumen beleben die Landschaft, und besonders die Magnolien beginnen zu blühen. Die Tage werden länger, und Glühwürmchen leuchten in der langsam aufziehenden Dunkelheit. Anfang Mai 1959 waren in Alabama die Brombeeren reif.«

Die Geschichte handelt von drei schwarzen Kindern, die Beeren pflücken. Es kommt zu einer kleinen dramatischen Zuspitzung, als die Kinder der weißen Frau, auf deren Land die Sträucher wachsen, Beeren anbieten.

Ich rief Randall an und sagte: »Ich würde sie gern bald besuchen.«

»Vielleicht beim nächsten Mal, wenn Sie in die Gegend kommen«, erwiderte er.

Das bekam ich oft zu hören. Man war ja nicht aus der Welt.

»Vielleicht im Frühjahr«, schlug er vor.

»Dann wird sie sechsundneunzig Jahre alt sein.«

Es erschien mir vermessen, ein Treffen mit jemandem, der so betagt war, zu verschieben, aber Randall versicherte mir, dass sie bei guter Gesundheit sei und sich darauf freue, mich in ein paar Monaten kennenzulernen.

Ein Eckladen an der Main Street war jetzt ein Café namens »The Pie Lab«, das am Ort für seine große Auswahl an selbstgebackenen Obstkuchen und seine Salate und Sandwiches bekannt war. Es war ein Projekt von HERO, der »Hale Empowerment and Revitalization Organization«, von der ich schon bei meinem ersten Besuch gehört hatte.

»Die Idee war, mit dem Pie Lab einen Treffpunkt zu schaffen, wo man neue Leute kennenlernen kann«, hatte Randall gesagt. »Ein gutes Konzept, aber es hat irgendwie nicht funktioniert. Glaube ich zumindest.«

Er hatte den Kopf geschüttelt und das Café etwas abschätzig als »liberales Zugpferd« bezeichnet.

Doch am nächsten Tag aß ich im Pie Lab zu Mittag und lernte dabei zufällig Pam Dorr, die Gründerin und Organisatorin von HERO, kennen. Eigentlich hatte ich mich schon im Herbst mit ihr treffen wollen, war aber nicht dazu gekommen, sie anzurufen. Und jetzt saßen wir hier, tranken Kaffee und aßen Quiche Lorraine – oder »Quickee Lorraine«, wie manche Leute in Greensboro sagten.

Die attraktiveren unter den dahinsiechenden Städten im Süden zogen Auswärtige an, so wie Dritte-Welt-Länder idealistische Freiwillige anlocken, und häufig aus denselben Gründen. Sie sind arm, schön und brauchten eine Wiederbelebung. Da sie die Möglichkeit bieten, sich als Retter zu betätigen, stellen sie für junge College-Absolventen oder Studenten, die ein Semester pausieren wollen, um in einer anderen Welt gemeinnützige Arbeit zu leisten, ein unwiderstehliche Herausforderung dar. Und es waren Orte, wo es sich angenehm leben ließ – zumindest schien es so.

Die desolate Wohnungssituation in Greensboro und allgemein im Hale County hatte Architekturstudenten vom Auburn Rural Studio (einem Grundstudiengang der Fakultät für Architektur, Planung und Landschaftsarchitektur der Auburn University) auf die Idee gebracht, attraktiven und preiswerten Wohnraum für Bedürftige zu schaffen. Die »Auburn-Häuser« sind klein und einfach, aber attraktiv und wirken so schlüssig und durchdacht wie aufgeklappte überdimensionale Origami-Objekte aus Wellblech und Sperrholz. Bezahlbarkeit war ein vorrangiges Ziel, und das hieß in Greensboro, dass der Preis für ein kleines, neues Haus 20 000 Dollar nicht übersteigen durfte, »die höchste Hypothek, die sich ein Durchschnittsempfänger von Sozialleistungen realistischerweise leisten kann«.

Pam Dorr war zehn Jahre zuvor, nachdem sie vom Rural Studio der Auburn University gehört hatte, von San Francisco nach Greensboro gereist und hatte sich als »soziale Mitarbeiterin«, als »Outreach Fellow«, an der Auburn eingeschrieben. Damit nahm sie eine Auszeit von ihrer erfolgreichen Karriere als Designerin für verschiedene namhafte Bekleidungsunternehmen wie Esprit, Gap oder, in neuerer Zeit, Victoria's Secret. (»Ich habe kuschelige Pyjamas entworfen.«) Sie war als Freiwillige nach Greensboro gekommen, doch als ihre Zeit endete, widerstrebte es ihr, diese schöne, aber problembeladene Stadt wieder zu verlassen.

»Ich begriff, dass ich noch viel mehr tun konnte«, erzählte sie mir im Pie Lab, das eine ihrer Geschäftsideen gewesen war. Sie hatte viele Ideen. Ihre Wohnung in San Francisco hatte sie mit »kostenlosen und gefundenen Materialien« eingerichtet – sie zeigte mir Fotos ihrer farbenfrohen Zimmer, der Tische und Stühle, die sie von Müllkippen geholt oder auf Flohmärkten erstanden und restauriert hatte. Instandsetzen, Altes umbauen, sanieren, das war ihre Leidenschaft. Greensboro war dringend sanierungsbedürftig, und das Rohmaterial dazu war vorhanden – heruntergekommene, aber renovierbare Häuser und Läden, eine Hauptstraße, die wiederbelebt werden musste – und jede Menge wild wuchernder Bambus, für den es eine gute Verwendung gab. Pams Idee, Fahrradrahmen aus Bambus zu fertigen, führte zur Gründung von »Hero Bikes«, einem der Unternehmen, die Pam seit der Gründung von HERO 2004 leitete.

»Wir bauen Häuser, bringen den Leuten bei, was man als Eigenheimbesitzer wissen muss, und helfen ihnen in Zusammenarbeit mit innovativen Bankern, einen Kredit zu bekommen.«

Traditionell verliehen die lokalen Banken Geld hauptsächlich an Weiße. Zwar konnten auch Schwarze Kredite erhalten, allerdings nur zu Wucherzinsen. Siebenundzwanzig Prozent waren nicht ungewöhnlich.

»Ich sah darin die große Chance für einen Neuanfang in der Stadt«, sagte Pam. »Wir haben dreiunddreißig Angestellte und eine Menge Freiwillige. HERO verkauft Kuchen. Und Pekannüsse. Wir liefern einheimische Pekannüsse an Einzelhändler. Wir haben eine Kindertagesstätte und bieten außerschulische Betreuung an. Wir betreiben eine Baufirma, einen Secondhandladen. Das Fahrradgeschäft.«

Einige dieser Firmen waren mittlerweile in Gebäuden an der Main Street untergebracht, die früher die Eisenwarenhandlung, die Versicherungsagentur und das Opernhaus beherbergt hatten. HERO hatte elf pleitegegangene Ladengeschäfte an der Hauptstraße saniert oder renoviert und auch gekauft, wenn die Besitzer unbedingt verkaufen wollten. (»Wenn das Dach einstürzte oder die Decke herunterkam.«)

In den Räumlichkeiten von Hero Bike kam ich mit Patrick Kelly, dem Fahrradbauer und Geschäftsführer, ins Gespräch. Er war ein Musterbeispiel für meine Theorie, dass die Auswärtigen, die am Aufschwung Greensboros arbeiteten, dem Typ des Entwicklungshelfers entsprachen, den man in Entwicklungsländern antraf.

»Ich wollte nach Nigeria gehen und in der Entwicklungshilfe arbeiten«, erzählte er. »Aber das Projekt wurde nicht genehmigt. Also ging ich für fünf Jahre nach Korea und habe unterrichtet. Außerdem habe ich dort gelernt, wie man Fahrräder baut. Anschließend kam ich nach Greensboro.«

Auch Pam Dorr kam mir wie eine hochmotivierte Peace-Corps-Freiwillige vor. Lächelnd, optimistisch, zupackend, den

Kopf voller neuer Ideen, mit ihren knapp fünfzig noch jung, reich an Erfahrung und kalifornisch locker.

»Ich habe zwei Jahre lang unentgeltlich gearbeitet«, sagte Pam. »Wir bekamen einen Zuschuss vom Ministerium für Wohnungsbau und städtische Entwicklung, aber auch Unterstützung von anderer Seite, und jetzt tragen wir uns dank unserer verschiedenen Unternehmen selbst.«

Dass sie aus Kalifornien kam, hob sie von den anderen ab. Ihre Kleidung – lila Fleecejacke und grüne Clogs – machte sie verdächtig. Ihr fester Wille, etwas zu ändern, machte sie verdächtig. Auswärtige werden im Süden häufig beargwöhnt. Was wollen sie? Warum sind sie hier? Wozu wollen sie etwas ändern? Solche Leute gelten als Unruhestifter, selbst wenn sie nur versuchen, erschwingliche Häuser zu bauen, Bambus zu ernten oder Kindern berufstätiger Mütter Freizeitangebote zu machen: De Kevion, Keyonna, Jaimesa, Kimberly, Jakira, Raslyn, Demais, Trinity und all die anderen.

»Man erfährt viel, wenn man hier lebt«, sagte sie zu mir. »Drogen sind ein Problem. Fahren Sie nachts durch eine Seitenstraße, und Sie kriegen weiße Mädchen zu sehen, die sich prostituieren, um ihre Sucht zu finanzieren. Mütter verkuppeln ihre Töchter an Männer. Dreizehnjährige werden schwanger. Ich kenne zwei persönlich, aber es gibt viele andere. Das ist nicht nur ein Problem der Schwarzen. Weiße Mädchen an christlichen Schulen, die schwanger werden, schnallen sich Gürtel eng um den Bauch, um das Kind abzutreiben, weil es in Alabama keine Anlaufstelle für schwangere Teenager gibt. Sie fliegen von der Schule, wenn herauskommt, dass sie schwanger sind.«

»Was hält die Stadt von Ihrer Arbeit?«, fragte ich.

»Viele Leute sind auf unserer Seite«, antwortete sie. »Aber sie wissen auch, dass Veränderung von innen heraus kommen muss.«

»Reverend Lyles hat mir erzählt, dass Sie etwas mit der Renovierung der hiesigen Rosenwald-Schule zu tun hatten.«

»Die Emory School, ja«, sagte sie. »Aber wir bekamen Unterstützung von der University of Alabama und von Freiwilligen vom AmeriCorps. Viele Leute haben mitgeholfen. Reverend Lyles war einer der Redner bei der Wiedereröffnungs- und Einweihungsfeier. Das war ein großer Tag.« Sie holte ganz tief Luft. »Aber nicht alle sind auf unserer Seite.«

»Tatsächlich?«

Das überraschte mich, denn die Renovierung eines alten Schulhauses in einer armen ländlichen Gegend war doch wie ein kleines Entwicklungsprojekt in einem Entwicklungsland. Ich hatte viele solche Projekte miterlebt: Man muss eine verschlafene Gemeinde aktivieren, Geld beschaffen, um Gönner und Sponsoren werben, Freiwillige anheuern, um Baustoffspenden bitten, Zuschüsse und Genehmigungen beantragen, gegen Trägheit und den Spott der notorischen Schwarzmaler ankämpfen, einen Plan erstellen, die Werbetrommel rühren, die Arbeiten beaufsichtigen, die Fachkräfte bezahlen, die freiwilligen Helfer verköstigen und das Projekt bis zur Fertigstellung durchziehen. Jahrelange Arbeit, jahrelange Planungen. Schließlich die Einweihung, zur Abwechslung mal alle in sauberen Kleidern, Gebäck, Limonade, Dankesreden, Umarmungen. Das war eine andere Seite des Südens, Menschen, die Entwicklungschancen sahen und in »Workshops« über »Herausforderungen« und »Möglichkeiten« diskutierten.

»Und wer ist gegen Sie?«, fragte ich.

»Einigen Leuten scheint nicht zu passen, was wir machen«, sagte Pam, wippte in ihren Clogs und zog den Reißverschluss ihrer Fleecejacke zu, um sich vor der Kühle zu schützen. »Es gibt viel Widerstand. Pöbeleien. Ich werde beschimpft.« Sie lacht. »Ab und zu spuckt mich jemand im Vorbeigehen an.«

»Grund des Besuchs«

Ich erinnerte mich noch vom letzten Mal an das Besucherbuch im Büro der »Community Service Programs« von West-Alabama, das in einem kleinen Flachbau am Stadtrand von Tuscaloosa hinter einer alten High School untergebracht war. Ich war am Morgen von Greensboro aus dorthin gefahren. Wie beim letzten Mal sah ich mir auch diesmal die Spalte unter der Überschrift »Grund des Besuchs« an und las die handschritlichen Einträge: »Lebensmittel«, »Kleidung«, »Wasser«, »Stromrechnung«, »Nebenkosten«, »Unterstützung«. »Lebensmittel« war der am häufigsten genannte Grund, aber dicht gefolgt von den anderen. Das war nur die heutige Liste, und es war noch nicht einmal elf Uhr am Vormittag.

Ich war wiedergekommen, um mit Cynthia Burton zu sprechen, mich über die Wohnungssituation auf dem Laufenden zu halten und Termine zu vereinbaren.

Cynthia war gastfreundlich wie immer, sah aber nicht gut aus. Sie gestand mir, dass sie krank gewesen sei, und so erkundigte ich mich nach ihrem Befinden, statt sie zu fragen, ob sie jemanden kontaktiert habe, den ich besuchen könnte.

»Hoher Blutdruck«, antwortete sie, »außerdem habe ich ein Blutgerinnsel. Ich muss mich am Knie operieren lassen, aber das Problem ist, dass ich für diesen Eingriff Medikamente nehmen muss. Die Medikamente könnten Blutungen verursachen. Es geht darum, meinen Zustand zu stabilisieren.«

Trotz ihrer Beschwerden arbeitete sie jeden Tag viele Stunden in diesem kleinen, spartanisch eingerichteten Gebäude, und mir kam es so vor, als stünde sie ebenso unter Druck wie die Menschen, denen sie zu helfen versuchte. Während die Verzweifelten »Lebensmittel«, »Kleidung« und »Wasser« in das Besucherbuch schrieben, hätte Cynthia möglicherweise »Zeit« oder »Gesundheit« eingetragen.

Da ich direkt aus Greensboro kam, sprach ich über die Projekte von HERO – die Renovierungen, die Läden, die Fahrradproduktion, die Pekannuss-Ernte, das Freizeitangebot für Schüler, das Pie Lab.

Das schiefe Lächeln, mit dem Cynthia zuhörte, verriet so unverhohlene Skepsis, dass ich sie nach dem Grund fragte.

»Sie haben eine Polarisierung verursacht«, sagte sie. »Und die hätte sich vermeiden lassen.«

»Pam Dorr scheint mir viel zu bewegen.«

Cynthia schüttelte den Kopf und lachte leise. »Pam Dorr ist aus Kalifornien und glaubt, sie weiß alles besser. Sie glaubt, sie kann hier aufkreuzen und auf alles, was sie sieht, eine Antwort geben. Typisch kalifornisch eben. Aber wir sind hier in Alabama, Paul. Nicht in Kalifornien.«

»Trotzdem bekommt sie Zuschüsse für ihre Projekte.«

»Ein paar Fördergelder vom Ministerium. Aber andere hat sie verloren.«

»Aber HERO renoviert und baut doch auch Häuser, oder?«

»Nicht so wie wir«, und mit »wir« meinte sie die Community Service Programs von West-Alabama.

Jetzt wurde mir klar, dass die gemeinnützigen Organisationen im Gerangel um Zuschüsse, Anerkennung und Fördermittel vom Bauministerium mit harten Bandagen kämpften. Obwohl beide Frauen offen mit mir sprachen, wusste ich zu wenig, um Partei zu ergreifen. Beide waren starke Frauen und beantworteten meine Fragen mehr als ausführlich. Aber Pam Dorr war eine Zugereiste, und wie ich aus Erfahrung wusste, wurden Fremde, die in den Süden kamen, um etwas zu verändern, häufig als Unruhestifter bezeichnet und von den gemeinnützigen Organisationen vor Ort als Konkurrenten betrachtet. Und von den Alteingesessenen als Wichtigtuer abqualifiziert.

Daher wechselte ich das Thema und sagte: »Was gibt es sonst Neues?«

»Das will ich Ihnen sagen«, antwortete sie. »Wir haben einen neuen Nachlassrichter gewählt, Arthur Crawford. Er hat einen historischen Sieg errungen. Wegen gewisser Formalitäten durfte sein Name nicht auf dem Wahlzettel erscheinen. Deshalb hat er eine Write-in-Kampagne gestartet. Er ist zu den Leuten gegangen und hat ihnen erklärt, dass sie unbedingt wählen müssten. Sie bräuchten nur seinen Namen als Kandidaten korrekt geschrieben in den Wahlzettel einzutragen. Der Amtsinhaber Leland Avery trat schon zum dritten Mal an, aber Crawford besiegte ihn mit den Write-in-Stimmen.« Cynthia keuchte ein wenig vor Erregung und sagte dann: »Das ist doch was, oder?«

Diese »Write-in«-Wahl, die das Blatt gewendet hatte, war beispiellos in Alabama. Dass Arthur Crawford jr. ein Schwarzer und Leland Avery ein Weißer war – und Avery sich jetzt dem Vorwurf ernster Verstöße gegen ethische Grundsätze ausgesetzt sah –, brachte unser Gespräch auf das Thema Wählen, das einen Kernpunkt von Bürgerrechtsbewegungen darstellte.

»Wie Sie ja wissen, feiern wir jetzt fünfzig Jahre Bürgerrechtsbewegung«, sagte Cynthia. »Ich denke darüber nach, was wir erreicht haben. Ich würde gern darüber reden, inwiefern die Menschen profitiert haben. Ich würde gern die Familien würdigen, die keine Berühmtheit erlangt haben. So viele Menschen haben zu diesem Kampf beigetragen. Es war ein Krieg, und sie waren Soldaten in diesem Krieg. Niemand kennt ihre Namen. Sie waren einfache Leute, die hohe Risiken eingegangen sind.«

Ich sprach über die vom Klan und weißen Gegnern der »Rassenmischung« in Greensboro provozierten gewalttätigen Auseinandersetzungen, von denen mir Reverend Lyle erzählt hatte und die in Susan Ashmores Buch *Carry it on*, das er mir gezeigt hatte, ausführlich dargestellt werden, über die Straßenkämpfe mit den vielen Verletzten, die Verhaftungen schwarzer Demonstranten, die stillschweigende Billigung durch die Polizei, die gleichgültige oder feindselige Haltung der weißen Politiker.

»Das war mit Sicherheit ein Krieg«, sagte Cynthia, seufzte und dachte einen Moment nach. »Ich versuche, mir Beulah Mae Donalds Schmerz vorzustellen, als sie ihren Sohn in einem Baum hängen sah.« Tränen stiegen ihr in die Augen. »Die arme Frau.«

Michael Donald, dessen Tod für Alabama-Verhältnisse noch nicht lange zurücklag, war einem abscheulichen Verbrechen zum Opfer gefallen, dem letzten aktenkundigen Lynchmord im Bundesstaat. Er ereignete sich 1981 in Mobile und löste vor Ort Entsetzen aus, fand aber außerhalb von Alabama nur ein geringes Echo. Alles begann mit einem Mordprozess, bei dem sich die Geschworenen in der Schuldfrage nicht einigen konnten und der schwarze Angeklagte daher vom Vorwurf des Mordes an einem weißen Polizisten freigesprochen wurde. Empört über diesen Ausgang, berief der »Erhabene Zyklop« (Vorsitzende) der Ku-Klux-Klan-Ortsgruppe, Bennie Jack Hays, eine Zusammenkunft seiner Klansmänner ein und forderte einen Vergeltungsmord. Sein Sohn Henry und James Knowles, beide Jungmitglieder des Klans – Ghouls oder Ritter genannt –, kamen der Aufforderung nach. Sie fuhren durch die Straßen der Stadt und hielten nach einem Schwarzen Ausschau, nach einem x-beliebigen Schwarzen, an dem sie ein Exempel statuieren wollten.

Am späten Abend des 21. März 1981 ging der achtzehnjährige Michael Donald allein zu einem Gemischtwarenladen, um Zigaretten zu kaufen. Die beiden Klansmänner hielten neben ihm, riefen ihn zum Wagen, behaupteten, sie hätten sich verfahren, und fragten ihn nach dem Weg. Als Donald ihnen Auskunft gab, packten sie ihn und zerrten ihn auf den Rücksitz. Sie fuhren mit ihm in das Nachbar-County und schlugen ihn tot. Sicherheitshalber schnitten sie ihm noch die Kehle durch. Dann brachten sie den Toten nach Mobile zurück, legten ihm einen Strick um den Hals und hängten ihn gut sichtbar an einen Baum am Straßenrand.

»Man kann sich nicht vorstellen, wie die Mutter gelitten haben muss«, sagte Cynthia Burton erneut, »und was diese arme Frau durchgemacht hat.«

Sie machte in der Tat Entsetzliches durch. Nicht genug damit, dass ihr Sohn gelyncht worden war und anschließend von der Polizei zu Unrecht der Drogendealerei bezichtigt wurde (was angeblich der Grund für seine Ermordung gewesen sei). Obendrein musste sie zweieinhalb leidvolle Jahre durchstehen, in denen die Justiz trotz zahlreicher Proteste und Interventionen (unter anderem durch Jesse Jackson) untätig blieb, bis sich das FBI einschaltete und die Mörder endlich verhaftet, vor Gericht gestellt und verurteilt wurden. Nach der Urteilsverkündung im Juni 1983 sagte der Jüngere der beiden, James Knowles, von der Anklagebank aus zu Beulah Mae Donald, dass es ihm leidtue, und bat sie um Vergebung.

»Ich vergebe euch«, erwiderte die trauernde Mrs Donald. »Seit ich weiß, wer ihr seid, seit dem Tag bete ich zu Gott, dass er sich eurer annimmt, und das hat er getan.«

Da Knowles mit der Anklagevertretung eine Absprache getroffen und gegen seinen Komplizen ausgesagt hatte, kam er mit einer lebenslänglichen Haftstrafe davon. Henry Hays wurde zum Tode verurteilt. Er verbrachte vierzehn Jahre im Todestrakt des Holman-Gefängnisses, rund fünfzig Meilen nordöstlich von Mobile. Dort wurde er schließlich im Juni 1997 auf dem elektrischen Stuhl hingerichtet, der wegen seines gelben Anstrichs in Alabama »Yellow Mama« genannt wurde.

Cynthia und ich sprachen über diese Tragödie und ihre Folgen. »So etwas geschieht heute nicht mehr«, sagte sie. »Aber die Menschen wissen die Opfer, die gebracht worden sind, nicht zu würdigen. Und vor uns liegt noch ein weiter Weg.«

Nach einer Weile sagte ich: »Was ist mit den Terminen?«

»Ach ja, ich möchte, dass Sie ein paar Leute treffen, wenn Sie wiederkommen und es mir bessergeht.«

»Ein schwarzer Tag«

Statt erneut einen Umweg über die Kleinstadt Philadelphia und das Choctaw-Reservat zu machen, fuhr ich in südwestlicher Richtung aus Alabama hinaus und auf Nebenstraßen, die von heruntergekommenen Bungalows und kleinen, weiß gestrichenen

Holzkirchen gesäumt waren, durch Mississippi. Ich durchquerte Lincoln County, kam nach Jefferson County. Jefferson County zeichnet sich dadurch aus, dass es die Heimat die fettleibigsten Amerikaner und paradoxerweise auch eines der ärmsten Countys im ganzen Land ist. Ich fuhr nach Fayette, dem Sitz der County-Verwaltung, und von dort weiter nach Union Church, einer Kleinstadt mit 830 Einwohnern (und fünf recht großen Kirchen), wo ich nach Norden in Richtung Delta abbog und auf den Highway 61 zurückkehrte. Schließlich gelangte ich in das reizende Städtchen Vicksburg.

In Vicksburg ging ich wieder ins »Walnut Hills Restaurant« mit seinem »Round Table«, wo ich auf meiner vorigen Reise bei einer gemeinsamen Mahlzeit mit acht Weißen unerwartet tiefe Einblicke gewonnen hatte. (»Euretwegen mussten wir Ratten essen.«) Diesmal begrüßten mich drei Frauen – Mutter und Tochter und eine befreundete, exotisch aussehende Frau. Man war schon beim Nachtisch und schlürfte Kaffee.

»Wir mögen den Round Table«, sagte die Mutter gut gelaunt und drückte ihre Gabelzinken schräg in ein Stück Torte. »Wir mögen gutes Essen, wie Sie sehen.«

Alle drei waren schwergewichtig. Mutter und Tochter waren blass, die exotische Frau dunkelhäutig. Aber alle drei ähnelten sich einander in puncto Körperfülle und Freundlichkeit. Sie kauten schwer und wirkten etwas kurzatmig.

»Ich habe Cherokee-Blut in den Adern«, sagte die dunkelhäutige Frau. Sie hatte ihr schwarzes Haar zu einem langen Zopf geflochten. »Ich schreibe auch ein wenig. Hauptsächlich Gedichte.«

Sie fragten mich sofort, ob ich verheiratet sei, wo meine Frau sei und womit ich mein Brot verdiente. Solche Fragen war ich von meinen Reisen in Afrika, Indien oder auf pazifischen Inseln gewohnt, Fragen, in denen Sorge um die Familie, Faszination für und Misstrauen gegen einen Alleinreisenden zum Ausdruck kamen.

»Mama, sieh mal, wie spät es ist.«

»Meine Güte, wir müssen los«, sagte die Mutter. »Wir sind von der anderen Flussseite, aus der Nähe von Lake Providence, Louisiana, nördlich von Tallulah.« Und geradezu auftrumpfend setzte sie hinzu: »Das ist die ärmste Stadt in den gesamten Vereinigten Staaten.«

Das entsprach nicht der Wahrheit, kam ihr aber sehr nahe: Jeder zweite Einwohner von Lake Providence lebte unter der Armutsgrenze.

Die drei standen auf, wünschten mir eine gute Reise und gingen. Ich blieb sitzen, aß eine Weile allein und drehte an dem Drehtablett, ehe drei schwarze Frauen den Raum betraten und am Tisch Platz nahmen: Deborah McDonald und Carmen Brooks, beide mittleren Alters und Anwältinnen aus Natchez, und Carmens Tante Lola. Sie unternahmen einen Tagesausflug nach Vicksburg und wollten sich nach der angenehmen Fahrt die Stadt ansehen und einkaufen. Da Samstag war, hatten sie heute frei, und sie liebten die Tafelrunde, weil man hier ganz nach Gusto aus verschiedenen Gerichten auswählen konnte.

»Ich habe an der Alcorn studiert«, sagte Deborah, »und danach an der juristischen Fakultät der Ole Miss. John Grisham war ein Kommilitone von mir.«

Bei der Alcorn State University in Lorman, durch das ich gefahren war, handelte es sich um eine traditionell schwarze Hochschule, die 1871 gegründet worden war, um, wie es in ihrer Broschüre heißt, »die Nachkommen ehemals versklavter Afrikaner auszubilden«. Mittlerweile verfügte sie über zwei weitere Hochschulen, doch die Studentenschaft war nach wie vor überwiegend schwarz.

An der Ole Miss, der Universität of Mississippi, war Deborah eine von dreizehn schwarzen unter den insgesamt dreihundert Studierenden ihres Jura-Jahrgangs (1979–1982) gewesen. Sie lachte bei der Erinnerung an ihre Jahre dort, aber ich meinte Bitterkeit aus ihrem Lachen herauszuhören, und so bat ich sie, mir mehr darüber zu erzählen.

»Die Ablehnung war dort immer sehr groß«, sagte sie, »was eigentlich merkwürdig war, weil doch vor Jahren auch James Meredith dort studiert hatte. Zum Beispiel versteckten die anderen Studenten Bücher vor uns. Wir hätten sie lesen sollen, aber die Bücher waren unauffindbar, standen nicht in den Regalen. Das war einfach nur gemein. Und die Dozenten ignorierten uns. Es kam selten vor, dass sie einen von uns aufriefen. Aber dann riefen sie an manchen Tagen gleich drei schwarze Studenten auf. Wir lachten darüber. Wir nannten das einen schwarzen Tag.«

Randall Curb, ein vernünftiger Mann, hatte zu mir gesagt: »Das Blatt hat sich gewendet. Vielerorts im Süden sind die Weißen entmachtet. Die Schwarzen haben ihren Platz eingenommen. Es gibt Ressentiments auf beiden Seiten.«

Ich sprach Carmen darauf an.

»Das stimmt«, sagte sie. »Aber die Weißen wollen zurückkommen, und sie könnten es auch. Sie stellen ihre eigenen Kandidaten auf, wie etwa Jonathan Lee in Jackson, einen rechten schwarzen Kandidaten. Er ist ihr Mann. Jackson ist heute zu fünfundsiebzig Prozent schwarz.«

Aber dann unterlag Lee bei den demokratischen Vorwahlen dem Aktivisten Chokwe Lumumba, einem fünfundsechzigjährigen Rechtsanwalt, der sich 1993 einen Namen gemacht hatte, als er den Rapper Tupac Shakur erfolgreich gegen eine Anklage wegen Körperverletzung verteidigte. In Detroit geboren, wo er auch studierte, legte er seinen, wie er sich ausdrückte, »Sklavennamen« Edwin Talliaferro ab und benannte sich in Chokwe Lumumba um. Mir erschien das etwas verschroben: Chowke ist der Name eines angolanischen Stammes (und unter dessen Angehörigen kein gebräuchlicher Vorname), und Lumumba war der ermordete kongolesische Unabhängigkeitskämpfer. Als Chokwe Lumumba im Juli 2013 Bürgermeister von Jackson wurde, versprach er Erneuerung und Gerechtigkeit, reckte bei der Amtseinführung die Black-Power-Faust und rief: »Befreit das Land!« Eine Lokalzeitung beschrieb sein Programm als eine »ganz neue, fortschrittliche schwarze Agenda, die auf Selbstbestimmung, Selbstverwaltung und eigenständige Wirtschaftsentwicklung setzt«. Hatten sich Weiße zuvor schon leicht im Abseits gefühlt, so machte ihnen Bürgermeister Lumumba keine Hoffnung, dass sich daran etwas ändern würde. Er ließ sie vielmehr wissen, dass sie sich von nun an ganz hinten anstellen müssten.*

»Ich lebe in Fayette«, sagte Deborah. »Charles Evers war vor langer Zeit Bürgermeister von Fayette, von 1969 bis 1974. Er war ein guter Freund von Robert Kennedy.«

Sie fragten mich, was ich bisher vom Süden gesehen hätte. Ich antwortete, ich hätte nicht mit einer so grassierenden Armut gerechnet, wie ich sie sonst nur aus Entwicklungsländern kannte.

»Wir haben jetzt die erwerbstätigen Armen, die sich gerade so über Wasser halten«, sagte Carmen und fügte etwas hinzu, worüber ich später noch häufig nachdachte: »Sie müssen nur ernsthaft krank werden, dann ist alles aus.«

Sie erzählte von Natchez. Der Süden der Stadt sei überwiegend weiß und habe eine eigene Schule, der Norden hingegen sei schwarz, die High School zu neunzig Prozent. Aber Natchez blicke auf eine turbulente jüngere Geschichte zurück. Der Ku-Klux-Klan sei in diesem Teil von Mississippi sehr stark (sechstausend Mitglieder in zweiundfünfzig Klaverns oder Ortsgruppen) und in und um Natchez bis in die späten sechziger Jahre aktiv gewesen, und zwar in Gestalt eines besonders militanten Ablegers der Organisation namens »White Knights of the Ku-Klux-Klan« (WKKKK). Vielen, wie ihrer Tante Lola, sei dies noch frisch im Gedächtnis.

Bei der Erinnerung daran wurde Deborah fast pathetisch und betonte jedes Wort wie eine Anwältin, was sie ja war, die zum Schluss ihres Plädoyers in einem wichtigen Prozess kommt.

* Bürgermeister Lumumba starb völlig unerwartet am 25. Februar 2014, sechs Monate nach seiner Amtsübernahme.

»Wir haben schon immer hier gelebt, Schwarze und Weiße«, sagte sie. »Wir können doch nicht so tun, als wären wir Fremde! Wir sind Freunde gewesen. Wir sind Nachbarn gewesen, haben untereinander geheiratet, zusammen gelebt, immer miteinander gesprochen. Wir kennen uns gegenseitig, besser als sonst jemand.«

»Was muss also geschehen?«, fragte ich.

»Die Menschen müssen sich in ihren Herzen ändern«, sagte sie und senkte die Stimme. »Und das ist schwer.«

Cedric

Ich saß in meinem Wagen auf dem Parkplatz des Restaurants »Walnut Hills« und überlegte, ob ich ins nördliche Delta fahren oder in Vicksburg übernachten sollte. Und da sah ich, wie Cedric, der Kellner, in meine Richtung gerannt kam. Er schien besorgt, was mich überraschte, denn eben hatte er noch recht zufrieden gewirkt. Tatsächlich hatte ich ihm zusätzlich zu den 20 Dollar für das Essen 5 Dollar Trinkgeld gegeben.

»Mr Paul«, sagte er, Schweißperlen auf dem kahlgeschorenen Kopf. Er lächelte freundlich, als ich aus dem Wagen stieg, und fragte mich, ob mir das Essen geschmeckt habe. Aber gewiss, antwortete ich und fragte, ob das Walnut Hills eigentlich gut gehe, denn mir schien heute sehr wenig los zu sein.

»Ziemlich gut, Mr Paul.«

»Sie haben hier eine schöne Stadt, Cedric.«

»Auf jeden Fall, Mr Paul. Ich bin hier geboren, Mr Paul.«

»Die berühmte Belagerung.«

»Ja, Sir, Mr Paul.«

»Sie haben verloren.«

»Das ist ein Tatsache, Mr Paul.«

»Wissen Sie auch, warum? Wissen Sie, dass es schwarze Soldaten waren, die bei der Belagerung das Zünglein an der Waage gebildet haben? Sie haben in der Schlacht am Milliken's Bend die Konföderierten zurückgeschlagen, als die das Nachschublager angegriffen haben.«

»Nein, Sir, das habe ich nicht gewusst, Mr Paul.«

»Cedric, diese schwarzen Soldaten haben aufseiten der Union gekämpft. Sie haben das Blatt gewendet. Ich habe mir heute Morgen das Schlachtfeld angesehen. Vorher habe ich es auch nicht gewusst.«

»Dann habe ich heute etwas gelernt, Mr Paul.« Er wirkte nervös, als ich ihm jetzt die Hand drückte und die Wagentür wieder öffnete. Er machte den Mund auf, brachte aber kein Wort heraus.

»Wollten Sie noch etwas von mir?«

»Sie sind uns einen Dollar und 60 Cents schuldig geblieben, Mr Paul.«

»Die Rechnung hat 20 Dollar betragen.«

»Aber darin ist die Steuer nicht inbegriffen, Mr Paul.«

Winter im Delta

Der kalte Nebel und der graue Himmel ließen das Delta noch flacher und die lange, gerade Straße noch trostloser erscheinen, als sie ohnehin schon waren, ebenso die schlammigen Felder neben dem erhöhten Fahrdamm, über die ein kühler Wind vom Fluss strich, der Blätter von den Bäumen fegte. Kahle Bäume, dunkle Felder, manche davon gleichmäßig geeggt und zum Bepflanzen von den Stoppeln befreit – Baumwolle, so vermutete ich. Und dann diese Weite, die mir bei meiner letzten Reise gar nicht aufgefallen war. In ihrer Nacktheit war die Delta-Landschaft von einer gewissen herben Schönheit mit ihren Feldern und Wäldern, den Sümpfen und Feuchtwiesen, den Bayous und den Altwassern.

Doch von der Landschaft ging doch auch im Winter eine gewisse Majestät aus. Die menschlichen Siedlungen hingegen waren eine andere Geschichte. Traurige Ansammlungen verfallender Wohnwagen am Rande verfallender Städte, die einen umso schockierenderen Anblick boten, als sie nun besser zu sehen waren. Und da es ein kalter Tag war, kaum irgendwo ein Mensch, wie in einer Endzeitvision – eine Straße, die durch eine entvölkerte Landschaft führte. Nicht von ungefähr begegnete mir der Begriff der Endzeit häufig im Süden, der Hunger, die Mühsal und die falschen Propheten, von denen im Buch der Offenbarung die Rede ist. Wer den Highway 61 entlangfährt, kann (sofern ihm seine Kirche die entsprechenden Bibelverse in die furchtsame Seele gepflanzt hat) meinen, der verhängnisvollen Öffnung der sieben Siegel beizuwohnen: Täuschung, Verwüstung, Hunger, Bürgerkrieg, Verfolgung, Bedrängnis und – das siebte Siegel – die offenbarten Mysterien.

Arcola war eine Ansammlung von ärmlichen Häusern, Hütten und verrammelten Läden an rechtwinklig angelegten Straßen. Vor einem Haus standen sechs Grabsteine im Garten. Eine kleine Schule, eine Polizeiwache, eine Poststelle, aber keine Menschenseele auf der Straße. Dee Jones, dem ich auf meiner letzten Reise in Greenville begegnet war, hatte hier eine Schwester namens Ruby Johnson, und Dee hatte mir empfohlen, sie zu besuchen, wenn ich mehr über Arcola erfahren wollte: Ruby leitete die hiesige Poststelle.

»Miss Johnson ist diese Woche nicht da«, sagte mir die Frau hinterm Schalter. Sie hieß Vivien Weston und war die Vertretung. »Kommen Sie ein andermal wieder.«

»Wie ist es hier so?«, fragte ich.

»Hier ist es schön und ruhig«, antwortete Miss Weston. »Mir gefällt es.«

Das war typisch für das Delta: Ganz gleich, wie heruntergekommen ein Ort aussah, die Einheimischen redeten ihn schön und gewannen ihm eine positive Seite ab.

Ich kaufte ein paar Briefmarken.

»Klar, als die Fischfarm in Hollandale dichtgemacht hat«, sagte Miss Weston, als sie mir die Briefmarken reichte, »das war ein schwerer Schlag.«

»Inwiefern?«

»Es gab keine Arbeit mehr«, antwortete sie in ihrem singenden Delta-Tonfall, der *»work«* wie *»woik«* klingen ließ.

In der Ortschaft Leland rief ich Sue Evans an, um mich mit ihr zu verabreden, Neuigkeiten über ihre Genossenschaftsbank und eventuell etwas mehr über B.B. King zu erfahren. Aber sie war beschäftigt.

»Bitte kommen Sie vorbei, wenn Sie das nächste Mal in der Gegend sind.«

Das gruseligste Haus im Süden

So kam es, dass ich in Leland nicht links, sondern rechts abbog und noch ungefähr vierzig Meilen weiterfuhr, zunächst nach Greenwood und dann auf der Money Road in einen Ort namens Money.

Mit seinen vierundneunzig Einwohnern war Money weder eine Stadt noch ein Dorf. Es war nur eine Straßenkreuzung mit ein paar Häusern drumherum nahe dem Tallahatchie River. Ich fand ohne Mühe, was ich suchte, einen einhundert Jahre alten Lebensmittelladen mit eingestürztem Dach, zerbröckelnden Backsteinmauern, verbarrikadierter Fassade und notdürftig geflickter Holzveranda, alles überwuchert von absterbenden Pflanzen und dichtem Rankenwerk. Wegen seines spukhaften Aussehens und seiner blutigen Geschichte war es das gruseligste Haus, das ich auf meinen Reisen in die Südstaaten besichtigte. Diese Ruine, ehemals »Bryant's Grocery and Meat Market«, steht ganz oben auf der Liste der »zehn gefährdetsten historischen Stätten« der Denkmalschützer vom Mississippi Heritage Trust. Für viele ist es aber einfach ein Schandfleck, der abgerissen gehört.

Die Geschichte dieses kleinen Ladens war Teil meiner Jugend und hatte sich mir unauslöschlich ins Gedächtnis eingebrannt. Deswegen war ich heute hier. Wer im Süden eine Landstraße entlangfährt, fährt häufig in eine dunkle Vergangenheit. Eine vor dem Laden angebrachte Gedenktafel des »Mississippi Freedom Trail« gab nähere Auskunft über die historische Bedeutung dieses Ortes, der auch Teil meiner Geschichte war.

Ich war gerade vierzehn geworden, als im Mai 1955 der Mord an dem Jungen geschah. Er war genau so alt wie ich. Ich habe keine Erinnerung an irgendwelche Berichte in einer Bostoner Zeitung zum Zeitpunkt der verabscheuungswürdigen Tat. Unsere Tageszeitung war der *Boston Globe*, aber wir hatten auch verschiedene Zeitschriften abonniert, die wir fleißig lasen – *Life* wegen der Fotografien, *Colliers* und *Saturday Evening Post* wegen der Porträts und Kurzgeschichten, *Look* wegen der packenden Reportagen, *Reader's Digest* wegen seiner Auszüge aus anderen Zeitschriften und aus aktuellen Büchern. Bis in die späten sechziger Jahre waren Zeitschriften *das* Medium der Familienunterhaltung und -bildung, ehe das Fernsehen ihnen den Rang ablief.

Im Januar 1956 brachte *Look* einen Artikel von William Bradford Huie mit dem Titel »Die schockierende Geschichte eines gebilligten Mordes in Mississippi«, der im Frühjahr in gekürzter Form auch im *Reader's Digest* erschien. Ich erinnere mich deshalb noch so genau daran, weil meine beiden älteren Brüder die Artikel zuerst gelesen hatten und ich mich von ihrem Geschmack und ihren Vorlieben stark beeinflussen ließ. Nachdem ich sie aufgeregt darüber reden gehört hatte, las ich die Artikel selbst und war gleichermaßen fasziniert wie entsetzt.

Emmett Till, ein schwarzer Junge, der bei seinem Großonkel in Mississippi zu Besuch war, ging in einen Lebensmittelladen, um Süßigkeiten zu kaufen. Anscheinend bedachte er die weiße Frau hinter der Ladentheke mit einem bewundernden Pfiff. Ein paar Tage später wurde er entführt, gefoltert, getötet und in einen Fluss geworfen. Zwei Männer wurden verhaftet und wegen des Verbrechens vor Gericht gestellt. Sie wurden freigesprochen, brüsteten sich hinterher vor Huie damit, dass sie das Verbrechen tatsächlich begangen hätten, und schilderten schamlos die grausigen Einzelheiten der Tat. Sie waren mit einem Mord ungestraft davongekommen.

»Schreiben wir ihnen einen Brief«, sagte mein Bruder Alexander und tat es. Sein Brief war ein Drohbrief und bestand aus zwei Zeilen: »*Wir kommen euch holen. Das wird euch noch leidtun.*« Gezeichnet: *Die Bostoner Gang*. Wir schickten ihn an die namentlich bekannten Mörder: postlagernd – Money, Mississippi.

Für den Mord wurde nie jemand verurteilt, obwohl die Mörder und ihre Komplizen bekannt waren. Doch wie es auf der Gedenktafel vor Bryants Laden heißt: »Tills Tod erregte internationales Aufsehen. Die Proteste gegen den Freispruch seiner Mörder gelten allgemein als der Beginn der amerikanischen Bürgerrechtsbewegung.«

Die eidlichen Aussagen in dem Fall und das Protokoll des Prozesses von 1955 waren lange »verschollen«. Doch 2004 fand das FBI Kopien, die durch Wassereinwirkung stark gelitten hatten, ließ sie transkribieren und veröffentlichte sie 2005 – fünfzig Jahre nach den Ereignissen – in einem hundertzehnseitigen »Zusammenfassenden FBI-Ermittlungsbericht zu dem Mord an Emmett Till«.*

Diesem Ermittlungsbericht zufolge reiste der vierzehnjährige und mit fünfundsiebzig Kilo für sein Alter sehr kräftige Emmett Till im August 1955 von Chicago nach Money, um seinen Großonkel Mose Wright zu besuchen. Bevor er die Wohnung seiner Mutter Mamie verließ, gab sie ihm einen Silberring seiner verstorbenen Vaters. In den Ring waren das Datum »25.3.1943« und die Initialen »LT« für Louis Till eingraviert.

Die Lebensgeschichte von Louis Till war von Gewalt geprägt. Um eine Inhaftierung wegen Körperverletzung an seiner Frau zu

* Dieser »Ermittlungsbericht« ist eine Kurzfassung des 8000 Seiten umfassenden Berichts über den Mord an Emmet Till, den das FBI-Büro am 9. Februar 2006 in Jackson, Mississippi, veröffentlichte. Er beinhaltet ein 354-seitiges Protokoll des Mordprozesses gegen J.W. Milam und Roy Bryant im Jahr 1955. Siehe: www.emmetttillmurder.com.

entgehen, meldete er sich 1943 freiwillig zur US Army und diente in Italien. Dort verurteilte ihn ein Militärgericht wegen des Mordes an einer Italienerin und der Vergewaltigung in zwei weiteren Fällen. Er wurde in Pisa inhaftiert (im selben Militärgefängnis, in dem der Dichter Ezra Pound unter dem Vorwurf des Landesverrats einsaß) und dort 1945 gehenkt. Seine Ex-Frau und sein kleiner Sohn wussten davon nichts, sondern glaubten, er sei auf dem Schlachtfeld gefallen. Der Ring sollte bei der Identifizierung von Emmett Tills bis zur Unkenntlichkeit entstellter Leiche eine entscheidende Rolle spielen.

Emmett verbrachte eine Woche bei seinem Großonkel Mose Wright, der in East Money, drei Meilen von Money entfernt, ein kleines Haus besaß und in der Gegend als »Prediger Wright« bekannt war (er betreute als Teilzeitpastor eine kleine Kirche in der Nähe). Emmett hatte ihn dort mit neun das letzte Mal besucht. Obwohl er mit einem Sprachfehler geschlagen war – er stotterte leicht –, war »Bobo« oder »Bo«, wie Freunde ihn nannten, für seine Streiche und Scherze bekannt und galt als Stimmungskanone. Bei anderen Kindern beliebt, strotzte er, der Junge aus Chicago, in dieser rückständigen, ländlichen Gegend des Südens nur so vor Selbstbewusstsein.

Eines späten Nachmittags fuhren Emmett und acht weitere Jugendliche, darunter ein Mädchen, nachdem sie den ganzen Tag Baumwolle gepflückt hatten, zu Bryant's Grocery, um sich Limonade und Süßigkeiten zu kaufen. Der Laden gehörte Roy und Carolyn Bryant. Roy, der von 1950 bis 1953 als Fallschirmjäger in der 82. Luftlandedivision gedient hatte, war ein kräftiger Mann, über 1,80 Meter groß und fünfundneunzig Kilo schwer. Er war damals vierundzwanzig Jahre alt. Carolyn war zwei Jahre jünger und bediente im Laden, wenn Roy nicht da war. So auch an diesem Nachmittag.

Emmett ging in den Laden und kaufte Kaugummi.

»Till kam aus dem Laden, und kurz danach auch Carolyn Bryant, die Frau des Ladenbesitzers«, heißt es in dem FBI-Bericht. »Als Carolyn Bryant herauskam, pfiff Till. Die Verwandten, die bei ihm waren, wussten, dass sein Pfiff Unannehmlichkeiten nach sich ziehen würde, liefen eilends davon und nahmen Till mit.«

Dies war die Version der Zeugen, die vor dem Laden standen, und man vermutete, dass Till die weiße Frau deshalb mit einem Pfiff bedachte, weil er mit diesem großspurigen Großstadt-Gebaren seinen Freunden imponieren wollte.

Carolyn Bryants Darstellung liest sich anders. Emmett, so behauptete sie, habe beim Bezahlen der Kaugummis ihre Hand ergriffen und gesagt: »Wie wär's mit einem Date, Baby?« Sie sei vor ihm zurückgewichen, doch er sei ihr gefolgt und habe ein »sehr anstößiges Wort« zu ihr gesagt. Erschrocken sei sie zu ihrem Wagen gelaufen, um ihre Pistole unter dem Vordersitz hervorzuholen. Emmett Till sei auf der Veranda stehen geblieben und habe ihr nachgepfiffen, dann sei er in ein Auto gestiegen und davongefahren. Inzwischen war die Sonne untergegangen, und in Money wurde es dunkel.

Carolyn Bryants Version wurden von einem von Tills Freunden bestritten, der kurz nach ihm den Laden betreten hatte und neben ihm stand, als er die Kaugummis bezahlte. Diesem Freund zufolge hatte Till die ihm unterstellte Bemerkung nicht gemacht. Den bewundernden Pfiff bestritt er hingegen ebenso wenig wie alle anderen. Eine der Freunde sagte: »Jedem war klar, dass Tills Pfiff Ärger bedeutete.«

Ein paar Tage lang geschah nichts. Dann, am 28. August, vier Tage nach dem Vorfall, kam Roy Bryant mit J. W. Milam, seinem sechsunddreißigjährigen Halbbruder, zusammen und beriet sich mit ihm. Milam war Weltkriegsveteran und hatte von 1941 bis 1946 in der 2. Panzerdivision in Europa gedient. Die beiden beschlossen, den von Carolyn Bryant beschriebenen Jungen zu suchen, und fuhren die Straßen um Money ab. Sie griffen einen schwarzen Jungen auf, der allein zu Fuß unterwegs war, und brachten ihn zu Carolyn, aber sie sagte, dass es nicht der aus dem Laden sei.

Die weiße Südstaatenfrau spielte in diesem Drama eine zentrale Rolle. Schon 1924, lange vor diesem Vorfall, schrieb der österreichisch-amerikanische Soziologe und Kriminologe Frank Tannenbaum in seinem Buch *Darker Phases of the South* sehr hellsichtig: »Die simple Wahrheit scheint zu sein, dass der außerordentlich große Schutz, den der Süden um die weiße Frau errichtet, der Ausgleich ist für den mangelnden Schutz, den die farbigen Frauen erdulden müssen … Die Idealisierung der weißen Frau im Süden ist somit Teil des unbewussten Selbstschutzes der weißen Männer vor ihren eigenen Untugenden, Ansichten, Überzeugungen, Haltungen und Verhaltensweisen.«

In der Vermutung, dass die Jugendlichen, die in den Laden gekommen waren, Mose Wright nahe standen, fuhren Bryant und Milam in dieser Nacht zu dessen Haus in East Money. In der einen Hand eine Pistole, in der anderen eine Taschenlampe, verlangte Milam: »Ich will den Jungen haben, der drüben in Money das große Wort geführt hat.«

Emmett wurde aus seinem Bett im hinteren Teil des Hauses geholt. Während er sich anzog, flehte Mose' Frau die Männer an, Emmett in Ruhe zu lassen. Sie bot ihnen jede Summe an, die sie verlangten, wenn sie ihn nur nicht mitnähmen. Wie viel Geld sie wollten?

Sie gingen nicht darauf ein, und Milam sagte: »Wir fahren mit ihm nur die Straße runter und verpassen ihm eine Abreibung.«

Sie schleppten ihn zu ihrem Wagen. Eine Frauenstimme sagte: »Das ist er.«

Später in jener Nacht fuhren Bryant, Milam und einige andere (darunter möglicherweise die schwarzen Landarbeiter Otha »Oso« Johnson und Levi »Too Tight« Collins) Emmett auf der Ladepritsche eines Pickups zu einem Schuppen in Glendora, wo sie ihn brutal verprügelten, auspeitschten und ihm den Schädel zertrümmerten. Milam erzählte einem Freund davon, der ihn mit den Worten zitierte: »Während wir Till schlugen, zeigte er keinerlei Respekt vor den Männern. Er sagte nie: ›Ja, Sir‹ oder ›Nein,

Sir‹. Die Sache lief aus dem Ruder, und Till sagte etwas von wegen, dass er ›genauso gut sei wie sie‹« (FBI-Bericht, S. 88).

»Wenn der Neger eine weiße Person anspricht, wird von ihm erwartet, dass er eine Anrede wie ›Sah‹, ›Mistah‹ oder ›Boss‹, verwendet«, bemerkten die Feldforscher der 1941 veröffentlichten Harvard-Studie *Deep South*, einer soziologische Untersuchung über die Stadt Natchez in den späten dreißiger Jahren, und fuhren fort: »Dagegen darf der Weiße dem Neger gegenüber nie solche respektvollen Anreden verwenden, sondern soll ihn mit seinem Vornamen oder mit ›Boy‹ ansprechen.«

Emmett Till verstieß gegen alle Regeln. Er bot seinen Entführern die Stirn, und selbst als sie ihn schlugen, versagte er ihnen den Respekt. Er wusste nicht, wo sein Platz war. Er war frech. Hätte er gewusst, »was sich gehört«, dann hätte er seine untergeordnete soziale Stellung akzeptiert und zum Ausdruck gebracht. Ein Weißer, den die Autoren von *Deep South* zitieren, rechtfertigt eine Prügelstrafe in Natchez mit den Worten: »Sie waren schlechte Nigger und haben sich aufgeblasen.«

Was Emmett Till widerfuhr, war schon unzählige Male zuvor geschehen. Durch sein selbstbewusstes Auftreten im Laden und seine anschließende Renitenz hatte er das »größte Tabu des Systems« verletzt. Ein weißer Pflanzer begründete in *Deep South* die körperliche Züchtigung wie folgt: »Wir müssen hier oft einen von ihnen auspeitschen, wenn sie zu frech und zu unverschämt werden oder etwas anstellen. Wir jagen sie nicht davon, denn normalerweise bringt es größeren Nutzen, wenn man sie zum Arbeiten wiederkommen lässt, damit die anderen Nigger davon erfahren … Wir haben uns einen Mann herausgeholt, ausgepeitscht und dann zu ihm gesagt, dass er am nächsten Tag wieder zur Arbeit kommen soll. Seitdem ist er ein guter Nigger und zieht jedes Mal den Hut, wenn er mich sieht.«

Nachdem sie Emmett Till so lange geschlagen hatten, bis sein Schädel zertrümmert war, schossen sie ihm in den Kopf und luden den blutigen Leichnam auf den Pickup. »Das ist ein Hirsch«, sagte »Too Tight« Collins am nächsten Tag zu einem Mann, der, als sie irgendwo anhielten, auf das von der Ladefläche tropfende Blut deutete. Sie fuhren zum Tallahatchie River, banden dem Toten mit Stacheldraht einen fünfundsiebzig Pfund schweren Ventilator aus einer Baumwollentkörnungsanlage um den Hals und versenkten ihn im Fluss.

Innerhalb eines Tages wurden Bryant und Milam wegen des Verdachts der Entführung festgenommen – jemand hatte geplaudert –, und ein paar Tage später entdeckte ein Angler ungefähr zehn Meilen nördlich von Money Emmetts Leiche, die sich an einer Uferstelle namens Pecan Point oberhalb von Phillip an einem Baumstumpf verfangen hatte. Der Leichnam war in einem schlimmen Zustand, das zerschmetterte Gesicht (»ausgedehntes Schädeltrauma«) unkenntlich. Aber der Ring mit den Initialen an einem aufgedunsenen Finger bewies, dass es sich um Emmett handelte. Eine Woche später wurde Emmetts misshandelter Körper mit dem zerschmetterten Gesicht in Chicago öffentlich aufgebahrt, weil seine Mutter darauf bestand. Vier Tage lang defilierten viele tausend Menschen an dem offenen Sarg mit Emmetts sterblichen Überresten vorbei.

Einen Monat nach dem Mord begann im Tallahatchie Courthouse in Sumner der Prozess gegen Bryant und Milam. Die Beweise gegen sie waren unwiderlegbar. Belastungszeugen wurden aufgerufen. Mose Wright sagte bei der Verhandlung gegen die beiden aus. Bekanntlich erhob er sich vom Zeugenstuhl, deutete auf sie und identifizierte sie als Emmetts Entführer. Ein Schuldspruch schien sicher. Doch nach kurzer Beratung befand die ausschließlich aus Weißen bestehende Jury Bryant und Milam des Mordes für nicht schuldig. Später wurden die beiden auch vom Vorwurf der Entführung freigesprochen. Auf Fotos, die vor dem Gerichtsgebäude aufgenommen wurden, rauchen sie Zigarren, umarmen ihre Frauen und zeigen offen hämische Freude.

Und gegen Honorar ließen sie sich von William Bradford Huie für seinen Artikel »Die schockierende Geschichte eines gebilligten Mordes«, der vier Monate nach dem Prozess in der Zeitschrift *Look* erschien, interviewen. Huie bezahlte jedem 1500 Dollar für das Interview, ihrem Anwalt 1000 Dollar. Milam schilderte ohne jede Reue, wie sie Emmett Till entführt, ihn in einem Schuppen hinter seinem Haus in Glendora mit ihrer Pistole geschlagen, dann erschossen und sich seiner Leiche entledigt hatten.

Auch wenn viele Details, die Milam zu dem Mord nannte, im Widerspruch zum Beweismaterial standen und mit dem Tathergang nicht übereinstimmten, so war doch alles, was er sagte, belastend. Im Norden löste der Fall allgemeine Empörung aus, und meine Brüder und ich sprachen monatelang davon. Doch von den Behörden kam keine Reaktion. Wohl aber von der schwarzen Gemeinde im Süden, und sie war nicht nur folgenreich, sondern auch ungewöhnlich, denn sie fiel gewaltlos aus. Am 1. Dezember 1955, also noch im selben Jahr, in dem der Mordprozess stattgefunden hatte, weigerte sich in Montgomery, Alabama, Rosa Parks, ihren Sitzplatz in einem Stadtbus für einen weißen Fahrgast zu räumen. Sie wurde wegen dieses Akts des Ungehorsams verhaftet und zu einer Symbolfigur des Widerstands. Durch ihre Unnachgiebigkeit und ihren Gerechtigkeitssinn setzte sie ein Zeichen und wurde zum Vorbild für andere.

Und wie reagierte man in Washington auf den Mord an Emmett Till? John C. Stennis, Mississippis Senator, ließ der Presse Einzelheiten über die Verurteilung Louis Tills wegen Mordes und Vergewaltigung durch ein Kriegsgericht in Italien und seine Hinrichtung zukommen. Dies geschah in der Absicht, auf den Fall Einfluss zu nehmen und die öffentliche Meinung gegen Emmett aufzubringen. Unmittelbar nach dem Prozess schickte Emmetts Mutter, Mamie E. Bradley, Präsident Eisenhower eine Telegramm, in dem sie um Gerechtigkeit bat: »Ich, die Mutter von Emmett Louis Till, appelliere an Sie persönlich, dafür zu sorgen, dass alle an dem bestialischen Lynchmord an meinem Sohn in Money, Miss., beteiligten Personen ihre gerechte Strafe erhalten. In Erwartung einer direkten Antwort von Ihnen …«

Sie erhielt keine Antwort, aber ihr Telegramm war Anlass für ein internes Memorandum des Weißen Hauses. Verfasser dieses Memorandums vom 23. Oktober 1965, das sich unter den vielen Dokumenten in der Akte Till findet, war May Rabb, Eisenhowers Kabinettschef (und offizieller Berater des Weißen Hauses für Minderheitenfragen). Der Adressat war James C. Hagerty, der Pressesprecher des Weißen Hauses. Mamie Bradley, so teilt ihm Rabb darin mit, sei ein Werkzeug der Kommunisten und eine »Heuchlerin«. Und weiter: »Jede Würdigung ihrer Person wäre dazu benutzt worden, die kommunistische Sache in diesem Land voranzubringen ... Mrs Bradley hat sich dadurch diskreditiert, dass sie den Tod ihres Sohnes als Einnahmequelle benutzt hat.«

»Praktisch alle Beweise gegen die Angeklagten waren Indizienbeweise«, urteilte der Verfasser eines Artikels über den Prozess, der am 25. September 1955 in den *Jackson Daily News* erschien. »Es ist für alle Beteiligten das Beste, wenn man den Fall Bryant-Milam möglichst schnell vergisst.«

Allerdings veröffentlichte dasselbe Blatt auch einen Artikel von William Faulkner, in dem ein ganz anderer Ton angeschlagen wurde. Das Verbrechen selbst war ja wie eine düstere Faulkner-Geschichte und enthielt alle Elemente eines Südstaaten-Dramas bis hin zum Personal: junge weiße Ladenbesitzerin, großmäulige Mörderproleten, verängstigte schwarze Kinder, eingeschüchterter schwarzer Prediger. In einem der schärfsten und wütendsten Texte, die Faulkner jemals geschrieben hat, feuerte er unmittelbar nach dem Prozess gegen Bryant und Milam eine vernichtende Breitseite ab. Er muss erkannt haben, das der Vorfall ebenso gut seiner Schriftstellerphantasie hätte entsprungen sein können. Er verfasste seine kurze Stellungnahme zu dem Fall in aller Eile in Rom, wo er sich im Auftrag des State Department auf einer offiziellen Vortragsreise befand. Der Text wurde vom United States Information Service verbreitet und in den *Jackson Daily News* abgedruckt, als die beiden Männer von der Mordanklage freigesprochen wurden.

Zunächst erwähnt er die Bombardierung Pearl Harbors und bezeichnete es als Heuchelei, vor unseren Feinden mit unseren Werten zu prahlen, »nachdem wir ihnen beigebracht haben (und es weiter tun), dass wir, wenn wir von Freiheit und Freizügigkeit sprechen, weder das eine noch das andere meinen, ja noch nicht einmal Sicherheit und Gerechtigkeit oder auch nur den Schutz des Lebens für Menschen, deren Pigmentierung nicht dieselbe wie unsere ist«.

Wollten wir als Amerikaner überleben, so schrieb er weiter, müssten wir der Welt zeigen, dass wir keine Rassisten seien und »uns der Welt als eine homogene, geschlossene Front präsentieren«. Dies aber könnte eine Bewährungsprobe sein, die wir nicht bestehen: »Vielleicht werden wir jetzt herausfinden, ob wir überleben sollen oder nicht. Vielleicht besteht der Sinn dieser verwerflichen und erschütternden Untat, die in meiner Heimat Mississippi zwei erwachsene Weiße an einem armen Negerkind begangen haben, darin, dass es uns zeigen soll, ob wir es verdienen zu überleben.«

Und sein vernichtender Schluss: »Denn wenn wir in Amerika so tief gesunken sind, dass wir Kinder ermorden müssen, gleich aus welchem Grund und gleich welcher Hautfarbe, verdienen wir nicht zu überleben und werden es wahrscheinlich auch nicht.«

An keiner Stelle in dem Artikel erwähnt Faulkner Emmett Tills Namen, doch jeder Leser wusste, von wem er sprach.

»Don't be Fourteen (in Mississippi)«, ein Gedicht des in Mississippi lebenden Schriftstellers Jerry W. Ward jr., war ebenfalls eine unmittelbare und eindringliche Reaktion auf den Mord. Ward, ein Schwarzer, der zum Zeitpunkt des Mordes ungefähr in Emmett Tills Alter war und heute als Lehrer in diesem Bundesstaat arbeitet, hat gesagt: »Rassismus ist in Mississippi ein ständiger Lebensbegleiter, und das verursacht ganz eigene Kopfschmerzen.«

Vergessen wir Emmett Till, hatte die Zeitung aus Jackson in einem Leitartikel geraten. Aber der Fall wurde nicht vergessen. Im

Gegenteil, er blieb als verabscheuungswürdige Tat und schreiendes Unrecht in Erinnerung, und Emmett Till wurde als Held und Märtyrer gefeiert. Der Versuch, die Wahrheit zu unterdrücken, ist nicht nur zwecklos, sondern bewirkt zum Glück am Ende das Gegenteil, dass nämlich eine stärkere und am Ende übermächtige Gegenkraft erwächst, die Licht in das Dunkel bringt, wie der Fall Till bewiesen hat. Die Geschichte schlug immer höhere Wellen, zog immer weitere Kreise und »wies weit über den Mord als solchen hinaus«.*

Ich habe die Geschichte nie vergessen. Und das war auch der Grund, warum ich an diesem Spätnachmittag in Money, Mississippi, an der gespenstischen Ruine von Bryants Laden anhielt und mir notierte, was auf der Gedenktafel stand. Ich schlenderte in der kühlen Luft umher und betrachtete die Wände des Hauses. Es schien ein Wunder, dass sie überhaupt noch standen. Sie waren umschlossen von dichtem Rankenwerk und den Wurzeln parasitärer Bäume wie ein rissiger Steinbau in Angkor Wat. Vielleicht wurde der ganze Bau nur noch von diesen Pflanzen gestützt und aufrecht gehalten.

Nichts rührte sich in der kleinen Ortschaft, keine Menschenseele bei den düsteren Baumwollschuppen aus Wellblech, bei der alten Entkörnungsanlage dahinter oder dem verblichenem, mit rotem Staub bedeckten Ortsschild *Money* oberhalb einer Laderampe. Niemand auf der Straße, bei den Gleisen der Nord-Süd-Bahnlinie oder am Bahnübergang vor Bryants Laden, wo ich im schwindenden Tageslicht stand.

Ein Pfiff ertönte, die aus zwei Tönen bestehende Klage eines nahenden Zugs – hu-iii –, ein einsamer Ruf, zumal an diesem verwunschenen Ort, einer kleinen Siedlung zwischen dunkel gepflügten Feldern im flachen Herzland von Mississippi. Der Zug fuhr vorüber, und sein Rattern hallte wie Ambossklirren von den

* Siehe dazu: Davis W. Houck und Matthew A. Grindy, Emmett Till and the Mississippi Press, Jackson, Mississippi, 2008.

brüchigen Mauern des Ladens und dem Wellblech der Baumwollschuppen wider und brachte sie zum Vibrieren. Es erschien mir ein Wunder, dass in den neunundfünfzig Jahren seit dem Verbrechen das teilnahmslose Donnern des vorbeifahrenden Zuges die Mauern des alten Ladens nicht zum Einsturz gebracht hatte.

Ich fuhr auf der Whaley Road nach Osten, an Money Bayou und mehreren schmalen Teichen vorbei, in der Hoffnung, die Dark Ferry Road und die Farm von Grover C. Washington zu finden, auf der Mose Wrights kleines Haus gestanden hatte und wo er als Farmpächter gearbeitet hatte. Aber meine Karte ließ mich im Stich, und es war niemand da, den ich fragen konnte. Einige Teile der Vergangenheit waren ausgelöscht worden, aber vernachlässigbare Teile. Die Dunkelheit brach an, als ich nach Money zurückfuhr, dieselbe Art von Dunkelheit, in die Emmett Till verschleppt worden war.

Als ich auf der leeren Straße, die im Jahr 2005 in Emmett Till Memorial Highway umbenannt worden war, aus Money hinausfuhr, kam ich an einem Wegweiser nach Glendora vorbei. Ich bog ab, und selbst im Dämmerlicht sah ich, dass Glendora im Gegensatz zu Money eine richtige Ortschaft mit einer Hauptstraße ist, oder vielmehr gewesen war, bevor der Niedergang eingesetzt hatte. Unweit dieser schäbigen Hütten und Wohnwagen und ehemaligen Geschäfte war Emmett Till in J.W. Milams Schuppen totgeprügelt worden – und hier hatte Milam bis zu seinem Tod 1980 als freier Mann gelebt.

An einem sonnigen Tag kehrte ich später nach Glendora zurück. Sonnenschein kann grausam sein, schonungsloses Licht kann einen traurigen Ort in etwas Schreckliches verwandeln. Glendora war schlimmer als eine Ruinenstadt, eine schockierend hässliche Straße, gesäumt von Hütten und Schuppen, einem armseligen Lebensmittelgeschäft, eine Kneipe mit Veranda, auf der zerlumpte Gestalten mit glasigen Hundeaugen aus Flaschen und Dosen tranken. In seinem Elend wirkte Glendora wie ein lebendes Museum der Armut in den Südstaaten – Betrunkene, die in kaputten Schuhen herumstolperten oder im Gras lagen und schnarchten, Männer, die mitten an einem sonnigen Tag in der Nähe der kleinen Farm faulenzten, die einst dem Mörder J.W. Milam gehört hatte – das Haus selbst war inzwischen abgerissen, und nur ein Schild wies darauf hin, wo es gestanden hatte. Diese älteren schwarzen Männer und diese angetrunkenen Jungen mit ihren trotzigen Mienen waren die Erben.

Ich war über ein Jahr lang durch die Südstaaten gereist und hatte mich nie bedroht gefühlt oder den Eindruck gehabt, dass mir jemand gefährlich werden könnte. Auch hier fühlte ich mich nicht bedroht, doch schlug mir in dieser mit Schlaglöchern übersäten Straße von Glendora eine so feindselige Atmosphäre entgegen, dass ich mir wie ein Eindringling vorkam und mich vorsah. Vielleicht gab es dafür einen einfachen Grund: die Scham armer Leute, die in Gegenwart eines Fremden plötzlich unsicher werden, die Angst von Betrunkenen, zwischen Nüchternen aufzufallen. Wer in seinem Elend gefangen ist, hasst es, beobachtet zu werden, und verübelt es dem Fremden, dass er gekommen bin, verübelt es ihm, dass er jederzeit wieder abfahren kann.

Am Ende dieser Straße in Glendora bemerkte ich eine ehemalige Entkörnungsanlage, einen schmucklosen, zweistöckigen Wellblechbau, der umso nüchterner wirkte, als er keine Fenster hatte. Dieses veraltete Gebäude, das allein mitten in den Feldern am Rand von Glendora stand, beherbergte das Emmett Till Historic Intrepid Center – und das seinem Namen gewidmete Museum.

Eine Frau ging gerade zu einem Wagen, der davor stand, und lächelte mir zu. Ich grüßte und knüpfte ein Gespräch mit ihr an. »Wie finden Sie das Museum?«

»Sie sollten es sich unbedingt ansehen«, antwortete sie. Sie war schick gekleidet, wie für die Kirche oder einen festlichen Anlass, trug ein rotes Kleid, einen weißen Hut und dazu eine voluminöse Handtasche. »Es ist sehr wichtig. Jeder sollte es sich ansehen.«

Wir unterhielten uns eine Weile. Sie stellte sich als Cherraye

Oats vor. Sie war schätzungsweise Ende vierzig und sah in ihrer gediegenen Kleidung ganz anders aus als die Leute in Glendora.

»Ich erinnere mich noch an damals, als es geschah«, sagte ich.

»Ich bin dafür zu jung«, erwiderte sie. »Aber meine Tante hat die Sache stark beeinflusst.« Sie hielt inne und fügte dann hinzu: »Sie war Fannie Lou Hamer.«

Fannie Lou Hamer gehörte zu den mutigsten und engagiertesten Aktivisten, die im »Freedom Summer« 1963 für das Stimmrecht der Afroamerikaner kämpften, und gründete im Jahr darauf die Mississippi Freedom Democratic Party als (umstrittene) Reaktion darauf, dass Mississippi eine rein weiße Delegation zum Nationalkonvent der Demokraten in Atlantic City, New Jersey, schickte. Wegen ihrer Ansichten inhaftiert, misshandelt und von ihrem Arbeitgeber gefeuert, wurde Fannie Lou Hamer zu einem wichtigen Sprachrohr der Bürgerrechtsbewegung. Bis zu ihrem Tod 1977 im Alter von sechzig Jahren blieb sie politisch und sozial aktiv. Ihre Grabinschrift enthält einen Ausspruch von ihr: »Ich bin es leid, es leid zu sein.«

Zusammen mit ihrer Tochter Courtney leitete Cherraye Oats das »Fannie Lou Hamer Center for Change« in Eupora, wo sie jetzt lebte, einer kleinen Ortschaft, die wie Ruleville, wo sie aufgewachsen war, ganz in der Nähe lag. Als Tochter eines Farmpächters namens Townsend und eines von zwanzig Geschwistern musste Fannie Lou viele Nichten und Neffen haben, aber Cherraye hatte die Leidenschaft und Ausstrahlung einer Hamer. Irgendwann im Verlauf des Gesprächs fragte sie mich, was mich hierhergeführt habe und wohin ich wolle.

»Es freut mich, dass Sie hier sind«, sagte sie. »Aber ich muss Ihnen sagen, dass sich sehr wenig verändert hat.«

Aus dieser Baumwollentkörnungsanlage hatte der siebzig Pfund schwere Ventilator gestammt, den die Mörder mit Stacheldraht an Emmett Tills Leichnam befestigt hatten, ehe sie ihn im Fluss versenkten. Ein ähnlicher Ventilator war in der Ausstellung zu sehen, zusammen mit landwirtschaftlichen Geräten, die nichts weiter waren als alte Werkzeuge, im Kontext des Mordes aber bedrohlich und brutal wirkten – Stacheldraht, Hämmer und Heugabeln, Äxte und Sicheln. Weitere Exponate waren ein alter Ford-Pickup ähnlich dem, den die Entführer benutzt hatten, Emmetts Bett und Schlafzimmer sowie eine Attrappe von Bryants Ladenfront. Ein besonders makabres Ensemble bildete ein Sarg mit einer lebensgroßen Puppe darin, die Emmett Till darstellte, das zerschmetterte Gesicht lebensecht aus Silikongummi nachgebildet. Vieles wirkte entsprechend abstoßend, aber Mord und Tathergang waren in allen Einzelheiten dokumentiert – eine würdige Gedenkstätte, die der Geschichte eine wichtige Fußnote hinzufügt.

»Es war eine grauenhafte Sache«, sagte Benjamin Saulsberry, der Kurator des Museums. Saulsberry war erst neunzwanzig, wusste aber eine Menge über den Mord und die Gegend. Er führte mich in den Teil des Museums, der dem Leben und der Karriere des Bluesmusikers Sonny Boy Williamson gewidmet war, der vor hundert Jahren auf einer Plantage bei Glendora das Licht der Welt erblickt hatte.

»Haben Sie viele Besucher?«, fragte ich.

»Zehn bis zwölf in der Woche.«

Weniger als zwei am Tag. Der Staub, den Cherraye Oats' Wagen beim Wegfahren aufgewirbelt hatte, hatte sich gelegt, und außer Benjamin und mir war niemand in dem Gebäude. Diese Verlassenheit verlieh den Exponaten eine zusätzliche schaurige Note. Ein Stapel Reklamezettel bot für 15 Dollar Tagestouren zu den Örtlichkeiten an, die mit dem Mord an Till im Zusammenhang standen. Ich hatte sie alle bereits besichtigt: den Laden, das Grundstück, auf dem das Haus gestanden hatte, das Gerichtsgebäude, den Fluss. Heute Vormittag gab es keine Interessenten, und die einzigen Lebenden waren einen kurzen Fußmarsch entfernt, die menschlichen Wracks und Betrunkenen vor den Läden in Glendora und den übelriechenden, ungezieferverseuchten Hütten am Rand dieser armen Ortschaft.

»Heute kaufen Leute Schusswaffen, die nie welche wollten«

In der früh hereinbrechenden Dunkelheit des winterlichen Mississippi bildeten Batesville und Southaven, die beiden Orte nördlich von Glendora, ein Lichtermeer, das ich plötzlich vom Wagen aus vor mir sah, als wäre dort eine große, von Leben überbordende Stadt. Aber dieser Eindruck täuschte. Wie so oft im Süden. Was nach einer regelrechten Metropole aussah, war nur die übertriebene Beleuchtung von Fast-Food-Buden, Discounter-Filialen und riesigen Parkplätzen, die in der Dunkelheit erstrahlten, aber leer waren.

Southaven, eine dieser gleißenden Fata Morganas, liegt so weit im Norden von Mississippi, das man fast von einem Vorort von Memphis sprechen könnte. Ich fand mühelos ein Motel. Ich trug eine Schirmmütze der US Army mit Tarnmuster, als ich an der Eingangstür stand und überlegte, wo ich essen sollte.

»Wo jagen Sie?«, fragte mich ein Mann, der sich vom Parkplatz näherte. Er trug eine ähnliche Mütze.

Ich sagte, dass ich kein Jäger sei. Er schon. Er wollte auf Entenjagd gehen. Er war gerade mit drei kleinen Jungen und einem Gewehrkoffer aus Tennessee eingetroffen. Er nannte mir den See, an den er am nächsten Tag fahren wollte.

»Ich bin wegen der Waffenmesse hier«, sagte ich.

»Die ist echt beliebt«, sagte er und fügte hinzu, dass es klug von mir sei, da hinzugehen, denn Munition werde knapp. Vielleicht könne man auf der Messe noch welche bekommen.

Ich wollte also erneut auf eine Waffenmesse, und diesmal nicht nur zum Gaffen, obwohl Gaffen mein üblicher Zeitvertreib war. Die Waffengesetze waren wieder in den Schlagzeilen, seit sechs Wochen zuvor, am 14. Dezember 2012, der zwanzigjährige Ada Lanza an der Sandy-Hook-Grundschule in Newtown, Connecticut, mit einem Sturmgewehr zwanzig Kinder und sechs Lehrer ermordet hatte, ehe er sich selbst in den Kopf schoss. Nach dem

Blutbad wurde entdeckt, dass er am selben Morgen vor Verlassen des Hauses seine Mutter getötet hatte. Er hatte die Schusswaffen seiner Mutter benutzt, und sie war es, die ihm das Schießen beigebracht hatte – was umso befremdlicher war, als der Junge bekanntermaßen psychisch gestört war, ein verschlossener Einzelgänger, der es nicht ertrug, angefasst zu werden, ein zu heftigen Zornausbrüchen neigender Stubenhocker, der möglicherweise unter Wahnvorstellungen litt. Obwohl die Mutter wusste, dass ihr Sohn an einer Borderline-Persönlichkeitsstörung erkrankt war, gab sie ihm eine Schusswaffe.

Als einer der blutigsten Amokläufe in der Geschichte der Vereinigten Staaten hatte das Massaker an der Sandy-Hook-Grundschule im US-Kongress die Waffendebatte neu entfacht und einen Run auf Sturmgewehre ausgelöst. Wie es hieß, hatte die Diskussion nicht etwa vom Kauf von Waffen und Munition abgeschreckt, sondern Panik unter Waffenbesitzern und potenziellen Käufern ausgelöst. Nach dem Amoklauf waren so viele Waffen und so viel Munition verkauft worden, dass das Gerücht umging (von dem mir der Jäger im Motel erzählt hatte), sie würden überall im Land bereits knapp, insbesondere Bushmaster-Sturmgewehre wie das von Adam Lanza benutzte und die dazugehörige Munition Kaliber .223.

Die »Tri-Lakes Gun Show«, die Wochenendveranstaltung in der Southaven Arena, war der ganze Stolz der Stadt. Sie glich den anderen Waffenmessen, die ich gesehen hatte, und auch die »Arena« hatte Ähnlichkeit mit vielen der moderneren großen Kirchen, die ich an Sonntagen im Süden besucht hatte: der gleiche ein bis zwei Hektar große Parkplatz voller Autos, der gleiche kastenartige Funktionsbau, der immer aussah wie eine Lagerhalle mit Kirchturm, im Innern eintausend stramme Gläubige und freundlich einladendes Stimmengewirr.

Die Menge in Southaven wanderte gesittet zwischen den Hunderten von Tischen umher, auf denen Gewehre, Faustfeuerwaffen und Messer gestapelt waren. Andere Stände warteten mit einem bunten Allerlei auf: Elektroschockwaffen, Lederwaren und Schilder wie: *Betreten verboten.* Oder: *Wegen hoher Munitionskosten wird kein Warnschuss abgegeben!*

Praktisch die erste Stimme, die ich hörte, war die eines Mannes, der aufgebracht neben seinem Tisch herumhüpfte und über das Schulmassaker wetterte.

»Hätte dort jemand eine Waffe gehabt«, sagte er gerade, »hätte man ihn aufhalten können! Die Lehrer hätten bewaffnet sein müssen.«

Da Waffenmessen, wie ich aus Erfahrung wusste, von ebenso gut bewaffneten wie gut erzogenen Menschen besucht werden, erregte jeder lautstarke Auftritt Aufmerksamkeit. Auch dieser Mann hatte einige Zuhörer und erntete raunende Zustimmung.

»Jede Schule«, so ein Mann, »sollte eigene Marshals haben.«

»Unbedingt«, so ein anderer.

Und ein Dritter: »Die waren nicht vorbereitet.«

Die meisten Männer trugen eine Seitenwaffe, aber gemäß den bei Waffenmessen geltenden Regeln war das Magazin entfernt und der Abzug mit einem Kabelbinder aus Kunststoff gesichert.

Dies war mein dritter Besuch einer Waffenmesse, und obwohl alles improvisiert wirkte wie auf einem Flohmarkt, erkannte ich jetzt, dass es ein Muster gab, das sich auf jeder Messe wiederholte: vorn die Stände mit seltenen und eleganten Waffen – Flinten mit Gravuren, Vogelflinten, Duellpistolen; weiter hinten die Stände mit alten Faustfeuerwaffen; dann die Stände mit diversen Sturmgewehren, mit Schildern, Messern, Nazi-Memorabilien, Artikeln aus Armeebeständen wie alten Feldflaschen, Gürteln, Kochgeschirren, Gasmasken oder Spaten, andere, die nur Magazine anboten, darunter viele 30-Schuss-Kurvenmagazine, die in den meisten Staaten verboten waren. Und schließlich die Stände mit den automatischen Waffen, darunter die AK-47 als die einfachste und gefährlichste, bei der es sich im Grunde um ein Maschinengewehr handelt, das man vielleicht gebrauchen kann, wenn man einen Krieg führen oder einen Trupp Taliban-Kämpfer außer Gefecht setzen muss.

Doch die AK-47, die ich drei Monate zuvor für 1500 Dollar gesehen hatte, kosteten hier fast 2000 Dollar – die gleiche Waffe. Ich sprach den Händler darauf an.

»Daran ist Obama schuld«, sagte er. »Sehen Sie das Baby da?« Er hob ein Sturmgewehr hoch, das wie aus Plastik aussah, und reichte es mir. »Das hat früher 200 Dollar gekostet. Nach dem Verbot ist es auf 500 raufgegangen. Und nach dem Wirbel um das Schulmassaker wird es noch teurer werden. Ehe man sich versieht, wird es 1000 kosten.«

Der Andrang war groß. Die Messebesucher schoben sich von Tisch zu Tisch und gaben Kommentare zu den Waffen ab (»Das ist die limitierte Auflage«, »Das Ding ist luftgekühlt«, »Sieh dir die Gravuren von diesem Schmuckstück an«, »Das ist die Broomhandle-Luger – niedlich«). Sie sahen sich die Ausstellungsstücke offensichtlich gerne an, aber nur wenige kauften. Der Parkplatz vor der Southaven Arena hätte eine Erklärung liefern können, warum sich der Verkauf so zäh gestaltete. Er stand voll mit alten Pickups, schmutzigen PKWs und verbeulten SUVs. Und die Besucher in der Halle, hauptsächlich Männer, waren schlecht gekleidet, Leute vom Land, Automechaniker mit Trauerrändern unter den Fingernägeln, Farmer in Latzhosen und mit Mützen aus dem Futtermittelladen, Männer in Jäger-Camouflage. Die wenigen gut Angezogenen waren kaufwilliger als die anderen, vielleicht weil sie mit der neuesten »SIG Sauer 9 mm Beavertail« liebäugelten, die sich ebenfalls im Waffenarsenal von Adam Lanza (oder seiner Mutter) befunden hatte.

Ein Mann sprach hinter seinem Stand mit Perkussionspistolen aus dem Bürgerkrieg lautstark in sein Mobiltelefon, während er den Blick über die Menge schweifen ließ. »Der Andrang ist groß, viele Leute, aber keiner kauft.«

Beim Gang von Tisch zu Tisch durfte ich wieder feststellen, wie ausgesucht höflich und freundlich man bei Waffenmessen miteinander umgeht. Ein Knattern von einem angrenzenden Stand erregte meine Aufmerksamkeit. Zwei schwarze Männer – die einzigen Schwarzen unter den vielleicht tausend Leuten in der großen Halle – führten Elektroschocker und Taser vor, wobei einer der beiden in jeder Hand einen Taser hielt und damit hellblaue elektrische Lichtbogen erzeugte.

Ich sprach eine Weile mit ihnen. Das Geschäft gehe schlecht, sagten sie, werde aber später anziehen.

»Die sind in Massachusetts verboten«, sagte ich.

»Aber wir sind hier nicht in Massachusetts«, erwiderte einer und betätigte einen Taser, der Funken sprühte. »Deshalb wäre jetzt vielleicht die Gelegenheit, welche zu kaufen. Und ein paar Ihren Freunden zu schenken.« Wieder das Knattern. »Sehen Sie mal die Voltzahl. Die haut den stärksten Kerl um.«

»Ich heiße Paul«, sagte ich.

»Matisse«, erwiderte der Mann und fügte, bevor ich eine Bemerkung machen konnte, hinzu: »Ja, wie der Maler.«

Ihre Taser und Elektroschocker seien in China hergestellt, sagten sie, und deshalb so billig. Und im Unterschied zu den Waffenhändlern, die in der Regel aus der Gegend waren, zogen diese Männer aus Jackson von Messe zu Messe und boten dort ihre, wie sie sie nannten, »Selbstschutzprodukte« feil.

»Ungefähr eine Messe pro Woche.«

»Verzeihen Sie«, sagte ich, »aber ich sehe keine anderen Schwarzen hier.«

»Schwarze verkaufen ihre Waffen nicht«, sagte Matisse und lachte leise.

»Genau«, bekräftigte der andere.

An den Tischen im hinteren Teil verkauften junge Männer, die gerne feilschten, ältere Waffen, doch in der Mitte der Halle waren die größeren Stände der seriösen Händler, die darauf achteten, dass die Formulare zur Registrierung ihrer Waffen richtig ausgefüllt wurden.

Bei einem dieser Händler versuchte ich mein Glück, doch

mein Anliegen wurde höflich abgewiesen: »Wenn Sie nicht aus diesem Bundesstaat sind, kann ich Ihnen keine Handfeuerwaffe verkaufen.«

Die jungen Männer an den hinteren Tischen ließen nicht locker. »Die Glock hier ist in einem guten Zustand. Ich habe selbst damit geschossen. Dreihundert, und sie gehört Ihnen. Also gut, zweihundertfünfundsiebzig, und Sie bekommen noch ein Extramagazin und eine Schachtel Patronen oben drauf.«

»Ich bin aus einem anderen Bundesstaat«, sagte ich, um ihn freundlich abzuwimmeln.

»Privatverkauf. Die ist nur zum Selbstschutz. Machen Sie mir ein Angebot.«

Ich ging zu einem der vielen Stände mit Munition, den ein Dutzend Männer umlagerte, und stellte mich hinten an.

»Ich habe gehört, dass es einen Engpass gibt«, sagte ich zu dem Mann vor mir, der eine Tarnjacke trug.

»Und wenn schon«, erwiderte er, »ich habe jede Menge Munition, die reicht mir bis zum nächsten Bürgerkrieg.«

Am Tisch angekommen, sagte ich zu dem Händler: »Mich würde interessieren, ob Munition tatsächlich knapp wird.«

Er zögerte nicht. »22er-lfB-Patronen sind aus, 223er-Patronen auch. Kaliber 9 werden knapp. Wahrscheinlich horten die Leute. Aber alles andere habe ich. Was wünschen Sie?«

»Ich wollte nur fragen.«

»Wenn Sie nichts kaufen, tun Sie mir den Gefallen und treten Sie zur Seite, Sir.«

Gemessen an der bei Waffenmessen vorherrschenden Höflichkeit und guten Stimmung wirkte sein strenger Ton geradezu aggressiv.

»Die Demokraten haben Angst«, sagte ein paar Stände weiter ein Händler, der vor einem Sortiment von Handfeuerwaffen stand. »Die werden einen Rückzieher machen, sonst wird es in ganz Washington bald keinen Demokraten mehr geben. Die geben den Waffen die Schuld!«

»An den Waffen liegt es sicher nicht«, sagte ein anderer Mann. »Ein Typ auf Hafturlaub besorgt sich eine Waffe und bringt jemanden um, und die machen die Waffenhändler dafür verantwortlich! Warum nehmen sie sich nicht mal das bescheuerte Bewährungssystem vor? Sie bestrafen die Falschen. Die Psychiatrie-Lobby ist noch schlimmer. Auch die gibt den Waffenhändlern die Schuld! Sie macht den Amerikanern Angst und treibt die Preise in die Höhe.«

»Heute kaufen Leute Schusswaffen, die nie welche wollten!«, sagte wieder der andere. »Sie kaufen Waffen, weil sie glauben, dass es künftig nicht mehr möglich sein wird, eine Schusswaffe zu bekommen. Daher überall Panikkäufe. Wo soll das noch hinführen?«

Die Messe war ein Basar, und wie jeder Basar war sie auch ein gesellschaftliches Ereignis, bei dem Männer mit Papptellern in den Händen, auf denen sich mit Käse überbackene Pommes häuften, Geschichten austauschten. An einigen Ständen wurden auch T-Shirts oder Tombola-Lose verkauft, und an einem anderen sammelten Verfechter des Waffenrechts Unterschriften und klärten auf Wunsch über das Kleingedruckte in bundesstaatlichen Waffengesetzen auf.

Die Atmosphäre der Zusammengehörigkeit und Gleichgesinntheit, in der auch Groll mitschwang, hatte ich auch bei anderen Waffenmessen erlebt, das Aufbegehren von Menschen, denen es weniger darum ging, mit Waffen zu schießen, als welche zu besitzen, und die empört darüber waren, dass die Bundesregierung es erneut auf sie abgesehen hatte und ihre Rechte bedrohte – empört über weitere Veränderungen in einer Region, der Veränderungen verhasst waren und deren Bewohner schon so viele hatten hinnehmen müssen.

Doch ich war gern auf der Waffenmesse, denn sie verriet einiges über den Süden. Ich war ein Fremder, kannte hier keinen Menschen. Deshalb tat es gut, in diese Halle gehen zu können und unter so vielen Menschen willkommen zu sein. Ich hätte mit jedem von ihnen eine Gespräch anfangen können, weil davon ausgegangen wurde, dass wir alle in puncto Waffen einer Meinung waren, und folglich auch in allem anderen – Politik, Krieg, Religion, Jagd, Kindererziehung, Ernährung, Fernsehsendungen. In dieser Hinsicht ähnelte die Messe einer großen gastfreundlichen Kirche. Einem Reisenden bedeutet das viel. Ich war nicht dort, um ihrer Ansichten zu kritisieren, sondern, um zu beobachten und zuzuhören.

Bei der Waffenmesse in Southaven begriff ich, dass weiße Südstaatler zusammenkommen mussten, um sich in Erinnerung zu rufen, wer sie waren und wofür sie standen, dass sie sich nach den Verwerfungen ihrer Geschichte in ihrem Zusammengehörigkeitsgefühl und ihren gleichbleibenden Ansichten immer wieder bestätigen und gegenseitig versichern mussten, dass sie nicht wie andere Amerikaner waren. Sie waren geselliger als die Menschen, unter denen ich im Norden aufgewachsen bin, und die Familie – so zerrüttet sie auch sein mochte – war wichtiger als der Staat. Die Weißen fühlten sich wie eine verachtete Minderheit – anders, unterlegen, missverstanden, bevormundet, gegängelt, betrogen. Das Blut zählte, ebenso die Geschichte, alter Groll und vermeintlich erlittenes Unrecht – alles auch Themen bei Faulkner, der hier ganz in der Nähe in Oxford, im Lafayette County, aufgewachsen war.

Ich beschloss, hinzufahren.

Rowan Oak

Oxford, wo Faulkner lebte und starb, ist die Heimat der »Ole Miss«, wie die University of Mississippi genannt wird. Sie liegt nur eine Autostunde von Southaven entfernt, fünfundzwanzig Meilen östlich der Interstate. Von der stark befahrenen Route 278, die hier vorbeiführt, vibriert die sonst angenehme Stadt unter dem Lärm des Verkehrs. Es gibt kaum eine Ecke, in der das Motorengedröhn nicht zu hören ist, und selbst bei Rowan Oak, dem Haus William Faulkners, das am Ende einer Vorstadtstraße steht, gleich neben dem Campus mit seiner pompösen Pracht, ist es noch als leises Rauschen zu vernehmen.

Der Straßenlärm hat etwas sonderbar Aufdringliches, denn Oxford (in Faulkners Romanen »Jefferson«) und seine Umgebung haben mit dem ländlichen, konfliktgeladenen und geschichtsträchtigen fiktiven »Yoknapatawpha County« des Romanciers so gar keine Ähnlichkeit. Die Stadt ist unerwartet ansprechend, und auch wenn alles in der Nähe dieses verkehrsreichen Highways unter anhaltendem Getöse erzittert, so ist die Universität mit ihren von Säulen, Backsteinmauern und Giebeldreiecken geprägten Gebäuden im neoklassizistischen Stil der Südstaaten doch schön zu nennen. Eine Aura von Bildung und Vornehmheit im konservativen Sinne umgibt sie.

Ein Jahrhundert lang hielt diese angesehene Bildungsstätte an alten Gewohnheiten wie Rassentrennung und Bigotterie fest, die alle liberalen Tendenzen im Keim erstickten. Und hierin liegt eine besondere Ironie, eine von vielen in der Biographie Faulkners, der noch verschrobener war als der Bauer, als den er sich selbst beschreibt und der in einer Nebenstraße dieser footballverrückten, von Studentenverbindungen geprägten Universitätsstadt lebte.

Faulkner – einer der bedeutendsten US-amerikanischen Dichter und scharfsinnigsten Denker, ein scheuer Mensch, aber kühn-genialischer Schriftsteller mit enzyklopädischen Kenntnissen der Südstaaten-Geschichte, an dem keiner, der den Süden bereist, vorbeikommt – verbrachte sein ganzes Leben in dieser nach Rassen getrennten Stadt, die er stolz die Seine nannte, und doch erhob er nicht auch nur einmal öffentlich seine Stimme, um darauf hinzuweisen, dass ein schwarzer Student wie jeder andere das Recht habe, an der Universität zu studieren. Alles zu seiner Zeit, so lautete seine Devise. Der Nobelpreisträger stand untätig daneben, wenn Schwarze vom Campus gejagt, als Dienstboten nur durch die Hintertür eingelassen und wieder weggeschickt wurden, wenn sie ihre Schuldigkeit getan hatten. Faulkner starb im Juli 1962. Zwei Monate später wurde nach einem langwierigen juristischen Hickhack (auf den Krawalle mit Todesopfern folgten) und ohne Faulkners Zutun der aus der Kleinstadt Kosciusko in Zentral-Mississippi stammende James Meredith als erster schwarzer Student an einer Universität zugelassen.*

Jahre vor der Auseinandersetzung um James Meredith, im Juni 1956, hatte Faulkner in der Zeitschrift *Harper's* geschrieben: »Heute irgendwo auf der Welt zu leben und gegen die Gleichstellung von Rassen oder Hautfarben zu sein ist, wie in Alaska zu leben und gegen Schnee zu sein.« Den Rassismus, den er in den Reaktionen auf Autherine Lucys Zulassung zum Studium an der University of Alabama ausmachte, bezeichnete er »als Armutszeugnis für die Menschheit«. Allerdings plädierte er für eine schrittweise Integration, und wie er in der Zeitschrift *Life* in einem »Brief an den Norden« betonte, lehnte er militante Integrationsbefürworter oder eine Einmischung der Bundesregierung ab – »Kräfte von außerhalb des Südens, die juristischen oder polizeilichen Zwang ausüben, um das Übel über Nacht zu beseitigen«.** Das erledigen wir selbst, war seine Haltung, und zwar dann, wenn wir es wollen. Tatsächlich aber geschah nichts, bis die Bundesregierung – der historische Bösewicht aus Sicht des Südens – intervenierte und Meredith von US-Marshals auf den Campus eskortieren ließ.

Faulkners Haus von 1844 war etwas älter als das berühmte Lyceum, das älteste Universitätsgebäude. Die Schönheit der Univer-

* Auf dem Campus steht heute eine lebensgroße Bronzestatue von James Meredith, die ihn vorwärtsgehend darstellt. Am 16. Februar 2014, ein paar Monate nach meinem Besuch an der Ole Miss, schändeten drei weiße Studenten die Statue, indem sie der Figur einen Henkerstrick um den Hals legten und eine alte Konföderierten-Kriegsflagge aus Georgia umhängten. Der zu diesem Zeitpunkt achtzigjährige James Meredith kommentierte den Vorfall mit der für ihn typischen Zurückhaltung, kritisierte in einem Interview mit der *New York Times* (20. Februar 2014) aber auch die Statue selbst: »Sie ist ein Götzenbild, und als solches nicht nur eine Beleidigung Gottes, sondern auch meiner Person.«

** »Letter to the North«, *Life*-Magazin, 5. März 1956.

sität und ihre harmonische Architektur überraschten mich. Und auch wie jung sie war. Mitte des 19. Jahrhunderts gegründet, hatte sie weder über eine große Studentenschaft noch über viele Gebäude verfügt, als die Familie Faulkner 1902 mit dem fünfjährigen Billy von New Albany, Mississippi, nach Oxford zog.

Ruhelos, wenn er nicht schrieb, und ständig in Geldnöten, reiste Faulkner sein Leben lang. Aber Oxford blieb seine Heimatstadt und Rowan Oak seine Zuhause, selbst dann noch, wie es scheint, als rund um das große, schlecht proportionierte Farmhaus (»The Bailey Place«) ein neues Viertel entstand. Er benannte das Haus in Rowan Oak um – nach dem Rowan-Baum (Eberesche), dessen Holz besondere Kräfte zugeschrieben wurden, wie mir der Museumswächter im Haus freundlicherweise erklärte. Erbauer und erster Besitzer des Hauses war ein gewisser Robert Shegogg, dessen ungewöhnlicher Name in leicht abgeänderter Form in *Schall und Wahn* auftaucht, wo der schwarze Prediger Shegog aus St. Louis mit seiner markigen Predigt Dilsey zum Weinen bringt.

Ich war zu dem Haus gefahren, das am Ende einer Vorstadtstraße liegt, und diese Straße – sauber, gepflegt, bürgerlich, bieder – ist alles, was Faulkners Literatur nicht ist, und verträgt sich überhaupt nicht mit Faulkners Gehabe als Landjunker. Mit den Veranden und weißen Säulen, den von dunklen Läden gerahmten Fenstern und schönen, alten Wacholdersträuchern sticht Rowan Oak aus den spießigen Häusern in der Straße heraus wie ein Relikt. Unter den Bäumen auf der Vorderseite sind noch die Überbleibsel eines angelegten Gartens zu erkennen – das symmetrische Ziegelwerk der Blumenbeeteinfassungen und Wege, die wie Überreste einer vernachlässigten neolithischen Ausgrabungsstätte aus dem Boden hervorstehen.

Faulkner war in Oxford verwurzelt, führte aber ein chaotisches Leben, das ebenso geprägt war von Alkoholexzessen wie von amourösen Abenteuern, und das Überraschende für mich ist, dass aus dieser unsteten Existenz ein riesiges Gesamtwerk erwuchs. Er war kein Gelehrter, sondern Autodidakt, und sieht man einmal von Mark Twain ab, gab es in den Südstaaten vor ihm keinen Schriftsteller dieses Formats.

»Mit Ausnahme von James Branch Cabell«, schrieb H.L. Mencken 1917 in »Die Sahara der Bozart«, einem sarkastischen Aufsatz über die geistige Provinzialität des Südens, »gibt es nicht einen einzigen Prosaautor in den Südstaaten, der wirklich schreiben kann.« Für Mencken ist der Süden der verlängerte Rücken der USA, ein Baptisten-Pfuhl, ein Sumpf, in dem sich Methodisten, Schlangenbeschwörer, Immobilienspekulanten und syphilitische Prediger tummeln. Und überhaupt ein Hort des Kulturbanausentums. »Georgia ist gleichzeitig die Heimat des Baumwollpullovers, des zum Savanarola verwilderten Methodistenpfarrers und der Killer-Biene«, befand er verächtlich. Und weiter: »Die im Süden florierendste Form von Frömmigkeit ist durchaus verträglich mit der Theorie, dass Lynchen eine segensreiche Einrichtung sei. Vor zwei Generationen war sie durchaus verträglich mit einem glühenden Glauben an die Sklaverei.«*

Möglicherweise provoziert durch diese Attacke, schickte Faulkner dreizehn Jahre nach Erscheinen des Textes Mencken eine Kurzgeschichte, die (von Mencken stark bearbeitet) 1931 unter dem Titel »That Evening Sun« (»Wenn die Sonne untergeht«) in dessen Zeitschrift *American Mercury* erschien. Inzwischen hatte Faulkner seinen ersten Roman, *Sartoris*, veröffentlicht, und er schrieb bis zu seinem Tod weiter und wies Mencken in seine Schranken, indem er die Südstaatenliteratur zu einer besonderen Kunstform entwickelte und die Besonderheiten des Lebens im Süden durch seine Romane adelte. Er ist der Schriftsteller, zu dessen Lektüre alle ehrgeizigen amerikanischen Autoren ermuntert werden, doch ist er mit seiner komplizierten Prosa auch das denkbar ungeeignetste Vorbild für einen jungen Schreiber. Einen

* In: H.L.M., *Gesammelte Vorurteile*. Übersetzung von Helmut Winter, Frankfurt a.M. 2000.

wie ihn muss man lesen lernen. Man darf ihn nicht nachahmen wollen, was leider viele tun.

Meine erste Begegnung mit Faulkner – das Buch, das die meisten Schüler und Studenten als Erstes lesen – war *Schall und Wahn*. Verwirrt durch die vielen Erzähler, darunter ein dreiunddreißigjähriger geistig Behinderter, der nicht sprechen kann und mühsam Laute von sich gibt, und die verwickelte Familiengeschichte der Compsons, verlor ich völlig den Überblick, entdeckte aber vieles, was mir gefiel. Ich war noch so jung, dass ich seine Übertreibungen und Geschraubtheiten als Stärke und nicht als Schwäche empfand. Ich las Sätze wie die folgenden über die bei Reverend Shegogs Predigt weinende Dilsey: »Zwei Tränen glitten über ihre eingefallenen Wangen, ein myriadisches Aufblitzen und Verlöschen von Aufopferung und Selbstverleugnung und Zeit«, und ich traute mich nicht, sie als lächerlich und verblasen zu kritisieren.

Faulkners Erzähltechnik macht klar, dass er seine literarische Inspiration weniger aus Büchern schöpfte als aus dem realen Gerede der Menschen. Wir finden bei ihm wortschwallartige Monologe über Banalitäten oder das Kanzelgepolter eines Predigers über die ewige Verdammnis. In einer erfrischend bissigen Studie bezeichnete Windham Lewis Faulkner als »den Moralisten mit einem Maiskolben«. Dem könnte man zustimmen, wenn man an Faulkners eigene Worte denkt: »Menschen brauchen Probleme – ein wenig Frustration, um den Geist weiter zu schärfen, ihn zu stählen. Bei Künstlern ist das so. Ich meine damit nicht, dass man in einem Rattenloch oder in der Gosse leben muss, aber Durchsetzungswille und Ausdauer wollen gelernt sein. Nur Gemüse ist glücklich.«

In den Verrücktheiten und Phantasmagorien, die er aus dem Süden macht, finden sich häufig so brillante Stellen wie folgende: »… denn die ersten Sekunden des Fallens scheinen immer ein Aufschwung: schwereloses Erwägen, dann ein Dahinschießen, aufwärts statt abwärts, da der fallende Körper, diese eine Sekunde lang, seine Richtung geheimnisvoll umkehrt, teil hat an dem Höhenflug der Erde.«* Das Dumme ist nur, dass diese wunderbaren Zeilen aus dem Gefängnis-Kapitel von *Requiem für eine Nonne* in einem sich dahinwälzenden Satz aus sechstausend Wörtern versteckt sind und weitere vierzig Seiten in diesem atemlosen Stil folgen. »Das ist wie ›Annie Laurie‹ durch ein Schlüsselloch zu furzen«, kommentierte Gully Jimson in *The Horse's Mouth*. »Es mag raffiniert sein, aber lohnt sich die Mühe?«

Faulkner kannte die wunderbare, paradoxe Selbsttäuschung, die Fallen wie Fliegen erscheinen lässt, aus eigener Erfahrung. Er war noch keine zwanzig, als er sich zur kanadischen Royal Air Force meldete, um als Pilot am Ersten Weltkrieg teilzunehmen, kam zu seiner Enttäuschung aber nicht mehr zum Einsatz. Später, 1933, als er Geld hatte, kaufte er sich ein eigenes Flugzeug, einen Eindecker vom Typ Waco 210, was nicht nur für einen Bewohner Mississippis ziemlich extravagant war.

Er steckte voller Überraschungen und führte mehrere parallele Leben, die zueinander im Widerspruch standen – als hochbezahlter, zuverlässiger Drehbuchautor, als schlechtbezahlter, innovativer Romancier, als Ernährer einer großen Familie, als begeisterter Anhänger der Fuchsjagd, als Quartalssäufer, Phantast und gelegentlicher Dandy in rotem Jagdrock, Zylinder, weißen Handschuhen und glänzenden Stiefeln. Zu seiner Legende gehört auch, dass er als Student an der Ole Miss ebenso scheiterte wie als Postbeamter und dass er vorübergehend und ungern im Heizwerk der Universität arbeitete. Doch die ganze Zeit über schrieb er, zunächst Gedichte, dann, zwischen den Kesseln im Heizwerk, *Als ich im Sterben lag*.

Wie gut Faulkner das Innenleben des ländlichen Südstaatlers kannte, lässt sich daran ermessen, dass Menschen, die ihn nie gelesen haben, mitunter Sätze von sich geben, die aus einem von Faulkners Romanen stammen könnten. Sie mögen seine Ge-

* William Faulkner, *Requiem für eine Nonne*. Übersetzung von Robert Schnorr, Zürich 1955.

schichten nicht kennen, aber viele, denen ich begegnet bin, lebten seine Geschichten und hätten sich mühelos in seine Romanwelt eingefügt. Reverend Lyles hatte die Würde und den Trotz eines Lucas Beauchamp. Robin Scott, die tapfere Mutter, die ich in Natchez getroffen hatte, war die Enkelin eines zweiten Joe Christmas. Und die Snopes' heckten immer noch überall im ländlichen Süden Pläne aus.

Zwar ist es schwer, außerhalb der Englisch-Fakultäten an den Universitäten Menschen zu finden, die ihn zum Vergnügen lesen, aber Teile von Faulkners Süden existieren noch – im kollektivem Gedächtnis der Menschen. Schon früh in seinem Schriftstellerleben stellte er sich die Mammutaufgabe, die fiktionale Welt eines archetypischen Mississippi-Countys zu erschaffen und den Südstaatlern zu erklären, wer sie waren und woher sie kamen. Wohin sie gingen, interessierte ihn weniger. Geht langsam!, mahnte Faulkner sie, stets ein Befürworter kleiner Schritte.

Er schenkte den Südstaatlern Helden, Schurken und *»good ole boys«*, gab den stereotypen Gestalten des Südens Namen und Geschichten: dem Major, dem Colonel, dem Advokaten, dem Gutsbesitzer, dem Prediger, dem Ausreißer, dem Fremden, dem Knastbruder, dem Kriminellen, dem Wichtigtuer, dem Eindringling. Und er gab Indianern und Schwarzen individuelle Gesichter, vertreten durch die Mischlingsfiguren in *Absalom, Absalom!* und *Licht im August*, als da wären der redliche und zu Unrecht beschuldigte Lucas Beauchamp in *Intruder in the Dust*, die unverwüstliche Haushälterin Dilsey (»Ich hab das Erste und das Letzte gesehn«), die Landarbeiter und die schillernden Komplizen. Levi »Too Tight« Collins, der schwarze Arbeiter, der Emmett Tills Leiche beseitigen half, ist bis in den Namen hinein eine Faulkner'sche Gestalt. Faulkners denkwürdigste Figuren sind seine Schurken: Popeye in *Die Freistatt*, der Sträfling in *Der Strom* und die gesamte Snopes-Sippe, allen voran der boshaft-verschlagene Flem, der das Ideal eines Snopes' verkörpert, das sein Cousin Montgomery Ward Snopes in *Das Haus* wie folgt beschreibt: »Gut …

jeder Snopes nimmt es sich als sein privates und persönliches Ziel vor, dass ihn die ganze Welt als *den* Supermaximal-Hurensohn anerkennt.«*

Faulkners Horrorgeschichten (»Eine Rose für Emily«, *Die Freistatt*, beide von 1930) waren seine größten kommerziellen Erfolge. Meine Favoriten bleiben *Licht im August, Als ich im Sterben lag*, die Geschichten im Erzählband *Go down, Moses* (vor allem »Der Bär«), *Wilde Palmen, Die Freistatt* und die Snopes-Trilogie: *Das Dorf, Die Stadt* und *Das Haus*. Ich habe sie vor dieser Reise in den Süden noch einmal gelesen und bewundere sie nach wie vor.

Ralph Ellison, Autor von *Der unsichtbare Mann*, sagte einmal: »Wenn Sie etwas über die Dynamik des Südens erfahren wollen, über die zwischenmenschlichen Beziehungen in der Zeit von etwa 1874 bis heute, gehen Sie nicht zu Historikern, auch nicht zu schwarzen. Gehen Sie zu William Faulkner und Robert Penn Warren.«

Aber Warren flüchtete wie Ellison und viele andere Südstaatenautoren (Mark Twain, Thomas Wolfe, William Styron, Willie Morris, Truman Capote, Tennessee Williams, Carson McCullers und andere) in den Norden, um dort Ruhm und Anerkennung und Vollbeschäftigung zu finden: Warren nach New Haven, Ellison nach New York. In *North Towards Home* schreibt Willi Morris schlicht, aber treffend: »Woher kommt es, dass ich mich jedes Mal, kurz bevor ich den Süden verlasse, wie von einer großen Last befreit fühle? Es ist, als hätte mir jemand eine schwere Bürde von den Schultern genommen oder als wäre plötzlich irgendein alter Kummer von mir abgefallen.«

Ein Journalist der Zeitschrift *Paris Review* fragte Barry Hannah, den Verfasser rauschhafter Erzählungen und glänzender Romane, einmal in einem Interview, warum so viele Schriftsteller aus dem Süden »den Drang verspürt haben, wegzugehen«. Hannah

* William Faulkner, *Das Haus*. Übersetzung von Elisabeth Schnack, Zürich 1960.

antwortete: »Den Drang haben sie tatsächlich, und ihre besten Romane über den Süden schreiben sie, wenn sie in Vermont sind. Ich habe so manche gute Geschichte während eines Schneesturms in Vermont geschrieben. Ich will damit sagen, dass meine besseren Sachen im eisigen Vermont entstanden sind, weil ich Heimweh hatte. Aus starkem Heimweh erwachsen Geschichten.«

Hannah kam schließlich in Mississippi zur Ruhe, wo er geboren war, und ließ sich in Oxford nieder, genau wie Faulkner, der in der Stadt verharrte, in der er aufgewachsen war, davon besessen, ein Provinzler zu bleiben. Seine Figuren sind wie er – entschlossen, im Süden zu bleiben, und kampfbereit. Ihr Blick ist nicht nach innen gerichtet, sondern nach hinten. Sie träumen nie davon, dem Süden zu entfliehen, sie ergeben sich in ihr Schicksal, können sich (und dasselbe könnte man über Faulkner sagen) ein Leben woanders nicht vorstellen.

Auf irgendeine Weise müssen Faulkners Isolation und Seelenleben seine Prosa mitgeprägt haben, und vielleicht scheint seine Zwanghaftigkeit als Quartalssäufer auch in seinem wortreichen, alkoholselig torkelnden Erzählstil durch. Doch wenn er auf den ersten Blick auch nachlässig, ja sogar schlampig wirkt, so könnte man nach genauerer Betrachtung doch zu dem Schluss kommen, dass er deshalb so schrieb, weil er im Grunde seines Herzens wusste, dass er einen Plan hatte, den er allerdings verschleiern wollte. Das wortreiche Rankwerk seiner Narration gründet tatsächlich auf einer soliden Struktur, und diese Struktur war das soziale Gefüge, in dem er sich bewegte, waren die Familien und Menschen, deren Biographien er so gut kannte. Er führte ein altmodisches Leben, doch als Schriftsteller war er Modernist. Und was seinen »das Auge blendenden, den Geist betäubenden« Modernismus angeht, der die Form von Beschwörungen annimmt, so schrieb der englische Kritiker V.S. Pritchett einmal: »Faulkner greift mit erwartungsvoller, ja manischer Gier nach jedem Bild und jeder Idee, und alle Manien erzeugen Monotonie.«

Faulkner beharrt darauf, dass die Südstaatler anders sind als die übrigen Amerikaner, und diese Überzeugung, an die sich viele Südstaatler klammern, macht seinen Reiz aus. In seinen Romanen arbeitet er diese Andersartigkeit heraus, die auch Flannery O'Connor in ihrem Essay »The Regional Writer« betont. Die Identität des Südens, so schreibt sie, sei keine Frage von Lokalkolorit, landschaftlichen Reizen, Biscuit-Gebäck, weißen Säulen, staubigen Straßen und so weiter. »Sie wurzelt sehr tief. In ihrer Gänze kennt sie nur Gott, aber von denen, die nach ihr suchen, kommt ihr keiner so nahe wie der Künstler.« Dies ist eine kühne Erklärung für die besondere Eigenart von Faulkners Prosa und ihrer eigenen.

Aber was ist mit den »das Auge blendenden« Manierismen? »Der Künstler, Journalist oder Historiker, der seine Brötchen damit verdient, dass er über den Süden nachdenkt«, schrieb der renommierte Südstaaten-Journalist Edwin Yoder in seinem Vorwort zu John Shelton Reeds *The Enduring South*, »muss, wie auch ich, bisweilen von der Angst befallen werden, dass die regionalen ›Unterschiede‹, mit denen er handelt, bei genauer Betrachtung im Grunde genommen obskurant sind: vielleicht auf eine elegante Art, aber gleichwohl obskurant.«

Zur Methode der »Verdunkelung« wird häufig gegriffen, wenn ein Schriftsteller (Joyce in *Ulysses* ist ein gutes Beispiel) ahnt, dass sein Werk unter zu hochgesteckten Zielen leidet, Wortfülle, poetische Extravaganzen und formelle Spielereien sind Mittel, vom mageren Plot abzulenken. Aber Faulkner war ein authentischer, bodenständiger Autor, der mit der Sprache und neuen Erzähltechniken experimentierte. Es muss Mut erfordert haben, in der engen, ablehnenden Welt des literarischen Mississippi so zu schreiben. Nicht von ungefähr war keines seiner Bücher mehr im Druck, als Malcolm Cowley den »geheimen Bauplan« entdeckte und die Leser mit seinem *Portable Faulkner* (1946) dazu einlud, einen Klassiker wiederzuentdecken. Dieses Buch zeigte, dass Faulkner die ganze Zeit sehr genau wusste, was er tat. Faulkner lieferte Cowley sogar eine detaillierte Karte seines fiktiven Yoknapatawpha County mitsamt geographischen Besonderheiten und Bewohnern.

So viel zu den Widersprüchen in seinem Werk. Womit wir bei einem weiteren Paradox wären. Es betrifft Faulkner, den Hollywood-Drehbuchautor, auf den sich Regisseur Howard Hawks jederzeit verlassen konnte. Als Romanautor war Faulkner kompromisslos. Wer sich die verschlungene Prosa auf einer beliebigen Seite ansieht, muss zu dem Schluss kommen, dass sie so gedruckt ist, wie sie auf der in Rowan Oak ausgestellten Schreibmaschine getippt wurde. Seine Manuskripte wären für jeden Lektor zum Albtraum geworden, hätte sein Verleger nicht die Anweisung gegeben, jedes Wort, jedes Satzzeichen und jede kursive Passage unverändert zu übernehmen. Ein Satz aus sechstausend Wörtern? So lassen, wie er ist, lautete Faulkners Wunsch, die Semikolons und Neologismen beibehalten, ihn noch undurchsichtiger machen, die Botschaft verstecken, durch Übertreibung vernebeln, verschleiern, wer spricht, den Leser zwingen, das Rätsel selbst zu lösen.

Eine solche Kompromisslosigkeit hat in Hollywood nichts verloren, wo ständig umgeschrieben wird, wo Kooperation für Autoren ein Muss und das Ziel leicht verdientes Geld ist. Weiß Gott nicht ideal für jemanden wie Faulkner, und dennoch reüssierte er dank Selbstmedikation mit Alkohol, verdiente gutes Geld und war sehr gefragt. In den dreißiger und vierziger Jahren fanden viele hervorragende Schriftsteller in Hollywood Arbeit – Aldous Huxley, James Agee, John Steinbeck, John Collier, F. Scott Fitzgerald, Lillian Hellman, Dorothy Parker, Nathanael West –, doch selbst eingefleischten Kinogängern dürfte es schwerfallen, einen Film zu nennen, zu dem einer von ihnen das Drehbuch beigesteuert hat. Aber Faulkner nahm die Arbeit ernst und hatte Erfolg, und seine Drehbücher – *Tote schlafen fest*, *Haben und Nichthaben*, *Land der Pharaonen* und *Die linke Hand Gottes* – sind auch heute noch sehr bekannt. Und dass er diese Arbeit ernst nahm, steht außer Frage, wenn man sich vor Augen hält, dass er die Drehbücher zu den beiden letztgenannten Filmen erst nach seiner Auszeichnung mit dem Literaturnobelpreis im Jahr 1949 schrieb.

Drehbucharbeit ist eine Plackerei und beleidigt den Verstand eines Menschen, der die Feinheiten der Sprache wichtig nimmt. Und sie hat mit Literatur nicht mehr zu tun als das Austüfteln eines Rezepts für Muschelsuppe. Ich habe neun Drehbücher geschrieben, und jeder, der mal eins verfasst hat, weiß, was für eine ermüdende Aufgabe das ist, kennt die Ungenauigkeit des Skripts, die vagen Vorgaben und hochkomplizierten Kameraperspektiven, die merkwürdigen technischen Besonderheiten beim Drehen, den Frust über die Arbeit in einem Team von selbstherrlichen Besserwissern, tyrannischen Geldgebern und oft schwierigen Schauspielern im trostlosen Land der Philister.

Eine solche Lohnschreiberei ist das genaue Gegenteil von großer Romanliteratur im Sinne Faulkners. Man muss strenge Fristen einhalten, auf die Auffassungsgabe der begriffsstutzigsten Kinogänger Rücksicht nehmen, verhandeln, im Team arbeiten, Drehbuchbesprechungen durchführen, immer wieder neue Anläufe nehmen, mehrere Versionen ausprobieren, umschreiben und nachträgliche Kritik und bewusste Geschmacklosigkeiten akzeptieren, und alles nur, damit der Film der breiten Masse der Kinogänger gefällt und die Säle füllt. Mit mir nicht mehr! Wie hat Faulkner das nur ausgehalten?

Faulkner selbst und seine vielen Biographen haben betont, er habe Drehbücher geschrieben, weil er das Geld brauchte, aber kann er wirklich so knapp bei Kasse gewesen sein? Der Nobelpreis war mit 30 000 Dollar dotiert, was 1951 ein großer Betrag war, und dennoch verfasste er auch nach dem warmen Geldregen weitere Drehbücher. Wie seine Romane belegen, war er ein versierter Dialogschreiber, sodass er mit diesem Talent in Hollywood ein gefragter Mann gewesen sein dürfte. Doch andererseits hat Faulkner öffentlich bekannt, dass er ungern ins Kino gehe und besonders ungern in die eigenen Filme.

Ein anderer Aspekt ist noch deprimierender. Wie jeder Drehbuchautor weiß, werden viele Skripte völlig umsonst geschrieben. Der erste Entwurf ist fertig, eine Überarbeitung wird angeordnet, andere Autoren werden hinzugezogen und doktern daran herum, Besprechungen werden angesetzt, und nach all der Arbeit, die man investiert hat, nach all den Kompromissen, Diskussionen und Bearbeitungen wird das Projekt anderen Studios angeboten, auf Eis gelegt oder ganz eingestellt. Welche Vergeudung von Hirnschmalz und Zeit!

Faulkner muss etliche solche Demütigungen erfahren haben. Und das ist möglicherweise der Grund, warum wir zwar anschauliche Romane über Hollywood wie *Der letzte Taikun* oder *Tag der Heuschrecke* haben, Faulkner selbst aber – der über zwanzig Jahre als Drehbuchautor für Hollywood arbeitete und Regisseure und viele Schauspieler (wie etwa Humphrey Bogart und Lauren Bacall) sehr gut kannte – nicht eine einzige Romanzeile darüber geschrieben und Hollywood nie erwähnt hat außer in Beschwerdebriefen. Dabei war er für die Traumfabrik länger tätig und kannte sie besser als seine zeitgenössischen Kollegen Scott Fitzgerald und Nathanael West, aus deren Federn diese Romane stammten.

Vergegenwärtigt man sich den himmelweiten Unterschied zwischen der Ordnung, der Fadheit und strikten Chronologie eines Filmskripts und dem scheinbaren Chaos, den überbordenden Beschreibungen und zeitlichen Brüchen in Faulkners Romanen, könnte man auf den Gedanken kommen, dass Faulkners experimentelles Erzählen eine Reaktion auf die Zwänge der Drehbucharbeit war und dass er damit einen Impuls von »manischer Abwehr« auslebte.

Dieser kämpferisch klingende psychologische Begriff, den die Freud-Schülerin Melanie Klein geprägt hat, greift auf die Freud'sche Theorie zurück, um eine Form von Verleugnung zu erklären. »Der Patient nimmt gegenüber der psychischen Realität eine triumphierende und verächtliche Haltung ein und benutzt diese Art der Abwehr, um die Depression zu vermeiden, die mit der Überzeugung einhergeht, ein inneres Objekt zerstört zu haben.« Ein Drehbuchautor, der allen erdenklichen Bevormundungen ausgesetzt ist, könnte in seiner privaten Zeit, bei einem eigenen Projekt, einen Sechzig-Seiten-Satz mit willkürlicher Zeichensetzung als eine Form der Selbstbehauptung zu Papier bringen – dachte ich mir jedenfalls auf der Grundlage meines Grundkurses in Psychologie. »Viele Abwehrmechanismen sind durch drei Gefühle gekennzeichnet, nämlich Kontrolle, Triumph, Verachtung.«

Hollywood war für Faulkner auch eine Möglichkeit, den Spannungen in Rowan Oak, seiner brüchigen Ehe und dem Provinzialismus in Mississippi zu entfliehen. Und es eröffnete ihm die Gelegenheit – wie so manchem anderen –, seiner Libido zu frönen. Faulkner mag in der Öffentlichkeit zurückhaltend gewesen sein, privat war er leidenschaftlich. Einer der schwerer Mängel der autorisierten, zweitausendeinhundert Seiten starken Biographie in zwei Bänden von Joseph Blotner besteht darin, dass Faulkners außereheliche Liebesbeziehungen (von denen mehrere für sein literarisches Werk wichtig waren) völlig übergangen und seine Seitensprünge nur gestreift werden. Dagegen listet der Biograph penibel so belangslose Details wie Speisefolgen oder die Namen von Baseball-Spielern aus der Little League auf, denen Faulkner zufällig begegnet ist.

Dies alles ging mir durch den Kopf, als ich in Rowan Oak durch die karg eingerichteten Zimmer wanderte: ein paar gewöhnliche Gemälde und banale Nippsachen, ein verstaubtes Klavier, die Schreibmaschine und – mir neu – Notizen, die Faulkner in einem Zimmer im Obergeschoss an die Wand gekritzelt hatte, als er die Handlung von *Eine Legende* ausknobelte. Mit Hilfe von Notaten mehr Klarheit in den vielschichtigen, wenn nicht sogar wirren Plot zu bringen war eine gute Idee und würde auch dem Leser helfen. Mir jedenfalls wäre eine Menetekel-artige Schrift an der Wand, die mir als Leser die Handlung erklärt, als feste Einrichtung bei Faulkner-Romanen mehr als recht. Nach sieben Seiten mäandernder Prosa verwirrt, blickt man zur Wand und liest: »*Charles ist der Sohn von Eulalia Bon und Thomas Sutpen, geboren auf den Karibischen Inseln, aber Sutpen hat nicht bemerkt, dass Eulalia ein Mischling ist, bis es zu spät …*«

»Wir schließen gleich«, mahnte mich der Museumswächter.

Ich ging ins Freie, sah mir die Nebengebäude aus Backstein an, bestehend aus mehreren Schuppen und einem Stall, und kehrte in den schlichten Garten zurück, wo ich zwischen den Wacholdersträuchern, die in der tiefstehenden Wintersonne lange Schatten warfen, und den Überresten des architektonischen Gartens verweilte. Das Haus war von den Bäumen verdeckt, wirkte auf mich aber immer noch wie ein Mausoleum, gezeichnet, wie man sagen könnte, vom »myriadischen Aufblitzen und Verlöschen von Aufopferung und Selbstverleugnung und Zeit«, oder auch einfach nur alt und verwittert. Ich war bewegt, als ich mir vorstellte, wie Faulkner in diesen Räumen bis zur Erschöpfung gearbeitet, wie er sich mit Alkohol vergiftet hatte, an den Rand des Wahnsinns getrieben von den Widersprüchen des Südens, beharrlich in seiner Weigerung, dessen Geschichte zu vereinfachen oder zu verklären, entschlossen, seine Komplexität mit solcher Tiefe und mit so vielen individuellen Gesichtern wiederzugeben – bis zu seinem frühen Tod im Alter von vierundsechzig Jahren.

Keine andere Region in Amerika hatte einen Schriftsteller, der mit so viel Phantasie gesegnet war. Sinclair Lewis beschrieb den oberen Mittelwesten und zeigte uns in *Hauptstraße* und *Elmer Gantry*, wer wir waren. Aber er wandte sich anderen Orten und anderen Themen zu. Faulkner blieb, wo er war, und leistete Großes. Doch als Schriftsteller, als Mensch, als Ehemann, als Schilderer der obskuren Konventionen des Südens und seiner Gesetzlosigkeit führte er ein Leben, das ein Leidensweg war.

»Um die Welt zu verstehen, muss man zuerst einen Ort wie Mississippi verstehen«, sagte er. Und einer seiner weisesten Figuren, Ike McCaslin aus »Der Bär« im Erzählband *Go Down, Moses*, scheint für ihn zu sprechen, wenn er dem fremden Schwarzen zuruft: »Verstehen Sie denn nicht? Dass dies ganze Land, der ganze

Süden verflucht ist, dass wir alle, die aus ihm stammen, die er jemals gesäugt hat, sowohl Weiße wie Schwarze, unter einem Fluch leben? Zugegeben, dass mein Volk den Fluch ins Land gebracht hat: vielleicht können aus diesem Grunde nur seine Nachkommen allein nicht ihm widerstehen, nicht ihn bekämpfen – aber vielleicht so lange aushalten und ausdauern, bis der Fluch aufgehoben ist …«*

Tupelo Blues

Eine tiefe Melancholie überkam mich, als die Dunkelheit über Mississippi heraufzog. Schriftsteller übertreiben oft die Schwierigkeiten in ihrem Leben, aber Faulkner klagte nie und steckte sich bei der Arbeit höhere Ziele als jeder andere Autor, den ich kenne. Und ich hatte in dem Haus und in der Stadt gespürt, dass der Mann mit einer fatalen Sturheit geschlagen gewesen war.

Es war eine Stunde bis Tupelo, und die ganze Fahrt über ging mir der Text des »Tupelo Blues« durch den Kopf – *»A dark cloud rolled, way back in Tupelo«* –, das einfühlsame Klagelied John Lee Hookers (der in einem anderen Teil von Mississippi geboren war), in dem er von der Flutkatastrophe 1936 in Tupelo erzählt. Die Stadt hat ihren Namen vom Tupelobaum, einem schwarzen Gummibaum, der im Norden der Vereinigten Staaten unter dem Namen Pepperidge bekannt ist. Ein stattliches Exemplar mit weit ausladenden Ästen stand am Ende meiner Straße auf Cape Cod. Zu meiner melancholischen Stimmung trug auch der Anblick Tupelos im Dämmerlicht bei, einer großen, noch intakten Stadt, die von Fast-Food-Lokalen umgeben war und in der der Geist von Elvis lebte. Hier standen das Zwei-Zimmer-Haus, das (eigentlich

* William Faulkner, *Go Down, Moses*. Übersetzung von Hermann Stresau, Zürich 1974.

eine bessere Hütte) sein Vater gebaut hatte, und die Kirche, in der er Gospel gesungen hatte.

Der Süden hat eine ganz eigene Atmosphäre, und die Bedeutung der Geschichte ist an den Gesichtern der Menschen abzulesen, an ihrer Haltung, ihrer Kleidung, an den Häusern und Hütten, die einen verlassenen Eindruck machen. Nach allem, was war, fragt man sich, was als Nächstes geschehen wird. Man kann unmöglich durch den Süden reisen, ohne sich zu fragen: Wer wird dieses Land und seine Konflikte erben?

Nach Einbruch der Dunkelheit stieß ich zufällig auf ein Motel und beschloss, mir die Stadt am nächsten Morgen in aller Ruhe anzusehen, Elvis' Tupelo – das Haus am Rand der Stadt. Ich hatte kaum die Lobby des Motels betreten, da erkannte ich die Gerüche des neuen Südens wieder, diesen Hauch von Hindustan, die in Augen und Nase kribbelnde Räucherstäbchenluft, den Geruch von verbrannten Zucker und gerösteten Zwiebeln, von köchelndem Curry, Düfte, von denen Faulkner und Elvis nie geträumt hätten.

Der Empfangschef kam und blinzelte, als wollte er den Gedanken unterstreichen: An mir kommt keiner vorbei. Was haben Sie denn erwartet?

»Ein Einzelzimmer für eine Nacht, Nichtraucher«, sagte ich.

Er leckte sich den Daumen an und blätterte. »Mal sehen, was noch frei ist.«

»Danke, Mr Patel.«

Er lächelte. »Woher wissen Sie, wie ich heiße?«

Bluegrass

Es gab keine Straße, die direkt von Tupelo über die Staatsgrenze nach Huntsville führte, sondern nur eine Zickzackroute auf schmalen Landstraßen, und das war ein Segen. Bei meiner gemütlichen Überlandfahrt hörte ich die ganze Zeit Bluegrass im

Radio, in Mississippi den Sender Front Porch Fellowship, dann »Bluegrass-Gospel«. Unter einem wolkenverhangenen Januarhimmel die leere Straße entlang, Geplauder und schwungvolle Musik auf East Tennessee Radio, »Clinch River Breakdown«, die Bluegrass-Specials, The HillBenders, Geigen und Banjos, *»neighbors«* und *»salvation«* und die wiederholte Versicherung *»you gonna be allright«* – »alles wird gut«.

Rüber nach Chattanooga, rauf nach Knoxville und an Bristol vorbei, die Route, die ich bei meiner ersten Reise genommen hatte. In Ost-Tennessee war es kalt, dann setzte leichter Schneefall ein, dicke Eiszapfen an den Felsen am Straßenrand, ein Stück weiter Schneegestöber, hoher Schnee in Virginia, und als es an den kalten und verschneiten Höhen der Appalachen entlangging, Graupel auf der Straße, schlechte Sicht auf dem Weg nach Norden, zurück ins trübe Wintergrau.

TEIL III

Frühling

Judasbaum in Blüte

»Kleinigkeiten gewinnen an Bedeutung,
wenn ich von zu Hause fort bin.
Ich achte auf Vorzeichen.
Merkwürdige Dinge geschehen,
wenn man die Stadt verlässt.«

Charles Portis, *The Dog of the South*

Dekoriertes Fenster eines alten Hauses in Greenville, Mississippi

Alte Farmpächter-Hütte nahe dem Tallahatchie River, Mississippi

»Die meisten hier in der Gemeinde sind aus der Unterschicht. Auf Armutsniveau.« Chester Skaggs im Schlafzimmer seines frisch renovierten Hauses in Holman, in den Ozark-Bergen, in Arkansas

Geschlossenes Motel, Route 301, Sylvania, Georgia

Hochzeitskleidergeschäft im Zentrum von Philadelphia, Mississippi

Massoud Besharat in einem seiner Steinbrüche in Elberton, Georgia

Schlammsaison

In dem kurzen frühlingshaften Augenblick, als nach einem Nieselregen am Nachmittag wieder die Sonne schien *(»I shine in tears like the sun in April«)*, war der Schlamm rings um mein Haus nur eine weitere jahreszeitliche Täuschung. Im Wald, in dem tweedfarbene Brauntöne überwogen, rührte das einzige Grün von den ausladenden, struppigen Ästen der Zedern und den tückischen Nadeln der Pechkiefern, während den Waldboden regengeschwärztes Laub bedeckte. Wenige Zentimeter unter der klumpigen, klebrigen Schlammdecke war die Erde noch immer gefroren. Die Eisschicht verhinderte, dass Schmelzwasser und Niederschlag abfließen konnte. Es war der Monat der schmutzigen Hände und der schmatzenden Fußstapfen im dunkelgrünen Gras, der Monat, in dem sich verlockend strahlende und ungemütlich windige Tage abwechselten.

Schlammsaison. Feuchtes Tröpfeln erweichte die Welt. Die Granitblöcke der Gartenmauer glänzten vor Nässe, der Rasen glich einer Suhle, tiefe Reifenspuren durchzogen die ungepflasterte Zufahrt. Beim Gehen hatte ich das Gefühl, durch Schokoladentorte zu stapfen und in der klebrigen Masse, die das stehende Wasser noch dicker machte, zu versinken. Die Stämme mehrerer junger Bäume waren weißlich verfärbt und wiesen Bissspuren auf. Wühlmäuse, ausgehungert vom Winter, hatten die essbare Rinde abgenagt. An dünnen Zweigenden hatten bereits winzige, kaum erkennbare Knospen zu sprießen begonnen.

Der Frühling war auch ein Prisma feuchter Gerüche, das einen Regenbogen von Düften erzeugte. Die ersten Ausdünstungen des Frühlings bargen die Hoffnung auf Erlösung von der Unwirklichkeit der geruchlosen Winterkälte. Dem Schlamm entstiegen der Tabakmuff von altem Mulch, der säuerliche Geruch durchtränkter Erde, ätherische Düfte immergrüner Pflanzen, und an manchen Stellen kringelte sich staubiger Dampf aus Furchen im warmen Boden.

Das lenkte meine Wahrnehmung auf die zarten Sprosse austreibender Zwiebeln im Gartenbeet, darunter Tulpen, wenige Zentimeter hoch wie Fingerknöchel, schnabelförmige Krokusse, aufgerollte junge Farne, schmale grüne Triebe von Schwertlilien, andere mit scharfen Spitzen oder mit Zwiebelkuppeln, die sich kegelförmig nach oben verjüngten …

Ich stapfte, Fußabdrücke im sumpfigen Rasen hinterlassend, zu meinem Wagen, warf mein Gepäck in den Kofferraum und fuhr fünfhundertachtzig Meilen bis nach Fredericksburg in Virginia. Dort verbrachte ich die Nacht in tiefem Schlaf. Nach dem Aufwachen legte ich weitere vierhundertfünfzig Meilen zurück und verließ dann die betonierte Interstate. Bei Sonnenschein fuhr ich zwischen Hornsträuchern, Azaleen und Judasbäumen, die gerade zu blühen begannen, auf einer Landstraße gemütlich nach Aiken in South Carolina.

Jagdrennen in Aiken

»Sind Sie wegen des Jagdrennens hier, Sir?«, fragte mich die Empfangsdame im Hotel Aiken. Sie hieß Amanda. Das Hotel war altmodisch, geräumig und gemütlich, ohne jeden Firlefanz, und verströmte die solide, gepflegte Durchschnittlichkeit eines englischen Gasthofes. Es lag an der Main Street, die ihrerseits an eine Hauptstraße in einem englischen Marktflecken erinnerte. Ladenfronten säumten die breiten Bürgersteige, und die ganze saubere Stadt war in einem hervorragenden Zustand und florierte, wie es schien.

»Ach ja, das Rennen«, sagte ich, eine Idee zu spät, denn das war nur die halbe Wahrheit.

Ich war in Aiken wegen seiner Widersprüche. Viele Städte im Süden sind voller ironischer Widersprüche und Merkwürdigkeiten, aber Aiken hatte mehr als die meisten zu bieten, und die Stadt besaß noch einen weiteren Vorzug: Sie war nicht heruntergekommen, sondern sprühte vor Leben und wirkte an diesem Festwochenende besonders einladend.

»Ich hätte für Sie ein Einzelzimmer«, sagte Amanda, den Finger auf einer Seite ihres Reservierungsbuchs. Sie sah mir offen ins Gesicht, ein verhaltenes Lächeln auf den Lippen. »Aber ich muss Sie warnen, Sie werden nicht zum Schlafen kommen. Wir haben zwei Bars und eine Live-Band. Das wird richtig laut. Heute wird Party gemacht, und die meisten werden sich betrinken. Vor zwei werden wir nicht schließen. Oder wollen Sie auch trinken?«

»Ich bin kein großer Trinker.« Und im Stillen dachte ich: Mein Gott, wie ich den Ausdruck »Party machen« hasse.

»Das ist hier das wichtigste Wochenende des Jahres. Die Leute kommen von weit her zum Rennen. Die Pferdeliebhaber, die Rennteilnehmer, die Reichen, die College-Kids – ach ja, und die Spieler, die Hut-Leute. Und alle wollen sich amüsieren.«

»Die ›Hut-Leute‹?«

»Es gibt eine Art inoffiziellen Wettbewerb. Wer den besten Hut hat.« Sie nickte energisch. Ihr breiter Südstaaten-Akzent wurde noch breiter, als sie fortfuhr: »Nur damit Sie Bescheid wissen. Es wird laut. Wenn Sie also eine ungestörte Nachtruhe wünschen, gehen Sie woanders hin.«

Ich dankte ihr, verließ das Hotel Aiken und fuhr an den Stadtrand zu einem Motel namens Day's Inn. Ich checkte beim Besitzer persönlich ein. Er teilte mir mit, dass das Frühstück im Preis inbegriffen sei (ich wusste jetzt schon, dass es »Froot Loops« in einer Styroporschale geben würde), und stellte sich als Mike vor.

»Mike?«, wiederholte ich in fragendem Ton.

»Mike Patel.«

Der allgegenwärtige Mr Patel, beflissen, respektvoll, zuvorkommend und trotz seines Vornamens und westlichen Sakkos ein ziemlich finster dreinblickender Gujarati.

Aiken war die perfekte Südstaaten-Stadt, und obwohl nur von bescheidener Größe, genoss sie einen legendären Ruf und hatte aus mehreren Gründen meine Aufmerksamkeit erregt. Ihre Randgebiete waren verstrahlt, wie ich bei meiner letzten Fahrt auf der Atomic Road erfahren hatte. Aikens große Häuser – darunter prächtige Herrenhäuser – waren schön und gepflegt. Der Hauptteil der Stadt lag an symmetrisch angelegten Straßen, oder eher Boulevards, und auch die für den Süden typischen Gegensätze fehlten nicht: Villen an den Boulevards im Zentrum, Hütten an den verrufenen Straßen an der Peripherie. Dazu Pferderennbahnen, Polospielfelder und ein Kernkraftwerk, hin und wieder eine Waffenmesse auf dem Messegelände und diese Woche eben das Jagdrennen um den Imperial Cup.

Wie ich auf meiner Herbstreise festgestellt hatte, lag Aiken von allen Ortschaften am nächsten an der Atomanlage »Savannah River Site« und den trügerisch malerischen, strahlenbelasteten Ufern des Savannah River (man braucht viel Wasser, wenn man Atome spaltet, und Lecks sind unausbleiblich). Viele Wissenschaftler, Techniker und Hilfskräfte wohnten in Aiken. Ich war aus reiner Neugier hingefahren, und ich hätte keine bessere Entscheidung treffen können.

Diese schön angelegte und wohlhabend aussehende Stadt war eine Hochburg des Pferdesports und hatte reichen Besuchern aus dem Norden seit jeher als Winterdomizil gedient – so etwa John (»Jack«) Astor IV. und seiner neunzehnjährigen Frau Madeleine Force Astor (Jack starb auf der *Titanic*, Madeleine überlebte), so auch dem New Yorker Ehepaar Charles und Hope Iselin (ab 1900) oder später Fred Astair, der sich fürs Pferdezüchten ebenso begeisterte wie fürs Steppen und dessen Frau in Aiken Verwandte hatte. Viele andere Prominente hatten hier Spuren hinterlassen und die kleine Stadt mit ihrem Geld verschönert.

Einer der ersten Eisenbahnlinien in Amerika führte von Aiken nach Charleston. Sie wurde 1833 gebaut und diente der Beförderung der Baumwollballen von der riesigen Baumwollplantage bei Aiken, die einem gewissen Captain William White Williams gehörte. Wie manch andere Stadt im Süden entstand Aiken (den Namen erhielt es erst später) aus einer Baumwollplantage – ein großartiges, frühes Beispiel amerikanischer Stadtgestaltung. Um 1835 erstellte Alfred Dexter, ein in Harvard ausgebildeter Vermessungsingenieur, der sich in Captain Williams' Tochter Sara, eine lokale Schönheit, verliebt hatte, einen Bebauungsplan. Auf Anregung seines Schwiegervaters entwarf er eine Stadt mit Straßen, auf der Baumwollkarren bequem wenden konnten. Diese Straßen sind fünfundvierzig Meter breit und in jeder Hinsicht »Prachtstraßen«. Als gesittete Stadt mit angenehmem Klima zog Aiken Wohlhabende aus dem Norden an, von denen sich einige für das »Leben rund um den Pferdesport« (womit die Stadt heute wirbt) interessierten – Pferdezüchter, Reiter, Polospieler, Liebhaber der Fuchsjagd.

Alljährlich am Thanksgiving-Wochenende wird feierlich und feuchtfröhlich »die Segnung der Hunde« begangen. Der Reitsport-Kalender von Aiken ist gesteckt voll mit Fuchsjagden, dem hiesigen Wintersport. Bei einigen wird zwar noch lebendes Wild gejagt, doch die meisten sind »Schleppjagden«, bei denen eine künstliche Duftspur durch die Hitchcock Woods und die benachbarten Felder gelegt wird, der die Hundemeute und die berittenen Jäger, die ihre Reitkünste unter Beweis stellen müssen, über Hindernisse folgen.

Die Winterflüchtigen, die Pferdefreunde und die Baumwollbarone hatten sich große Häuser gebaut, Clubs gegründet, Gärten und Golfplätze angelegt. Und diese soziale Infrastruktur wäre nicht zu unterhalten gewesen ohne billige Arbeitskräfte in Gestalt von Hausangestellten, Dienstboten, Gärtnern, Knechten, Köchen,

Kindermädchen und Straßenkehrern – den Billiglöhnern aus der Unterschicht, die schon immer am Aufbau von Wirtschaft und Gesellschaft im Süden mitgewirkt hatten und sie stützten.

Und so hat Aiken bis heute auch eine zahlenmäßig bedeutende schwarze Bevölkerungsgruppe, die ein Drittel der Einwohnerschaft ausmacht. Im krassen Gegensatz zu der auffallend prächtigen Innenstadt, ihren ordentlichen, von Bäumen gesäumten Straßen, gediegenen Häusern und gepflegten Gärten mit Trompetenbäumen, Schwertlilien, Akeleien und Kerzen-Palmlilien stehen die einfachen, heruntergekommenen Fertighäuser der Schwarzen. Sie führen ein bescheidenes Leben als Kleinbauern am Stadtrand und noch weiter entfernt in den öderen Ecken des Aiken County. Doch überall, ob bei Reichen oder Armen, blüht der Judasbaum – purpur-rosafarbener Schaum an noch kahlen Ästen.

»Ich werde einen großen Hut tragen, den ich selbst gemacht habe«, sagte am Abend in einem Restaurant eine junge Kellnerin namens Rachel zu mir. »Ich habe eine halbe Ewigkeit daran gearbeitet. Er ist mit Bändern geschmückt. Und dazu ein richtig hübsches, buntes Kleid.«

»Ich habe mir eine neue Cordhose gekauft, und ich habe meine Perlen. Die hier sind aus Kenia«, erzählte mir Gregory Jefferson in der Polo-Bar des Hotels Aiken, wo ich herumsaß, um mir die Zeit zu vertreiben. Er war schick angezogen: dunkle Weste, geblümtes Hemd, Perlenketten um den Hals. Er lachte, als ich ihn fragte, ob er als Schwarzer früher in dieser Bar willkommen gewesen wäre. »Nein, Mann«, antwortete er, »da hat hier Rassentrennung geherrscht. Aber heute ist die Stadt okay, man kann überall hin.«

Er wollte im Hotel feiern, war sich aber noch unschlüssig, ob er zum Rennen gehen sollte. Er habe für Pferde nicht viel übrig, sagte er.

»Morgen kriegen Sie hier tolle Klamotten zu sehen«, versprach mir ein Student namens Lyle, der eine Anstecknadel der Verbindung »Lambda Chi Alpha« am Revers trug, »gelbe Hosen, grüne Hüte, rosa Hemden …«

Ich stand inzwischen auf der Rennbahn. Es war der Abend vor dem Rennen, und die Sonne ging gerade unter. Lyle hatte seine Verbindungsbrüder Chance und Brian dabei. Die University of South Carolina in Aiken war nicht weit, verlieh der Stadt zusätzliches Ansehen und bildete ein Reservoir an Aushilfskräften. In der zunehmenden Dunkelheit fungierten die drei Studenten als Parkeinweiser beim offiziellen Jahresdinner, das in einem großen Zelt neben der Haupttribüne der Rennbahn stattfand.

»Alle werden sich betrinken«, sagte Chance. »Und wenn ich alle sage, dann meine ich, dass verdammt noch mal jeder, den Sie morgen zu sehen kriegen, sturzbesoffen sein wird.«

»Was ist mit dem Rennen«, fragte ich, »dem Imperial Cup?«

»He«, antwortete Brian, »letztes Jahr war ich so hackedicht, dass ich nicht ein einziges Pferd gesehen habe.«

Wir standen im dichten, taufeuchten Gras und sahen zu, wie die Dinner-Gäste aus ihren Luxuskarossen stiegen, die Männer im Smoking, die Frauen in Abendkleidern und Hochhackigen, und über den Rasen der Rennbahn zu dem beleuchteten Zelt stolzierten.

»Wer sind diese Leute?«, fragte ich.

Ihrem Aussehen nach waren es die wohlhabendsten und bestangezogenen Leute, die mir auf meinen Reisen in den Süden bislang begegnet waren, und die Veranstaltung selbst war die größte und festlichste, die ich je in einer solchen Provinzstadt gesehen hatte. Aber vielleicht war gerade die Provinzialität dieses abgelegenen Orts für die Partygänger ein Ansporn, sich als Schickeria in Szene zu setzen. Wo findet man denn die klassischen Abendgesellschaften noch, Männer mit steifen Kragen und juwelenbehängte Frauen? Auf dem flachen Land, wo die Leute mit übertriebener Pracht demonstrieren wollen, dass sie keine Hinterwäldler sind.

»Das sind die Pferdeleute, die Polospieler, die, die richtig Knete haben«, sagte Lyle.

»Die Weißen«, sagte ich.

»So sieht's aus.«

Einander lautstark begrüßend, Hände schüttelnd und Küsschen austauschend strömte die Elite von Aiken und den Gestüten der Umgebung in das riesige, farbenfroh erleuchtete Zelt, wo sie Speis und Trank und eine ausgelassene Stimmung erwartete. Dies war die alljährliche, feierliche Dinnerparty des Aikener Frühjahrsrennens – »Blüten und Smokingfliegen – eine Gala-Gartenparty«. Bei 120 Dollar Eintritt pro Person war die Klientel wohl zwangsläufig ein »erlesener Kreis«. Das Ganze war eine Art Schauspiel, das längst vergangene Zeiten wieder aufleben ließ, und man hätte die Akteure leicht als Gutsherren-Darsteller und lächerliche Wichtigtuer verächtlich machen können. Doch die Stimmung war viel zu gut, um darüber zu spotten. Es war ein richtiges Fest, und ein Teil der Einnahmen wurde, wie die »Aiken Steeplechase Association« bekanntgab, für wohltätige Zwecke gespendet, für notleidende Menschen und verwahrloste Tiere in und um Aiken.

Es war eine kalte Nacht. Die Verbindungsbrüder zogen ab. Ich stand in der feuchten Dunkelheit und spähte zu vielen schönen Menschen, die in dem warmen, hellen Zelt zwischen Eisskulpturen und Blumengestecken aßen, tranken und lachten.

»Sattheit enthält, wie jede andere Kraft, immer auch ein bestimmtes Maß an Frechheit«, schrieb Anton Tschechow 1891 an einen Freund, bevor er im Jahr darauf nach Melichowo zog, eine Provinzstadt, die kleiner war als Aiken, aber deutliche Ähnlichkeiten aufwies: Bauernhöfe, Pferde, Gutsherren, elegante Menschen, überlastete Kleinbauern. »Und diese äußert sich vor allem darin, dass der Satte dem Hungrigen Lehren erteilt.«

Am Renntag setzte im Morgengrauen kalter Regen ein. »Bis Mittag müsste es aufklaren«, hörte ich in Aiken jemanden sagen, als ich die prächtige Richland Avenue, die Hauptstraße der Stadt, entlangging. Doch als ich auf der Rennbahn ankam, hatte der Regen noch nicht nachgelassen, und gegen Mittag wurde er sogar noch stärker und peitschte die Eichen am Rand des Geläufs. Windböen rüttelten an den Zelten und Unterständen der Leute, die das umzäunte Areal neben der Rennbahn säumten, und ich musste wieder denken, dass ein Unwetter im Süden stets schlimmer und extremer ausfällt als anderswo. Ein Unwetter im Süden hat immer etwas Dramatisches – und es hört ebenso plötzlich wieder auf, wie es angefangen hat.

Der Stimmung der Rennbesucher tat das Unwetter keinen Abbruch. Sie waren hier, um zu trinken, Hamburger zu grillen und sich zu amüsieren, und ließen sich vom strömenden Regen und kalten Wind nicht stören. Mit nassen Füßen standen sie in ihrer extravaganten und farbenfrohen Kleidung da – die Männer mit gestreiften Clubjacken und Strohhüten, die Frauen mit prächtigen breitkrempigen Hüten und hauchdünnen Kleidern. Und sie schrien gegen den Wind an und tranken mit der Entschlossenheit von Seeleuten, die einen Sturm abwetterten.

Die ganze Rennveranstaltung hatte etwas von einer Parkplatz-Party. Es war ein riesiges, gut organisiertes Picknick, bei dem eintausend Menschen lärmend im Regen zechten, sich aus Kühlboxen, die hinten in ihren SUVs oder Pickups standen, Drinks eingossen oder sich in Zelten oder um Gasgrills drängten.

Mit dieser Rahmenveranstaltung feierte man mit Freunden und Familie den Reitsport und den eigenen Wohlstand. Es kostete Überwindung, sich als Außenstehender unaufgefordert unter die Gäste zu mischen, doch als ich einem Mann erklärte, dass ich hier fremd sei, sagte er einen Satz, den ich schon einmal im Süden gehört hatte: »Hier gibt es keine Fremden«, und bestand darauf, dass ich ein Glas mit ihm trank.

Doch obwohl kräftig dem Alkohol zugesprochen wurde – es war noch nicht einmal Mittag, und die Ersten torkelten bereits und fielen in den Matsch –, ging es einigermaßen gesittet zu.

»Die Plätze hier sind reserviert«, sagte der Mann. »Es ist sehr schwer, einen zu bekommen. Sie bleiben in der Familie und werden weitervererbt.«

Das Rennen selbst war Nebensache. Wichtiger war, dass man zusammenkommen, sich in Schale werfen und fröhlich sein konnte. Die Party war der Stolz der Stadt und wurde, wie mir jeder versicherte, immer mit großer Vorfreude erwartet. Ein paar Leute zeigten mir Fotos vom Rennen im Vorjahr. Es war heiß und sonnig gewesen, Menschen hatten im Gras gelegen. Monatelange Vorbereitungen waren vorausgegangen, und auf das schlechte Wetter wurde keine Rücksicht genommen – man lachte darüber, stieß darauf an und nahm es zum Anlass, mit mir zu scherzen.

Der Renntag hatte in Aiken weder eine besonders lange noch ungebrochene Tradition. Die »Aiken Steeplechase Association« hatte sich 1930 gegründet und nach einer zwischenzeitlichen, fünfundzwanzig Jahre währenden Auszeit erst 1967 ihre Tätigkeit wiederaufgenommen. Heute jedoch war das Rennen ein fest etablierter Bestandteil des Stadtlebens, ja der ganzen Region, die Rituale brauchte, die an eine neue Generation weitergegeben werden konnten, besonders lokale Rituale, die den Stolz der Gemeinschaft zum Ausdruck bringen und die einen Flair von Exklusivität haben.

Die Reichen bei der Vorabparty waren, wie vorherzusehen, feine Leute, vielleicht Snobs, und gaben eine dankbare Zielscheibe ab. Aber das Rennen sprach ein breiteres Publikum an. Die ganze Stadt war auf den Beinen. Ich hatte nicht mit so vielen Besuchern gerechnet. Sie kamen aus allen Teilen der Stadt: Gewerbetreibende, Immobilienmakler, Ladenmädchen und Verkäufer, Studenten, Schüler, die Frauen und Mädchen in Sommerkleidern, mit selbstgemachten schicken Hüten, die Jungen und Männer in Blazern mit Spaß-Hüten. Sie amüsierten sich, selbst diejenigen, die in Grüppchen zwischen den Zelten und Ständen umherschlenderten und, trotz des Regens gut gelaunt, dem Treiben nur zusahen.

Und von so viel demonstrativer Begeisterung, Gastlichkeit und Freundlichkeit konnte man sich leicht anstecken lassen. Man musste nur so tun, als gäbe es in Aiken keine Schwarzen.

Das Doppelleben eines Segregationisten

Nur ein paar Monate bevor ich in die Stadt kam, war eine Frau aus Aiken gestorben, deren Tod eine alte Geschichte aufrührte. Sie hieß Essie Mae Washington-Williams. Ihr Nachruf erschien am 7. Februar 2013 im *Aiken Standard* unter der Überschrift: »Strom Thurmonds Mischlingstochter stirbt mit 87.«

Strom Thurmond, ein glühender Verfechter der Rassentrennung, wurde 1902 in der Kleinstadt Edgefield geboren, von Aiken etwa zwanzig Meilen entfernt. Aber sein bevorzugtes Gotteshaus war die First Baptist Church in Aiken – ein imposanter roter Backsteinbau mit Turm und weißen Säulen. Thurmond hatte in Aiken, wo auch seine zweite Frau Nancy geboren war, mehrere Häuser besessen. Zu Recht reklamiert ihn Aiken als Sohn der Stadt. Er lebte hundert Jahre und verkörperte in diesen hundert Jahren alle Widersprüche des Südens. Wie das Jagdrennen: eine scheinbar fröhliche und nette Veranstaltung, bis man sich klarmacht, dass sie traditionell Weißen vorbehalten ist, und somit genau die Art von Veranstaltung, für die Strom Thurmond als Befürworter der Rassentrennung fast sein Leben lang eintrat.

Absolvent der Clemson University, wo er Gartenbau studiert hatte, dekorierter Soldat im Zweiten Weltkrieg und Teilnehmer an der Invasion in der Normandie, später Rechtsanwalt und Bezirksstaatsanwalt, Gouverneur für eine Amtsperiode und 1948 Präsidentschaftskandidat, wurde Thurmond 1954 in den Senat der Vereinigten Staaten gewählt und blieb im Amt bis zu seinem Tod im Jahr 2003. Seine Amtszeit als Senator war eine der längsten in der amerikanischen Geschichte. Achtundvierzig Jahre lang wetterte er im Namen einer antiquierten Rassenpolitik gegen die Bürgerrechtsgesetzgebung, vor allem gegen den »Civil Rights Act« von 1957.

Außerdem war er Mitgründer der kurzlebigen »States' Rights Democratic Party« und später Initiator des »Southern Manifesto«, mit dem sich sechsundneunzig Politiker landesweit gegen die Urteile des Obersten Gerichtshofs von 1954 zur Beendigung der Rassentrennung wandten. »Ohne Rücksichtnahme auf die Zustimmung der Regierten«, heißt es in dem Manifest, »drohen außenstehende Vermittler mit sofortigen und umwälzenden Änderungen in unseren öffentlichen Schulsystemen. Wenn es dazu kommt, wird dies mit Sicherheit das öffentliche Bildungssystem in einigen Staaten zerstören.« Man habe »größte Besorgnis angesichts der explosiven und gefährlichen Lage, die durch diese Entscheidung hervorgerufen worden ist und von sich einmischenden Außenstehenden angeheizt wird«.

Aber die Geschichte hat noch einen Dreh: Der Mann hatte nämlich ein Geheimnis, dessen Aufdeckung aufschlussreiche Einblicke in das Innenleben des Südens gewährt. Es lehrt uns »Außenstehende«, dass wir besser nichts in diesen Gegenden für selbstverständlich erachten oder für bare Münze nehmen sollten.

Eine der schwarzen Hausangestellten, die bei den Thurmonds in Edgefield arbeiteten, war die sechzehnjährige Carrie Butler, die (aus unerfindlichen Gründen) auch »Tunch« genannt wurde. Strom Thurmond machte sie in diesem Haus von Segregationisten zu seiner Geliebten, und 1925 wurde in Aiken ihre Tochter Essie Mae geboren – Thurmonds und auch Carries erstes Kind. Er war zu der Zeit zweiundzwanzig Jahre alt und studierte an der Clemson University Gartenbau mit dem Ziel, Farmer zu werden und eines Tages eigene Baumwollfelder zu besitzen, wovon viele junge Männer aus Aiken träumten.*

Gerade Thurmond dürfte sehr wohl gewusst haben, dass »Rassenmischung« überall im Süden als Straftat galt, auf die in den meisten Staaten eine Gefängnisstrafe von einem bis zu fünf Jahren stand. Die Gesetze gegen »Mischehen« oder bloße sexuelle Beziehungen zwischen Schwarzen und Weißen wurden mehr oder weniger streng angewandt, allerdings wurde »Rassenmischung« 1932

* Die Universität war nur Weißen vorbehalten. Erst 1963 wurde mit Harvey Gantt der erste schwarze Student zugelassen.

in South Carolina von einer Straftat zu einer Ordnungswidrigkeit herabgestuft. Um die Geburt des Kindes zu vertuschen – eine ebenso peinliche wie strafrechtlich heikle Situation –, ließ Carrie Butler ihre Tochter Essie Mae im Alter von sechs Monaten von ihrer Tante Essie Washington (nach der sie benannt war) und deren Mann John adoptieren, die sie zu sich nach Coatesville in Pennsylvania holten. Dort blieb Essie Mae und wurde von den Washingtons (und Tante Essies Schwester Mary) großgezogen, deren Nachnamen sie erhielt. Wer ihr richtiger Vater war, wusste sie nicht.

Unterdessen verwarf Thurmond den Gedanken, Farmer zu werden, hängte ein Jurastudium an und ließ sich als Anwalt in Edgefield nieder. Er war ein unverheirateter junger Mann, der aus der Gegend stammte und nützliche politische Verbindungen hatte. Er wurde zum Bezirksstaatsanwalt, dann zum Bezirksrichter ernannt, und als Amerika in den Krieg in Europa eintrat, meldete er sich zur US Army. Er hatte keine Ahnung, was aus Carrie oder dem kleinen Mädchen, dessen Namen er nicht einmal kannte, geworden war, aber er sollte es bald erfahren.

Irgendwann 1941 besuchte Carrie (»Tunch«) Butler, die inzwischen nach Chester, Pennsylvania, gezogen war, um ihrer Tochter nahe zu sein, Essie Mae bei den Washingtons in Coatesville und sagte zu ihr: »Ich werde dich zu deinem Vater bringen und euch miteinander bekannt machen.«

Essie Mae war zu dem Zeitpunkt sechzehn Jahre alt, also im selben Alter, in dem Carrie gewesen war, als der Sohn ihres weißen Arbeitsgebers sie verführt hatte. Liebe, so sagte sie später, habe dabei keine Rolle gespielt, anders als etwa bei Thomas Jeffersons Beziehung zu seiner schwarzen Sklavin Sally Hemings, aus der sechs Kinder hervorgingen, von denen vier überlebten – eine Liebesbeziehung, die viele Jahre andauerte und sich auf zwei Kontinenten abspielte, von Monticello nach Paris und zurück.

Essie Mae wusste nicht, wer ihr Vater war, geschweige denn, dass er ein Weißer war. Ihre Mutter habe nie über seine Hautfarbe gesprochen, erinnerte sie sich später (in einem Interview, das Dan Rather am 17. Dezember 2003 in seiner Fernsehsendung *60 Minutes* mit ihr führte und dem viele der hier angeführten Zitate entnommen sind). »Als ich ihn traf, war ich jedenfalls überrascht, dass er ein Weißer war.«

»Du hast eine schöne Tochter«, sagte Thurmond.

»Sie ist auch deine Tochter«, erwiderte Carrie.

»Er hat sich gefreut, mich kennenzulernen«, erzählte Essie, »denn er hatte mich ja nie gesehen. Es war eine sehr schöne Begegnung. Wir sprachen über alles Mögliche, zum Beispiel, was ich aus meinem Leben machen wollte.«

Thurmond sah sich den Teenager genau an und sagte: »Du siehst aus wie eine meiner Schwestern. Du hast die Wangenknochen unserer Familie.«

Dies war wie ein stillschweigendes Eingeständnis, dass Essie Mae seine Tochter war. In ihrer Autobiographie *Dear Senator: A Memoir by the Daughter of Storm Thurmond*, die 2005 erschien, brachte sie die Stimmung bei dem Treffen auf den Punkt. »Er fragte nicht, wann ich wieder gehen wollte, und er lud mich nicht ein, wiederzukommen. Es war wie eine Audienz bei einem bedeutenden Mann, wie ein Vorstellungsgespräch, aber nicht wie ein Wiedersehen mit einem Vater.«

Aber sie sah ihn wieder. Und er gab ihr nicht nur Ratschläge, sondern auch Geld. Anfangs steckte er Hundert-Dollar-Scheine in Umschläge, die Essie Mae in seinem Büro im Senatsgebäude abholte, später schickte er ihr Schecks mit der Post, um ihr die Anreise aus Pennsylvania zu ersparen, für die sie plus Rückfahrt einen ganzen Tag brauchte. Er wollte unbedingt, dass sie eine Ausbildung machte, und riet ihr dringend, an der South Carolina State University in Orangeburg zu studieren. Sie befolgte den Rat, und von Zeit zu Zeit besuchte er sie dort. Er weihte niemanden in ihr beider Geheimnis ein, setzte aber die finanzielle Unterstützung fort.

»Na ja, immer wenn ich knapp bei Kasse war, griff er mir finanziell unter die Arme«, sagte Essie Mae. Nach dem frühen Tod ihres Mannes mit fünfundvierzig, war sie wieder einmal knapp bei Kasse, und Thurmond schickte der neununddreißigjährigen Witwe Geld, um sie bei der Erziehung ihrer vier Kinder zu unterstützen. Das behielt er bei, bis die Kinder erwachsen waren.

Natürlich gab es Gerede, aber es blieb bei lokalem Klatsch. In Edgefield und Aiken »war es unter den Schwarzen allgemein bekannt«. Und darin liegt ein weiteres Paradox der Geheimniskrämerei. Da Schwarze und Weiße wirklich getrennt voneinander lebten, gelangten kaum Informationen von einer Seite auf die andere. »Schwarze redeten nicht allzu viel mit anderen Leuten.«

Auch Essie sprach nicht darüber. »Es wäre nicht zu meinem Vorteil gewesen, darüber zu reden, was er getan hatte«, sagte sie. »Und er wollte natürlich nicht, dass es bekannt wurde.« Thurmond habe ihr nicht verboten, darüber zu reden – es habe keine »Absprache« gegeben, wie sie es ausdrückte. Es gab schlicht keinen Grund, darüber zu sprechen. Und ihr war völlig klar, dass ein Bekanntwerden des Geheimnisses Thurmonds politische Position in Gefahr gebracht hätte. »Ich wollte nichts tun«, sagte Essie Mae, »was seiner Karriere geschadet hätte.«

Selbst als Thurmond Gouverneur geworden war, besuchte er Essie Mae weiterhin in ihrem College in Orangeburg, und sie besuchte ihn im Gouverneurssitz in Columbia. Wenn sie dort in seinem Büro saßen, redete er, und sie hörte zu. Thurmond entpuppte sich als eine Art Gesundheitsfanatiker und Lebensberater. »Er redete ständig über Gesundheit, Sport, Ernährung und so weiter.«

Bei einem ihrer Besuche – sie ging noch aufs College – sprach sie Thurmond direkt auf seine Rassenpolitik an. Warum er zu der Zeit Rassist gewesen und für Rassentrennung eingetreten sei, habe sie ihn gefragt. Und er habe geantwortet: »Na ja, so ist es nun mal schon immer gewesen.«

Er habe sich die Rassentrennung und die »Jim-Crow-Gesetze«

nicht ausgedacht, sagte er. Sie seien ein kulturelles Erbe. Er achte sie nur als überliefertes Recht. »Weil es im Süden immer so gewesen sei«, sagte Essie Mae später. Sie habe das Gefühl gehabt, dass er im tiefsten Innern kein Rassist gewesen sei. »Was er getan hat, hat er, glaube ich, nur getan, um seine Karriere zu fördern.«

Bill Clinton sagte etwas Ähnliches bei der Beerdigung von Robert Byrd: Es sei eine stillschweigende Maxime in der Politik im Süden, dass ethische Grundsätze und eine strenge moralische Haltung etwas für Dummköpfe und Versager seien – man müsse Kompromisse eingehen, schwindeln und heucheln, um im Süden gewählt zu werden. Auch Byrd war ein langjähriger Senator aus dem Süden und hatte obendrein in den vierziger Jahren als »Erhabener Zyklop« (Vorsitzender) seine Ortsgruppe des Ku-Klux-Klan geleitet.

»Er war ein Bauernjunge aus den Bergen von West Virginia«, sagte Clinton 2010 in seiner Trauerrede in Charleston. »Er wollte gewählt werden.«

Mit anderen Worten, er war wie die meisten Politiker von Ehrgeiz getrieben. Aber einmal gewählt, änderte Byrd seine Ansichten ebenso wenig wie Thurmond. Erst viel später, als die politische Großwetterlage sich geändert hatte, sollten sie eine Wende vollziehen und mit dem Strom schwimmen. Damals aber lehnten sie Maßnahmen zur Integration ab, behinderten die Bürgerrechtsgesetzgebung, wirkten an dem Beschwerdetext gegen den »Civil Rights Act« mit und verurteilten das, was in ihren Augen »Rassenmischung« war.

»Kein anständiger Neger, der etwas auf sich hält, würde ein Gesetz fordern, um Menschen zu zwingen, ihn zu akzeptieren, wo er unerwünscht ist«, sagte Thurmond im Mai 1948 bei einer Rede in Jackson, Mississippi, bei der er die Eröffnungssalven für seine Bewerbung um das Präsidentenamt abfeuerte. »Sie wollen selbst keine soziale Vermischung.« Bei der Versammlung zugegen war auch Fielding Wright, der Gouverneur von Mississippi, der Schwarzen, die Chancengleichheit forderten, tags zuvor noch geraten hatte, »sich in einem anderen Bundesstaat als Mississippi niederzulassen«.*

Ein paar Wochen später – er wurde inzwischen als heißer Kandidat für die Präsidentschaftskandidatur der »States' Rights Democratic Party« gehandelt – brüllte Thurmond bei einer Rede in Birmingham, Alabama, in die Menge (der genaue Wortlaut entstammt einem Wochenschaubericht von Fox Movietone News): »Aber ich möchte Ihnen sagen, meine Damen und Herren, dass die Army nicht genug Soldaten hat, um die Menschen im Süden zu zwingen, die Rassentrennung aufzuheben und die Nigger-Rasse in unsere Theater, in unsere Schwimmbäder, in unsere Häuser und in unsere Kirchen zu lassen.«

Im selben Jahr starb Carrie Butler, die schwarze Mutter seines Kindes, im Alter von neununddreißig Jahren, und Essie Mae studierte in Orangeburg.

Für eine Weile bestand das finanzielle Arrangement zwischen Essie Mae und Thurmond fort. Essie Mae heiratete, wurde Mrs Washington-Williams und brachte vier Kinder (Wanda, Monica, Ronald und Julius) zur Welt. Und der Kontakt zwischen Vater und Tochter blieb weiter bestehen. Essie Mae wurde in Würde alt, Thurmond unterzog sich einer Haartransplantation. In den sechziger Jahren wollte die Zeitschrift *Ebony* in einem Artikel den Gerüchten über ihre Beziehung auf den Grund gehen, doch Essie Mae wehrte ab mit der Begründung, sie habe nichts zu enthüllen, und schickte die Journalisten weg. Sie bewahrte sechzig Jahre lang Stillschweigen und arbeitete als Lehrerin in Los Angeles.

Dann starb – hundertjährig – Strom Thurmond 2003. Im Dezember desselben Jahres, fünf Monate nach seinem Tod, meldete sich Essie Mae zu Wort – sie war mittlerweile fast achtzig Jahre. In South Carolina trat sie vor die Presse und erzählte ihre Geschichte: »Ich bin Essie Mae Washington-Williams, und endlich bin ich völlig frei.«

* Zitiert nach Joseph Crespino, *Strom Thurmond's America*, New York 2012.

Es waren ihre Kinder gewesen, die sie dazu überredet hatten, mit ihrer Geschichte an die Öffentlichkeit zu gehen. Sie habe das Gefühl, sagte sie, dass sie eine Verpflichtung habe, bekanntzumachen, wer sie sei. Sie sei nicht auf Geld aus. »Ich werde keine rechtlichen Ansprüche auf sein Vermögen geltend machen. Ich möchte nur die Wahrheit sagen.«

Weiter sagte sie bei der Pressekonferenz:

»Meine Kinder haben das Recht zu erfahren, von wem sie abstammen und woher sie kommen. Ich fühle mich verpflichtet, sie aufzuklären und ihnen dabei zu helfen, mehr über ihre Vergangenheit zu erfahren. Ihnen steht das Recht zu, die bewegte Geschichte ihrer Vorfahren, schwarzer und weißer, kennenzulernen und zu verstehen.«

Sie sei erleichtert, gestand sie hinterher. »Ich würde sagen, dass mich diese Sache fünfzig oder sechzig Jahre lang verfolgt hat. Und wenn ich jetzt darüber spreche, ist das, als würde eine Last von mir abfallen. Denn ich habe dieses Geheimnis mit mir herumgetragen. Und obwohl viele Menschen davon wussten, hat es mich belastet.« Es sei ein »Vermächtnis« gewesen.

Sie war in der Zwischenzeit wieder von Los Angeles nach South Carolina gezogen. Sie starb mit siebenundachtzig Jahren in Columbia, unweit ihres Geburtsortes Aiken. Nur ein paar Monate später streifte ich durch Aiken und Edgefield und dachte über die Widersprüche des Südens nach.

Die Bombenfabrik: »Mutierte Spinnen«

»Aiken ist wirklich reizend«, sagte eine stolze Bewohnerin in einem Café zu mir. Es stimmte. Die Stadt war sauber und freundlich. Aber nur ein Stück die Straße (die »Atomic Road«) runter lag die Bombenfabrik. Jeder in Aiken sprach darüber, und ich war beim letzten Besuch daran vorbeigefahren, als ich aus Allendale kam. Ihre Existenz war kein Geheimnis, aber man munkelte von knatternden Geigerzählern, gefährlichen Unfällen, radioaktiv verseuchtem Boden und gescheiterten Sanierungsversuchen. Im Winter war ich am Haupttor der Nuklearanlage abgewiesen worden, daher dachte ich mir, ich könnte mich ein wenig unter den Leuten umhören, wo ich schon mal in der Stadt war.

Gregory Jefferson, den ich ein paar Tage zuvor, am Vorabend des Jagdrennens, im Hotel kennengelernt hatte, hatte über die Fabrik gesprochen. Ich hatte seine Handynummer. Ich rief ihn an und traf mich auf einen Drink mit ihm.

»Atomic Road«, sagte ich nach einer Weile, »ein merkwürdiger Name.«

»Ein merkwürdiger Ort. Und der Grund ist die ›Bombenfabrik‹, wie die Leute die Savannah River Site nennen. Die stammt, glaube ich, aus den fünfziger Jahren. Das war so: Die Regierung hat die Stadt Dunbarton gekauft, damit sie dort die Anlage errichten konnte. Sie hat alle Bewohner, mehrere tausend Menschen, nach Ellenton umgesiedelt und New Ellenton gebaut.«

»Dann war dort, wo heute eine Nuklearanlage steht, früher eine Stadt?«

»Ja, aber sie war nicht besonders groß«, sagte er. »Die wichtigsten Mitarbeiter der Fabrik leben in Aiken – bei den Pferdeleuten. Alles ist geheim, niemand darf in die Nähe, obwohl die Straße direkt daran vorbeiführt, und am Savannah River entlang.«

»Aus gutem Grund«, sagte ich. »Atomreaktoren brauchen Wasser zum Kühlen.«

»Die Leute sagen, dass es Lecks gibt, dass sogar vielleicht was in den Fluss gelangt. Vielleicht haben Sie von dem Unfall in Graniteville gehört. Chlorgasverseuchung. Das ist die Kehrseite. Sie bekommen eine Nuklearanlage, und was passiert? Sie haben ein Problem. Früher haben die Leute gesagt, wenn die Russen eine Bombe hier rüberschicken, dann wird sie uns treffen. Wir sind ein Ziel.«

»Die Russen wollten Aiken bombardieren?«

»Klar, wir waren im Fadenkreuz«, sagte er, als sei er ein wenig stolz darauf, dass die Gemeinde ein Ziel der Sowjetunion gewesen sei. »Aber was soll's, in Aiken lebt es sich hervorragend.«

Sein Freund Willie stieß zu uns und sagte: »Dann wären da noch die anderen Sachen, die abgebrannten Brennstäbe und der Atommüll. Das Zeug liegt da noch rum.«

»Sind Sie sicher?«

»Wir wissen es. Wir haben hohe Krebsraten, Missbildungen bei Neugeborenen, aber alle tun sehr geheimnisvoll.«

Man könnte einwenden: Das alles sind nur Geschichten, wilde Gerüchte. Man trifft zwei Einheimische, hört sich an, was sie zu erzählen haben, und unbefangen und leichtgläubig, wie man als Durchreisender ist, zieht man voreilige Schlüsse. Aber Gregory und Willie waren nicht meine einzigen Quellen. Die Wahrheit war viel erschreckender als alles, was sie mir erzählten. Ich hatte eine einfache Frage nach der Atomic Road gestellt, weil es auf der Straße so gut nach Kiefernadeln duftete, weil der Fluss so beschaulich und die Luft dort so angenehm war. Aiken selbst war eine schöne Stadt mit einem schmucken Zentrum, einem Golfklub und einer Pferderennbahn, eine Reiterhochburg mit Herrenhäusern, grünen Wiesen, Pferdekoppeln und windschiefen Weidezäunen. Wirklich reizend, wie die Lady gesagt hatte.

Aber nach Gregorys ausführlichem Bericht über die Geschichte der Nuklearanlage sprach ich im Plauderton auch mit anderen Leuten.

»Dort werden Bomben gebaut …«

»Viele Arbeitsplätze …«

»Streng geheim …«

»Sir, Sie sollten lieber vorsichtig sein …«

Und ein junger Soldat namens Kevin, der auf Heimaturlaub in Augusta weilte und in Aiken ein paar Besorgungen machte, sagte: »Dort gehen seltsame Dinge vor.«

»Inwiefern seltsam?«

»Da wären zunächst mal die strengen Sicherheitsvorkehrungen. Da kommt keiner rein. Und dann die seltsam aussehenden Tiere.«

»Was für Tiere?«

»Im Wald. Und im Fluss.« Er lächelte, aber es war ein grimmiges Lächeln. »Sie haben eine andere Farbe. Nicht ihre natürliche Farbe. Die Alligatoren im Fluss.«

»Im Savannah River gibt es Alligatoren?«

»Aber keine grünen. Die sind gelb. Und rosa. Manche weiß. Wirklich ganz anders. Wegen der Radioaktivität.«

Rosafarbene Alligatoren? Infolge von Verstrahlung und Kontamination mit Schwermetallen? Es ist erwiesen, dass manche Mississippi-Alligatoren ungewöhnliche Größen erreichen. Man hat eingewendet, dass diese Riesenexemplare (der Rekord liegt bei über vier Metern) nicht deshalb so groß würden, weil Radioaktivität bei ihnen genetische Mutationen hervorgerufen habe, sondern lediglich, weil sie in ihrem Lebensraum völlig ungestört seien. Doch im Februar 2012 fand man auf einer Atommülldeponie der »Savannah River Site« merkwürdige Spinnweben aus »bindfadenähnlichem Material«, und stellte die Theorie auf, dass sie von mutierten Spinnen stammen könnten.

Der Bau der »Savannah River Site« (SRS) bei Aiken war 1950 von der Atomenergiekommission der Vereinigten Staaten initiiert worden. Ziel war die Produktion von Brennstoffen für thermonukleare Waffen. Nach der Fertigstellung verfügte die Anlage über fünf Produktionsreaktoren, Brennstoffherstellungsanlagen, ein Forschungslabor, Schwerwasserproduktionsanlagen, zwei Wiederaufbereitungsanlagen und eine Anlage zur Tritium-Rückgewinnung.

Bei späteren Recherchen stieß ich auf Berichte, wonach der Standort – Straße, Fluss, Luft – »beträchtlich kontaminiert« sei. Eine Sanierung des 310 Quadratmeilen großen Geländes sei erforderlich, die Kosten gingen aber in die Milliarden, da auch »radioaktive Stoffe ins Grundwasser« gelangt waren. In einem Bericht der Umweltschutzbehörde EPA hieß es, dass »zahlreiche

Gebäude und Einrichtungen der SRS mit radioaktiven Schadstoffen kontaminiert sind, darunter Kadmium, Cäsium, Kobalt, Plutonium, Tritium und Uran«.

Das Gelände ist heute großenteils stillgelegt und bereitet vor allem als »Müllkippe« erhebliches Kopfzerbrechen. Die EPA versprach: »Da alle stillgelegten Mülldeponien [in der Savannah River Site] für die menschliche Gesundheit, ökologische Rezeptoren sowie Oberflächenwasser und Grundwasser ein untragbares Risiko darstellen, werden sie saniert werden, und etwaiges kontaminiertes Wasser wird gereinigt oder bis 2031 einer Sanierung unterzogen werden.«

Gregory, Willie und andere hatten davon gesprochen, dass die »Savannah River Site« ein Angriffsziel der Russen gewesen sei. In jüngerer Zeit hat Joseph Trento, Sicherheitsexperte, investigativer Journalist und Präsident des renommierten »Public Education Center«, einen alarmierenden Bericht über die SRS verfasst. Er schreibt, dass das Gelände für Al-Qaida-Terroristen oder auch für einheimische Terroristen, die einen Plutoniumbrand entfachen wollten, um das Land zu destabilisieren, ein ideales Objekt wäre: »Ein Atomunfall hat einen Anfang, aber kein Ende.«*

In dieser in den dichten Kiefernwäldern am Savannah River versteckten Atomanlage lagerten »die weltweit höchsten Konzentrationen radioaktiven Materials … genug waffenfähiges Plutonium, um die Welt mehrfach zu zerstören. Hier ist tonnenweise Plutonium in seiner reinsten Form zu finden«.

Dass das Gelände groß sei und schwer zu schützen (»ein geographischer Albtraum«), so Trento, sei schon schlimm genug, aber noch viel schlimmer sei, dass es nicht vom US-Militär bewacht werde. Vielmehr sei die private Sicherheitsfirma Wackenhut für den Schutz »großer Mengen hochradioaktiver Abfälle und riesiger Mengen bombenfähigen Plutoniums verantwortlich«. Die

* »The Bomb Plant: America's Three A.M. Nightmare«, National Security News Service, November 2012.

Firma Wackenhut, die sich inzwischen »G4S Secure Solutions« nennt, sei eine dänisch-britische Firma »mit einer langen Liste stümperhaft durchgeführter Sicherheitsoperationen von Afghanistan über London bis nach Oak Ridge, Tennessee«.

Die Vorfall von Oak Ridge hatte Schlagzeilen gemacht. Drei Atomkraftgegner (ein Vietnamveteran, ein Anstreicher und die zweiundachtzigjährige katholische Nonne Megan Rice) schnitten im Juli 2012 kurzerhand in den Drahtzaun der kerntechnischen Einrichtung ein Loch. Diese drei ungleichen Saboteure schlichen, von den Wachen unbemerkt im Schutz der Nacht, zu der Anlage mit hochangereichertem Uran und besprühten eine Wand mit Bibelsprüchen (»Das Werk der Gerechtigkeit wird der Friede sein« und »Weh dem, der eine Stadt mit Blut erbaut«), sperrten die Stelle symbolisch wie einen Tatort mit gelbem Polizeiband ab und spritzten zum Gedenken an den verstorbenen Aktivisten Tom Lewis dessen »Blut« an die Wände. Sie hämmerten gegen die Wachtürme, brachen Betonstücke heraus und warteten an Ort und Stelle darauf, dass sie entdeckt wurden. Sie blieben zwei Stunden in der Anlage. Als sie einen Wächter erblickten, boten sie ihm zu essen an und begannen zu singen. Er nahm sie fest. (Am 4. Februar 2014 verurteilte ein Gericht in Knoxville Schwester Megan zu drei und ihre beiden männlichen Helfer zu jeweils fünf Jahren Gefängnis.)

Wackenhut/G4S hat in der »Savannah River Site« nicht weniger als achthundert bewaffnete Wachleute im Einsatz. Trotzdem ist das Gelände nach Einschätzung von Experten nur unzureichend geschützt und hat am Begrenzungszaun zu viele Zugangspunkte. Ein gut vorbereiteter Selbstmordanschlag könnte katastrophale Folgen haben, denn das dort gelagert Plutonium ist »flüchtig« und auf dem Gelände lagert zudem eine große Menge an waffenfähigem Material. »Wenn es durch eine Explosion freigesetzt wird, dann drohen ein gewaltiger Brand mit Plutoniumblitz und großräumige Verstrahlung«, sagte ein Informant gegenüber Trentos und fügte hinzu: »Am Haupttor sieht es ganz eindrucksvoll aus, aber wenn man hinten herumgeht, ist da nur noch ein einfacher Maschendrahtzaun.«

»Obwohl Schilder davor warnen, anzuhalten oder aus dem Wagen zu steigen, war auf der gesamten Strecke keine einzige Wachpatrouille zu sehen«, schrieb Trento in einem Artikel über seine Fahrt auf der schmalen Landstraße, der Atomic Road. »Beiderseits der Straße standen Tore offen. Das erweckte den Anschein, als ob das ganze Gelände der Öffentlichkeit zugänglich sei.«

Dieselbe Erfahrung machte auch ich, als ich, von Aiken kommend, durch die schönen Kiefernwälder fuhr, vorbei an den Atommülldeponien und den Millionen Litern hochradioaktiven Abfalls. Ich fuhr auf der Atomic Road nach Südosten, vom glücklichen, wohlhabenden Aiken in Richtung des armen, benachteiligten Allendale County.

Der Savannah River, den ich vom Wagen aus hinter den Bäumen vorbeiziehen sah, erscheint in dem Roman *Die Tabakstraße* als ein Bild der Erlösung, als eine Zuflucht vom Farmpächterdasein. »Das Beste, was du tun kannst, Jeeter«, sagen die Nachbarn zu Jeeter Lester, der Hauptfigur, »ist, mit deiner Familie nach Augusta oder über den Fluss nach South Carolina zu ziehen ...«

Die Verstiegenheiten des Südstaaten-Romans

Gleich hinter dem Savannah River, der die Staatsgrenze zu Georgia bildet, rund dreißig Meilen westlich der Atomic Road, liegt die Kleinstadt Wrens. Wrens ist die Stadt im amerikanischen Baumwollgürtel, in der Erskine Caldwell, der sensible Sohn eines Predigers, seine Teenagerjahre verbracht hatte. Ein Großteil seiner Romane spielt hier, allem voran *Die Tabakstraße*, die Geschichte des Farmpächters Jeeter Lester, seiner Frau Ada, die keine Zähne hat (»Seit ihrem achten Lebensjahr nahm sie Kautabak«), seines Sohnes Dude, der eine viel ältere Frau namens Bessie heiratet (die keine Nase hat), sowie seiner beiden Töchter Ellie

Mae (die stumm ist und eine Hasenscharte hat) und Pearl, die er mit seinem Freund Lov Bensey verkuppelt, als sie zwölf wird – wobei diese zwölfjähriger Ehefrau auf dem Fußboden schläft und sich weigert, das Ehebett mit dem viel älteren Lov zu teilen, der über die Zurückweisung gekränkt ist. Was geht hier vor?

In seinen Romanen, die wegen ebenjener grotesken Überzeichnungen, für die sie heute kritisiert werden, damals auf ungeheure Resonanz stießen (in den dreißiger und vierziger Jahren verkauften sie sich millionenfach), schuf Caldwell das Bild eines Südens, der von grotesken Gestalten bevölkert ist. Die meisten seiner weißen Figuren wirken wie aus einem Comic entsprungen, in dem jederzeit Ungeheuerliches geschehen kann. Caldwells *Die Tabakstraße* und *Gottes kleiner Acker* waren zusammen mit Faulkners *Die Freistatt* richtungweisend für den Südstaatenroman mit seinem Hang zum Skurrilen und Schwarzhumorigen, mit seinen schrägen Typen und unsäglichen Verbrechen, den absurden Handlungen und schockierenden sexuellen Abgründen. Es ist klar, dass all dies in einem übertragenen Sinne zu verstehen ist. Warum fühlt man sich dennoch betrogen? Weil der Alltag der Schwarzen, die rassistische Unterdrückung, aber auch das wahre Elend der Kleinbauern im Grunde nicht vorkommt.

Caldwells Roman *Ein heißer Tag* (1940) und seine lange Erzählung »Kneel to the Rising Sun« thematisieren zwar, wie unschuldige Schwarze drangsaliert und gelyncht werden, und Faulkners *Licht im August* schildert einen Quasi-Lynchmord, der mit der Erschießung und Kastration von Joe Christmas endet, doch fallen diese Werke aus dem Rahmen. Die zur Groteske neigende Erzählliteratur des Südens, bisweilen auch »Southern Gothic« genannt, behandelt die alltäglichen Ungerechtigkeiten in den zwanziger und dreißiger Jahren nur selten (und scheint sie als gegeben hinzunehmen). Dafür wimmelt diese literarische Welt von albtraumhaften Zwergen, Buckligen, Albinos, Plagegeistern und Perverslingen (Faulkners impotenter Popeye in *Die Freistatt*, der Augen »wie Gummiknöpfe« hat und Temple Drake mit einem

Maiskolben vergewaltigt). Von Zwangsarbeit, rassistisch motivierter Gewalt und strikter Rassentrennung lesen wir hingegen kaum etwas. Man begegnet diesem Hexensabbat von Monstrositäten auch überall bei Flannery O'Conner und Carson McCullers und beim frühen Truman Capote.

In »Der künstliche Nigger«, ihrer viel gepriesenen Kurzgeschichte aus der Sammlung *Ein guter Mensch ist schwer zu finden* (1955), schildert Flannery O'Connor das Leben der Schwarzen als groteske Unterwelt. In »Good Country People«, einer anderen Erzählung aus diesem Band, rennt ein betrügerischer Bibelverkäufer mit der Beinprothese einer Frau davon, die er erfolglos zu verführen versucht hat. Ziemlich spaßig, könnte man meinen, aber O'Connors Intention sind oft spirituelle Erlösung und Erbauung.

Carson McCullers Roman *Das Mädchen Frankie* (1946) ist die Geschichte des zwölfjährigen Südstaaten-Mädchens Frankie Addams und ihren ungleichen Freunden und Angehörigen. Zufällig trifft sie einen Soldaten auf Urlaub, der sie dazu überredet, mit in sein Hotelzimmer zu kommen, und sie dort zu vergewaltigen versucht. Ihre schwarze Köchin Berenice Sadie Brown hat ein blaues Glasauge: »Es blickt starr und wild aus ihrem ruhigen, farbigen Gesicht.« Ein Transvestit namens Lily Mae Jenkins tritt auf. Eine wichtige Erfahrung für Frankie ist der Besuch im Kuriositätenkabinett der »Chattahoochee Exposition«, wo sie den Riesen sieht, den Zwerg, die dicke Frau, den Alligator-Jungen, den wilden Nigger – obwohl »einige sagten, er sei gar kein echter wilder Nigger, sondern nur ein verrückter schwarzer Mann aus Selma, der lebende Ratten verspeise«. Später fragt sich Frankie, ob sie nicht selbst zum Monstrum wird, und überlegt, dass die Beinahe-Vergewaltigung durch den Soldaten »wie eine Minute in der Jahrmarkts-Geisterbahn war«.

Bereits auf den ersten fünfzig Seiten von Capotes Debütroman *Andere Stimmen, andere Räume* (1948) begegnen wir einer hexenartigen Frau (»lange affenartige Arme … Warze am Kinn …

schmutzige Fingernägel«), einem schwarzen Zwerg (»ein kleiner Pygmäe«), einem Hundertjährigen namens Jesus Fever und einer langhalsigen Frau, »die fast eine Missgeburt war, eine menschliche Giraffe«. Kurzweilig, mag sein, aber man erfährt nicht, dass die Erzählung in einer Stadt spielt, in der finsterste Rassentrennung herrscht. Die Schrecken des Alltags sind eine Tatsache, mit der man sich abgefunden hat, und die man folglich nicht zu erwähnen braucht.

Diese Tradition, das Leben im Süden als Schauermärchen zu schildern (die hochtrabende Bezeichnung »southern gothic« ist unzutreffend und dient nur der Überhöhung), hat sich fortgesetzt. Das Werk des 1942 in Mississippi geborenen und vor wenigen Jahren verstorbenen Barry Hannah ist dafür ein Beispiel. Auch seiner Erzählliteratur hat man »schwarzen Humor« bescheinigt, und es wurde betont, dass sie in einem »phantasmagorischen Süden angesiedelt« sei. Seine Geschichten – besonders in der Sammlung *Airships* (1978) – sind gekennzeichnet von einer beachtlichen Fabulierlust und einer wirkungsvoll in Szene gesetzten absurden Situationskomik. Dasselbe kann man von Charles Portis sagen, dessen Name vor allem mit dem komischen Wildwestroman *True Grit* verbunden ist. Portis lebt noch in Arkansas, wo er auch geboren wurde. Sein Werk ist inspiriert vom Leben in diesem Bundesstaat, auch wenn die Handlung seiner Romane woanders angesiedelt ist. *The Dog of the South*, die Schilderung einer wilden Fahrt von Little Rock in den Dschungel von Honduras, ist dafür ein gutes und wirklich komisches Beispiel, desgleichen *Norwood*, in dem der ehemalige Zirkus-Liliputaner Edward Ratner auftritt, der »kleinste fetteste Mann der Welt«. Die meisten Gringos in dem in Mexiko spielenden Roman *Gringos* sind Sonderlinge und Phantasten.

Der beste der »grotesken« Autoren ist Portis wegen seines stimmigen Humors, seiner Sprachkraft, seines Gehörs für die Feinheiten und Tonfälle des südlichen Idioms und seiner unangestrengten Komik – er will einfach zum Lachen bringen (was ihm fast immer gelingt). Seine Figuren (meist Paranoiker oder Betrüger) machen sich durch ihr Gerede größer, als sie sind. »Viele Leute gehen aus Arkansas weg, aber die meisten kommen früher oder später zurück«, lautet eine kurze und treffende Bemerkung in *The Dog of the South*, »sie erreichen einfach keine Fluchtgeschwindigkeit.«

Hannah und Portis stoßen in dieselbe Kerbe wie Caldwell und Faulkner. Auch ihre Absurditäten muten oft wie Parabeln an. In ihren Geschichten geschieht etwas Seltsames, schwer zu Fassendes. Dies ist der Grund, warum ich so angetan bin von Mary Ward Browns Werk, das zwar von bescheidenem Umfang ist, aber es wirkt auf mich schonungslos direkt. Ich war nie Fan von Harper Lee und zog ihr den gleichfalls aus Alabama stammenden William March (1893–1954) vor, der durch seinen letzten Roman *Die böse Saat* sehr bekannt geworden ist. Seine Kurzgeschichte »Runagate Niggers« in *Some Like Them Short* (1939) ist eine ironische Schilderung von Rassendiskriminierung und Leibeigenschaft. Sein Werk kommt ohne Überspanntheiten aus und ist damit eher nach meinem Geschmack, denn es schildert Land und Leute mit hinreißender Wahrhaftigkeit.

Ärger im Haus der Liebe: »Angeklagt ist gleichbedeutend mit schuldig«

An einem regnerischen Abend saß ich, nachdem ich über die Kleinstädte Blackville und Denmark nach Orangeburg gefahren war, wieder im »Ruby Tuesday« und wartete an einem Tisch im rückwärtigen Teil auf Reverend Virgin Johnson, den Prediger. Es ging ein Raunen durch das Restaurant, als er schließlich eintrat, und dieses Raunen drang bis nach hinten zu mir. Reverend Johnson war ein großer, athletischer Mann mit der Sanftheit des Predigers und dem sicheren Auftreten des Anwalts, und als er im dunklen Nadelstreifenanzug mit Seidenkrawatte an den Tischen vorbei auf mich zusteuerte, schauten die Gäste – Weiße und Schwarze – wie selbstverständlich zu ihm auf, als ließe ihnen seine Präsenz und seine würdevolle Ausstrahlung keine andere Wahl, eine Ein-Mann-Prozession, die mich zum Schmunzeln brachte.

»Bruder Paul«, sagte er, umarmte mich, bestellte Eistee mit Zitrone und erklärte mir, warum. »Es würde keinen guten Eindruck machen, wenn jemand aus meiner Gemeinde seinen Prediger dabei sehen würde, wie er Alkohol trinkt. Tee ist das Richtige für mich.«

»Wo wir schon dabei sind: Wie geht es Ihrer Gemeinde?«, erkundigte ich mich.

Er lächelte und nickte, aber es war ein besorgtes Lächeln.

»Das ist eine längere Geschichte«, sagte er. »Ich werde Sie Ihnen gleich erzählen, aber vorher lassen Sie hören, was Sie so treiben, Mann.«

»Ich komme gerade aus Aiken«, sagte ich und erzählte von Essie Washington-Williams. Als ich ihren Namen nannte, schlug er mit der flachen Hand auf den Tisch und rief aus: »Strom Thurmond.« Ich sprach weiter. »Ist doch komisch, dass ein Rassist wie Thurmond eine Affäre mit seinem schwarzen Dienstmädchen hatte.«

»Vielleicht war er ja gar nicht so sehr Rassist, schon mal daran gedacht?«, erwiderte Reverend Johnson langsam, nahm seinen Strohhalm zwischen die Finger und trank von seinem Tee. »Sie müssen sich darüber im Klaren sein, dass viele von diesen weißen Südstaaten-Politikern im Grund ihres Herzens gar keine Rassisten waren.« Er lächelte wieder. »Ganz gleich, was sie gesagt haben.«

»Aber sie haben ständig Hetzreden gehalten. Oder etwa nicht?«

Reverend Johnson lachte, als hätte ich etwas ziemliches Dummes gesagt. »Sie mussten sich der Parteilinie fügen! Hätten sie das nicht getan, hätten sie es zu nichts gebracht.«

»Und was ist mit den rassistischen Sprüchen?«

»Wir wissen, was sie denken, wir wissen, was hinter dem Gerede steckt. Strom Thurmond hat viel Gutes für diesen Bundesstaat getan.«

»Er hat viele schreckliche Dinge gesagt«, erwiderte ich mit typischer Yankee-Prinzipienreiterei. »Und was ist mit seinem schwarzen Kind?«

»So ist das eben im Süden«, sagte Reverend Johnson und sog wieder an seinem Strohhalm.

»Und mit all den Sprüchen zur Rassentrennung?« Aus Taktgefühl unterließ ich es, aus Thurmonds Rede über die Zulassung der »Nigger-Rasse« in Schulen und Kirchen zu zitieren.

»So ist das eben im Süden!«, wiederholte Reverend Johnson.

»Stört Sie das denn nicht?«

»Wir wissen, was er gesagt hat, wir kennen die Ausflüchte. Erinnern Sie sich noch an George Wallace? Er hat für das Gouverneursamt in Alabama kandidiert, kein schlechter Mann, in gewisser Hinsicht vielleicht sogar ein Gemäßigter. Im Wahlkampf hat er die Unterstützung durch den Ku-Klux-Klan abgelehnt. Er hätte keine Zeit für sie, hat er gesagt.« Der Reverend trank noch einen Schluck Tee. »Das war sein Untergang. Die hätten ihm geholfen. Die NAACP* hat ihn unterstützt. Er hat um schwarze Wählerstimmen geworben. Und er ist einem Weißen unterlegen, der eine harte Linie vertreten hat und vom Klan unterstützt worden ist. ›Ich wurde ausgeniggert‹, hat er gesagt. ›Ich werde nie wieder ausgeniggert werden.‹«

Reverend Johnson lachte, als ich fragte: »Und das ist eben so im Süden?«

»Ja, leider.«

Unser Essen kam. Bei Hummerschwanz und Steak erzählte er wieder wortreich Geschichten aus seiner Jugend, wie es zum Beispiel war, sich in der Schulkantine an einen Tisch zu setzen

* Die »Nationale Organisation für die Förderung farbiger Menschen«, die älteste Bürgerrechtsbewegung der USA.

und zusehen zu müssen, wie dreißig weiße Jungs aufstehen und angewidert den Tisch verlassen. »Aber ich habe mich nicht unterkriegen lassen. Und mir schließlich auch Respekt verschafft. Ich habe ihn mir verdient.«

Wir sprachen darüber, wie man sich Respekt verschafft.

»Ich hatte ein Kämpferherz«, sagte Reverend Johnson und überlegte einen Augenblick. »Ja, das war es, worüber ich mit Ihnen reden wollte. Ich habe da nämlich ein kleines Problem. Es geht um einen Fall, der mir zu schaffen macht.«

»Etwas Ernstes?«

»Es geht um einen Bischof, von einer Kirche unten in Allendale«, sagte er und machte eine Pause – die Kunstpause eines versierten Predigers. »Es wird des Kindesmissbrauchs beschuldigt.«

Die Art, wie er dabei jede Silbe betonte, ließ den Tatvorwurf besonders schlimm erscheinen.

»Zu Recht?«

»Du lieber Gott, nein. Ausgeschlossen. Ich kenne den Mann schon mein ganzes Leben und habe so eine Ahnung, was passiert sein könnte. Das Ganze ist offensichtlich ein Missverständnis.« Er trank erneut einen Schluck Tee. »Und eine Tragödie.«

»Wenn er unschuldig ist, wird er freigesprochen, und alles kommt wieder in Ordnung.«

»Sie verstehen nicht«, sagte Reverend Johnson. »Es ist des Kindesmissbrauchs beschuldigt worden. Des *Kin-des-miss-brauchs*. Das wird er nie wieder los, auch wenn er freigesprochen wird. Er ist am Ende. Sein Name ist beschmutzt. Angeklagt ist gleichbedeutend mit schuldig.«

Er erzählte mir Näheres. Der Mann, ein alter Freund von ihm, war Bischof Bobby Jones, vierundfünfzig Jahre alt, wohnhaft in Allendale. Seine Kirche, »The New Life House of Love«, am Oswald Drive am Rand der Stadt war ungefähr so groß wie die »Revelation Ministries«, aber einer größeren Organisation angeschlossen, den »New Life Pentecostal Holiness Churches«. Die

»New Life Pentecostal Holiness House of Love Church« warb mit dem Wahlspruch »Verfolge sie, hole sie ein und befreie alle!«

»Hundertfünfzigprozentige Pfingstler«, sagte Reverend Johnson und hob die geballten Fäuste, um die Kompromisslosigkeit der Sekte zu unterstreichen.

Schon in frühem Kindesalter war Bobby Jones eng mit der Kirche verbunden. Als Sechsjähriger sang er in einem Kirchenchor namens »All Star Angels«, der so beliebt wurde, dass andere Kirchen ihn einluden. Wegen seines Evangelisierungsauftrags benannte er sich in »Pilgrimaires« um, bereiste den Süden, sang vom Glauben der Sekte und warb Anhänger.

»Er empfing den Herrn, als er neun war, lernte fleißig und hielt mit vierzehn seine erste Predigt«, sagte Reverend Johnson. »Er widmete seine Leben den Menschen hier in der Gegend, den Menschen in Allendale, Menschen in Not. Dreißig Jahre lang hat er gepredigt und sich für die Gemeinschaft eingesetzt.«

Pastor Bobby Jones wurde zum Bischof befördert, war beliebt und für seine Predigten ebenso bekannt wie für seine Sangeskünste. Seine Frau Brenda Jones trug gemäß dem Protokoll der Sekte den Titel »First Lady«. Die beiden hatten sechs Kinder und zehn Enkel. Alles in allem, so fasste Reverend Johnson zusammen, ein bewunderungswürdiger Mann.

»Was ist mit dem Vorwurf des Kindesmissbrauchs?«, fragte ich.

»Strafbare sexuelle Handlung mit einer Vierzehnjährigen«, antwortete Reverend Johnson, wobei »vierzehn« aus seinem Mund besonders jung klang. Der Vorfall hatte sich irgendwann im Januar dieses Jahres, 2013, ereignet, aber Jones war erst kürzlich unter Anklage gestellt und gegen eine Kaution in Höhe von 50 000 Dollar auf freien Fuß gesetzt worden.

»Und was steckt dahinter?«

»Wie gesagt«, antwortete Reverend Johnson, »er ist ein hundertfünfzigprozentiger Pfingstler, ein Wiedergeborener. Solche Leute lassen keine Ausnahmen gelten. Alles streng nach den Buchstaben des Gesetzes. Keinen Sex vor der Ehe. So wie ich die

Sache sehe, wenn ich mal ein bisschen spekulieren darf, könnte seine Tochter zu ihm gekommen sein und gesagt haben, dass sie bestimmte Gefühlsregungen habe – normale körperliche Bedürfnisse. Der Bischof hörte zu. Er ist ein geduldiger und gottesfürchtiger Mann.«

»Was hat er ihr geraten?«

Reverend Johnson hob die Hände. »Ich weiß es nicht«, sagte er. »Aber nehmen wir an, er ging los und kaufte ihr einen – Dildo.«

»Das hat er getan?«

»Ich weiß es nicht. Ich spekuliere nur«, sagte er mit der Vorsicht eines Anwalts, der sich nicht zu weit aus dem Fenster lehnen will. »Und nehmen wir weiter an, das Kind ging in die Schule und erzählte einer Freundin, was sie von ihrem Vater bekommen hat. Und diese Freundin hat es jemand anders erzählt. Die Lehrer haben davon erfahren und sind zum Sheriff gegangen. Der Sheriff hat die Strafverfolgungsbehörde eingeschaltet, und die Sache wurde bekannt.« Reverend Johnson sah mich traurig an. »Und jetzt steckt Bischof Bobby Jones tief in der Klemme und mit ihm die ›House of Love Church‹.«

Nach den strengen Kautionsauflagen war dem Bischof jeder Kontakt mit Personen unter achtzehn Jahren verboten, und das bedeutete, dass er sich von einigen seiner Kinder und sämtlichen Enkeln fernhalten musste. Sein Name war beschmutzt.

»Unzucht mit Minderjährigen ist in diesem Bundesstaat ein Verbrechen«, sagte Reverend Johnson. »Wie gesagt, selbst wenn er nicht für schuldig befunden wird, wird er büßen müssen. Er verdient den besten Strafverteidiger, den er kriegen kann.«

»Wäre das nicht etwas für Sie, Reverend?«

»Ich würde mein Bestes geben«, sagte er. »Das Problem ist, dass einige aus meiner Gemeinde den Fall anders sehen als ich. Nach dem, was sie gehört haben, halten sie Bischof Bobby Jones für schuldig und wollen, dass er bestraft wird.«

»Was glauben Sie?«

Er lächelte und nickte. »Ich finde, Bischof Bobby Jones hat das Recht, sich vor Gericht zu verteidigen.«*

»Und nicht alle sind damit einverstanden?«

»Es gibt Leute, die ihn hassen«, sagte Reverend Jones. »Ja wahrhaftig, es gibt Leute, die ihn hassen.«

Predigt mit unterschwelliger Botschaft: »Was täte ich ohne meinen Sturm?«

Die »Revelation Ministries Church« war anders als sonst an diesem Sonntagmorgen nur halb gefüllt, aber wie um das auszugleichen, wurde noch inbrünstiger gesungen, und die »Revelation-Combo« spielte laut und gab alles. Das einleitende Gebet sprach eine Frau, die ein Kleid aus Moiré-Seide trug und mit ihrer Bibel fuchtelte. Auch sie kam mir besonders leidenschaftlich vor, und als sie »Der Herr ist heute hier!« rief, erhielt sie zur Antwort: »Sag es, Schwester!«

Die ganze Zeit über hatte Reverend Johnson ruhig auf seinem thronähnlichen Stuhl gesessen. Ich las erneut das Schild, das über ihm hing, gestaltet wie eine antike Schriftrolle: »REVELATION MINISTRIES – DER WELT DAS WORT GOTTES VERKÜNDEN – WIR LIEBEN DICH – OB DU WILLST ODER NICHT!«

Als er zur Predigt aufstand, seine zerfledderte Bibel hob und eine Stelle aus der Apostelgeschichte vorlas, war es mucksmäuschenstill:

»Als sie dieser Stadt das Evangelium verkündet und viele Jünger gewonnen hatten, kehrten sie nach Lystra, Ikonion und Antiochia zurück«, las er mit ruhiger Stimme. »Sie sprachen den Jün-

* Im November 2014, achtzehn Monate später, hatte das Mädchen widerrufen, seine Anschuldigungen zurückgenommen und die Aussage verweigert. Andere Zeugen hatten sich nicht gemeldet. Der Fall war noch anhängig und Bischof Bobby Jones blieb weiter gegen Kaution auf freiem Fuß.

gern Mut zu und ermahnten sie, treu am Glauben festzuhalten. Sie sagten: Durch viele Drangsale müssen wir in das Reich Gottes gelangen.«

Er kam sofort auf den Punkt. Sein Thema war, dass es keine Erlösung ohne eine schwere Prüfung gebe. Jeder wusste, dass er auf Bischof Bobby Jones anspielte, der unter dem Verdacht des Kindesmissbrauchs stand, aber der Name des Mannes blieb unausgesprochen. Die Predigt beschäftigte sich ausschließlich mit den schweren Entscheidungen, die der Apostel Paulus, Hiob, Jesus und andere hatten treffen müssen.

»Was populär ist, ist nicht immer richtig«, sagte Reverend Johnson. »Was richtig ist, ist nicht immer populär. Und so muss ich euch fragen: ›Wollt ihr euch beim Herrn unbeliebt machen?‹«

Er sprach eine Weile laut über schlechtes Wetter. Das Thema Sturm war ein Schwerpunkt der Predigt. »Wenn der Regen kommt, sagen die Leute: ›Oh, wie stark es regnet!‹ Aber Regen hat etwas Friedliches und Beruhigendes. Man kann in ihn hineingehen und beim Herrn sein.«

Ich hatte miterlebt, wie seine Gemeindemitglieder aufsprangen, ihm laut zujubelten: »Sag es!«, »O ja!« – und Sätze aus der Predigt wiederholten, aber heute blieben sie sitzen und lauschten mit ungewohnter Zurückhaltung, und Reverend Johnson schien mehr auf die Redekünste des Anwalts als auf die des Predigers zu setzen, um sie zu überzeugen, als wären sie Geschworene. Doch andererseits war der Unterschied ohnehin nicht so groß.

»Als ich zu euch kam, Brüder, kam ich nicht, um glänzende Reden oder gelehrte Weisheit vorzutragen, sondern um euch das Zeugnis Gottes zu verkündigen«, zitierte er aus den Korinthern. »Zudem kam ich in Schwäche und in Furcht, zitternd und bebend zu euch.«

Schwach sein, Leid ertragen, einen Konflikt lösen: Alles drehte sich um Bischof Bobby Jones, nur dass dessen Name nicht fiel, und es war offensichtlich, dass Reverend Johnson alles daran setzte, die Gemeinde zu überzeugen.

»Gott schickt uns einen Sturm«, donnerte er. »Ich brauche diesen Sturm. Was täte ich ohne meinen Sturm? Er macht, dass ich mich dem Herrn zuwende. Und so sage ich: ›Ich danke dir, Sturm!‹ Denn er bringt mich zu Gott. Ich muss bereit sein, alles für den Herrn aufs Spiel zu setzen – als Glaubender und nicht als Schauender.«

Er trat vom Pult zurück, und als hätte er damit das Zeichen zum Einsatz gegeben, schlug die Organistin mit dem weißen Schleierhut einen lauten Akkord an, den die Schlagzeugerin, während dieser leiser wurde und schließlich verklang, mit einem abschwellenden Wirbel auf der kleinen Trommel untermalte.

»Die Dunkelheit der Nacht«, fuhr Reverend Johnson fort. »Die Nacht hat keine Grenzen. Sie kann lange dauern. Sie kann deinen Glauben auf die Probe stellen. Hiob verlor seinen Besitz, und er verlor seine Familie. Aber er ließ nie von Gott ab. Haltet nur noch etwas länger aus, dann seht ihr, was am Ende herauskommt. Lasst nie von eurer Beziehung zum Herrn, auch wenn ihr auf eine so schlimme Probe gestellt werdet, dass ihr vor Elend heulen mögt!«

Die Erwähnung des Wortes Heulen brachte ihn selbst fast zum Heulen, und wie vom Heiligen Geist beseelt, begann er einen Singsang, stöhnte laut und warf mit einem kehligen Laut den Kopf zurück. Das war so eindrucksvoll, dass die Gemeinde dazu überging, ihn mit Zurufen anzufeuern wie einen Turnierkämpfer, der versuchte, einen Rekord zu brechen. Und die ganze Zeit über spielte die »Revelation-Combo«, deren Organistin an den Tasten ein wahres Gewitter entfachte.

»Wenn man am Abend auch weint, am Morgen herrscht wieder Jubel«, sagte er, Psalm 30 zitierend, nun im Ton eines Mannes, der eine gute Nachricht überbringt, und wiederholte die Worte.

Und es funktionierte: Die Mitglieder seiner Gemeinde machten erleichterte, ja verzückte Gesichter. Der Sturm war vorüber, Reverend Johnson sprach wieder mit seiner vertrauten Stimme, gedämpft, tröstend, wie ein Freund, und gab Geschichten aus seinem Leben zum Besten.

Er hatte mir diese Geschichten vor Monaten bereits beim Abendessen erzählt. Vielleicht waren sie auch den Gemeindemitgliedern bereits bekannt, aber wenn ja, dann ließen sie es sich nicht anmerken. Sie saßen offensichtlich fasziniert da, als er erzählte, wie er damals in der ersten Bus gestiegen war, in den Bus für Weiße; wie er, ganz auf sich allein gestellt, von den weißen Schülern geschnitten worden war; wie die Hausmeister, die einzigen Schwarzen an der Schule, ihn ermutigt, wie sie ihm zugelächelt hatten, als wollten sie sagen: »Halt durch, mein Sohn.« Die Geschichten aus der Schule, die Geschichten vom Alleinsein, von der Uni, wo er der einzige schwarze Student unter hundert weißen gewesen war.

»Ich verlor alle meine Freunde«, sagte er. »Ich lernte schon in jungen Jahren, dass man auf eigenen Füßen stehen muss. Was geschieht, wenn man andere Leute für sich Entscheidungen treffen lässt? Man wird unfähig, selbst Entscheidungen zu treffen.«

Alle schwiegen, keiner wagte sich zu rühren.

»Ich habe ein Kämpferherz. Das hatte ich schon von klein auf.« Und in diesem Moment erkannte ich den Zusammenhang, begriff seine Sympathie für Bischof Bobby Jones, den Chorknaben und das Prediger-Wunderkind, den Mann, der dreißig Jahre lang das Evangelium veründet hatte. »Das ist Schicksal.«

Ein Akkord ertönte von der Orgel, begleitet von einem Schnarren und einem trockenen Knall der Snaredrum und einem Rauschen und Krachen der Becken.

»Ihr sollt wissen, dass ich dabei bin, eine Entscheidung zu treffen«, sagte er, und näher ging er nicht darauf ein, dass er überlegte, ob er Bischof Bobby Jones verteidigen sollte oder nicht. »Und ihr sollt wissen, dass ich euch alle liebe. Und wenn ihr denen begegnet, die voller Hass sind, so werdet ihr ihnen sagen, dass ich sie liebe.«

Es war eine starke Predigt. Doch wenig später gab Reverend

Virgin Johnson bekannt, dass er den wegen Kindesmissbrauchs angeklagten Bischof Bobby Jones nicht verteidigen werde, ließ mich aber wissen, dass er ihm einen sehr guten Anwalt von anderswo aus dem County besorgt habe.

»Cresent Motel«

Es war ein feuchtkalter Morgen. Aus den Seitenstraßen von Allendale drang Gestank. Das Viertel aus ärmlichen Häusern glich einem müllübersäten Campingplatz. Ich war auf der gewohnten Route zurückgekommen, dem alten und verwaisten, vierspurigen Highway, der an den verrosteten und verblichenen Reklameschildern der eingegangenen Restaurants (»Lobster«), der stillgelegten Tankstellen (»Interstate«, »Esso«) und der trostlosen Motelruinen (»Executive Inn«) vorbeiführte, sodass ich mir vorkam wie auf einem Ausflug in eine postapokalyptische Landschaft oder, schlimmer noch, wie am Ende der Welt.

Für mich war es eine weitere Rückkehr. Ein Reisebuch basiert gewöhnlich auf einer Reise, bei der der Reisende zum ersten Mal mit bestimmten Orten konfrontiert wird, sie anschaulich beschreibt, dann weiterzieht und nie mehr wiederkommt. Diese Beschreibung des Ortes, so wie er sich zu dieser Uhrzeit, an diesem Tag oder in dieser Woche, bei diesem oder jenem Wetter darstellt, ist es, die beschrieben wird, damit ihre Besonderheit eine dauerhafte Form erhält. Diese Verallgemeinerung eines spontanen Urteils des Reisenden ist es, die Reiseliteratur für den Leser so erfrischend, so aufschlussreich macht und oft so unerträglich für den, der den Ort gut kennt oder in der Gegend lebt und seine Heimat in der launigen Beschreibung des unbefangenen Reisenden nicht wiedererkennt.

Der einmalige Besuch (»Dann hielten wir zum Mittagessen in Chittagong«) erklärt die Verzerrungen und bitteren Töne in so vielen Reiseberichten: Sie entspringen weder einer Willkür noch

Böswilligkeit, sondern sind lediglich der Eile geschuldet, dem flüchtigen Blick des Durchreisenden.

Die Arroganz des Reisenden besteht darin, dass ihm ein einziger Besuch genügt, dass Reisen für ihn kein Studieren, sondern ein persönliches und parteiisches Resümieren ist. Auch ich bin im meinem Reiseleben so gereist. Ich war mir des Problems aber sehr wohl bewusst, das mit dieser egoistischen Oberflächlichkeit einhergeht. Mir war klar, dass es auf meinen Reisen ebenso um mich ging wie um die Orte, die ich besuchte. Doch was in Afrika, Indien und China zu funktionieren schien, war im Tiefen Süden des USA unzureichend und führte in die Irre.

Bei meinem dritten Besuch in Allendale sah ich Dinge, die mir bei den ersten beiden Besuchen entgangen waren. In nur sechs Monaten hatte sich manches in der Stadt zum Besseren gewendet: Das baufällige Kino wurde renoviert. In der South Main Street, neben einer der drei »Stop-N-Go«-Tankstellen, die es in der Stadt gab und die alle einem Mr Patel gehörten, hatte ein weiteres Soul-Food-Restaurant namens »Carolina Diner« eröffnet, das von Schwarzen betrieben wurde. Die Kirche des »New Life House of Love« am Oswald Drive dagegen wirkte wie ausgestorben. Der Parkplatz war leer, die Tür verschlossen, und über ihrem Bischof, der gegen Kaution zwar auf freiem Fuß, wegen des Vorwurfs der Unzucht mit einer Minderjährigen jedoch in Ungnade gefallen war, hing eine dunkle Wolke – auch das war eine neue Entwicklung.

Als ich das alte Schild »Cresent Motel« das erste Mal sah, hatte ich über den überforderten Schildermacher und seinen Schreibfehler lachen müssen, aber der verlassene Backsteinbau im Art-Deco-Stil dahinter hatte mich fasziniert – eine einstöckige »Motor Lodge«-Anlage aus den fünfziger Jahren mit Flachdach und nummerierten Türen. Bei meinem zweiten Besuch in Allendale war ich über das Gelände spaziert, hatte Türen aufgestoßen, war über Glasscherben gestiegen und hatte den großen, maroden, mit Maschendraht umzäunten und mit einem verschlossenen

Tor gesicherten Swimmingpool bestaunt, auf dessen Grund knöcheltief grünes Wasser stand. Das war im Herbst und Winter gewesen.

Jetzt, im Frühjahr, war wieder Leben im »Cresent Motel« eingekehrt. Mehrere Zimmer waren belegt, Leute gingen ein und aus, eine Frau mit einem Baby, ein Mann mit einer vollen Einkaufstüte. Ein zweiter Mann saß in einem Klappstuhl vor einem Zimmer und beobachtete mich argwöhnisch. Zwei verbeulte Autos standen nebeneinander auf dem Parkplatz, der sonst leer war bis auf einen Schwarm grauer Tauben, die unbeholfen an den Pfützen vorbeitapsten. Anfangs hielt ich die Leute für Hausbesetzer oder Camper: Sie waren ärmlich gekleidet, warfen mir nervöse Blicke zu, grüßten mich zwar, antworteten aber nicht auf meine Fragen. Der große Mann im Klappstuhl musterte mich nur finster und sagte mit leiser, aber drohender Stimme: »Idiot.«

Die Tür mit dem handbemalten Schild *Büro* war kaputt, und da sie halb offen stand, konnte ich sehen, dass Papiere und Limonadeflaschen aus Plastik verstreut auf dem Boden lagen, dazwischen eine umgekippte, auslaufende Öldose und ein schiefstehender Ohrensessel, aus dem das Füllmaterial quoll. Der Raum sah für mich wie ein Tatort aus.

Plötzlich rührte sich der Ohrensessel und sprach zu mir.

»Kann ich was für Sie tun?«, stieß er hervor.

Ein Mann ergriff einen Gehstock, stemmte ihn gegen den Zementboden und drückte sich in die Höhe. Er trug einen dicken Mantel und darunter einen Wollpullover mit ausgefranstem Kragen, eine dunkle Mütze und eine Hose, die an den Knien ausgebeult und zerrissen war. Er kam langsam aus dem Büro geschlurft, stach den Stock in den rissigen Asphalt und begrüßte mich.

»Sind Sie der Manager des Hotels?«

»Ich bin der Hausmeister.« Stöhnend vor Anstrengung humpelte er weiter auf mich zu.

»Geht's Ihnen nicht gut?«, fragte ich in mitfühlendem Ton, denn er hatte offensichtlich Schmerzen.

»Knieoperation«, antwortete er. Er ging ganz schief, blieb aber nicht stehen. »Und Hüfte.«

»Lassen Sie sich Zeit.«

»Hab mir beides neu machen lassen. Arthritis.« Er hieß Leon Williams, wie er mir sagte, und hatte die Aufgabe, den Laden am Laufen zu halten. Und da das Motel unübersehbar zerfiel und er selbst krank war, war das kein leichter Job. »Es braucht auf jeden Fall ein neues Dach, eine neue Elektrik und noch so einiges mehr.«

Doch erstaunlicherweise waren sieben Zimmer belegt – von alleinstehenden Männern, mehreren Paaren und einer kleinen Familie, die jeweils 80 Dollar pro Woche für ein Zimmer bezahlten. So heruntergekommen, wie das Motel war, hätte es ein Elendsquartier in einem Entwicklungsland sein können – ähnliche hatte ich in Mosambik gesehen, von optimistischen portugiesischen Kolonisten erbaut, bei Kämpfen zerschossen und halb zerstört und nach dem langen Bürgerkrieg von armen afrikanischen Familien mit Beschlag belegt: ausgezehrten Frauen, finster dreinblickenden Männern und verstörten Kindern, die in der Küstenstadt Beira vor rissigen Mauern und eingeschlagenen Fenstern standen. Ein Weltuntergangsszenario mit verzweifelten Menschen, die ihr Leben in städtischen Ruinen fristeten.

Leon wohnte im zwölf Meilen östlich gelegenen Brunson und fuhr fast jeden Tag mit seinem Pickup auf der Railroad Avenue hierher, um nach dem Rechten zu sehen. Das Cresent Motel war jetzt eher eine Zuflucht für Obdach- und Hoffnungslose als ein Motel für Durchreisende. Leon war in Allendale geboren und aufgewachsen, lebte aber, wie er mir sagte, lieber in Brunson, einer Ortschaft mit rund fünfhundert Einwohnern, die in der Gegend einst für ihr altes Rathaus bekannt gewesen war, einen auf Pfählen errichteten achteckigen Holzrahmenbau, unter dem die Einwohner gemütlich im Schatten sitzen und plaudern konnten. Das neue Rathaus war ein kleines Backsteingebäude, das nicht viel hermachte. Leon erinnerte an die besseren Tage von Allendale, als es in der Stadt noch Arbeit gegeben hatte.

»Meine Eltern, Vater und Mutter, haben im Sägewerk gearbeitet, und ich auch. Das waren gute Jobs.«

»Sie haben Rundholz verarbeitet?«

»Bretter und Balken. Sperrholz. Sogar Telegrafenmasten. Eigentlich alles.«

Leon war sechsundsechzig, wirkte aber älter, krank, wie er war, und so, wie er humpelte. Er hatte drei Kinder. Sie waren hier aufgewachsen, aber nach New York abgehauen, weil es hier weder Arbeit noch eine Perspektive für sie gab.

»Sie kommen mich besuchen, aber es gefällt ihnen hier nicht«, sagte Leon. »Denen geht hier alles zu langsam. Ich mag's langsam.«

»Aber in Allendale muss früher doch viel los gewesen sein, als noch Touristen in den Motels und Restaurants eingekehrt sind« – die inzwischen verfallen waren und Bombenkratern glichen.

»Es gab jede Menge Bars, vor allem in der Flat Street. Da hat man sich abends getroffen.«

Die Flat Street lag versteckt hinter der Railroad Avenue, der Hauptstraße, und verlief parallel zu ihr, sozusagen in ihrem Schatten. Es war schwer, sich in dieser trostlosen Straße irgendein Nachtleben vorstellen, aber zur damaligen Zeit hatte es in Allendale geboomt.

»In den Bars war viel los, aber es gab auch Probleme. Die Sauferei und die Schlägereien. Und Frauen gab es auch. Aber dann haben sie in der Flat Street eine neue Polizeistation aufgemacht, und damit war das Problem beseitigt.«

»Jetzt ist es ziemlich ruhig.«

»Die Interstate war unser Tod.«

Leon gab mir seine Adresse in Brunson und lud mich ein, jederzeit bei ihm vorzuschauen. Dann kehrte er in das Büro des »Cresent Motel« zurück, um seinen hausmeisterlichen Pflichten nachzugehen.

Einen Lichtblick gab es in Allendale. Ein paar Meilen südlich vom leeren Highway entdeckte ich »Christiana Estates«, eine kleine, halb geschlossene Wohnanlage mit hübschen, gepflegten Häusern auf großen Grundstücken, die von der Hauptstraße aus nicht zu sehen und der Beweis waren, dass nicht ganz Allendale verfiel oder so unrettbar verloren war, wie ich angenommen hatte.

Tischgebet

Nachdem er im Soul-Food-Imbiss »O Taste and See« feierlich das Tischgebet gesprochen hatte, sagte Wilbur Cave »Amen« und machte sich über das Essen her: Hühnchen, Reis, Bratensoße, Kohl und Brötchen.

Monate zuvor hatte er mir vorgeschlagen, noch einmal nach Allendale zu kommen, wenn ich mehr über seine Arbeit als Bauunternehmer und Projektentwickler erfahren wollte, und hier war ich. Ich wollte ein paar Familien besuchen, denen seine Organisation, »Allendale County Alive«, geholfen hatte, oder andere, die noch auf der Suche nach Unterstützung waren.

»Ich rufe sie an«, hatte Wilbur gesagt. »Wir brauchen die Erlaubnis der Menschen. Manche wollen nicht, dass man sie besucht oder vorbeikommt. Ihre Situation hat sie scheu gemacht.«

Vor neunzig Jahren war der berühmte Maler Thomas Hart Benton unweit von hier auf dieselben Scheu gestoßen. Er berichtet davon in seinen Lebenserinnerungen *An Artist in America* (1937), in dem Kapitel über den Süden. Er saß im Osten Georgias auf einer Bordsteinkante und zeichnete eine weiß getünchte Hütte. »Ein paar Farbige, die auf der Veranda saßen, gingen hinein, als sie mich erblickten«, schreibt er. »Bald darauf trat ein großer Neger in einem vielfach geflickten, aber sauberen Overall aus der Hütte und kam zögernd zu mir herüber. ›Hallo‹, grüßte ich, da ich merkte, dass er mit mir reden wollte. ›Sir, entschuldigen Sie bitte‹, sagte er in tadellosem Englisch, ›aber meine Mutter glaubt, dass Sie sich über unser Haus lustig machen, und möchte Sie bitten zu gehen.‹ Ich ging.«

In Allendale gab es nur wenige Gehminuten von der Hauptstraße entfernt ein ganze Viertel mit leerstehenden Hütten, die Wilbur Cave mit den begrenzten Mitteln von »Allendale County Alive« zu renovieren versuchte. Er erinnerte mich daran, dass er über ein Betriebsbudget von 100 000 Dollar verfügte, was lächerlich gering war. Aber dank den Einnahmen aus der Vermietung renovierter, baufälliger Häuser trug sich seine Organisation mittlerweile selbst. Sie war klein, aber effizient, und ich hatte den Eindruck, dass sie gerade deshalb – weil sie klein war – so erfolgreich arbeitete. Wilbur konnte über jeden Dollar, der durch seine Hände ging, Rechenschaft ablegen.

Wir sprachen bei Hühnchen und Reis über das Allendale County, das klein und arm war. Und über die Stadt, deren Einwohnerschaft zu siebzig Prozent schwarz war – der höchste Prozentsatz im Bundesstaat. Als ich Leon Williams erwähnte, der mit seinen Eltern im Sägewerk gearbeitet hatte, zählte Wilbur die Unternehmen und Geschäfte auf, die aus der Stadt abgewandert waren – nicht nur all die Restaurants, Autowerkstätten und Motels und ihre Dienstleister aus der Blütezeit der Route 301, sondern auch das produzierende Gewerbe.

»Wir haben hier Möbel gebaut«, sagte er. »Wir hatten Textilfabriken und haben bis in die achtziger Jahre hinein Stoffe und Teppiche produziert.«

»Was ist aus den Firmen geworden?«

»Die sind nach China. Nach Indien.«

»Und mit ihnen viele Jobs, nehme ich an.«

»Alle Jobs. Hier gibt es nichts mehr. Und wir hatten nie hochqualifizierte Leute. Man braucht keine besondere Ausbildung für einen Job im Dienstleistungsgewerbe, in einer Teppichfabrik oder in der Landwirtschaft. Und darum haben all diese Menschen ihre Arbeit verloren. Heute haben sie zu kämpfen. Das sind die Leute, denen wir zu helfen versuchen.«

»Was müsste man tun, um in diesem County etwas zu ändern?«, fragte ich.

»Das will ich Ihnen sagen. Wir haben jede Menge unerschlossenes Land. Denken Sie an die Menschen, die ihren Ruhestand in einem angenehmen Klima verleben oder die aus ihrem Land auswandern wollen. Colombia, Charleston und Augusta sind nicht weit und mit dem Auto bequem zu erreichen.« Er hob einladend die Arme. Jetzt klang er optimistisch. »Ich könnte mir vorstellen, dass uns das voranbringt. Man kauft zwei Hektar Land und stellt ein hübsches Haus drauf. Man bezahlt vielleicht siebentausend pro Hektar oder sogar nur zweitausend. Stellen Sie sich das mal vor, für so wenig Geld ein stattliches Grundstück in einer schönen Gegend.«

Sein Telefon klingelte. Er ging ran und führte ein kurzes Gespräch.

»Ich kann Sie mit ein paar Leuten bekannt machen.«

Razor Road

Die verlassenen Häuser an der Razor Road erweckten den Eindruck, als habe ein verheerender Sturm die Straße heimgesucht. Die Razor Road – ein bedrohlicher und einprägsamer Name – verlief durch das ärmste Viertel der Stadt. Sie begann in Zentrumsnähe und führte zum Ostrand, hinter dem sich meilenweit Ackerland erstreckte, das bei Nacht einen dunklen Saum bildete. Viele Häuser waren nur noch Ruinen, andere sahen einsturzgefährdet aus. Das offensichtlich älteste war ein einstöckiges Holzhaus aus schwarz verwitterten, handgesägten Brettern mit einem geflickten Wellblechdach. Diese schlichte Behausung hatte bereits im Februar 1865 an dieser Stelle gestanden, als General Sherman hier durchzog und an der Broxton Bridge auf Widerstand stieß, der ihn zwei Tage aufhielt, ehe seine siegreichen Truppen tiefer in den Staat vordrangen und Gehöfte und Scheunen niederbrannten. Das Haus hatte so weit von der marodierenden Armee entfernt gestanden, dass es verschont geblieben war.

Es war in einem schockierend heruntergekommenen Zustand. Es hatte die Stürme der Zeit überdauert und war nach und nach verfallen. Das Dach war verrostet, die Veranda abgesackt, Pappe ersetzte die fehlenden Fensterscheiben. Eine Innentoilette hatte es offenbar nie besessen. Der Schornstein ragte mitten aus dem Dachfirst – typisch für die ältesten Häuser.

»Erstaunlich, dass das immer noch hier steht.«

»Bis letztes Jahr war es noch bewohnt«, erwiderte Wilbur. In diesem Moment hörten wir, wie jemand durchs hohe Gras neben dem Haus ging, und Wilbur fügte hinzu: »Und da kommt der Besitzer. Hallo, Melvin. Ich möchte dich mit Paul bekannt machen.«

Melvin Johnson war ein Mann im fortgeschrittenen Alter in blauer Latzhose. Ich war überrascht, als er mir sagte, dass er erst siebenundfünfzig sei. Wie es schien, alterte die arme Bevölkerung wirklich schneller – hier, genau wie anderswo auf der Welt. Wir gaben uns die Hand, und lächelnd fragte er: »Wollen Sie einen Blick hineinwerfen?«

»Melvin war krank«, sagte Wilbur.

»Ich bin auf dem Weg der Besserung«, sagte Melvin. »Darmkrebs.«

»Wie geht es Ihnen jetzt?«

»Ich lasse es langsam angehen«, antwortete er. »Wilbur hat mir sehr geholfen.«

»Ich habe ihn ins Wohnungsbauprogramm aufgenommen«, sagte Wilbur. »Aber Melvin hat alles selbst gemacht, um ein neues Haus zu bekommen. Er hat einen Kurs zu Fragen der Finanzierung besucht. Er hat fleißig gelernt. Er hat das Kapital beschafft. Er hat eine Hypothek aufgenommen.«

»Ich habe mir ein neues Haus gekauft«, sagte Melvin.

Es war ein kleines Haus im allgegenwärtigen »Shotgun«-Stil, zwei Straßen von der Razor Road entfernt. Dort wohnte er mit seinen beiden Söhnen.

Ein Umzug von dieser alten Ruine in ein bescheidenes neues Haus ein paar Straßen weiter mag einem nicht wie ein großer

Fortschritt erscheinen, aber in meinen Augen war er gewaltig. Ich musste an die riesigen Summen denken, die in vollmundig angekündigte Projekte gesteckt werden, und wie wenig am Ende oft dabei herauskommt. Dann dachte ich an Wilbur, sein bescheidenes Budget und seine Liebe zum Detail. Und die Zeilen von William Blake kamen mir in den Sinn:

> Wer Gutes tun will, tue es in kleinen Schritten
> »Das« Gute ist die Zuflucht des Schurken, Heuchlers und
> Schmeichlers

»Besser als das hier, so viel ist sicher«, sagte Melvin und stieß die alte Tür auf. Ein schlimmer Modergeruch schlug uns entgegen. Melvin knipste das Licht an – eine nackte Glühbirne, die an einer Leitung von der Decke baumelte. Ich tat einen Blick in eine versunkende Epoche, sah die zerlegten Kartons, die als Dämmstoff an die Wand genagelt waren, den mit alten Schuhen, zerrissenen Kissen, zerknüllten Decken, zerbrochenen Stühlen, gestapelten Kartons und Lumpen bedeckten Fußboden, das Durcheinander von Zeitungen und Zeitschriften, die sich in Jahrzehnten angesammelt hatten. Jesusbilder zierten eine Wand. Die daneben angehefteten Zeitungsausschnitte waren so vergilbt, dass die Fotos und Schlagzeilen nicht mehr zu erkennen waren. Ein gesprungener Spiegel verlieh dem Ganzen einen Hauch von »Schreckenskammer« und »Geisterhaus«.

Melvin setzte sich auf ein zerschlissenes Sofa und zog eine Decke weg, unter der ein rußgeschwärzter Holzofen zum Vorschein kam. Heute war ein strahlend warmer Frühlingstag, aber in diesen kühlen, stinkenden Raum drang kein Sonnenstrahl: Die Fenster waren mit Decken verhängt, die Innentüren geschlossen, und es war nicht das Heruntergekommene, der Verfall, der mich störte, sondern der Geruch, denn es war der Geruch des Todes. Wie schon im »Cresent Motel« fühlte ich mich an einen Tatort erinnert. Das Einzige, was fehlte, war eine Leiche.

»Ich wurde hier geboren«, sagte Melvin. »Hier habe ich gelebt, die meiste Zeit zusammen mit meiner Großmutter.«

»Woher haben Sie das Wasser herbekommen?«

»Vom Brunnen drüben.«

»Was ist mit der Toilette?«

»Wir hatten ein Plumpsklo hinterm Haus. Es ist noch da.«

»Wie lange haben Sie hier gewohnt?«

»Sechsundfünfzig Jahre«, antwortete Melvin. »Letztes Jahr bin ich in das neue Haus gezogen.« Er schaute sich in dem vermüllten Zimmer um und staunte. »Nicht schlecht, was? Sechs Generationen haben in diesem alten Haus gelebt. Meine Großmutter ist in dem Zimmer da gestorben.« Er deutete auf eine zugenagelte Tür, vor der ein Haufen Plunder lag.

»Kennen Sie Ihre Familiengeschichte gut?«, fragte ich.

Er kannte seine Familiengeschichte sogar sehr gut.

»O ja, Sir«, sagte er sichtlich stolz. »Es war Bruce Eady, der uns in die Sklaverei verkauft hat.«

Flowers Lane

An diesem sonnigen Tag im ärmsten Teil der ärmsten Stadt von South Carolina musste ich feststellen, dass die Flowers Lane in Wirklichkeit gar keine Straße war, sondern eine fußballplatzgroße, vom jüngsten Regen aufgeweichte Brache, die durchzogen war von mehreren Trampelpfaden. Und die Häuser, die verstreut um dieses Areal aus Schlammlöchern herumstanden, waren keine Häuser, sondern Bruchbuden und abgewrackte Wohnwagen, wie ich sie in den ärmsten Ortschaften im Mississippi-Delta gesehen hatte. Hier hatte Cyrus Amir-Mokri, Staatssekretär im US-Finanzministerium, im Jahr 2011 vorbeigeschaut, über das Elend und die zerlumpten Leute gestaunt und erklärt, er könne nicht glauben, dass in den Vereinigten Staaten solche Zustände existierten. Vielleicht sagte diese Äußerung weniger etwas über die

Vereinigten Staaten aus als vielmehr etwas über diesen privilegierten, im Iran geborenen Bürokraten, der eigentlich über unsere »unsichtbaren zwanzig Prozent« hätte Bescheid wissen müssen. Die Flowers Lane lag in South Carolina, aber sie hätte ebenso gut auch im Delta oder – wie mir immer wieder aufstieß – in Simbabwe liegen können.

»Kennen Sie die Leute hier?«, fragte ich Wilbur.

»Ich kenne ein paar«, antwortete er. »Die Familie da hat wegen einer Renovierung nachgefragt. Sie steht auf unserer Liste. Vielleicht können wir helfen. Deswegen bin ich hier – um mir ein Bild zu machen.«

Der rechteckige, wohnmobilgroße Flachbau war mit weißem Kunststoff verkleidet und sah auf den ersten Blick nicht halb so schlimm aus wie der verfallene Wohnwagen auf der anderen Seite des Platzes oder die schlecht isolierte Hütte daneben. Doch im Näherkommen erkannte ich, dass der Kunststoff nur billige Kosmetik war und gesplitterte Holzwände bedeckte. Die Fensterritzen waren mit Klebeband abgedichtet, und das Verandadach machte einen ziemlich wackeligen Eindruck.

Eine alte Frau empfing uns an der Tür und schien darüber bestürzt, dass wir zu zweit waren. Sie kannte Wilbur, aber wer war ich?

»Ich schau nur zu«, sagte ich.

Das schien ihr noch viel weniger zu gefallen – was ich ihr nicht verdenken konnte. Das kleine Wohnzimmer des baufälligen Hauses war rappelvoll mit Menschen: Sieben Personen, alte und junge, saßen auf Stühlen oder lagen auf dem Fußboden. Sie sahen sich gerade eine Folge der Seifenoper *Schatten der Leidenschaft* an. Ein alter Röhrenfernseher flimmerte in der hinteren Ecke des Zimmers.

Was tun Menschen, wenn sie nichts zu tun haben? Da hatte ich mich gefragt, als ich vor Monaten zu Hause losgefahren war. Die Familie in diesem armseligen Haus an der Flowers Lane lieferte eine mögliche Antwort. Man suchte die Gemeinschaft, und sei es, um zusammen fernzusehen. Sie starrten mich an und erwiderten meinen Gruß, und jetzt bemerkte ich, dass wirklich alle Altersstufen vertreten waren. Die Einzige, die auf einem richtigen Stuhl saß, war eine alte Frau mit wachsamem Blick, die ein dickes Schultertuch umgelegt hatte. Ihr rechtes Bein endete in einem Stumpf, der umso mehr auffiel, als eine rote Socke darübergestülpt war. Sie hieß Janice Williams und mochte neunzig oder älter sein. Ihre Tochter, die Frau mit dem bestürzten Gesicht, die uns hereingelassen hatte, war Sharlene Badger.

»Das ist Willie, und das ist Roger«, sagte Sharlene und deutete auf die beiden älteren Jungs, die um die zwanzig waren. Sie grinsten mich spöttisch an. Dann stand einer von ihnen auf – sie hatten auf dem Boden gelegen – und trat dicht an mich heran.

»Sie können mich Roger Rabbit nennen«, sagte er. »Falls Sie Fragen haben.«

»Noch nicht«, sagte ich.

Sein Übereifer und seine schmutzige Kleidung stimmten mich etwas bedenklich. Er trug ein zerschlissenes T-Shirt mit zwei dunklen, gestikulierenden Hände vorn drauf, beide mit gerecktem Mittelfinger, und darüber stand *Fuck Y'all Records* – kein Musik-Label, das mir bekannt gewesen wäre.

»Wenden Sie sich an Jessica«, sagte Sharlene Badger. »Jessica kann Ihnen Ihre Fragen beantworten.«

»Ich glaube, Wilbur hat Fragen«, erwiderte ich.

In dem kleinen Raum war es drückend heiß. Außerdem roch es nach alten Kissen und Schweißfüßen, und die Hitze machte den Gestank noch schlimmer. Es war der Geruch der Armut, ein Gestank. Und er wurde durch einen zischenden Gasofen noch verstärkt, der an der Wand befestigt war und den Eindruck erweckte, als stünde die Wand selbst in Flammen.

Das Zischen war mir schon beim Eintreten aufgefallen. Draußen war ein Frühlingstag. Die Sonne schien, dazu ein leichter Wind, gut zwanzig Grad Celsius, Hemdsärmelwetter. Und drinnen drängte sich die Familie in einem Zimmer, in das der Gasofen

Wärme pustete. Die Menschen froren an einem warmen Tag im Haus und hatten nichts zu tun.

Vier Generationen waren versammelt: die alte Frau und Matriarchin, Janice, ihre Tochter, und ihre Enkel – Roger, Willie und ein älteres Mädchen, das sich wegdrehte, als ich es nach seinem Namen fragte, und deren sechsjährige Tochter, die Shaquavien Thompson hieß, wie sie mir sagte, während sie sich die Haare flechten ließ.

»Das ist gefährlich«, sagte Wilbur zu dem Flammen speienden Gasofen an der Wand. »Der muss entlüftet werden.«

Ein Jesusbild auf schwarzem Samt hing an einer Wand, daneben Familienfotos und weitere Jesusbilder über einem Regal mit Kunststofftrophäen, einer Schneekugel, einem Modell des Eiffelturms, einem schmutzigen Baseball, einem Knäuel von Glasperlenketten, Souvenir-Aschenbechern, zwei Postkarten aus New York, einer dicken goldenen Borte mit dicken goldenen Quasten und einem Teller mit losen Knöpfen. Die Stühle standen so eng, dass kaum ein Durchkommen war, und ich zwängte mich zum hinteren Teil des Raumes, um Rogers neugierigen, fast anzüglichen Blicken zu entgehen.

Armut war hier kein Mangel an Dingen, Armut war hier eine absurde Anhäufung von mehr oder weniger kaputten Dingen, die das Zimmer anfüllten wie Treibgut, das sich an einem Strand nach einem Sturm ansammelt. Und dann dämmerte mir, dass es in diesem überheizten kleinen Zimmer in dem Haus an der Schlammpiste namens Flowers Lane, in dem sich an diesem Frühlingsnachmittag vier Generationen einer Familie verkrochen, keinen Ernährer gab.

»Da kommt ja unsere Süße«, rief Sharlene Badger in diesem Moment, als sich die Tür öffnete und ein Mädchen lächelnd aus dem gleißenden Sonnenschein draußen ins Zimmer trat und uns begrüßte.

Das war Jessica. Sie war groß gewachsen und trug einen grünen, enganliegenden Sweater und schwarze Leggins. Ihr Haar war geflochten, mit goldenen Strähnchen geschmückt und mit dicht geflochtenen Extensions verlängert. Sie sprühte vor Lebensfreude, und ich konnte verstehen, warum ihre Mutter sie dazu auserkoren hatte, für die Familie zu sprechen. Sie war gewandt, hatte, wie sie erzählte, einen Kosmetikkurs absolviert und war auch ein wenig gereist. Sie ließ sich von meiner Anwesenheit nicht beirren, sondern führte uns selbstbewusst einen schmalen Gang hinunter und zeigte uns das Haus, die fleckigen Deckenplatten, die fensterlosen Schlafzimmer, deren Einrichtung offenbar nur aus auf dem Boden liegenden Matratzen und einem Haufen Decken und Kissen bestand.

»Das Dach ist undicht«, sagte Jessica. »Da oben regnet es durch. Sehen Sie den Fleck?«

Ich sah nichts an der Decke in dem dunklen, stickigen Raum, aber die Steppdecke auf dem Bett hatte Wasserflecken. Auch Jessica wohnte hier. Insgesamt, so sagte sie, lebten neun Menschen in dem Haus, das drei kleine Schlafzimmer und das unerträglich heiße Wohnzimmer hatte. Ich konnte mir nicht vorstellen, wie sie sich zum Schlafen auf die Zimmer verteilten.

»Ich überlege mir, nach Ohio zu ziehen«, sagte Jessica.

»Zeig ihnen die Küche!«, rief Sharlene, das Zischen des Ofens und das Plärren des Fernsehers übertönend.

»Die Küche ist wirklich schlimm«, sagte Jessica. »Die Decke kommt runter, und der Fußboden ist auch hinüber.«

Die Küche war in einem Kabuff ganz hinten untergebracht. Eine fettige, klebrige Herdplatte, ein ramponierter Kühlschrank, eine Spüle, in der sich schmutziges Geschirr stapelte, eine Arbeitsplatte mit aufgerissenen Schachteln mit Frühstückflocken. Und dahinter ein kleiner Hof, in dem Shaquaviens Spielsachen, ein paar alte Autoreifen und ein kaputtes Schaukelgestell lagen.

»Hätten wir gewusst, dass Sie kommen, hätten wir aufgeräumt«, sagte Jessica.

»Schon in Ordnung«, erwiderte Wilbur.

»Glauben Sie, Sie können etwas tun?«

»Wir können helfen. Wir können den Ofen entlüften und den Fußboden abstützen«, sagte er. »Vielleicht auch die Decke reparieren.« Beim Sprechen machte er sich Notizen. »Das Dach abdichten.«

Er stand inmitten des Elends. Ich bewunderte seine Gelassenheit und sein beruhigendes Auftreten, und ich zweifelte nicht daran, dass er Wort halten und die versprochenen Verbesserungen vornehmen würde.

Der Rest der Familie sah sich weiter die nachmittägliche Seifenoper an. Auf dem Bildschirm lag sich gerade ein junges weißes Pärchen in den Haaren, als Wilbur und ich uns dafür bedankten, dass wir sie hatten besuchen dürfen, und ins Freie traten. Dann standen wir auf der morastigen Flowers Lane und ließen den Blick über das baufällige Haus schweifen.

»Wovon lebt die Familie?«, fragte ich.

»Wahrscheinlich leben sie alle von der Sozialhilfe der alten Frau. Ansonsten …« Er machte eine vage Handbewegung. Das übliche eben: Lebensmittelmarken, Invalidenrente, Arbeitslosengeld, Fürsorge, Almosen.

Dies war nur *ein* ärmliches Haus, *eine* arme Familie unter Millionen, aber ein anschauliches Beispiel für Armut und Hoffnungslosigkeit, Isolation und Beschäftigungslosigkeit.

Wilbur musterte noch immer das Haus. »Das wird ziemlich aufwendig«, sagte er. »Das Beste wäre es, die ganze Bude abzureißen und ein neues Haus hochzuziehen. Aber dafür fehlt uns das Geld.«

Roger und Willie waren uns nach draußen gefolgt. Sie setzten sich auf alte Fahrräder, wiegten sich hin und her und grinsten zu uns herüber. Sie waren zu groß für die Räder, turnten ein bisschen mit ihnen herum und lachten. Jessica war unterdessen auf die Veranda getreten, mit der sechsjährigen Shaquavien an der Hand. In der Sonne sahen sie verändert aus, schutzloser, trauriger.

Im Weggehen sagte Wilbur zu mir: »Wir werden etwas tun.«

»Ja«, sagt der Erzähler in Tschechows Novelle *Die Bauern*, indem er für Olga spricht, »es ist entsetzlich, mit ihnen zu leben, aber sie sind immerhin Menschen, sie leiden und weinen wie Menschen, und in ihrem Leben ist nichts, wofür man nicht eine Rechtfertigung finden könnte … Auch jetzt taten ihr alle diese Menschen leid, und sie sah sich im Gehen nach allen Häusern um.«

Der Sturz

Ich fuhr von Allendale auf der Atomic Road zurück nach Aiken und Augusta, dann durch Georgia und wieder nach Alabama, und dort über Talladega und Childersburg nach Greensboro, wo ich in dieser Woche eine Verabredung hatte. Dort widerfuhr mir ein Missgeschick. Um mir die Zeit zu vertreiben, wollte ich mir am Stadtrand das heruntergekommene »Inn Motel« (Inhaber: Mr Patel) an der Kreuzung von Route 69 und State Street genauer anschauen. Es war hässlich und sah unbewohnbar aus. Als ich den Parkplatz verließ, trat ich vom Bürgersteig und fiel nach vorn, und hörte nicht auf zu fallen – sah das Verhängnis nahen, den Schmerz, und in einem Augenblick der Panik, der zu kurz war, um Worte im Kopf zu formen, sah ich Bilder von mir selbst: einen gebrochenen Arm, ein zerschmettertes Gesicht, einen zertrümmerten Schädel, einen grausigen Tod …

Ich stürzte in einen betonierten Abzugskanal, der zu diesem Zeitpunkt kein Wasser führte. Ein, zwei Minuten lang blieb ich liegen wie ein waidwundes Tier. Dann setzte ich mich mühsam auf. Meine Hände waren aufgeschürft, der rechte Unterarm tat weh und blutete. Ich konnte von Glück sagen, dass ich mir offensichtlich nichts gebrochen hatte. Mein Kopf schmerzte, und der Schmutz an meinen blutenden Händen beunruhigte mich. So blieb ich eine Weile im Dreck hocken. Als ich mich wieder gefasst hatte, kroch ich aus der Rinne, ging in eine Apotheke in der Nähe und kaufte mir etwas zum Desinfizieren. Schließlich setzte ich mich in mein Auto und verarztete mich.

Ich war über den Sturz schockiert und verärgert. Ich hätte mir den Hals brechen können, gewiss. Aber ich war vor allem wütend, weil ich nicht aufgepasst hatte, weil ich davon ausgegangen war, dass die Bürgersteige in Greensboro genauso ebenmäßig und sicher waren wie dort, wo ich herkam.

Ich nahm mir einen Tag frei und fuhr nach Demopolis, wo ich an einer Umgehungsstraße ein Motel fand. Dort fiel ich, immer noch von Schmerzen geplagt, in einen tiefen Schlaf. Zwölf Stunden später wachte ich auf. Ich hatte immer noch Schmerzen, aber inzwischen überwog das gute Gefühl, noch einmal glimpflich davongekommen zu sein.

Vernell Micey

In Demopolis, einem reizenden Städtchen am Tombigbee River, das allerdings auch schon bessere Tage gesehen hatte, mit gediegenen Häusern, mehreren prächtigen Villen und zumeist leeren Geschäften, lernte ich Vernell Micey kennen und versuchte zu verstehen, was er mir sagen wollte. Vernell sprach den breitesten Akzent, der mir im Süden bisher untergekommen war. Er empfahl mir ein Restaurant namens »Red Barn«, dessen Namen er in die vier Silben zerlegt: *»Rey-oh Bow-un«*.

Er war Anfang zwanzig, studierte im letzten Jahr am College Rechnungswesen, ein kleiner, freundlicher und leicht erregbarer Bursche, der mürrisch hinter großen Brillengläsern hervorblickte.

Als ich anfing, sein beschauliches Städtchen zu loben, wurde er ungehalten.

»Ich will weg aus dieser Stadt«, sagte er gereizt. Sein Knurren hatte etwas Komisches, aber er meinte es ernst. »Ich will weg aus diesem Bundesstaat.«

»Wo wollen Sie denn hin?«

»Ich würde gern in den Norden gehen, nach New York, oder sonst wohin, ganz egal. Nur weg, von hier weg. Weg von meiner Familie.«

»Waren Sie schon mal im Norden?«

»Bin nie aus Alabama rausgekommen«, antwortete Vernell. »Deswegen will ich ja weg. Mir egal, wie es da ist. Kann nur besser sein als hier.«

Demopolis war eine Insel, umgeben von Feldern und Wäldern, die auf allen Straßenkarten als »landschaftlich schön« ausgewiesen sind. Da und dort sah man neben einer Hütte oder einer Ansammlung klappriger Wohnwagen eine Frau Wäsche aufhängen oder einen Mann sich unter einer hochgeklappten Kühlerhaube über einen Motorblock beugen. Meilenweit fanden sich keine Anzeichen von Modernität, an denen man hätte ablesen können, was für ein Jahr gerade war. Es war kein Wunder, dass Vernell fortwollte, nur schien dieses Verlangen bei ihm größer zu sein als bei anderen, ja sogar von Verzweiflung diktiert.

In der Pfandleihe

Wie viele ähnliche Städte im Süden war Demopolis bekannt für seine Vorkriegsvillen, darunter Bluff Hall, die stattliche Villa eines Baumwollpflanzers aus dem frühen 19. Jahrhundert im klassizistischen »Federal Style«. Dann Gaineswood, ein niedriges, weiß verputztes Herrenhaus, das ungefähr zur gleichen Zeit gebaut wurde, heute aber zu dicht neben den modernen roten Backsteinbauten der Demopolis High School steht, um seine Pracht voll entfalten zu können. Und schließlich Lyon Hall mit Säulengängen, Kolonnaden, Walmdächern, Balkonen, Aussichtstürmen und Kuppeln. Was die bedauerliche Tatsache angeht, dass sie von Sklaven erbaut wurden, so könnte man dasselbe auch von den Pyramiden sagen, nur dass die Ägypter damals noch bessere Argumente dafür hatten, dass sie sich der Zwangsarbeit bedienten.

Diese überdimensionalen Wohnhäuser, die Protzvillen der Sklavenstaaten, wurden als Sehenswürdigkeiten für Besucher angepriesen, und einige waren auch wirklich hübsch herausgeputzt. Aber ebenso viele oder noch mehr waren dem Verfall preisgegeben und riefen mir Rebecca Wests Worte ins Gedächtnis: »Ein Haus, das sehr groß und sehr arm ist, hat etwas besonders Erschreckendes … ein Blenheim [Stadt in bevorzugter Lage in Neuseeland] des Elends.«

Auf jeden Fall hatte Demopolis auch bescheidene Bungalows und die unvermeidlichen »Shotgun«-Häuser und ein Viertel mit heruntergekommenen Hütten, ein Überbleibsel des alten Zentrums mit einem stillgelegten Kino und Läden, die ums Überleben kämpften. Die Motels, Esslokale, Einkaufszentren, Tankstellen und Banken lagen draußen an der Umgehungsstraße, die auch die Straße nach Mississippi war.

Die große Attraktion im Zentrum aber und das meistbesuchte Ladengeschäft war – wie in den meisten vergleichbaren Städten im Süden – die Pfandleihe, die hier »Trade an Traffic« hieß und an der Ecke Washington Street und Walnut Avenue lag. Sie »brummte« und wurden anscheinend von Vertretern aller Schichten und Hautfarben frequentiert. Die Regale und Vitrinen waren gefüllt mit alten Werkzeugen, Haushaltsgeräten, Textilien, Schmuck, Münzen, Objekten aus dem Ersten und Zweiten Weltkrieg, Bajonetten, Helmen, Kochgeschirr und den üblichen Nazi-Memorabilien. Die Regale an einer Wand enthielten ein ganzes Arsenal von Gewehren, Pistolen und Messern, das Schnäppchenjäger mit Schlapphüten und Bluejeans interessiert begutachteten.

Und wie in den meisten anderen Pfandleihen, die ich mir im Süden angesehen hatte, war man auch hier gastfreundlich und zuvorkommend. Ein Dutzend Leute schlurfte durch den Laden und nahm die Ware in Augenschein, und ein Glücklicher versetzte, als ich eintrat, gerade eine alte Motorsäge.

Ein Schwarzer mit borstigem Bart und Jägermütze schlüpfte an einem ausgestopften Hirschkopf und einer alten rostigen Egge, an deren Zinken noch Erde hing, vorbei, grüßte die Schnäppchenjäger und steuerte auf den hinteren Teil des Ladens zu, wo ein sehr dicker Mann an einer Vitrine mit Revolvern lehnte. Dieser Mann war der Ladenbetreiber, und er verspeiste jetzt, am Vormittag, mit solchem Appetit einen Hamburger, dass ihm die Verpackung zwischen den Zähnen hängengeblieben war und er Papier kaute.

»Was läuft, Schwergewicht?«

»Keine Ahnung«, antwortete der Mann kauend.

»Na, wenn du's nicht weißt ...« gab der andere gespielt resigniert zurück.

»Ich hab geblutet wie ein Schwein«

Auf Landstraßen ging es vorbei an Catfish-Aufzuchtanlagen und Rinderfarmen, dann an Feldern und Weiden – eine Stute stupste ein Fohlen, das sich mühsam auf spindeldürre Beine stellte –, an wild wuchernden Hecken und weiß schäumenden Kirschbäumen, an den Sträußen der Pfirsichblüten. Ich fuhr zurück nach Greensboro, wo immer noch die Judasbäume blühten.

Es war ein heißer Frühlingstag, und das grelle Sonnenlicht spiegelte sich gleißend in den Fensterscheiben und Karosserien der geparkten Autos. Ich setzte mich auf eine Bank auf der schattigen Straßenseite in der Nähe des »Pie Lab«, weil mich ein Mann anlächelte, der am anderen Ende der Bank saß. Es war sehr alt und hatte nur einen Arm. Der andere war am Ellbogen amputiert.

Eine braune Schildmütze saß leicht schief auf seinem Kopf. Die dicken Gläser seiner Brille ließen auf grauen Star schließen, und trotz der Hitze trug er eine dicke Wolljacke. Aber er lächelte freundlich und klopfte mit seiner einen Hand auf die Bank. Er war schätzungsweise achtzig Jahre alt und hatte leicht indianische Züge wie viele Schwarze in diesem Teil des Südens. Er hieß Floyd Taylor.

»Das Gewehr war geladen«, sagte er schließlich, nachdem wir eine Weile geplauscht und ich die naheliegende Frage gestellt hatte. »Denn man weiß ja nie, was einem vors Rohr läuft. Wir hatten nicht viel zu essen und waren auf die Jagd angewiesen. Ich hab nach Eichhörnchen Ausschau gehalten, und mich auf das Gewehr gestützt. Es war entsichert. Ich hab es am Lauf und am Abzugsmechanismus hochgenommen, und da ging es los und hat mir den Arm weggeblasen. Eine dreiviertel Meile lang hab ich geblutet wie ein Schwein. Aber sie haben mich zusammengeflickt, und das ist übrig geblieben.«

»Mit nur einem gesunden Arm«, sagte ich, »muss es schwer gewesen sein, Arbeit zu finden.«

»Wir waren Farmer«, erwiderte Floyd. »Da war das kein großes Problem. Eine Zeitlang hab ich auf der Farm einen Laster gefahren, und dann hab ich in einer Zementfabrik gearbeitet und Zement gemacht. Und dann habe ich auf den Straßen gearbeitet, wenn sie kaputt waren. Ich hab einen Laster gefahren und die Fahrbahn mit Wasser besprengt, einen Wassertransporter.«

»Mit einem Arm?«

»Ich hab alles mit einer Hand gemacht«, sagte er. »Das war vor ungefähr dreißig Jahren in Demopolis und Greensboro. Aber möglicherweise ist es auch schon vierzig Jahre oder länger her, wenn ich mir's recht überlege.«

»Sind Sie hier in der Gegend aufgewachsen?«

»Ich bin aus Greensboro, aber vom Land.« Er legte den Kopf zurück und lächelte in den blauen Himmel. »Das Leben hier war ziemlich gut, nur hatten wir nie Arbeit. Bis heute versuchen sie, Industrie herzuholen. Ein paar Sachen sind gelaufen, aber nichts für billige Arbeitskräfte wie früher. Früher hat es wenigstens noch Billigjobs gegeben, aber jetzt nicht mehr.«

»Aber in Tuscaloosa gibt es doch Arbeit«, sagte ich.

»Aber hier nicht. Wenn man keine Arbeit findet, bleibt man einfach zu Hause. Wir haben nie viel Geld gebraucht.«

Er lächelte bei der Erinnerung. *Wir waren nicht arm*, hatte Thomas Hart Benton über sein von Existenznöten geprägtes Künstlerleben gesagt, *wir hatten nur kein Geld.*

»Meine Eltern waren Farmer, als ich noch ein Junge war«, fuhr Floyd fort. »Wir hatten Mais, Baumwolle und haben daneben auch noch ein paar Sachen zum Essen angebaut. Wir hatten Wassermelonen, eine großes Wassermelonenfeld. Die haben wir nie verkauft. Die haben wir einfach verschenkt. Mein Pa hat vom Verkaufen nichts gehalten. Wir haben Süßkartoffeln für den Eigenbedarf angebaut. Wir haben Sirup und Melasse gemacht.«

»Wie haben Sie die Melasse gemacht?«

»Melasse haben wir aus Zuckerrohr und Sorghum gemacht«, antwortete er. »Das gestreifte Zuckerrohr war das beste. Außerdem hatte man noch eins, das POJ hieß.«

POJ war eine Zuckerrohrsorte, die, wie ich herausfand, von den Niederländern in den zwanziger Jahren im indonesischen Ost-Java gezüchtet worden war (das Kürzel stand für »Proefstation Oost Java«). Diese überaus robuste Importsorte rettete in den zwanziger und dreißiger Jahren die kranken Zuckerrohrfelder im Süden.

»Man nimmt das Zuckerrohr und schält es. Dann bringt man es zur Sirupfabrik, in der es eine Art Quetsche gibt mit einem langen Balken. In die Quetsche steckt man das Zuckerrohr rein und an den Balken spannt man sein Zugtier an. Außerdem hatte man eine große Schale, da drin wurde der Sirup erhitzt, wie in einer Bratpfanne. Man kocht ihn und schöpft die oberste Schicht mit einer Kelle ab. Die Melasse war erstklassig.«

»Anscheinend waren Sie Selbstversorger.«

»Wir waren arm«, sagte er, »deshalb haben wir selbst angebaut, was wir zum Leben brauchten. Wir haben auch Schweine geschlachtet und geräuchert. Erst haben wir sie ausbluten lassen, dann zerlegt und dann zwei bis drei Tage geräuchert. Wir haben alles selber gemacht.«

»Wie viel Land hatten Sie?«

»An die zwanzig Hektar. Die hatten wir von einem Weißen gepachtet, der viel Land besessen hat. Ich kann nichts Schlechtes über diesen Weißen sagen. Aber er hatte einen Traktor, und wir hatten nur zwei Mulis.«

»Mulis anstelle eines Traktors.«

»Genau. Die haben wir vor den Pflug gespannt, aber sie haben immer nur eine Furche auf einmal gezogen. Der Traktor hat zwei oder mehr geschafft.«

Wir unterhielten uns noch eine Weile über die altmodische Farm, über das Baumwollpflücken, die Nahrungsbeschaffung, die Jagd.

»Mein Vater ist fast jeden Tag auf die Jagd gegangen«, sagte Floyd. »Er hat Hasen, Eichhörnchen und Hirsche gejagt, und die haben wir selbst gegessen.« Er lächelte, vielleicht in Erinnerung an diese Mahlzeiten. Dann sagte er: »Heute ist es anders. Die Leute haben Hunger, tun aber nichts und sitzen nur herum.«

Wie gelähmt

»Wenn Sie wiederkommen«, hatte Randall Curb in typischer Südstaaten-Manier, die keine Eile kennt, zu mir gesagt. Wohl in der Annahme, dass sich bis dahin ohnehin nichts verändern würde.

»Kommen Sie bald wieder«, sagten Leute häufig zu mir, und die Folge war, dass aus meiner ursprünglich geplanten Reise von einem Punkt A zu einem Punkt B, wie ich schon so viele unternommen hatte, eine über die Jahreszeiten verteilte Rundreise geworden war, von der ich nicht wusste, wie oder wann sie enden würde.

Randalls Plan war gewesen, mit mir zusammen nach Maron zu fahren, dem Verwaltungssitz des Perry County, und Mary Ward Brown zu besuchen, die Kurzgeschichtenschreiberin, die in etwa einem Monat sechsundneunzig Jahre alt werden würde. Randall war sich sicher, dass Mary T., wie ihre Freunde sie liebevoll nannten, sich freuen würde, mich zu sehen. Und dass sie dann auch noch leben würde, versteht sich.

Randall hatte mir von Mary Ward Browns Arbeit erzählt, und nachdem ich drei Bücher von ihr – zwei Erzählbände und ihre Erinnerungen – gelesen hatte, konnte ich es tatsächlich kaum erwarten, sie kennenzulernen. Ihre Geschichten waren direkt, ungekünstelt und unsentimental und beeindruckten mich durch ihre tiefen Einblicke, die sie in das Innenleben des ländlichen Alabama gewährten, in den Alltag, die provinziellen Sitten, die Denkweise und besonders in die ethnischen und wirtschaftlichen Konflikte. Keine Schauermärchen, keine Zwerge, keine zwölfjährigen Ehefrauen, keine Schwachsinnigen, keine Monstrositäten, nichts, was sich als »phantasmagorisch« bezeichnen ließe.

Mary T. hatte schon als junges Mädchen Schriftstellerin werden wollen und auch ein paar Geschichten zu Papier gebracht, dann aber das Schreiben aufgegeben, um sich um ihre Familie zu kümmern. Erst mit über sechzig fing sie wieder an, Prosa zu verfassen. Einige New Yorker Zeitschriften und Periodika von Universitäten veröffentlichten ihre Texte, die sie so bekannt machten, dass sie in den achtziger Jahren sogar zu einer Lesereise in die Sowjetunion eingeladen worden war. Sie war eine Art Sprachrohr des ländlichen Südens. Doch ich selbst hatte nie von ihr gehört, bis Randall ihren Namen erwähnte. Ihre Geschichten waren für mich eine Überraschung und ein Gewinn.

Auch Randall war eine Überraschung. Er lebte in einem Haus voller Bücher, war ein freundlicher Gastgeber, ein bemerkenswerter Einsiedler und liebenswerter Mensch, und er hatte als Sohn der Stadt hier gute Beziehungen. Er hatte die Zeit der Rassentrennung miterlebt, war während des Bürgerrechtskampfes Augenzeuge der Auseinandersetzungen auf der Main Street geworden und hatte diesen Konflikt als Chronist dokumentiert. Er war nicht nur der belesenste Mensch, dem ich im Süden begegnet bin, sondern auch einer der belesensten, die ich überhaupt jemals kennengelernt habe. Er war Lehrer und Kritiker gewesen und hatte für Zeitungen und Zeitschriften geschrieben. Er gab sich bescheiden, was sein eigenes Schreiben anging, und über seine Belesenheit sagte er, er habe seine Zeit eben damit zugebracht, sich in Bücher zu versenken.

Fatalerweise litt Randall an einer fortschreitenden Erblindung, wie sie der blinde argentinische Schriftsteller Jorge Luis Borges in ähnlicher Form an sich selbst beschrieben hat. »Die Welt des Blinden ist nicht die Nacht, wie man allgemein annimmt«, sagte Borges. »In meinem Fall ist es eine langsame Dämmerung, ein langsames Erblinden, und es begann, als ich zu sehen begann. Seit 1899 hat sich diese langsame Dämmerung ohne dramatische Momente über mehr als ein halbes Jahrhundert erstreckt.« Aber doch mit einigen bewegenden Momenten, wie etwa dem, »als ich feststellte, dass ich mein Augenlicht, mein Augenlicht als Leser und Schriftsteller, bereits verloren hatte«.*

In »Blindheit«, dem Vortrag, aus dem ich zitiere, sagt Borges weiter: »Blind sein hat seine Vorteile. Ich verdanke dem Schatten einige Gaben ...« und berichtet davon, wie er andere Wahrnehmungsweisen entdeckte, die ihm die Blindheit geschenkt habe, ehe er an die vielen Blinden (Homer, Milton, Joyce und andere) erinnert, deren Leben der Literatur gewidmet war. Randall erschien mir wie einer von diesen seltenen und begabten Menschen, ein außergewöhnlicher Mann, der in einer Kleinstadt in Alabama, die für ihre Armut und Abgelegenheit bekanntgeworden war, allein zwischen seinen vielen Büchern lebte.

Ich kam gerne zurück. Vor unserer ersten Begegnung war mir Randall als freundlicher Lokalchronist empfohlen worden. Wie viele zurückgezogen lebende Menschen, die passionierte Leser sind, fühlte er sich zu Hause am wohlsten und hatte selten Gelegenheit, mit jemandem über die Bücher zu sprechen, die er las – oder über die Hörbücher, auf die er inzwischen zurückgreifen musste. Bei unserem letzten Zusammentreffen hatte er sich *Die wiedergefundene Zeit* angehört, den siebten und letzten Band

* Jorge Luis Borges, *Die letzte Reise des Odysseus*. Übersetzung von Gisbert Haefs, München, Wien 1987.

von Proust gewaltigem Romanwerk *Auf der Suche nach der verlorenen Zeit.* Er war ein begeisterter Leser von Schriftstellern, die auch ich bewunderte und von denen viele heute unbekannt sind wie etwa Henry Green, Jean Stafford, Joyce Cary und »die andere« Elizabeth Taylor, die englische Kurzgeschichtenautorin. Er hatte alles von Faulkner gelesen, alles von Waugh, alles von Henry James, alles von Muriel Spark. In einer Welt, in der Bücher als Dekoration oder Trophäen dienen, als Einrichtungsgegenstände, hatte Randall jedes einzelne Buch gelesen, das in seinen Regalen stand – und viele darüber hinaus. Er war ein kluger Kopf und ein bescheidener, einsamer Mensch, der nicht begriff, wie ungewöhnlich er in dieser Umgebung war.

Es tat gut, ihn zu sehen, wieder mal über Bücher sprechen zu können, sein Urteil über Prousts letzten Band zu hören, ihn zu meinen Schwierigkeiten mit Faulkner zu befragen. Wie schon bei unserer ersten Begegnung hatte ich das Gefühl, dass wir eine gemeinsame Sprache hatten, dass uns die gemeinsame Erfahrung mit Büchern verband.

»Willkommen«, sagte er, tastete durch die Luft zwischen uns, bekam meine Hand zu fassen und drückte sie. »Schön, Sie zu sehen. Mary T. erwartet uns nicht vor Mittag, also kommen Sie herein und trinken Sie etwas.«

Wir saßen in seinem mit Bücherregalen vollgestellten Wohnzimmer, und während im Radio leise ein Nocturne von Chopin lief, unterhielten wir uns über Bücher, das Wetter und Greensboro. Er sprach angeregt, und doch erschien er mir irgendwie bekümmert, sogar traurig, immer wieder verfiel er in Schweigen.

»Mir ist es nicht gutgegangen«, sagte er nach einer dieser Pausen.

»Aber jetzt geht es Ihnen besser?«

»Ein wenig«, sagte er, verstummte wieder und blinzelte, als gingen ihm etwas durch den Kopf.

Mit einem Mal schien sich der Raum zu verdunkeln, und die Bücher schienen in der einkehrenden Stille Schatten zu werfen –

was an diesem Frühlingstag sehr sonderbar war, denn der Rasen und der blühende Kirschbaum in seinem Vorgarten erstrahlten im Sonnenschein. Dieser Unterschied erinnerte mich an den schattigen Raum in dem ärmlichen Haus an der Flowers Lane, in dem sich die Familie die Seifenoper im Fernsehen angesehen und der Gasofen an der Wand gezischt hatte, während draußen die Schlammpfützen in der Sonne glitzerten und junges Laub an den Bäumen zitterte. Randall überlegte noch immer.

»Ich leide an einer klinischen Depression«, sagte er schließlich. »Die habe ich schon mein ganzes Leben.«

»Wie äußert sich die?«

»Ich bin dann wie gelähmt«, antwortete er, aber ohne jedes Selbstmitleid in der Stimme. Er bezeichnete nur einen Zustand, so wie man eine Farbe benennt.

»Und jetzt hat sich die Depression wieder gemeldet?«

»Ja, die letzten Wochen.«

»Der schwarze Hund, wie Churchill sie genannt hat.«

»Ganz recht«, sagte Randall mit einem matten Lächeln.

»Wie werden Sie damit fertig?«

»Ich werde überhaupt nicht damit fertig. Ich kann nichts dagegen tun. Ich bin machtlos.«

»Sie können nichts tun?«

»Ich kann nicht einmal daran denken. Ich liege im Bett. Ich kann nicht aufstehen. Ich sehe keinen Sinn darin, aufzustehen.«

»Wie lange dauert das?«

»Tage. Ich habe keine Willenskraft. Ich liege da und frage mich: ›Kann ich den Arm heben?‹ Ich liege da und denke eine Weile darüber nach. Dann sage ich mir: ›Wahrscheinlich nicht.‹«

Er saß da, die Hände im Schoß, und sprach ganz offen. Jetzt gehe es ihm besser, aber die Schwermut könne jederzeit wiederkommen und ihn in ihre lähmende Umklammerung nehmen. Ich erzählte ihm, was mir William Styron über die körperlichen Auswirkungen von Depressionen berichtet hatte, den heftigen und gleichförmigen Schmerz, den Kopfschmerz, für den es häufig keine Linderung gebe. Und Randall erwiderte, dass er Styrons *Sturz in die Nacht: Die Geschichte einer Depression* gelesen habe und die dort zitierten Zeilen von Milton nicht nur kenne, sondern glaube, dass sie seine eigene Befindlichkeit perfekt widerspiegelten.

> Kein Licht gibt diese Glut, sichtbare Dunkelheit vielmehr,
> die nur des Grams und Jammers Stätten,
> nur traurige Schatten zu enthüllen dient,
> Wo Ruh' und Friede nimmer weilen kann,
> Noch Hoffnung, die sonst jedem naht,
> wo Qual auf Qual sich endlos drängt …*

»Was es besonders schlimm macht, ist, dass ich niemanden habe, der nach mir sieht, nur meine Mutter, die Gute«, sagte er. »Und die ist fünfundachtzig.«

Dass Randall blind war, machte seine Depression und das damit einhergehende Gefühl der Entfremdung und Isolation noch intensiver, löste sie bisweilen vielleicht sogar aus. Aber er wollte kein Mitleid, sondern er wollte, dass ich im Bilde war.

»Wir werden uns gut unterhalten«, sagte er, nun wieder etwas lebhafter, und lächelte. »Mary T. brennt darauf, Sie kennenzulernen. Ich habe einen Tisch im Lottie's in Marion reserviert. Dort finden Sie die beste Südstaatenküche hier in der Gegend. Und sehen Sie, was für ein schöner Tag!«

»Was man braucht, ist limbische Resonanz«

Als ich nach Marion kam, wurde mir bewusst, wie schlimm es um Greensboro stand. Hier hatten die Läden noch nicht dichtgemacht, und die Stadt hatte ein imposantes Gerichtsgebäude,

* Übersetzung nach Bernhard Schuhmann, 1855.

eine große Militärakademie und das Judson College, das Mary T. (sie bestand auf dem Namen, eine Kurzform für Mary Thomas) besucht hatte. Es gab sogar Buchläden in Marion und das Lottie's, das weithin bekannte Soul-Food-Restaurant. Martin Luther Kings Witwe, Coretta Scott King, war hier aufgewachsen, und hier war 1965 bei einer friedlichen Demonstration der Bürgerrechtler Jimmie Lee Jackson von einem Polizisten erschossen worden, was der Bürgerrechtsbewegung neuen Schub verlieh und die historischen Märsche von Selma nach Montgomery auslöste.

»Beachten Sie, wie trostlos es hier ist«, sagte Randall, als wir durch das Farmland außerhalb der Stadt fuhren. Er konnte zwar nicht sehen, aber er erinnerte sich sehr genau an die flache Landschaft, die Stoppelfelder, die feuchten Lehmstraßen, die lichten Wälder, das Fehlen von Häusern, die wenigen Kreuzungen. »Ihr Haus ist nicht zu übersehen. Es ist das einzige hier in der Gegend.«

Das stimmte. Nachdem wir weitere fünf Meilen durch Felder gefahren waren, sagte er: »Das muss Hamburg sein.« Keine Minute später tauchte rechter Hand ein weißer Bungalow auf, und auf der Veranda – wir hatten vorher angerufen – standen Mary T. und eine viel jüngere Frau mit Schürze.

»Ist Ozella bei ihr?«, fragte Randall und verdrehte instinktiv den Kopf, wie um Ausschau zu halten. Ozella, so erklärte er mir, war die Tochter der früheren Haushälterin Eula Mae Thomas. Sie stand dicht neben Mary T., die klein wirkte, aber wachsam wie ein Vogel auf dem Ast, in freudiger Erwartung lächelte und vor Leben sprühte. Sehr alte Menschen, die eine auffallend gerade Haltung haben, umgibt immer eine gewisse Aura, die sie unsterblich erscheinen lässt.

»Mein Vater hat es 1927 gebaut«, sagte Mary T., nachdem wir einander vorgestellt worden waren und ich mich lobend über das Haus geäußert hatte. Es war ein schlichter, aber solider, zweigeschossiger Bungalow mit einer breiten Veranda und einer Gaube darüber – nicht zu vergleichen mit den bedrückenden »Shotgun«-Hütten, aber auch nicht mit den protzigen Prunkvillen, an denen wir am Stadtrand von Marion vorbeigefahren waren. Innen war alles mit Holz verkleidet, die Fußböden mit Eichenparkett ausgelegt. Wie Randalls Haus war der Bungalow voller Bücher. Alle Zimmer, auch die im Obergeschoss, hatten eingebaute Bücherschränke. Ich blieb vor einem Gemälde stehen, das zwei Frauen darstellte, die an einem Fenster saßen.

»Das ist von Crawford Gillis.«

Sie besaß von diesem Maler drei Bilder, die alle in den achtziger Jahren entstanden waren. Ich hatte noch nie von ihm gehört, aber im Süden war er als ein wichtiger Vertreter des amerikanischen sozialen Realismus bekannt. Er war 1914 in der Nähe von Selma geboren worden, hatte in New York studiert und bevorzugt die Armen auf dem Land dargestellt, Schwarze wie Weiße, in einem einfachen, kraftvollen, leicht verfremdenden und dadurch umso wirkungsvolleren Stil, in der Manier von Thomas Hart Benton, nur in dunkleren Farben. In den dreißiger Jahren hatte er einigen Erfolg, nach dem Krieg malte er aber nur noch nebenher. Wie Mary T. war er außerhalb des Südens oder sogar Alabamas kaum bekannt, jedoch ein Maler mit bemerkenswerter Begabung, den sie persönlich gekannt hatte.

Ich sagte zu Mary T., dass es mir eine große Freude sei, sie kennenzulernen. Als Erzählerin zeige sie den Süden in ihren Geschichten so, wie er heute wirklich sei, seine Menschen, die Spannungen, die unter den Menschen herrschten, und sie schildere all dies in einer ungekünstelten, klaren Prosa. Allein die Tatsache, dass jemand aus dem Süden so schrieb, erschien mir bemerkenswert. Ich hatte mein ganzes Erwachsenenleben lang Südstaatenliteratur gelesen – nicht nur Faulkner und die Schauerromanschreiber, sondern auch die unbedeutenderen Autoren und die Lyriker, die Dramatiker, die Aufklärer, die Apologeten, die Memoirenschreiber – doch soviel ich auch gelesen hatte, nur wenige Bücher hatten mich darauf vorbereitet, was ich im Süden vorfand: eine friedfertige Unterschicht, die identisch war mit der armen Landbevölkerung, Zuwanderer aus dem Norden oder dem Ausland, die hier ihr Glück zu machen versuchten, einige wenige Mächtige, Schwarze wie Weiße, die von ihren Ambitionen getrieben waren, und schließlich die Armut, nicht die pittoreske einer fiktiven »Catfish Row« oder »Tobacco Road«, sondern das grimmige, scheinbar unausrottbare Elend der Razor Road und der Nebenstraßen im Delta. Es war eine Region, deren Bewohner sich – abgesehen von der Bibel – so gut wie nicht für Bücher interessierten, und warum sollten sie auch, wo sie doch jeden Tag vollauf damit beschäftigt waren, irgendwie über die Runden zu kommen? Sonderlinge und Geistesgestörte waren in der Südstaatenliteratur gut dokumentiert, die durchschnittlichen Erwerbstätigen mit geringem Einkommen weniger.

Mary T. öffnete eine Flasche Heidelbeerwein von einem Weingut in Harpersville, und obwohl es erst Mittag und warm war und hinter den heißen, weißen Vorhängen des kleinen Esszimmers eine penetrante Fliege summte, erhoben wir uns, ließen die Weingläser klirren und tranken auf unsere Begegnung, die hochbetagte Mary T., der nahezu blinde Randall und ich, der ahnungslose Durchreisende. Ob es an den Holzpaneelen lag, an der Beschaffenheit der Vorhänge, der Enge des Raums, dem Umstand, weit draußen auf dem Land zu sein und an einem heißen Tag ein Glas Wein in der Hand zu halten – jedenfalls kam ich mir vor wie im alten Russland. Und sagte es.

»Deswegen liebe ich Tschechow«, erwiderte Mary T. »Er schreibt über Orte wie diesen, über Menschen wie die, die hier leben, über dieselben Situationen.«

Tschechows Provinzstädte sind, wie der Tschechow-Biograph Ronald Hingley geschrieben hat, »der Schauplatz geballter Langeweile, die dadurch nur noch schärfer hervortritt, dass ihre Bewohner auf klägliche Weise versuchen, Abwechslung in das Leben zu bringen, das im Wesentlichen aus ›Essen, Trinken und Schlafen‹ besteht, dieser bekannten Tschechow'schen Formel.« Carson McCullers, die in Georgia aufgewachsen ist, hat einmal gesagt, dass die Widersprüche und Absurditäten des Südens – die ihr den Stoff für ihre Romane liefern – denen in der Literatur über das bäuerliche Russland ähnelten, und in ihrem Essay »The Russian Realists and Southern Literature« von 1941 nennt sie ausdrücklich Tschechow neben Dostojewski, Tolstoi und Gogol als Vorbild.

»Der Süden und das alte Russland haben soziologisch viel gemeinsam«, schreibt sie. »Der Süden ist immer ein vom Rest der Vereinigten Staaten abgetrennter Teil mit eigenen Interessen und einem ganz eigenen Charakter gewesen. In wirtschaftlicher und anderer Hinsicht ist er vom Rest der Nation als Kolonie benutzt worden. Armut wie hier kennt man in anderen Teilen des Landes nicht.« Dann geht sie auf das Klassensystem im Süden ein, seine Charaktermerkmale, die bäuerliche Schicht und zieht viele weitere Parallelen zum alten Russland, wobei sie – und das nicht ohne einen gewissen Stolz – diese Felder und Farmen gleichsam russifiziert. Das Bemerkenswerte daran ist, dass das, was sie vor fast fünfundsiebzig Jahren beschrieben hat, im ländlichen Süden noch immer ziemlich genauso ist – ein weiterer Umstand, der das Reisen in diesen Gegenden zu einem so melancholischen Vergnügen macht.

Der sonnige Tag, die Freudlosigkeit der ländlichen Umgebung, der alte Bungalow einsam und allein an der schmalen Straße, der ins Zimmer dringende Geruch der schlammigen Felder – und diese andere Sache, die tiefe, überwältigende Traurigkeit, die ich empfand, aber nicht ergründen konnte. Vielleicht war sie die Folge dessen, was Randall mir anvertraut hatte, dass er oft einfach »wie gelähmt« sei.

»Und Isaac Babel«, sagte Mary gerade. »Seine Erzählung ›Mein Taubenschlag‹.«

Auch Babel schrieb über Kleinstädte, abgelegene Straßen und das Familienleben, besonders in seinen autobiographischen Erzählungen. In anderen über Kosakensiedlungen. Parallelen zum Tiefen Süden fanden sich in der russischen Erzählliteratur zuhauf.

»Nehmen Sie ein Stück Rührkuchen«, sagte Randall und

schälte die Alufolie von einem großen, gelben Kuchenlaib. »Meine Mutter hat ihn gestern gebacken.«

Mary T. schnitt ein großes krümeliges Stück ab und teilte es unter uns auf. Auch das gab es so wohl nur im Süden.

In *Fanning the Spark* (2009), ihren Lebenserinnerungen, hatte Mary T. ihre Geschichte erzählt: wie sie als Tochter eines Ladenbesitzers auf dem Land aufwuchs und erst sehr spät in ihrem Leben Schriftstellerin wurde – mit dreiundsechzig veröffentlichte sie ihre erste Kurzgeschichte. Ihre Geschichten fanden Anklang. Sie gewann unter anderem 1987 den Hemingway Foundation/PEN Award für ihren Kurzgeschichtenband *Tongues of Flame*. Aufgrund ihrer preisgekrönten Erzählung »The Cure«, die im Süden spielt und in der sowjetisch-amerikanischen Anthologie *The Human Experience* erschien, wurde sie 1990 ausgewählt, mit einer Delegation, der auch andere amerikanische Schriftsteller angehörten, in die Sowjetunion zu reisen, was einen Höhepunkt in ihrer literarischen Laufbahn darstellte.

Sie war glücklich verheiratet, aber die Ehe währte nur kurz. Mit Anfang vierzig wurde sie Witwe. Ihr Sohn Kirtley, der in Vietnam gekämpft hatte, war nach Alabama zurückgekehrt und in Marion Anwalt geworden. Er lebte mittlerweile im Ruhestand, unterrichtete aber noch an der Militärakademie.

Ihr Weinglas auf dem dicken runden Untersetzer abstellend, sagte sie: »Ich habe Appetit auf Catfish!« Was für eine Freude, das Wort Appetit aus dem Mund einer Fünfundneunzigjährigen zu hören!

Sie setzte einen breitkrempigen Hut auf, der ungefähr den Durchmesser eines Fahrradreifens hatte, und schlüpfte in eine Art roten Poncho. Als ich ihr die Verandatreppe hinunterhalf, fiel mir auf, wie klein und zerbrechlich sie war. Aber sie war bei regem Verstand, sprach klar und deutlich, hatte ein gutes Gedächtnis und hielt meine Hand fest umklammert wie mit einer Vogelklaue.

»Der Judasbaum da kränkelt«, sagte sie im Vorgarten. »Er braucht Pflege. Wir werden ihn düngen müssen.«

Auf der Fahrt zum Restaurant nach Marion erzählte sie, wie sie Schriftstellerin geworden war.

»Es war für mich nicht leicht, nebenher zu schreiben«, sagte sie. »Ich hatte eine Familie zu versorgen, und nach dem Tod meines Mannes wurde es noch schwieriger, denn Kirtley war noch jung. Ich dachte ans Schreiben, las Bücher, aber ich schrieb nicht. Meine Schwägerin ermuntert mich. Und ich glaube, ich hatte einen entscheidenden Vorteil. Ich konnte Literatur von Schund unterscheiden. Ich wusste, was gut war. Ich wusste, was ich schreiben wollte. Und als ich dazu kam – ich war über sechzig –, überarbeitete ich meine Sachen immer wieder. Ich versuchte, es richtig zu machen.«

Ich fuhr aus dem Ort Hamburg – der eigentlich gar keiner war, denn es gab keinen anderen Häuser – hinaus, folgte der leeren Straße, die so schmal wie ein Bahngleis war, lauschte vergnügt ihren Gedanken und passierte von Zeit zu Zeit eine Kreuzung. An einer dieser Kreuzungen, die mit kleinen grünen Schildern gekennzeichnet waren, versuchte ich vergeblich, den Namen der Straße zu entziffern. Ich fragte Mary T.

»Die haben sie umbenannt«, sagte Randall vom Rücksitz, bevor sie antworten konnte. »Früher war das die Route 2. Jetzt heißt sie Dr. J. J. Howard Road.«

»War ein Arzt«, sagte Mary T.

Wir gelangten auf die Washington Street, die Hauptstraße von Marion, und fuhren an der Militärakademie und dem Gerichtsgebäude vorbei, dann an der Green Street mit der Pickens Street dahinter, in der Mack's Café lag – alles Örtlichkeiten, die mit der Erschießung Jimmie Lee Jacksons im Zusammenhang standen und mittlerweile in den »Black Heritage Trail«, einem Besichtigungsrundweg, integriert waren. Die Kirchen mit den dicken Türmen und Bogeneingängen waren die der Weißen, die kleineren, baufälligen in den Seitenstraßen die der Schwarzen. Wir kamen am Lottie's an. Ich parkte davor, half Mary T. beim Aussteigen und führte sie zum Eingang des Restaurants.

»Ich habe ein Buch gelesen, in dem Leute interviewt werden,

die über hundert Jahre alt sind«, sagte Mary T., die durch ihren unsicheren Gang möglicherweise an ihre Gebrechlichkeit erinnert wurde. »Der Titel lautet *Lehren von den Hundertjährigen* oder so ähnlich.«

»Was für Lehren?«

»Alle möglichen. Aber meine Lehre aus dem Buch war, dass ich, glaube ich, nicht so lange leben möchte.«

Die Gäste sahen vom Essen auf, als Mary T. eintrat. Viele kannten und grüßten sie. Sie ging langsam und grüßte mit erhobener Hand zurück, sprach aber weiter übers Schreiben und sagte: »Was man braucht, ist limbische Resonanz.«

Dieser gehobene, mir unbekannte Ausdruck kam in einem bescheidenen Schnellrestaurant etwas überraschend. Ich notierte ihn mir und fand später heraus, dass er als »Stimmungsübertragung« definiert wird, als das instinktive Wahrnehmen der Gefühle anderer, mit einem Wort: Empathie.

Unterdessen hatten Mary T. und Randall Platz genommen und bestellten Eistee. Dann folgte die Stille, die sich einstellt, wenn hungrige Gäste die Speisekarte studieren. Das Lottie's bot Hähnchen in allen Varianten an, gebraten und gebacken, außerdem gebratenen Catfish, gegrillten Catfish, Catfish-Filets, dazu Kartoffelbrei, mit Käse überbackene Makkaroni, drei verschiedene Gemüse. Und jeder bekam einen *»biscuit«* – ein süßes Brötchen.

»Sieh an, der Yankee nimmt den gegrillten Catfish«, sagte Randall, nachdem wir bestellt hatten. »Wir bleiben beim gebratenen.«

Ich fragte Mary T. nach ihrer Kindheit, die sie über dem Gemischtwarenladen ihres Vaters in der Ortschaft Hamburg verbracht hatte. Sie erinnerte sich gern, erzählte langsam, und ich wünschte, ich hätte es aufnehmen können, denn sie sprach in dem Tonfall von vor hundert Jahren.

»Meine Mutter arbeitete im Laden. Sie war zu beschäftigt, um mich zu erziehen«, sagte sie, wobei sie nach jedem Satz etwas atemlos eine Pause machte. »Ich wurde von unserer schwarzen Haushälterin erzogen. Sie war auch die Köchin. Ich nannte sie

Mammy. Ich weiß, dass es sich damals nicht gehörte, jemanden Mammy zu nennen, aber es war mir ernst damit. Sie war für mich wie eine Mutter, meine wichtigste Bezugsperson.«

Sollte meine Mutter jemals dagesessen und mich als Kind gehalten haben, so erinnere ich mich nicht daran, wohl aber erinnere ich mich an den Trost auf Mammys Schoß, hatte sie in ihren Erinnerungen *Fanning the Spark* geschrieben. *Obwohl sie klein von Wuchs war – ihr Herz war groß und wuchs nur immer noch mehr und konnte jeden Schmerz aufnehmen. Mammys Schoß roch nach Gingan-Stoff und einer verrauchten Hütte und wiegte sich sanft, wenn ich Tränen vergoss. Sie verstieß mich nicht mit falschem Trost, sondern war so lange da, wie sie gebraucht wurde. Sie war reiner Seelenfrieden.*

»Sie hat mir übrigens möglicherweise das Leben gerettet. Ich hatte eine Darmentzündung. Ich war noch ein kleines Kind und am Verhungern, dem Tode nah. Mammy verstand. Sie gab mir jeden Tag einen Esslöffel Buttermilch und dann mehr. Nach und nach erhöhte sie die Menge auf eine halbe Tasse, dann auf eine ganze. Die Schwarzen waren so arm, dass sie es sich nicht leisten konnten, zum Arzt zu gehen. Sie hatte ihre eigenen Mittel. Und das war eines davon. Buttermilch. Die hat mir das Leben gerettet.«

Ich erwähnte ein anderes Hausmittel, von dem ich gehört hatte, nämlich Gemüsesud, der normalerweise weggeschüttet, von den Armen im Süden aber getrunken wurde und so gehaltvoll war, dass er die Gesundheit beförderte und insbesondere gegen Pellagra vorbeugte.

Aber Randall, in Gedanken noch bei Mammy, sprach über die Veränderungen im Süden, die er miterlebt hatte. Das rief Mary T.s Unmut hervor.

»Heutzutage ist alles ganz anders«, sagte sie. »Die Schwarzen hier sehen mich hasserfüllt an. Nur weil ich anders bin. Nicht weil ich irgendwas verbrochen habe. Das sind Ressentiments. Deshalb wählen sie Albert Turner.« Gemeint war Albert Turner jr., Mitglied der Perry County Commission und Sohn eines Bürgerrechtsführers, der an den Märschen von Selma nach Montgomery teilgenommen hatte.

»Was ist mit ihm?«, fragte ich.

»Er ist ein Rassist«, antwortete Mary T. »Er sagt den Leuten, sie wären arm wegen der Sklaverei und weil die Weißen sie nicht hochkommen ließen. Aber stimmt das denn? Denken Sie an all die Leute, die von der Sozialhilfe leben. Es gibt Familien, in denen drei Generationen von der Sozialhilfe leben. Die hatten nie einen Job, aber Kinder.«

»Wie wird es hier weitergehen?«, fragte ich.

»Die Zeit wird helfen«, sagte Mary T.

Während wir uns unterhielten, kamen Leute an den Tisch, um uns zu begrüßen und einen höflichen Plausch zu halten. Mary T. sagte, dass sei typisch für Alabama. Einer gab mir ein paar Flugblätter und sprach über Jimmie Lee Jackson, eine andere stellte sich mit den Worten »Hallo zusammen« vor und erzählte von jemandem, den Mary T. kannte (»Er bekommt neue Knie«), und verabschiedete sich mit einem »Passt auf euch auf«. Mary T. nickte, lächelte ihr nach und sagte, als sie außer Hörweite war: »Die gehört zur Hautevolee von Marion.« Aber es war Mary T., um die sich die Leute bemühten und der sie ihre Aufwartung machten: Mary, der betagten Mitbürgerin, Mary, der Schriftstellerin, Mary, der Zeitzeugin.

Bei ihrer Bemerkung »Die Zeit wird helfen« hatte Randall genickt. »Es besteht Grund zu vorsichtigem Optimismus«, sagte er. »Ich meine, ich habe die schlimmsten Seiten des Bürgerrechtskampfs miterlebt – die Straßenschlachten, die Bombenanschläge, die Demonstrationen.« Er legte die Gabel auf die kläglichen Überreste eines skelettierten Catfishs auf seinem Teller. »Und wenn ich mir überlege, wo wir mal waren, scheint mir, dass wir ziemliche Fortschritte gemacht haben.«

»Aber die Trennung wird immer bleiben«, sagte Mary T., »die Rassentrennung.«

In »Beyond New Forks«, einer ihrer besten Geschichten, fährt eine weiße Frau mit ihrer älteren schwarzen Haushälterin nach Hause und wird, als peinliche Themen zur Sprache kommen, daran erinnert, wie gegensätzlich ihre Schicksale als Schwarze und Weiße waren.

»Und plötzlich öffnete sich die ganze rassische Pandorabüchse mit all den unbewussten, unbeabsichtigten, unbemerkten Vorenthaltungen von Respekt, Anerkennung, ja sogar Rechten, über die wir damals nie nachgedacht und sie noch viel weniger verstanden haben, verwurzelt, wie sie waren, in Sitte und Tradition, und brachte uns vollends zum Verstummen. Wir versuchten nie, solche Dinge mit Worten zu ergründen oder zu erklären, wie einige von sich behaupteten. Wir sahen einander immer nur hoffnungslos an, dann wechselte die eine oder die andere das Thema und machte sich zum Gehen fertig.«

Und ich rief mir in Erinnerung, dass Mary Ward Brown 1917 geboren worden war. Zur Zeit der Weltwirtschaftskrise war sie in ihren Zwanzigern gewesen. Sie war nur sechs Jahr jünger als James Agee, und so hatte sie die Armut und die Farmpächter noch erlebt, die armen Weißen und die armen Schwarzen, die Lynchmorde der dreißiger Jahre im Black Belt, diese grauenvolle Phase der Geschichte. Die düsteren Fotografien eines Walker Evans von den Ladenfronten, den Straßen und den Weißen im Hale County und Perry County waren wie ein Fotoalbum aus Mary T.s Kindheit und Jugend.

»Lassen Sie mich Ihnen von der Schule erzählen«, sagte sie. »Als ich aufwuchs, gingen die Schwarzen auf den Farmen nicht zur Schule. Ein paar Jahre später gingen sie dann zur Schule, aber die Schulen waren schlecht. Das war kein vielversprechender Start. Sie hinkten weit hinterher. Als sich die Dinge änderten, mussten wir deshalb alle Rücksicht nehmen.«

»Manche Leute nehmen ihre Ausbildung ernst«, sagte Randall auf seine umsichtige Art.

»Ich kannte mal ein Frau«, sagte Mary T., »sie war eine gute Frau, aber ihr Mann taugte nichts. Sie fuhr jeden Tag zum Arbeiten in die Marengo Mills in Demopolis. Dann ging sie in die

Schule und machte ihren Abschluss. Sie wurde Krankenschwester. Sie arbeitete, sie bildete sich fort, sie strengte sich an. Ihr Mann rührte keinen Finger.«

»Solche Situationen«, sagte ich, »haben Sie in Ihren Kurzgeschichten geschildert.«

»Ja.«

»Was hält eigentlich Ihre Familie von Ihren Büchern?«, fragte ich.

Über diese Frage musste sie so heftig lachen, dass sie einen Hustenanfall bekam. Sie hielt sich die Vogelklauenhand vor den Mund und rang mühsam nach Luft.

»Soweit ich weiß«, antwortete sie schließlich, »lesen sie sie nicht. Keiner von ihnen hat jemals mit mir darüber gesprochen, dass ich schreibe. Ich glaube, es ist ihnen egal!«

Und wieder lachte sie, aber es war kein bitteres Lachen, wie man hätte erwarten können. Sie war ehrlich belustigt, als berichte sie über eine ausgesprochene Dummheit, was sie natürlich ja auch tat. Und ich dachte über den Undank und das Banausentum einer Familie nach, die das Talent dieser Frau und die zeitgeschichtliche Bedeutung ihrer Arbeit einfach ignorierte.

»Ich habe mein Bestes getan«, sagte sie. »Ich habe die Wahrheit gesagt.«

»Amen«, sagte Randall.

Auf der Heimfahrt erzählte sie mir eine Geschichte, die von der Entfremdung einer Familie handelte. Sie erzählte sie gut, Satz für Satz, anfangs emotionslos, dann aber mit zitternder Stimme. Die Geschichte klang aus ihrem Mund so dramatisch und vollendet, dass ich sie drängte, sie niederzuschreiben. Sie sagte, sie habe seit Jahren keine Geschichte mehr geschrieben. Und ich erwiderte, die wäre perfekt. Die Sonne senkte sich über die Felder, als ich sie an ihrem abgelegenen Haus absetzte. Sie winkte mir nach, Ozella an ihrer Seite. Ich lieferte Randall in Greensboro ab und machte mich wieder auf den Weg.

In der Woche darauf schickte mir Mary T. eine E-Mail und

teilte mir darin mit, dass sie etwas von mir gelesen habe und dass es ihr gefallen habe. Ein Lob von ihr war wie ein Ritterschlag. *Sie können wirklich etwas in einem oder zwei Sätzen sagen! Dank für das Buch. Es war mir eine Ehre, Sie in meinem Haus als Gast zu haben. Alles Gute, Mary.* In meiner Antwort sprach ich sie auf die Geschichte über die Familie an, die eine Tatsachengeschichte war, die sie selbst erlebt hatte, und sagte, dass sie meines Erachtens der ideale Stoff für eine Kurzgeschichte sei.

Das denke ich auch, antwortete sie, *und sie spukt mir im Kopf herum, aber als Fiktion. Ich wollte schon immer mal eine sehr kurze Kurzgeschichte schreiben, und das könnte eine werden. In ihrer Einzigartigkeit und Kälte müsste sie, wie mir scheint, für sich allein stehen, wie eine Fotografie. Jedenfalls kommt es mir im Moment so vor.*

Ich schrieb ihr in den folgenden Tagen noch einmal. Ich erhielt eine kurze Antwort – *Ich fühle mich nicht wohl* –, und dann herrschte Schweigen. Randall schrieb mir, dass Mary T. ins Krankenhaus eingeliefert worden sei, und einen Monat nach unsere Begegnung starb sie. Als Todesursache wurde Pankreaskrebs angegeben.

Mittlerweile war ich zu Hause, wie in einem anderen Land – am anderen Ende der Straße, die in den Süden führte.

TEIL IV

Sommer

Der Duft sonnenwarmer Straßen

Weise nie einen Fremden an der Tür ab.
Vielleicht ist es dein bester Freund,
den du noch nicht kennst …

Sam Chatmon,
»Make Me Down a Pallet on your Floor«

Strafgefangene, verurteilt wegen kleinerer Vergehen, arbeiten in den Straßen von Marianna, Arkansas

Geschlossene Tankstelle, Route 301, Allendale, South Carolina

Lester Carter an einem Wintertag vor seiner Hütte in Cotton Plant, Arkansas. Arbeitslos, mittellos, hungrig: »Zu essen habe ich nur Reis.«

Reverend Eugene Lyles in seinem Frisörgeschäft in Greensboro, Alabama. »Heute Geborene wissen nicht, wie es war.«

Die Bibel von Reverend Lyles mit seinen Anstreichungen und Kommentaren

Verwahrloster Garten in Elberton, Georgia

Paul Theroux und Fotograf Steve McCurry in Allendale, South Carolina

Dem Sommer hinterher

Unter dem mitleidlosen Gleißen der Sonne saugte der Spätsommer in Cape Cod die letzten Kräfte aus der Natur. Ein mächtiger Hitzeschub bleichte die verdorrten Sträucher, und ein allgemeines Schrumpeln und Schrumpfen setzte ein. Das satte Grün der Eichenblätter verblasste, die Schlickgrasbüschel in der Seemarsch vergilbten, die Blätter an den ausgreifenden Ästen des Tupelobaums am Ende meiner Straße färbten sich dunkelrot, und das hohe, reife Wiesen-Lieschgras verströmte einen Duft, der in der Nase kribbelte.

Alles welkte und verdorrte. Die Kapseln der Seidenpflanzen, die aussahen wie kleine, zerbrechliche Tacos, platzten auf und setzten seidenhaarige Flugsamen frei, die langstieligen Wildblumen ließen die Köpfe hängen, die Ranken der Prunkwinden hingen schlaff herab, und die Taglilien hatten ihre Blüten auf den Boden verstreut: »Und Lilie, die verdirbt – kein Sumpf riecht schlimmer.«

Die Tomatenpflanzen im Gemüsegarten hatten Mehltau, waren fleckig und sahen kümmerlich aus, gleichzeitig waren ihre Früchte prall und erntereif. Unter dem Gewicht der faustgroßen Brandywine-Tomaten bogen sich die Pflanzen seitwärts, manche brachen. Die vergilbten Flecken im Rasen wurden mit jeder Woche größer, in den Hortensienbüschen hingen die Blüten in braunen, verdorrten Büscheln, ihre Blätter – wie die Blätter der meisten Sträucher – waren staubig, die einjährigen Gehölze sahen mit ihren toten Blüten verwundet und wie erstickt aus.

Ich liebte diese Hitze. Aber die Hitze des Tages war nur kurzlebig. Die Hundstage waren vorüber und die Nächte wurden bereits kühler, das Wetter unbeständiger. Gelegentlich gab es Gewitter oder einen kühlen Tag – ein Vorgeschmack auf das Kommende, die feuchtkalte Hand des Herbstes, das letzte Aufbäumen der Vegetation. Dass die Tage kürzer wurden, fühlte sich wie Diebstahl an, bei dem man um immer mehr Tageslicht betrogen wird.

Es war die beste Zeit, um das Haus abzuschließen und nach Süden aufzubrechen, wo die Hitze noch ein paar Monate halten würde, sich auf den Weg zu machen, wieder zu leben. Vollen Blüten entgegen und grünem Gras und staubigen Straßen, um das gute Wetter zurückzuholen, vertraute Wege und Freunde wiederzusehen, vielleicht ein paar neue Orte zu entdecken, dem Sommer hinterher.

Im Tunnel gen Süden

Der Himmel war voller Schäfchenwolken, als ich im Nordosten losfuhr, durch grausam hässliche Orte wie Bridgeport und die Bronx. Ich hatte das Gefühl, mich nach Süden durchzugraben – über Brücken und Rampen, wie bei einem Leiterspiel – durch dichten Verkehr und die stickig-heiße, übelriechende und verschmutzte Luft – auf der Suche nach offenem Gelände. Ich wühlte mich mit zugehaltener Nase hindurch und freute mich auf die frische Luft im Süden.

Der Vergleich mit dem Tunnel ist nicht willkürlich gewählt: Die mit Schlaglöchern durchsetzte Trasse der Interstate 95 ist hektisch, unberechenbar, gefährlich und trist, höhlenartig und einengend. Und auf der Strecke zwischen meiner Heimatstadt und Washington gibt es tatsächlich Tunnel, lange Tunnel unter Bahnstrecken, Flüssen und Buchten. Man musste einfach durchhalten: Fünfhundert Meilen ohne jeden lieblichen Anblick, kein einziger Baum, auch wenn New York City in ferner Zukunft, wenn die Bauarbeiten beendet sein werden, über eine gewisse Symmetrie und Schönheit verfügen wird. Es war wie eine Reise durch einen Minenschacht, in dem die Luft so verschmutzt ist, dass sogar die offene Straße zum Tunnel wird.

Nach elf Stunden Fahrt erreichte ich Virginia, und als ich am nächsten Tag erwachte und auf meine Straßenkarte sah, beschloss ich, auf einer anderen Straße weiterzufahren, Richtung Georgia, wo ich in Elberton verabredet war.

Fast ohne es zu merken, hatte ich den Tunnel verlassen und konnte wieder atmen. Über den Nebenstraßen im Süden lag der Geruch von Sommer und der lakritzartige Duft von weichem, sonnengewärmtem Teer.

»Sie haben mir meine Zähne genommen«

Ein paar Fahrer machten im Diner am Straßenrand bei Henderson, North Carolina, einen Boxenstopp oder aßen zu Mittag. Mit einem von ihnen, Rob Birmingham, saß ich eine Zeitlang zusammen. Er war in meinem Alter, aber unsere Biographien waren Parallelwelten. Schwarz und Weiß. Sein Leben war geprägt von Kampf, vom Militär und von Gesundheitsproblemen, meines von Schreibphasen im Haus, die sich mit meinen Reisen abwechselten.

»Ich war beim Militär. Hab da einiges durchgemacht. Da könnte ich Ihnen Geschichten erzählen.«

Ich wurde daran erinnert, dass der Süden voller Armeeveteranen war. Sie stammen aus den kleinen Städten und bescheidenen Häusern. Das Militär war ihre Zuflucht, manchmal ihre Rettung, oft ihre Bürde und gelegentlich ihr Fluch.

Rob Birmingham war ein untersetzter Mann mit einem offenen, freundlichen Gesicht, er trug eine Mütze der Washington Redskins und eine Brille mit dicken Gläsern. Er ging schwer, unsicher, beim Treppensteigen hatte er Probleme. Beim Zuhören war er sehr ruhig, zurückhaltend, aber wenn er sprach, wurde er aufgeregt, als ob der Akt des Sprechens ihn erregen und Erinnerungen in ihm wachrufen würde. Er sagte, man habe ihm übel mitgespielt.

»Erzählen Sie mir, was geschah«, bat ich ihn.

»Ich war in der 82. Luftlandedivision in Vietnam, 1968 und '69. Die schlimmste Zeit, da können Sie jeden fragen. Wir verloren damals fünfundsechzig Prozent der Männer dort. Ich war in einer luftmobilen Einheit.« Er fuhr sich mit den Händen übers Gesicht, seufzte und fuhr dann fort: »Es fing mit Agent Orange an. Wir tranken Wasser aus den Bombenkratern. Wir haben Tabletten reingeworfen, um es trinkbar zu machen. Aber die Tabletten haben nichts getaugt. Das hätte man keiner Kuh geben können.«

»Sie sind davon krank geworden?«

»Mir ging's hundeelend«, erzählte er. »Als ich meinen Abschied bekam, fingen die Probleme an. Später bin ich ins Walter-Reed-Militärkrankenhaus gekommen. Für die Behandlung und alles, wegen PTBS und der Krankheit durch Agent Orange. Manchmal dauerte es fünf oder sechs Stunden, bis sich dort jemand um dich kümmerte. Sie haben mir meine Medikamente weggenommen und sie mir dann zurückverkauft. Die Schuhe, und auch die Socken, die haben sie auch weggenommen und dann zurückverkauft.«

»Was sollte das bringen?«

»Das war ein reines Zahlenspiel«, antwortete er mit grimmigem Lächeln, aber ich hatte keine Ahnung, was er damit meinte.

»Das klingt wie eine Bestrafung.«

»Und meine Zähne. Sie haben mir meine Zähne genommen, damit ich nichts mehr essen konnte. Ich habe keinen blassen Schimmer, warum sie das gemacht haben, aber ich habe mich immer gewehrt, und dann haben sie mich festgeschnallt. Sie haben vieles gemacht, nur um einen zu ärgern.«

»Sie haben Agent Orange erwähnt.«

»Agent Orange hat meine Hüfte geschädigt, und meine Schulter. Auch meinen Kindern hat es geschadet. Mein Sohn Maurice musste nach Tucson, Arizona, ziehen, um zu überleben. Und auch meine Enkel wurden davon geschädigt. Hab keinen blassen Schimmer, warum. Hab wegen dem Zeug meine Hüfte, den Rücken und beide Knie operieren lassen.«

Er erhob sich von der Bank und seufzte.

»Sie haben uns als Versuchskaninchen benutzt und lassen uns krepieren.«

Wir saßen eine Weile schweigend da, das Wort »krepieren« hing noch in der Luft und schwoll an, wie ein länger werdender Schatten. Plötzlich fragte er mich, wohin ich führe, als wolle er das Thema wechseln. Ich sagte: Georgia.

»Da sollten sie besonders vorsichtig sein«, warnte er mich.

Ich erzählte, dass ich im Tiefen Süden gerne auf den Nebenstraßen fuhr. Und ich sagte, er habe sehr viel durchgemacht, er sei ein Held, weil er das alles ertragen habe. Wir tauschten unsere Handynummern aus.

Vier Stunden später – ich hatte gerade South Carolina erreicht – klingelte mein Telefon.

»Hier ist Rob. Alles okay bei Ihnen? Sind Sie noch unterwegs? Rufen Sie mich an, wenn sie irgendwas brauchen.«

Die letzten Tage

Ein weiteres Zeichen dafür, dass ich im Süden war, waren die Radioprediger auf allen Sendern, die in ihren Predigten die Sünden der Welt als Beweis dafür anführten, dass die letzten Tage angebrochen waren.

»Wie Paul an Timotheus schrieb – im zweiten Brief …« verkündete einer von ihnen. »›Das sollst du wissen: In den letzten Tagen werden schwere Zeiten anbrechen. Die Menschen werden selbstsüchtig sein, habgierig, prahlerisch, überheblich, bösartig, ungehorsam gegen die Eltern, undankbar, ohne Ehrfurcht, lieblos, unversöhnlich, verleumderisch, unbeherrscht, rücksichtslos, roh, heimtückisch, verwegen, hochmütig, mehr dem Vergnügen als Gott zugewandt. Den Schein der Frömmigkeit werden sie wahren, doch die Kraft der Frömmigkeit werden sie verleugnen. Wende dich von diesen Menschen ab. Zu ihnen gehören die Leute, die sich in die Häuser einschleichen und dort gewisse Frauen auf ihre Seite ziehen, die von Sünden beherrscht und von Begierden aller Art umgetrieben werden, Frauen, die immer lernen und die doch nie zur Erkenntnis der Wahrheit gelangen können …‹«

Ich hörte bis zum Ende zu, weil ich nicht verpassen wollte, wie der Prediger um Geld bat, für gute Taten, für Sozialdienste und damit die Sendung nicht abgesetzt wurde.

Der Sender spielte etwas Musik und ich dachte: Die Welt ist nun einmal so düster. Die Beschreibung passt heute genauso gut wie zu der Zeit, als sie verfasst wurde – im ersten Jahrhundert nach Christus, wahrscheinlich nicht von Paulus, sondern von einem Jünger. Die ewigen Wahrheiten über die menschlichen Schwächen, Gier, Unaufrichtigkeit und Selbsttäuschung treffen zu jeder Zeit zu.

Die letzten Tage? Ist den Predigern das nicht klar? Das sind die Zeichen aller Tage, jedes Tages, überall.

Massoud: »Ich mache Randsteine«

Im Nordosten von Georgia, nicht weit von der Grenze zu South Carolina, stieß ich auf die Steinbruchstadt Elberton und den ungewöhnlichen Südstaatler Massoud Besharat, der über Österreich, Frankreich und England aus Teheran nach Elberton gekommen war. Er war mir als Auswärtiger empfohlen worden, der im Süden, wo Auswärtige nur selten Erfolge beschieden waren, erfolgreich war.

»Was machen Sie?«, wollte ich von ihm wissen.

»Ich mache Randsteine«, war seine Antwort. Dann lachte er, aber es war kein Witz.

Massouds großes Haus stand an einer Nebenstraße der kleinen Stadt, und in seiner Küche hing eine in Jugoslawien hergestellte AK-47 samt Kurvenmagazin an der Wand. Ich erzählte ihm, dass ich noch nie ein vollautomatisches Maschinengewehr in einer gemütlichen Küche ausgestellt gesehen hätte, und fragte, ob das Magazin geladen war.

»Natürlich ist es geladen! Was nützt es sonst?«

Er nahm es von der Wand spielte am Lademechanismus herum und lachte wieder, ein freudloses, spöttisches, iranisches Lachen, ein näselndes Wiehern. Manche Ausländer lernen, perfekt Englisch zu sprechen, aber sie behalten immer ihr eigenes Lachen, oft ein archaischer, bedrohlicher Laut.

Massoud besaß mehrere teure Motorräder, darunter eine Harley-Davidson Duo-Glide, auf der er mit einem Louis-Vuitton-Helm auf dem Kopf durch Georgia fuhr. Hinter dem Haus hatte er einen künstlichen Felsen aus Schmucksteinen mit einem Wasserfall anlegen lassen, den man ein- und ausschalten konnte. Wenn er eingeschaltet war und rauschte und sprudelte, verstand ich Massoud kaum, wenn er etwas sagte.

Er quartierte mich in einem freien Zimmer unter dem Dach ein, und ich lernte ihn in den folgenden drei Tagen kennen. Er gab offen zu, dass er wohlhabend, angeberisch, ein schwieriger Verhandlungspartner, nihilistisch, ein Kunstliebhaber, herrisch, stilvoll, intrigant, gerissen, tyrannisch, manipulativ, großzügig, berechnend und misstrauisch war und führte diese Eigenschaften auf seine iranische Herkunft und seinen Charme zurück. Aber er fügte sofort hinzu: »Ich hasse den Iran. Ich hasse die Iraner. Ich bin davongelaufen. Ich bin nach London geflohen. Dort habe ich in einem Imbiss gearbeitet und war sehr glücklich.«

Er behauptete, er habe die Schule abgebrochen, aber irgendwie ein Vermögen verdient. Er habe sich auf die Steinbearbeitung spezialisiert und sei ein Meister im Umgang mit der Diamantsäge.

Er sei ein Kenner der modernen amerikanischen und der französischen Malerei des 19. Jahrhunderts, habe Talent als Innenausstatter und als Makler von hochpreisigen Immobilien und neige dazu, schnell zu fraternisieren. Auf den ersten Blick wirkte er wie bloß ein weiterer Ausländer – wie der allgegenwärtige Mr Patel –, der im Süden seine Chance gesehen und sie genutzt hatte. Aber Massoud war schillernder und geschäftstüchtiger als die meisten.

Er war zwar dunkelhäutig, hatte eine Hakennase und hielt mit seiner verdächtig exotischen Meinung nie hinter dem Berg, aber er hatte trotzdem viele Freunde und Unterstützer in dieser ländlichen Südstaaten-Stadt mit ihren fünftausend Einwohnern. Er war nie schlecht behandelt worden, ganz im Gegenteil, er war willkommen gewesen, was wahrscheinlich an seinem grenzenlosen Selbstbewusstsein, seinem Sinn für Humor und dem vielen Geld gelegen hatte. Dass er zu Elbertons Wohlstand beigetragen und mehreren hundert Einwohnern Arbeit gegeben hatte, war zweifellos ebenfalls hilfreich gewesen. Ihm gehörte auch eine gut besuchte Kunstgalerie in Atlanta – etwa hundert Meilen entfernt. Er zeigte mir eine Broschüre, mit Skulpturen von wohlgeformten Frauen, die in seiner Galerie ausgestellt wurden, mit dem Kommentar: »Meine Ex-Frauen und Freundinnen!«

Ich bewunderte die Gemälde in seinem Haus.

»Das ist noch gar nichts. Sie müssen mich in Paris besuchen«, erklärte er. »Ich lasse in Barbizon gerade ein Hotel fertigstellen. In ganz Frankreich gibt es nichts Vergleichbares. Nur zwölf Suiten, Luxus-Suiten, und jede davon voller Gemälde der Schule von Barbizon. Kennen Sie Barbizon?« Dann begann er zu schreien. »Herrliche Maler! Millet! Corot! Felix Ziem! Mein Hotel wird ein Museum sein. Es ist schon ein Museum! Es gibt jetzt schon Ausstellungen im Salon!«

Während er das sagte, hielt er eine alte deutsche Luger-Pistole in der Hand: »Schusswaffen. Ich liebe Schusswaffen.« Dann presste er sich die Pistole ans Gesicht, wie ein Kind, das mit einer Schmusedecke kuschelt. Massouds Brille mit dem orangefarbenen Gestell verstärkte den Effekt noch. Er behauptete, er besitze fünfzig Brillen – alle hatten verschiedene Farben, aber dieselbe Form.

Elberton ist vor allem für seine Steinbrüche bekannt und liegt auf einem riesigen, fünf Kilometer dicken und fünfzig Kilometer langen, stabilen unterirdischen Bett aus blauem Granit. Der erste Steinbruch war im Jahr 1882 angelegt worden. Der richtige Abbau hatte im Jahr 1889 begonnen und einen Boom erlebt, als der italienische Steinmetz Peter Bertoni nach Elberton kam, einen Steinbruch kaufte und mit dem abgebauten Granit Monumente baute. Angeblich kommen alle Granit-Grabsteine in den Vereinigten Staaten aus Elberton, aber auch Pflastersteine, Ladentheken, Obeliske und hohe Säulen werden dort hergestellt. Inzwischen gab es vierzig Steinbrüche im Einzugsgebiet der Stadt und mehr als zweihundert Natursteinfirmen. Massoud besaß Blue Sky, einen der größten Steinbrüche der Gegend, und er sägte das Fundament und den Unterbau von Elberton in Blöcke, zerteilte diese Blöcke in Randsteine und lieferte sie ins ganze Land.

Er alberte gern herum und zog die Leute auf, aber er war ein erfindungsreicher Mann mit einer Nase für Profit, immer bereit, seine Geschäfte auszubauen und zu modifizieren. Er hatte mehrere hundert Angestellte, Schwarze und Weiße und auch mexikanische Immigranten, die in seinen Steinbrüchen schufteten. Das Steineschneiden war eine langwierige und mühselige Arbeit, bei der komplexe Spezialmaschinen zum Einsatz kamen, große Stahlkräne, Apparaturen mit Schwungrad, die einen Diamantdraht durch die Granitwand des Steinbruchs zogen, den Draht mit einem Wasserstrahl kühlten und so jeden Tag sechs Meter hohe Blöcke herausholten – ein ganzes Stonehenge an Steinplatten.

»Was schätzen Sie, wie viel Diamantdraht wir dabei verbrauchen?«, fragte mich Massoud. »Und der ist teuer. Früher haben wir ihn in China gekauft.«

»Jetzt nicht mehr?«

Er lachte kichernd. Mit der roten Brille, die er heute trug, sah er aus wie ein Clown. Aber er war kein Narr.

»Ich stelle den Diamantdraht jetzt selbst her! Ich habe eine Fabrik in Elberton! Ich verkaufe Diamantdraht! Ich mache damit ein Geschäft.«

Später zeigte er mir Imex, seine Fabrik in einer Seitenstraße, die halb Produktionsstraße und halb High-tech-Labor war und wo um die dreißig Mitarbeiter Diamantspäne oder Diamantperlen zu belastbaren, aber biegsamen, sechs Millimeter starken Diamantseilen galvanisierten. Die Herstellung von Diamantdraht dauert lange, und es gibt viele knifflige Phasen beim Herstellungsprozess, die technische Fertigkeiten und teure Maschinen erfordern und der jeweiligen Fachkraft viel Geduld abverlangen, da die Arbeit in jeder Phase monoton ist, aber Präzision voraussetzt. In einer anderen Fabrik in der Nähe produzieren Teams aus Männern und Frauen Kreissägen mit Diamantzähnen – drei Meter im Durchmesser –, riesige Scheiben, die beim Granitschnitt verwendet werden.

»Das ist umweltfreundlich. Ich bin nicht wie die anderen, die Thermobohrer verwenden, mit Feuer das Gestein erhitzen und Kanäle reinbohren. Ich schneide es mit Diamantdraht. Weniger Abfall, kein Feuer.«

Die Kleinstadt im ländlichen Georgia war berühmt für ihre Steinbrüche, aber nicht für technische Schulen, Berufsfachschulen oder Produktionsstätten. Daher fragte ich beim Anblick der vielen Arbeiter in weißen Kitteln und Schutzbrillen, die sich zwischen großen Gläsern voller glitzernder Diamantspäne über ihre Arbeitstische beugten, während andere die Diamanten in weiß-glühenden Öfen einbrannten: »Wer hat diesen Menschen beigebracht, wie das geht?«

»Ich. Ich bringe es ihnen bei!«, antwortete Massoud. »Und Bijan.«

Bijan Amini war sein Cousin, der ebenfalls aus dem Iran geflohen war. Er war Ingenieur und Chemiker, und beaufsichtigte sowohl die Arbeit im Steinbruch als auch die Produktion des Diamantdrahts.

»Das Beste, um große Flächen zu schneiden«, erklärte Bijan. »Um große Steinblöcke herauszulösen. Schneller. Kein Abfall.«

»Er ist ein Genie!«, verkündete Massoud. »Ich muss jetzt gehen. Ich habe heute Abend Französischunterricht. Ich mache schließlich Geschäfte in Frankreich. Ich will diese Sprache sprechen. Aber wie kann ich Ihnen helfen? Was wollen Sie sehen? Mein Butler ... Sie können sich mit ihm treffen. Er ist ein Redneck! Er liebt Schusswaffen! Was wollen Sie tun?«

Ich erklärte, ich wolle mit ein paar Arbeitern im Steinbruch sprechen, die in den tiefen, viereckigen Löchern im Boden so winzig aussahen und dort wie Ägypter schufteten – als würden sie riesige Steinblöcke für Pyramiden herausschneiden.

Jesse: »Jeder weiß, dass das Kribbeln aufhört«

Im dampfenden Regen und mit den vielen Pfützen sah der Granitsteinbruch wie eine verpfuschte Operation im großen Maßstab aus. Die grüne Erde und die Bäume waren geöffnet und die steinigen Innereien lagen offen, wurden zerschnitten und herausgehoben. Auf zweiunddreißig Hektar waren zehn verschiedene Gruben gegraben worden – systematisch, die Maschinen surrten, der Diamantdraht nagte. Aber es wirkte doch seltsam brutal, dieses Herausschneiden des Steins, bei dem tiefe, eckige Löcher entstehen, wo einstmals sanft geschwungene Hügel gewesen waren. Zu behaupten, dass die Männer der Erde Gewalt antaten, wäre abstrus, aber genau so kam es mir vor – als würde Elberton geplündert, vergewaltigt und ausgeweidet. Doch ich erkannte auch die Genialität dabei – die umherkletternden Männer, die heulenden Maschinen, die enormen Steinblöcke, die aus dem festen Fels herausgesägt wurden, die offenen Gruben im Boden mit den glatten Steinwänden.

Am Eingang zum Steinbruch standen offene, hohe Schuppen, in denen einige Granitblöcke mit Kreissägen zu Randsteinen zugeschnitten und andere mit riesigen Guillotinen auseinandergehackt wurden. Nichts davon war einfach: Jeder Steinblock wog zehn Tonnen und musste bewegt, befestigt und bearbeitet werden. Es war eine monotone Arbeit, bei der es auf Genauigkeit ankam. Wie der schwere Granit geschnitten und bewegt wurde, beeindruckte mich ebenso sehr, wie es am Tag zuvor die Techniker mit ihren Schutzbrillen bei der Produktion der großen Rollen aus Diamantdraht getan hatten.

In einem Schuppen arbeitete ein junger Mann mit Hammer und Meißel an einem Granitblock, der langsam das Aussehen eines Randsteins annahm.

Als ich vorbeiging, wandte sich der Mann ab, aber dabei sah ich seinen betrübten Gesichtsausdruck und seine traurigen Augen. Ich ging weiter. Später, als der Regen stärker wurde, nutzte ich den Sturm als Vorwand, um in seinem Arbeitsschuppen Schutz zu suchen und mit ihm zu reden.

»Darf ich reinkommen?«

»Nur zu, ist genug Platz.«

Er legte den Meißel nieder, nahm einen Vorschlaghammer in die Hand und schlug langsam Brocken vom Steinblock ab. Er war durchschnittlich groß und muskulös, seine Schultern und Arme waren mit dekorativen Tätowierungen bedeckt. Keine Trophäen oder Botschaften, wie sie manche Männer hatten, allerdings waren jede Menge grinsende Totenschädel darunter. Er hatte blondes Haar, blaue Augen. Er wirkte nervös – wie jemand, der viel allein arbeitet und nicht genau weiß, wie er mit einem plötzlich auftauchenden Fremden umgehen soll, schon gar nicht mit einem, der die ganze Zeit etwas in ein Notizbuch kritzelte.

Sein Name war Jesse Minor, er war fünfunddreißig Jahre alt und im weniger als vierzig Meilen entfernten Athens geboren. Er hatte an der Oconee High School in Watkinsville seinen Abschluss gemacht. »Es war eine überwiegend weiße Schule«, erklärte er. »Die Stadt ist ziemlich klein und auch überwiegend weiß.«

»Sie haben da viel Tinte auf der Haut, Jesse.«

»Die Tätowierungen habe ich in Arizona stechen lassen, von einem Freund, der Tätowierer ist. Ich hab zu ihm gesagt: ›Pflaster meine Arme mit Schädeln zu!‹ Schädel sind cool und was für harte Jungs. Hier an meinem Hals steht ›Reba‹. So heißt meine Tochter. 'ne Geschichte für sich.«

Während unseres Gesprächs hatte er seine Arbeit keinen Augenblick unterbrochen, und Granitbrocken flogen umher.

»Ich hab vorher noch nie in einem Steinbruch gearbeitet«, erzählte er den Hammer schwingend. »Ich war beim Bau, in Arizona, acht Jahre lang, in Prescott. Echt nett da, gab viel Arbeit. Aber dann ging's mit der Wirtschaft bergab, und ich bin heim.« Er hielt inne und betrachtete den Block. »Und hier bin ich jetzt, seit achtzehn Monaten. Ich schlag hier mit dem Vorschlaghammer die Blöcke sauber, mach sie gerade. Man könnte Qualitätskontrolle dazu sagen, schätze ich.«

»Wie ist die Bezahlung?«, wollte ich von ihm wissen.

»Ich hab mit neun Dollar die Stunde angefangen und bekomme jetzt elf. Ich arbeite sechs Tage die Woche, fünfzig Stunden pro Woche. Die Arbeit macht mir nichts aus, aber zu Hause ist es grade schwierig.«

»Darf ich mir Notizen machen? Ich finde das interessant.«

»Is okay.« Er stellte den Hammer ab. »Ich mach grad eine Trennung durch. Weil nämlich, Brandy – meine Frau – sagt, sie hat grad eine Midlife-Crisis, was komisch ist, weil sie jünger ist als ich.«

»Wie würden Sie die Krise Ihrer Frau beschreiben?«

»Sie wollte mit einem jüngeren Mann ausgehen, so eine Krise ist das. Und sie wurde richtig seltsam. Sie hat zu mir gesagt: ›Ich liebe dich, aber ich bin nicht in dich verliebt.‹ Was soll'n *der* Scheiß bedeuten?«

»Keine Ahnung. Haben Sie sie gefragt?«

»Hab's versucht.« Er lief jetzt im Schuppen hin und her, während es draußen schüttete. »Jeder weiß, dass das Kribbeln nach ein paar Monaten aufhört, oder? Jedenfalls dachte ich mir, ich geb ihr ein bisschen Raum. Da bin ich ausgezogen.« Die Förderanlage schob einen neuen Granitblock vorbei, und Jesse griff zum Hammer, zog ihn heran und schlug auf den Block ein. Er redete dabei weiter. »Kaum war ich ausgezogen, zog er ein. Der junge Kerl, mit dem sie ausging.«

»Klingt nicht gut.«

»Er hat nicht mal 'n Wagen!« Er schwang den Hammer wieder, und ein gelöster Steinbrocken flog mit einem Knall auf die Transporttrage. »Ich hab zu ihr gesagt: ›Das klappt nicht so, wie du dir das vorstellst!‹«

»Was meinte sie dazu?«

Aber er hörte nicht zu. Er war mit den Gedanken woanders. »Ich hab gesagt: ›Wir waren ein Team, damals, in Arizona. Wir haben schwere Zeiten durchgemacht und haben's ganz gut geschafft. Wir waren ein Team!«

Er schleuderte den Hammer zur Seite und setzte sich auf eine Bank neben den Granitblock, der zu Randsteinen zersägt wurde. Er steckte sich eine Zigarette an.

»Als wir hierher zurückkamen, sind wir in einer ziemlich üblen Gegend gelandet. Sherwood, von Sherwood Forest, bei Danielsville im Madison County. Drogenverseuchte Wohnwagensiedlung, fünf- oder sechshundert Leute, vor allem Weiße. Unser Wagen stand ganz hinten.«

»Wie war es da?«

»Richtig übel. Die Freundin unseres Nachbarn ist gestorben. Er hat darauf den Verstand verloren. Hat sich dann eine Frau mit Kindern in den Wohnwagen geholt. Sie war auf Crystal Meth. Sie stritten sich dauernd. Das war ein irres Drama wegen all dem Gras und dem Crystal Meth. Er wollte sie dauernd rauswerfen. Sie war ein echter Junkie. Sie hat fünf Kinder, und sie nehmen alle zusammen Drogen, die Mutter und die Kinder.«

»Dort haben Sie gewohnt?«

»Bis ich ausgezogen bin«, bestätigte er. »Brandy lebt immer noch dort mit dem Typen.« Er saß eine Weile schweigend da und rauchte. »Ich hab Angst um Reba. Sie bedeutet mir alles, aber ich sehe sie nur einmal die Woche. Ich will sie beschützen, aber meine Frau ist gnadenlos. Sie sagte zu mir: ›Jemand hat dein Werkzeug geklaut.‹ Die Motorsäge und alles andere ... Warum sollte jemand nur mein Werkzeug klauen und sonst nix? Der Typ hat es verkauft, das weiß ich. Dann hieß es: ›Jemand hat meinen Ehering geklaut.‹ Das war der Ring meiner Mutter. Ich weiß, was damit passiert ist, und es macht mich wütend.«

»Jesse, darf ich Sie fragen – haben Sie jemals Drogen genommen?«

»Ich hab Drogen genommen, aber ich hab damit aufgehört, weil ich nicht wollte, dass meine Tochter genauso über mich denkt, wie ich über meinen Vater gedacht hab. Sie würd mich für dumm halten. Ich weiß das, weil ich mit den Drogen angefangen habe, als ich zwölf war, mit meinem Vater. Gras und Kokain.«

In meinem Kopf entstand ein Bild, wie bei dem Satz *Sie hat fünf Kinder und sie nehmen alle zusammen Drogen, die Mutter und die Kinder.* Ich sah einen wilden Clan, der sich zu einem wüsten Drogenritual versammelte. Dabei war es wahrscheinlich nur eine traurige Familie, die sich stritt und in ihrem Wohnwagen Zigaretten rauchte.

»Das war nach der Scheidung«, erzählte Jesse weiter. »Er hat nachts Koks geschnupft. Ich hab an Reba gedacht und mich daran erinnert, was mein Vater getan hat. Er hat beim Autofahren Gras geraucht. Ich hab meistens morgens einen Joint geraucht, bevor ich zur Schule gegangen bin.«

»Wie alt waren sie da?«

»Zwölf oder dreizehn. Und ich hab weitergemacht.« Er nickte, vermutete wohl, dass ich mehr Details wollte. »Ich hab ein paar Strafen bekommen. Weil ich Hanf angebaut hab. Nur ein paar Pflanzen. Sie wollten mir zwanzig Jahre dafür geben. Am Ende habe ich sechzehn Monate abgesessen. Ich war zwanzig. Mein Dad ist an Krebs gestorben, als er dreiundfünfzig war.«

»Das ist hart.«

»Die Trennung ist schlimmer. Ich hab gesagt: ›Ich bring dich um, Brandy.‹ Ich hab es nicht so gemeint. Aber deswegen hab ich keine Waffe im Haus, und ich hatte vorher immer eine Waffe. Sie hat sich eine einstweilige Verfügung gegen mich geholt. Ich muss mich von ihr und ihrem Typen fernhalten. Unfassbar.«

»Ich kann Ihnen nur raten – unterdrücken Sie den Impuls, Gewalt anzuwenden«, warf ich ein.

»Ja, klar. Ich will nichts tun, was mein Leben zerstört«, stimmte er mir zu. »Und ich liebe sie immer noch. Ich liebe meine Tochter. Ich will, dass es wieder so wird wie vorher.« Er überlegte einen Augenblick und verzog das Gesicht vor Schmerz. »Als wir noch ein Team waren.«

»Wo wohnen Sie jetzt?«

»Ich bin wieder bei meiner Mutter in Athens eingezogen. Es ist furchtbar. Meine ganzen Sachen sind im Wohnwagen. Ich bin hingegangen, um mein Werkzeug zu holen. Brandy hat gesagt: ›Sie wurden gestohlen.‹ Nur drei Sachen wurden geklaut – meine Bohrmaschine, meine Motorsäge und der Ring. Kein Geld, sonst wurde nichts geklaut. Wer's glaubt.«

Er nahm den Vorschlaghammer wieder in die Hand.

»Und der Typ wohnt da, in meinem Wohnwagen, mit meiner Frau, mit meiner Tochter.«

Dann hob er den schweren Hammer und wandte sich von mir ab.

»Meine Tochter ist das einzig Wichtige für mich. Ich lebe für sie, deswegen versuche ich, das Richtige zu tun und beide nicht zu töten, den Typen nicht und Brandy nicht. Ich will nicht, dass sie mich so ansieht wie ich meinen Vater angesehen habe, der mir Drogen gegeben hat.«

Und er ließ den Hammer auf die Kante des Granits niedersausen und schlug eine überstehende Ecke ab.

Buddy Case: »Man konnte nichts sagen«

Buddy, Massouds »Redneck-Butler«, war ein schlaksiger, freundlicher Mann mit sanfter Stimme, der sich selbst als Junge vom Land bezeichnete. Er war Anfang sechzig und hatte in Vietnam gekämpft. Die Bezeichnung »Butler« war eine von Massouds typischen Übertreibungen. Buddy war Massouds rechte Hand, sein Fahrer, Hausmeister und Botenjunge. Er hielt seinem Chef den Rücken frei und teilte mit ihm gewisse Interessen – Waffen, zum Beispiel.

Ich wurde ihm vorgestellt und erwähnte kurz darauf Massouds AK-47, die zwischen Töpfen, Pfannen und dem Gewürzregal an der Küchenwand hing. Ich sagte so etwas wie: »Sie haben wahrscheinlich auch eine Waffe.«

»Eine Waffe«, ahmte er mich spöttisch nach. »Ich habe 45 Waffen.«

Später unterhielten wir uns über Vietnam. Er hatte im Jahr 1969 dort gekämpft. Danach hatte er Elberton nie wieder für so lange Zeit verlassen. Er hatte immer noch Kontakt zu den Kameraden aus seiner Einheit. »Wir treffen uns alle zwei Jahre in Pigeon Forge«, erzählte er.

Pigeon Forge lag jenseits der Great Smoky Mountains bei Knoxville in Tennessee. In der Stadt war man sich bewusst, dass viele Veteranen aus dem Süden stammten. Das wurde jeden August entsprechend gefeiert. Das Wochenende stand unter dem Motto »Pigeon Forge feiert die Freiheit – eine Willkommensfeier für alle Heimkehrer aus Vietnam«. Ein Höhepunkt war »Die Parade, die sie nie bekommen haben« mit Motorrädern, einer Blaskapelle und dem Vorbeiflug eines UH-1-Kampfhubschraubers (»Huey«), dem Symbol für Schlachten und Evakuierungen in Vietnam. Auch Shows gab es – eine Sonderaufführung des »Smoky Mountain Opry«-Spektakels »Salute to Patriots«.

»Damit wollen wir an das Opfer erinnern, das sie für uns alle gebracht haben«, stand im Prospekt der Show. »Diese Veranstaltung wurde ins Leben gerufen, um unsere Vietnam-Veteranen zu ehren, um sie als die Helden zu bejubeln, die sie sind. Es ist eine Gelegenheit für Familien, Freunde und Bürger, um ihnen voller Stolz Ehre zu erweisen. Eine Chance für eine dankbare Nation, um ›Danke‹ zu sagen.«

Buddy erzählte mir davon und wie sehr er sich darauf freute. Er beschrieb die Paraden, die Musik, die Fanfaren, das Wiedersehen, das typische Südstaaten-Essen und die Freundschaft.

»Ist bestimmt schön, die Kameraden wiederzusehen.«

»Es ist phantastisch«, bestätigte er. »Herumsitzen, ein paar Bier trinken … Dann sehen wir uns bei Google unseren Stützpunkt an, auf einem Hügel in Vietnam, und überlegen uns, was damit geschehen ist.«

»Dann sind Sie in den Sechzigern in Elberton zur High School gegangen?«, fragte ich. »War das damals eine integrierte Schule?«

»Sie haben's '67 versucht«, erinnerte er sich. »Ich war im zweiten Jahr. Vier schwarze Schüler sind damals aufgetaucht. Zwei Jungs, zwei Mädchen.«

»Hat es funktioniert?«

Er verzog das Gesicht, wie bei einer schlechten Erinnerung, und erzählte: »Ich erinnere mich an eine Sache. Die Schule hat sich jeden Morgen in der Turnhalle versammelt. Aber das waren mehrere hundert Schüler, und es gab nicht genug Sitzplätze für alle. Viele mussten auf dem Boden sitzen. Sie wissen doch, wie Kinder auf dem Boden sitzen?«

Buddy legte seine Zigarette in einer Untertasse ab und zeige mir, wie sie gesessen hatten, zurückgelehnt, mit den Händen hinten auf dem Boden gespreizt.

»Man stützt sich ab, die Hände hinten. So.«

»Ich verstehe.«

»Die vier schwarzen Schüler saßen auf dem Boden, und die Schüler, die an ihnen vorbeigingen, traten auf ihre Hände. Immer wieder.«

Ich sah sie vor mir, die weißen Schüler, die über ihnen aufragten und gezielt zutraten.

»Keiner hat was gesagt«, erzählte Buddy. »Ich glaube schon, dass sie einigen leidtaten. Aber man konnte nichts sagen. Sie haben die ewigen Schikanen nicht lange ausgehalten. Irgendwann sind alle wieder gegangen. '68 kamen wieder welche. Wieder üble Schikanen. Und '69 noch mehr. Aber da war ich schon in Vietnam.«

Später am Abend lernte ich in einer Bar in Elberton Ivy kennen, eine Einheimische, etwa in Buddys Alter. Ich stellte ihr dieselbe Frage.

»Ich bin nicht zur High School gegangen«, erzählte sie. »Ich bin zur Samuel Elbert Academy gegangen. Das war eine Privatschule, nur für Weiße. Sie wurde in den Sechzigern gegründet, als die Sachen passiert sind.«

Ich dachte an Buddys Bemerkung: *Man konnte nichts sagen.* Er hatte gemeint, dass es unmöglich war, sich gegen die Schule zu stellen und moralisch gegen den Rassismus Stellung zu beziehen. So beschrieben viele Menschen im Süden das moralische Dilemma. So sprachen sie auch über Strom Thurmond: Er sei gar kein Rassist gewesen – schließlich hatte er mit einer schwarzen Bediensteten geschlafen und sein schwarzes Kind finanziell unterstützt. Es klang auch in Bill Clintons Kommentar zur Mitgliedschaft von Senator Robert Byrd im Ku-Klux-Klan an: »Er war ein Bauernjunge aus den Bergen von West Virginia. Er wollte gewählt werden.«

Okay, ich verbrenne dieses Kreuz und verbiete euch, hier zur Schule zu gehen, und versuche, diesen Lynchmord zu vertuschen – aber hey, ich bin eigentlich gar kein Rassist. Ich will einfach nur gewählt werden.

Buddy hatte gespürt, wie falsch das alles war, als er damals versucht hatte, sich seinen Freunden anzupassen. Er erinnerte sich noch an die Misshandlungen und den Schmerz der Schwarzen. Seine Geschichte aus der Schulzeit erschütterte mich, und auch sein Schweigen. »Wenn ich gewollt hätte, hätt ich bleiben können«, sagt Huckleberry Finn, als Colonel Sherburn den Mob verhöhnte, »aber ich hab nich gewollt.«

Bill Clinton verbreitete immer noch die absurde politische Südstaaten-Logik, nach der man vorgeben musste, ein Rassist zu sein – weil man nicht wählbar war, wenn man Stellung gegen Rassismus bezog. Er sagte: Wir müssen auf ihre Finger treten, wir müssen behaupten, es sei richtig. Wir brauchen die Wählerstimmen. Man muss gewählt werden, um jeden Preis.

Menschen, die die Wahrheit sagen und sich moralisch einwandfrei verhalten, kommen in der Tat häufig nicht an die Macht, aber das Richtige zu tun ist, langfristig und ohne Ausnahme, das Einzige, was zählt, und machtvoller als das »Heulen mit den Wölfen«. Aus diesem Grund waren die wahren Helden der Bürgerrechtsbewegung auch nie Politiker. Es waren einfache Leute mit einer Mission, die in Sit-ins ausharrten, Protestmärsche und Debatten organisierten. Sobald sie erste Erfolge erzielten, ergriffen die Politiker die Gelegenheit beim Schopf und folgten ihnen.

Aus diesem Grund bekam Rosa Parks am Ende Heldenstatus und wird heute von Menschen verehrt, die offenbar Buße dafür tun wollen, dass sie damals nichts getan hatten. Der unbeugsame Mut, mit dem Rosa Parks sich weigerte, ihren Sitzplatz für einen weißen Mann zu räumen, war Ausdruck einer moralischen Überzeugung, ein Bestehen auf der Wahrheit, was kein Politiker im Süden jemals gewagt hatte, weil – wie Clinton in seiner schamlosen Verteidigung von Byrd ausführte – sie damit eine Wahlniederlage riskiert hätten.

Für viele weiße Südstaatler war es ganz normal – und in politischen Kampagnen anscheinend unvermeidlich –, sich als Rassist auszugeben. Um diese Logik zu verstehen, musste man Südstaatler sein. Sie teilen diese Einstellung mit vielen unreifen, moralisch ungefestigten Jugendlichen, die idiotische Dinge tun, nur um sich in ihrer Clique beliebt zu machen.

Verbindungen in Alabama: Letzte Bastion der Rassentrennung

Hinter Atlanta überquerte ich die Staatsgrenze und folgte danach meiner früheren Route über die Nebenstraßen von Alabama, abseits der Betontrasse der Interstate, nach Talladega und Childersburg, Columbiana und Calera, über Montevalle und West Blocton nach Cottondale. Ich fuhr nicht schnell, das konnte man auf diesen Landstraßen nicht. Aber das war Teil des Vergnügens. Zu diesem Vergnügen gehörten auch die gepflügten Felder und die Wälder und der Geruch der heißen Straßen, besonders der glänzenden schwarzen Blasen an den frisch geflickten Stellen. Diese Mischung aus dem stechenden Teergeruch und dem Sommerduft meiner Kindheit …

Schließlich erreichte ich wieder Tuscaloosa und die Universität, die über ein umstrittenes Thema mit sich selbst Krieg führte. Fünfzig Jahre nach der Bürgerrechtsbewegung waren die Studentinnenverbindungen in den Nachrichten, weil sie sich weigerten, schwarze Studentinnen aufzunehmen.

»Das ist nichts Neues«, erzählte mir Cynthia Burton bei meinem Besuch am nächsten Tag.

Ich freute mich, sie wiederzusehen, aber es ging ihr nicht gut. Sie hatte zwei Monate zuvor einen Autounfall gehabt und ging noch regelmäßig zur Physiotherapie. Hinzu kamen ihre anderen Gesundheitsprobleme: Diabetes, Bluthochdruck und kaputte Knie. Sie benutzte immer noch eine Gehhilfe, arbeitete aber wieder Vollzeit, suchte nach Häusern für die Armen im Black Belt und kümmerte sich um die vielen Besucher, die in ihr Büro kamen.

»Suchen Sie nach dem Namen Melody Twilley!«, riet sie mir und erzählte mir dann, was ich wissen musste.

Melody Twilley kam aus der kleinen Stadt Camden im Wilcox County im Black Belt von Alabama. »Wilcox ist das ärmste County in Alabama«, erklärte Cynthia, und Camden lag etwa dreißig Meilen südlich von Selma. Melodys Vater war ein erfolgreicher Holzhändler. Die Tochter war schon früh eine so gute Schülerin gewesen, dass sie nach Mobile geschickt wurde, zur Alabama School of Math and Science – die überwiegend von weißen Schülern besucht wurde. Den Abschluss dort machte sie mit Auszeichnung.

Im Jahr 2001 wurde sie an der University of Alabama zugelassen. Sie zeigte hervorragende Leistungen in Naturwissenschaften, sang im Chor, bekam sehr gute Noten. Sie bemühte sich um eine Aufnahme in eine Studentinnenverbindung, nicht aus politischen Gründen – obwohl keine Studentinnenverbindung an der University of Alabama schwarze Mitglieder hatte –, sondern einfach, weil sie auch diesen Teil des Studentenlebens kennenlernen wollte. Auf die Frage eines Journalisten erklärte sie: »Ich hatte das Gefühl, dass sie mich mögen würden, wenn sie mich kennengelernt hatten.«

Die University of Alabama war die letzte Universität im Süden, an der es noch rein weiße Studentenverbindungen gab. Melody stellte sich bei einem Dutzend Studentinnenverbindungen vor, aber nur die Alpha Delta Pi lud sie zu einem zweiten Gespräch ein.

Das gab Melody Hoffnung, aber am Ende wurde sie doch abgelehnt. Hautfarbe sei kein Kriterium gewesen, hieß es von der Verbindung. Die Schwestern hatten sie einfach nicht ausgewählt. Melody machte ihren Abschluss an der Universität, ohne einer Verbindung anzugehören – sie hätte in eine schwarze Verbindung eintreten können, tat es aber nicht.

»An der Universität gibt es ein Gruppierung, die sich ›Der Apparat‹ nennt«, erzählte Cynthia. »Das ist ein geheimer Kreis, der dafür sorgt, dass alles so bleibt, wie es immer war. Und dazu gehört, dass in manchen Bereichen immer noch Rassentrennung herrscht. Arme Melody Twilley. Sie hat es versucht, bei Gott, sie hat es versucht.«

Die Rassentrennung bei den Studentinnenverbindungen endete, zufällig, in dem Monat, als ich in Alabama war. In jenem

Monat stellten elf afroamerikanische Frauen einen Aufnahmeantrag bei Studentinnenverbindungen, wie Melody Twilley es 2001 getan hatte. Sie klapperten die Verbindungshäuser ab in der Hoffnung, aufgenommen zu werden. Mitte September schrieb die Uni-Zeitung *The Crimson White* in einem Artikel, dass sämtliche sechsundfünfzig Studentenverbindungen (Bruderschaften und Schwesternschaften) fast vollständig nach Hautfarbe getrennt seien und dass das Verbindungssystem die »letzte Bastion der Rassentrennung auf dem Campus« sei.

Zwar war es zwei schwarzen Frauen gelungen, probeweise in eine Studentinnenverbindung aufgenommen zu werden, aber sie wurden schließlich doch abgelehnt. Dieses Mal gab es einen Aufschrei der Empörung in der Öffentlichkeit. Auf Druck verärgerter Studenten, unter ihnen viele Verbindungsfrauen, berief die Präsidentin der Universität, Dr. Judy Bonner, das Kuratorium und die Verbindungsbeauftragten der Universität zu einer Notsitzung hinter geschlossenen Türen ein. Am nächsten Tag gab die Präsidentin bekannt, dass »unsere Verbindungen nach Hautfarbe getrennt bleiben«, rief aber zur Toleranz auf.

Allerdings versammelten sich wenige Tage später mehrere hundert Studierende und Lehrende (einschließlich Dr. Bonner) vor der Gorgas-Bibliothek der Universität und marschierten mit Schildern zum Verwaltungsgebäude der Universität.

Auf einigen Schilder wurde auf die Ereignisse vor fünfzig Jahren hingewiesen, als der Gouverneur George Wallace zur Universität geeilt war und sich vor die Tür zum Auditorium gestellt hatte, um zwei schwarzen Studenten den Eintritt zu verwehren.

»Das war alles mehr oder weniger inszeniert«, kommentierte Charles Portis in einem Interview aus dem Jahr 2001 die damalige Intervention des Gouverneurs.* Portis war während den Ereignissen Reporter in Tuscaloosa. Er schreibt: »Das Ergebnis stand

* Nachgedruckt in: Charles Portis, *Escape Velocity – a Charles Portis miscellany*, hg. von Jay Jennings, Little Rock, Arkansas: Butler Center for Arkansas Studies 2012.

von vornherein fest. Diese schwarzen Studenten würden an der University of Alabama aufgenommen werden. Wallace hatte sich mit Robert Kennedy und Nicholas Katzenbach getroffen, aber er wollte die Show, mit dem Aufmarsch von Bundestruppen und den Marshals und allem. Das erinnert mich an Leander Perez, den Anführer der Befürworter der Rassentrennung in Plaquemines Parish, in Louisiana. Earl Long fragte ihn: ›Was willst du denn machen, Leander? In Washington haben sie jetzt die Atombombe!‹« Die Konfrontation in Alabama resümierte Portis mit den Worten: »Im Grunde war es eine Neuauflage des Bürgerkriegs als Farce.«

Im Gegensatz zu Wallace' Verbohrtheit (oder medienwirksamer Selbstdarstellung) forderte der aktuelle Gouverneur von Alabama, Robert Bentley (ein Alumnus der Universität), als Reaktion auf die Rassentrennung in den Studentinnenverbindungen zur Toleranz auf. Aber damit war er ein Rufer in der Wüste. Von der Universitätsverwaltung oder den anderen Politikern in Alabama bezog niemand Stellung. Die Studenten indes drängten auf Veränderungen. Sie organisierten Proteste, schrieben Briefe, demonstrierten, hielten Reden, trugen Schilder. Offensichtlich war die Mehrheit der Studenten nicht rassistisch und wollte den Schwarzen mehr Rechte einräumen. Jesse Jackson tauchte auf und hielt eine pathetische Rede, aber es waren die Studenten, die das Thema vorantrieben und erklärten, wie wichtig es war. Für eine Universität mit wichtigen Jura- und Wirtschaftsfakultäten war es einfach ein Zeichen von Rückständigkeit, dass einige wichtige Aspekte des Studentenlebens noch immer nach Hautfarbe getrennt waren.

»Sie sollten es sich selbst ansehen«, riet Cynthia. »Fahren Sie rüber!«

Ich fuhr also zum Campus, spazierte dort herum und sprach mit Studenten. Beim Stadion fand gerade eine Veranstaltung einer Studentinnenverbindung statt. Mehrere hundert Verbindungsschwestern standen in Gruppen zusammen, rannten dann lachend los und kletterten – als Teil des Spiels – auf die viereinhalb Meter hohe Bronzestatue des Footballtrainers Nick Sabin. Anscheinend ging es darum, wie viele von ihnen gleichzeitig an der Statue hängen konnten – acht oder neun schien das Maximum zu sein. Sie klammerten sich an seinen Kopf, saßen auf seinen Schultern, hängten sich an die Arme, umarmten seine Beine, saßen auf dem Sockel und kreischten. Ausgelassene Mädchen mit vor Anstrengung geröteten und verschwitzten Gesichtern. Schwarze waren nicht unter ihnen.

Sie sprachen gern mit mir, und alle, die ich fragte (etwa ein Dutzend), sagten, sie seien für eine Integration in den Studentinnenverbindungen. Sie erzählten, sie hätten schwarze Freundinnen, und die hässliche Publicity gefalle ihnen gar nicht.

»Ich bin in einer Verbindung, aber ich habe mich nicht deswegen für Alabama entschieden. Ich bin wegen dem Football hergekommen«, erzählte eine von ihnen.

»Football fördert die Kameradschaft«, warf eine Verbindungsschwester ein.

»Und vielleicht auch der Alkohol und die wilden Partys?«

»O ja, das auch!«

»Wir haben kein Problem damit, wenn schwarze Mädchen in unsere Verbindung eintreten«, war die Antwort einer anderen auf meine Frage.

»Warum gibt es dann die Rassentrennung noch?«

»Die Alumni, die Ehemaligen, sind dagegen und setzen uns unter Druck«, erklärte ein Mädchen. »Sie geben der Universität – und uns – Geld, und dadurch haben sie eine Menge Einfluss.«

»Was hat es mit dem ›Apparat‹ auf sich?«

»Das ist alles streng geheim«, lachte eine Schwester.

In der Woche veröffentlichte *The Crimson White* einen Artikel mit dem Titel »Integration bei Studentinnenverbindungen immer noch schwer realisierbar«. Tatsächlich war sie gar nicht realisiert. Doch die Studenten waren löblicherweise entschlossen, das zu ändern. Sie widersetzten sich den Alumni, als diese anführten, »Aufnahmevoraussetzung ist ein Empfehlungsschreiben des *chapter*, und daher muss das potenzielle neue Mitglied abgelehnt werden«. Bei einem Treffen der Verbindung »Alpha Gamma Delta« »erhoben sich aktive Verbindungsmitglieder als Zeichen der Unterstützung für die [schwarze] Anwärterin und stellten die Entscheidungen der Alumni infrage«.

»Alle in der Verbindung wollten dieses Mädchen in Alpha Gam«, erzählte eine Schwester. »Aber gegen die Alumni waren wir machtlos.«

Das Problem wurde thematisiert und diskutiert, aber nicht gelöst. Die alte Schwarz-Weiß-Trennung des Südens blieb bestehen, aber ich merkte, dass die Studenten sich ihre eigene Meinung gebildet hatten und selbst über jede Aufnahme entscheiden wollten, auch bei schwarzen Studenten. Die Schlagzeilen waren ihnen peinlich, und mit meinen Fragen traf ich einen wunden Punkt. Die Antwort auf die offensichtliche Frage, warum eine Studentin einer Verbindung beitreten wollte, in der sie nicht erwünscht war, lautete: Sie *war* erwünscht.

Auf mich wirkte das alles ziemlich absurd. In meinen Augen war die Aufnahme in eine Verbindung, mit all dem albernen Getue und den Ritualen, ein lächerlicher Maßstab für Toleranz, weil das ganze System der Brüder- und Schwesternschaften bekanntermaßen ebenso versnobt wie verlottert war. In jährlichen »Rankings« wurden alle Studentinnenverbindungen nach den Kategorien Aussehen, Popularität, Klasse, Engagement, Sozialleben und Gemeinschaft bewertet. Es war eine eitle, von Rudelverhalten geprägte Welt, in der akademische Leistungen anscheinend keine Erwähnung wert waren.

Dennoch hatte die Mitgliedschaft in einer Studentinnenverbindung auf dem Campus in Alabama eine große symbolische Bedeutung. In der Geschichte von Tuscaloosa gab es jede Menge Beispiele für hartnäckigen Rassismus und trotzigen Fanatismus. Bischof Earnest Palmer hatte mir bei einem früheren Besuch die Treffpunkte des Ku-Klux-Klans am Union Boulevard gezeigt, und die Erinnerung an den Klan, und einige andere »Hass-Gruppen«, war in Alabama noch frisch.

An dieser Universität mussten schwarze Studenten vor fünfzig Jahren von der Nationalgarde beschützt werden. Ein vernünftiger Mensch könnte da auf den Gedanken kommen, dass sich die Alumni gern von dieser rassistischen Vergangenheit distanzieren und zeigen würden, dass die Lehrstunden in Toleranz etwas bewirkt hatten, auch in der rückständigen Welt der Studentenverbindungen. Aber das Gegenteil war der Fall. Die Alumni bewiesen dem ganzen Land, dass sie unter dem Deckmantel der Tradition mit aller Kraft an ihrer bösartigen Dummheit festhielten.

Sandra Fair: »Es wird jedes Jahr schlimmer«

»Mein Sohn hat schwarze und weiße Freunde«, erzählte mir Sandra Fair. »Das war noch ganz anders, als ich jung war. Ich habe 1968 meinen Abschluss an der High School gemacht, und wir hatten damals nur eine schwarze Mitschülerin. Sie tat mir wirklich leid.«

Sandra war eine fröhliche, offene, geschäftstüchtige Frau, die in der ländlichen Kleinstadt Gord im Pickens County lebte, etwa fünfundzwanzig Kilometer westlich von Tuscaloosa. Ihr Mann war Milchbauer. Sie war Leiterin der Finanzabteilung der »Community Service Programs« von West-Alabama – der gemeinnützigen Organisation, die von Cynthia Burton als Geschäftsführerin geleitet wurde.

Ich traf mich mit Sandra Fair, weil ich Cynthia Burton nach der Finanzierung ihrer Organisation gefragt hatte. Ich war viel in Afrika und Asien gereist, wo mehrere hundert Millionen Dollar für Hilfsprojekte ausgegeben werden, um die Bildung der Menschen zu verbessern, Energiequellen zu erschließen, die medizinische Versorgung zu sichern und sogar um den Tourismus zu fördern (700 Millionen US-Dollar in Tansania, 350 Millionen in

Zambia usw.). Ich wollte wissen, welches Budget diese Organisation in Alabama hatte, die in acht Countys im westlichen Teil des Black Belts arbeitete.

»Wir haben ein Betriebsbudget von etwa 15 Millionen«, informierte mich Sandra Fair.

Die Hälfte davon, erzählte sie, werde für die Bezahlung von Lehrern, Beratern, Bauarbeitern, Handwerkern und Verwaltung ausgegeben.

»Und die Leute beantragen Darlehen oder Beihilfen oder sie brauchen Geld für Heizung, Gas, Wasser, Strom. Sie brauchen Lebensmittel, sie brauchen Rat. Das kostet uns etwa drei Millionen.«

»Sie geben den Leuten Geld, damit sie ihre Heizkosten bezahlen können?«

»Nein, wenn wir zahlen, dann direkt an das Versorgungsunternehmen. Das wird je nach Einkommen entschieden. Es gibt Armutsrichtlinien.«

Die Einkommenskriterien waren streng. Nach den »Armutsrichtlinien« hatte ein Ein-Personen-Haushalt mit weniger als 11 490 US-Dollar Anspruch auf Beihilfe, ein Zwei-Personen-Haushalt bei 15 510 US-Dollar usw. Das lag noch unter dem Existenzminimum. Die Armutsschwelle für eine vierköpfige Familie lag bei 19 000 US-Dollar. Das war sehr wenig Geld, und doch lebten mehr als zwanzig Prozent der Menschen in diesem Teil des Black Belts (»die unsichtbaren zwanzig Prozent«) unter der Armutsgrenze und hatten daher Anspruch auf Beihilfen (in Mississippi lag die Zahl bei fünfundzwanzig Prozent).

Für ein Gemeindeentwicklungsprojekt war das Budget klein, aber die Organisation hatte sich dennoch hohe Ziele gesteckt. Sie finanzierte Programme in den Bereichen Wohnungsbau, Bildung und »Hilfsdienste« – zu denen Beihilfen zu Energiekosten, eine Notversorgung mit Lebensmitteln und Notunterkünfte gehörten. Das »Juvenile Justice Intervention Project« führte »regelmäßige Sitzungen mit Jugendlichen durch, die zum ersten Mal mit dem

Jugendgericht von Tuscaloosa zu tun hatten«. Ersttäter sollten in diesen Sitzungen lernen, wie sie Gewalt vermeiden konnten. Man wollte sie vor weiterem Ärger bewahren, indem man ihnen eine schulische Alternative und Lernmöglichkeiten bot.

Zum Bereich »Bildung« gehörte auch das Programm »Frühintervention« für mittellose Eltern mit kleinen Kindern, die keinen Zugang zu Vorschulen hatten. Und es gab die »Vaterschaftsinitiative«, die aktuell darauf hinarbeitete, dass beide Elternteile gleichermaßen in die Erziehung involviert waren.

»Kindsväter mit niedrigem Einkommen und in Familien mit schwierigen Verhältnissen ziehen sich sehr häufig aus der Kindererziehung zurück«, heißt es im Prospekt. »Die Vaterschaftsinitiative fördert Entwürfe und Maßnahmen, die die Beziehung der Kinder zu ihren Vätern stärken. Die Vaterschaftsinitiative unterstützt und stärkt die Rolle von Vätern in den Familien.«

Auch das kostete Geld, und Sandra Fair berichtete von ermutigenden Resultaten: Immer mehr Väter nahmen an dem Programm teil.

»Wir kümmern uns auch um Wohnungen für Familien«, berichtete sie. Dazu wurden neue Einfamilienhäuser gebaut, existierende Häuser renoviert sowie Mehrfamilienhäuser und Wohnanlagen errichtet.

»Ein großer Anteil aus unserem Budget fließt in Sozialwohnungen«, erzählte Sandra. »Mehrfamilienhäuser, Mietwohnungen und andere Immobilienfinanzierungen.«

»Und, funktioniert das?«

Sie lächelte bedauernd. »Die Probleme werden immer größer. Es gibt immer mehr Arme, immer mehr Menschen in Not. Meiner Meinung nach wird es immer schlimmer. Jedes Jahr kommen neue Klienten, die wir noch nie hierhatten. In all unseren Büros tauchen jeden Tag fremde Menschen auf. Wir helfen nach Kräften, aber wir kommen nicht dagegen an.«

Der Weg nach Greensboro, in die ländliche Gegend südlich von Tuscaloosa, war für mich nicht mehr die Landschaft aus *Preisen will ich die großen Männer*. Die Realität meiner Reisen und die Menschen, die ich kennengelernt hatte und von denen viele inzwischen meine Freunde waren, hatten das Buch und die darin verewigten Familien in meinem Kopf ersetzt. Ebenso wie Cynthia Burtons Organisation baute oder renovierte auch das HERO-Projekt von Pam Dorr Häuser für die Armen im Hale County. Das HERO-Projekt besaß zusätzlich noch sechs Firmen, um die Wohnbauprojekte zu finanzieren: die Pekannussproduktion, die Fahrräder aus Bambus, das Restaurant Pie Lab, einen Secondhandladen, einen Kinderhort und Whispers, eine Modeschmuckmarke: »Erlesene Halsbänder und Schals«, pries ein Händler sie an, »speziell hergestellt in Greensboro von Frauen aus Alabama für Frauen, und um Frauen im Black Belt von Alabama beim Kampf gegen die ländliche Armut in der Region zu unterstützen.«

Johnnie B. Washington war immer noch Bürgermeister und hoffte immer noch, dass ein großes Kaufhaus in die Stadt kam. Janet May pochierte immer noch Eier für die Gäste in ihrer Pension »Blue Shadows«, und Luis servierte immer noch Tamales im »El Tenampa« am Stadtrand. Reverend Lyles schnitt immer noch Haare und predigte. Ich saß ein paar Stunden mit ihm zusammen, wir schwelgten in Erinnerungen, und beim Abschied sagte er: »Paul, Sie kommen aus dem Norden. Sie kennen bestimmt ein paar Leute mit großem Geldbeutel. Falls ja, erzählen Sie ihnen von Greensboro. Schicken Sie sie her. Wir brauchen Investitionen.«

Reverend Lyles sagte, er sei stolz auf das, was in der alten Rosenwald-Schule geleistet worden war, sie war renoviert worden und heute ein gut besuchtes Gemeindezentrum. Das Auburn Rural Studio baute immer noch Häuser zu unfassbar niedrigen Kosten. Dies war nicht mehr die Stadt von Agee und Evans. Sie litt immer noch, aber es gab Verbesserungen, und die Menschen waren hoffnungsvoll.

Bei einem einzigen Besuch wäre mir das nicht aufgefallen, aber im Lauf eines Jahres, in vier Jahreszeiten, hatte ich den wahren Zustand der Stadt gesehen. Bei dieser Reise ging es nicht darum, ob ich gut oder schlecht aß, oder um eine entbehrungsreiche Reise mit einem klar definierten Ziel am Ende. Ein paar Leute, die ich getroffen hatte, hatten vielleicht den Eindruck bekommen, ich hätte ein bestimmtes Reiseziel, aber ich zog bei meiner Fahrt absichtlich immer weitere Kreise über Nebenstraßen, lernte neue Menschen kennen und besuchte alte Freunde.

Bei meinem letzten Besuch bei Randall Curb in Greensboro hatte er mir gestanden, dass er an klinischen Depressionen litt. Er hatte es nicht so nebenbei gesagt, sondern mich zunächst von einer ernsthaften Erkrankung in Kenntnis gesetzt. Das letzte Mal hatten wir gemeinsam mit Mary Ward Brown zu Mittag gegessen. Es war eine schöne Erinnerung mit einem traurigen Nachspiel: Kurz danach hatte Randall mir geschrieben, dass sie gestorben war.

Ich traf ihn zum Mittagessen im Pie Lab. Er war so gut wie blind, aber seine anderen Sinne waren beeindruckend geschärft, sein ganzes Wesen strahlte Aufmerksamkeit und Verständnis aus. Als wir uns trafen, lächelte er, breitete seine Arme aus. Wir umarmten uns, und dann sprachen wir über Mary T.

»Sie schrieb mir eine E-Mail. Übers Schreiben, über ihre Pläne«, erzählte ich. »Keine zwei Wochen später war sie tot. Ich bin so dankbar, dass Sie uns bekannt gemacht haben. Ich mochte sie vom ersten Moment an.«

»Sie mochte Sie auch. Aber dann wurde sie krank, es ging ganz schnell. Sie wollte nicht leiden oder sich ans Leben klammern«, erinnerte sich Randall. »Ich glaube, Sie wusste, wie schlecht es um sie stand, und sie weigerte sich zu kämpfen. Am Schluss aß sie nicht mehr, lag nur noch in ihrem Bett und sehnte den Tod herbei.«

»Wissen Sie noch, wie sie von dem Buch über die Menschen erzählte, die über hundert Jahre alt wurden? Sie sagte: ›So lange will ich nicht leben.‹«

»Sie ist fast sechsundneunzig geworden«, meinte er. »Da hat nicht mehr viel gefehlt.«

»Als mein Vater starb, sagte ein Freund zu mir: ›Ein Menschenleben dauert im Durchschnitt nicht sehr lange.‹ Und das ist wahr. Was sind schon siebzig, oder auch achtzig oder neunzig Jahre?«

Randall wurde nachdenklich. Er war ein großer, massiger Mann mit einem eindrucksvollen Kopf, und seine auffällige Erscheinung verlieh seiner Nachdenklichkeit und seinem Schweigen umso mehr Nachdruck. Jetzt saß er am Tisch und gab kein Wort von sich.

»Ich denke immer wieder an das, was Mary T. über die Schwarzen in Marion gesagt hat«, sagte ich, um das Schweigen zu durchbrechen. ›Sie sehen mich voller Hass an‹ … Ich wollte Mary noch danach fragen. Ich habe sie kaum gekannt, aber ich vermisse sie wirklich. Ich hatte so sehr gehofft, sie wiederzusehen.«

Randall nickte, sagte aber nichts. Bei dem Gespräch über den Tod beim Mittagessen und seinem Schweigen fielen mir seine Depressionen wieder ein. Es wäre zu auffällig gewesen, wenn ich das Thema abrupt gewechselt hätte, daher riskierte ich die Frage, wie es ihm ginge?

»Nicht gut«, antwortete er. »Vor ein paar Wochen war ich in London. Bei meiner Rückkehr fiel ich in eine Depression. Es lag wohl an Greensboro, daran, dass ich wieder zu Hause war an diesem Ort mit all den Erinnerungen.«

»›Das Haus der Kindheit ist so traurig‹, wie Larkin schrieb, ›Es bleibt, wie es verlassen wurde.‹«

Randall nickte. »Aber es liegt nicht nur daran. Nach meiner Reise fühlte ich mich hier gelähmt. Ich hatte das Gefühl, als wären meine Flügel gestutzt.«

»Aber ich habe den Eindruck, dass in Greensboro so viel Positives geschieht.«

In seiner Stimme lag Skepsis, als er sagte: »Leute kommen her, ihnen gefällt die Stadt und sie wollen sie besser machen.«

»Ist das ein Problem?«

Randall stützte nachdenklich den Kopf auf die Hände, sein Haar war feucht und zerzaust, sein Gesicht gerötet vor Hitze. Er hatte mich mehrfach darauf hingewiesen, wie sehr er den Sommer in Alabama hasste, wenn die schwüle Hitze die Menschen mehrere Monate lang ins Haus einsperrte. Mir machte sie nichts aus, aber ich war auch nur auf der Durchreise durch den Süden, ein Zugvogel. In ein paar wenigen Tagen war ich wieder verschwunden.

»Ich bin während der Bürgerrechtsbewegung aufgewachsen«, erzählte er schließlich. »Greensboro war ein Brennpunkt.«

»Und es gibt Ihnen keine Hoffnung, dass sich die Stadt – und möglicherweise der Süden insgesamt – zum Besseren verändert?« Ich wusste nicht, wie umfangreich die Veränderungen waren, aber dass sich etwas verbesserte, war offensichtlich.

»Damals kamen Leute aus dem Norden, die sich für die Bürgerrechte einsetzten. Man bezeichnete sie als Agitatoren. Und so werden Fremde hier auch heute noch gesehen. Als Aufrührer.«

Das wusste ich bereits. Pam hatte mir von dem Widerstand und den Anfeindungen erzählt, auf die sie stieß.

»Ich weiß nicht«, antwortete Randall auf meine Frage, ob jemand wie Pam ebenfalls als Agitatorin betrachtet wurde. »Aber diese ganze Rassenfrage wurde auf den Kopf gestellt. Heute geht es zwischen Schwarzen und Weißen noch feindseliger zu als damals, weil die Schwarzen an der Macht sind.«

»War das nicht das Ziel?«, fragte ich. »Schließlich ist die Mehrheit der Menschen in diesem Teil von Alabama schwarz.«

»Die Weißen fühlen sich entrechtet«, erklärte er. »Wir haben einen schwarzen Bürgermeister, schwarze Gemeinderäte, schwarze Richter. Die Weißen fühlen sich übergangen. Sie wollen die politische Kontrolle zurückgewinnen.«

»Ist das wahrscheinlich?«

»Paul, verstehen Sie doch.« Er klang verärgert. »Die weißen Demokraten sind ausgestorben. Neunundneunzig Prozent der Leute wählen nach Hautfarbe. Schwarze wählen Schwarze. Weiße wählen Weiße. So ist das eben.«

»Und wenn der richtige Kandidat auftaucht?«

»Das wird in absehbarer Zeit nicht geschehen.«

Nach dem Essen schlenderten wir durch die drückende Sommerhitze die Main Street entlang, an verlassenen Ladengeschäften vorbei, an Gebäuden, die gerade renoviert wurden, und an den paar wenigen Läden, die noch geöffnet waren. Ich fuhr ihn nach Hause. »Kommen Sie bald wieder«, verabschiedete er sich. Wir umarmten uns, und er stand im Schatten auf seiner Veranda und winkte mir nach. Dann ging er ins Haus, zurück in seine Einsamkeit und zu seinen vielen hundert Büchern.

Brookhaven – Paradies der Heimatsuchenden

Am nächsten Morgen machte ich mich früh wieder auf den Weg Richtung Delta. Ich überquerte die Staatsgrenze bei Meridian in Mississippi, fuhr dann Richtung Süden nach Laurel und nahm die Nebenstraßen nach Westen durch die Pinienwälder. Ich übernachtete in Collins und am nächsten Morgen – ich hatte einen Platten – lernte ich die Automechaniker und Bauarbeiter Big William, Little William und Ray kennen. Sie erzählten, sie seien einmal in Pennsylvania, also hoch im Norden, gewesen. »Wir haben einen Wal-Mart gebaut.«

Anschließend fuhr ich auf dem Highway 84 weiter gen Westen, vorbei an Prentiss und Monticello nach Brookhaven, eine weitere aus der Zeit gefallenen Stadt mit einem verwitterten Schild über der Main Street: *Brookhaven – Paradies der Heimatsuchenden.*

Früher mag die Stadt einmal ein »Paradies für Heimatsuchende« gewesen sein, wie die aus Brookhaven stammende Schriftstellerin Jimmie Meese Moomaw in ihren Memoiren *Southern Fried Child* behauptet: »Ich werde nie wissen, wer oder was aus mir geworden wäre, wenn ich in Connecticut oder Detroit geboren worden wäre, aber ich bin überzeugt, dass ich heute vor allem bin, wer ich bin, weil ich im ›Paradies der Heimatsuchenden‹ geboren wurde und meine Kindheit in den Südstaaten verbracht habe, mit allem, was dazu gehört, Pferden und Heilern, Heiden und Huren und unvollkommenen Eltern, die mich gleichzeitig zu sehr und nicht genug liebten.«

Aber soweit ich es beurteilen konnte, kamen heutzutage nicht mehr viele Heimatsuchende nach Brookhaven. Sogar Ms. Jimmie Moomaw ist fortgezogen und lebt heute in Georgia. Die Stadt hatte seit den siebziger Jahren des 19. Jahrhunderts an einem wichtigen Eisenbahnknotenpunkt gelegen, auf der Hauptstrecke der Illinois-Central-Bahn von Chicago nach New Orleans. Der Amtrak-Expresszug »City of New Orleans« fährt heute noch zweimal täglich hier durch, um zwölf Uhr mittags nach Süden und um vier Uhr nachmittags nach Norden. Auf der Route liegen bekannte Orte: Kankakee, Centralia, Memphis und Jackson. Das charmante alte Bahnhofsgebäude steht mitten in der Stadt an der Main Street, der nüchterne neue Bahnhof wurde nur wenige Straßen weiter nördlich gebaut.

Vor noch nicht allzu langer Zeit hätte ich es gar nicht erwarten können, mir eine Fahrkarte zu kaufen und mit diesen Zügen irgendwohin zu fahren. Ich hätte mein Auto stehen lassen und wäre in den Mittagszug Richtung Süden, nach McComb und New Orleans, gestiegen oder hätte auf den Nachmittagszug Richtung Norden gewartet, nach Yazoo City und Greenwood. In jeder Richtung wäre es eine Vergnügungsfahrt für mich gewesen. Aber ich hätte so vieles nicht zu sehen bekommen. Ich hatte mich einfach daran gewöhnt, mit dem Auto in jede Straße einbiegen und in das Leben der Gegend eintauchen zu können.

Was ich tat, war etwas völlig anderes als eine Zugfahrt, die man als Fremder in einem anderen Land unternimmt. Doch in den anderen Ländern (China, Indien, Russland, Vietnam, Ägypten,

Argentinien, Großbritannien) waren die Zuganbindungen in der Regel sehr gut, die Straßen jedoch nicht so sehr. Im Tiefen Süden der USA waren die Straßen gut, aber die Zuganbindung ließ zu wünschen übrig. Früher war der Süden von Schienen durchzogen gewesen. Diese Südstaatenzüge boten traditionell einen günstigen Fluchtweg für die Schwarzen aus dem Süden, vor allem während der großen Auswanderungswelle in den zwanziger Jahren, und die Endstationen wurden für viele zur neuen Heimat, vor allem Chicago und New York. So kam es, dass die Züge und die Namen der Stationen in den Texten von zahllosen Songs auftauchten, die von diesen Fahrten gen Norden erzählten.

Daher hielt ich nur für einen kurzen Blick am Bahnhof und ging dann die Straßen von Brookhaven entlang. Ich fand das Gerichtsgebäude, wo im Mai 1955 der Brookhavener Bürger Lamar Smith, dreiundsechzigjährig, Weltkriegsveteran und Wahlrechtsaktivist, in aller Öffentlichkeit, am helllichten Tag niedergeschossen wurde. Niemand war ihm zu Hilfe gekommen. Der Afroamerikaner Smith hatte gegen die allgemeine Vorstellung von Recht und Ordnung verstoßen, weil er seine Stimme bei einer Kommunalwahl abgegeben hatte.

Ich aß in einem Schnellrestaurant zu Mittag und ging dann weiter bis zu »Liz-Beth Pageants«, einem Laden, der Abendkleider vermietete, einer der beliebtesten Läden in der Stadt und eine Institution in den Südstaaten.

»Zweihundert zur Miete, fünfhundert beim Kauf«, informierte mich die Verkäuferin Kelly. Und: »Ja, die Geschäfte laufen gut.«

»Wer mietet diese Kleider?«

»Alle. Für die Abschlussbälle und Partys. Homecoming Courts. Schönheitswettbewerbe.«

Bei einem Homecoming Court, so erfuhr ich, wurden an einer Schule ein König und eine Königin gewählt, eine weitere Tradition in dieser Region, wo es um Hierarchien und um Pathos ging. Schönheitswettbewerbe gab es allein in jenem Monat zehn Stück in Mississippi. Miss Dogwood County, Miss Rankin County, Miss Ebony Sweetheart, Miss Southwest Sweetheart, Miss Dixie Sweetheart, Miss Meridian, Miss Tri-County und Miss Deep South, um nur einige zu nennen. Allerdings wunderte ich mich über Kategorien wie »Altersgruppe 0 bis 11« und »Altersgruppe 12 und älter« doch etwas.

Billiger Glitzerschmuck war im Mietpreis ebenso inbegriffen wie passende Schuhe. Die Kleider für Schönheitswettbewerbe »kleiner Mädchen« waren beliebt, und eine Fotogalerie zeigte die Gewinnerinnen in Liz-Beth-Kleidern – frühreife Sechs- und Achtjährige, geschminkte Zehnjährige, kokette Zwölfjährige in Pailletten und in lasziver Pose. Statt sich an der Frische der Jugend zu erfreuen, sexualisierten diese Schönheitswettbewerbe gnadenlos die unschuldigen Kinder, bis sie als solche nicht wiederzuerkennen waren.

»Ihr kleines Mädchen wird in unserer maßgefertigten Wettbewerbs-Bademode allen die Schau stehlen«, verkündete ein Schild mit Bildern von geschminkten kleinen Nymphen, die in rosa Badeanzügen und mit aufwendigen Frisuren posierten (die Hände auf den Hüften), Tiaras auf den hochgesteckten Haaren. Manche hatten das Haar so hoch aufgetürmt, dass die ganze Person dreißig Zentimeter größer wirkte. Kinder-Schönheitswettbewerbe waren ein Markenzeichen des ländlichen Südens, und *Toddlers and Tiaras* (»Kleinkinder und Tiaras«) war eine erfolgreiche Reality-Show im Fernsehen. Mir ist sehr wohl bewusst, dass meine Beschreibungen nicht wertfrei sind – aber ganz abgesehen von meiner persönlichen Meinung hege ich den starken Verdacht, dass ein älterer Mann eine Strafanzeige riskieren würde, wenn er diese Werbefotos runterladen und irgendein übereifriger Mitarbeiter im Computerladen sie auf seiner Festplatte finden würde. »Besitz von Kinderpornographie« wäre ein nicht ganz von der Hand zu weisender Vorwurf.

Einige Häuser weiter hielt ich bei der Spielhalle »Brookhaven Billiards« an und unterhielt mich mit ein paar Männern, die an den Tischen herumstanden. Allerdings spielte keiner, und Billy Temple, der Eigentümer, überlegte, einige Tische zu entfernen.

»Ich hielt es für eine gute Idee. Eine Billardhalle in einer Kleinstadt, wo man sich treffen und spielen konnte«, erklärte er. »Aber das Geschäft läuft nicht. Ich mache den Laden dicht und ziehe weiter. Manchmal glaube ich, dass demnächst niemand in diesem Land mehr einen Job haben wird. Ich habe diese Billardhalle vor zwei Jahren übernommen. Es war das totale Chaos. Ich habe renoviert und ein paar neue Tische reingestellt. Sie können einen Queue kaufen. Sie können einen Softdrink oder einen Schokoriegel haben. Keinen Alkohol. Hätte eigentlich funktionieren müssen.«

Ich gab ihm recht und fragte, woran es gelegen haben mochte.

»Eine Zeitlang lief es gut. Ein paar Stammgäste kamen um fünf, saßen herum und warteten auf Mitspieler. Damals spielte immer jemand. Vor allem Weiße. Ab und zu kam ein ganzer Trupp Schwarzer rein. So um die sechzig Typen. Zuerst dachte ich: ›O weia, jetzt geht's los.‹ Aber es gab nie Probleme. Sie waren in Ordnung. Sie kamen nur lieber im Pulk.«

»Vielleicht haben sie sich so sicherer gefühlt«

»Möglich, aber sie kamen nicht oft genug. Mit dem Geschäft ging es bergab. Jetzt spielt keiner mehr. Sehen Sie die ganzen leeren Tische?«

Billy war um die vierzig, muskulös. Er trug ein schwarzes T-Shirt und Jeans. Während wir sprachen, schob er einen Rollwagen unter einen der Tische und hievte ihn drauf. Er bewegte den Billardtisch ganz allein, ohne Hilfe. Ich stand daneben und fragte ihn aus.

»Was haben Sie für Pläne?«

»Ich gebe auf«, erklärte er und keuchte unter dem Gewicht des Tisches. »Vielleicht finde ich eine andere Stadt und eröffne da eine Billardkneipe. Ich will niemandem Konkurrenz machen, aber ich muss schließlich meinen Lebensunterhalt verdienen.«

»Ist das hier Ihr Haupteinkommen?«

»Nein. Ich bin Feuerwehrmann, aber Feuerwehrmänner haben es in dieser Stadt nicht leicht. Die Bezahlung ist schlecht. Hey, das ist was für junge Männer. Man schläft tief und fest auf der Wache und dann geht der Alarm los und man muss in Sekundenschnelle in den Heldenmodus springen.«

»Ist die Brandbekämpfung nicht auch riskant? Man setzt sein Leben aufs Spiel«, fragte ich. Er schob immer noch den Tisch auf dem Handkarren, stöhnte, rief mir seine Antwort über die Schulter zu:

»Stellen Sie sich vor, wie es sich anfühlt, eine zwei Zentner schwere Person auf der Schulter zu tragen. Ich meine, fünfundzwanzig Kilo sind schon ’ne ganze Menge, ein Fünfundzwanzig-Kilo-Sack ist ganz schön schwer. Multiplizieren Sie das mal vier und Sie verstehen das Problem. Dazu der Rauch und die Hitze und die Dämpfe. Man trägt dreißig Kilo Ausrüstung. Ein vierzig Jahre alter Mann wie ich schafft das nicht mehr. Und ich bin gut in Form!«

»Brookhaven scheint ein ganz netter Ort zu sein«, bemerkte ich.

»Die Leute sind freundlich, aber die Stadt stirbt. Die Politiker haben uns verkauft, alles macht dicht. Alles wird in China und Indien hergestellt. Wir haben die Jobs nach Indien geschickt, und die Inder sind hierhergekommen. Sie betreiben jetzt Tankstellen und Motels. Was soll man davon halten?«

»Der allgegenwärtige Mr Patel«, sagte ich.

»Den Namen höre ich andauernd. Das ist irgendeine verdammte Riesenfamilie. Die sind überall.«

Ich folgte ihm aus der Halle und half ihm, den Billardtisch eine Rampe, die er gebaut hatte, hinaufzuwuchten und auf die Ladefläche seines Pickups zu schieben.

»Danke, dass Sie mit angefasst haben«, sagte er. »Wo fahren Sie hin?«

»Ins Delta. Aber ich nehme die schönere Strecke.«

»Fahren Sie ein paar Straßen weiter, halten Sie sich dann links und bleiben Sie auf der 55. Die ist echt schön.«

»Das Leben ist ein Highway«

Ja, die Strecke war schön, eine weitere wunderschöne Nebenstraße im Tiefen Süden, die an Kiefernwäldern und Sümpfen entlangführte, wo sich die meterhohen Grasbüschel auf den Hangwiesen in der Sommerhitze gelb verfärbt hatten. Ein paar – wenige – aufgeräumte Farmen standen etwas abseits der Straße, aber die meisten Behausungen waren kleine Häuser oder Bungalows, hinter deren Zäunen Hunde dösten, und verstreut standen ein paar Wohnwagen einsam und in aller Stille unter den Gummibäumen. Schuppen gab es auch, die so baufällig waren, wie ich es nur auf derartigen Straßen gesehen hatte. Alle paar Kilometer stand eine Kirche – nicht größer als eine Ein-Zimmer-Schule und von ähnlichem Aussehen, mit einem Kreuz am Dachgiebel und manchmal dem Ansatz eines Kirchturms. Ein Schild auf dem Rasen warb für den Predigttext der nächsten Woche.

»Das Leben ist ein Highway«
Jesaja 35,8
»Jesus hat eine Straßenkarte für deine Reise«
Lukas 24,13–24

Auf einem Gelände ein Stück weiter tauchte eine große Schule auf, ein Backsteingebäude mit Flachdach und einem hohen Fahnenmast am Eingang, an dem eine Konföderiertenflagge leicht im sanften Wind flatterte. Oder zumindest sah es für mich so aus, als ich mit vierzig Meilen pro Stunde daran vorbeifuhr. Tatsächlich war es die Staatsflagge, in die das Schrägkreuz der Konföderierten-Kriegsflagge integriert war. Mississippi war der einzige Bundesstaat, der dieses Motiv noch in der Flagge hatte, und es passte irgendwie zu einer Landstraße im Tiefen Süden von Mississippi, die mich in die Zeit der neunziger Jahre des 19. Jahrhunderts zurückzuführen schien, als das Aussehen der Flagge festgelegt wurde. (Im Jahr 2001 hatte es eine Abstimmung über eine neue Flagge mit Sternen statt des Konföderierten-Motivs gegeben, die aber mit großer Mehrheit abgelehnt worden war).

Ich fuhr im Sonnenschein auf dieser hügeligen Straße und war so glücklich wie noch nie auf meiner Fahrt durch den Süden. Sonnenschein auf einer Landstraße hat etwas Reinigendes, das flackernde Strahlen, das durch die Zweige fällt, unter denen man durchfährt, das fleckige Licht auf dem heißen Asphalt, die flüchtigen Eindrücke des Himmels und die Wäldchen, ganze Kiefernwände in manchen Tälern, riesige Weiß-Eichen und Wacholdersäulen in anderen. Der Geruch von heißem, modrigen Laub lag in der Luft, es roch ein wenig wie Toast mit Butter. Eichen und Kiefern säumten die Straße einige Meilen lang. Die Straße wirkte dadurch enger, war wie eine verwunschener Weg in einem Märchen, der den Reisenden weiterlockt zu großen Versprechen. Ich genoss die Fahrt.

Irgendwann tauchten erstmals unheilverkündende Schilder auf. Schilder mit großen Aufschriften, die an die Bäume genagelt waren. Botschaften in dicken schwarzen Lettern auf weißem Hintergrund.

»Mach dich bereit, deinem Gott
gegenüberzutreten.«
Amos 4,12

»An jedem Ort sind die Augen des Herrn,
sie wachen über Gute und Böse.«
Sprüche 15,3

»Der Glaube ist tot ohne Werke.«
Jakobus 2,26

»Bemüht euch mit allen Kräften,
durch die enge Tür zu gelangen.«
Lukas 13,24

»Wer aber bis zum Ende standhaft bleibt,
der wird gerettet.«
Markus 13,13

»Tut Buße.«
Markus 6,12

In einer Kirche voller Gläubiger, in der ein Pastor diese Worte mit gütigem Verständnis spricht, könnten sie tröstlich wirken, aber in großen schwarzen und roten Buchstaben auf Schildern, die an Bäume in den dunklen Wäldern von Mississippi genagelt sind, wirkten sie wie Todesdrohungen.

Sommer im Delta

Ich hatte meine Reise aus dem Norden dieses Mal mit der Begründung angetreten, ich würde dem Sommer hinterherfahren, würde die beruhigende Wirkung des Sonnenscheins suchen, ich wolle die Schönwetterperiode einfach noch ein bisschen ausdehnen und damit meine gute Laune. Und in Georgia und Alabama waren die Tage in der Tat mild und angenehm gewesen, die Obstbäume waren größtenteils abgeerntet, aus den Baumwollkapseln winkten weiße Wattemassen und warteten auf die Ernte, ein paar Farmarbeiter mähten die Wiesen und bündelten das Heu in großen Rollen und sperrigen Ballen. Doch die erstickende Hitze in Mississippi war anders, sie roch nach Staub und Menschen oder nach verbrannten Wiesen voller hungriger, leidender Rinder, die mit ihren Schwänzen nach den summenden Mückenschwärme schlugen.

Das Delta war lethargisch, schwermütig, unerbittlich. Ich war immer wieder gewarnt worden, dass es gefährlich sei, aber das war übertrieben. Ich geriet im Delta nie in Gefahr. Es herrschte Not, und die Menschen waren arm, aber die Region war nicht gefährlich. Weiter oben im Delta lernte ich einen Ortsansässigen kennen, dessen Cousin in Natchez lebte und einmal im Monat nach Memphis fuhr. Er hatte Karriere gemacht, leitete eine erfolgreiche Firma, aber er erinnerte sich noch gut an seine bescheidenen Anfänge in den schwarzen Vierteln von Jackson.

»Ihm tut weh, was er sieht, daher geht er in Memphis in die Supermärkte und holt Kisten voller Lebensmittel. Auf seinem Heimweg auf dem Highway 61 hält er immer wieder an, wenn er arme Menschen sieht, und lädt die Kisten ab.«

Von dieser Art spontaner Wohltätigkeit hörte man sonst nur aus Afrika oder Indien.

Nicht auf allen Feldern beidseits der schnurgeraden Straße, die durch das Delta führte, wuchs Baumwolle, und die Felder ohne Baumwolle wirkten ausgelaugt, was wohl an den gelegentlichen Teichen und Bächen mit stehendem Wasser lag, über denen riesige Mückenschwärme hingen, die im Sonnenlicht wie goldene Schleier aussahen. Das Wasser stand grün und zäh in den Teichen.

Wie in Afrika schrieb ich auch hier in mein Notizbuch, wenn ich anhielt, um mich hinter einem Baum zu erleichtern. Touristen stellen sich Afrika als Wunderland aus Licht, Großwild und bewaldeten Hügeln vor, aber in der Savanne, wo die Tiere sich an den Wasserlöchern aufhalten, ist die Luft schwarz vor Stechmücken und es stinkt nach Morast – so auch hier im Deltasumpf. Doch sind die Behausungen der Menschen – die Ansammlungen von Hütten – hier viel schäbiger und abbruchreifer.

Weiter westwärts auf den staubigen Straßen lag das Schwemmland. In der Ferne hohe Bäume und niedriges Buschwerk. Am glitzernden Sonnenlicht, dem blendenden Leuchten zwischen den dunklen Flecken um die Baumwurzeln, erkannte man, wo Wasser war.

Den Sommer, dem ich hinterherfahren wollte, hatte ich hier gefunden, aber er war nicht so, wie ich ihn mir vorgestellt oder gewünscht hatte. Ich hatte nicht diese Hitze erwartet, die von der blubbernden Fäulnis der Sumpfstellen aufstieg, diese gleißende Sonne, die auf armselige Hüttensiedlungen niederbrannte, die an Flüchtlingslager erinnerten.

Es war durchaus nicht so, dass ich den Süden wiederfinden wollte, den ich aus den Büchnen kannte – ich suchte nicht nach Faulkners Delta oder nach Willie Morris' Yazoo City, noch nicht einmal nach dem Delta der großen Bluesmusiker. Zwar hatte ich diesen Süden im Hinterkopf, aber mir war klar, dass er der Vergangenheit angehörte. Faulkners abschließendes Urteil über das Delta legte er seiner Figur des Ike McCaslin in den Mund, der im Alter davon spricht, dass der Süden im Ganzen schrumpfe, verschwinde und der Modernität und der Geldgier weiche.

Ja, das Delta schrumpfte immer noch, es verfiel und verlor seine Bewohner. Doch die Modernität war nirgends in Sicht und von den Menschen, die ich traf, hatte keiner Geld. Das Delta wirkte verlassen, mehr noch in der tödlichen Hitze des mückenverseuchten Sommers als in der Trostlosigkeit des rauen Winters mit seinen leeren Straßen und den kalten, abgeräumten Feldern. Eine träge Depression hing über diesem ganzen Streifen Ackerland, und ein grüner Dunst stieg vom Fluss auf, der außer Sichtweite lag, irgendwo hinter dem Sumpfgebiet.

Und doch: Die schiere Leere wirkte auf mich auch anziehend und befreiend, das tote, flache Land unter dem Himmelsgewölbe, die gerade Straße, auf der das Fahren so beruhigend war. Und ich wusste von meinen früheren Besuchen, dass die Menschen im Delta nicht nur zugänglich, sondern bescheiden und Fremden gegenüber freundlich waren, immer gern ein Schwätzchen hielten und vor allem gern über die Vergangenheit sprachen, weil ihre Zukunft so ungewiss war. Diese offene Landschaft bedeutete

Freiheit für mich. Erst, wenn eine Stadt oder eine Siedlung, eine Wohnwagensiedlung oder eine Straße mit Häusern in Sicht kam, änderte sich die Stimmung deutlich.

Ich nenne sie »Häuser« – obwohl das Wort nicht passt. Ich hatte sie schon früher gesehen, aber damals gehofft, sie seien eine Illusion und nicht typisch für die Gegend hier. Ich hatte gehofft, es gebe daneben auch etwas Heilsames, Hoffnungsvolles, etwas, das als leuchtendes Vorbild dienen konnte. Auch deshalb war ich zurückgekehrt. Ich fuhr durch Redwood und Rolling Fork und Anguilla, und sie sahen genauso aus, wie bei meinen anderen Besuchen zu anderen Jahreszeiten – melancholisch und offensichtlich finanziell am Ende. Die Häuser erinnerten nur entfernt an Häuser, die Wohnwagen waren zerbeult, ihre Ecken zerschrammt und rostig, die Schuppen jämmerlich. Hier und da stachen Relikte von Bürgerlichkeit heraus: ein alter Kranz an der Tür, ein Vogelbad, ein Wunschbrunnen aus Plastik in einem steinigen Vorgarten.

Auf meiner Fahrt dem Sommer hinterher hatte ich das gnadenlose Gleißen der Spätsommersonne zurückgelassen, die eine von der Hitze erschöpfte Landschaft beschien, die in der Nase kitzelnden Gerüche reifer Pflanzen und die aufplatzenden Samenkapseln, trocknende Beeren und staubige Melonenranken – eine allgegenwärtige Vergänglichkeit. Und genau das hatte ich auch hier vorgefunden. Im Delta herrschte immer Spätsommer.

Der Blues in Hollandale

Gerade als ich zu glauben begann, dass alle Hoffnung verloren war, bog ich nach Hollandale ein, das ebenso kahl und mit Brettern vernagelt war wie all die anderen Siedlungen um den Highway. Aber ich hörte Musik, die lauter wurde, je weiter ich in die Stadt kam. Es war ein heißer Spätnachmittag, Staub wirbelte im Licht der Sonne, die schräg über Arkansas stand. Auf den

Straßen drängten sich Leute, irgendwo in der Nähe, aber außer Sichtweite, hörte man einen Mann klagend singen, jemand spielte Gitarre, ein Schlagzeug und ein kribbelndes Saxophon: der Blues auf dem Blues Highway.

Ich zögerte, doch da winkte mich ein Polizist in khaki-farbener Uniform von der Straße zu den anderen parkenden Autos. Ich stieg aus und ging auf die Bühne zu, die vor einer Baumgruppe aufgestellt worden war. Dies war die Stadtgrenze, und hier sang ein kräftiger Mann unterstützt von einer ansehnlichen Band.

»Das ist Bobby Rush«, erklärte mir der Polizist, als ich an ihm vorbeiging.

Auf einem Banner über der Bühne stand *Hollandale Blues Festival – in memoriam Sam Chatmon*. In der Nähe wurden an Ständen Brathähnchen und Mais, Eiscreme und Softdrinks und Blues-Festival-T-Shirts verkauft. Bobby Rush steigerte seinen Gesang und beendete fulminant das letzte Stück des Konzerts. Es war einer seiner berühmtesten Songs – »Chicken Heads«.

Love that gal
Love them chicken heads too

Ich liebe dieses Mädchen
Aber die leichten Mädchen liebe ich auch

Dann ein Poltern und Scheppern, er verbeugte sich tief und winkte – ein überraschender Anblick in einer Nebenstraße der alten Stadt. Das Licht der tiefstehenden Sonne fiel durch die hohen Bäume hinter ihm. Bobby Rush verließ unter dem lautem Applaus der etwa zweihundert Zuschauer im staubigen Areal die Bühne, und die nächste Gruppe kletterte hinauf und begann mit ihrer ersten Nummer.

»Er hat Verwandte hier«, erklärte ein Mann neben mir.

Eine Motorradgang in schwarzem Leder stand in der Nähe. Sie klatschten im Takt. Alte Frauen in Klappstühlen wippten mit den Füßen und sangen. Kinder rannten durch die Zuschauermenge. Und auch Jugendliche in Rapperklamotten mit tief sitzenden Hosen und verkehrt herum aufgesetzten Mützen klatschten. Die kleine, schmächtige Shuquita Drakes – kaum eins fünfzig groß, den halben Kopf rasiert, mit roten Dreadlocks auf der anderen Seite, ein süßes Gesicht – klatschte ebenfalls. Die Sechzehnjährige hielt ihren kleinen Sohn im Arm, gerade mal einen Monat alt, dem sie den Namen D'Vohta Knight gegeben hatte. Und auch Robin McCrae, eine schlanke Tänzerin aus Atlanta, die Verwandte in Hollandale hatte, applaudierte und meinte: »Das ist einfach toll.«

Aber die Musik war laut, sie ließ die Luft und den Boden beben, so dass eine Unterhaltung unmöglich war. Ich wollte gerade die Zuschauermenge verlassen, als ich eine Hand an meinem Arm spürte.

Sie gehörte einem alten Mann in einem ausgeblichenen Hemd und einer Baseballkappe.

»Willkommen in Hollandale«, sagte er. So etwas war mir bei meinen vielen Reisen in die weite Welt nur selten passiert, aber im Tiefen Süden war es eine Wohltat – ein Fremder kam auf mich zu und hieß mich willkommen.

»Danke, Sir«, entgegnete ich. »Ich bin Paul, aus dem Norden.«

»Ich bin der Bürgermeister dieser Stadt«, stellte er sich vor. »Melvin L. Willis. Wie kann ich Ihnen helfen?«

Ich wusste natürlich, dass ich im Delta sofort als Fremder auffiel, auch wenn unter den Zuschauern noch einige andere Weiße waren. Oder vielleicht lag es an meinem Notizbuch, das ich immer bei mir trug und in dem ich gerade versucht hatte, das Wort »D'Vohta« in Shuquitas Handschrift zu entziffern. Oder vielleicht war er einfach nur ein Bürgermeister, der das Richtige tun wollte und sich unter die Leute mischte. Doch aus welchem Grund auch immer, ich hatte sofort den Wunsch, diesen Ort besser kennenzulernen.

Melvin Willis war 1948 in Hollandale zur Welt gekommen und

war in rein schwarzen Schulen im Delta aufgewachsen. Aber er hatte sich nicht unterkriegen lassen, war aufs College gegangen und hatte dann eine Stelle als Lehrer in York bekommen, einer kleinen Stadt im Black Belt, im Sumter County in Alabama, nahe der Grenze zu Mississippi. Ich war auf dem Weg von Demopolis nach Meridian durch den Ort gekommen. Er hatte sich hochgearbeitet und war schließlich Rektor der High School in York geworden.

»Ich habe in York vierzig Jahre lang gearbeitet, bin dann in Rente gegangen und 2005 nach Hollandale zurückgekehrt«, erzählte er. »Ich dachte, ich könnte in der Stadt hier noch etwas bewirken. 2009 bin ich bei der Bürgermeisterwahl angetreten und habe gewonnen. Ich habe gerade meine zweite Amtszeit angetreten. Dieses Festival ist ein gutes Beispiel dafür, wie die Stimmung in der Stadt ist.«

Ich fragte ihn nach Sam Chatmons Verwandten im Ort.

»Chatmon wurde nicht hier geboren, aber er hat den Großteil seines Lebens hier verbracht, hat mit seiner Band Musik gemacht und sonst auf der Plantage gearbeitet«, erzählte Bürgermeister Willis. »Heute kennt ihn jeder. Haben Sie gesehen, dass wir Bobby Rush bekommen haben? Es war ein wunderbarer Tag. Diese Stadt ist großartig, Hollandale – ein toller Ort zum Leben.«

Einer von Sam Chatmons Songs, die er mit seiner Gruppe Mississippi Sheiks gespielt hatte, hieß »Hollandale Blues« *(»My woman says, Come home, Sam«)*. Andere berühmte Titel von ihm sind »God Don't Like Ugly«, »Sitting on top of the World«, »You Shall Be Free (When The Good Lord Sets You Free)« und »Nigger Be A Nigger«. Mein Lieblingssong war »Make Me Down a Pallet on your Floor« (aufgenommen von Alan Lomax 1978), über den Chatmon erzählte, er habe ihn als Vierjähriger gehört und sein ganzes Leben nicht mehr vergessen:

»Don't never drive a stranger from your door,
He may be your best friend, you don't know …«

In alten Fotos sieht man Sam als schmächtigen Mann mit langem Vollbart. Er war der Sohn von Henderson Chatmon, einem ehemaligen Sklaven aus Terry, Mississippi, der hundertfünf Jahre alt wurde. Sam war 1983 im Alter von sechsundachtzig Jahren in Hollandale, wo er den Großteil seines Lebens verbracht hatte, gestorben und auf dem örtlichen Friedhof begraben.

Die Musik, die Menschenmenge, die vielen Autos unter den Bäumen, die Lebensmittelstände und die Feierstimmung – sie alle konnten nicht kaschieren, dass der Ort, wie so viele Städte im Delta wie mit Brettern vernagelt und bankrott wirkte. Ich erwähnte das so taktvoll wie möglich gegenüber Bürgermeister Willis und fragte ihn nach den schweren Zeiten im Delta.

»Wir sind arm«, gestand er. »Das leugne ich nicht. Unser Steueraufkommen ist niedrig.«

»Wie niedrig?«

»Wir haben 300 000 Dollar.«

»Für alle städtischen Aufgaben?«

»Für die ganze Stadt, ja«, bestätigte er. »Wir leben von Subventionen. Gerade erst haben wir einen Bundeszuschuss von 450 000 Dollar bekommen. Klingt nach viel, ist es aber nicht.«

Ich wusste, dass mehrere Hunderte Millionen Dollar an Hilfsgeldern, privat und staatlich, nach Afrika flossen, und da klang das nicht nach viel Geld. So viel kostete in Massachusetts, wo ich lebte, ein durchschnittliches Haus.

»Damit müssen wir Lehrer, die Feuerwehr, die Polizei, die Rathausmitarbeiter und so viel anderes bezahlen. Auch die Infrastruktur muss instand gehalten werden. All das kostet Geld. Offiziell haben wir 2700 Einwohner, aber in Wirklichkeit sind es eher 3500. Niemand in dieser Stadt hat Geld. Wir haben so wenig Steuereinnahmen, aber wir müssen trotzdem alles am Laufen halten.« Er seufzte, zog seine Kappe vom Kopf und kratzte sich.

»Nicht einfach«, meinte ich.

»Bei Gott, es ist nicht einfach. Von der Baumwolle können nicht viele Leute leben. Früher gab es die Catfish-Fabrik. Die hat zugemacht. Seed and Grain hat zugemacht. Das Krankenhaus ist seit zwanzig Jahren geschlossen. Delta Pine ist noch hier – die verarbeiten Saatgut. Und das war's. In dieser Gegend gibt es keine Arbeit.«

Ein Weißer kam auf uns zu und umarmte Bürgermeister Willis freundschaftlich. »Hi. Ich bin Ray Schilling. Sehen Sie diesen Mann? Er hat früher für meinen Dad gearbeitet, in unserem Lebensmittelladen.«

Der Lebensmittelladen hieß Sunflower Food Store und lag im Zentrum von Hollandale, einer der wenigen Läden, die noch geöffnet waren. Und ich hatte die andere Sunflower-Filiale in Rolling Fork gesehen. Ray war ein unermüdlicher Förderer von Hollandale, wie Bürgermeister Willis, und lebte noch in der Nähe.

»Da drüben, wo die Musik spielt? Da war die Simmons Street«, erklärte Ray. »Auch bekannt als The Blue Front, mit zig Clubs, wo jede Art von Blues gespielt wurde. Da war samstagabends echt was los, das kann ich Ihnen sagen.«

»Ein ganz heißes Pflaster«, bestätigte Mayor Willis.

»Schwarzgebrannter und Prügeleien«, schwärmte Ray.

Aber an der Blue Front war es in den späten sechziger Jahren ruhiger geworden und seit den frühen Siebzigern gab es dort gar keine Musik mehr.

»Die Leute sind weggezogen. Die Mechanisierung. Die Jobs wurden knapp. Aber wir sind immer noch im Geschäft«, erzählte Ray.

Weitere Leute gesellten sich zu uns, und es war ein schöner Moment in der untergehenden Sonne – der aufgewirbelte Staub, die überhängenden Bäume, die spielenden Kinder, die Musik, der dröhnende und klagende Blues von den Musikern auf der Bühne.

»Meinem Vater gehörte da drüben eine Drogerie, der City Drug Store«, erzählte ein Mann. Er hieß Kim Grubbs und war der Bruder von Delise Grubbs Menotti, die etwas früher beim Festival gesungen hatte. Kim und Delise waren beide in Hollandale aufgewachsen.

Delise war eine hübsche Blondine mit einer kräftigen Stimme, mit der sie sich leicht gegen ihre männliche Sängerkollegen behaupten konnte. Ein Song, den sie selbst geschrieben hatte, hieß »The Mississippi Delta«.

Oh, the Mississippi Delta, the flatland is my home
With cotton, beans, rice and corn growin' in the sandy loam,
With lakes and woods where I was raised, catching catfish and bream and huntin' wild game …

Oh, das Mississippi-Delta, das Tiefland ist meine Heimat
Mit Baumwolle, Bohnen, Reis und Mais, angebaut auf dem sandigen Lehm,
Mit Seen und Wäldern, wo ich aufwuchs, Welse und Brassen fing und auf Jagd ging …

»Früher gab es hier auch ein Kino«, erzählte Kim. »Ja, es gab eine strenge Rassentrennung in den Sechzigern, als ich jung war, aber wir gingen noch freundlich miteinander um, Schwarze und Weiße. Jeder kannte jeden.«

Bürgermeister Willis nickte: »Ja, das stimmt.«

»Es war ein Paradies«, schwärmte Kim. »Wie können wir es zurückholen? Was können wir tun?«

Ich deutete auf die Band, die Essensstände, die tanzenden Kinder im blendenden Licht der untergehenden Sonne und sagte: »Das ist ein guter Anfang.«

Bürgermeister Willis legte mir die Hand auf die Schulter und erklärte ernsthaft: »Wir schaffen das. Wenn Sie zurückkommen, werden Sie es sehen.«*

* Ich hätte diesen freundlichen und optimistischen Mann gern wiedergesehen. Aber einen Monat später wurde bei einer Routineuntersuchung bei Bürgermeister Melvin Willis Krebs diagnostiziert. Willis starb kurz darauf, im November 2013, im Alter von fünfundsechzig Jahren.

Doe's Eat Place

In Greenville, ein Stück die Straße hinauf, suchte ich nach einer Möglichkeit zu Abend zu essen, und jemand empfahl mir Doe's Eat Place. Ich kannte den seltsamen Namen aus einer Satire, die Hunter Thompson für die Zeitschrift *Rolling Stone* im Jahr 1992 geschrieben hatte, während des Präsidentschaftswahlkampfs, als Bill Clinton »einen Imbiss namens Doe's Eat Place« als Treffpunkt für ein Interview mit Thompson vorgeschlagen hatte.

»Ich nickte ihm demütig zu«, schrieb Thompson in seinem typisch spöttischen Stil, »und nahm auf einem Blechstuhl Platz, der entweder am Kopf- oder Fußende des Tisches stand, in der Annahme, dass der Kandidat [Clinton] sich ans andere Ende setzen würde, weit weg von mir. Aber nein. Der unangenehme Kerl setzte sich ohne zu zögern direkt neben mich, etwa fünfzig Zentimeter entfernt, und starrte mich mit einem Schlafzimmerblick an, bei dem ich mich sehr unwohl fühlte. Seine Augen waren zu Schlitzen verengt, und anfangs dachte ich, er würde jeden Moment einnicken.«

Dem ratlosen Hunter Thompsons erklärte Clinton, dass das Doe's in der Innenstadt von Little Rock die schlichtere Variante eines Steak-und-Meeresfrüchte-Schuppens im Mississippi-Delta sei. Beide gehörten zur selben Kette, aber an das Original in Greenville, Mississippi, komme der Little-Rock-Laden leider nicht heran.

Doe's war kein Restaurant und auch kein Imbiss. Es war eine riesige alte Küche mit gerahmten Fotos und vergilbten Zeitungsausschnitten, in denen das Doe's verherrlicht wurde, an den schmierigen Wänden. Diese Küche und ein paar Nebenräume befanden sich in einem einfachen Holzhaus an einer Nebenstraße in einem engen Wohnviertel mit Häusern, in denen nirgendwo ein Licht zu brennen schien. Der Laden war nicht leicht zu finden. Es gab keine Sehenswürdigkeiten und keine anderen Läden oder

Restaurants in der Nähe. Ich folgte Straße für Straße einer detaillierten Wegbeschreibung aus dem Zentrum von Greenville und fand das Doe's schließlich an einer Straßenecke.

Die Geschichte dieses Ortes war sogar für die Südstaaten ungewöhnlich. Alles begann im Jahr 1903 als familienbetriebener Lebensmittelladen – »Papa's Store«. Die Familie hieß Signa (offensichtlich italienische Einwanderer – Signa ist eine Gemeinde in der Toskana, etwa halb so groß wie Greenville). Zu der Gründergeneration des Signa-Clans gehörten Dominick (»Big Doe«), seine Frau Mamie und sein Bruder Frank (»Jughead«). Der Laden ging beim Mississippihochwasser von 1927 pleite. Dieses Hochwasser – eine der größten Naturkatastrophen in der US-Geschichte – zerstörte die Deiche, überschwemmte Greenville und viele andere Städte im Delta und tötete ungefähr tausend Menschen. Die Wirtschaft im Delta brauchte Jahre, um sich davon zu erholen.

Die Familie Signa wechselte dann, in guter alter Südstaaten-Tradition, zur Schwarzbrennerei, wie sie auf ihrer Website erklärt: »Big Doe Signa begann mit der Schwarzbrennerei, die Familie wieder auf die Beine zu bringen. Noch Jahre später verkaufte er seine vierzig Fässer für 300 Dollar.«

Big Doe erfand sich selbst neu als Impresario und richtete 1941 im vorderen Teil des Ladens eine Kneipe – »nur für Schwarze« – ein. In der Zwischenzeit hatte Mamie Signa ein Rezept für Tamales (gefüllte Maisblätter) entwickelt, die in der Kneipe verkauft wurden. (Greenville bezeichnet sich selbst als »Tamales-Hauptstadt der USA«.) Weiße Einwohner von Greenville hörten von dem Essen und hatten ebenfalls Lust auf Tamales und Steaks. Da sie zur (schwarzen) Vordertür nicht hineindurften, gingen sie eben durch die Hintertür des Doe's. Und aus dem hinteren Teil des Gebäudes wurde der »Eat Place« (ein Speiselokal nur für Weiße), im Gegensatz zur Kneipe (dem Musiklokal nur für Schwarze) vorn. Auf der Website wird erklärt, das sei »wie umgekehrte Rassentrennung«.

Big Doe »schloss irgendwann die Kneipe und konzentrierte sich auf das Speiselokal«. Er ging in den siebziger Jahren in Rente. Heute führen seine Söhne, Charles und Little Doe, das Restaurant (mit gelegentlichen Besuchen von Jugheads Frau Florence). In der heißen Küche und den angrenzenden Räumen schwitzen Bratenköche, und umhereilende Frauen servieren in einem der chaotischsten und gemütlichsten Speiselokale, die ich im Süden erlebt habe, dicke Steaks und ganze Teller voller Fritten.

Nach einem Dutzend gekochten Garnelen, einer Chili-Beilage und einem Teller Pommes sowie drei Bier schwankte ich in die Dunkelheit hinaus, und Greenville gefiel mir sehr viel besser als noch vor einer Stunde.

Sonntagmorgen in Monticello: Kirche, Catfish, Football

Ich fuhr nach Westen und aus Greenville hinaus, über die neue Mississippi-Brücke in die ebenen Felder von Arkansas, folgte eine Weile dem gegenüberliegenden Flussufer, bog dann landeinwärts ab nach Magee und fuhr durch die Kiefernwälder nach Monticello. Dort hielt ich mich den Tag über auf, zunächst in der Shady Grove Abyssinian Methodist Church, wo die Pastorin Thelma Hampton einen »Tag der vollen Kirchenbänke« plante. Danach sah ich mir zu Fuß die Stadt an, folgte der Empfehlung eines Mannes aus der Shady-Grove-Gemeinde und ging zu »Ray's Catfish und Barbecue – Tradition in Monticello seit 1964«.

Monticello war eine graue Kleinstadt im grünen Südosten von Arkansas, Wälder und Farmland, weit weg von der nächsten Interstate. In der Stadt hatte es früher Leichtindustrie gegeben – Bootsbau und Webereien –, aber davon war nicht mehr viel übrig. Wie in vielen ähnlichen Städten im ländlichen Süden waren die alten Geschäfte im traditionellen Stadtzentrum – die Apotheke, der Lebensmittelladen, die Bank und der Kurzwarenladen – verschwunden und Gebrauchtwaren- und Secondhandläden gewichen. Am Stadtrand machten mehrere Pfandleihen gute Geschäfte.

Den Sonntag begingen die Bürger von Monticello mit einem Kirchenbesuch. Die Auswahl war bemerkenswert: Calvary Baptist, First United Methodist, Pauline Baptist, Faith Baptist, Zion Hill, Rose Hill Free Will, Shady Grove AME, und vom Hauptplatz waren noch sechs weitere Kirchen zu Fuß zu erreichen. Nach der Kirche ging es zum Mittagessen ins Cowboy's oder Mazzio's oder ins Ray's (das beliebteste Restaurant am Sonntag) zum Catfish-Essen.

Alle Tische waren besetzt und viele zusammengeschoben worden, damit eine Großfamilie zusammensitzen konnte – an manchen Tischen ein Dutzend Leute oder mehr.

Der Mann, dem ich den Tipp verdankte, war zwar ein Schwarzer – und er hatte behauptet, er gehe selbst hierher –, aber alle Gäste im Ray's (gut einhundert) waren Weiße.

Ein Großvater, der an einem vollbesetzten Tisch vor seinem Teller mit Catfish saß, hatte die Gabel erhoben und verkündete im Brustton der Überzeugung: »Meiner Meinung nach sollte jeder über achtzehn Jahren ein Schießeisen anlegen, wenn er das Haus verlässt. Auf jeden Fall.«

»Hörst du das, Daddy?«, fragte eine Frau offensichtlich ihren Mann, der einen blauen Blazer und eine John-Deere-Kappe trug.

»Wenn dir einer dumm kommt, knall ihn ab«, fuhr der Großvater fort.

Niemand protestierte. Aber es hörten auch nicht alle zu. Alle aßen. Der Großvater schien das Schweigen als Bestätigung zu deuten. Er fuhr zufrieden fort, seine Portion Catfish zu vertilgen.

»Dann ist er selber schuld«, schloss der Großvater in seiner gedehnten Sprechweise.

Am Fenster unter dem Schild *Essensausgabe* – das Ray's war ein Selbstbedienungsrestaurant – sagte Hannah: »Ab und zu kommt auch ein schwarzer Gast, aber nicht sehr oft. Die meisten nehmen das Essen mit. Die Schwarzen leben in einer Hälfte der Stadt und die Weißen in der anderen.«

Alle Gäste im Ray's trugen Sonntagskleidung, helle Hemden und Stoffhosen, manche hatten weiße Schuhe oder Stiefel an. Sie aßen hungrig und redeten schreiend miteinander, wie es weiße Südstaatler an öffentlichen Orten tun. Es klang immer, als seien sie beleidigt. Ich hörte den Großvater nur so deutlich (»Und die Munition wird knapp werden, sag ich euch«), weil die Familie direkt neben meinem Tisch saß. Kleine Kinder rannten umher, jagten sich gegenseitig durchs Restaurant. An manchen Tischen saßen alleinstehende Mütter und Töchter, und am anderen Ende des Raumes sah ich einen einzelnen Mischlingjungen bei einer großen weißen Familie sitzen, der sich am Gespräch beteiligte.

Wie angekündigt, betrat der Mann aus der Shady-Grove-Gemeinde schließlich das Ray's, durch einen Seiteneingang, ein einzelner schwarzer Mann in einem Meer aus Weißen. Ich ging zu ihm hinüber, um mit ihm zu reden, als er sagte: »Zum Mitnehmen.«

Sein Name war Marvin Hobson, zweiundsechzig Jahre alt. Marvin war in der Kleinstadt Wilmar, etwa zehn Meilen westlich von Monticello, zur Welt gekommen. Die Einwohner von Wilmar waren überwiegend schwarz und arm, und ein Drittel der Stadt lebte immer noch unter der Armutsgrenze.

»Als ich jung war, war es richtig hart«, erzählte Marvin. »Ich meine die Zeit der Bürgerrechtsbewegung. Es gab Kämpfe – also echte Kämpfe. Leute wurden verletzt und manche starben.«

»Wie kam Ihre Familie über die Runden?«

»Mein Vater war Farmer, und wenn ich Farmer sage, dann meine ich, er hatte ein Pferd und einen Pflug auf einem gepachteten Stück Land.« Die Erinnerung ließ ihn auflachen. »Der Mann konnte arbeiten! Unsere Familie pflückte auf achtzig Hektar Baumwolle, zwei Reihen auf einmal, und wir zogen dabei einen zweieinhalb Meter langen Sack hinter uns her, den ganzen Tag während der Ernte.«

Auch er war ein Südstaatler, der sich ans Baumwollpflücken erinnerte und der dabei zwischen *»picking«* (das Greifen der losen Baumwolle) und *»pulling«* (dem Ziehen an der kompakten Samenkapsel) unterschied. Er beschrieb den langen, schmalen »Sammelsack« aus Nessel. Wie er in der Mittagspause auf dem weißen Sack lag und sich über die Errungenschaft der mannshohen Baumwollbüsche freute (weil man sich zum Ernten dann nicht die ganze Zeit bücken musste). Und er erinnerte sich an das Wiegen der Säcke bei Sonnenuntergang, am Ende des Arbeitstages.

Ich hatte schon viele Männer und Frauen wie ihn getroffen und sollte noch mehr treffen, Schwarze und Weiße. Nur wenige von ihnen sprachen über das Baumwollpflücken als Leiden oder Fron. Ich erfuhr, wie sie bis zu hundert oder gar hundertfünfzig Kilo am Tag pflückten und dass sie darauf mit Stolz zurückblickten und wohl auch mit einer gehörigen Portion Verklärung. Bei Marvin Hobson war dies deutlich zu hören.

»Mein Vater hat Baumwolle, Mais, Erdnüsse und Wassermelonen angebaut«, erzählte Marvin. »Er hatte das Pferd und den Pflug viele Jahre lang. Irgendwann hat er sich einen kleinen Traktor gekauft, einen alten Ford-8N. Einen anderen hat er nie gehabt.«

Marvin hatte sich zur US-Army gemeldet – die klassische Fluchtmöglichkeit, um dem Süden mit seiner Rassentrennung und dem schlechten sozialen Versorgungssystem zu entkommen. Und er hatte Karriere gemacht.

»Ich bin nach sechsundzwanzig Jahren ausgeschieden, aus der 82. Luftlandedivision in Fort Campbell Kentucky«, erzählte Marvin. »Meinen letzten Kampfeinsatz hatte ich im ersten Golfkrieg. Jetzt bin ich wieder zu Hause – und bin froh darüber.«

»Aber hier scheint es nicht so gut zu laufen.«

»Monticello war mal eine geschäftige Stadt«, meinte Marvin. »Es gab drei Teppichfabriken. Burlington Carpets war groß. Schalldämpferfabrik, Bootsbau, noch ein paar andere. Sie sind alle weggegangen. Wahrscheinlich nach Mexiko oder China. Jetzt gibt es hier nur noch die Holzschnitzelfabrik drüben am Midway.«

Der große Teppichhersteller Burlington Industries (»flauschige Bad- und Wohnteppiche«) hatte eine neun Hektar große Produktionsstätte in Monticello. Im Jahr 2005 war die Fabrik geschlossen und alle zweihundert Arbeiter entlassen worden. Arvin, wo Auspuffanlagen hergestellt wurden, hatte die Tore geschlossen. Der Bootsbauer Sea Ark, der einst zweihundertzwanzig Menschen in Monticello beschäftigt hatte, stellte im Jahr 2011 nach zweiundfünfzig Jahren die Produktion ein, obwohl der größte Konkurrent War Eagle Boats, der Boote für Angler und für die Entenjagd herstellte, immer noch im Geschäft war.

Marvin vermutete wahrscheinlich zu Recht, dass Burlington seine Teppichproduktion nach China ausgelagert hatte. Über Arvin Industries berichtete die Automobilwebsite »Wards Auto« im März 2000 unter einer Datumszeile aus Shanghai, die Firma halte »eine Mehrheit an dem Joint Venture Shanghai Hua Wen Exhaust Systems Co. Ltd.« und liefere heute Schalldämpfer an chinesische Autobauer.

Inzwischen war Marvin in der Warteschlange der Essensausgabe an der Reihe und erhielt seine Portion Catfish in einem Styroporbehälter, und wir verabschiedeten uns.

»Das gehört auf jeden Fall zu den Sonntagstraditionen in Monticello«, sagte er, »Kirche und Catfish. Und dann ein Footballspiel.«

»Gilt das für alle? Schwarze und Weiße?«

»Nein, Sir. Die Weißen essen am Sonntag außer Haus«, schränkte er ein. »Die meisten Schwarzen kochen sonntags selbst.«

Das war eine weitere Tradition, die daher kam, dass die schwarzen Köchinnen in den weißen Haushalten am Sonntag frei hatten, um zur Kirche zu gehen und für ihre eigenen Familien zu kochen, während die weißen Familien ins Restaurant gingen, wie bei Ray's.

Hot Springs – Freud und Leid

Mein Nachmittag zwischen Monticello und Hot Springs war ein langer Kameraschwenk über triste Städte und heruntergekommene Dörfer, weiter nach Warren und Edinburg, das arm, klein und wie ausgestorben war, und Fordyce, von dem ich in Alabama gehört hatte, weil es der Geburtsort des beliebten Trainers »Bear« Bryan war – eine Stadt, in der jedes Geschäft geschlossen, aufgegeben oder in einen An- und Verkauf umgewandelt worden war. An der Kreuzung der Main Street legten die verblassten Schilder und leeren Ladenflächen Zeugnis davon ab, dass es in der Wal-Mart-Ära keinen Bedarf für Benton-Baumärkte, Landmaschinen, einen Kleiderladen oder Cafés gab. Danach das winzige Tulip und Malvern, das schon unter dem positiven Einfluss des nahen Hot Springs stand.

Hot Springs selbst liegt in einem Tal mit steilen Felswänden in den Ouchita-Bergen. Mit seinen zwei sowjetisch wirkenden Gebäudekomplexen, der Tierklinik und dem Arlington Hotel, war Hot Springs eine Überraschung, ein Kurort mit einigen architektonischen Sehenswürdigkeiten und dem Flair eines alten Zirkus. Die Thermalbäder an der Bath Row waren gut restaurierte Art-Deco-Schmuckstücke. Schmale Gebäude säumten die steilen Straßen entlang den Felswänden. Der halbe Ort schien neu gestrichen, alles war herausgeputzt, und ihre Lage war einfach spektakulär: Die Stadt sah aus, als wäre sie direkt aus dem Fels herausgehauen worden. Es gab im Süden wohl nichts Vergleichbares.

Viele Schilder auf den Hauptstraßen wiesen auf die berühmt-berüchtigte Vergangenheit der Stadt hin, ihre kriminelle Geschichte. Sie erinnerten an die Besuche von Gangstern, an Verbrechen und Bordelle und sensationelle Morde. In der Werbebroschüre für Hot Springs (Untertitel: »Diese Vergangenheit macht Spaß«) heißt es: »Man kann sich diese Stadt kaum als Hort des organisierten Verbrechens, von Glücksspiel, Prostitution und Schwarzbrennerei, vorstellen. Aber ab Ende des 19. Jahrhunderts bis in die Mitte des 20. Jahrhunderts, vor allem in den dreißiger Jahren, war Hot Springs ein beliebter Treffpunkt für Al Capone, Frank Costello, Bugs Moran, Lucky Luciano und andere berühmte Gangster. Hot Springs war durch seine sichere, abgeschiedene und reizvolle Lage ein ideales Versteck.«

Das beliebteste Bordell in Hot Springs war »The Mansion«, geleitet von der gefeierten Madam Maxine Temple Jones, die den Reichen und Mächtigen, Kriminellen und Politikern ihre Dienste anbot. Sie hielt mehrere Jahrzehnte lang gegen die Mafia stand. Sie arbeitete später mit der Polizei zusammen und ging dafür selbst straffrei aus. Bis Mitte der sechziger Jahre blieb sie im Geschäft. Später schrieb sie ihre Autobiographie. Die Gangster-Ära wird heute im »Gangster Museum of America« an der Central Avenue reichlich sensationslüstern dargestellt.

Wegen des angenehmen Klimas und der berühmten Vergnügungsetablissements war Hot Springs früher auch Trainingsort für Baseballteams aus dem Norden (etwa von 1840 bis 1940). Auch das eine wilde Zeit, in der die Spieler sich regelmäßig besoffen und die Bordelle besuchten.

Diese aufregenden Zeiten von Hot Springs sind Vergangenheit. Aber noch nicht lange. Die Stadt war damals kein Ort, um ein Kind aufzuziehen, könnte man sagen. Sie war gefährlich, wild, voller Glücksritter, Berufskrimineller, Prostituierten, Betrüger und Intriganten. Und dennoch begleitete die frisch verheiratete Virginia Clinton ihren zweiten Ehemann Roger hierher, gemeinsam mit ihrem Sohn Billy.

Bill Clinton wurde 1946 in der hübschen Kleinstadt Hope im Südwesten von Arkansas geboren – so heißt es für gewöhnlich. Das ist auch richtig, aber aufgewachsen ist er einhundert Meilen weiter nördlich, in Hot Springs, inmitten des aktuellen Elends und der vergangenen Pracht dieser Stadt. Sein Vater, William Blythe, starb kurz vor Bills Geburt bei einem Autounfall. Seine Mutter arbeitete als Krankenschwester. Im Jahr 1950 lernte sie ihren zweiten Mann, Roger Clinton kennen, und drei Jahre später zogen sie von Hope nach Hot Springs, Rogers Heimatstadt.

»Bill Clinton beschreibt in seinen Texten über seine Kindheit in Hope in den späten vierziger Jahren zwar die Rassentrennung in der 7500-Einwohner-Stadt, aber seine Erinnerungen sind größtenteils nostalgisch verklärt, etwa wenn er den Lebensmittelladen seines Großvaters (›Pawpaw‹) beschreibt«, sagt Autor Jay Jennings aus Arkansas in *Carry the Rock* (2010). »Aber in den ersten beiden Jahrzehnten des 20. Jahrhunderts, als sich alles um Baumwolle drehte und die Rassentrennung ungeschriebenes Gesetz war, gab es in Hope so viele rassistisch motivierte Morde, dass die Stadt manchmal als Lynch-Hauptstadt des Südens bezeichnet wurde.«

In Hot Springs war Roger Clinton als Säufer bekannt. In einer verlotterten Stadt war das keine Schande. Aber Roger war nicht nur ein schlimmer Alkoholiker, sondern er schlug auch seine Frau, und als Bill alt genug war (er sagt, er sei fünfzehn Jahre alt gewesen), wagte er sich dem Zorn seines Stiefvaters zu stellen und verteidigte seine Mutter. Die Ehe wurde geschieden. Virginia arbeitete weiter als Anästhesieschwester, aber sie hatte ganz offensichtlich aus ihren Erfahrungen wenig gelernt, denn ein Jahr später heiratete sie ihren geschiedenen Mann erneut.

Bill studierte inzwischen, spielte Tenorsaxophon, brachte herausragende Leistungen an der High School, ging in die baptistische Park-Place-Kirche, kaufte Chili-Cheeseburger in der Polar Bar (heute Baily's Dairy Treat) und Spareribs bei McClard's Bar-B-Q, Apfelkuchen im Club Café, Eiscreme im Cook's Dairy und ging in die Paramount- und Malco-Kinos (und sah Elvis-Filme und die angesagten monumentalen Bibelverfilmungen). Er beschreibt dies in seiner Autobiographie *Mein Leben* – voller Zuneigung zu der Stadt und erstaunlich detailreich.

Aber er schreibt nicht, dass Schwarze im Kino sich mit den billigen Rängen bescheiden mussten und das Gebäude über den Hintereingang betraten; dass Motels und Restaurants strikt nach Hautfarbe getrennt waren; dass der schwarze Teil von Hot

Springs bitterarm und heruntergekommen war. Über die Zeit von Governor Faubus, der nur durch Bundesmarshals dazu gezwungen werden konnte, an der Central High School von Little Rock die Integration durchzusetzen, schreibt er: »Die meisten meiner Freunde waren gegen die Aufhebung der Rassentrennung in den Schulen, oder es war ihnen egal. Ich hielt mich aus der Debatte raus, wahrscheinlich weil meine Familie nicht besonders politisch war, aber ich lehnte die Vorgehensweise von Faubus ab.« Seine Beschreibung der Segregation in Hot Springs klingt ebenfalls wenig kämpferisch: »Es störte mich nur, dass in den Schulen von Hot Springs die Rassentrennung immer noch nicht aufgehoben worden war. Die schwarzen Kinder besuchten weiterhin die Langston High School.«*

An einem Nachmittag in Hot Springs fuhr ich rüber nach Langston, einem Viertel auf der anderen Seite der Stadt. Ich fand dort kaputte Straßen vor, ärmliche Häuser, eine rein schwarze Wohngegend rund um die Schule, Südstaaten-Armut, ein Armeleuteviertel. Das Viertel ist immer noch, wie zu Clintons Jugendzeit, eine Schande, immer noch arm und offensichtlich schlecht versorgt. Es sieht aus wie eine Armensiedlung in Südafrika, die auf Hilfe von einer Hilfsorganisation wartet – die nicht in Sicht war. Genau ein solcher Ort, an dem Clintons Stiftung, die »Clinton Global Initiative«, für Verbesserungen sorgen sollte. Aber sie tat es nicht.

In Clintons Teenagerzeit (und seinen Erzählungen nach streifte er sorglos in der Stadt herum), war Glücksspiel weit verbreitet, Morde waren keine Seltenheit, Gangster gehörten zum Stadtbild. Maxine Jones' Bordell und viele andere machten dicke Geschäfte, und die Stadt wimmelte vor vergnügungssüchtigen Glücksspielern, Wichtigtuern und Prostituierten. Die Verwaltung der Stadt war in Händen einer korrupten Clique. Man darf sich durchaus

* Bill Clinton, *Mein Leben*. Übersetzung von S. Gebauer-Lippert, A. Pumpernig, U. Zehetmayr, Berlin 2004.

fragen, was für Auswirkungen dieser ausgewiesene »Sündenpfuhl« auf einen leicht zu beeindruckenden Schuljungen hatte.

Einen schlechteren Ausgangspunkt für einen zukünftigen Präsidenten als Hot Springs kann man sich kaum vorstellen, ein Ort, der mit hoher Wahrscheinlichkeit eher den Charakter verdirbt als ihn läutert. Doch die entscheidenden Fähigkeiten, die ein Präsidenten mitbringen muss, sind Weltgewandheit und geschicktes Taktieren. Die Welt war in all ihren bizarren Formen in Hot Springs vertreten, und Clinton fand sich dort bestens zurecht. Die Stadt hatte ihn zu dem gemacht, was er war.

In *Mein Leben* zitiert Clinton die ermüdend lange Liste der berühmten Besucher, mit denen sich Hot Springs brüstet (»Gesetzlose, Gangster, Kriegshelden, Schauspieler und zahlreiche Baseballstars«), und er beschreibt seine Kindheit, den gewalttätigen Stiefvater, die hart arbeitende und liebevolle Mutter (die außerdem trank, spielte, zu viel rauchte und flirtete und gleichzeitig ihren Sohn anbetete); seine Vorliebe für das Tenorsaxophon, seine Besuche bei Verwandten, seinen Job, noch als Schüler, in einem kleinen Lebensmittelladen, seine schulischen Erfolge als Mathegenie, seine ersten Erfahrungen als Schülervertreter, seine Ernsthaftigkeit, mit der er sein schwieriges Familienleben vor den anderen verbarg.

Der Schmerz, in einer so lebhaften, freizügigen Stadt zu wenig Geld zu haben und sich in allem bescheiden zu müssen; das Streben nach Erfolg, der Wunsch, etwas zu erreichen und aus der Stadt herauszukommen, sich seiner Mutter zu beweisen und ihren Glauben an ihn zu rechtfertigen – all das prägte ihn. Es ist eine typisch amerikanische Geschichte, aber vor dem Hintergrund von Hot Springs wirkt sie noch etwas schillernder. Die Lebensverhältnisse in Clintons Kindheit und Jugend veränderten ihn, doch wie so viele Südstaatler setzte auch er sich erst spät für die Integration ein. In *Mein Leben* schwärmt er von der Vielfältigkeit der Einwohnerschaft von Hot Springs – Juden, Griechen, Araber, Italiener –, aber der schwarze Teil der Stadt, das Langston-Viertel, wird nicht erwähnt. Das schwarze Leben existierte für ihn nicht. Er hatte offensichtlich keine schwarzen Freunde.

In seiner Autobiographie weist Clinton immer wieder darauf hin, dass er ein Doppelleben führte, weil er die Probleme zu Hause vor Mitschülern und Lehrern geheim hielt. Ein Besuch in der Stadt reicht in der Tat, um einen Eindruck davon zu bekommen, dass Bill Clinton in seiner Jugend, als kleiner Junge, als älterer Schüler, einen Drahtseilakt vollführte, wenn er hocherhobenen Hauptes durch einen Sumpf aus menschlichen Schwächen und Gier, Verdorbenheit und Fleischlichkeit balancierte (die Überlebensstrategie vieler Politiker).

Die Erleichterung, als er Hot Springs endlich verlassen konnte, ist in seiner autobiographischen Beschreibung deutlich zu spüren. Er hatte sich für Georgetown entschlossen – »weil ich in Washington sein wollte«. Doch nach Georgetown, einem Rhodes-Stipendium in Oxford und der Yale Law School tat er, was für viele undenkbar wäre: Er kehrte nach Arkansas zurück. Es war ein berechnender Schachzug. Er war noch keine dreißig Jahre alt, er kannte den Staat gut, überall sonst hätte er unglaubwürdig gewirkt. Vielleicht hatte er einen langfristigen Plan – dazu schweigt er sich in seinem Buch aus, aber man merkt, dass er getrieben war: die verzweifelte Motivation eines Mannes aus dem Nirgendwo, der unbedingt gewinnen will und der etwas zu verbergen scheint (Wunden, Träume, Sünden, Familiengeheimnisse). Er unterrichtete ein Jahr lang an der juristischen Fakultät in Fayetteville, stellte sich dann 1974 als Kongressabgeordneter zur Wahl – und verlor. Im Jahr 1976 wurde er Justizminister von Arkansas und dann, 1978, Gouverneur, mit zweiunddreißig Jahren. Sie nannten ihn »Boy Governor«.

Seine Anhänger sahen in ihm einen charmanten Mann, der die Gesundheitsversorgung und Bildung in Arkansas verbesserte, die Kunst der Konsensfindung beherrschte und dennoch sein charmantes Temperament bewahrt hatte. Für seine Feinde war er ein Betrüger und Lügner, der aus dem Amtssitz des Gouverneurs einen Sündenpfuhl gemacht hatte. Er hielt das Amt über mehrere Amtszeiten, fast zwölf Jahre insgesamt, und wurde mit immer noch jungen sechsundvierzig Jahren schließlich US-Präsident.

Es war ein atemberaubendes Tempo, mit dem er seine Karriere betrieb, und er hat sich bis heute nie aus der Öffentlichkeit zurückgezogen. Clinton hat eine offensichtliche Abneigung gegen die Einsamkeit und suchte immer Aufmerksamkeit – als Staatsmann, als globaler Humanist und Reformer. Aber abseits des Scheinwerferlichts zog er ebenfalls die Fäden, er intrigierte, spielte doppelte Spiele und folgte damit einem Muster, das Thoreau in *Walden* mit den Worten beschrieb: »Wenn irgend etwas den Menschen plagt, so dass er seinen Funktionen nicht nachkommen kann, beginnt er ohne Zaudern die Welt zu reformieren.«

Hot Springs hat zwei sehr gegensätzlich Seiten. Zerrissen und widersprüchlich war auch das Familienleben der Clintons. Das hätte Bill Clinton früh desillusionieren können, er hätte auf die schiefe Bahn geraten können – oder wenigstens zum Zyniker werden können. Stattdessen machte ihn das ehrgeizig, anpassungsfähig, bemüht, alles richtig zu machen, charmant, charismatisch, mitfühlend, hart arbeitend, aber er war auch undurchsichtig, ein guter Schauspieler und auch Blender. Clintons Ehrgeiz war grenzenlos und er ist es noch. Er will immer noch führen, die Leitung haben, die Missstände auf der Erde beseitigen, aufklären, die Massen begeistern. Er ist Freund der Großen und Mächtigen (Nelson Mandela, der Dalai Lama), und offensichtlich liebebedürftig wie ein Kind: Er hungert nach der Zuneigung der Welt. »Ich habe noch nie einen so hungrigen Mann erlebt«, erzählte ein befreundeter Autor, der den Kandidaten im Wahlkampf 1992 begleitet hatte. In seiner Autobiographie streut Clinton in seine Erzählung schon früh Vorausblicke ein und beschreibt, wie er eine Lektion gelernt oder für den einen oder anderen Fehltritt gebüßt hat. Amerika kennt ihn als den großen Büßer, als Problemlöser, Schlichter. Dass er zu glühenden Moralpredigten neigt, hat er mit vielen Schürzenjägern gemein.

Hot Springs bemüht sich inzwischen um eine neues Image als familienfreundliche Urlaubsstadt und als Konferenzort. Pferderennen und harmloses Glücksspiel gibt es immer noch, aber die Gegenwart ist geprägt von College-Kids in abgetragenen Klamotten, die durch die Bars ziehen, und Spätsommertouristen, die durch die Straßen bummeln, gelegentlich in einem Geschenkeladen oder einer Bar anhalten, schlecht gekleidet, ihre Kinderwagen vor sich her schieben und nach billigen Vergnügungen suchen. Die Imbissbuden und gelegentlichen Festumzüge können mit den Schießereien und Orgien der Vergangenheit nicht mithalten.

Heute ist Hot Springs ein ganz eigener Ort: die alten, verfallenden Gebäude und leerstehenden Hotels an der Hauptstraße, die muffigen Motels, billigen Läden, der Geruch von feuchten Absteigen am Stadtrand, die übliche Verwahrlosung verband sich hier mit einer gewissen Vulgarität, die wettgemacht wurde durch Gastfreundlichkeit und eine gehörige Prise Selbstironie. Ein großer Vorteil der Stadt ist ihre Lage – in einer Felsspalte – nur wenige Minuten von dichten Wäldern und sanft geschwungenen Hügeln entfernt.

Es liegt eine gewisse Tragik darin, wenn ein Ort sich selbst als glücklich anpreist. Hot Springs war einst ein Energiezentrum gewesen, und in solchen Orten befällt die Bewohner nicht selten eine moralische Blindheit. (Etwas Ähnliches ließe sich über das Weiße Haus sagen.) Hot Springs – das Reiseziel von Mördern, Betrügern und Huren – brachte einen Präsidenten hervor, einen eigentümlichen Präsidenten, der bei vielen Gelegenheiten moralisch blind war – etwa 1992, als Gouverneur Clinton nach Arkansas zurückkehrte, um das Todesurteil des geistig behinderten Ricky Ray Rector zu unterzeichnen, und ihn auf den elektrischen Stuhl schickte, um Stimmen als Kämpfer gegen das Verbrechen zu gewinnen. Clinton ist eine komplexe und widersprüchliche Gestalt. Der Mann der Öffentlichkeit gibt sich bußfertig und bescheiden, will aber vor allem ein Held sein und rekrutiert immer wieder große Unternehmen, um der Marke Clinton den nötigen

Pomp zu verleihen. Aber im Grunde ist Bill Clinton ein typischer Südstaatler, ein Kleinkrämer, die nicht weiß, wann er aufhören muss. Der unablässig aufstrebende Sohn dieser korrupten Stadt, die mit ihrer unmoralischen Vergangenheit wirbt.

Road Candy im Dixie Café

»Armut ist ein großer Lehrmeister. Denen, die sie nie gekannt haben, fehlt etwas«, schrieb der anglo-irische Autor Gerald Brenan in *Thoughts in a Dry Season* (1978). Brenan verbrachte den Großteil seines Lebens unter Bauern in Spanien, aber der Satz trifft gewiss auch auf die Bewohner der US-Südstaaten zu, die selbst wie ärmliche Bauern lebten. Tatschlich erinnerten sich die Leute aus dem Süden, Schwarze wie Weiße, oft mit Stolz an die Zeiten, in denen sie schlimme Entbehrungen erlitten hatten.

Ich dachte an Brenans Zeilen bei einer schönen Fahrt an einem sonnigen Nachmittag von Hot Springs Richtung Norden, entlang der schlichten Route 7 durch Farmland und Wälder, an Jessieville vorbei und Ola und Dardanelle und über den Arkansas River, der dunkelbraunes Hochwasser führte, nach Russellville.

Dort traf ich mich, im Dixie Café, mit Patricia Atkinson, die in Armut in einer Familie mit fünfzehn Kindern aufgewachsen war, zehn Jungen und fünf Mädchen. Sie war Nummer zwölf und inzwischen fast sechzig Jahre alt. Ihr ältester Bruder war kürzlich im Alter von neunundachtzig Jahren gestorben. Die Familie hatte bei Hughes gelebt, im Nordosten von Arkansas, im Delta, ihr Vater, Jim Short, war Pächter gewesen und hatte hauptsächlich Baumwolle angebaut. Eine große, arme weiße Bauernfamilie, weitab von der nächsten Stadt. Aber die Shorts hatten gekämpft, sie hatten es zusammen geschafft und waren zusammengeblieben. Später ging Pat aufs College, bekam einen Job als Sekretärin einer Wohnungsbaugesellschaft. Sie lernte die Arbeit von der Pike auf, erlebte eine Firmenumwandlung mit (»Es ging um Selbsthilfe-Wohnbau«), arbeitete sich hoch und war jetzt Geschäftsführerin.

Wir saßen im Dixie Café, zwischen den Überresten von Catfish, Hühnereintopf und Klößen, gebratenen Tomaten, geschmorten Zwiebeln, gebackenen Maiskolben (die Kolben waren in Ei gerollt, in Mehl gewendet und frittiert worden).

»Mein Vater hat die Maiskörner herausgeschnitten und sie gebraten«, erzählte Pat und stocherte an ihrem Maiskolben herum. »Das war sehr lecker. Aber wir haben alles gegessen. Stellen Sie sich vor, fünfzehn Kinder. Nur fünf von uns haben einen High-School-Abschluss. Wenn man auf dem Feld arbeitet, kann man nicht zur Schule gehen. Einer meiner Brüder hat nie einen Fuß in ein Klassenzimmer gesetzt. Mein Vater ließ es nicht zu.«

»Weil er ihn auf der Farm brauchte?«, fragte ich.

»Nein. Er glaubte, man würde ihn dort drangsalieren. Mein Vater wollte Hopper immer beschützen«, sagte sie. »Hopper war etwas zurückgeblieben.«

»Fünfzehn Kinder ... wie groß war Ihr Haus?«

»Sagen wir mal so, in jedem Zimmer standen zwei oder drei Betten. Privatsphäre gab es nicht. Wir teilten uns das Zimmer, wir teilten uns das Bett.«

»Die drei Betten hatten schon immer für sämtliche Lesters reichen müssen«, schreibt Erskine Caldwell in *Die Tabakstraße, »auch wenn sie zuweilen acht bis zehn Köpfe zählten.«**

»Da mussten sie wohl gut miteinander auskommen.«

»Wir haben schwere Zeiten erlebt«, sagte sie. »Ich begann mit dem Baumwollpflücken, als ich sechs oder sieben war, mit einem Kissenbezug. Später hatte ich einen Nesselsack, etwa so groß wie ein Futtersack. Dann bekam ich einen richtigen Baumwollsack, zweieinhalb Meter lang. Die Jungs sind immer auf das Ende getreten, sodass er mir aus der Hand fiel. Sie fanden das witzig.«

»Aber Sie sind die ganze Zeit auch in die Schule gegangen?«

* Erskine Caldwell, *Die Tabakstraße*. Übersetzung von Gertrud Müller, Bern 1948.

»O ja. Die Baumwolle, die wir samstags pflückten, durften wir selbst behalten … das Geld, meine ich.«

»Wie viel Geld war das?«

»In den sechziger Jahren bekamen wir 1,50 Dollar für fünfzig Kilo. Meine Brüder schafften um die hundertfünfzig Kilo, problemlos.«

»Das klingt nach nicht viel«, meinte ich.

»Das war es auch nicht, aber wir mussten es tun. Stellen Sie sich vor, man muss fünfzehn Kinder in einem Haus ernähren. Das war nie einfach. Wir haben immer gearbeitet und einander geholfen. Wir zogen unser eigenes Schlachtvieh auf, Schweine und Hühner, und wir haben Wild und Eichhörnchen gejagt. Wir haben Waschbären gefangen, Nerze und Rotluchse, und haben die Felle verkauft. Wenn man einen guten Waschbären fing, konnte man das Fell verkaufen und den Rest essen.«

»Waschbären habe ich auch gefangen«, erzählte ich, »wenn sie eine Plage waren, den Kamin herunterkrochen, die Schindeln vom Dach kratzten. Sie stinken, weil sie die Abfälle durchstöbern.«

»Gebratener Waschbär schmeckt sehr gut«, meinte Pat. »Viele Leute hier essen das. Gebratener Waschbär mit Süßkartoffeln. Das Fell abziehen, ausnehmen, salzen und pfeffern, dann im Ofen braten. Süßkartoffeln in Stücke schneiden und sie drumherum legen und wieder in den Ofen schieben.«

»Die können manchmal einen ganzen Winter durchschlafen«, sagte ich, »da müssen sie viel Fett haben.«

»An einem Waschbär ist viel Fett dran. Es zerfließt und gibt einen guten Geschmack.«

»Sie haben Eichhörnchen erwähnt.«

»Eichhörnchen wird hier viel gegessen«, berichtete sie. »Die Eichhörnchensaison beginnt bald.«

»Wie essen sie die?«

»Zum Frühstück, geschmort«, erzählte sie. »Man zieht das Fleisch von den Schultern, Hinterbeinen und vom Brustkorb ab. Den Kopf kann man auch kochen. Man rollt sie in Mehl und steckt sie in eine Kasserolle. Eichhörnchen werden sehr schnell gar. Dann gibt man Wasser in die Kasserolle mit dem braun angebratenen Eichhörnchen. Aus dem Mehl wird die Soße. Man deckt das Ganze ab und lässt es eine Weile schmoren. Zum Frühstück ist es köstlich.«

»Ich nehme an, Sie mussten ein paar Arbeiten auf der Farm erledigen, bevor sie zur Schule gingen?«

»Lange Zeit hatten wir kein Wasser im Haus. Wir hatten einen Brunnen. Da haben wir an einer Pumpe Wasser geholt. Im Winter wird es in Hughes manchmal richtig kalt. Ich erinnere mich an einen Morgen, als ich ein Mädchen war und Wasser holen ging. Der Schnee reichte mir bis zur Hüfte.« Pat hatte ihren Stuhl zurückgeschoben und blickte starr vor sich hin, in Erinnerungen versunken. »Wir hielten immer etwas Wasser zurück, weil man erst ein wenig Wasser mit der Pumpe ansaugen musste, bis sie funktionierte. An dem Tag mussten wir viel Schnee um die Pumpe herum wegschaufeln, bis wir einen Tropfen Wasser hatten.«

»Ich kann mir das Delta nur warm vorstellen«, warf ich ein. »Es war nicht kalt, als ich im Winter hier war.«

»Die Sommer sind sehr heiß, aber Sommer war immer eine fröhliche Zeit für uns. Wir haben ein 150-Liter-Fass gefüllt, ließen die Sonne das Wasser aufwärmen und spielten dann darin. Wenn man kein Geld hat, muss man selbst für seinen Spaß sorgen. Wir liefen die meiste Zeit barfuß, trugen die abgetragenen Kleider unserer älteren Geschwister, wie alle anderen auch.«

»Mit ›alle anderen‹ meinen Sie die Schwarzen?«

»Unsere Nachbarn waren Schwarze. Wir haben auf den Feldern Seite an Seite mit ihnen gearbeitet.«

»Aber im Delta herrschte in den fünfziger und sechziger Jahren Rassentrennung.«

»Wir haben gemeinsam gearbeitet. Ich hatte keine Vorurteile.« Sie überlegte einen Moment. »Mein Dad stammte aus Tupelo, und er war altmodisch. Er war der Meinung, dass Schwarze ihren festen Platz hatten.« Sie schüttelte den Kopf und fuhr fort: »Er hatte ein schweres Leben. Seine Eltern starben 1915, als er zwölf Jahre alt war. Damit war er zu alt, um in ein Waisenhaus aufgenommen zu werden, wie seine beiden Brüder und die beiden Schwestern, die jünger waren als er. Daher wurde er von ihnen getrennt und zu einer Frau geschickt, die er ›Großmutter‹ nannte. Sie war aber nur eine entfernte Verwandte. ›Tante Jones‹.«

»Hat er mit seinen Brüdern und Schwestern wieder Verbindung aufgenommen?«

»Er wollte es. Er hat später nach ihnen gesucht, hat sie aber nie gefunden«, erzählte Pat. »Dann habe ich gesucht. Ich habe überall gesucht, in allen Datenbanken, habe alle Verbindungen genutzt. Aber ich habe es nicht geschafft. Das hat er sein ganzes Leben lang nicht überwunden.«

»Sie hatten eine erstaunliche Familie«, sagte ich zu Pat.

»Ich tue heute nur, was ich tue, weil ich so aufgewachsen bin.«

Heute verbesserte sie die Wohnsituation für die Armen in neun Countys im mittleren Westen von Arkansas, und die Geschichten von ihrer armen Herkunft im Delta, so bescheiden erzählt, bot einige wunderbare Beispiele für das ereignisreiche Leben, das sie geführt hatte. Als ich dort mit ihr im Dixie Café saß, kamen diese Geschichten mir vor wie Road Candy. Solche Geschichten waren es, die mir die Besuche im Süden immer wieder versüßten.

Universal Housing: »Manche Leute rühren keinen Finger, aber erwarten Hilfe«

In den nächsten Tagen in Russellville lernte ich Pat besser kennen. Sie stellte mich den Leuten vor, mit denen sie täglich zusammenarbeitete – Organisatoren, Bauunternehmern und Angestellten – und einigen ihrer Klienten. Und sie erzählte mir, wie sie zu diesem Wohnungsbauprogramm gekommen war. Nach ihrem Abschluss am Wirtschaftscollege im Jahr 1981 hatte Pat eine Stelle als Sekretärin bei der Selbsthilfe-Wohnbauorganisation namens ARVAC angetreten und dort nach und nach immer mehr Verantwortung übernommen. Ihre lange Lehrzeit im Wohnungsbau hatte sie prädestiniert für ihre gegenwärtige Position als Geschäftsführerin der »Universal Housing Development Corporation« von Russellville, eine Organisation, die Häuser renovierte und baute und Reparaturen durchführte. Wie sie sagte, war es für sie durchaus von Vorteil gewesen, in einer großen, finanziell klammen Pächterfamilie im Delta aufzuwachsen – »ein gutes Training«.

Von jedem, der Unterstützung bewilligt bekam, wurde erwartet, dass er am Haus mitarbeitete, »Schweißkapital« einbrachte. Das Budget lag bei 2,5 Millionen US-Dollar (vor allem Zuschüsse der Bundesregierung), und das meiste davon wurde in die Programme gesteckt und nicht in Gehälter. Wir saßen im Pope County, einem von neun Countys, in denen Universal Housing tätig war. Das County war überwiegend weiß (92 Prozent) und bitterarm (Heimat der »unsichtbaren zwanzig Prozent«). Im Delta und den städtischen Gebieten – Little Rock etwa – war der Anteil der schwarzen Einwohner größer, aber die Armut war genauso groß, wenn nicht größer. Universal Housing baute im Schnitt etwa dreißig neue Häuser pro Jahr und renovierte etwa fünfzig. Es war das größte Selbsthilfeprogramm in Arkansas und das erfolgreichste – auch wenn es immer noch eine mäßig große Organisation mit einem relativ kleinen Budget war.

»Unsere Klienten sind Erwerbstätige knapp oberhalb der Armutsgrenze«, berichtete Pat. »In dieser Gegend bedeutet das etwa 32 000 Dollar für eine vierköpfige Familie.«

»Der Preis eines Autos«, verglich ich.

»Eines guten Autos«, präzisierte Pat. »Wenn ihnen mehr als das zur Verfügung steht, haben sie keinen Anspruch auf Unterstützung. Mit diesem Einkommen kann man gerade so überleben. Wir haben eine lange Warteliste, vor allem Weiße. Das entspricht der Bevölkerung hier.«

»Auch viele Latinos?«

»Latinos werden als Weiße gezählt«, erklärte sie. »Ein paar Latinos kommen her und bitten um Hilfe. Wir sagen ihnen, dass wir Papiere sehen müssen – Ausweise, Sozialversicherungskarten, Steuerbescheide, irgendwas. Ab und zu fragt dann einer: ›Müssen es meine Papiere sein? Können sie jemand anderem gehören?‹ Verstehen Sie? Die meinen das ernst!«

»Wie lang ist die Warteliste?«

»Im Moment stehen vierhundert drauf. Manche von ihnen stehen so lange auf der Liste, dass sie es nicht schaffen. Sie sterben, bevor sie ein Haus bekommen. Es gibt Leute, die seit zehn Jahren oder länger warten.«

In Arkansas wurden die Häuser von Versicherungsnehmern regelmäßig von den Versicherungen inspiziert. In vielen Fällen waren die Häuser der Klienten so verfallen, dass die Versicherungen die Verträge kündigten. Die Hausbesitzer saßen dann ohne Versicherung mit undichten Dächern und zerbrochenen Fenstern da, ohne die Möglichkeit, sie zu reparieren.

»Man kann durch diese Dächer den Himmel sehen«, erzählte Pat. »Die Leute rufen uns an, damit wir ihnen bei der Reparatur helfen. Aber wir erwarten, dass die Leute selbst aktiv werden. Wir geben Ratschläge, wir helfen bei den Plänen und bei der Materialbestellung, und die Hausbesitzer machen dann die meiste Arbeit selbst. Sie spannen Familie, Freunde, Nachbarn ein, jeden, der bereit ist zu helfen.«

»Sind die Leute dazu bereit?«

»Manche machen selbst keinen Finger krumm, erwarten aber Hilfe«, missbilligte Pat. »Es gibt alle möglichen Probleme. Ich verstehe Leute einfach nicht, die erwarten, dass man ihnen hilft, aber nicht auf die Idee kommen, sich selbst zu helfen. Und dann gibt es Leute, die nur um ganz wenig bitten. Die nicht zugeben wollen, dass sie arm sind.

»Stolz, nehme ich an.«

»Eine alte Frau, Dolores Malton, oben am Crow Mountain. Kleine Person, keine fünfzig Kilo, liebes Großmütterchen, sie bat uns um Hilfe. Sie wollte, dass wir ihr einen Wasseranschluss legen.«

»Sie hatte kein Wasser?«

»Kein fließendes Wasser. Sie lebte in einem kleinen alten Lagerschuppen, nur drei mal drei Meter groß. Keine sanitären Anlagen, nichts. Sie benutzte einen Nachttopf. Sie sagte, sie werde langsam zu alt, um Wasser zu tragen. Ist wohl über achtzig.«

»Haben Sie die Wasserleitung gelegt?«

»Am Ende haben wir ihr ein Haus gebaut«, berichtete Pat. »Bei anderen Klienten lebten Mutter und Tochter und die beiden Kinder der Tochter in zwei kleinen Lagerschuppen. Keine sanitären Anlagen. Furchtbare Zustände. Wir haben ihnen ein Haus gebaut.«

»Ich würde gern ein paar dieser Leute kennenlernen, denen Sie geholfen haben.«

»Ich sehe mal, was sich machen lässt«, sagte sie. »Ich muss die Leute erst um Erlaubnis bitten, dass Sie sie besuchen können. Ich werde mal herumtelefonieren.«

»Was ist mit den Stiftungen von Bill Gates und Clinton und anderen Wohltätigkeitsorganisationen – bekommen Sie von denen irgendwelche Hilfen?«

»Von denen lässt sich hier niemand blicken. Wir bekommen gar nichts. Die helfen lieber in Afrika«, sagte sie. »Mich ärgert wirklich, dass Clinton hier so wenig tut. Ich wünschte, er würde uns helfen. Er ist in Afrika und Indien, und andere Leute helfen in der Dritten Welt und diesen Ländern. Wir sehen nichts von dem Geld. Ist denen nicht klar, dass unsere Leute Hilfe brauchen?«

Die Hütte an der Quickerstill Lane

Dover war eine nette Kleinstadt in der sanft geschwungenen Hügellandschaft des Ozark-Plateaus und lag etwa zwölf Meilen nördlich von Russellville. Die Stadt war berühmt für das Massaker im Jahr 1987, bei dem der siebenundvierzigjährige Ronald Gene Simmons seine komplette Familie auslöschte – vierzehn Menschen insgesamt, seine Kinder, deren Ehepartner und deren Kinder. Unter den Opfer war auch ein siebenjähriges Mädchen, das er in einer inzestuösen Beziehung mit seiner Tochter gezeugt hatte. Nach vollbrachter Tat war Simmons nach Russellville gefahren und hatte dort zwei weitere Menschen ermordet. Erst dann hatte er sich widerstandslos der Polizei ergeben.

»Aber er war aus Chicago«, verteidigten sich die Bewohner von Dover. Das stimmte. Er hatte zweiundzwanzig Jahre in der US Air Force gedient, in Vietnam gekämpft, hatte sich dann nach New Mexico zurückgezogen. Als seine Tochter ihn wegen Inzests anklagte, floh er nach Arkansas. Dort hatte er nördlich von Dover auf einem umzäunten, zwei Hektar großen Anwesen in zwei miteinander verbundenen Wohnwagen ohne fließend Wasser gelebt. Er hatte einen langen Wallebart und Glatze und einen wilden Blick. Das Einsiedlerleben schien zu ihm zu passen.

Der Trinker und Eigenbrötler hatte keine Freunde. Er hatte wechselnde Bürojobs in Russellville, wurde aber letztendlich gemieden, weil er ein Spinner war und Frauen belästigte. Eine Frau, die seine Annäherungsversuche abgewiesen hatte, war eines der Opfer, die nicht zur Familie gehörten. Er hatte den Tag vor Weihnachten für die Morde gewählt und führte sie kühl berechnend aus. Einige Opfer erschoss er mit einer Kleinkaliberpistole von Wal-Mart, andere erwürgte er mit bloßen Händen und die kleinsten Kinder ertränkte er in einem Regenfass. All das Grauen geschah in und um die Wohnwagen, inmitten von ungeöffneten Weihnachtsgeschenken.

Er soll zu den Kindern gesagt haben: »Kommt rein, ich habe Geschenke für euch.« Dann soll er sie eines nach dem anderen getötet haben. Er verbrachte die Nacht neben den Leichen und fuhr am nächsten Tag nach Russellville, trank in einer Bar ein Bier, erschoss zwei weitere Menschen, weil sie angeblich unfreundlich zu ihm gewesen waren, und verwundete fünf weitere. Als er sich ergab, sagte er zu einem unbeteiligten Zuschauer: »Jetzt ist alles vorbei. Ich hab alle erwischt, die mir was tun wollten.« Er verlangte selbst die Todesstrafe. Sein Wunsch wurde ihm gewährt: Keine drei Jahre später wurde er hingerichtet.

Abgesehen von diesem Massaker hat Dover eine eher harmlose Geschichte: eine kleine, ruhige Stadt mit überwiegend weißen Familien und recht arm, sogar für die Verhältnisse in Arkansas. Zehn Meilen außerhalb von Dover, unweit vom Ort des Massakers, am Ende der unbefestigten Quickerstill Lane, in einem Waldstück am Fuß der Ozark-Berge, die das Ozark-Plateau umschließen, traf ich mich mit Fannie DeAlba, einer kleinen, sechsundsechzigjährigen Frau, die sich als Erstes mit quengeliger Stimme beklagte: »Ich bekomme nicht viel Besuch!«

»Ich weiß gar nicht, warum«, entgegnete ich und meinte es ironisch.

Doch sie ging nicht darauf ein: »Ich bekomme nicht viel Besuch, weil ich gehässig bin und eine große Klappe habe.«

»Auf mich wirken Sie sehr umgänglich«, sagte ich.

»Blödsinn.« Sie lächelte. Anscheinend war ihre schlechte Laune ein Test gewesen.

Sie war klein, aber ziemlich korpulent, mit wenig Falten und einem verschmitzten Grinsen im Gesicht. Später, als wir miteinander warm geworden waren und sie ihr Gewehr herausgeholt und mich zu einem Wettschießen – auf eine Bierdose – herausgefordert hatte, fiel mir auf, dass sie die Waffe gern auf dem voluminösen Bauch ablegte – als würde sie ein Kind wiegen. Wenn das Gewehr senkrecht mit dem Kolben auf dem Boden stand, überragte Fannie DeAlba kaum die Mündung.

»Außerdem ist das hier eine arme Gegend«, sagte sie. Ich verstand, was sie meinte: *Warum sollte sich jemand die Mühe machen?* Sie wies mit dem Kopf zum Weg, auf den Abfallberg, den Haufen alter Reifen, die Holzstapel, ein paar wenige Blumenbeete und den dichten Wald, der sich sechzig Meilen nordwärts erstreckte, das tiefgrüne und unwegsame Herz der Ozark-Berge.

Sie war als Fannie Campbell in eine Pächterfamilie in Dumas hineingeboren worden und vermutete: »Ich wette, Sie wissen nicht, wo das liegt.«

»Das liegt bei Monticello«, antwortete ich.

»Sie halten sich wohl für superschlau«, zog sie mich auf. »Wir wuchsen auf die altmodische Art auf. Baumwolle, Sojabohnen. Kein fließend Wasser im Haus. Ich hab als Kind nie ein Steak zu Gesicht bekommen. Wenn man auf einer Farm lebt und arm ist, isst man Schweinefleisch und Hühnchen. Shrimps habe ich zum ersten Mal in Kalifornien gesehen – meine zweite Ehe. Ich sah die Shrimps und dachte: ›Was zum Teufel ist das?‹«

Der zweite Ehemann hieß DeAlba, und obwohl sie ein drittes Mal heiratete und sich wieder scheiden ließ, behielt sie den Namen DeAlba. »Er kam aus einer spanischen Familie, die seit langem in Kalifornien lebt. Angeblich ganz alter Adel.«

Wie sie in dieser kleinen Hütte an der Quickerstill Lane gelandet war – »Benannt entweder nach Mr Quicker oder seiner Destillerie, das weiß keiner« –, sei eine lange Geschichte, meinte sie, die sich kaum zu erzählen lohne. Aber ich bat sie, es trotzdem zu tun. Der entscheidende Punkt war, dass sie viele Jahre lang in einem Wohnwagen in den Wäldern abseits der Morgan Road gelebt hatte, einer schnurgeraden Landstraße südlich von Dover. »Der Wohnwagen war Schrott. Er hat vier- oder fünfmal Feuer gefangen. Er gehörte meinem Ex.« Sie meinte ihren dritten Ex-Mann. Vor etwa zwölf Jahren war sie ausgezogen und hatte sich einen Wohnwagen an der Quickerstill Lane gekauft. Der war in Flammen aufgegangen. »Das ganze Ding ist bei einem Gasbrand ausgebrannt. Wir konnten nicht mehr weiterziehen.«

Damals nahm sie Kontakt mit Universal Housing auf. Pat Atkinson schickte ihr den Vertragsberater, Shawn, vorbei, und er schätzte die Reparaturkosten. Am Ende wurde das ausgebrannte Wrack in eine Hütte umgewandelt mit 4674 Dollar Materialkosten. Fannie unterschrieb einen Vertrag und eine notarielle Erklärung, um ein Darlehen zu bekommen, und versprach, es zurückzuzahlen, wenn die Arbeiten beendet waren: ein neues Metalldach, ein neues Badezimmer, eine neue Veranda, Rigipswände innen, neue Bodenfliesen.

»Es war ein Selbsthilfe-Deal. Verschiedene Freunde halfen. Und Shawn von der Agentur hat uns gesagt, was jeweils zu tun war. Und ich hab es abbezahlt, jeden einzelnen Penny.«

Sie verscheuchte ein paar Katzen – sie hatte elf – und führte mich hinein in ihre Wohnküche. Hinter einer eingezogenen Wand lag das Badezimmer, das sie mir unbedingt zeigen wollte.

»Das hab ich selbst gemacht. Sehen Sie den Engel an der Wand?« Es war eine freundlich dreinblickende, geflügelte Kreatur. »Den habe ich gemalt. Ich zeichne und male dauernd irgendwas.«

Es war eine einfache Hütte mit Flachdach, und sie war unordentlich, aber sie war stabil – und eine enorme Verbesserung gegenüber dem alten, schrottreifen Wohnwagen an der Morgan Road oder dem ausgebrannten Wrack, das die Hütte vorher gewesen war, bevor Universal Housing Fannie geholfen hatte.

»Wenn die Jagdsaison vorbei ist, werden wir den Rest der Veranda anbauen«, verkündete sie. »Jetzt kriegt man keine Arbeiter. Die sind alle auf der Jagd. Und wenn nicht gerade Bogensaison ist, dann ist Schwarzpulversaison oder Gewehrjagd. Am ersten Tag der Jagdsaison werden die Schulen geschlossen. Es würde eh keiner hingehen.«

»Jagen Sie selbst, Fannie?«

»Eher nicht«, antwortete sie. »Ich hasse Opossums und Waschbären. Mein Hund jagt sie auf einen Baum, und ich erschieße sie. Sie fressen meine Hühner. Kürzlich habe ich eine zwei Meter lange Kükennatter erlegt. Die mögen Eier. Sie können sie riechen. Die Schlangen sind überall im hohen Gras. Eine hat es sogar in meinen Pferdetrog geschafft. Ich wollte aber keine Löcher in den Trog schießen und habe deshalb eine Schaufel geholt und sie in Stücke gehackt.« Sie sah mich mit einem frechen Grinsen an und zwinkerte mir zu. »Ich bin kein großer Schlangenfreund.«

»Aber eine gute Schützin, scheint mir.«

»Geht so. Wahrscheinlich besser als Sie.«

Dann holte sie ihr Gewehr und eine Schachtel Munition aus einem Wandschrank und forderte mich auf, ihr zu folgen. Sie legte das Gewehr auf ihrem Bauch ab und stellte eine Bierdose in etwa zehn Metern Entfernung auf einen Baumstumpf.

»Sie zuerst«, sagte sie.

»Nach Ihnen. Sie haben das Gewehr.«

Sie hob es, feuerte, und die Bierdose sprang davon. Und dann lachte sie – ich hörte ihr hämisches Gekicher zum ersten Mal –, und dann war ich an der Reihe. Ich feuerte, schoss vorbei, feuerte wieder, traf den Baumstumpf und fluchte.

»Sie ziehen nach unten, Mister.«

Ein paar Schüsse später traf ich die Dose, aber nur mit einem Streifschuss.

»Man muss sich verteidigen können«, stellte sie fest. »Meine neue Stiefenkelin zum Beispiel. Sie kommt aus Wisconsin. Hat nie ein Gewehr gesehen. Sie hatte Angstattacken, als sie herkam. Das habe ich sofort beendet. Niemand sollte sich einschüchtern lassen. Mich schüchtert niemand ein. Man sollte sagen und tun können, was man will.«

»Das haben Sie ihr gesagt?«

»Yep. Sie hat aber Angst gehabt.«

»Was war die Lösung?«

»Ich habe ihr gezeigt, wie man schießt, das war die Lösung. Erst mit meiner .38er, dann mit meiner .22er. Wir haben Zielscheiben aufgehängt, und ich hab's ihr gezeigt. Ein Bussard flog über uns. Ich treffe keinen verdammten Bussard, aber wir haben es versucht! Wir haben auf Schrottfässer geschossen, auf die Zielscheiben und auf Dosen. Und raten Sie, was passiert ist!« Sie verzog das Gesicht zu einem Koboldgrinsen und schüttelte den Kopf. »Jetzt hat sie keine Angstattacken mehr.«

»Jeder hat eine Schusswaffe.«

»Jeder hat mehrere Schusswaffen«, korrigierte Fannie. »Und

mit gutem Grund. Ich hatte mal Kinder in meinem Auto, kleine Kinder. Und ein paar andere Jugendliche jagten und schikanierten mich. Ich zog meine Waffe, und sie sind abgehauen! Ich hätte auf sie geschossen. Ich hatte Kinder im Auto!«

»Ich nehme an, die Kids haben ihre Lektion gelernt.«

Fannie schwitzte jetzt stark, so sehr hatte sie die Erinnerung an die brenzlige Situation aufgeregt. Schwer atmend erzählte sie: »Ich habe mir auch eine Armbrust gekauft. Wenn irgend so ein Hurensohn in mein Haus eindringt, kriegt er einen Pfeil ab.« Sie keuchte und rief dann ihrem imaginären Gegner zu: »Ich nagel dich an die Wand!«

Sie stellte das Gewehr ab und setzte sich auf eine niedrige Bank, lehnte sich nach vorn und schnappte nach Luft, versuchte wieder zu Atem zu kommen.

»Ich habe vierzehn Autounfälle gehabt«, berichtete sie. »Ständig fahren Leute in mich rein.«

Sie hielt den Kopf immer noch gesenkt, die Unterarme lagen auf den Knien, und ihre Atmung beruhigte sich langsam. Es war schon spät am Nachmittag, und eine Kühle legte sich über die Quickerstill-Niederung, die Sonne war hinter den Bäumen verschwunden.

»Ich bin zum Teil Choctaw und zum Teil Cherokee. Mein Dad war Indianer. Meine Urgroßmutter behauptete, sie sei eine ›Black-Dutch‹. Ihr Name war Snow Flower.«

Die Bedeutung der Bezeichnung »Black-Dutch« ist nicht ganz klar, es gibt viele widersprüchliche Definitionen, je nach Region. In Arkansas stand der Begriff für einen amerikanischen Ureinwohner, der sich als Weißer ausgab, um Land kaufen zu können und nicht zwangsweise in ein Reservat geschickt zu werden. Die Unterhaltung schien Fannie, die um jeden Atemzug rang, aufzuregen.

»Geht es Ihnen gut, Fannie?«

»Außer Atem. Hab Bluthochdruck. Weil ich gehässig bin und wütend werde.«

»Was macht Sie wütend?«

»Das hier war ein Cherokee-Reservat. Dann haben sie sich aufgeteilt. Pfad der Tränen. Auch Dardanelle war ein Reservat.« Sie klang bedrückt, Empörung lag in ihrer Stimme. »Indianer durften nicht wählen und kein Land besitzen.«

»Schlimm.«

»Sie sagen es. Die Schwarzen beschweren sich, aber das ärgert mich *richtig*. Die Schwarzen, die sich beschweren. Sucht euch einen Job. Jammert nicht rum.«

»Ihr Haus sieht schön aus von hier«, versuchte ich das Thema zu wechseln und sie zu beruhigen, weil sie schwer atmete und ihr Gesicht gerötet und schweißbedeckt war.

»Ich bin glücklich mit dem, was wir geschafft haben«, sagte sie. Dann hob sie den Kopf, nahm ihr Gewehr wieder zur Hand und betrachtete die kleine Hütte unter den Bäumen inmitten der kleinen Blumenbeete und der Katzen, die gemächlich durch den Haufen alter Reifen schlichen. Sie wischte sich über das feuchte Gesicht. »Es muss nur noch zwanzig Jahre halten.«

»Warum?«

»Weil ich nur noch höchstens so lange leben will«, war ihre Antwort.

Die Nebenstraße ins Gottesland

Ich fuhr auf schmalen Landstraßen nach Nordwesten, von Dover Richtung Lamar, und musste wieder feststellen, in welch traurigem Zustand viele dieser Straßen hier waren, die durchnummerierten Nebenstraßen und Schotterpisten. »Ist denen nicht klar, dass unsere Leute Hilfe brauchen?«, hatte Pat Atkinson mich wenige Tage zuvor gefragt und die Milliardenspender für Afrika gemeint. Sie hatte mich hierhergeschickt, in diese bitterarme Gegend in einer wunderschönen Landschaft, um einige ihrer Klienten kennenzulernen, Chester Skaggs und seine Frau Rose, von der Pat in taktvoll formeller Südstaatenart immer als »Miss Rose« sprach.

»Das hier ist Gottesland – so schön ist es hier«, verkündete Chester Skaggs, der mir in der Hitze entgegenkam und mich dann über die lange holprige Auffahrt zu seiner kleinen renovierten Hütte führte. Sein Hund Speedy schnappte nach meinen Füßen. »Ein Dutzend Familien lebt hier.« Keine war zu sehen: offenes Gelände im Vordergrund, die Ozark-Berge dahinter. »Manche nennen die Gemeinde hier Holman. Andere Hickey. Wir gehören zum Wahlbezirk Lutherville.«

Ich stimmte ihm zu – es sei herrlich –, und blickte nach Norden, über die Weiden, bis zu den Bergen, wo sich ein Tal öffnete – wie eine Kerbe am Rand des Horizonts.

»Die meisten hier in der Gemeinde sind aus der Unterschicht«, stellte er sachlich fest, nicht als Klage. Wenn ihm das Wort eingefallen wäre, hätte er sagen können: Wir sind Kleinbauern. Wir blickten eine Zeitlang gemeinsam auf etwas, das ein rostiges Dach eines entfernten Schuppens hätte sein können, und er fügte hinzu: »Auf Armutsniveau.«

Chester Skaggs war fünfundfünfzig Jahre alt, sah aber deutlich älter aus. Ein hartes Leben, das als Kind auf der Farm und in der Sägemühle seines Vaters begonnen hatte und das durch eine Rückenverletzung auf einer Ölbohranlage nicht einfacher geworden worden war, hatte ihn vorzeitig altern lassen. Fünfundvierzig Jahre Arbeit oder mehr. Er hatte nie ein Schulhaus betreten oder einen Lehrer gesehen. Rose hatte ungefähr dasselbe Alter, sah aber ebenfalls älter aus – weißhaarig, mollig und ein bisschen kränklich. Chester war hager und hatte immer ein schelmisches Lächeln im Gesicht. Ein Kettenraucher mit Raucherhusten, dem typischen Pfeifatem und einem produktiven Husten. Er trug eine Baseballkappe mit dem Wort »Cherry« auf dem Schirm.

Die Fahrt zum Haus der Skaggs war für mich erneut eine Zeitreise, eine Reise zurück in ein unkomplizierteres Amerika, in dem die Armut etwas irritierend Malerisches hatte. Chester Skaggs hatte recht, es war wunderschön hier, die von riesigen Bäumen umgebenen Wiesen, die Hügellandschaft am Rande der Ozark-Berge, alles im satten Grün des heißen Sommermittags.

»Ich habe nirgendwo andere Farmen gesehen auf der Fahrt hierher.«

»Es gibt ein paar. Alle möglichen. Auch eine schwarze Familie – Tyrone Williams. Wir verstehen uns gut.« Er lachte und zündete sich eine weitere Zigarette an. »Tatsächlich wird es voll im Johnson County.«

»Stammen Sie aus der Gegend?«

»Ich wurde in der Nähe geboren, auf der Farm meiner Familie. Wir waren elf Kinder, fünf Jungs und sechs Mädchen. Neben der Farm hatte mein Vater noch eine Sägemühle. Wir hatten Rinder und Hühner und jede Menge Holz.«

Er bemerkte, dass sein Hund nach meinem Fuß schnappte und schob ihn vorsichtig zur Seite. Der Hund fiel auf den Rücken, und ich sah eine schorfige Stelle an seinem Bauch.

»Das ist Speedy. Sie ist krank. Eine Mokassinschlange hat sie in die Brust gebissen. Die Haut hat angefangen zu faulen.«

»Ich höre immer wieder von Vorfällen mit Schlangen in Arkansas«, sagte ich und dachte dabei an Fannie, die eine Schlange in ihrem Pferdetrog gefunden und sie mit einer Schaufel in Stücke gehackt hatte.

»Hier gibt es Schlangen. Manche giftig, andere harmlos«, sagte Chester. »Speedy hat die Mokassinschlange gefunden, hat dran rumgeschnüffelt und wurde gebissen. Danach lag sie mit heraushängender Zunge auf dem Boden. Sie war fast am Sterben, als ihr die Brust weggefault ist, so was hab ich noch nie gesehen.«

»Aber jetzt scheint's ihr besserzugehen.« Der Hund sprang kläffend herum.

»Ich geb ihr 'ne Medizin und hab sie mit dem Zeug eingesprüht, mit dem man Kühe einsprüht, um die Fliegen fernzuhalten. Ja, jetzt geht's ihr besser. Sie rennt wieder rum.«

Wir gingen immer noch auf der Auffahrt Richtung Haus, die

eher eine Seitenstraße als eine Auffahrt war, und in etwa demselben Zustand wie die unbefestigte Landstraße jenseits der Hecke.

»Jetzt bin *ich* krank«, klagte Chester. »Hab auf der Farm und in der Sägemühle meines Vaters gearbeitet, dann als junger Mann in der Schuhfabrik in Wynne. Später habe ich dann auf den Ölfeldern in Oklahoma gearbeitet. Bin in den Pipelinebau gegangen.«

»Sind Sie viel rumgekommen?«

»Vor Jahren haben wir ein paar Jobs unten in Texas gemacht. Dann wurde es mit meinem Rücken so schlimm, dass ich nichts mehr heben und am Ende nicht einmal mehr stehen konnte.«

Wir hatten das Farmhaus erreicht, ein gedrungener Steinbau unter einer riesigen, überhängenden Platane.

»Das Haus wurde früher ›das alte Metzger-Haus‹* genannt«, erklärte er. »Es ist hundertfünfzig Jahre alt.«

»Sie haben wohl ziemlich viel renovieren müssen.«

»Pat Aktinson von Universal Housing hat mir dabei viel geholfen und mich beraten«, erzählte er. »Die Dachschindeln waren alt und verrottet, wegen der Bäume. Dem Walnussbaum, der Platane und der Eiche. Universal hat sich um das Dach gekümmert.« Es war jetzt ein Metalldach aus schweren Platten, die auf dem alten Dachstuhl lagen. »Jetzt ist es dicht.«

»Muss viel Arbeit gewesen sein.«

»Die Fenster und Türen auch. Das Haus war vorher eine Ruine. Wir haben es selbst repariert, mit Freunden und Freiwilligen. Das waren gute Leute, die hart gearbeitet haben. Ich hätte niemanden bezahlen können.«

Rose Skaggs hatte zugehört. Jetzt erzählte sie: »Als meine Stieftochter Rachel zwölf war, kamen ihre Freunde aus Lamar rüber. Schulfreunde. Danach« – Rose begann zu lachen und musste sich erst wieder beruhigen, bevor sie weitersprechen konnte – »danach sagten sie: ›Rachel lebt in einer Scheune!‹«

* »The old Metzger place« im Original.

Auch Chester lachte. »Es war in einem sehr schlechten Zustand«, sagte er und nickte.

Jetzt war das Dach neu, die Türen und Fenster waren neu, die Außenverkleidung war weiß gestrichen worden. Das Haus war klein, aber es war intakt, und unter der Baumgruppe sah es, zumindest von Weitem, wirklich idyllisch aus. Aus der Nähe war es das bescheidene Heim von zwei armen Leuten, die bei schlechter Gesundheit waren, die von – ja, von was eigentlich lebten? Ich wagte nicht, zu fragen. Erwerbsunfähigkeitsrente vielleicht.

Ich lobte die gute Ausführung. Daraufhin betonte Chester, er habe sich in seinem Leben alles selbst beigebracht, habe nie eine Ausbildung gebraucht.

»Schule ist nix«, verkündete er. »Sie bringen einem da Pronomen bei, große Sache. Man muss sich selbst bilden. Die Verantwortung liegt bei jedem selbst. Man muss sich außerhalb der Schule was beibringen.«

»Ganz Ihrer Meinung«, stimmte ich ihm zu und dachte an das Wort bei William Blake: *Die Tiger des Zorns sind klüger als die Pferde der Anweisung.*

»Ich habe in Clarksville Schuhe hergestellt«, berichtete Rose. »Das war 1978. Ich glaube, die machen heute noch Schuhe dort. Aber vielleicht machen sie auch dicht, gehen ins Ausland, wie alle anderen.«

Chester führte mich ins Haus, und Rose folgte uns. Jedes Haus, in dem ich in meinem Leben war, hatte einen ganz eigenen Geruch. Dieses hier roch nach kalter Suppe und feuchten Betten – und nach Speedy. An der Schlafzimmerwand hingen waagrecht in einer Halterung mehrere Gewehre, unter anderem eine .30-30-Winchester und ein Kaliber .22. Man konnte die Waffen vom Bett aus erreichen. Und in einem Waffenschrank standen senkrecht noch weitere. Ich fragte danach.

»Die Waffengegner kaufen die Munition auf, und auch die Regierung tut das«, behauptete Chester. »Ich weiß, wo sie sie lagern. Im Pine Bluff Arsenal.«

»Wirklich?«, hakte ich nach. »Ich weiß, dass es Engpässe bei der Munition gibt, aber mir war nicht klar, dass es sich um eine Verschwörung handelt.«

»Yep. Ein Freund von mir hat es erzählt.«

In der Sonne draußen, als Speedy noch nach meinen Fersen geschnappt hatte und der Wind durch die Platanenzweige gerauscht war, war das Leben noch einfach gewesen: Hühner im Gatter, eine an einem Pflock festgebundene Ziege, ein kläffender Hund und Chester, der an einer Zigarette gezogen und von seinen Jobs erzählt hatte und wie er, seine Freunde und ein Trupp Freiwilliger dieses Haus renoviert und aus einem Schuppen einen regenfesten Bungalow gemacht hatten. Im Haus wurde die Welt wieder unübersichtlich. Chester tat, als würde er belagert und bräuchte Waffen, und er schien zu glauben, dass dunkle Mächte dafür sorgten, dass keine Munition mehr erhältlich war.

Die Einrichtung war so chaotisch wie in andern Häusern auch – Stofftiere, Souvenirs, Bibelsprüche in Bilderrahmen an der Wand, mehrere klobige Uhren und dem Bett gegenüber ein alter Fernseher. Das Bett und die Stühle in diesem kleinen Salon hatten Stoffüberwürfe mit Tiger-, Zebra- oder Leopardenmuster, mit goldenem Saum und Fransen.

Rose war uns die ganze Zeit über gefolgt.

»Das Schlafzimmer haben wir auch hergerichtet«, erzählte sie und winkte mich herein, als Chester für eine Zigarette nach draußen verschwand.

»Wer hier einbricht, tut mir leid«, erklärte ich und tätschelte die Gewehre. »Sind Sie eine gute Schützin?«

»Das ist so eine Geschichte«, raunte Rose mir zu. »Eines Tages kam ich aus der Kirche, und Chester und seine Freunde versuchten hier, ein paar Walnüsse vom Baum zu schießen. Sie haben nichts getroffen, immer vorbeigeschossen. Aber sie schossen immer weiter. Ich hab eine Weile zugesehen und dann gesagt: ›Lasst mich mal versuchen.‹ Chester hat gesagt: ›Du wirst nichts treffen, Rose.‹«

Sie blickte sich um, sah, dass Chester außer Hörweite war.

»Ich nahm das Gewehr«, erzählte sie. »Ich zielte. Und dann sagte der Herr zu mir: »Denk nicht darüber nach, drück einfach ab‹ – und ich schoss.«

Sie lachte herzlich, wie draußen, als sie von Rachels Schulfreunden erzählt hatte. Wieder konnte sie zunächst nicht weitersprechen.

»Was geschah dann?«

»Die Nüsse sind nur so geflogen!«, stieß sie schließlich hervor. »Chester hat eine Woche lang nicht mehr mit mir geredet, weil ich ihn, mit der Hilfe des Herrn, vor seinen Freunden blamiert habe!«

Ich sah eine Bibel auf ihrem Nachttisch liegen und bemerkte, dass die Offenbarung des Johannes aufgeschlagen war.

»Sie lesen die Offenbarung, wie ich sehe.«

»Ich beschäftige mich gerade mit Babylon«, sagte Rose mit einer Beiläufigkeit, die nicht ganz echt war, und nahm die Bibel in die Hand. Sie leckte sich die Lippen und las dann mit ruhiger, eindringlicher Stimme: »Dort sah ich eine Frau auf einem scharlachroten Tier sitzen, das über und über mit gotteslästerlichen Namen beschrieben war und sieben Köpfe und zehn Hörner hatte. Die Frau war in Purpur und Scharlach gekleidet und mit Gold, Edelsteinen und Perlen geschmückt. Sie hielt einen goldenen Becher in der Hand, der mit dem abscheulichen Schmutz ihrer Hurerei gefüllt war. Auf ihrer Stirn stand ein Name, ein geheimnisvoller Name: Babylon, die Große, die Mutter der Huren und aller Abscheulichkeiten der Erde. Und ich sah, dass die Frau betrunken war vom Blut der Heiligen und vom Blut der Zeugen Jesu. Beim Anblick der Frau ergriff mich großes Erstaunen.«

Sie legte das Buch, immer noch aufgeschlagen, wieder auf den Nachttisch unter die Gewehre.

»Keine leichte Kost«, sagte ich etwas ratlos. Aber ich dachte an Chesters Ausdruck – »Gottesland«. Er hatte damit offensichtlich nicht nur die malerische Landschaft gemeint.

»Ich würde gerne ein Buch darüber schreiben«, bekannte Rose. »Wir sind wie Sodom und Gomorra, die Gott zerstörte. Homosexuelle haben immer mehr Macht. Sie sitzen in der Regierung. Sie heiraten. Aber das dürfen sie nicht. Das steht in der Bibel. Sie können keine Kinder haben. Das sind alles Zeichen.«

»Ein Zeichen für *was*, Ihrer Meinung nach?« Aber ich wusste, was sie sagen würde.

»Dass wir in den letzten Tagen leben«, antwortete Rose Skaggs. »Ich glaube, das ist eines der größten Zeichen.«

»Brief des Paulus an Timotheus«, ergänzte ich.

»Sie kennen sich in der Bibel aus.«

»Ich habe es vor Kurzem im Radio gehört«, gab ich zu. *Das sollst du wissen: In den letzten Tagen werden schwere Zeiten anbrechen …*

Ich musste raus aus diesem Haus, mit seiner niedrigen Decke, dem penetranten Hundegeruch und den biblischen Botschaften seiner Bewohner. Draußen schien mir wieder die Sonne ins Gesicht, und Chester und ich setzten uns unter den Walnussbaum und unterhielten uns noch ein wenig. Er kratzte Speedy mit einer Hand hinter den Ohren und rauchte mit der anderen.

Der Anblick des renovierten Hauses beruhigte ihn, und aus ein paar beiläufigen Bemerkungen schloss ich, dass er diesen Ort an der Schotterstraße, an dem er geboren war, liebte und nirgendwo anders je leben wollte. Er liebte Rose und kümmerte sich um sie. Er liebte seinen Hund Speedy, vergötterte ihn geradezu, und jetzt, da das Haus repariert war und sie beide wussten, dass sie auf ihre genügsame, bescheidene Art und Weise – »auf Armutsniveau«, wie er gesagt hatte – über die Runden kamen, hatten sie keine Angst mehr vor dem Alter.

Frittierter Schokoladenkuchen

Ich umfuhr Little Rock – die Stadt würde ich später besuchen – und durchquerte Arkansas nach Brinkley. Da ich bei Dunkelheit ankam, dachte ich, in der Stadt seien schon alle Läden geschlossen. Aber am nächsten Tag, bei Tageslicht, sah ich, dass sie größtenteils für immer geschlossen waren. Die Hauptstraße war verlassen, verrammelte Läden und marode Häuser, und dies war keine Kleinstadt irgendwo auf dem Land, sondern eine ansehnliche Stadt nahe der Interstate.

Ich suchte nach einem Speiselokal und fand viele, Familienrestaurants, Lokale mit traditioneller afroamerikanischer Küche, eine »Brinkley Country Kitchen«. Ich sah einen »Market and Sports Goods«-Laden mit einem »Mittagstisch«-Schild und ging hinein. An einem langen Tisch saßen vierzehn große weiße Kerle in Overalls beim Mittagessen. Beim Läuten der Türglocke hoben sie Blicke von ihren Tellern mit panierten Steaks und Kartoffelbrei und starrten mich leicht missbilligend an – achtundzwanzig prüfende Augen, kein Hallo, statt dessen ein Hauch ernsthaften Misstrauens. Sehr ungewöhnlich für den Süden.

»Nur eine Limo bitte«, bestellte ich bei einer beschürzten Frau und quetschte mich zum Kühlschrank im hinteren Teil des Raums durch, holte eine Dose heraus, bezahlte und ging wieder. Ich fühlte mich eingeschüchtert, als wäre ich gerade in eine geschlossene Gesellschaft reingeplatzt, was ja auch irgendwie der Fall gewesen war.

»Mom's Diner« war ein weiteres Restaurant in Brinkley, eine kleine Ein-Raum-Hütte am Straßenrand. Aber ich musste wieder an die Regeln von Nelson Algren denken, die er in seinem Roman *Wildnis des Lebens* formulierte: »Spiele niemals Karten mit einem Mann, der sich ›Doc‹ nennt. Iss niemals in einem Lokal, das ›Mom's‹ im Namen führt. Schlafe nie mit einer Frau, die größere Problem hat als du selbst.«

Ich fuhr zurück zu Gene's Barbeque, aß eine Portion gebratenen Catfish und weiße Bohnen, und bekam dann ein Dessert angeboten.

»Möchten Sie frittierten Kuchen?«

»Habe ich noch nie probiert.«

»Sie werden begeistert sein, Schokoladenkuchen. Wir tauchen ihn in Teig und frittieren ihn dann knusprig. Warum lachen Sie, Sir?«

Ein Haufen Arbeit

Im Jahr 2005 gab es Berichte, in den sumpfigen Waldgebieten außerhalb von Brinkley sei ein Elfenbeinspecht gesichtet worden, der als ausgestorben galt, und die Stadt erlebte einen kurzen Besucheransturm. Vogelbeobachter von überall her kamen, um diese sensationelle Meldung zu überprüfen, aber keiner sah den großen, gelbäugigen Vogel mit seinen fünfundsiebzig Zentimetern Flügelspannweite, und in der glücklosen Stadt wurde es wieder ruhig. Drei Jahre lang hatte die Stadt nach der angeblichen Sichtung Hoffnung gehabt, aber jetzt war es hier wie in vielen Städten im Süden: eine verfallende Hauptstraße, ein paar Gebrauchtwarenläden, geschlossene Fabriken.

Ich wollte mich in Brinkley mit Dr. Calvin King aus Aubrey (221 Einwohner) treffen, der in Arkansas geboren, aufgewachsen und hier zur Schule gegangen war. Sein erklärtes Ziel war, den Landverlust der Schwarzen in diesem Teil des Staates rückgängig zu machen. Viele Schwarze im Delta waren Farmer gewesen. Aus ganz verschiedenen Gründen hatten sie ihr Land und damit ihre Lebensgrundlage verloren. King wollte schwarze Farmer zurück aufs Land bringen.

Er stammte selbst aus einer Farmerfamilie. Wie viele bewundernswerte Menschen, die ich kennenlernte, war King in Armut aufgewachsen und war nun entschlossen, diese Erfahrung, die er aus der Überwindung der schweren Zeiten gewonnen hatte, zu nutzen, um anderen zu helfen. Wie Pat Atkinson kam auch Calvin King aus einer großen Familie mit finanziellen Schwierigkeiten.

»Ich war das letzte von elf Kindern«, erzählte er mir in seinem Büro in einem Nest namens Fargo, von Brinkley ein Stück die Straße hinauf. Er war sechzig Jahre alt, strahlte in Jackett und Krawatte Selbstvertrauen und Seriosität aus. »So viele Kinder – das ist ein Haufen Arbeit. Vier Jungs und sieben Mädchen. Neun von uns sind aufs College gegangen und unterrichten heute selbst. Ein paar sind Krankenschwestern.«

»Das ist beeindruckend.«

»Meinem Dad war es wichtig, dass wir eine gute Ausbildung bekamen«, erzählte er mir. »Wenn ich mit meinen älteren Geschwistern zusammen war, dann war das wie Schule, ich lernte von ihnen.«

»Wie waren die Schulen in Aubrey?«

»Nicht gut genug«, meinte er. »Wenn man auf eine Schule gehen wollte, eine gute Schule, dann musste man etwas weiter weg. Ich bin in Marianna zur High School gegangen, dreizehn Meilen weit weg. Ich lebte dort bei Verwandten. Das war in den fünfziger und sechziger Jahren. Die Integration kam erst 1971. In Little Rock war das früher.«

»Eine Schule nur für Schwarze?«

»Was die Hautfarbe angeht, wurde streng getrennt.«

»Wie sind Sie in dieser Umgebung zurechtgekommen?«

»›Fürchte keinen Menschen‹, sagte mein Vater immer. ›Fürchte nur Gott.‹ Er hatte großes Gottvertrauen, und das half uns.«

»Er musste elf Kinder ernähren«, sagte ich.

»Und das tat er!« King musste lachen. »Bei uns gab es einfach alles. Wenn ich meine Brüder und Schwestern treffe, reden wir immer darüber, wie viel Glück wir damals hatten. Wir wussten nicht, dass wir arm waren. Wir haben es nicht gemerkt.«

»Wie groß war die Farm?«

»Mein Vater hatte zunächst Land gepachtet und es dann gekauft. Am Ende hatte er in den siebziger und achtziger Jahren etwa vierzig Hektar. Das warf genug ab. Wir hatten immer mehr als genug.«

Angesichts der Tatsache, dass Calvin King 1953 geboren worden war und seine zehn Geschwister also noch eine ganze Weile früher, schien eine lange Zeit vergangen zu sein, seit sein Vater – Sterling King – Land gepachtet, es bearbeitet und es schließlich auch gekauft hatte. Auf dem gepachteten Land hatte er Baumwolle und Sojabohnen für den Verkauf angebaut und Gemüse für die Familie, aber so konnte er nur eine magere Summe ansparen.

»Wir hatten Rinder, Schweine, Gänse, Perlhühner und etwas, das wir als ›Gemüsegarten‹ bezeichneten. Es war eher ein richtiges Feld. Dort bauten wir alles Mögliche an, unser ganzes Gemüse, Bohnen, Mais, Erbsen, Rüben, Wassermelonen.«

»Ihre Mutter hat ebenfalls ihren Beitrag geleistet, nehme ich an.«

»Mom war eine phantastische Hausfrau«, erzählte er stolz. »Sie war ständig am Einkochen – Pfirsiche, Birnen, Äpfel, einfach alles. Und mein Vater hatte eine Räucherei. Wir verarbeiteten alles selbst. Er räucherte Schwarten und Schinken. Wir hatten immer viel Fleisch.«

»Sie haben für die Schule gelernt und nebenher auf der Farm mitgearbeitet?«

»Jeder von uns hatte seine Aufgabe«, erklärte er. »Manche Leute im Delta machen es immer noch so, aber wahrscheinlich nicht viele. Ich musste mir nie einen Ferienjob suchen. Auf der Farm gab es immer etwas zu tun. Wir hatten unsere eigene Melasse. Wir haben Zuckerhirse geerntet und zu Sirup eingekocht. Viele haben das gemacht, nicht nur unsere Familie.«

»Haben Sie die Erzeugnisse und die Melasse verkauft und so Geld bekommen?«

»Wir haben ein Tauschhandelssystem aufgebaut. Meine Mutter sagte zu jemandem: ›Ich hätte so gerne einen Steppdecke‹, und dann: ›Ich hätte da ein Schwein.‹ Wenn wir das Schwein geschlachtet haben, kamen andere Gemeindemitglieder und halfen und bekamen dafür ihren Anteil.«

Reverend Lyles hatte mir in Greensboro die ganz ähnliche Geschichte seiner Jugend in Alabama erzählt, als er den Arzt mit einem Huhn oder ein paar Eiern für die Behandlung bezahlt hatte. Auch Floyd Taylors Familie hatte Melasse hergestellt. Der gemeinsame kulturelle Nenner des kleinbäuerlichen Südens.

»Haben Sie auch gejagt?«, fragte ich. »Ich treffe immer wieder Leute, die immer noch für den eigenen Kochtopf jagen.«

»Mein Vater hat Hasen und Eichhörnchen gejagt. Zum Abendessen gab es dann geschmorte Eichhörnchen mit Soße und Kartoffeln. Abends um sieben wurde warm gegessen. Manchmal gab es Perlhuhn.«

»Wir wurde das zubereitet?«

»Perlhuhn mit Senfdressing.« Bei dem Gedanken schien ihm wie auf Kommando das Wasser im Mund zusammenzulaufen. »Soweit ich mich erinnere, kocht man aus dem Perlhuhn eine Brühe. Man backt Maisbrot. Dann füllt man das Perlhuhn und backt es mit dem Senfdressing. Sehr lecker.«

»Waschbären – haben Sie die auch gegessen?«

»Waschbär gab es ab und zu«, erzählte er. »Mein Vater liebte Eichhörnchen. Aber die sind klein, und für eine Mahlzeit braucht man drei oder vier. Eichhörnchenklöße! Werden genauso gekocht wie Hühnchenklöße.«

»Das höre ich überall in Arkansas: Es gab gebratenen Waschbären und geschmortes Eichhörnchen. Klingt wie eine Speisekarte aus einer anderen Zeit.«

»Hier in der Gegend wird das immer noch gegessen«, erklärte er. »Aber wir hatten genug anderes zu essen. Wir hatten Kühe und daher natürlich jede Menge Milch und Butter. Meine Schwestern und ich können uns noch erinnern, wie wir von der Schule heimkamen und es Hühnchen oder Schinken zum Abendessen gab.«

»Bitte erzählen Sie mir von Ihrer Mutter«, sagte ich.

»Meine Mutter hieß Jessie Hill, geboren im Phillips County

im Delta. Sie hatte Cherokeeblut« – jetzt sah ich die indigenen Züge auch in Kings Gesicht, sein kantiger Kiefer, die großen Augenlider. »Sie wuchs drüben im Coffee Creek auf. Meine Mutter machte das beste Essen der Welt. Alle meine Freunde haben das gesagt. Sie hatte Verwandte in Chicago. Denen haben wir immer Lebensmittel, eingekochtes Obst und geräucherten Schinken geschickt.«

Erinnerung an eine sympathische, hart arbeitende Selbstversorgerfamilie; Erinnerungen an gutes Essen; an Lebensmittel, die an hungrige, heimwehkranke Verwandte in Chicago verschickt wurden …

Nach dem Abschluss an der Arkansas State University in Jonesboro und einem Aufbaustudium am Philander Smith College in Little Rock hatte Calvin King den Plan gefasst, den Farmern zu helfen, und im Jahr 1980 gründete er in Brinkley die »Arkansas Land and Farm Development Corporation«. Er war auf einer Farm aufgewachsen und hatte die Werte seiner Eltern übernommen. Sie waren ihm vermittelt worden durch gutes Essen und eine strikte Arbeitsmoral. All das hatte ihm Würde verliehen. Calvin Kings Mission war eine sehr persönliche.

»Diese Organisation will die Landverluste und den Niedergang der Familienfarmen aufhalten«, erklärte er. »Auch um den Wohnungsbau kümmern wir uns. Und Jugendarbeit.«

»Wer sind Ihre Klienten?«

»Erwerbstätige mit niedrigem Einkommen. Manche haben zwei Jobs und trotzdem kein Geld, keine Stabilität, keinen Hausbesitz.«

Die Warteliste für Mietwohnungen war lang, und bei mehr als zweihundert Menschen mussten die Häuser renoviert oder wiederaufgebaut werden.

»Wir haben das System ›Sichere Nachbarschaft‹ aufgebaut, wie wir sie nennen«, sagte er. »Man muss bestimmte Bedingungen erfüllen. Wir haben Vorschriften und Anforderungen, wir führen Backgroundchecks durch, bevor wir jemanden aufnehmen. Das läuft genauso, wie wenn man ein Haus kauft oder eine Kreditkarte beantragt.«

Brinkley liege im Sterben, erklärte er. Die Arbeitslosigkeit sei hier zweimal so hoch wie im Landesdurchschnitt. Alle »Rahmenbedingungen« waren gegeben – Straßen, Wasserwege, Schienen: die Infrastruktur der Vergangenheit. Trotzdem gab es keine Jobs. Sanyo war hier gewesen. Die Firma hatte von 1977 an Röhrenfernseher hergestellt, aber dann mit Aufkommen der Flachbildschirme ihre Tore dichtgemacht. Statt die Fabrik im nahen Forrest City zu modernisieren, hatte die Firma die Produktion nach Tijuana, ein paar Kilometer hinter der mexikanischen Grenze, verlegt. Billige Arbeitskräfte, keine Steuern, keine Gewerkschaften, einfacher Import in die USA.

»Leute aus dem Norden kommen her, um zu unterrichten«, erzählte King. »Sie sagen: ›Ich kann nicht glauben, wie es hier unten immer noch aussieht.‹«

»Vieles hier sieht aus wie in der Dritten Welt«, bestätigte ich. »Aber ich habe auch viele Leute getroffen, die dasselbe tun wie Sie. Sie sorgen dafür, dass es weitergeht. In kleinen Schritten vielleicht, aber sie verändern das Leben der Menschen.«

»Für Wachstum braucht man eine gemeinsame Vision, ein Gemeinschaftsgefühl«, gab King zu bedenken. »Man muss sich zusammensetzen und miteinander reden. Es gibt hier Weiße, die sagen: ›Wo liegt das Problem?‹ Wir haben eine Schule – eine Privatschule. Die Lee Academy in Marianna. Die Marvel Academy im Phillips County. Denen ist gar nicht klar, womit wir hier vor Ort zu kämpfen haben. Nicht alle Weißen sind so. Nur die reichen Weißen. Es gibt keine gemeinsame Vision.«

»Die Clinton Foundation verteilt mehrere Milliarden Dollar überall auf der Welt.« Ich stellte ihm dieselbe Frage, die ich auch schon Pat Atkinson in Russellville gestellt hatte. Die Stiftung war ungemein finanzstark. Man las – auf Clintons Website –, dass der Ex-Präsident Geld für Projekte in Afrika oder Indien zusagte. Oder es wird stolz verkündet: »Chelsea Clinton nahm sich auf ihrer zehntägigen humanitären Reise durch Afrika Zeit für einige Kinder, die von Chelseas Aids-Arbeit profitieren ...« Ich fragte ihn: »Sehen Sie hier etwas von dem Geld?«

»Nein.« King schüttelte ernst den Kopf. »Wir haben bisher keinerlei finanzielle Unterstützung von der Clinton Foundation oder der Global Initiative erhalten.«

»Hätten Sie gerne Unterstützung von denen?«

»Aber ja«, antwortete er nickend. »Wir würden eine derartige Unterstützung begrüßen.« Er fügte hinzu: »Hier gibt es viele sehr hart arbeitende Menschen. Familienfarmen. Überall im Delta.«

»Ich würde gerne einige von ihnen kennenlernen«, bat ich ihn.

»Ich hatte gehofft, dass Sie das sagen würden.«

Erwerbstätige mit niedrigem Einkommen

Arkansas war ein außergewöhnlich schöner Ort. Die wilden Hügel und Granitfelsen, die feuchten, von Weiden begrenzten Flussufer, die Wiesen und gepflügten Felder, eingefasst von Natursteinmauern. Aber es war ein armer, hungriger, schlecht geplanter Staat mit miserablen Wohnverhältnissen, und die ländlichen Gemeinden waren notorisch knapp bei Kasse. In manchen Countys lebten fast dreißig Prozent der Menschen unter der Armutsgrenze, und jedes vierte Kind in Arkansas wurde als hungrig – »mangelernährt« – eingestuft.

Laut einem kürzlich veröffentlichten Bericht des US-Landwirtschaftsministeriums USDA waren in dem Staat insgesamt ungewöhnlich viele Menschen von »Lebensmittelunsicherheit« betroffen. »Laut diesem Bericht«, so konnte man auf arkansasmatters.com (am 5. September 2013) lesen, »wissen 19,7 Prozent der Menschen in Arkansas, also etwa jeder Fünfte, nicht, wo ihre nächste Mahlzeit herkommt«. Derartige Statistiken las man sonst über Sri Lanka. Tatsächlich fand ich heraus, dass ebenso viele Menschen in Arkansas von »Lebensmittelunsicherheit« betroffen waren wie in Sri Lanka, einer Insel, die noch mit den Folgen eines kürzlich beendeten langwierigen Bürgerkriegs kämpfte.

Ein Großteil der Arbeitslosigkeit – und des Hungers – in Arkansas hatte mit dem Rückgang der Produktion zu tun. Ich hatte noch etwas Zeit, bis ich mich mit Calvin Kings Deltafarmern treffen wollte, und so suchte ich nach Menschen, deren Jobs ins Ausland ausgelagert worden waren. Eine von ihnen war eine fröhliche Frau, die sich Dee nannte – »weil die Japaner Odelia nicht aussprechen konnten«. Sie war neunundsechzig Jahre alt und hatte zweiundvierzig Jahre lang in der Elektronikfabrik in Forrest City unweit von Brinkley gearbeitet. Wie die meisten Erwerbstätigen mit niedrigem Einkommen in Arkansas, die ich kennengelernt hatte, jammerte sie nicht, sondern sah den Realitäten ins Auge.

»Am Anfang war das noch nicht Sanyo«, erzählte sie. »Sondern Warwick Electronics, gehörte zu Sears. Das war vor vielen Jahren. Wir haben vor allem Fernseher gebaut, aber die Firma ging pleite. Das war in den späten Siebzigern. Sanyo hat die Fabrik gekauft, viel Geld reingesteckt und die Karre noch mal aus dem Dreck gezogen. Das war eine große Sache.«

Damals wurde landesweit darüber berichtet: dass Sanyo nach Forrest City gehen und dort die Fernseher-Produktion übernehmen würden. Rund viertausend Arbeitsplätze wurden geschaffen. »Japaner führen Fabrik in Arkansas zum Erfolg«, hatte eine Schlagzeile in der *New York Times* im Jahr 1983 gelautet. Zusammen mit den Gewerkschaften waren die Rahmenbedingungen festgelegt worden: Die Fabrik wurde für 14,4 Millionen Dollar aufgerüstet, die neuen Fernseher hatten ein verbessertes Design, und eine Qualitätskontrolle wurde eingeführt (zu den Zeiten von Sears waren zehn Prozent der Fernseher Ausschussware gewesen). Die meisten neuen Arbeiter waren Schwarze. Doch Dee war eine Weiße.

»Die Leute kümmern sich um dich«, hatte ein Mitarbeiter 1983 der *New York Times* erzählt. »Es wird mehr auf Qualität geachtet, und mit mehr Konsequenz. Wie sich die Arbeiter fühlen, ist wichtig. Die Firmenleitung gibt sich alle Mühe, um herauszufinden, was die Arbeiter denken, wie man die Arbeit produktiver machen und die Mitarbeiter zu besserer Arbeit anregen kann, wie man ihnen die Arbeit erleichtern kann.«

Die Wirtschaft von Forrest City war gerettet, und die japanischen Manager wurden Mitglieder im örtlichen Golfclub – auch wenn es dort immer noch keine schwarzen Mitglieder gab. Zehn Jahre lang sah alles rosig aus. Und dann, nachdem die Fernsehtechnik sich weiterentwickelt hatte, nachdem weitere Investitionen getätigt und Umbauten vorgenommen worden waren, wurde das Nordamerikanische Freihandelsabkommen NAFTA zwischen den USA, Kanada und Mexiko unterzeichnet und umgesetzt.

»Wir haben die Chance, die Welt umzugestalten«, hatte US-Präsident Clinton bei der NAFTA-Unterzeichnung im Dezember 1994 gesagt. »In wenigen Momenten werde ich mit meiner Unterschrift das Nordamerikanische Freihandelsabkommen zum Gesetz machen. NAFTA wird die Handelsbarrieren zwischen unseren drei Nationen niederreißen. Dadurch wird die größte Freihandelszone der Welt entstehen, die bis 1995 allein in diesem Land 200 000 neue Jobs schaffen wird.«

Das Abkommen war der Anfang vom Ende für Forrest City. Sanyo fuhr in Forrest City (in Clintons Heimatstaat) die Produktion sofort zurück und ging nach Mexiko. Aus Forrest City wurde eine weitere Geisterstadt mit hoher Arbeitslosigkeit und verrammelten Geschäften, in der es außer einem Wal-Mart und Fast-Food-Läden nicht mehr viel gab.

»Mein Vorgesetzter wollte mal sehen, wie es da unten aussieht, und ist nach Tijuana gefahren«, erinnerte sich Dee. »Die Firma zahlt dort keine Steuern mehr. Es gibt keine Gewerkschaft. Er sagte, die Arbeiter seien sehr jung. Sie haben kleine Hände. Sie können mit den Kleinteilen gut umgehen. Sie machen alles mit. Und sie werden schlecht bezahlt.«

Dee arbeitete inzwischen Teilzeit in einem Motel, ebenso wie Julie, die ich kurz zuvor in einer Stadt weiter westlich kennengelernt hatte. Julie war schlank, über sechzig, Hotelangestellte, Kettenraucherin, hatte keine Zähne mehr, aber einen besorgniserregenden Husten. Sie war fröhlich, aber heruntergekommen, wie das Motel, das einem weiteren Mr Patel gehörte. In meinem Zimmer roch es unangenehm – ungelüftet und modrig – und selbst in der Lobby, wo Julie an der Hintertür heimlich rauchte, roch es schlecht.

»Hier gibt es keine Arbeit, außer für sechs oder sieben Mexikaner, die in einem Raum zusammen hausen und keine Steuern zahlen«, klagte sie. Sie erzählte mir ihre Geschichte – »eine Geschichte des Scheiterns«, warnte sie mich vorsorglich. »Hab jahrelang in einer Hemdenfabrik gearbeitet. Wir haben Flanellhemden genäht, Uniformen für die Nationalgarde, hochwertige Kleidung. Ist alles ins Ausland gegangen – China, Dominikanische Republik, Gott weiß wohin.«

»Was genau haben Sie dort gearbeitet?«

»Das ist es ja. Ich hab Etiketten rausgeschnitten, auf denen ›Made in Honduras‹ stand, und neue reingenäht mit ›Made in USA‹. Das war Ende der achtziger, Anfang neunziger. Ich sagte mir: ›Das ist doch 'ne Sauerei‹, und hab gekündigt. Irgendwann hat dann die ganze Fabrik geschlossen. Jetzt gibt es dort nichts mehr. Vier Ampeln und ein Wal-Mart, wie in den meisten anderen Orten.«

»Und dann sind Sie hier in diesem Motel gelandet?«

»Nein«, widersprach sie und zog an ihrer Zigarette. »Hab einen Job bei Burris bekommen. Stellen Schubladen und Schranktüren aus Eichenholz her.« Julie zog noch einmal lange an ihrer Zigarette, blies den Rauch zur Tür hinaus und wedelte ihn mit ihrer knochigen Hand fort. »Die Firma wurde aufgekauft. Dann haben wir billige Sumpfeiche bekommen, mit vielen Astlöchern, mit dem nichts anzufangen war. Ich bin 2000 entlassen worden und sollte eigentlich eine Abfindung kriegen, aber sie haben sie mir nicht gegeben.« Sie zog wieder an der Zigarette. »Das Schiedsverfahren sei noch nicht abgeschlossen, hieß es. Und jetzt bin ich also hier.« Sie schnippte die Kippe fort, die funkensprühend auf den Parkplatz flog.

Ich wusste nicht, was ich sagen sollte. Julie erwartete keine Reaktion.

»Abends, nach der Arbeit, fahre ich einfach weiter bis zur nächsten Ausfahrt. Zu Hause lasse ich den Hund raus, ziehe den Bademantel an und sehe fern.« Sie zuckte mit den Schultern und klopfte die nächste Zigarette aus der zerknautschten Packung. »Hab mich vor ein paar Jahren scheiden lassen. Die Kinder sind weg, mein Ex ist weg. Ich arbeite hier, wenn man das arbeiten nennen will. Mehr gibt's da nicht.«

Überfahrene Tiere

In Arkansas findet man die heruntergekommensten Städte und die ärmsten Menschen in den schönsten Niederungen und Flusstälern, abbruchreife, hässliche Häuschen und schäbige Wohnwagen in herrlichen Landschaften – sanfte, grüne, dicht bewaldete Hügel, zwischen denen sich Flüsse schlängeln. Ich umfuhr Little Rock und war so auf der Interstate westwärts zu den Ortschaften Altus, Ozark und Mulberry gelangt – jede von ihnen so reizvoll wie ihr Name versprach. Das »Weinland von Arkansas«. Manche dieser Ortschaften waren von deutschen oder Schweizer Siedlern gegründet worden, die vor hundertdreißig Jahren dort Wein anpflanzten. Die Weingüter und Restaurants bekommen im Internet sehr gemischte – um nicht zu sagen eher schlechte – Beurteilungen, aber die mäandernde Straße ist so angenehm und bewaldet und führt an Weiden vorbei, auf denen Pferde und Rinder grasen, dass man unwillkürlich langsamer fährt, um die Aussicht zu genießen.

»Haben Sie das mit den Stürmen gehört?«, erkundigte sich ein Motorradfahrer an einer Tankstelle bei Altus. Er kam gerade aus Memphis und war auf einer Fahrt durch das ganze Land. »Da kommen ein paar Tornados rein. Ich bringe mich in Fort Smith in Sicherheit, bis es vorbei ist.«

Vielleicht lag es an der kurvenreiche Strecke oder vielleicht bauten hier besonders viele Tiere ihre Höhlen in Straßennähe, aber auf den nächsten vierzig Meilen dieser Landstraße sah ich mehr überfahrene Tiere als auf vielen hundert Kilometern Highway.

In Ozark, das direkt am Arkansas River lag, fiel mir vor allem der ruhige Platz im Zentrum auf, an dem ein einladendes Gefängnis und ein abweisendes Gerichtsgebäude standen, und am Rand der Stadt das »Rivertown BBQ«, aus dem der beißende Geruch von verbranntem Fleisch bis auf die Straße drang. Wie in den meisten Kleinstädten in diesem Teil des Staates war die Bevölkerung fast ausschließlich weiß. Ich hatte vor der Stadt eine Werbetafel für »Butterball«-Truthähne gesehen: Die Truthahnproduktion der Firma Butterball – die von neunzig Truthahnfarmen in der Umgebung beliefert wurde – war Haupteinkommensquelle von Ozark und erst vor wenigen Jahren in den Schlagzeilen gewesen, nachdem die Tierschutzorganisation PETA einen Undercover-Bericht veröffentlich hatte mit dem Titel: »Butterball's House of Horrors«. In diesem Bericht wurden die Grausamkeiten der industriellen Schlacht- und Transportmethoden detailliert dargestellt. Fünfzigtausend Tiere werden am Tag verarbeitet – vor Thanksgiving mehr –, einige Millionen in jeder Saison. Das US-Landwirtschaftsministerium untersuchte den Fall und bestätigte die Angaben von PETA. Die Misshandlungen wurden unterbunden.

Als ich jetzt vor dem »Rivertown BBQ« stand, sagte ich zu einem Motorradfahrer: »Ich habe gehört, dass ein Sturm aufkommt.«

»Tornados«, bestätigte er. »Bleiben Sie einfach hier. Die ziehen vorbei.«

Er empfahl die Spareribs im Rivertown, die frittierten, eingelegten und panierten Spieße, die gebratenen grünen Tomaten, die Opossumklöße in Waschbärfettsoße, auch Opossum in Sahne stand auf der Karte, neben den berühmten Gewürzrippchen. Ich aß einen Hühnchensalat mit gebratenen Okraschoten und fuhr dann auf der malerischen Straße weiter Richtung Westen.

In dem trostlosen, schmutzig-armen Städtchen Mulberry durchwühlten Jungen und Männer, Schwarze und Weiße, verrostete Müllcontainer, und ganz in der Nähe auf der Straße pickte ein hüpfender Haufen Krähen nach einem blutigroten Tierkadaver auf der Straße, als würden sie den Männern nacheifern.

»Ein Witz von einem Meth-Labor«

Der nächste Tag war ein Sonntag. Ich wollte ihn begehen, wie man es im Süden bevorzugt tat: mit einem Kirchgang und dem Besuch einer Waffenmesse. An beiden Orten fand man für gewöhnlich freundliche Menschen, unerschütterliche Überzeugungen und jede Menge zu essen. Aber beides war abgesagt worden wegen der düsteren Wetteraussichten.

»Da kommen Wirbelstürme aus Oklahoma«, warnte mich eine wetterkundige Frau auf dem Parkplatz eines Lebensmittelladens bei Alma. Sie hatte es eilig. »Ich muss heim.«

Der Tag war dämmerig, aber noch gab es keine Anzeichen für einen Sturm. Ich fuhr von der Hauptstraße, dem Highway 71, ab und über eine steile Schotterstraße in die Wälder hinauf, an Baracken und Wohnwagen vorbei. Auf dem Kamm der Anhöhe, wo die Straße in einen schlammigen Landwirtschaftsweg überging, hielt ich an einem baufälligen Haus – einer spektakulären Ruine am Rand eines Feldes, das mit abgetragenen Schuhen, Lumpen, alten Gummireifen, in die Erde eingegrabenen Radkappen sowie ausgeblichenem und verbogenem Kinderspielzeug übersät war. In den Büschen hingen Plastiktüten, Flaschen, Kannen, und in einer Ecke lag ein ganzer Haufen Glasscherben – eine Bruchbude umgeben von einer Müllhalde.

Es war ein schwüler Tag in den Bergen des Tiefen Südens. Am

Himmel hingen tiefe, graue Wolken, und doch schlurfte der junge Mann barfuß in Flipflops durch die Glasscherben auf dem Hof, und die Frau hinter ihm trug zerrissene Shorts, eine Kapuzenjacke und Cowboystiefel – die typische Arbeitskleidung in den Ozark-Bergen. Mit der Konzentration von Plünderern durchsuchten sie das hohe Gras, bückten sich immer wieder und füllten mit dem, was sie aufhoben, ein Ölfass aus Kunststoff mit Flaschen und Bierdosen. Ein Kind mit bloßen Füßen und ein Hund folgten ihnen und störten sie bei der Arbeit.

Sie sahen nicht auf, als ich mich näherte, um ihr Haus zu betrachten. Das Blechdach war zum Teil abgerissen, die Veranda war schief, die Fenster blind. Beim Herumstöbern auf dem Hof wirkten sie wie Fremde, die auf dieses verlassene Haus gestoßen waren und es nun in Besitz nahmen, indem sie den Müll einsammelten. Erst danach würden sie ins Haus selbst vordringen.

Aber sie lebten hier, dieser schäbige Ort auf dem Berg war ihr Zuhause, und auch das Kind mit den bloßen Füßen und der sabbernde Hund gehörten zu ihnen. Sie waren beide Anfang dreißig. Ich rief ihnen zu, ich hätte mich verfahren, und fragte nach dem Weg, um kein Misstrauen zu erregen, und sie lachten.

Auch sie erzählten von dem heraufziehenden Sturm, eine weitere Sache, um die sie sich Sorgen machen mussten, wie die schlechte Wirtschaftslage und die fehlende Arbeit, über die wir uns schließlich unterhielten.

»Aber ich hab Arbeit gefunden, ich baue Garagentore ein«, erzählte der junge Mann und fuhr dann fröhlich fort, »letzte Woche hab ich fünfundfünfzig Stunden gearbeitet. Ein gutes Zeichen.«

Die Garagentorwerkstatt lag am Stadtrand von Mountainburg unten am Highway.

»Die Stadt ist nichts und war nie was«, sagte er. »Dort gab es nie Arbeit. Wir kommen da alle gerade so über die Runden.«

Seine Frau warf Bierdosen und Plastikflaschen in das Ölfass, und sie tat es mit solcher Wucht, als wolle sie damit etwas sagen, und zwar: *Ich arbeite hier, und du stehst da in Flipflops und schwatzt.*

Aber ich dachte: Diese Familie entspricht genau der Definition von Erwerbstätigen mit geringem Einkommen – er arbeitete hart, zog Garagentore hoch, und die beiden lebten mit ihrem barfuß laufenden Kind in dieser Ruine.

Ich hatte Glück, dass ich auf dieser Nebenstraße in den Ozark-Bergen als Fremder von diesem fröhlichen jungen Mann willkommen geheißen wurde, der meine aufdringlichen Fragen so bereitwillig beantwortete. Diese Freundlichkeit war einer der Vorzüge von Arkansas. Die grüne Pracht der Landschaft war ein weiterer.

»Gibt es hier in der Gegend auch schwarze Familien?«, erkundigte ich mich.

Er lachte genau dasselbe Lachen, das ein Weißer in Bar Harbor, Maine, oder auf der Insel Nantucket lachen würde bei derselben Frage, die ihm lächerlich vorkam.

»Hier gibt es keine Schwarzen, nicht einen«, antwortete er. »In Mountainburg haben noch nie Schwarze gelebt und werden es wohl auch nie tun.«

»Aber die halbe Bevölkerung von Arkansas ist schwarz«, wunderte ich mich.

»Auf keinen Fall«, widersprach er, »ich würde sagen höchstens zwanzig Prozent.«

Er hatte recht: Es sind fünfzehn Prozent.

»Schwarze werden Sie erst wieder auf der anderen Seite des Staates sehen, in der Gegend um Conway zum Beispiel«, meinte er. »Hier oben gibt es nur Weiße, die Schwarzen leben dort unten. So ist es eben.«

»Conway habe ich mir nicht aus der Nähe angesehen.«

»Ich fahre regelmäßig hin«, erzählte er, lachte wieder laut und wippte in seinen Flipflops auf dem nassen Gras. »Ich besuche meinen Vater im Gefängnis. Jetzt sitzt er in Harrison, im Boone County Jail. Gar kein schlechter Ort. O Mann, er hat viele Jahre in einem richtig alten Knast gesessen …«

»Viele Jahre?«, hakte ich nach.

»Er hat zwanzig bekommen, aber er sitzt nur elf ab. Ist natürlich immer noch viel«, sagte er bedächtig nickend und fügte dann hinzu: »In einem Monat kommt er raus!«

»Und sie haben ihn die ganze Zeit über im Gefängnis besucht?«

»Fast jede Woche«, erzählte er. »Ich war einundzwanzig, als er verurteilt wurde. Ich bin jetzt zweiunddreißig. Und ich besuche ihn immer noch.«

»Darf ich fragen, weswegen er sitzt?«

»Drogen«, sagte er. »Er hat da drüben Crystal Meth gekocht.« Er zeigte auf einen Schuppen, der noch baufälliger war als das nahe Haus. »Hey, er war kein Dealer. Das war nur für den Eigenbedarf, für seine Zwecke.«

»Aber ein Meth-Labor«, gab ich zu Bedenken.

»Ein Witz von einem Meth-Labor. Ein paar Gläser in einem Raum! Das war gar nichts. Aber jemand hat ihn verpfiffen. Jemand hatte was gegen ihn, wollte wahrscheinlich was von dem Stoff.« Er schüttelte den Kopf und lächelte wieder. »Es war seine erste Straftat. Und dafür elf Jahre!«

Der junge Mann merkte, dass seine Frau ihm böse Blicke zuwarf und hob daher ein paar Dosen auf und warf sie scheppernd ins Fass, aber er sprach die ganze Zeit weiter.

»Er war ein schlaksiger Typ mit langen Haaren, als er reinkam. Heute ist er alt und fett von der ganzen Herumhockerei. Und die Haare sind kurz.«

»Was geschieht, wenn er rauskommt?«

»Nicht viel. Er kann mir helfen, das Haus herzurichten, aber mehr wohl nicht. Er wird kaum einen Job bekommen. Mit einer Vorstrafe sind seine Chancen gleich null.«

»Das erscheint mir eine lange Haftstrafe dafür, dass er nur Meth für den Eigenbedarf gekocht hat.«

»Kann man wohl sagen. All die Jahre … ein verschwendetes Leben. Gerecht ist das nicht.« Er trat gegen ein Grasbüschel und blickte sich vorsichtig nach seiner Frau um, bückte sich dann und griff nach ein paar Dosen. »Aber er musste dafür bezahlen.«

Ich hätte mich gern weiter mit ihm unterhalten, wollte mehr erfahren, doch ich war nun mal nur ein Fremder, der am Straßenrand gehalten hatte – und in nur fünfzehn Minuten hatte er mir all diese Details aus seinem Leben erzählt.

»Meine Frau denkt, dass ich meine Zeit mit Schwatzen vertue«, sagte er. »Ich muss weitermachen. Passen Sie auf sich auf.«

Alttestamentarisches Wetter

Als ich am nächsten Tag in einem tristen Motel bei Alma, in der westlichsten Ecke der Südstaaten, um sechs Uhr erwachte, war aus dem Gerücht vom aufziehenden Sturm eine ernstzunehmende »Unwetterwarnung« in den Radionachrichten geworden. Stürme gab es öfter hier, vor allem Wirbelstürme, die durch den als »Tornado Alley« bekannten Teil der Prärie rasten, wo keine Bergkette sie bremste, und sie mit zunehmender Geschwindigkeit Gras und Maispflanzen niederwalzten, jedes Gebäude auf ihrem Weg einrissen, Wohnwagen fortschleuderten und Bäume fällten. Die Vorhersage warnte vor mehreren Tornados, schweren Sturmböen und Starkregen, und verwendete Worte, die meine Aufmerksamkeit erregten: »Hagelkörner von der Größe von Golf- oder Tennisbällen …«

»Das Wetter in Amerika ist immer extrem, das ist das Problem«, hatte mein Freund Jonathan Raban mir geschrieben, als ich von den übertriebenen Klagen der Reiseschriftsteller über ihre Leiden durch das Wetter erzählt hatte. »Ich habe nirgendwo sonst Stürme erlebt wie in Montana«, fuhr er fort. »Heimsuchungen wie aus dem Alten Testament. Tornado Alley. Die Dürreperioden. Das Mississippi-Hochwasser von 1993. Oder das Erdbeben von New Madrid um 1820, als der Mississippi angeblich eine Woche lang in die andere Richtung floss.«

Vielleicht waren die biblischen Naturkatastrophen ein Grund dafür, warum man im Süden so sehr nach Predigten gierte, nach dem Thema von den »letzten Tagen« und dem Jüngstem Gericht. Man hatte die »Vorzeichen« für das nahe Ende sozusagen immer vor Augen.

Eine sogenannte »Tornado Watch« wurde angekündigt, die erste Warnstufe vor Tornados. Golfballgroße Hagelkörner – das klang grausam, als würden weiße Geschosse auf die Erde geschleudert werden, die Dächer und Fenster zerschlugen, Schädel und Knochen brachen. Die Strafe eines zornigen Gottes, der Eis auf die Köpfe der Menschen niederprasseln lässt.

Das eigenwillige Wetter im Süden hatte mich überrascht – die extremen Temperaturen und schweren Stürme. Dennoch klangen die Warnungen übertrieben dramatisch. Dann wurde ich in Alma wenige Stunden später eines Besseren belehrt, als der erste Regen niederging, in plötzlich herabfallenden Sturzfluten. Schlagartig sah und hörte man nichts anderes mehr als diese Wassermassen. Ich saß noch im Auto, als der Regen begann, und es war, als säße ich allein in einer laufenden Autowaschanlage. Die Straße war sofort überschwemmt, der Wind legte an Stärke zu und rüttelte an den Bäumen, manche Bäume standen so schräg im Sturm, dass sie jeden Moment brechen mussten. Aber sie bogen sich nur und richteten sich im nächsten Moment wieder auf und nickten wild.

Die Straße war nicht mehr befahrbar, also hielt ich am Straßenrand an und saß dort eine Stunde lang, während der Regen die Fenster wie mit Eis überzog und die nahen Baracken in kränkliches Blitzlicht getaucht wurden. Gewaltige Donnerschläge ließen die alten Planken erzittern. Der starke Regen hatte mich nun von allem abgeschnitten. Ein reißende Fluss war entstanden, wo vorher nur ein Straßengraben aus roter Erde und ein Fußweg gewesen waren. Unmittelbar nach einem blendenden Lichtblitz in Grün und Gold explodierte der Donner in langen, anschwellenden Silben eines unheilverkündenden Wortes, gebrüllt von einem Riesen. Endlich, nach all den Tagen und Wochen auf der Straße, eine gefahrvolle Situation!

Aber es war natürlich nur eine Pseudogefahr. Die Regenwolken zogen weiter und hinterließen Wasserpfützen und triefend nasses Gras und hängende Baumäste. Stille legte sich über die kleine Siedlung am Straßenrand, bei der ich Schutz gesucht hatte.

Der Himmel war düster, die Luftfeuchtigkeit extrem. Ich war ausgestiegen und fragte mich im nassen Gras stehend, wohin ich fahren sollte oder ob ich überhaupt weiterfahren sollte.

»Alles in Ordnung bei Ihnen?«

Ein Mann in einem Regencape kam mit großen Schritten auf mich zu, einen Hund hinter sich herziehend, und winkte.

»Der dreht völlig durch«, sagte der Mann. »Wir sind ein Stück weiter an der Straße nicht mehr weitergekommen. Auf dem Heimweg.«

»Schlimmer Sturm«, sagte ich.

»Das war nicht der Sturm. Nur der Regen. Der Sturm kommt noch.«

»Wegen der Tornado-Watch-Ankündigung?«

»Tornado Warning«, korrigierte er mich.

»Was ist der Unterschied?«

»Es ist inzwischen einer gesichtet worden. Wahrscheinlich mehr als einer. Kommt in diese Richtung. Ist wohl heute Nacht hier.«

Dies war also nur eine Verschnaufpause. Ich fuhr weiter den Highway 71 entlang, dann zurück zur Interstate, wo es wieder zu regnen begann, sanfter diesmal. Ich fuhr nach Conway rein, aber wegen der Sturmwarnungen waren die meisten Geschäfte geschlossen und kaum Menschen auf der Straße. Ich kaufte ein Sandwich und aß es im Auto. Hinter Little Rock regnete es stärker, der Wind nahm zu, und so beschloss ich, von der Straße abzufahren und in ein Motel zu gehen.

»Ich muss Sie darauf hinweisen, dass für diese Gegend eine Tornado Watch ausgegeben wurde«, informierte mich die Frau am Empfang. Sie wirkte ernst und drehte eine dunkle Haarlocke um den Zeigefinger, während sie sprach. Auf ihrem Namensschild stand »Jamie«. »Nehmen Sie das hier.«

Sie reichte mir ein bedrucktes Blatt von einem Stapel auf dem Tresen. Es trug die Überschrift »Tornados – So verhalten Sie sich richtig« und enthielt eine Reihe von Erklärungen (»Eine ›Tornado Watch‹ bedeutet, dass günstige Wetterbedingungen für die Bildung von Tornados herrschen«) sowie Anweisungen für Schutz- und Evakuierungsmaßnahmen.

»Ich rufe auf Ihrem Zimmer an, wenn Gefahr droht«, sagte Jamie. »Sie können dann mit den anderen Gästen unter der Treppe Schutz suchen oder sich in die Badewanne legen.«

Derart konkrete Anweisungen (in die Badewanne legen!) nähren im Reisenden die Hoffnung, dass er schon bald Aufregendes erleben wird. Was für die Einheimischen schlechte Neuigkeiten sind, ist für Reiseschriftsteller ein gefundenes Fressen. Eine Unwetterwarnung verspricht Dramatik, und die Hoffnung, die Landschaft einmal von einer ganz anderen Seite zu sehen.

Die Fahrt auf den regengetränkten Straßen hatte mich ermüdet. Ich ging zu Bett und schlief tief und fest. Das Telefon klingelte nicht. Um sieben Uhr am nächsten Morgen traf ich auf meinem Weg nach unten auf drei junge Leute, einen Mann und zwei Frauen, die gerade in aller Eile Gepäck in einen Wagen luden. Es waren keine gewöhnlichen Koffer, sondern schwarze Kisten, wie man sie für technische Ausrüstung verwendete.

»Ist was passiert?«, erkundigte ich mich.

»Haben Sie die Nachrichten nicht gehört?«

»Ich habe geschlafen.«

»Wir waren die ganze Nacht wach. Es war der Wahnsinn«, schwärmte der junge Mann und legte ein Mikrofon an einer langen Halterung in den Wagen. »Acht Wirbelstürme.«

Die Tornados hatten in der Nacht zwei Vorstädte von Little Rock hinweggefegt, durch die ich auf der – vergeblichen – Suche nach einer Unterkunft gefahren war. Die Städte Vilonia und Mayflower waren direkt getroffen worden.

»Wir sind an die Tornados in Mayflower auf zwei Meilen herangekommen«, berichtete der junge Mann aufgeregt.

Er klang seltsam euphorisiert, fast beseligt. Ich fragte ihn, was ihn daran so freue.

»Wir sind Sturmjäger«, rief er.

Sein Name war Stephen Jones, Student im Fachbereich Meteorologie an der University of Oklahoma in Norman. Er war auf der Spur der Tornados nach Arkansas gekommen, in den Sturmböen und dem Regen umhergefahren, hatte Bilder von den Windhosen und den umherwirbelnden Trümmern aufgenommen und das Heulen des Windes aufgezeichnet. Fotos von Blitzen waren eine von Jones' Spezialitäten. Und da Tornados oft durch Gewitter entstehen, hatte er viele Bilder von blendenden, den Himmel durchschneidenden Blitzen aufgenommen.

»Wahrscheinlich sind wir verrückt«, sagte er, aber was er meinte, war: *Das ist nun mal mein Leben*. Er belud immer noch eilig sein Auto. »Wir fahren nach Mississippi, kriegen vielleicht noch ein paar Bilder. Die Wirbelstürme sind heute dort.«

»Was muss ich tun, wenn ich mit meinem Auto in einen Tornado gerate?«

»Halten Sie niemals unter einer Überführung oder unter einer niedrigen Brücke. Der Wind rast dort durch wie durch einen Trichter. Das überleben sie nicht. Der sicherste Ort ist, ob sie's glauben oder nicht, eine Autowaschanlage …«

Und dann fuhren sie davon, die Sturmjäger – Richtung Mississippi, den Tornados hinterher.

An jenem Tag lautete die Schlagzeile der *Arkansas Democrat Gazette* aus Little Rock: »Zahl der Tornado-Toten steigt auf 15«. Die Zeitung beschrieb »die 40 Meilen lange Schneise der Zerstörung durch den Norden von Little Rock und drei Countys im mittleren Arkansas« (wo ich mich gerade aufhielt, aber an mir war der launische Sturm vorbeigezogen), bevor der Sturm »wieder in den Wolken verschwand«. Alle Vorhersagen waren eingetroffen: Der Sturm war so verheerend gewesen wie angekündigt. Er hatte sich im Zickzack-Kurs nach Nordosten bewegt, die Interstate gequert und »viele Pkw zerstört und einen Sattelschlepper umgeworfen«.

Der Sturm hatte Conway verschont, aber näher an Little Rock hatte er die Städte Vilonia und Mayflower dem Erdboden gleichgemacht. Dort herrschte nun ab sieben Uhr abends Ausgangssperre. Überall lagen Schutt, umgestürzte Bäume, und zertrümmerte Häuser herum. Die Zeitungen waren voll mit Berichten von jenen Unglücklichen, die in Kellern gefangen oder von einstürzenden Mauern erschlagen worden waren. Hunderte Menschen hatten sich in Schutzräume geflüchtet und blieben dort fürs Erste.

»Tornado: 3000 Wohnhäuser zerstört« lautete die Schlagzeile zwei Tage nach dem Sturm. Die betroffenen Gebiete wurden zum Katastrophengebiet erklärt. Der Sturm war einer der stärksten in der Geschichte von Arkansas gewesen, und im mittleren Arkansas waren in drei Stunden teilweise über zwanzig Zentimeter Regen gefallen. Überall gab es Überflutungen, Straßen waren zu reißenden Flüssen geworden, Häuser überschwemmt, Menschen waren ertrunken. Zeugen sprachen von »einem Geräusch wie das Rumpeln eines Güterzuges«, als der Wirbelsturm ihre Häuser passiert hatte, während sie sich in Kellern und Schutzräumen kauerten. Dieser Sturm, den ich wenige Meilen entfernt verschlafen, hatte inzwischen fünfunddreißig Todesopfer gefordert, einige davon in Alabama und Mississippi, wo er vor allem in der Stadt Tupelo gewütet hatte.

Eine vorläufige Zusammenfassung der Sturmschäden erschien am dritten Tag in der Zeitung von Little Rock. Auf der sogenannten »erweiterten Fujita-Skala« erhielt der Sturm die Kategorie EF4, mit Windgeschwindigkeiten von bis zu zweihundert Meilen pro Stunde. Ein derart starker Sturm kann Züge entgleisen lassen, gemauerte Häuser zerstören, Bäume entwurzeln und die Baumstämme als Rammböcke durch die Gegend fliegen lassen. Es war der schwerste Sturm in Arkansas seit 1929, als ein Sturm der Kategorie EF5 geherrscht hatte, bei dem die kleine Stadt Sneed dem Erdboden gleichgemacht worden war. Dreiundzwanzig Menschen starben. Der Ort wurde aufgegeben.

Noch Tage nach dem jetzigen Unwetter waren die örtlichen Krankenhäuser mit der Versorgung der Verwundeten überfordert. Immer mehr Menschen erschienen in der Notaufnahme mit schweren Knochenbrüchen, Fleischwunden, kollabierten Lungen. Die Nachrichten von immer neuen Tragödien rissen nicht ab. Es war eine Zeit der Live-Schaltungen und Kommentare »zur aktuellen Lage«. Berichtet wurde auch von Haustieren, die vom Sturm mitgerissen worden waren, so etwa ein Labrador Retriever, den man in einem Baum hängend gefunden – und gerettet – hatte!

All das hatte ich verschlafen. Das war für mich das Seltsamste an diesem dramatischen Wetterstrafgericht, das drei Staaten erfasst hatte. Ich hatte nasse Füße bekommen, ansonsten hatte der Sturm mich verschont und auch meine Reise kaum beeinträchtigt. Der schreckliche Sturm war gekommen und weitergezogen, ein einzigartiges Arkansas-Drama. Es wurde zwar einen Nachrichtenzyklus lang über ihn berichtet, aber nirgendwo sonst in den Vereinigten Staaten hatte er es in die Schlagzeilen geschafft.

»Das ist hier ein Wetterstaat«, sagte ein wenig später in Little Rock ein Mann zu mir. »Die Leute sind fixiert aufs Wetter. Sie reden ständig darüber. Vielleicht liegt es daran, dass wir so viel Landwirtschaft haben. Da spielt das Thema natürlich eine wichtige Rolle. Und wir haben wirklich erstaunliches Wetter.«

Eine Kirche nutzte den Tornado für eine Anschlagtafel: *Beweist nicht das Unwetter, dass Jesu Rückkehr unmittelbar bevorsteht?* – Lukas 21, 25–27: »Es werden Zeichen sichtbar werden an Sonne, Mond und Sternen, und auf der Erde werden die Völker bestürzt und ratlos sein über das Toben und Donnern des Meeres. Die Menschen werden vor Angst vergehen in der Erwartung der Dinge, die über die Erde kommen; denn die Kräfte des Himmels werden erschüttert werden. Dann wird man den Menschensohn mit großer Macht und Herrlichkeit auf einer Wolke kommen sehen.«

Aber wenn man dem Sturm nicht in die Quere gekommen war, war es nichts weiter als ein Regentag in den Ozark-Bergen gewesen, an dem nur der ferne Donner einigermaßen bemerkenswert gewesen war. Für jene, die vom Wirbelsturm unmittelbar betroffen waren, war es hingegen ein schreckliches Unglück gewesen, mit gravierenden Folgen: Tote waren zu bestatten, Aufräumarbeiten mussten organisiert werden, viele Menschen hatten ihr Heim verloren.

Und doch war all dies nur eine »lokale« Angelegenheit, nur ein weiteres Unglück, das den Tiefen Süden ereilt hatte. In den übrigen Teilen der Vereinigten Staaten wurde der Sturm mit all seiner Zerstörungskraft und den Toten ebenso wenig beachtet wie irgendeine andere Meldung aus einem fremden Land.

Das Arkansas-Literaturfestival

In jenen stürmischen Tagen, als ich im Regen durch Arkansas fuhr, stieß ich in Little Rock zufällig auf ein Literaturfestival: vier Tage Vorträge und Veranstaltungen rund um Bücher. Die Liste der teilnehmenden Autoren war lang, und es waren vor allem Autoren aus dem Bundesstaat. Der aus Arkansas stammende Charles Portis lebte in Little Rock, und ich hoffte – weil ich seine Bücher gelesen hatte –, er würde auftreten. Aber Portis' Name stand nicht auf der Liste.

Die meisten Literaturfestivals, mit ihren selbstbewussten Autoren, vielen attraktiven jungen Menschen, den gewandten Rednern, Signierstunden und kostenlosen T-Shirts, waren heutzutage reine Verkaufsshows. Doch dieses Festival, das von der Main Library veranstaltet wurde, hatte sich zur Aufgabe gesetzt (so stand es in der Informationsbroschüre), »die Bildung der Bevölkerung zu fördern«. In einem Staat mit einer Analphabetenrate von fünfundzwanzig Prozent in den ländlichen Gebieten, in dem mehr als vierzehn Prozent der Menschen staatsweit nicht lesen oder schreiben können und zwanzig Prozent der Einwohner keinen High-School-Abschluss haben, ist eine Förderung der Bildung ein ehrenwertes Ziel. Die übliche Antwort, wenn derart düstere Statistiken ins Feld geführt werden, lautet: »Aber in Mississippi ist es noch schlimmer.« Was leider stimmt. Doch die intellektuelle Unterentwicklung ist in Arkansas mit Händen greifbar, und die angestrengten Versuche, das zu leugnen, machen die Sache nicht unbedingt besser.

Die aus Arkansas stammende Autorin Ellen Gilchrist war angekündigt. Ich hatte mehrere Geschichtensammlungen von ihr gelesen. In ihren Kurzgeschichten, die oft miteinander verwoben waren, mit wiederkehrenden Charakteren, ging es um die Probleme und Sorgen gebildeter weißer Frauen aus der Mittelschicht in den Südstaaten. Mein Geschmack waren die Geschichten nicht, aber das war unwichtig. Ihre Prosa war dennoch aufschlussreich für mich als Außenstehenden. Ellen Gilchrist beschreibt immer, ausnahmslos, die Kleider der Frauen, jede Farbe, jeden Stil, auch die Schuhe – vor allem die Schuhe – und das Make-up, und die Frisuren der Frauen. Für diese beschreibenden Details haben die meisten männlichen Autoren keinen Blick. Literarisch sind ihre Texte Leichtgewichte – zumindest meiner Meinung nach –, aber die Geschichten, die ich gelesen hatte, schildern sehr überzeugend die Liebe und den Alltag der Menschen, das »Paarungsverhalten« und das Leben in der Ehe und im Beruf.

Hautfarbe ist in Gilchrists Geschichten nur selten ein Thema, obwohl einige Geschichten aus Sicht einer Figur namens Traceleen erzählt werden, einem schwarzen Hausmädchen, das im Haus einer anderen wiederkehrenden Figur arbeitet, der mehrfach geschiedenen Trinkerin und Südstaatenschönheit Crystal Manning Mallison Weiss. Traceleen ist nüchtern, verlässlich und arbeitet hart. In einer Geschichte versucht sie zu helfen und setzt sich daher ans Steuer eines teuren Mercedes, mit dem sie natürlich einen Unfall baut. Das verleitet den (männlichen) Besitzer des Autos zu dem Ausruf: »Herrgott noch mal, Crystal. Du hast ein Niggermädchen mein Auto fahren lassen?«

Ich hoffte, Ellen Gilchrist nach dieser Geschichte fragen zu können, die in ihrer preisgekrönte Sammlung *Victory over Japan* (1984) erschienen war. Warum der durchgängig nüchterne Ton der schwarzen Erzählerin? Wie kam es zu der absurden Situation, die sich aus dem Unfall entwickelt? Und vor allem: Warum nimmt Traceleen diese Beleidigung einfach hin oder warum reagiert sie nicht auf diese Sprechweise in einer doch offensichtlich gefühlsgeladenen Situation? Und war Ellen Gilchrist wegen der Verwendung dieses Wortes kritisiert worden?

Aber der Sturm hatte die Autorin in Fayetteville aufgehalten, und ihr Vortrag war abgesagt worden, wie ich bei meinem ersten Besuch in der Main Library in der 2. Straße bereits erfahren hatte. Am oberen Ende einer eleganten Treppe neben dem Eingang saß eine Frau wie ein Kapitän auf der Brücke seine Schiffes hinter ihrem breiten Empfangstresen, beantwortete Fragen und wies Besuchern den Weg zu Büchern, Räumen und Festivalveranstaltungen.

»Sehr beeindruckend«, kommentierte ich das Programm, das sie mir gegeben und das ich durchgeblättert hatte, und meinte damit die vielen Veranstaltungen und die rund achtzig Autoren, die am Festival teilnahmen. »Ich würde gern den Organisator kennenlernen.«

»Das ist Brad. Aber er ist gerade ziemlich beschäftigt, mit den Autoren.«

»Kann ich ihm eine Nachricht hinterlassen?«

Ich schrieb meinen Namen und meine Telefonnummer auf ein Blatt Papier mit Bibliotheksstempel.

»Und worum geht es, ähm, Mr Thorax?«

»Um Texte über Arkansas«, antwortete ich. Sie griff in ihre blonde Frisur und fixierte mich mit ihren blauen Augen. Offensichtlich hoffte sie auf mehr Details, und daher fügte ich hinzu: »Ich bin Schriftsteller.«

»Schreiben Sie unter Ihrem eigenen Namen?«

»In der Regel ja.«

»Über was schreiben Sie, Mr Thorax?«

Ich versuchte mein Bestes, es ihr zu erklären, obwohl ich das Gefühl hatte, ich müsse einem blinden Menschen die Farbe Grün beschreiben.

»Das Festival wird Ihnen gefallen«, versprach sie, und dann erfuhr ich, dass Ellen Gilchrists Vortrag wegen des schlechten Wetters abgesagt worden war, nachdem ich erzählt hatte, dass ich mich besonders auf diese Autorin freute.

Aber ich sah, dass in der nächsten Stunde der Kongressabgeordnete John Lewis mit seinem neuen Buch auftreten würde. Die Veranstaltung fand im »Mosaic Templars Cultural Center« in der 9. Straße statt, am anderen Ende der Stadt. Ich stieg in mein Auto und fuhr hin.

John Lewis war ein langgedienter Politiker aus Georgia und ein Urgestein der Bürgerrechtsbewegung. Als Achtzehnjähriger hatte er Martin Luther King kennengelernt, dessen Reden ihn begeistert hatten, und war selbst ein erfolgreicher Redner geworden. Er nahm in den sechziger Jahren an zahlreichen Sit-ins, Protestmärschen und Kampagnen für die Wählerregistrierung teil. Als Lohn für sein gewaltloses Engagement war Lewis mehrfach zusammengeschlagen worden, und bei dem berühmten Selma-Marsch am »blutigen Sonntag«, dem 7. März 1965, hatte ein Nationalgardist ihm mit dem Schlagstock schwere Kopfverletzungen zugefügt.

Lewis war in eine Pächterfamilie außerhalb der Kleinstadt Troy in Alabama hineingeboren worden, etwa fünfundvierzig Meilen südlich von Montgomery. Er ging in rein schwarze Schulen im Pike County und besuchte später die Fisk University, wo er einen Abschluss in Religion und Philosophie und einen weiteren in Theologie machte. Sein akademischer Hintergrund stärkte seine Position als Prediger, und seine politischen Reden waren eher klangvolle Predigten als politische Agitation.

Im Jahr 1986 wurde er für den 5. Distrikt in Georgia (der einen Großteil der Stadt Atlanta ausmacht) in den Kongress gewählt und er hielt den Sitz nach achtundzwanzig Jahren immer noch. Seine offizielle Kongress-Website listet nicht nur seine zahlreichen Auszeichnungen und seine fünfzig Ehrendiplome auf, sondern es findet sich dort auch folgende Beschreibung: »John Lewis wird oft als ›einer der mutigsten Menschen bezeichnet, die die Bürgerrechtsbewegung hervorgebracht hat‹. Er hat sein Leben dem Schutz der Menschen- und Bürgerrechte gewidmet und dem Aufbau der ›Geliebten Gemeinde‹ in Amerika, wie er es nennt.«

Diese mit Steuergeldern finanzierte Lobpreisung, die an Heiligenverehrung grenzt, ist wohl verzeihlich bei einem Mann, der wirklich sein Leben aufs Spiel gesetzt hat. Er hatte im Kampf um die Bürgerrechte mitgelitten, war eine Stimme der Vernunft in der Bewegung, und war später ein fähiger Gesetzgeber geworden, ein lebender Zeitzeuge und eine moralische Instanz in der Regierung. Er zeichnete sich dadurch aus, dass er auf einem ethischen Verhalten im Kongress bestand – eine Sisyphosaufgabe angesichts der vielen Opportunisten, Duckmäuser, Lügner, Steuerbetrüger, Schürzenjäger und Versender von Penis-Selfies.

Der Kongressabgeordnete Lewis war nur ein Jahr älter als ich. Er war heute eine Lichtgestalt, wurde mit Ehren überhäuft. Ein Staatsmann, eine Ikone, ein mutiger Mann im Nadelstreifenanzug.

Und was war ich?, musste ich unwillkürlich denken, als ich nun unter den überwiegend schwarzen Zuhörern saß. Bloß ein Reisender in zerknitterter Kleidung. Aber wir waren doch beide Schriftsteller – Lewis' Buch *March: Book One* war gerade erst erschienen, und er warb auf diesem Festival dafür. Doch sein Buch war kein Sachbuch im eigentlichen Sinn, wie ich feststellte, sondern eine Graphic Novel. Er hatte es auch nicht selbst geschrieben (oder gezeichnet). Es war vielmehr seine, John Lewis' Lebensgeschichte, die sein Kongressmitarbeiter Andrew Aydin zu einem Roman verarbeitet hatte. Die Zeichnungen stammten von Nate Powell (Autor von zahlreichen eigenen erfolgreichen Comics, wie *Swallow Me Whole* oder *Tiny Giants*). Als Junge hatte ich diese Art Comics verschlungen, ihre schlichte, plakative Erzählweise genossen. Dennoch wunderte ich mich, dass Besucher eines Literaturfestivals den großen Saal des »Mosaic Templars Cultural Center« füllten, um John Lewis über ein Comic-Buch reden zu hören.

Aber es war mehr als nur ein Comic-Buch, es erzählte eine ernste Geschichte, und es hatte ein bedeutendes Vorbild. In seinem Vortrag erzählte Lewis von einem Comic, den er als Teenager gelesen hatte, mit dem Titel *Martin Luther King and The Montgomery Story.* Er hatte nur sechzehn Seiten und kostete damals 10 Cent. Darin wurden die Ereignisse beschrieben, die zum Busboykott von Montgomery im Jahr 1955 führten. Es ging darum, wie Rosa Parks, Martin Luther King und 50 000 Mitstreiter mit gewaltlosen Mitteln die Rassentrennung in den städtischen Bussen beendeten.

»Das Heft wurde unsere Bibel«, sagte Lewis vor einem Publikum, das über Bibeln ganz gut Bescheid wusste.

Die Idee zu dem Comic hatte der pazifistische Reporter Alfred Hassler im Jahr 1956, als er sah, wie effektiv das gewaltfreie Vorgehen in Montgomery gewesen war. Er wollte über die Proteste in einer Form berichten, die allen potenziellen Aktivisten im Süden zugänglich war. Martin Luther King diktierte ihm verschiedene Passagen, lieferte Hassler Dialoge und warb für den Comic, nachdem er ihn gesehen hatte. King schrieb: »Sie haben großartige Arbeit geleistet. Sie haben die tiefe Wahrheit und die Philosophie der Bewegung erfasst. Ich bin überzeugt, dass die amerikanische Öffentlichkeit dieses Heft positiv aufnehmen wird.«

Fast eine Viertel Million Exemplare wurden 1957 von *The Montgomery Story* gedruckt und von der »Fellowship of Reconciliation«, einer Organisation, die sich der Lösung von menschlichen Konflikten in der Welt verschrieben hatte, vertrieben. Auf dem Cover war Kings Porträt zu sehen – nachdenklich, ahnungsvoll mit achtundzwanzig Jahren – über dem Text: *Wie 50 000 Schwarze einen neuen Weg fanden, um der Rassendiskriminierung ein Ende zu setzen.* Über das Heft wurde hinter vorgehaltener Hand gesprochen. In manchen Teilen des Südens galt dieser Comic als staatsgefährdend und wurde nur unter dem Ladentisch verkauft, weil es die Idee des gewaltlosen Protests propagierte. Die Ausgabe wurde komplett verkauft – ein riesiger Erfolg.

Ein Exemplar fiel dem siebzehnjährigen John Lewis in Troy, Alabama, in die Hände und erweckte in ihm ein Sendungsbewusstsein. Viele Jahre später erinnerte er sich daran, wie diese mit einfachen Mitteln erzählte Geschichte sein Leben beeinflusst hatte. Daraufhin stellte sein Mitarbeiter, Andrew Aydin, Nachforschungen zum Thema an und schrieb darüber seine Masterarbeit an der Georgetown University. Und Aydin beschloss, etwas ganz Ähnliches zu machen und eine Graphic Novel über das Leben von John Lewis zu schreiben, in dem seine Jugend und die Rassentrennung sowie der Marsch von Selma beschrieben wurden. Aydin tat sich mit dem Zeichner Nat Powell zusammen, und so wurde daraus ein Gemeinschaftsprojekt der drei Männer. *March: Book One* war der erste Teil einer autobiographischen Trilogie.

Aydin und Powell saßen beim Literaturfestival gemeinsam mit Lewis auf der Bühne, während er davon erzählte, wie ihn das ältere Comic-Heft beeinflusst hatte. Er pries die Bilder von Nate Powell für ihre Wirklichkeitsnähe und Prägnanz.

Wer kaum erwähnt wurde, war Alfred Hassler, die treibende Kraft hinter dem Martin-Luther-King-Heft. Ich fand später heraus, dass Hassler (1910–1991) auf unauffällige Art ebenfalls ein mutiger Mann war. Im Jahr 1944 saß er als Kriegsdienstverweigerer im Zweiten Weltkrieg neun Monate lang in Haft und schrieb später das Buch *Diary of a Self-Made Convict* (1958) darüber. Nachdem er sich der Fellowship of Reconciliation (FOR) angeschlossen hatte, wurde er Chefredakteur des Fellowship-Magazins und forderte, neben anderen Kampagnen, Lebensmittellieferungen an China während der von Mao verursachten Hungersnot Mitte der fünfziger Jahre. Hassler wurde Aktivist in der Antikriegsbewegung, besuchte im Jahr 1966 als Teil einer Friedensdelegation Vietnam, freundete sich mit dem einflussreichen Mönch Thich Nhat Hanh an und brachte ihn in die USA, wo der Mönch neunundzwanzig Jahre lang im Exil lebte, Klöster gründete und lehrte. Hassler war auch dafür verantwortlich, dass Martin Luther King öffentlich gegen den Vietnamkrieg Stellung bezog und ihn anprangerte, wofür er von vielen verteufelt und vom FBI drangsaliert wurde.

In der überfüllten Veranstaltungshalle hielt Lewis eine mitreißende Rede, in der er auf den fünfzigsten Jahrestag der Bürgerrechtsbewegung hinwies – und den bevorstehenden sechzigsten des Busboykotts. Und mit Unterstützung seiner beiden Co-Autoren sprach er über die Graphic Novel.

»Das Buch ist so viel ausdrucksstärker und besser als alles, was man nur mit einfachen Worten ausdrücken könnte«, schwärmte er. »Es heißt, Musik sei eine universelle Sprache, aber wenn die Augen etwas wahrnehmen, eine Figur, jemanden in Bewegung, dann ist das real und es kann nicht geleugnet werden. Wenn man hier und dort ein Wort oder eine Phrase sieht, dann gibt es verschiedene Interpretationsmöglichkeiten, aber wenn man eine Zeichnung sieht, dann sagt das mehr aus als tausend Worte.«

Das Publikum bestand fast ausschließlich aus Schwarzen und überwiegend älteren Menschen, mehr Frauen als Männern, gut gekleidet, manche hatten sich geradezu in Schale geschmissen – breitkrempige Hüte mit Blumen und Satinblusen mit Rüschen an den Ärmeln, violette Kleider, Bombasinen und Hauben und Schmuck an so manchem Kragen und Dekolleté: Sonntagsstaat. Passende Bekleidung, denn Lewis sprach wie ein Prediger, der zur Vergebung aufrief. Er war sich bewusst, dass er eine historische Persönlichkeit war. Die Atmosphäre sentimentaler Anbetung nahm Lewis gewiss zur Kenntnis, aber er sonnte sich nicht darin oder brüstete sich damit, sondern nahm sie einfach hin. Der Mann war nicht nur eine Ikone, sondern auch ein Profi.

Nach seinem Vortrag, der langanhaltenden Applaus geerntet hatte, gab es eine Signierstunde. Die drei Männer saßen nebeneinander an einem langen Tisch auf der Bühne, Lewis, Aydin und Powell. An der rechten Seite bildete sich eine Schlange – hundert Menschen. Die hundert Exemplare von *March: Book One* vom Informationsstand im Erdgeschoss waren offensichtlich komplett verkauft worden.

Powell signierte als Erster, dann Aydin und schließlich Lewis, und jedes Mal, wenn Lewis seinen Namen mit einem Filzstift auf das Cover gekritzelt hatte, stellte sich der Käufer des Buchs hinter den Tisch neben ihn und ließ sich mit dem Kongressabgeordneten fotografieren. Einhundert Bücher, einhundert Fotos. Der hagere, siebzigjährige Willie Jones und seine Frau Mildred waren über hundert Meilen aus Wynne hergefahren, um ein Exemplar des Buches und ein Erinnerungsfoto zu bekommen. Mildred trug einen violetten Hut und eine lavendelfarbene Bluse mit Rüschen. »Sie ist meine Königin«, sagte Willie zu mir, während sie für ihr Bild mit John Lewis posierte. Der Kongressabgeordnete wirkte erschöpft, aber er hielt durch, bis das letzte Comic-Buch mit Unterschriften verschandelt war.

Ich sah vom Fuß der Bühne aus zu, wo mehrere Leute, die Entourage des Kongressabgeordneten – Freunde und Anhänger – standen und den Mann dort oben und sich gegenseitig anstrahlten. Sie waren modisch gekleidet – keine Hauben, keine Bombasinen, keine Rüschen – und trugen gut geschnittene Anzüge und schicke Designerkleider. Den Kopf des eines Mannes zierten steif nach oben gegelte Haare. Dies war die schwarze Elite.

»Hallo«, sagte ich.

Sie zuckten bei meinem Gruß zusammen, wie ein Schwarm Haie, der beim Anblick eines bleichen Tauchers Lauerhaltung einnimmt, und ihre Entgegnung war zurückhaltend. Aber ich gab nicht auf. Ich stellte mich als Reisender aus dem Norden und als Bewunderer vor. Als Lohn dafür bekam ich ein schwaches Lächeln und mitleidige Blicke von ihnen. Manche von ihnen waren auf so abweisende Art höflich, dass man ihr sorgfältig kalkuliertes Verhalten fast für Unhöflichkeit halten konnte, andere waren brüsk und warfen mir abschätzige Blicke zu.

»Wie ich sehe, haben Sie noch ein paar Exemplare des Buches.«

Ein Stapel mit zwölf Büchern des Comics befand sich auf einem Stuhl neben einer Frau in einem eleganten Kleid.

»Unten sind sie ausverkauft«, erklärte ich. »Dürfte ich Ihnen eines davon abkaufen?«

»Nein, dürfen Sie nicht«, antwortete sie und drehte mir den Rücken zu. »Die sind für jemand anderen.«

Diese unfreundlichen Leute waren die städtischen Schwarzen, die ich bei meinen Reisen durch den Tiefen Süden bisher kaum getroffen hatte, deren Haltung durch das instinktive Arkansas-Misstrauen noch verstärkt wurde – misstrauisch, unterkühlt, mit einem Hauch Hochmut in ihrem Gruß, als würden sie gerade erst lernen, wie mit Weißen umzugehen war. Und wer war ich überhaupt, in Alltagskleidung, die vom Reisen zerknittert war, die Schuhe noch nass vom Sturm?

Ungeachtet dessen, was John Lewis auf der Bühne beschrieben hatte – seine durch die Segregation eingeschüchterten Eltern, die Konfrontationen mit der Polizei und dem Ku-Klux-Klan, seine Wunden, sein Schädelbruch, der Marsch, der in einer blutigen Schlacht endete – für ihn, Lewis, war all das ferne Vergangenheit, er war nicht verbittert. Für die jungen Leute hingegen war alles erst gestern geschehen – oder heute.

»Wer sind Sie?«, schienen sie wortlos zu fragen, als sie mich mit zusammengekniffenen Augen betrachteten, mit angespanntem Lächeln, fast spöttisch. Vielleicht hatte ich etwas anmaßend gewirkt?

Ich stellte mich der Elite von Little Rock als Reisender durch den Tiefen Süden vor, und als Schriftsteller. Erneut wurde ich gemustert, kritischer denn je, schien mir. Ich trug ausgewaschene Jeans, eine abgetragene Jacke, meine Schuhe waren regennass. Ich hätte ihnen am liebsten zugerufen: »Hey, so sehen Schriftsteller nun mal aus. Wir tragen keine Nadelstreifen wie die Politiker! Wir haben keine Entourage! Wir sind keine Ikonen! Wir sehen ziemlich unberechenbar aus! Ja, aber wir sind harmlos.«

Ein paar Minuten lang bekam ich, in Gegenwart dieser missbilligenden Schwarzen, mit, wie es war, Weißer in Arkansas zu sein – wenn man nichts hermachte, wenn man womöglich mittellos war. Ein lebendes Ärgernis.

Aber vielleicht war ich auch nur paranoid und irrte mich, was ihren Hochmut anging, vielleicht waren sie einfach nur gleichgültig oder zu beschäftigt oder erschöpft nach einem anstrengenden Tag. Vielleicht waren sie einfach Großstädter, die wohl überall auf der Welt Fremden mit einer gewissen Skepsis begegnen, weniger geneigt sind, sie mit einem entwaffnenden Lächeln für sich einzunehmen, wie es auf dem Land üblich ist.

Doch jetzt wandten sie sich von mir ab und breiteten lächelnd die Arme aus, als ein erschöpfter Kongressabgeordneter Lewis die Treppen von der Bühne herunterkam. Sie rückten enger um ihn zusammen, und ich sah zu, wie sie ihn in einer würdevollen Prozession aus der Halle eskortierten, als wollten sie ihn schützen.

Buddy

Unerwartet traf ich in Little Rock dann doch noch Charles Portis. Er war einer der wenigen lebenden Autoren, die ich bewunderte, und zwar nicht nur für *True Grit*, das nicht zuletzt durch seine Verfilmung bekannteste Buch von ihm, sondern auch wegen seiner anderen vier Romane. Vor allem in *Norwood* und *Dog of the South* fand ich mich wieder, wegen der Autoreisen. Seine kürzeren, fiktiven und journalistischen Texte, die er im Lauf von fast sechzig Jahren geschrieben hatte, waren in dem Band *Escape Velocity* versammelt, und zeigten den Autor als begnadeten, humorvollen Stilisten. Es gibt von ihm einen Bericht über billige Motels, der zum Besten gehörte, was ich je in dieser Richtung gelesen hatte. Auch aus anderen Texten glaubte ich entnehmen zu können, dass der Autor wie ich gern in kostengünstigen Etablissements abstieg und dies zuweilen sehr zu genießen schien.

Portis galt als medienscheu, ein Mann, der zurückgezogen lebte. Aber Freunde hätten ihn gewiss als sehr gesellig beschrieben. Er hatte über die Bürgerrechtsbewegung und den Zypernkonflikt geschrieben, in London gelebt, Mexiko durchstreift und konnte Sir Thomas Brownes Gedicht *Urnenbestattung* zitieren. Kurz: ein Mann ganz nach meinem Geschmack.

Wenn er sich öffentlich äußerte, erwies er sich als ausgesprochen bescheidener Mensch. Einmal erzählte er einem Fan, der ihn in der Bar *The Faded Rose* in Little Rock ehrfürchtig als großen Schriftsteller gelobt hatte: »Ich bin noch nicht einmal der beste Schriftsteller in dieser Bar.«

Seine Freunde und Familie – die ihn Buddy oder Charlie nennen – gaben an, er lebe sein Leben so, wie er es für richtig halte, und kümmere sich nicht darum, was die anderen dachten. Einmal wurde er für einen Job bei einer New Yorker Zeitschrift zu einem Vorstellungsgespräch eingeladen, und der Redakteur auf der anderen Seite des Schreibtischs fragte ihn: »Warum wollen Sie diesen Job?« Portis überlegte eine Weile, zog dabei an seiner Zigarette und antwortete dann: »Eigentlich will ich diesen Job gar nicht«, und verließ grußlos den Raum. Er ist bekannt als guter Zuhörer, ein Mann der wenigen Worte, der nur auf dem Papier eloquent ist.

An dem Morgen, an dem sich unsere Wege kreuzten, saß er sinnierend in einem Schaukelstuhl. Er sah zufrieden, aber ein wenig skeptisch aus, als er aufblickte.

Ich sagte hallo.

Als entgegenkommende Geste kippte er den Stuhl nach vorn und stand auf, schlank, langgliedrig, aufrecht, körperlich scheinbar so fit wie in seiner Zeit als US-Marine, hochgewachsen, mit der Blässe des langjährigen Rauchers – er hatte das Rauchen zehn Jahre zuvor aufgegeben, zu seinem siebzigsten Geburtstag. Er führte mich durch die Tür auf eine Terrasse, die auf einen Garten hinausblickte.

Es war ein wunderbarer Morgen in Arkansas mit blauem

Himmel. Der heiße Kies roch staubig wie ein Pollenhauch. Der fast beißende Geruch von frisch gemähtem Gras lag in der Luft.

Ich wusste, wie sehr er Interviews hasste, und erzählte ihm daher, wie sehr ich seine Arbeit bewunderte – sein lebendiger Stil, die klugen Reflexionen, sein Ohr für die feinen Unterschiede der Südstaatendialekte, sein Auge für die menschlichen Schwächen und die kleinen täglichen Katastrophen.

Er grinste schief, etwas verlegen, und bedankte sich, aber das Lob hatte keine große Wirkung auf ihn. Er zupfte an seinem Hemdsärmel, während ich sprach, und sah unauffällig auf seine Armbanduhr. Dann scheuchte er jemanden weg, der ein Foto von ihm machen wollte und blickte erschrocken noch einmal auf seine Uhr. Er hatte noch etwas zu tun – ich kannte das Gefühl – und konnte es kaum erwarten, wegzukommen.

Mir war bewusst, dass ich ihn bei etwas gestört hatte. Ich dankte ihm für die Zeit, die er sich für mich genommen hatte, auch wenn es nur ein paar Minuten gewesen waren, und erzählte: »Ich fahre weiter in die Ozark-Berge, zum Buffalo River, dann vielleicht runter nach El Dorado und Smackover, mit einem kurzen Abstecher nach Brinkley.«

Er nickte, hakte seine Daumen hinter den Gürtel, lehnte sich mit einem abschätzenden Blick zurück und sagte dann, als sei es eine Segnung: »Seien Sie vorsichtig.«

Die Alten

An einem warmen, verregneten Nachmittag saßen zwei dicke weiße Frauen, Ende sechzig oder Anfang siebzig, im Gene's in Brinkley, die prallen Arme auf dem Tisch, lasen Zeitung und aßen Grillfleisch. Sie senkten die Köpfe und murmelten etwas, als ein alter Mann sich ihrem Tisch näherte.

»Wie geht's, Ladys?«

»Bestens«, antwortete die eine und richtete sich auf. Die andere Frau wandte sich ab.

»Regen«, sagte der alte Mann. Er war stämmig, trug Hosenträger und eine Baseballmütze.

»Der geht vorbei«, sagte dieselbe Frau wie vorher. Die andere verfolgte den Wortwechsel gelassen. »Wie auch immer. Wie geht's Shelby?«

»Immer noch krank.« Dann drehte er sich um und sagte wie zu sich selbst: »Ich hol mir 'n Stück Kuchen.«

Er schlurfte in alten Schuhen davon Richtung Kuchentheke. Die alte Frau, die vorher nicht gesprochen hatte, sagte: »Als ich in der zweiten Klasse war und er in der dritten, hat er mich Fatty genannt.« Und dann widmeten sie sich wieder ihren Zeitungen und ihren Grilltellern.

Ich saß dabei und machte mir Notizen. Ich wunderte mich, dass die alte Frau sich an eine Beleidung, einen vielleicht sechzig Jahre alten Kummer erinnerte. In diesem Moment geschah noch etwas Seltsames.

Ein großer, weißer Mann betrat das Gene's. Er war bestimmt schon Mitte achtzig. Er trug einen Blazer mit einem goldenen Emblem auf der Brusttasche und eine Krawatte. Er stützte sich mit einer Hand auf einen Stock, und die andere Hand lag auf der Schulter eines fast ebenso alten, grauhaarigen Schwarzen in einer Latzhose, der sich fast genauso unsicher bewegte. Sie gingen langsam zu einem der Tische, der Schwarze stützte den Weißen, und sie setzten sich einander gegenüber.

»Regnet immer noch«, sagte der Weiße.

»Yep.«

Sie bestellten Catfish beim Kellner, einem jungen Mann, der unterdessen den Tisch mit einem Lappen sauberwischte. Und während sie auf ihren Catfish warteten, unterhielten sie sich über ihre Großeltern.

»Mein Opa …« sagte der Weiße und erzählte von einer schönen Erinnerung.

»Meine alte Oma …« erwiderte der Schwarze und gab seine Erinnerung zum Besten.

Sie erzählten sich gegenseitig Geschichten von ihren Großeltern und lachten über ihre Sonderbarkeiten. »Die Alten« hieß es immer wieder.

»Sie hatten Geld«, meinte der Weiße. »Sie hatten Land. Sie hatten zwei Scheunen. Sind auf Pferden geritten.«

»Zwei Scheunen, hm.« Der Schwarze nickte.

»Hat immer einen Anzug getragen, wenn er in die Stadt ging.«

Dann wurde ihr Essen serviert, und beim Essen sprachen sie mit leiser, freundlicher Stimme weiter über die alten Zeiten, und jeder nickte anerkennend bei allem, was der andere sagte.

Farmer an einem Regentag

An einem regnerischen Tag in Fargo, knapp nördlich von Brinkley, fuhr ich unter einem grauen Himmel durch schlammige Felder, in denen silberne Pfützen glitzerten – an der Abzweigung vorbei und weiter zur verfallenen Stadt Cotton Plant, um mich noch einmal mit Calvin King zu treffen. Wie versprochen, hatte King einige schwarze Farmer eingeladen, mit denen ich mich unterhalten wollte.

Frühaufsteher – sie waren vor mir angekommen. Wir setzten uns an einen Tisch in den Räumen von Kings »Arkansas Land and Farm Development Corporation«, einem niedrigen Backsteinbau an einer Schotterstraße, die abrupt an einem eingezäunten Stück Land endete, auf dem schwarze Angus-Rinder grasten.

Die Farmer trugen Latzhosen und Schirmmützen, der älteste war Ende siebzig, der jüngste dreiundzwanzig. An einem Nebentisch saß eine Frau und machte Notizen. Es waren auch zwei Frauen eingeladen worden, sie hatten aber in letzter Minute absagen müssen. Die Farmer waren schweigsame, wachsame, geduldige Männer und fühlten sich etwas unbehaglich in dem kahlen

Konferenzraum mit den vielen leeren Stühlen. Farmer arbeiteten nur selten im Sitzen, und entsprechend ruhelos wirkten die Männer jetzt.

»Ich bin fremd hier«, stellte ich mich vor. »Ich habe schon viele Länder bereist und darüber geschrieben, aber irgendwann ist mir aufgefallen, dass ich die Südstaaten kaum kenne. Dabei gibt es hier ganz ähnliche Probleme wie in vielen Entwicklungsländern, die ich besucht habe.«

So erzählte ich weiter, erklärte, dass ich durch den Tiefen Süden reiste und verstehen wollte, was ich sah. Ich dankte Calvin King dafür, dass er dieses Treffen arrangiert hatte, und ich dankte den Männern, dass sie sich an einem Morgen unter der Woche mit mir trafen.

»Das liegt am Wetter«, erklärte einer. »Es ist zu nass, um zu ackern. An einem sonnigen Tag wäre keiner von uns hier aufgetaucht. Unsere Felder stehen unter Wasser.«

»Und unsere Morgenarbeiten haben wir schon erledigt«, ergänzte ein anderer und lachte mit den anderen.

Sie hatten sich mit den Gegebenheiten der Natur und der Menschen abgefunden, aber sie waren alles andere als passiv und schicksalsergeben. Ich stellte fest, dass ihre Bereitwilligkeit, mit der sie arbeiteten, pflanzten, ernteten, Darlehen zurückzahlten, sie unabhängig machte und ihnen Würde verlieh.

Sie lachten wieder und stellten sich vor. Der erste Mann, der gesprochen hatte, hieß Andre Peer, er war zweiundvierzig und seit zwölf Jahren Farmer. Inzwischen bearbeitete er 1600 Hektar Anbaufläche in der Nähe seines Wohnortes, etwa vierzig Meilen außerhalb von Lexa im Phillips County. Er war ein stämmiger, gut gebauter Mann, mittelgroß, der mir ohne Scheu ins Gesicht sagte, was er dachte. Der am besten ausgebildete Farmer in dieser Gruppe hatte im Jahr 1995 einen Abschluss in Landwirtschaft an der University of Arkansas in Pine Bluff gemacht. Er baute Weizen, Mais, Hirse und Sojabohnen an. Ich erfuhr später, dass er mit seiner Farm so erfolgreich war, dass er, seine Frau und ihr

Sohn im Jahr 2013 im Phillips County zur »Jungen Farmerfamilie des Jahres« gekürt worden waren. In der Tageszeitung *The Helena World* war ein Artikel über sie erschienen.

»Aber es ist ein Kampf«, berichtete Andre, legte seine muskulösen Farmerhände an seinen Kopf und drückte kräftig zu. »Das Problem sind die Banken.«

»Das ist ein Riesenthema«, bestätigte Ernest Cox. Er war ein freundlicher und schlanker Mann Ende sechzig, wettergegerbt vom Leben auf der Farm. Er hatte seit seiner Jugend auf den Feldern seines Vaters gearbeitet. Er hatte die entwaffnende Angewohnheit zu lächeln und zu nicken, selbst wenn er über etwas Unangenehmes sprach, zum Beispiel über Schulden oder finanzielle Hürden oder die Schwierigkeiten mit der Darlehenskasse. Er führte mit seinen Brüdern Herschel und Earmer auf 2000 Hektar einen landwirtschaftlichen Familienbetrieb in dritter Generation. Diese Familienfarm – Sojabohnen, Weizen und eine »Milo« genannte Hirseart – lag knapp außerhalb der Kleinstadt Marvell, ebenfalls im Phillips County.

All diese Männer lebten und arbeiteten im Arkansas Delta in Gemeinden, die höchstens zehn Meilen vom Mississippi entfernt lagen und nahe der Stadt Helena, wo ihre Ernten verladen und flussabwärts verschifft wurden. Im Gespräch mit ihnen fiel mir Reverend Lyles in Alabama ein, der mir erzählt hatte, wie sein Vater von einem Weißen den Rat erhalten hatte, sein Land nicht an einen Weißen zu verkaufen. »Verkaufen Sie an Schwarze«, hatte er gesagt, weil Schwarze nur so in einer ländlichen Gegend Fuß fassen konnten.

»Ich hab meine eigene Meinung über die Banken«, sagte Samuel Ross. Er war Ende siebzig und der Älteste der Gruppe. »Aber ich bin in Rente. Ich lasse die anderen reden.« Und in der nächsten Stunde sagte er kein Wort mehr, hörte aber aufmerksam zu.

»Ich hab grade erst angefangen«, erzählte Roger Smith. Er war erst dreiundzwanzig und arbeitete jetzt die vierte Saison auf der Farm. Er hatte mit neunzehn Jahren als Kleinbauer angefangen, hatte aber jedes Jahr ein paar Hektar dazugepachtet und bewirtschaftete jetzt fast 300 Hektar mit Reis, Milo- und Sorghum-Hirse. Er war schüchtern und sprach leise, häufig zur Seite und mit einem so starken Akzent, dass ich ihn mehrmals bitten musste, zu wiederholen, was er gesagt hatte.

»Und das ist Rickey Bone«, stellte Calvin King einen anderen alten Mann vor. »Er ist der Einzige hier, der keine Reihenkulturen anpflanzt.«

»Meine Frau und ich bauen Obst und Gemüse an«, erklärte Mr Bone. »Sie wollte eigentlich auch kommen. Mary ist ein Energiebündel.«

»Für diese Männer ist der Zugang zu Kapital ein Problem«, sagte King. Er war selbst auch Farmer, wie er mir früher bereits erzählt hatte. Jetzt übernahm er geschickt die Moderation des Gesprächs. Er war an Konferenzen, Workshops und Komitees gewöhnt. »Es ist eine Schieflage«, fuhr er fort, »und es liegt an der zunehmenden Verarmung. Eine Freundin von mir erzählte, sie wolle nach Südafrika gehen. Ich fragte, warum. Sie antwortete, wegen der Not dort. Ich sagte zu ihr: ›Du musst nicht nach Südafrika fliegen, um Not zu sehen.‹ Sie kam aus Little Rock. Ich sagte: ›Was ist mit unserer Not?‹ Sie darauf: ›Das ist nicht dasselbe. In Südafrika geht es um die Qualität des Trinkwassers.‹ Und ich sagte: ›Ich weiß von Problemen mit der Trinkwasserqualität hier in der Nähe.‹«

»Genau aus diesem Grund bin ich zu meiner Reise durch den Süden aufgebrochen«, erzählte ich, »weil ich gesehen habe, dass sich so viele Außenstehende um die Lösung der Probleme in Afrika bemühen. Und dabei existieren hier genau dieselben Probleme – schlechte Wohnungen, schlechter Zugang zu Gesundheitsversorgung und Bildung. Hungernde Kinder. Analphabetismus.«

»Und die Banken«, warf Andre ein und klopfte mit seinen dicken Fingern auf den Tisch. Seine Augen weiteten sich, ein Zeichen von Ungeduld bei ihm.

»Die Banken sind in Arkansas in weißer Hand«, berichtete Calvin King. »Traditionelle Banken verleihen Geld auf der Grundlage von hundertzwanzig Prozent Kreditsicherheiten. Stellen Sie sich das mal vor. Und auch beim Landwirtschaftsministerium gibt es ein ernsthaftes Ungleichgewicht.«

»Wir brauchen Überbrückungskredite«, sagte Ernest Cox. »Jedes Jahr müssen wir zur Bank. Uns geht es gut, ich bearbeite die Farm mit meinen Brüdern. Aber wir sind den Händlern ausgeliefert.«

»Eins müssen Sie wissen«, sagte Andre Peer – er dachte einen Moment nach, bevor er fortfuhr, »die Banker geben anderen Farmern mehr.«

»Welchen anderen Farmern?«, fragte ich.

Andres Augen weiteten sich, er blähte seine Wangen auf, sagte aber nichts.

»Sie können ganz offen zu Mr Paul sein«, ermutigte ihn King.

»Mit ›anderen‹ meine ich Weiße«, sagte Andre. Er erzählte die Geschichte von dem Kreditantrag, den er gestellt hatte.

Und dann verstand ich endlich, mit welchen Problemen diese Männer zu kämpfen hatten, denn die Kredite – für Maschinen, Saatgut, Infrastruktur – waren wirklich erheblich. Sie betrugen mehrere Hunderttausende.

»Sie haben mir 44 200 Dollar gegeben«, erzählte Andre. »Es war ein schlechtes, katastrophales Jahr. 2006 bis 2007 – extreme Hitze und Dürre. Meine Ernte war kümmerlich. Ich bat sie, mir zu helfen und beim Landwirtschaftsministerium keinen Verlust zu melden. Ich wollte nicht in Verzug geraten. Ich wusste, dass ich alles zurückzahlen konnte – ich kann arbeiten. Ich wollte alle Schulden zurückzahlen. Ich brauchte nur Zeit. Und ich habe alles zurückgezahlt, jeden einzelnen Dollar.« Er zögerte einen Moment und sagte dann: »Die Weißen sagen, wir sind faul. Dabei wollen wir nur eine Chance. Wir wollen arbeiten.«

»Diese Männer überleben, allen Widrigkeiten zum Trotz«, sagte Calvin King.

»Wenn man in der Klemme steckt, ernsthaft in Verzug geraten ist, dann versuchen weiße Farmer das Land zu kaufen«, erzählte Andre. »Sie warten nur darauf, dass man in Schwierigkeiten gerät. Sie stehen auf der einen Seite, die Banker auf der anderen. Meine Banker sind okay, aber ich muss das genauer erklären, damit Sie meine Situation verstehen. Es gibt keine schwarzen Sachbearbeiter bei der Bank. Darüber wird nicht geredet und auch nicht geschrieben. Aber es gibt keine.«

»Es gibt keine«, wiederholte Ernest Cox in vielsagendem Ton, lächelte, nickte, rückte seine Schirmmütze zurecht.

»Ein anderes Beispiel«, begann Andre wieder. »Wir haben einfach über jemanden geredet. Ich frage: ›Würden Sie dem Mann ein Darlehen geben?‹ Er antwortet: ›Nein.‹ Ich sage: »Aber Sie kennen ihn nicht.‹ Er meint: ›Wie kann er sich die ganzen Maschinen leisten? Er verkauft bestimmt Drogen.‹ Weil er denkt: ›Ein Schwarzer kann sich so etwas nicht leisten, weil er nicht auf ehrliche Weise so viel Geld verdienen kann.‹ Die Leute, die so reden, sitzen dann in den Aufsichtsräten der Banken.«

»Arkansas ist nicht wie andere Gegenden«, sagte Roger Smith und blickte sofort wieder zur Seite, als sei er selbst überrascht, dass er seine Meinung sagte. Er war schüchtern und undurchsichtig, aber nicht ängstlich.

»Der Klan läuft nicht mit weißen Kapuzen rum«, sagte Andre und sah seine Kollegen an. »Die sitzen hinter den Schreibtischen in den Banken.«

»Der Süden zeigt Anzeichen der Angst vor den Schwarzen. Ich meine keine physische Angst«, schrieb Frank Tannenbaum vor rund neunzig Jahren in *Darker Phases of the South*. »Es ist eine tiefsitzende, fundamentale Angst. Die Angst davor, dass die Welt einem entgleitet. Es ist eine unbewusste Angst vor der Veränderung.«

»Harrison«, warf Roger ein. »Die Stadt ist eine Brutstätte des Klans.«

Diese und ähnliche Bemerkung fielen in der Unterhaltung

nicht zufällig – Anspielungen auf den Ku-Klux-Klan, die Vergangenheit, die Unsicherheit, mit der die Schwarzen im Süden und vor allem in den ländlichen Gebieten leben mussten. Der Klan war der historische Albtraum, der Erzfeind, er war rücksichtslos und unerbittlich, mit guten Verbindungen zu den Spitzen der Gesellschaft. Harrison war eine Ozark-Gemeinde, der Regierungssitz des Boone County, am nördlichen Ende des Bundesstaates, an der Grenze zu Missouri. Die anständigen Bürger der Stadt, von denen es vermutlich viele gab, waren nie in die Schlagzeilen geraten, aber die gefährlichen Spinner der Stadt waren berühmt.

»In Harrison wird auf einer großen Anzeigetafel für den Klan geworben«, erzählte Roger.

Ein Murmeln lief durch den Raum: »O Gott, Harrison.«

Sie erzählten vom allgemeinen Elend und den Missständen in Harrison, bis Ernest sagte: »Um so was zu finden, muss man nicht erst bis Harrison fahren. In Moro gibt es keine einzige schwarze Familie.«

Moro war ein Ort mit weniger als dreihundert Einwohnern an einer Kreuzung im nahen Lee County.

»Vor ein paar Jahren ist eine schwarze Familie hingezogen«, erzählte Andre. »Aber sie haben bald wieder verkauft.«

»Es gibt so viel Ungerechtigkeit hier.« Das sagte die Frau, die mitschrieb, Ramona Anderson, die ich für die Protokollantin dieses Treffens gehalten hatte. Aber sie war Mitarbeiterin der »Arkansas Land and Farm Development Corporation« und hatte bis jetzt ruhig über ihr Notizbuch gebeugt dagesessen.

Sie erzählte die eigenartige Geschichte von Cotton Plant, einer Stadt knapp nördlich von Brinkley. »In den sechziger Jahren kam ein Mann und fand einen seltenen Vogel, nicht den Elfenbeinspecht, von dem alle reden, sondern irgendeinen anderen seltenen Vogel. Außer ihm hat keiner den Vogel gesehen. Aber die städtischen Behörden haben viele Hektar Land für diesen Vogel zum Naturschutzgebiet erklärt. Sie enteigneten die schwarzen Farmer und vertrieben sie von ihrem Land um Cotton Plant.«

»Das war reine Schikane«, kommentierte Calvin King. »Niemand will über die Ungerechtigkeiten aufgrund der Hautfarbe hier reden. In Brinkley ist die Mehrheit der Einwohner schwarz, aber die Stadt hatte noch nie einen schwarzen Bürgermeister. Darüber wird nicht geredet.«

»Cotton Plant war einst eine wichtige Stadt«, sagte Ramona. »Heute ist sie klein und arm.«

»Die Großgrundbesitzer wollen keine Schulen und Krankenhäuser«, sagte King. »Das Marianna Hospital wurde 1980 geschlossen. DeWitt hat etwa dieselbe Größe, aber dort gibt es ein Krankenhaus. In DeWitt wohnen überwiegend Weiße. Sie wollen keine gebildeten Schwarzen, sie wollen Schwarze als Fahrer für ihre Traktoren.«

Das Lee County, wo King lebte und arbeitete, war eins der ländlichen Countys mit der höchsten Analphabetenrate von Arkansas (und dem ganzen Land). Dort konnten fünfundzwanzig Prozent der Erwachsenen nicht lesen oder schreiben.

»Das öffentliche Bildungswesen wird immer schlechter«, erklärte King.

»Wirtschaftliche Entwicklung hat keine Hautfarbe«, warf Ramona ein. »Aber sie manipulieren die Minderheiten. Statt eine Delta-weite Initiative zu starten, teilen sie die Regionen auf und kontrollieren sie so. Von einem richtigen Gemeindeentwicklungsplan würden die Armen profitieren, und das wollen sie nicht.«

»Wer will das nicht?«, hakte ich nach.

»Die da oben«, antwortete sie. »Statt ein richtiges Krankenhaus zu bauen, richten sie eine Ambulanz ein. Finden Sie das in Ordnung? Aber bei einem echten Gemeindeentwicklungsplan wäre es ein großes Krankenhaus und nicht hier eine Ambulanz und dort eine Ambulanz.«

»Die Leute haben die Farmer vergessen«, sagte Andre. »Wir produzieren die Lebensmittel, die die Leute essen. Wir erzeugen Waren für den Export. Reis zum Beispiel. Unser Reis wird exportiert. Für sieben Dollar den Scheffel. Die Preise sind gestiegen. Unsere Produktion steigt …« Das traf alles zu, wie ich später herausfand. Es gab einen massiven Anstieg beim Reisanbau in den USA. Man exportierte nach China, Afrika und in den Nahen Osten. Andre fuhr fort: »Aber es ist ein ständiger Kampf. Wir kämpfen gegen die ›good ole boys‹, die weißen alten Herren da oben.« Er griff sich wieder an den Kopf und sagte: »Denken Sie nur an Pigford und die Sammelklage.«

»Pigford« war ein Wort, das ich schon von anderen schwarzen Farmern gehört hatte. Es stand für eine Gerichtsverhandlung, bei der es um einige rassistisch bedingte Ungerechtigkeiten in der Landwirtschaft ging, von denen die Farmer erzählt hatten. »Pigford vs. Glickman« war eine Sammelklage, die Timothy Pigford, ein schwarzer Farmer aus North Carolina (und vierhundert weitere Kläger) im Jahr 1997 gegen das US-Landwirtschaftsministerium USDA (und den Minister Dan Glickman) angestrengt hatten, wegen der häufigen Ablehnung von Kreditanträgen schwarzer Farmer, die vom USDA benachteiligt wurden, wodurch ihre Zahl drastisch gesunken war.

Zwar hatte man sich 1999 auf eine Ausgleichsregelung geeinigt, und die Regierung (unter Bush und Obama) hatte bereits mehr als eine Milliarde Dollar ausgezahlt, doch nun gab es Anschuldigungen, einige Farmer hätten unberechtigte Ansprüche geltend gemacht, und Beweise, dass Rechtsanwälte und Politiker, »Profiteure der Rassenspannungen«, dies stillschweigend geduldet hatten. Wenn man sich mit diesem verworrenen Fall näher beschäftigt, wird schnell klar, dass von dem finanziellen Futtertrog, der hier entstanden war, nicht nur schwer schuftende Farmer profitierten (erfolgreiche Antragsteller erhielten jeweils 50 000 Dollar), sondern auch jede Menge Schmarotzer. Dennoch war der Landverlust gestoppt worden, und nach Jahren des Rückgangs stieg die Anzahl schwarzer Farmer und schwarzer Landbesitzer im Süden und anderswo erstmals wieder.

»Aber wir haben immer noch Probleme mit den Banken«,

sagte Andre. »Wir haben immer noch mit den ›good ole boys‹ zu kämpfen. Nach all den Jahren müssen wir uns immer noch beweisen.«

»Bill Clinton verbringt viel Zeit in Afrika und Indien«, sagte ich und fragte: »Könnte er hier nicht helfen?«

»Wenn Clinton hierherkommen würde«, meinte Andre, »dann würden die ›good ole boys‹ sagen: ›Was wollen Sie hier? Warum wollen Sie hier was verändern?‹« Er blickte sich Zustimmung heischend im Raum um, und seine Kollegen nickten erwartungsgemäß. »Deswegen macht er es nicht.«

Ich stellte ihnen noch ein paar Fragen zu ihren landwirtschaftlichen Betrieben, bis schließlich Andre aufstand und sagte: »Das kann man nicht alles erzählen. Sehen Sie sich unsere Farmen lieber an, wenn Sie Zeit haben.«

»Ich habe alle Zeit der Welt«, antwortete ich. »Ich würde sehr gerne Ihre Farmen sehen.«

»Ich hatte gehofft, dass Sie das sagen«, sagte Calvin King zu mir, wie schon einmal. Dann zog er mich zur Seite und fragte: »Wenn Sie sich im Delta umsehen, sehen Sie dann Betriebe, die Schwarzen gehören und die auch von Schwarzen geleitet werden? In der Produktion? Im Handel?« Er lächelte, weil die Antwort offensichtlich war: sehr wenige. Er fuhr fort: »Vergleichen Sie das mit den schwarzen Farmern hier, die zu einer Multi-Millionen-Dollar-Branche gehören.«

»Lebensmittelwüsten«

Der neueste Farmer mit der kleinsten Anbaufläche war Rickey Bone, der mit seiner Frau Mary – genannt »Mary A.« – neben dem Sitz der »Arkansas Land and Farm Development Corporation« in Fargo Gemüse anbaute. Die Bones bearbeiteten etwa vier Hektar Land, kaum mehr als ein großer Gemüsegarten. Sie pflanzten an, was sich gut verkaufen ließ – was die Leute frisch haben wollten – Okra, Wassermelonen, Blaue Erbsen und verschiedene Speisekürbisse.

»Letztes Jahr wurden unsere Okrapflanzen bis zu einen Meter achtzig hoch«, verkündete Rickey Bone.

Rickey war sechzig Jahre alt, in Little Rock geboren und aufgewachsen. Er hatte seinen Abschluss an der Central High School gemacht, wo es 1957 zu Rassenkonflikten gekommen war, als die Nationalgardisten neun schwarze Schüler vor einem wütenden, weißen Mob und dem Widerstand von Gouverneur Orval Faubus beschützten. Die »Little Rock Nine«, wie sie genannt wurden, schlüpften durch einen Seiteneingang ins Schulgebäude, beendeten so die Rassentrennung an der Schule und schrieben Geschichte.

»Sie haben damals bestimmt davon gehört«, meinte Rickey Bone zu mir.

Ich nickte. »Ich war damals auf der High School in Massachusetts«, sagte ich, »es kam ganz groß in den Nachrichten.« Ich hatte das schockierende Bild der fünfzehnjährigen Schwarzen Elizabeth Eckford, die von Weißen angebrüllt wurde, nie vergessen. Diese Szenen von Verfolgung – und Mut – waren mir noch gegenwärtig, weil die misshandelten Schüler damals genau in meinem Alter waren. Und heute, fast fünfzig Jahre später, war die Central High School kein Ort mehr, wo Kämpfe ausgetragen wurden, aber sie war ein Symbol.

»Mann, in Little Rock gibt es Besseres als die Central High School«, sagte Rickey. »Aber ich erinnere mich, wie hart es war.« Er lächelte, als sei das einfach absurd. »Die schwarzen Schulen haben die Schulbücher von den weißen Schulen geerbt.«

Er erinnerte sich noch deutlich an seine erste integrierte Schule. Er war in der siebten Klasse in Little Rock gewesen.

»Ich hatte gehört, wie schlimm die Weißen waren«, erinnerte er sich. »Meine Mutter war eine Kreolin aus North Carolina und erzählte mir, ich sei ebenso viel wert wie jeder andere. Am ersten Tag hab ich kapiert, dass die Weißen nicht alle gleich sind. Ich fand heraus, dass das alles Quatsch war, von wegen die Weißen sind *so*, die Schwarzen sind *so*. Viele von denen waren nicht übel. Jeder von denen war anders. Wir haben zusammen Fußball gespielt. Die Kinder haben uns nicht gehasst, eher die Eltern.«

Wir gingen auf einem Trampelpfad an einem seiner Felder entlang, der Weg war rutschig.

»Aber die Lehrer …« Er schnalzte mit der Zunge bei der Erinnerung. »Sie haben mich in eine Förderklasse gesteckt, zu ein paar echten Trotteln.«

»Wie sind Sie damit umgegangen?«

»Ich dachte, das funktioniert nicht. Ich habe mit meinem Englischlehrer geredet. Er hat zugehört. Sie haben mich rausgenommen.« Rickey dachte kurz nach. »Man ist nicht anders, nur weil man anders denkt.« Dann erinnerte er sich an den weisen Rat seiner Mutter. »Gib mir eine Chance und ich kann alles erreichen.« Wir marschierten weiter durch den Matsch. Plötzlich lächelte er und sagte: »Wissen Sie was? Ich habe eigentlich alles bekommen, was ich bekommen wollte.«

Nach der Schule hatte er in der Fleischabteilung eines städtischen Supermarkts als Metzger gearbeitet. Dann hatte er zwei Jahre lang in der US Army gedient – in Fort Dix, New Jersey, mit einem kurzen Abstecher in den Norden. Bei seiner Rückkehr nach Arkansas und ins zivile Leben hatte er dreißig Jahre lang bei der Feuerwehr in Little Rock Brände gelöscht. Danach folgte kein gewöhnlicher Ruhestand, sondern noch mehr Arbeit, auf Anregung seiner Frau Mary A.

Mary A. Valentine Bone war neunundfünfzig, sie war in Lakeview in den Ozarks geboren. Lakeview war nur dreißig Meilen vom berüchtigten Harrison entfernt, mit seinen rassistischen Spinnern – und den ganz normalen Bürgern. In Lakeview war der Anteil der weißen Einwohner genauso hoch, aber die Stadt war angenehmer und lag am südlichen Ende des Bull Shoals Lake. Mary A. hatte in Little Rock als Lehrerin gearbeitet, wollte aber nun, als Rentnerin, auf Land zurückkehren, das sie als Kind kennengelernt hatte. Sie hatte ihr Leben lang von einer eigenen Farm geträumt – nicht davon, Farmarbeiter herumzuscheuchen, sondern mit ihren eigenen Händen zu pflanzen, zu jäten, zu ernten, Lebensmittel anzubauen.

»Mary A. wollte einen Traktor«, erzählte Rickey. »Sie ist ganz vernarrt in Traktoren.«

Die Farm, sagte er, gehöre Mary A. Sie hatte die Leitung, er war nur der Juniorpartner. Ich hielt es für ein ziemlich ehrgeiziges Projekt für zwei Rentner mit erwachsenen Kindern – vier Mädchen –, auch wenn Rickeys Bruder Donald mithalf.

»Wo verkaufen Sie das Gemüse?«

»In erster Linie an Obst- und Gemüseständen in Little Rock … Haben Sie den Ausdruck ›Lebensmittelwüste‹ schon mal gehört? Dr. King hat es mir erklärt. Arme Gegenden, ohne Lebensmittelläden, kein frisches Obst oder Gemüse, keine Läden. ›Wegen Gewalt geschlossen‹ und so. Gangs …«

Das gab es wohl wirklich. Im Zentrum von Little Rock und in einigen nahen Vorstädten war die Mangelversorgung offensichtlich – die vernagelten Läden, die baufälligen Häuser an den freudlosen, durchnummerierten Straßen, vor allem südlich der I-630, des »Wilbur D. Mills Freeway«, der die Stadt in zwei Teile schneidet – »eine Grenze … ein Teil der Geographie, sei so real wie ein Fluss oder eine Schlucht«, wie der in Little Rock ansässige Autor Jay Jennings schrieb. Selbst im Viertel direkt am Fluss und an der I-30 um die »William J. Clinton Presidential Library« gab es nur den wiederbelebten River Market. Aber so ist es nicht in allen Teilen der Stadt. Man muss ein Stück mit dem Auto fahren, aber dann sieht man die Unterschiede.

Man fährt an der Clinton-Bibliothek auf der East Markham Street vorbei, biegt bei Gus's Fried Chicken rechts ab und fährt dann auf dem La Harpe Boulevard, die Route 10, weiter, bis der Boulevard zur Cantrell Road und breiter wird, Richtung Westen. Zehn Meilen hinter den Distrikten Heights und Hillcrest – wo man sich immer noch innerhalb der Stadtgrenzen von Little Rock befindet – werden die Häuser stattlich, sind umgeben von blühenden Bäumen, den Apartmenttürmen auf dem Hügel von Rivercliff und den imposanten Herrenhäusern von Edgehill. Viele dieser Häuser sind neu gebaut und stehen protzig auf riesigen Rasenflächen, und die Einkaufszentren zeigen keinerlei Anzeichen für »Gang-Aktivitäten«, hier herrscht keine »Lebensmittelwüste«. Ich erwähnte die Modernität, die Schönheit und den offensichtlichen Wohlstand dieses Teils von Little Rock einem Mann gegenüber, der in der Stadt geboren und aufgewachsen war, und er fasste es in zwei Worten zusammen: *»White flight«* – geflohene Weiße …

Rickey und Mary A. lebten immer noch im bescheideneren Teil von Little Rock. Aber draußen bei Fargo, eine Stunde weiter östlich, wo sie ihre Farm hatten, stand ihr neuer 85-PS-John-Deere-Traktor, eine Pflanzmaschine, ein Kühlwagen, ein Gewächshaus für die Winterkulturen und vieles mehr. All das hatten sie von ihren Ersparnissen und mit Krediten von der Bank und vom Landwirtschaftsministerium gekauft. Auch sie standen vor den Hürden für Kleinbauern, von denen ich im Süden so oft gehört hatte, all den abschreckenden Auflagen.

»Die Frau vom Landwirtschaftministerium in Hazen sagte: ›Sie brauchen hundertfünfzig Prozent Sicherheiten, um den Kredit zu bekommen‹«, erzählte Rickey. »Das hat mich geärgert. Warum nicht hundert Prozent? Wir mussten einen Teil unseres Landes mit einer Hypothek belasten, um das Darlehen über 137 000 Dollar zu bekommen. Aber immerhin, wir haben es bekommen. Wir zahlen einmal im Jahr unsere Tilgungsrate, nach der Ernte.«

»Was ist mit den Stiftungen? Den Hilfsorganisationen? Den Wohltätigkeitsorganisationen?«, wollte ich wissen. »Haben Sie von denen je Geld bekommen? Von den Clinton-Leuten?«

»Von denen haben Sie gestern schon gesprochen«, sagte Rickey.

»Er war Gouverneur hier. Er war Präsident. Seine Hilfsorganisation operiert mit mehreren Milliarden Dollar. Und doch scheint er keinen Cent davon in Arkansas auszugeben.«

Rickey Bone lächelte mich wieder an. Wir hatten durch eine Klappe sein Gewächshaus betreten, und er zeigte mir die Erdbeeren, die er gepflanzt hatte.

»Clinton ist kompliziert«, sagte ich.

»Sind wir das nicht alle?«, war seine Antwort. Lächelnd bot er mir eine Erdbeere an.

Sundown Town

All das Gerede über Harrison und den Klan veranlassten mich zu einem spontanen Besuch. Arkansas war so klein, dass man vom Delta bis ins Herz der Ozark-Berge nur einen halben Tag fuhr. Harrison pries sich selbst an als ideal für Ruheständler und war auf der Liste der »10 besten Kleinstädte in Amerika«. Es war eine weiße Stadt und war in ihrer rassistischen Vergangenheit als »Sundown Town« bekannt (»Boy, don't let the sun go down on you …«). Ich fuhr auf Umwegen dorthin und brauchte auf diese Weise zwei Tage. Ich streifte den Nordwesten des Staates, um mir den städtebaulichen Schandfleck Bentonville, die Heimat von Wal-mart, anzusehen; Springdale, wo die Tyson's-Hühnchen herkommen; und die Universität in Fayetteville, die von mehreren Shopping Malls umzingelt ist. Dann ging es aufs Land. Ich überquerte den War Eagle Creek, den Onion Creek und die Dry Fork und kam an der kleinen Ortschaft Old Alabam (!) vorbei, wo sich die ersten Ausläufer der Ozark-Berge erheben.

Die Ozark-Berge sind das, was man im Tiefen Süden unter einem »Gebirge« versteht – keine pyramidenförmigen Bergspitzen oder potenziellen Skipisten, keine alpinen Felswände, sondern eigentlich ein Plateau von sanftgeschwungenen, saftig grünen Erhebungen im Gelände (die höchsten Gipfel in den südlichen Boston Mountains erreichen maximal 780 Meter). Der Anblick ist besonders malerisch, weil die Gegend unbewohnt wirkt, die isolierten Gemeinden sind in den Tälern und hinter den Hängen versteckt, von denen manche dicht mit alten Bäumen bewachsen sind, auch heute noch abgelegen und wunderschön.

»Und wenig besucht«, wie ich zu einem älteren Mann in einem Trödelladen in der Kleinstadt Leslie sagte, in der früher viel Geld mit der Herstellung von Eichenfässern verdient worden war. Er antwortete: »Und so bleibt es hoffentlich auch.«

Dieser Mann in Latzhose, Stiefeln und einem ausgebleichten Hut hatte das Höckernasen-Profil, wie man es auf den Bildern des Malers Thomas Hart häufig sah. Benton übertrug einige seiner Porträts aus den zwanziger Jahren auf die Teilbilder »Deep South« und »Mid West« seines Wandgemäldes »America Today«. Morgens sieht man in den Schnellrestaurants der Kleinstädte noch immer »bentoneske« alte Männer sitzen.

»Willkommen in Hillbillyville«, begrüßte mich ein Mann auf einer Nebenstraße in Alpena mit der in Arkansas verbreiteten Selbstironie. Später sagte er: »Die Leute hier sind arm, aber das ist gut für sie. Die Wirtschaft hat keinen Einfluss auf ihr Leben. Ob Boom oder Krise, sie leben einfach ihr Leben.«

Dieser Mann erzählte außerdem, dass er, als er aus dem Umland in diese Stadt gezogen war, Besuch von einem »Grand Wizard« (also »Chef«) des Ku-Klux-Klans bekommen hatte, der aus Harrison hergefahren war und ihn aufforderte, dem Klan beizutreten.

Ich fragte den Mann, was er auf diese zweifelhafte Einladung geantwortet hatte.

»Ich antwortete: ›Tut mir leid, aber Sie und ich, wir haben einfach zu wenig gemein.‹« Er spuckte eine Ladung Tabaksaft auf die Straße, um seine trockene Antwort zu unterstreichen, und fügte dann hinzu: »Er nahm es ganz gut auf und ging.«

Bei einer Rundfahrt durch Harrison, dieser wohlhabend wirkenden Landgemeinde mit etwa 12 000 Einwohnern (in der an jenem Wochenende besonders viel los war wegen der »Northwest Arkansas District Fair«, einer jährlichen Landwirtschaftsmesse mit viel Showprogramm) sah ich keine Werbetafel für den Klan, von der die Männer im Delta erzählt hatten. Doch ich sah eine andere Anzeigetafel, die es in die Nachrichten geschafft hatte, weil dieser Bundesstaat eigentlich seine rassistische Vergangenheit abschütteln wollte. Auf dem gelben Schild stand in fetten Großbuchstaben: ANTIRASSISTISCH IST EIN CODEWORT FÜR ANTIWEISS.

Vor Ort gab es Proteste und die Forderung, das anstößige Schild zu entfernen. Ein Mann, der in der Nähe von Harrison lebte, erzählte mir später: »Ich hab das Schild zwanzigmal gelesen, und ich weiß immer noch nicht, was es bedeutet.«

Der Klan existierte in Harrison, das war richtig, doch wie viele aktive Klan-Mitglieder es gab, wusste nur der verschwiegene Klan selbst. Sie trugen keine weißen Kapuzen mehr, das hatte Andre mir erzählt. In der kleinen Ortschaft Zinc (103 Einwohner) wenige Meilen von Harrison entfernt lebte Thomas Robb, ein ehemaliger »Grand Wizard« des Klans, der sich inzwischen zum Landesvorsitzenden seiner Klan-Splittergruppe, den Knights of the Ku Klux Klan, erklärt hatte. Bei Klan-Treffen wetterte Robb (der in Michigan geboren war und in Arizona aufwuchs) regelmäßig gegen Schwarze und Juden.

Antisemitismus ist im Übrigen die Spezialität einer weiteren Organisation in Harrison, einer bizarren Sekte, die sich »Kingdom Identity Ministries« nennt. Ihr Anführer ist Mike Hallimore (ein Zugezogener aus Kalifornien). Er beschrieb seine Mission als »eine politisch unkorrekte, christlich-diakonische Gemeinde für Gottes erwähltes Volk, das wahre Israel, die weiße, europäische Rasse«. Zu den Überzeugungen dieser Sekte gehört außerdem, dass »Götzenanbeter«, Homosexuelle, Gotteslästerer und Abtreibungsbefürworter den Tod verdienten.

Die Sekte rief zu Rassismus und Antisemitismus auf, weil (wie die Verantwortlichen freundlicherweise erklärten) »die Vermischung der Rassen ein Verbrechen in den Augen des allmächtigen Gottes ist, ein satanischer Versuch, die auserwählte Blutlinie zu zerstören«. Das jüdische Volk sei entstanden, als Eva Sex mit »dem Teufel oder Satan, genannt die Schlange« hatte. Diese

»Blutlinie« werde »heute meist Juden genannt«. All diese Behauptungen seien durch das Alte Testament belegt, die entsprechenden Stellen wurden mit Kapitel und Vers angegeben, was wieder einmal beweist, dass labile Gemüter, wenn sie es drauf anlegten, noch immer in der Bibel fündig werden.

Ein gutes Beispiel ist ein Text aus dem ersten Korintherbrief (Kapitel 11, Vers 6): »Wenn eine Frau kein Kopftuch trägt, soll sie sich doch gleich die Haare abschneiden lassen. Ist es aber für eine Frau eine Schande, sich die Haare abschneiden oder sich kahl scheren zu lassen, dann soll sie sich auch verhüllen.«

Ein vernünftiger Mensch würde diese krasse biblische Wahlmöglichkeit zwischen einem Kopftuch und einer Glatze vermutlich etwas kritisch sehen, aber in einem Zelt beim »Northwest Arkansas District Fair«, etwas außerhalb der Stadt auf dem Festplatz von Harrison, verteilten zwei junge Frauen Popcorn als Werbung für die Betriebe ihrer Männer. Die beiden waren züchtig gekleidet in altmodischen Baumwollkleidern mit langen Ärmeln, und beide trugen ein leichtes Kopftuch. Sie seien Mennoniten, sagten sie.

»Wir sagen ›Schleier‹«, erklärte eine von ihnen. »Wir nehmen den Schleier nie ab, auch im Haus nicht.«

Ich vermied jeden Hinweis auf die Bibel und fragte stattdessen, ob diese Kopfbedeckung eine besondere Bedeutung hatte.

Die größere der beiden Frauen antwortete, während sie Popcorn in Tüten schaufelte: »Es bedeutet, dass wir uns unserem Glauben und unseren Ehemännern unterwerfen.«

»Sie machen also mehr oder weniger das, was Ihre Ehemänner Ihnen sagen?«

»Mehr oder weniger.«

Die beiden Frauen hatten die ganze Zeit weiter Popcorntüten gefüllt und sie Passanten gereicht. Es war keine ideale Situation, um die rassistische Politik in Harrison zur Sprache zu bringen. Aber als ich zaghaft nachbohrte antwortete die kleinere, jüngere der beiden: »Früher war es schlimmer. Es wird besser.«

»Die alten Leute sind immer noch überzeugte Rassisten«, ergänzte die Große und glättete ihren Schleier.

Auf der Landwirtschaftsmesse waren keine schwarzen Gesichter zu sehen, obwohl anscheinend die ganze Stadt zu den Fahrgeschäften und zum Rodeo gekommen war. Doch dies war nicht nur ein familienfreundliches Wochenende, sondern ein ernsthafter Wettbewerb zwischen den Rinderzüchtern, die in drei Kategorien – amerikanisch, englisch und exotisch – gegeneinander antraten. Einige Tiere wogen eine halbe Tonne, hatten hübsche Augen mit langen Wimpern. Andere Züchter hofften auf blaue Schleifen für ihre Hühner, Enten, Schweine und Schafe. Auch Anbieter von eingemachtem Obst, Marmelade und Honig traten gegeneinander an. Außerdem Steppdecken-Hersteller, Schnitzer und Weber, die klassischen ländlichen Leidenschaften, Handwerker und Viehzüchter – das Salz der Erde (Matthäus 5, 13).

Später am Abend, in einem Motel außerhalb von Harrison, erzählte mir eine Frau: »Wenn ein Schwarzer hier auftauchen würde, würde es zu Ausschreitungen kommen. Sie würden sein Haus niederbrennen.«

In Silver Hill traf ich einen Mann, der dort mit seiner Frau auf der Fahrt von Harrison Rast machte, um die Schönheit des nahen Buffalo River zu bewundern.

»Keiner hat etwas Gutes über Harrison zu berichten«, wunderte ich mich. »Ist das gerechtfertigt?«

»Ist ein toller Ort, aber da sind eben immer noch« – er verzog das Gesicht – »diese Leute.«

»Der Klan«, flüsterte seine Frau und nickte mir konspirativ zu.

»Ich bin Arzt«, sagte der Mann. »Ich habe einen von ihnen, der in der Nähe wohnt, drüben in Marshall, behandelt.« Er wies beiläufig die Straße hinunter. »Da gibt es viele von denen.«

Ich beschloss, am nächsten Tag zum Mittagessen nach Marshall zu fahren, wo eine Kellnerin – in mittlerem Alter, freundlich – erzählte: »Hier gibt es keine Schwarzen. Die alten Leute akzeptieren sie nicht.«

Marshall war eine alte, verfallende Stadt mit einem zentralen Platz, einer immer noch beeindruckend geräumigen Eisenwarenhandlung und einem Drugstore. Doch im Drugstore wurden neben Medikamenten, Shampoo und Aspirin auch Gewehre und Handfeuerwaffen verkauft, und auf den Regalen lag Munition für alle Kaliber.

Ein altes, eckiges, dreistöckiges Sandsteingebäude mit vergitterten Fenstern hinter der Drogerie war das ehemalige Bezirksgefängnis. Es stand heute leer, verlieh der Nebenstraße aber ein düstere Würde. Es war 1902 erbaut worden, in einem neuromanischen Stil, und war seltsam pompös für diese kleine Stadt. Ein Mann sah mich abschätzend an, kam dann her und sagte hallo.

Ich fragte nach dem auffälligen Gefängnisbau.

»Als kleiner Junge bin ich jeden Tag dran vorbeigekommen«, erzählte er. »Die Gefangenen haben eine Schnur aus dem Fenstern gehängt und uns ein Fünfcentstück zugeworfen. Wir sind dann zum Drugstore gelaufen, haben einen Schokoriegel gekauft und ihn an die Schnur gebunden. Den haben sie dann hochgezogen. Das war in den Fünfzigern.«

Trotz allem Gerede über Rassismus in Harrison und Umgebung wurde das beste Haus am Platz, das »Marshall Motel and Restaurant«, von einer chinesischen Familie betrieben, den Phungs, die beliebt waren in Marshall und dort seit achtundzwanzig Jahren lebten. Vor allem Mrs Gay Lee Phungs Catfish-Menüs wurden geschätzt.

»Die Weißen hier in den Ozark-Bergen haben eigentlich keine Meinung zu den Schwarzen«, sagte ein mürrischer alter Mann mit Latzhose in einem Trödelladen in einer kleinen Stadt westlich von Marshall zu mir. »Soll ich Ihnen was sagen?«

»Ja, bitte.«

»Die Leute hier sind nie mit Schwarzen aufgewachsen«, erklärte er. »Haben nie einen kennengelernt. Und sie kommen nie hier raus. Wer in St. Joe geboren ist, stirbt auch in St. Joe, und überall sonst ist es genauso. Sie wissen also nur das, was sie im Fernsehen sehen.«

»Das reicht doch, oder nicht?«, behauptete ich.

»Von wegen«, widersprach er. »Im Fernsehen sieht man immer nur einen schlauen Schwarzen und einen doofen Weißen.«

Er sortierte alte, dreckverkrustete Flaschen, die aussahen, als seien sie erst kürzlich bei Ausgrabungen zum Vorschein gekommen, wie antike Amphoren.

»Es ist alles den Bach runtergegangen, die ganze Welt, und es wird immer schlimmer«, sagte er. »Mir kann's egal sein. Ich bin siebenundsiebzig. Ich hab vielleicht noch zehn Jahre. Soll sich jemand anders drum kümmern.« Er hantierte immer noch mit den klirrenden Flaschen. »Aber es gibt schon ein paar Weiße hier, die sind arm dran.«

»Was machen diese Leute?«

»Auf den nächsten Scheck warten«, antwortete er und hielt eine Flasche ins Licht, um die Schrift zu entziffern. »Das ganze Land hält uns für Idioten hier. Von mir aus. Die sollen uns bloß in Ruhe lassen.«

Jetzt untersuchte er die Schrift am Boden einer anderen Flasche.

»Wie kommt es«, fragte er, »dass man nie etwas – irgendwas – findet, auf dem ›Made in Africa‹ steht? Gibt's einfach nicht, oder?«

»Kommt darauf an«, entgegnete ich zögernd. Ich fragte mich, worauf das hinauslaufen würde.

»Lassen Sie mich bloß mit den verdammten Niggern in Ruh«, schimpfte er.

Ich räusperte mich. »Manche Leute würden sich gegen die Bezeichnung wehren.«

»Nich hier in der Gegend«, entgegnete er fröhlich und kicherte. Er stellte eine schmutzige Flasche ab und trat nah an mich heran. »Ich bin da konservativ.«

»Ich bin von der alten Schule«, sagte ein Mann mittleren Alters in Heber Springs vor mir. »Damit meine ich, dass ich sie mit

Nigger anspreche. Macht ihnen nichts aus. Sie nennen mich einen Redneck.«

»Sie haben nichts dagegen?«

Er sah mich mitleidig an, als hätte ich gerade erst angefangen, die Sprache zu lernen. »Nigger ist nicht rassistisch, können sie nachschlagen. Nigger bedeutet nur, dass man arm dran ist. Es gibt weiße Nigger und auch gelbe Nigger, alle arm dran. Manche von dem weißen Abschaum sind schlimmer als jeder Nigger. Sie nehmen Drogen – Meth und alles – die machen mir Angst.«

Buffalo River

Nach all diesem hektischen, aber etwas sinnlosen Hin und Her im Wagen, mietete ich mir zur Abwechslung einen Tag lang ein Kanu und paddelte den ganzen Tag den Buffalo River hinunter. Der Buffalo – der noch sein natürliches Flussbett hat – fließt von West nach Ost durch den Staat und ist die Lebensader von Arkansas, die durch das Herz des Ozark-Plateaus plätschert. Man könnte einen wunderbar altmodischen Reisebericht über eine Bootsfahrt mit Camping auf den wilden Flüssen von Arkansas schreiben: nasse Füße, wilde Tiere, die Andeutung von Gefahr, und »Ein Stück voraus klang das Rauschen der Stromschnellen wie ein Vorbote der Katastrophe …«

Doch an jenem Morgen Anfang September hatte ich andere Pläne. Ich mietete bei einem Verleih nahe Silver Hill ein Boot und paddelte von Baker Ford nach Gilbert. Zwischendurch hielt ich immer wieder an, um die duftende Luft zu genießen, um das sanfte Glitzern der Sonne auf den Stromschnellen zu betrachten und die schwirrenden Insekten über den Untiefen. Der Fluss war an den ruhigeren Stellen grün-golden, als windwärts zwei Rehe, eine Ricke und ihr Kitz, vorsichtig den Fluss vor mir überquerten und gelegentlich innehielten um an etwas zu knabbern oder zu trinken. Ich sah Fischreiher und einen Kormoran. Das Hämmern eines Spechts hallte von den Felswänden wider, durch die der Fluss streckenweise rauschte wie durch eine Schlucht. In dieser Ruhe und Abgeschiedenheit hatte ich das sichere Gefühl, dass ich bergabwärts glitt, manchmal durch Ausläufer von Stromschnellen und manchmal auf einem breiten Waschbrett aus abgeschliffenen Steinen.

Ein schöner Ruhetag in den Ozark-Bergen: kein Wort über Rassenkonflikte und Armut; kein Anzeichen von Zivilisation; kein anderer Mensch, nur das Gurgeln und Glucksen des ungehindert dahinfließenden Flusses, und mein einsames Picknick auf einem warmen Findling, während ich ein paar Schmuckschildkröten zusah, die – wie ich – auf rundgeschliffene Steine gekrochen waren, um sich mit offenen Mündern zu sonnen.

Dann gab ich mein Boot zurück, fuhr nach Süden und Osten zum Delta zurück und hielt bei einer Waffenmesse in Jacksonville an, etwa zehn Meilen von Little Rock entfernt. Wie bei anderen Waffenmessen, die ich besucht hatte, gab es auch hier die üblichen Buden und Stände, an denen neue Waffen verkauft wurden, alte Waffen, Messer, Taser, Reizgaspistolen, »lustige« Autoaufkleber, Nazi-Plunder, Relikte aus dem Bürgerkrieg und Munition. Aber weil das hier Arkansas war, sah ich, dass eine fünfköpfige Besucherfamilie barfuß war (»Wir kommen ganz aus Letona«, erzählte mir das Famlienoberhaupt), und an den Essensständen wurde frittierter Kuchen angeboten.

»Ich steck zu tief drin, um auszusteigen«

Garret Grove, auf das mich der junge Farmer Roger Smith hingewiesen hatte, war keine Stadt und kein Dorf. Es bestand nur aus ein paar wenigen Häusern, neben denen ein rabenschwarzer, schmuckloser Friedhof lag – St. Paul's, mit etwa vierzig kleinen Grabsteinen, die zum Teil Geburtsdaten aus dem 19. Jahrhundert trugen und auf denen Vornamen wie Parthenia und Pankie standen. Vier dieser Steine waren namenlos und leer – offensichtlich war niemand da, der sich erinnerte.

Die drei Häuser, kleine weiße Bungalows in Holzrahmenbauweise neben gepflügten Feldern, standen unter hohen Pekanbäumen an einer unbefestigten Straße, einer Abzweigung von einer schmalen Landstraße, und einem Bächlein voller Kaulquappen namens Little Piney Creek. Eines der Häuser gehörte Ocie Trice, einem vierundsiebzigjährigen, lebenslustigen Mann, der in jungen Jahren von hier weggegangen war und einundfünfzig Jahre in Chicago gelebt hatte. Er war im Jahr 2000 zurückgekehrt, nachdem er und sein Bruder das Anwesen der Familie, rund hundertsechzig Hektar, geerbt hatten. Einen Teil des Landes hatten sie an Roger Smith verpachtet. Ocies älterer Bruder hieß Eoies Oree Trice. Ocie lachte und sagte, er könne die Namen nicht erklären, vielleicht seien sie aus der Bibel. Doch diese Namen kennt die dickste Bibelkonkordanz nicht. Ocie machte sich über Roger lustig, der Single war. Offenbar ein *running gag* zwischen den beiden. Ocie sagt, er solle heiraten, müsse aber aufpassen, sonst erwischte er »'n Biest«.

Er saß unter einem Baum hinter seinem Haus und ruhte sich aus. Er hatte am rostigen Motor seines Autos gebastelt. In seinem kleinen Haus, mit dem geerbten Land wirkte er auf mich wie ein wohlhabender Bauer, der in Russland als *kulak* bezeichnet wird, dem Wort für Faust.

»Hab keine Zeit zum Heiraten«, kommentierte Roger. »Hab noch nicht mal 'ne Freundin.«

»Dann such dir eine, Junge«, rief Ocie und lachte wieder.

Roger fuhr mich in seinem alten Pickup zu einem seiner Milo-Felder. Er hatte mit neunzehn Jahren mit der Landwirtschaft angefangen, studiert und bei der Studentenorganisation »Future Farmers of America« mitgearbeitet. Außerdem hatte er Kurse am Community College im nahen Forrest City belegt. Insgesamt bearbeitete er zweihundert Hektar Land – alles gepachtet. Unterstützt wurde er von seinem Onkel, Larry Terry, einem älteren

Mann mit wildem Bart, dem schon einige Zähne fehlten, der aber überraschend eloquent über Landwirtschaft, Philosophie und einiges andere sprach. Larry stieg zu uns in den Wagen.

Roger und Larry pflügten und pflanzten, versprühten Unkrautvernichtungsmittel, düngten die Sorghum- und Milo-Hirse. Milo hatte ähnliche Eigenschaften wie Mais und wurde als Futtermittel für Rinder, Hühner und Schweine verkauft.

»Man kann Milo zu Mehl zermahlen«, informierte mich Roger.

Roger war stolz auf den Fuhrpark, den er sich angeschafft hatte – den Traktor, die Erntemaschine und eine Dammfräse, »zum Wälleziehen«, die niedrigen Wälle um die Reisfelder – imposante kantige Fahrzeuge mit großen Rädern und sehr teuer.

»Ich habe dieses Jahr 200 000 Dollar geliehen, ich hätte mehr gebrauchen können. Eigentlich hätte ich 240 000 gebraucht.«

»Sie haben das Geld von der Bank bekommen?«, fragte ich.

»Ich geh zur Farm Service Agency und bettle.«

»Wie viel Gewinn machen Sie?«

»Ich hatte bisher noch kein Jahr mit gutem Wetter«, sagte er. »Im ersten Jahr war es furchtbar heiß. Letztes Jahr hatte ich nach der Ernte 28 000 Dollar in der Tasche – nach der Zahlung der Tilgungsrate für das Darlehen. Aber ich stecke die Gewinne wieder in die Farm. Ich muss meine Arbeiter bezahlen. Ich muss einen Sattelschlepper mieten, um die Ernte nach Helena zu bringen.«

»Warum nach Helena?«

»Der Fluss. Dort wird sie auf ein Schiff verladen.«

Ich bah ihn, mir seine Reisfelder zu zeigen. Reisanbau hatte ich schon häufig gesehen, in Uganda, in Malaysia, in Indien, China und auf den Philippinen. Ich fand die eigentümlich geformten Felder immer ästhetisch ansprechend. Und auch die Reispflanzer hatten etwas Malerisches. Immer mit breitrandigem Strohhut, bis zu den Waden im Wasser stehend steckten sie die Reissetzlinge in den Schlamm, damit er dort anwachsen konnte. Auf halbe Größe angewachsen, ist Reis die schönste Feldfrucht, die man sich vorstellen kann, ein wässriges Feld voller leuchtend grünem Gras. Bis zur Ernte verliert es seine Farbe, wird braun und neigt sich sanft. Die vollen Reisrispen hängen schwer an der Spitze jedes Halms.

Nach wenigen Meilen auf flachen, schnurgeraden Straßen durch angrenzende Felder schwenkte Roger mit seinem Pickup auf den Seitenstreifen und fuhr holpernd an den Rand eines Reisfeldes. Ein schöner Anblick mit den dreißig Zentimeter hohen Wällen um den Feldrand.

»Das ist Roy-J-Reis«, erklärte mir Roger. Es war eine neue ertragreiche Sorte, die nur wenige Jahre zuvor an der University of Arkansas in Fayetteville entwickelt worden war. Sie ist robust. »Halmstärke« ist wichtig, wenn Wind aufkommt.

»Die ganzen Wälle …« sagte ich. »Sieht nach viel Arbeit aus.«

»Mit einer Dammfräse ganz einfach«, entgegnete er. »Wenn wir die Wälle gezogen haben und es ein bisschen regnet, dann pflanzen wir mit einer Pflanzmaschine sechs Meter auf einmal.« Eine Pflanzmaschine statt der Finger eines gebeugten Bauern im Feld.

»Den Reis bringen Sie auch zum Fluss?«

»Der geht den Fluss runter. Export.«

»Profitabel?«

»Wenn alles gut läuft. Wenn wir dreihundertsiebzig Scheffel pro Hektar rausbekommen, dann sind das 500 bis 700 Dollar pro Hektar. Nicht schlecht.«

Das war bei den vierunddreißig Hektar, auf denen er Reis anbaute, nicht viel Geld, und davon gingen noch die Kosten für Saatgut, Dünger, Arbeiter, LKW-Miete und Darlehenstilgung weg. Er hatte erwähnt, dass er im vorigen Jahr 28 000 Dollar Gewinn mit der gesamten Ernte gemacht hatte. Er arbeitete jeden Tag und musste sich nicht nur um die Farm kümmern, die nach hiesigen Maßstäben und im Vergleich mit den riesigen Genossenschaftsfarmen sehr klein, aber dennoch arbeitsintensiv war. Roger musste sich auch noch um die geschäftliche Seite kümmern, den Verkauf, die Verhandlungen mit Ocee Trice, den Unterhalt und die Reparaturen für die Maschinen, die er allesamt gebraucht gekauft hatte. Und dann war da noch das Wetter, das in Arkansas oft extrem und verheerend ist.

Im Pickup auf der Rückfahrt nach Garrett Grove saßen wir zu dritt nebeneinander, Larry Terry in der Mitte, und ich sagte: »Viele Leute meinen, für 28 000 Dollar würde sich die ganze Arbeit nicht lohnen.«

»Sie lohnt sich«, erwiderte Roger im Brustton der Überzeugung. »Wenn ich mich richtig reinhänge, dann schaffe ich das. Vier oder fünf Jahre noch. Ich steck zu tief drin, um auszusteigen.«

Wir fuhren schweigend durch Moro – bekannt als rein weiße Gemeinde, wie sie mir erzählt hatten. Die Kreuzung, die Kirche, die Schule, die Lagerhäuser und Scheunen, die nebeneinander geparkten landwirtschaftlichen Maschinen, die kleinen, ordentlichen Bungalows.

»Moro«, las ich laut vom Straßenschild ab.

»Es gibt Dinge, die sind einfach so, da kann man nichts machen«, meinte Larry bei der Weiterfahrt, ohne nach rechts oder links zu blicken.

»Man braucht ein dickes Fell«

Ich war in Andre Peers Haus, einem renovierten eingeschossigen Farmhaus. Nicht stattlich, aber solide und gut erhalten. Die Art von Haus, das einem Anwalt oder einem Versicherer gehören könnte. Es stand am Ende einer kleinen Landstraße in der kleinen Ortschaft Lexa, in der weniger als dreihundert Menschen leben, mehr als hundert davon Schwarze. Andre zeigte aus dem Fenster, wies auf ein nahes Feld. »Auch so eine Geschichte.«

»Erzählen Sie.«

Andre hatte einen weißen Nachbarn, der immer unfreundlich zu ihm gewesen war und der auf einem angrenzenden Feld, das ihm nicht gehörte, einen Gemüsegarten angelegt hatte, der bis auf Andres Land reichte. Andre war darüber verärgert, dass der Mann auf seinem Land gegraben hatte, ohne vorher um Erlaubnis zu fragen oder auch nur ein Wort zu sagen. Der Mann hätte ihm ja Gemüse zum Ausgleich anbieten können. Daher ging Andre zum Eigentümer des dazwischenliegenden Feldes, das der Nachbar so anmaßend bepflanzt hatte, und bot an, es zu kaufen. Der Eigentümer, der in einem anderen Bundesstaat lebte, ging auf den Handel ein. Danach rief Andre seinen Nachbarn an und sagte ihm, dass er das Feld nun besaß und dass der Nachbar seinen Garten dort aufgeben müsse.

Daraufhin wurde der Nachbar zum ersten Mal freundlich und bot Andre einen Sack Gemüse aus dem Garten an.

»Ich will Ihr Gemüse nicht«, entgegnete Andre. »Ich will, dass Sie aufhören, es auf meinem Land anzubauen.«

Mir gefiel diese Geschichte, weil sie im kleinen Maßstab so anschaulich von Landbesitz und Macht und Land erzählte. Von Landbewohnern, die eng zusammenleben, die Art von Geschichte, wie sie Tschechow erzählt.

Andre war zweiundvierzig Jahre alt, aber er hatte die Erfahrung und die Reife eines deutlich älteren Mannes. Er bearbeitete tausendsechshundert Hektar, das meiste davon gepachtetes Land, aber sein Ziel war es, noch mehr Land dazuzukaufen. Er hatte mich mit seiner Arbeitsmoral beeindruckt, seiner Offenheit und seiner Weigerung, sich von irgendjemandem von der Landwirtschaft abbringen zu lassen – nicht von der Bank, nicht vom Landwirtschaftsministerium (das verhasst war wegen der Bürokratie und der Unberechenbarkeit) und nicht von den weißen Farmern, von denen ihm viele nicht wohlgesonnen waren, wie er andeutete.

Wir hatten sein Haus verlassen und fuhren an einem seiner Maisfelder entlang und ein Stück weiter an einem seiner Weizenfelder. Andre beeindruckte mich, wie die anderen auch, durch den Stolz, den er für seine Arbeit empfand.

»Die Leute lassen sich entmutigen«, sagte er. »Viele schwarze Farmer sind in den Norden gegangen, um von den Feldern wegzukommen. Sie wollten von Landwirtschaft nichts mehr wissen. Aber es ist ein gutes Leben, wenn man auf dem Land arbeitet. Andere warten darauf, dass man versagt. Sie sagen: ›Das schaffst du nicht‹ und so.« Er seufzte und fügte dann hinzu: »Man braucht ein dickes Fell.«

»Ich glaube, das haben Sie, Andre«, stellte ich fest. »Ich glaube, ich würde mich wahrscheinlich entmutigen lassen. Sie müssen sich gegen die großen Genossenschaftsfarmen behaupten, die Ihr Land wollen.«

»Mein Land bekommt keiner«, erklärte er. »Aber es ist komisch. Meine Frau war in Jonesboro. Eine Frau fragte sie: ›Was macht Ihr Mann?‹

Und April antwortete: ›Er ist Farmer.‹

Darauf die Frau: ›Ist er ein Weißer?‹

Und April: ›Nein.‹

Darauf wieder die Frau: ›Hab noch nie von einem Schwarzen gehört, der von seiner Farm leben kann.‹« Andre wandte sich zu mir um und starrte mich mit ironisch aufgerissenen Augen an. »Das ist wahr!«

Das war der Unterschied zwischen Jonesboro, einer überwiegend weißen Universitätsstadt im Nordosten des Bundesstaats, und den kleinen Landgemeinden hier unten im Delta. Die Frau, eine Weiße, hatte ihr ganzes Leben in Jonesboro verbracht. Ein schwarzer Farmer, das war für sie einfach kurios, absurd.

»Viele dieser Leute glauben, wir wissen nicht, wie man das macht«, sagte Andre. »Aber wissen Sie was?« Er riss wieder die Augen wieder auf. »Ich kann lesen!«

»Wenn man die Farm eines Weißen von der Farm eines Schwarzen unterscheiden kann, dann hat man ein Problem«

Der neunundsechzigjährige Ernest Cox saß in einem offenen Arbeitsschuppen auf seiner Familienfarm in Marvell auf der Wagenachse eines Traktors und sprach zu uns in langsamen, bedächtigen Worten. Andre hatte mich hingefahren, weil die Farm so weit außerhalb der Stadt lag und schwer zu finden war. Wir saßen im Schatten des kühlen Schuppens mit dem hohen Dach.

»Wir kommen eigentlich aus Parkin«, erzählte Ernest. Er war in der Nähe der Ortschaft im Cross County aufgewachsen, die eine Stunde nördlich von hier und näher bei Memphis als bei Little Rock lag – zu nördlich, um noch zum Mississippi-Delta gezählt zu werden. Sein Vater – Earmer senior – war im Jahr 1950 mit der Familie von einem Tag auf den anderen ins Delta gezogen.

»Er ist weggegangen, weil er auf einer Plantage gelebt hat«, erzählte Ernest. Parkin war ein kleines Kaff wie so viele, ein bescheidenes Straßengitter mit Häusern, die fast nur Weißen gehörten, am St. Francis River gelegen und umgeben von Feldern. »Die Plantage gehörte einem Mann namens Hauser. Und dann passierte Folgendes: Mein Bruder Herschel und ein Nachbar hüteten ein paar Kühe. Und die Kühe sind irgendwohin gelaufen, wo sie nicht hin durften. Darauf hat Hauser die beiden verprügelt. Na ja, Herschel hat er nicht viel getan, aber mein Vater hatte die Nase voll und sich gesagt: ›Zeit zu gehen.‹ Wir sind hierher nach Marshall gezogen. Er pachtete etwas Land und kaufte ein paar Maultiere und hat sechsunddreißig Hektar bearbeitet.«

Sechsunddreißig Hektar, ein landwirtschaftlicher Kleinbetrieb, mit Maultierpflug und Maultierwagen. Fünfziger Jahre, aber was die Maschinen betraf, eher 19. Jahrhundert. Es war eine archaische Zeit. Das betraf auch die Rassendiskriminierung. In den fünfziger Jahren konnte jeder kleine Ärger zwischen Schwarzen und

Weißen schnell ausarten. Der stolze und vorausschauende Earmer senior hatte in Parkin ein schlechtes Gefühl gehabt und entsprechend gehandelt.

»Damals gab's nur Baumwolle«, erinnerte sich Ernest. »Wir Kinder haben die Baumwolle gehackt.« Er erklärte, dass mit dem »Hacken« das Unkrautjäten an den Baumwollpflanzen gemeint war, um die mit einer Hacke herumgehackt wurde. »Danach wurde die Baumwolle von Hand gepflückt. Das war harte Arbeit. Das erste Mal Baumwolle gehackt hab ich mit neun. Für meinen Nachbarn, den ganzen Tag. Er war ein Schwarzer. Er sagte zu mir: ›Ich mag deine Arbeit. Komm morgen wieder, und ich bezahle dich.‹ Ha!«

Ernest wurde älter, die Farm wurde größer, seine Brüder bauten sich jeweils ein Haus auf dem Anwesen und sie bebauten das Land gemeinsam, wie es heute auch ihre Söhne machen, eine klassische Familienfarm – eine Großfamilie, die zusammenlebt, in ihrer eigenen kleinen Siedlung aus eingeschossigen Backsteinhäusern und hohen Scheunen, und inzwischen mit grünen und gelben Traktoren und Erntemaschinen im Wert von einer Million Dollar. Die Familie baute seit zwanzig Jahren keine Baumwolle mehr an, sondern konzentrierte sich inzwischen auf Sorghum und Milo und Reis, wie die anderen Farmer.

»Die Farmer sollten aufhören, ihren Söhnen zu sagen, dass sie weggehen sollen«, sagte Ernest. »Wir wissen, warum unsere Eltern zu uns sagten, dass wir weggehen sollen. Weil es so schwierig war.«

Ernests älterer Bruder Earmer junior sah uns und kam herüber. Er begrüßte uns und setzte sich dazu. Er trug einen abgewetzten Hut mit breiter Krempe und verblichene Arbeitskleidung. Er war Mitte oder Ende siebzig, und die harte Arbeit hatte ihren Spuren an seinem Körper hinterlassen. Seine Hände waren verkrampft und arthritisch. Er hatte die letzten Worte seines Bruders gehört. Er seufzte und sagte: »Ja, es war schwierig damals.«

»Aber wir werden nicht mehr körperlich misshandelt«, gab

Ernest zu Bedenken. »Heute wird eher psychisch oder finanziell Druck ausgeübt.«

Earmer junior nickte und sah auf seine Schuhe, die abgetragen und dreckig waren, wie seine Hände, als er sich hinunterbeugte, um an einem Schuh die Schnürsenkel zu binden.

»Aber die Landwirtschaft hat ihre Vorteile«, sagte Ernest. »Man kann gut davon leben. Es lohnt sich, dass man dafür kämpft. Wir wollen uns immer noch beweisen. Vor einigen Jahren haben wir nach einer Finanzierung gesucht. Es war schwer. Die Leute bei der Farm Service Agency sagten in den Siebzigern zu uns: ›Ich gebe euch kein Darlehen. Nächstes Jahr könnt ihr alle euer Land nicht mehr bebauen.‹«

»Wie haben Sie darauf reagiert?«, fragte ich.

»Wir haben nicht aufgegeben«, antwortete Ernest.

»Ein Mann hat zu mir gesagt: ›Schwarze haben auf einer eigenen Farm nichts zu suchen‹.« Earmer junior schüttelt ungläubig den Kopf.

»In den Siebzigern?«

»Letztes Jahr.«

»Dumm wie Bohnenstroh«, kommentierte Adre und blähte frustriert die Backen auf. »Schwarze Farmer stoßen auf mehr Widerstände als andere. Das gibt keiner zu, aber es ist wahr. Wir merken, dass man gegen uns arbeitet.«

Die Sonne stand schon tief und die Blätter der Eichenbäume, in deren Schatten das Haus stand, rauschten in einer sanften Brise, als wir um die Schuppen und Scheunen herumgingen, zwischen den Maschinen hindurch. Dann stieg ich in Ernests Pickup und wir sahen uns einige seiner Felder an.

»Viele Weiße haben uns geholfen«, erzählte Ernest. »Wenn man die Farm eines Weißen von der Farm eines Schwarzen unterscheiden kann, dann hat man ein Problem.«

Ein Unruhestifter im Cypress Corner

In jenen Tagen im Delta, als ich wieder auf der Straße unterwegs war, dieses Mal mit Roger Smith und Larry Terry, hielten wir einmal zum Mittagessen im »Cypress Corner BBQ« am Highway 1 außerhalb von Marianna. Das Restaurant war bei Farmern beliebt und befand sich in einem ehemaligen kleinen Lebensmittelladen an einer Kreuzung inmitten von gepflügten Feldern – kein anderes Gebäude in der Nähe. Neben einem Schild, das den Gebrauch von Handys an der Essensausgabe untersagte, hing die Speisekarte – gegrilltes Schweine- und Rindfleisch, Catfish und Hamburger, mit den üblichen Beilagen, Bohnen, »Hushpuppys« (frittierte Maismehlbälle), Krautsalat und Pommes.

Beim Eintreten, als die Fliegengittertür mit quietschender Feder krachend hinter uns zufiel, hatte ich das Gefühl, in einen Herrenclub einzudringen – ein Raum voller weißer, muskulöser, stämmiger Naturburschen, die zusammensaßen und sich berieten. Sie senkten die Stimmen, als Roger, Larry und ich – in unseren abgetragenen Sachen sahen wir ebenfalls aus wie Farmer – uns an den einzig freien Tisch mitten im Raum setzten. Niemand grüßte, aber uns schlug auch keine Feindseligkeit entgegen. Doch die Stimmung war verändert. Wir wurden ziemlich demonstrativ ignoriert.

Wenn man fremd ist, dachte ich bei mir. In Little Rock hatte ich bei der John-Lewis-Lesung im »Mosaic Templars Cultural Center«, einer Halle voller aufmerksamer Schwarzer, versucht, ein Gespräch mit Lewis' gut gekleideter Entourage und dem lokalen Begrüßungskomitee zu führen. Ich war gescheitert und hatte mir eine deutliche Abfuhr geholt – was mir bei meinen Reisen im Süden nur sehr selten passiert war. Ich hatte erkannt, dass sie mich missbilligend als »Peckerwood« betrachteten, als weißen Hinterwäldler, als weißes Landei.

Hier im »Cypress Corner« war ich wieder ein Fremder, aber mit anderen Vorzeichen. Hier war ich *nicht Peckerwood genug*, während ich inmitten von dreißig weißen Farmern dasaß und neben zwei schwarzen Farmern – den einzigen Schwarzen im Raum – in meinem Essen stocherte. Und das stillschweigende Urteil über mich lautete, dass ich ein Außenstehender war, wahrscheinlich aus dem Norden, also garantiert ein neunmalkluger Besserwisser, kurz: ein Unruhestifter.

Ernte

Am Rand eines Feldes, das vor Rispen mit Mittelkornreis überquoll (»Wir sagen Jupiter Rice dazu und exportieren ihn in jene Länder, in denen gern Mittelkornreis gegessen wird, wie China und Japan«), verkündete Andre Peer, diese Ernte sei ein Erfolg. Er pflückte einen Halm und schwenkte ihn mit den schweren Rispen voller Reiskörner durch die Luft, als wolle er das Feld segnen. Er hoffte, 30 000 Scheffel ernten zu können, für 6,50 Dollar pro Scheffel. Er wollte in wenigen Tagen mit demselben Mähdrescher arbeiten, mit dem er auch die Sojabohnen einfuhr.

»Die Überschwemmungen in Kalifornien dieses Jahr haben hier die Preise hochgetrieben«, erklärte Andre. »Dort konnten sie den Reis nicht pflanzen. Aber auch so bin ich immer noch ein Kleinbauer. Mein Nachbar hat tausendvierhundert Hektar Reis.« Er zupfte eine Rispe ab und reichte sie mir. »Ich habe kein Land geerbt, so wie er. Er fährt gerade seine dreiundvierzigste Ernte ein.«

Ich erzählte ihm, was ich von Calvin King und anderen gehört hatte, dass viele Afroamerikaner Land besäßen, das sie nicht nutzten, dass manche lieber Wohlfahrtseinrichtungen in Anspruch nähmen, um sich mit Lebensmitteln zu versorgen, und dass viele ihr Erbe verkauft hätten.

»Viele Afroamerikaner wollen ihr Land nicht nutzen«, bestätigte Andre. »Man nennt das wohl Faulheit.«

»Darf ich Sie zitieren?«

Er hob die Hände und sagte: »Nur zu.«

Aber die Aufgaben, vor denen ein Landwirt steht, sind auch wirklich enorm. Andre hatte für die Farm Darlehen in Höhe von fast einer halben Million Dollar aufgenommen. Er hatte sehr hohe Kosten für Ausstattung und Arbeiter. Sein gebrauchter Mähdrescher hatte 270 000 Dollar gekostet. Er musste Saatgut kaufen, Land pachten und zwei riesige Getreidesilos (kürzlich für 212 000 Dollar gebaut) abbezahlen. Ein weiterer Schuldschein bei der Bank. »Sie wollen nicht, dass Schwarze diese Maschinen und all das haben«, sagte er, »weil uns das unabhängig macht.« Jedes Silo fasste 32 000 Scheffel, und eines war fast voll mit Maiskolben im Wert von 128 000 Dollar. Von all diesen Informationen schwirrte mir der Kopf, und ich verstand gut, wenn jemand mit diesen komplexen Herausforderungen der Landwirtschaft nicht zurechtkam.

»Das ist wie Geld auf der Bank«, erklärte Andre, als wir auf einer Leiter oben an einem Getreidesilo standen und auf den Berg gelber Kolben hinunterblickten. »Wenn ich Geld brauche, verkaufe ich einen Teil davon.«

Aber, so betonte er erneut, er sei ein Kleinbauer und er hoffe, nach einem Jahr Arbeit, in dem er um Darlehen gekämpft, sich um das launische Wetter gesorgt, gepflanzt, gejätet und gedüngt hatte, in dem er Arbeiter eingestellt und Maschinen in Schuss gehalten hatte, einen Gewinn von 100 000 Dollar zu machen.

»Vielleicht mehr, kommt auf die Preise an.«

Roger Smith berichtete von einer guten Ernte, ebenso die Brüder Cox. Rickey Bone hatte schlechte Neuigkeiten: Sein Land lag zwar nur dreißig Meilen weiter nördlich, doch er hatte schwere Regenfälle erlebt, überschwemmte Felder und – abgesehen von Kürbissen – einen vollständigen Ernteausfall.

Mittagessen unter dem Pekanbaum

Der alte Samuel Ross, den ich zuletzt am Konferenztisch in Fargo gesehen hatte, kletterte von Andres Mähdrescher herunter, als ich mich auf einem gerade abgeernteten Stoppelfeld mit strohartiger Sojabohnenspreu näherte. Das war auf dem flachen, staubigen Land vor den Toren der Stadt Marianna. Es war sehr heiß.

»Mir gehört dieses Feld. Ich habe es an Andre verpachtet.« Samuel Ross lachte. »Ich fahre den Mähdrescher und lade die Sojabohnen in den Laster. Um sicherzugehen, dass ich mein Geld von ihm bekomme.« Wieder lachte er.

Aber er war in erster Linie kein »Pachtherr«, sondern ein guter Nachbar, der in dieser arbeitsreichen Zeit aushalf. Der Laster sah aus wie ein Tanker und war fast randvoll mit Sojabohnen, rund tausend Scheffel, die an jenem Morgen geerntet worden waren – Bohnen im Wert von 10 000 Dollar, die im Lauf des Tages nach Helena transportiert, dort gewogen und auf ein Flussschiff verladen wurden.

Zwei weitere Männer, Vaughn und Roy, liefen übers Feld zu dem betonierten Vorplatz eines verlassenen Schuppens, der im Schatten eines Pekanbaumes lag. Daneben befand sich ein Gemüsegarten. Die staubigen, daumengroßen Pekannüsse lagen auf dem Boden verstreut. Der Garten stand voller Tomatenpflanzen an Rankstäben und Brechbohnen, und in einer Ecke wucherten im hohen Gras vergilbende Wassermelonenranken mit ein paar prallen Wassermelonen. Ein junger Mann, dessen Namen ich nicht verstand, trug in den Armen eine Wassermelone. Er legte sie auf die Ladefläche von Andres Pickup, schlitzte sie mit einer Hacke auf und bot uns Stücke davon an.

Zum Dank dafür, dass sie mir so bereitwillig Auskunft gaben, hatte ich das Mittagessen aus Marianna besorgt. Ich hatte sie gefragt, was ich holen solle: Zwei Eimer mit knusprig paniertem Hühnchen und Behälter voller Stampfkartoffeln und Soße. Es war Mittag, mit Temperaturen um die dreiunddreißig Grad Celsius, und wir standen gemeinsam im Schatten des Pekanbaums. Diese Männer waren bereits im Morgengrauen aufgestanden, doch dies war ihre erste richtige Mahlzeit des Tages. Ihre Hemden waren nass vor Schweiß, ihre Stiefel staubig. Samuel Ross, den alle wegen seines Alters respektvoll als »Mr Ross« ansprachen, trug einen Strohhut, der ebenfalls Schweißflecken aufwies.

Wir aßen eine Zeitlang schweigend, und dann fragte ich Vaughn, wo er geboren war.

»Hier in der Gegend, nichts Besonderes«, antwortete er mit einem Stück Hühnchen in der Hand. »Fragen Sie Mr Ross. Der hat da mehr zu erzählen.«

»Mr Ross?«

»Ich wurde in Indianola, Mississippi, geboren«, sagte Mr Ross. »1946. Mein Vater war Farmpächter bei einem Weißen. Baumwolle, etwa fünf Hektar, vielleicht weniger. Kleiner Betrieb.«

»Wie war das Leben?«

»Farmpächter sind immer verschuldet«, erzählte er. »Man pflanzt und arbeitet, und die ganze Zeit über kann man im Laden anschreiben lassen. Aber nach der Ernte hat man nicht genug Geld verdient, um die Schulden im Laden zurückzuzahlen, oder die Pacht für das Land. Und so kommen diese Schulden in der nächsten Saison noch dazu, und man hat immer mehr und mehr Schulden. Bis es so viel wird, dass man es nie mehr abzahlen kann.«

Er beschrieb eine Situation von Leibeigenschaft, oder Schuldensklaverei. Die Schuldenfalle fesselte die Farmpächter an den Landeigentümer.

»Wir waren fünf Kinder, meine Mutter und mein Vater«, erzählte Ross. »Wir haben alle gearbeitet. Wir haben von Hand Baumwolle gepflückt und gehackt. Ich war noch ganz klein, da hab ich auch schon auf den Feldern gearbeitet.«

Er aß weiter, wischte sich über die Stirn, ließ sich Zeit, im fleckigen Schatten der Pekanbaumzweige.

»Wie ging es dann weiter?«

»Wir sind nach Marianna gekommen, nach Aubrey, um genau zu sein, ganz in der Nähe, wo eine Tante meiner Mutter lebte.« Er kaute langsam.

»Ich verstehe«, sagte ich, aber ich hatte mehr erwartet als den plötzlichen Sprung von Indianola in Mississippi zu dieser kleinen Stadt auf der anderen Seite des Flusses in Arkansas.

»Das ist die Geschichte«, sagte Mr Ross schließlich. »Es war gefährlich.«

»Was war gefährlich?«

Er warf seinen Hühnchenknochen in den Müllbeutel und wischte sich den Mund mit einem Taschentuch ab. Er nahm einen Schluck Limonade und fuhr dann fort: »Es war gefährlich, als wir nachts weggefahren sind. Gefährlich, weil wir Schulden hatten. Wir zu siebt im Auto. Wir mussten sehr vorsichtig sein. Wir waren Farmpächter ohne Rechte. Wenn sie dich schnappten, konnte alles passieren.«

»Sie mussten fliehen?«, hakte ich nach.

»So war es. Nachts. Wir zu siebt im Auto. Gegen zwei Uhr morgens weckte mein Daddy uns. Wir wussten nicht, dass er abhauen wollte. Wir mussten so schnell raus, dass wir alles zurückgelassen haben – Töpfe und Pfannen, Stühle, Kleider, alles. Wir hatten nur das, was wir auf dem Leib trugen.«

»Klingt gefährlich – und gruselig.«

»Sehr gruselig«, bestätigte Mr Ross. »Wir sind im Dunkeln ins Auto gestiegen. Es war ein Chevrolet. Das war 1953. Mein Vater hatte Angst, dass man uns erwischen und zurückschleppen könnte. Wir sind bis zum Mississippi gefahren und haben dort auf die Fähre nach Helena gewartet.«

Später, als ich ihre riskante, verzweifelte Flucht auf der Karte nachverfolgte, sah ich, dass sie, wahrscheinlich über Nebenstraßen, weit nach Norden, nach Drew oder Cleveland gefahren sein mussten, und dann weiter nach Clarksdale, mehr als siebzig Meilen in der Dunkelheit, und weitere dreißig Meilen bis zur Anlegestelle der Fähre, insgesamt mehr als hundert Meilen, und die ganze Zeit mit der Angst im Nacken, dass der wütende Gutsbesitzer sie verfolgte und ihnen Gefangennahme und Verurteilung drohte. Sie verließen einen Bezirk in Mississippi, der nahe an der Grenze zum Leflore County lag, wo ein Jahr später Emmett Till wegen »Respektlosigkeit« gegenüber einem weißen Farmer gelyncht wurde.

»Damals gab es noch keine Brücken, nur die Fähre«, erzählte Mr Ross weiter. »Ich war sechs, sieben Jahre alt, aber ich erinnere mich an alles. Wir setzten über, fuhren durch Helena und kamen nach Aubrey, wo wir bei der Tante Unterschlupf fanden. Und dann wurde alles anders. Wir bauten Baumwolle auf Pachtland an, aber hier verdienten wir Geld damit, weil der Eigentümer des Landes ein Schwarzer war. Robert McCoy. Er hatte eine völlig andere Einstellung als der Mann in Mississippi. Wir bauten Sorghum und Baumwolle an und züchteten Schweine. Mit dreizehn fuhr ich einen Traktor. Das war '58, '59. Ich bekam fünf Dollar am Tag.«

»Keine Schulden mehr«, warf ich ein.

»Wir hatten danach nie wieder Schulden.«

Von seinen Ersparnissen kaufte Mr Ross' Vater etwas Land, und später kaufte Mr Ross noch mehr Land dazu. Er besaß nun so viel Land, dass er einen Teil davon an Andre verpachten und um diese Jahreszeit bei der Ernte helfen konnte.

Wir standen immer noch unter dem Baum und aßen. Dann gingen die anderen fort, um weiter Sojabohnen zu verladen, und ließen Andre, Mr Ross und mich im Schatten zurück.

»Tja, Mr Ross hat was zu erzählen«, resümierte Andre und nickte.

»Das war eine gute Geschichte«, bestätigte ich. »Ich habe noch eine Frage, eine persönliche.«

»Fragen Sie«, forderte Andre mich auf.

»Ich würde gern wissen, hat jemals irgendjemand ihnen gegenüber das N-Wort benutzt?«

»Mich hat nie jemand so genannt«, antwortete er. »Ist nie vorgekommen.«

»Das wundert mich ein wenig.«

»Wissen Sie, es bedeutet eigentlich nicht ›Schwarzer‹«, informierte mich Andre. »Es ist ein Schimpfwort. Schlagen Sie's nach.«

»Das habe ich getan«, erwiderte ich. »Es bedeutet ›Schwarzer‹.«

»Aber es ist auch ein Schimpfwort«, beharrte er und sammelte dabei die Hühnchenknochen, Limonadedosen und Wassermelonenrinden ein und warf sie zu den anderen Überresten in den Müllbeutel. »Witzige Geschichte. Wir waren drüben in der Werkstatt in Marianne, und da waren zwei weiße Typen, die im hinteren Teil an einem Motor gearbeitet haben. Sie haben uns nicht gesehen, aber wir konnten sie hören. Einer sagt: ›Du gehst mir auf die Nerven, du verdammter Nigger.‹ Zu einem Weißen!«

»Was haben Sie gesagt?«

»Gab nichts zu sagen. Wir standen um die Ecke, sie haben uns nicht gesehen. Aber dann ist der Typ, der das gesagt hat, rausgekommen und hat uns gesehen. Er sagte: ›Entschuldigung für das grade. Ich wusste nicht, dass Sie hier sind.‹«

»Sie fühlten sich nicht angegriffen?«

Andre seufzte und verdrehte genervt die Augen, wie er es häufig tat, wenn er fand, ich sei wieder mal etwas begriffsstutzig. »Er hat es zu einem Weißen gesagt!«

»Mir gegenüber hat nie jemand das Wort benutzt«, sagte Mr Ross. »Vielleicht irgendwann mal hinter meinem Rücken, aber ich habe es jedenfalls nicht gehört.«

Er streckte sich, gähnte und wollte zum Mähdrescher zurückgehen, um die restliche Ernte einzufahren. Er sah, wie ich die Einzelheiten von Andres Geschichte über die Werkstatt in mein Notizbuch schrieb.

»Fragen Sie die alten Leute«, schlug Mr Ross vor. »Die haben wahrscheinlich was ganz anderes zu erzählen.«

»Die ganze Welt ist eine Familie«

Bei meiner Rundreise durch das Delta in Arkansas blieb ich immer in Bewegung und übernachtete selten zwei Nächte hintereinander im selben Motel. Eines Nachmittags schleppte ein Mann bei einem Motel in der Nähe von Forrest City einen Koffer aus seinem Wagen auf dem Parkplatz. Er sah mich und rief mir zu: »Das Motel wird Ihnen gefallen.«

Ich wusste nicht, was ich sagen sollte, und lächelte daher nur.

»Es ist sauber, nicht wie die anderen.« Er kam näher. »Keine Inder.«

Er nannte zwar keinen Namen, aber er meinte vermutlich den allgegenwärtigen Mr Patel.

Es war ein gutes Motel, sauber, staubfrei mit dem üblichen Frühstück (Orangenlimonade, braunfleckige Bananen, Froot Loops in einer Styroporschale). Am Empfang standen ältere weiße Frauen, die Putzfrauen waren Latinas.

Auf meinem Weg durch die Lobby grüßte mich ein lächelnder Inder, der sich als Eigentümer und Manager vorstellte.

»Sie können mich Bee nennen«, sagte er an. »Ist eine Art Spitzname.«

»Bee steht für was?«

»Bert«, antwortete er. »Bert Patel.«

Ich musste lächeln und sagte: »Ich würde vermuten, dass Ihr eigentlicher Vorname etwas exotischer ist.«

Jetzt lächelte er. »Bhakti«, sagte er. Schon besser – Bhakti war das Hindi-Wort für »Hingabe«.

Er hatte den üblichen Hintergrund: Er war in Ahmedabad in Gujarat geboren und kam vor einigen Jahrzehnten als Student in die Vereinigten Staaten. Ingenieurwissenschaft. Er war geblieben. Seine Ehe war in Indien für ihn arrangiert worden. Und wie Tausende andere Patels, ehemalige Studenten, Neuankömmlinge, war er Motel-Betreiber im Süden geworden.

»Das warme Wetter ist ein Faktor«, erklärte er, warum er sich für diese Region entschieden hatte. »Inder können keine Restaurants führen, weil wir Hindus sind und ein Problem hätten, wenn wir Fleisch verkaufen müssten.«

»Warum hätten sie damit ein Problem?«, hakte ich nach, um ihn aus der Reserve zu locken.

»Wie kann man ein Restaurant führen, ohne die Gerichte zu kosten?«

»Sie essen kein Fleisch.«

»Kein Fleisch.«

»Wie ist das Leben hier in Arkansas?«

»Es ist ein gutes Leben.«

Die nächste Frage formulierte ich vorsichtig: »Und die *hubshis?*«

Hubshi (manchmal auch *habshi*) ist das Hindi-Wort für einen schwarzen Menschen. Die Herkunft des Wortes ist interessant, denn es stammt von einem abessinischen (amharischen) Wort ab (*»habashi«* auf Arabisch). Es ist eine höfliche Bezeichnung. Die Gujaratis, die ich in Ostafrika kennengelernt hatte, die Patels, Desais und Shahs sprachen über Afrikaner manchmal als *karia* – Schwarze (und ich war ein *dorio*, ein Weißer). Bhakti Patel verstand, was ich mit *hubshis* meinte.

»Ich weiß, was *hubshis* sind. Es gibt *hubshis* in Ahmedabad. Sie sind Muslime.«

»Sie meinen Siddis?« Das waren Afro-Inder, Nachkommen von afrikanischen Sklaven, die nach Indien verschleppt worden waren, die immer noch in verschiedenen Teilen des Subkontinents lebten, unangepasst, am Rand der Gesellschaft, deutlich erkennbar als Afrikaner.

»Siddi, *hubshi*, alles dasselbe. Ich habe keine Schwierigkeiten mit den *hubshis* in Arkansas. Leben und leben lassen.« Dann machte er ein bedeutungsvolles Gesicht. Er wollte mir etwas Abschließendes mitteilen: »Allen *hubhshis* und allen anderen und auch Ihnen, mein Freund, sage ich: *vasudhaiva kutumbakam!*«

Er sagte es noch einmal, laut, wie einen Schlachtruf, und

schreckte damit ein paar andere Leute in der Lobby auf. Die älteren Damen am Empfang zuckten zusammen.

»Die ganze Welt ist eine Familie«, rief er, griff nach meiner Hand und schüttelte sie.

Er zitierte, wie ich später herausfand, einen Sanskrittext aus den antiken Veden, aus dem sogenannten *Manopanischad.*

Ich nickte. »Keine Probleme also? Sie sind glücklich?«

Er lächelte

»Fast.« Sein Lächeln wirkte nun verkrampft. Er zeigte durch die Vordertür auf ein neues und etwas größeres Motel auf der anderen Straßenseite. »Wenn die nicht da wären.«

»Wem gehört es?«, fragte ich.

»Patels. Patels aus Little Rock. Meine größte Konkurrenten.«

Sträflingskolonne

Im Jahr 1936 stießen der Schriftsteller Erskine Caldwell und die Fotoreporterin Margaret Bourke-White in ihrem alten Ford bei Hood's Chapel, in Georgia, auf eine Sträflingskolonne – fünfzehn oder zwanzig schwarze Männer in schwarzweiß gestreifter Gefängniskleidung. Die Beine in Fußfesseln und aneinandergekettet hoben sie einen Graben aus unter der Aufsicht eines untersetzten weißen Mannes im Overall mit einem Gewehr auf der Schulter.

»Die Kolonne geht morgens raus und kehrt spät abends zurück«, steht unter dem Bild in dem von Caldwell und Bourke-White 1937 herausgebrachten Bildband *You Have Seen Their Faces. »Und in der Zwischenzeit wird viel Schweiß vergossen.«*

Unter einem anderen Foto von denselben Männer beim Ausruhen unter einem Baum steht: *»Ganz gleich, wo du herkommst oder wohin du gehst – wenn du in der Kolonne bist, dann bleibst du sehr lange.«*

Diese Worte und die ergreifenden Fotografien waren mir im Gedächtnis haftengelieben. Als ich daher bei meiner Fahrt durch die Stadt Marianna in Arkansas fünf Männer in orangefarbenen Strafgefangenen-Overalls sah, die die South Liberty Street fegten und Unkraut jäteten, auf dem Platz im Zentrum, parkte ich den Wagen und ging zu ihnen hinüber.

Dies schwarzen Männer wurden von einer hünenhaften schwarzen Polizistin beaufsichtigt, auf deren Namensschild *Williams* stand. Sie trug eine Pistole, einen Schlagstock und eine Reizgaspistole in Halftern am Gürtel, aber sie stand nur da und sah den Männern ruhig zu. Ihre Augenbrauen waren blond gefärbt. In ihrer knapp sitzenden Uniform, dem blauen Hemd, schwarzen Hosen, die Füße auseinander, Hände auf den Hüften, sah sie aus wie ein großes blaues Fass auf Beinen.

»Wie geht's Ihnen?«

»Alles bestens«, antwortete sie. »Und selbst?«

Die Männer arbeiteten weiter, ohne mich anzusehen, sie kratzten und fegten und schaufelten den Abfall in eine Tonne.

»Ich bin auf der Durchfahrt«, erklärte ich. »Kommen diese Männer aus dem Gefängnis?«

»Ja, da kommen sie her, aber es sind gute Arbeiter«, bestätigte Officer Williams. Und damit ich sie nicht für Gewalttäter hielt, fügte sie hinzu: »Sind wegen kleiner Vergehen drin, keine Schwerverbrecher.«

Trunkenheit am Steuer, Ruhestörung, kleine Einbruchdelikte, Vandalismus. Unglücksvögel oder einfach vom Pech verfolgt.

»Sie halten Sie in Schach?«

»Das ist eine Frage des Respekts«, erklärte sie und schien noch ein wenig mehr zu wachsen.

Sie arbeiteten sich in der grellen Hitze von der Liberty Street zur Court Street vor, Officer Williams und die Missetäter in hellem Orange, Besen vor sich her schiebend, verzweifelt oder vom Pech verfolgt – fast anmutig im Vergleich zu den unterdrückten Strafgefangenen in Streifenanzügen, die Caldwell beschrieben und Bourke-White fotografiert hatte.

Die tüchtige Frau von Palestine

Eine der Frauen, die es nicht zu dem Treffen bei Calvin King eine Woche zuvor geschafft hatten, lebte ein paar Meilen nördlich der kleinen Delta-Stadt Palestine als Viehzüchterin. Ihr Name war Dolores Walker Robinson, sie war zweiundvierzig, eine alleinerziehende Mutter von drei Jungs, Mack (zweiundzwanzig), Malcolm (achtzehn) und Franklin (zwölf). Nach mehr als zwanzig Jahren des Umherreisens mit ihrem Ehemann, einem Soldaten, in denen sie gearbeitet und ihre Kinder großgezogen hatte, war Dolores nach einer ziemlich plötzlichen Scheidung an den Ort ihrer Geburt und Kindheit zurückgekehrt, um für sich und ihre Jungs ein neues Leben aufzubauen. Für mich war sie »die tüchtige Frau«.

»Ich wollte nicht, dass meine Söhne das harte Leben in der Stadt führen müssen«, erzählte sie mir beim Spaziergang über ihre Viehweide. Als Frau eines Soldaten hatte sie meistens in größeren Städten gewohnt oder auf Stützpünkten in der Nähe einer Großstadt. »Ich hatte das Gefühl, ich würde sie an die Stadt verlieren. Man kann der Kriminalität und all den Probleme, die es in einer Stadt gibt, nicht entfliehen.«

Sie sprach leise, hatte eine sanfte Art, ein faltenloses Gesicht und Schlupflider, die ihr ein leicht asiatisches Aussehen verliehen. Immer wenn sie einen Eimer mit Tierfutter schwenkte oder ein Gatter öffnete, strahlte sie Stärke und Zielstrebigkeit aus. Sie schien eine robuste Gesundheit zu haben, und obwohl sie Arbeitskleidung trug, hatte sie doch Stil – gelbe Stiefel, gelbe Lederhandschuhe, ein rotes Stofftuch adrett um den Kopf. Sie strahlte vor allem Mütterlichkeit aus. Den Eindruck hatte ich nicht nur, weil sie mir erzählt hatte, dass sie nach Palestine zurückgekehrt sei, um ihre Kinder »in Sicherheit zu bringen«, sondern durch ihre ganze Einstellung zur Landwirtschaft und zur Viehzucht. Sie dachte als Ernährerin.

Ihr kleines Haus und die Hälfte ihres Landes lag auf einer Anhöhe, und mir fielen dazu die Zeilen aus *Ulysses* ein: »Die Bewegungen, die in der Welt Revolutionen hervorbringen, werden aus den Träumen und Visionen im Herzen eines Bauern auf dem Hügel geboren. Für sie bedeutet die Erde kein Land, das man ausbeutet, sondern die lebendige Mutter.«*

Mit ihren Ersparnissen als Schwesternhelferin hatte sie siebzehn Hektar brachliegendes Land in Palestine gekauft. Der Schuppen, der dort stand, war unbewohnbar. Mit der Hilfe von Freunden und ihren Jungs zäunte sie das Land ein, baute ein kleines Haus und startete eine Ziegenzucht. Vier Jahre vergingen. Sie hörte von »Heifer International« in Little Rock, einer Hilfsorganisation für Familienbetriebe, die von der Viehzucht leben, mit dem Ziel, Hunger und Armut zu bekämpfen. Das Motto der Organisation lautetet: *»Passing on the Gift«* – das Geschenk weiterreichen. »Das bedeutet«, so liest man in der Selbstdarstellung der Organisation, »dass Familien das, was sie in unseren Ausbildungsprogrammen lernen, mit anderen teilen, in dem sie den ersten weiblichen Nachkommen ihrer Zuchtherde an eine andere Familie abgeben. So verlängert sich die Wirkung des ursprünglichen Geschenks.«

Dolores schrieb sich in das Programm ein, besuchte Treffen und Trainingskurse und erhielt zwei Färsen zur Aufzucht. Inzwischen hatte sie eine Herde mit zehn Kühen – und entsprechend den Vorgaben der Hilfsorganisation hatte sie ein paar Kühe an andere bedürftige Farmer abgegeben.

»Ich wollte etwas, das mir gehört«, erklärte sie. Sie war auf einer Farm in der Nähe aufgewachsen. »Ich wollte meine Söhne an das Leben heranführen, das ich kannte.«

Neben der Kuh- und Ziegenherde hielt sie noch Schafe, Gänse, Enten und Hühner. Sie verkaufte das Geflügel zum Teil, sie verkaufte Eier und ließ die Vögel immer wieder brüten. Sie baute Mais als Kuhfutter an. Weil die Einnahmen durch die Tiere nur gerade so die Kosten deckten, arbeitete sie an sechs Tagen pro

* James Joyce, *Ulysses*. Übersetzung von Georg Goyert, Zürich 1927.

Woche für die »East Arkansas Area Agency on Aging« als Altenpflegerin und Schwesternhelferin. Ihre beiden jüngeren Kinder gingen noch zur Schule, der Älteste war auf dem College. Geld war immer knapp.

Früh am Morgen, und nach einem Arbeitstag für die Agency, erledigte sie die Farmarbeiten, fütterte und tränkte die Tiere, reparierte Zäune, sammelte Eier ein. An manchen Tagen besuchte sie Tierzüchterseminare – erst kürzlich war sie dafür in Greenville, Mississippi, gewesen. »Ich habe dort viele Kontakte geknüpft. Wir haben alle dasselbe Ziel.«

Dolores Walker Robinson wirkte entspannt und beschwerte sich nicht, aber sie war zäh und sie brachte alle Voraussetzungen mit, die man für den Beruf brauchte: Sie verfügte über Arbeitsdisziplin, hatte einen starken Willen, sie liebte das Land, konnte gut mit Tieren umgehen, hatte keine Angst vor der Bank, aber eine Zukunftsvision, sie dachte langfristig und strebte nach Unabhängigkeit.

»Ich plane für die nächsten zehn Jahre«, erzählte sie, als wir die abschüssige Straße hinunterstapften. »Ich will die Herde erweitern und Vollzeit auf der Farm arbeiten.«

Sie hatte nur ein relativ kleines Stück Land zur Verfügung und besaß nur mäßig viele Tiere, aber in ihrer Gegenwart fühlte ich mich ermutigt, hoffnungsvoll, glücklich – ich bewunderte sie für ihre Tapferkeit.

Viele Südstaatler, die ich traf, versicherten mir – mit grimmigem Stolz oder sorgenvoll oder mit einem Faulkner-Zitat auf den Lippen –, dass der Süden sich nicht veränderte. Das stimmte nicht. An vielen Orten, vor allem in den Städten, war der Süden kaum wiederzuerkennen. In den ländlichen Gebieten brauchten Veränderungen länger, aber es änderte sich etwas – langsam, aber sicher. Der Dichter William Blake schrieb: »Wer Gutes tun will, tue es in kleinen Schritten.« Und die Farmer im Delta, die ich besucht hatte, und vor allem Dolores Robinson, verkörperten diese Einstellung. Sie hatte ihr altes Leben aufgegeben, um ihren Kindern eine Heimat zu geben, und sie wirkte mutig auf ihrer Farm, wie sie ihr Leben aufbaute und sich um ihre Kinder kümmerte.

Der Süden bezieht ein ungeheurere Kraft von dem Selbstbewusstsein seiner Bewohner, die hier seit Generationen verwurzelt sind. Und es waren bezeichnenderweise vor allem Familiengeschichten, die die Region für einen Reisenden wie mich, der mehr an Gesprächen als an Sehenswürdigkeiten interessiert war, zu einer Offenbarung machten.

Alter Mann

Während der letzten Tage meiner Reise im Delta war ich von Farm zu Farm gefahren, hatte gesehen, wie die Menschen lebten, und war dabei unbewusst dem Lauf des großen Flusses gefolgt. Doch schon zu Beginn meiner Reise, weit weg von seinen Ufern, war der Fluss in meinen Gedanken gewesen, als Symbol des Südens und als Trost.

An manchen Tagen im Delta war der Fluss das einzig Lebendige in einer scheinbar erstarrten Landschaft. Keine Menschen waren zu sehen, Rinder standen starr in der Ferne wie auf Fotos, kein Blatt rührte sich – die monumentale Reglosigkeit des ländlichen Südens zur heißen Mittagszeit, ein stockfleckiges und ausgebleichtes Gemälde in blassen Farben.

Nur der Fluss strömte dahin, ein endloses Gleiten zwischen Dämmen und niedrigen, mit Bäumen bewachsenen Ufern und den Mündungen der Nebenarme und Bayous. Der Strom war verlässlich, die große Konstante in einer im Wandel befindlichen Region. Kein Wunder also, dass mit der kräftigen Strömung so viel Romantik und Hoffnung verbunden wurde. Der Fluss war immer noch ein Transportweg für Handelswaren und landwirtschaftliche Erzeugnisse. Die Ernte – man bringt sie »zum Fluss«, wie die Farmer hier sagten, weil der Fluss die Verbindung zur Welt war.

Der Mississippi, der »Alte Mann« der Erzählungen aus dem Süden, ist das zentrale Bild in der Faulkner-Erzählung gleichen Namens und treibt dort die Handlung voran. Konzipiert als Kontrapunkt zu »Wilde Palmen«, der zweiten Geschichte des »Doppelromans«, ist die Geschichte »Old Man«* eine seiner besten Texte: die dramatische Geschichte eines namenlosen Strafgefangenen in einem Ruderboot, der den Auftrag bekommt, Opfer des großen Hochwassers von 1927 zu retten. Im Ausgangslager in der Nähe des Uferdeichs hört der Sträfling kurz darauf ein ihm unbekanntes, anhaltendes Geräusch. Er hat den Fluss nie zuvor gesehen, und das »schwere, tiefe Flüstern« in der Luft verwirrt ihn.

»Was is'n das?«, sagte der Sträfling. Ein Neger, der an einem nahen Feuer saß, antwortete ihm:
»Das is' er. Is' Ole Man.«
»Old Man«, sagte der Sträfling.

Später rettet der Sträfling in einem kleinen Boot auf dem Fluss eine schwangere Frau aus einem Baum und nimmt sie an Bord. Im Rest der Geschichte schippern die beiden auf dem Mississippi herum. Der Sträfling hasst alles, die fremde Frau widert ihn an, und er will nur zurück zur Gefängnisfarm. Das Faulkner-Zitat über den Süden, dass dort das Vergangene nicht tot sei, ja, »nicht einmal vergangen«, trifft auch hier zu, denn Parchman, aus dem Faulkners fiktionaler Sträfling kommt, existiert heute noch als Gefängnis. Dass Mississippi State Penitentiary, das Staatsgefängnis, lag etwas südlich von Clarksdale auf der anderen Seite des Flusses, ganz in der Nähe von Helena, Arkansas, wo ich gerade war. Es wird immer noch Parchman genannt, nach der alten Plantage, deren Nachfolger es ist. Parchman wird auch in zahlreichen

* Auf Deutsch erschienen als: *Wilde Palmen und Der Strom*; Übersetzung von Helmut M. Braem und Elisabeth Kaiser, Zürich 1957.

Blues-Songs erwähnt, etwa in dem Song von Mose Allison (der im nahen Tippo geboren ist), der mit folgenden Zeilen endet:

Well, I'm going to be here for the rest of my life
And all I did was shoot my wife.

Bei einem früheren Besuch in Natchez hatte ich darüber sinniert, dass der Mississippi River wirklich eine treffende Metapher für den Süden ist: Der Fluss ist »altmodisch«, das heißt, er ist größtenteils nicht ausgebaggert. Und er unterliegt saisonalen Stimmungsschwankungen, scheint zähflüssig träg dahinzufließen und ist dann wieder aufbrausend, tritt über die Deiche und überflutet die Gebiete mit fruchtbarem Schlamm. Aber er hatte seine einstige Bedeutung verloren. Die Städte und Dörfer am Fluss hatten mit der Abnahme des Flussverkehrs und dem Wegfall der damit zusammenhängenden Industriezweige zu kämpfen. Das Glücksspiel war der klägliche Rest der alten Herrlichkeit. Die »Schaufelraddampfer« mit ihren falschen Schornsteinen und den absurd großen Heckschaufelrädern, wie man sie in Natchez, Vicksburg und anderswo sieht, sie sind etwa so seetüchtig wie Nachttöpfe. Sie liegen im Schlamm vor Anker und hallen wider vom Klingeln der Einarmigen Banditen. Der Fluss ist nicht mehr die vitale Lebensader der Region, und die nostalgische Wiederbelebung seiner Vergangenheit ist so flüchtig wie Treibgut.

Aber Helena war nicht nur Nostalgie. In meinen letzten Tagen hatte ich den Fluss mehrfach überquert, in Lexa, Marvell und Lick Creek und über die Brücke nach Lula und Moon Lake, Städte und Dörfer, die sich an die Biegungen und die Bayous schmiegten. Beim Depot in der alten Stadt Helena hielt ich länger an. In *Leben auf dem Mississippi* schrieb Mark Twain: »Helena ist unter den Mississippistädten mit am schönsten gelegen. Es thront auf der letzten, der südlichsten Hügelgruppe, die man auf dieser Seite des Flusses sieht.« Die sterbende Main Street war heute ein architektonisches Erbstück, das es wert war, bewahrt zu werden, wie viele andere Main Streets im Süden: kunstvoll verzierte Schaufenster, hübsche Kurzwarenläden, stolze Banken und Theaterfronten, gusseiserne Säulen und das entkernte Cleburne Hotel – all das stammte aus dem späten 19. Jahrhundert, der Blütezeit von Helena. »Das war früher eine bedeutende Stadt« – so wird im Süden häufig geklagt. In Helena hatte der Fluss eine besondere Präsenz – trübe von aufgewirbeltem Schlamm, breit und frei von Schiffen, eine braune Schlange, die sich an Helena Reach vorbei gen Süden schlängelte durch eine Wildnis aus Bayous, Schilfwäldern und Sümpfen.

Bis auf wenige Ausnahmen hatte ich im ländlichen Süden vor allem flache Landschaften gesehen, gerodetes, eingeebnetes Farmland, ganze Ebenen voller schneeweißer flauschiger Baumwollfelder, bestenfalls niedrige Hügel, kleine und verdorrte Wäldchen, oder von Hickory- und Tupelobäumen gesäumte Weiden am Rand von Schotterstraßen, die aussahen, als brächten sie einen direkt ins 19. Jahrhundert zurück – was viele auch taten.

Aber in der großen Tristesse dieses Landes, der allgemeinen Armut und Verwahrlosung, war der Fluss das einzig wahre Schöne und dauerhaft Große. Kein Wunder, dass Dichter, Sänger und Maler des Südens ihn verherrlicht haben. Die Lebensader des Südens. »Ole Man« – »der alte Mann«.

Bei der Erinnerung an seinen traditionellen Spitznamen musste ich lächeln.

Egal mit wem ich mich im Tiefen Süden unterhalten hatte – einem jungen Farmer, einer fünfzehnjährigen Mutter, einem schwitzenden, dickbäuchigen Polizisten, einem ungehaltenen Waffennarr, einem breit grinsenden Prediger, einem verbummelten Collegestudenten, einem eleganten Bankangestellten, einem gestressten Sozialarbeiter oder einem politikverdrossenen Bürger – immer hatte ich den Reaktionen der Leute entnommen, dass ich eine andere Sprache sprach als sie. Zuerst glaubte ich, es läge an meiner Yankee-Art, die im Süden nun mal schnell als Arroganz und Bevormundung empfunden wird.

Aber nein, es lag an etwas anderem. Im Lauf der Monate wurde mir langsam klar, dass ich in ihren Augen ein alter Mann war, der für nicht mehr viel taugte, dem man seinen Willen lassen oder den man widerwillig respektieren musste. Über diese Reaktion konnte ich nur murrend den Kopf schütteln, weil ich mich nicht alt fühle. Ich hatte – und habe – das Gefühl, in der Blüte meines Lebens zu stehen. Aber das darf man nicht laut sagen. Protestieren verbietet sich erst recht. Protest ist der Standardreflex des verbitterten alten Mannes. Für einen Gesunden ist das zunehmende Alter am schwersten zu akzeptieren. Warum sollte man sich alt fühlen, wenn man noch rüstig ist? Ich war fit genug, um den ganzen Tag Auto zu fahren, mehrere hundert Meilen, und um diese Reise zu überstehen; fit genug, um mich zu verirren und wieder zurechtzufinden und die eine oder andere Beleidigung und Demütigung zu ertragen, so auch den Gedanken, dass hinter meinem Rücken geflüstert wurde: »Der alte Mann.«

Eine Nachricht von einem lokalen Radiosender brachte mich darauf. Der Sprecher sagte: »Ein älterer Mann und ein Kind wurden am späten gestrigen Abend von einem Auto erfasst, als sie in Tutwiler die Mabry Road in der Nähe von Highway 49 überquerten.« Bei diesen Details hatte man augenblicklich das Bild eines unglücklichen Mannes im Kopf, der mit einem Kind an der Hand in der Dämmerung an der Straße steht, zu Fuß unterwegs bei der Hitze – weil der Mann alt und arm war. Dann folgten Einzelheiten: »Der zweiundsiebzigjährige Warren G. Beaver und seine Enkelin …«

Ich lachte laut auf und schaltete das Radio aus. Von wegen älterer Mann!

Der wahre »Ole Man« wand sich uralt und alterslos und unaufhaltsam: Wer ihn für selbstverständlich hielt, den narrte er, wer ihn eindämmte, den überflutete er, wer auf ihm fuhr, musste sich vor seiner launischen Strömung in Acht nehmen, wer ihn studierte, durfte nicht den Fehler begehen zu glauben, dass seine Oberfläche – ob ruhig oder turbulent – seinen inneren Zustand preisgab. Ab einem bestimmten Alter ist alt einfach alt, undefinierbar. Aber das Alter hat auch eine geistige Komponente. Das Alter birgt einen Erfahrungsschatz. Was zur Folge hat, dass die Alten so schnell nichts mehr überrascht – abgesehen von der offensichtlichen ewigen Wiederkehr der menschlichen Dummheit. Und das wenigste ist wirklich neu. All die elektronischen Geräte sind nur Spielzeuge. Aber nicht nur die Jungen glauben, man sei alt, weil man ihre modernen Spiele nicht mitspielen will oder kann. Auch viele ältere Leute scheinen dieser Meinung zu sein, scheinen sich mit ihrer »Unzulänglichkeit« abgefunden zu haben.

Ich habe die aufsteigende Furcht vor dem Alter immer durch Reisen bekämpft. Reisen ist eine Form der Flucht und das Reisen selbst wird zur flüchtigen Illusion eines neuen Lebens. Reisen gibt Hoffnung. Mein reales Leben, mein Leben voller Intensität, Einsamkeit und Entdeckungen, begann als zweiundzwanzigjähriger Reisender in Afrika und führte mich in der Folge um die ganze Welt. Das prägte mich als Schriftsteller. Ich wurde empfänglich für jedes Geräusch, jeden Geruch, für das Fremde. Als alter Mann war ich schließlich zurückgekehrt.

Manchmal fragte ich mich, was ich im Süden zu sehen bekam und was mir entging. So vieles von dem, was wir sehen, ist nicht erkennbar. Man muss nicht jung sein, um ein feines Gespür für Sinnlichkeit zu haben. Im ländlichen Süden hatte ich nie den Ruf der Sinnlichkeit wahrgenommen, auch wenn eine gewisse Liederlichkeit hier und da zur Veranschaulichung verwendet wurde. Das Land war bar aller Versuchungen, voller aufgeschobener Träume – überwältigt von der Realität, der Gegenwart von Niedergang und Tod. In einer Welt, in der Menschen ums Überleben kämpfen, gibt es keinen Platz für Sinnlichkeit, die nur wie eine weitere Sackgasse aussähe. Es war seltsam, keinerlei Anzeichen von Versuchung zu bemerken, von Flirts, von Romantik, von der Verheißung auf ein anderes Leben. Das vorausahnende Lächeln einer tüchtigen Frau wie Dolores Robinson war ein Zeichen von

Erlösung und Freiheit, nicht Leidenschaft. Ihr Leben wies Verletzungen auf und war voller Fragen, auf die ich keine Antwort hatte.

Vielleicht ist das die typische Reaktion eines alten Mannes auf eine solche Reise. Und wenn schon? Bei dieser Reise ging es nicht um mich. Sie hatte kein Ziel gehabt, es ging nicht darum, Hindernisse auf unwegsamen Pfaden zu überwinden, und es war auch kein autobiographischer Versuch über meine Stimmungen und meine Erfolge. Niemand lernte mich näher kennen, und nur wenige Menschen wollten überhaupt etwas über mich erfahren. Die Frage *»Über was schreiben Sie, Mr Thorax?«* war für mich mein Triumph der Anonymität. Von hundert Leuten, die ich traf, hatten nur zwei etwas von mir gelesen. Mir war das recht. Als Fremder, ohne Vergangenheit, reist man unbeschwerter. Aufzufallen ist hinderlich, Ruhm ist lästig, Anonymität ein Segen. Mir machte es nicht viel aus, dass Schwarze mich für einen Peckerwood hielten und Weiße für einen Unruhestifter, denn diese Fehleinschätzungen halfen mir zu verstehen, wie der Mensch, der mich so sah, dachte, und es erleichtere mir, Teil der Situation zu werden, wenn auch nur für kurz.

Aber in diesem Reisebericht war nicht ich derjenige, der zu kämpfen hatte. Ich war der Zuschauer und Zuhörer, der die Nöte und Freuden anderer Menschen aufzeichnete. Ich erlebte nur wenige Unannehmlichkeiten. Ich hatte nie das Gefühl, in Gefahr zu sein. Keine Gottesgerichte, wenige Dramen. Ich hatte fast immer das Gefühl, unter Freunden zu sein.

Ich eilte von Bundesstaat zu Bundesstaat, von County zu County. Ich war frei, ungebunden und spürte, welch großes Glück ich hatte, denn das Gefühl der Südstaatler, das Wissen um die eigene Klischeehaftigkeit (Provinzler und Bauerntrampel in der Literatur und im Leben) war jederzeit mit Händen greifbar. Was angesichts der Eigentümlichkeiten der Südstaatenliteratur nicht verwundert. Die Übertreibungen, die makabren Scherze, die angeberischen literarischen Metaphern – kein Wunder, dass es dort von Schauergestalten und Exzentrikern auf geradezu groteske

Weise wimmelte. Die Realität war zu brutal, um sie ungeschminkt zu zeigen – unerträglich.

Kritiker und Akademiker rühmen den Süden wegen seiner reichhaltigen Literatur, die Tradition des Geschichtenerzählens, die in der Region verankert ist. Doch ich hatte genau den gegenteiligen Eindruck, dass es nicht genug Literatur gab, und was es gab, war, mit wenigen Ausnahmen, unzureichend – zumindest keine schlüssige Einführung für einen Außenstehenden in den echten Süden, den Süden, den ich sah.

Der katastrophal passive Süden, als sei er im Bürgerkrieg tödlich verwundet worden, hatte keinen großen Anteil am Wohlstand und kaum landesweiten Einfluss. So kam es, dass der Süden in der eigenen Region eingemauert blieb, vor allem in den ländlichen Gebieten, abgeschottet vom Rest der Welt. Erst nachdem ich einige Zeit dort verbracht hatte, wurde mir klar, wie grausam es war, dass so viele amerikanische Firmen aus dem Süden in andere Länder abgewandert waren und die Arbeitsplätze mitgenommen hatten. Ebenso dass sich amerikanische Hilfsorganisationen und finanzkräftige Stiftungen überall lieber engagierten als hier. Taten sie es wegen des Beifalls? Weil es gut aussah, Lehrer nach Afrika zu bringen, Lebensmittel nach Indien, Medikamente sonst wohin? Oder aus Steuergründen? Gleichzeitig ließen diese Leute zu, dass die Armen im Süden, die zunehmende Zahl der Kleinbauern, wegen mangelnder Gesundheitsversorgung starben, dass sie ungebildet und Analphabeten blieben, in schlechten Unterkünften lebten und dass manche sogar verhungerten. Amerika ist ein einzigartiges Land, was seine Stärken angeht, aber was seine Schwächen angeht, ähnelt es dem Rest der Welt.

Als alter Mann, der in einer fremden Sprache brabbelt, war ich der perfekte Fremde, aber ich war willkommen. Ich schloss Freundschaften. Bis auf wenige Ausnahmen behandelten mich die Menschen, die ich zufällig traf, freundlich. »Kann ich Ihnen irgendwie helfen?« – diese Frage war die Regel. Diese Erfahrungen waren sehr wertvoll für mich. Sie werden in meinem Leben immer weniger werden, weil ich mich über die Erde bewege wie der »Ole Man«, um mein Leben im Meer zu beenden, wo der Staub, aus dem ich bin, sich im formlosen Schlamm verlieren wird.

Ich trödelte, fuhr langsam, hielt häufig an, zögerte das Ende hinaus. Ich wollte nicht, dass diese Reise zu Ende ging. Das Land entsprach so vielen Bildern, die ich im Kopf gehabt hatte, und ich verstand, was Rebecca West in den dreißiger Jahren über Mazedonien geschrieben hatte: Das Land sei wie eine Vision in einem wirren Schlummer. So wirkte der tiefe Süden auf mich: ein Traum, mit allen Verzerrungen und Befriedigungen eines Traums, »das Land, das ich zwischen Schlafen und Wachen schon immer gesehen habe«.

In meinem langen Leben auf Reisen war ich immer auf öffentliche Verkehrsmittel angewiesen gewesen, den ratternden Zug, das langsame Schiff, das Tuk-tuk oder die Motorrikscha, der überfüllte »chicken bus«, der rasende Minibus in Ostafrika, *matatu* genannt, die Fähre. Zum ersten Mal war ich die ganze Strecke selbst gefahren. In meinem Auto erlebte ich nie die Endgültigkeit eines Fluges, ich musste mich nie am Flughafen herumstreiten oder mir Anweisungen geben lassen, erlebte nie das flaue Gefühl im Magen beim Abheben oder den Ruck beim Anfahren eines Zuges, sondern ich hörte nur das Summen der Reifen, sah Telefonmasten oder Bäume vorbeisausen. Es war die einfache Flucht, die schrittweise Erlösung der langen Straße, die sich vor mir ausrollte wie ein Fluss, wie der »Ole Man« selbst.

Mit Ausnahme eines knatternden und stotternden Flachbodenboots, das in der Strömung seitwärts glitt wie ein Stück Seife in einem dunklen Waschbecken, sah ich an dem Tag von dem Parkplatz auf der Arkansas-Seite der Helena-Brücke keinen Schiffsverkehr auf dem Fluss. Unter der Brücke parkte ein Laster mit geöffneter Ladeklappe neben einem Förderband, das die Ladung Sojabohnen von Andre Peer und seinen Farmerkollegen zu einem vertäuten Lastkahn transportierte, Bohnen im Wert von 600 000 Dollar. Der gewundene Mississippi glitt träge gen Süden und war, im starken Gegensatz zu den geradlinigen gepflügten Feldern am diesseitigen Ufer, so braun, dass er aussah wie verflüssigte Erde. Eine »Erinnerung an das, was Menschen vergessen wollen«, schrieb T. S. Eliot über den »Ole Man«, der dahinrollt, an den Deichen rüttelt, die an manchen Stellen so weich und brüchig wie Kuchen sind, der Leben berührt, in neugierigen Schleifen um die Ecken des Landes wirbelt, sich durch Nebenarme drängt, sich vor Bungalows verirrt und um die Ränder von Baumwollfeldern flüstert. Und dann weiterfließt. Ich war der Fluss.

Wann hatte ich mich je zuvor so gefühlt, war nur widerstrebend an meinen Schreibtisch zurückgekehrt, hatte nicht gewollt, dass die Reise endet? Wann hatte ich je das Gefühl gehabt, dass ich auch nach anderthalb Jahren auf der Straße zwischen Lucilles »Sei behütet« am Anfang und Charles Portis' »Seien Sie vorsichtig« am Ende immer noch weiterfahren wollte? Derselbe T. S. Eliot schrieb: »Alte Männer sollten Forschungsreisende sein.« Ich hätte weiterfahren können, ohne Probleme, auf dieser einmaligen Reise, die das Heimweh heilte. Denn das Paradoxe daran war, dass ich zwar weit gefahren war – viel mehr Meilen, als ich in Afrika oder China gereist war – und doch meine Heimat nicht verlassen hatte.

DANKSAGUNG

Ich möchte allen Menschen, die in diesem Buch zitiert werden, für ihre Offenheit und ihre Hilfsbereitschaft danken. Für ihre Ratschläge, ihr Wohlwollen und ihre Unterstützung danke ich darüber hinaus: Henry Adams, Jin Auh, Michael Caruso, Larry Cooper, David Dangler, Nicholas Delbanco, Pancho Huddle, Jay Jennings, Doug Kelly, Steve McCurry, Bob Poole, Jonathan Portis, Jonathan Raban, Andrea Schulz, Marcel Theroux, Louis Theroux, Alexander Theroux, Andrew Wylie und meiner geliebten Frau Sheila.

In den siebziger Jahren fuhr ich in alten Bussen quer durch Afghanistan, machte mir ein Bild vom Haschisch-Angebot und hielt mich für verwegen. 1979, zur Zeit des Bürgerkriegs, begleitete Steve McCurry, gekleidet in einen Salwar Kamiz, eine Gruppe von fünf Afghanen ins Kunar-Tal und fotografierte Bombardierungen und Gräueltaten. Sechs Wochen lang ging er zu Fuß durch die Berge, ernährte sich von Beeren. Seine Fotos aufständischer afghanischer Mudschahedin waren die ersten, die in Europa und Amerika veröffentlicht wurden.

Wir sind seit den achtziger Jahren befreundet, wir haben beide von entlegenen Orten berichtet, sind selten gemeinsam gereist, aber immer in Kontakt geblieben. Als ich erwähnte, dass ich eine Reise in die Südstaaten plante, erzählte mir Steve von seiner Verwandtschaft dort und dass er schon lange vorhabe, die USA auf dieselbe Weise zu bereisen wie Indien, China oder Afrika.

Genau dasselbe hatte ich auch schon lange vor. Wir sind zwar nicht gemeinsam durch die Südstaaten gereist, aber ab und zu haben sich unsere Wege gekreuzt. Ich bin voller Bewunderung für Steves Ausdauer, sein scharfes Auge, die Hingabe, mit der er fotografiert – und für die daraus resultierenden Ergebnisse.

Paul Theroux

Ich wollte schon immer die Welt bereisen. Sobald ich mit dem College fertig war, beschloss ich, nach Indien zu gehen. Nach nur zwei Wochen in Delhi erkrankte ich an Amöbenruhr; zur selben Zeit erhielt ich eine Reihe schmerzhafter Tollwutimpfungen, was die Sache nicht besser machte. Gelangweilt und ans Bett gefesselt, begann ich, Paul Therouxs *Abenteuer Eisenbahn. Auf Schienen um die halbe Welt* zu lesen, das mir eine mitleidige Seele in die Hand gedrückt hatte. Ich verschlang das Buch geradezu.

Damals konnte ich nicht ahnen, dass wir eines Tages zusammenarbeiten würden, und zwar für meinen ersten Bildband *The Imperial Way* (1985), der von unseren Reiseerfahrungen in indischen Zügen vom Chaiber-Pass bis Chittagong handelt. Vor einigen Jahren unterhielten Paul und ich uns über die Freuden des Reisens in unserem eigenen Land. Ich erzählte ihm von meiner Familiengeschichte, die sich in Georgia und South Carolina bis vor den Unabhängigkeitskrieg zurückverfolgen lässt. Meine Familie unternahm jeden Sommer die weite Reise von Philadelphia bis nach Anderson, South Carolina. Meine Großeltern lebten in einem alten Haus in der historischen Altstadt von Anderson, und während meiner Besuche bei ihnen erlebte ich die hohe Kunst des Geschichtenerzählens, wie sie in den Südstaaten jeden Abend nach dem Essen auf der Veranda praktiziert wird. Für mich war das damals ein rechter Kulturschock.

Ich habe mein Leben lang ferne Orte fotografiert. Die Südstaaten zu entdecken, den Ort, an dem mein Vater groß geworden war, war fast das Gleiche, abgesehen von einem Gefühl der Verbundenheit und süßer Vertrautheit.

Steve McCurry